Jules Claraz

Le Chemin

conduisant au

"But de la Vie"

PARIS
LIBRAIRIE BLOUD & BARRAL
B. BLOUD, Successeur
4, Rue Madame et Rue de Rennes, 59

Le Chemin

conduisant au

"But de la Vie"

DU MÊME AUTEUR

Le But de la Vie, in-12 jésus 3,50

Cet ouvrage très vivement recommandé par les Etudes religieuses, des RR. PP. Jésuites, l'Ami du Clergé, la Revue du Clergé français, la Vérité, et nombre de Semaines religieuses, a reçu les précieuses approbations de son Eminence le Cardinal Richard, Archevêque de Paris, et de sa Grandeur Mgr Gouthe-Soulard, Archevêque d'Aix.

Jules Claraz

Le Chemin

conduisant au

"But de la Vie"

PARIS
LIBRAIRIE BLOUD & BARRAL
B. BLOUD, Successeur
4, Rue Madame et Rue de Rennes, 59

PROPRIÉTÉ RÉSERVÉE.

AVANT-PROPOS

Le but de la vie présente est de mériter le bonheur de la vie éternelle.

Qui veut la fin, veut les moyens.

Pour atteindre l'éternité bienheureuse, il faut en prendre le chemin. Quel est-il? En somme (*) :

Un seul chemin conduit à Dieu :

L'AMOUR

Aimer! c'est là tout l'homme...

La vie est une fleur, l'amour en est le miel.

(*) Toutes les vertus sont comprises dans la Charité : *Plenitudo legis dilectio.* (Saint Paul.)

Archevêché de Paris.
Permis d'imprimer:
BUREAU, V. G.

LE CHEMIN QUI CONDUIT AU BUT DE LA VIE

CHAPITRE PREMIER

Toute la perfection ou le mérite de l'homme est dans son cœur, c'est-à-dire son amour, sa volonté, sa liberté.

De même que dans l'antiquité on regardait le soleil comme le cœur du monde, on appelait aussi le cœur, avec la même élégance, « le soleil de l'homme », parce qu'il rayonne comme un soleil dans l'organisme humain, en y répandant la chaleur et la vie.

Ainsi en est-il du cœur spirituel, de l'amour.

Otez le soleil, l'univers n'est plus qu'un cadavre glacé, au sein d'une nuit profonde.

Otez l'amour, l'âme n'est plus qu'une solitude affreuse, sans lumière, sans fécondité, sans vie. Là où est l'amour, là est la vie; là où il n'est pas, il y a la mort. Vivre, c'est aimer; aimer, c'est vivre; aimer, c'est là tout l'homme...

Quand on veut décrire d'un mot toute l'excellence, toute la bonté d'une âme, on dit : « C'est un cœur d'or ! » ou bien : « Elle est tout cœur! » ou bien encore, comme si la langue manquait d'expression assez haute : « Quel cœur ! »

Dire d'un homme qu'il a du cœur, c'est faire de lui le plus bel éloge, comme aussi dire d'un homme qu'il est sans cœur, c'est lui faire la plus sensible injure.

« Quand Dieu créa l'homme, dit Bossuet, il y mit particulièrement la bonté, comme sa plus divine empreinte. » Or, la bonté n'est rien autre que cette puissance affectueuse et expansive qui se nomme le cœur, l'amour, ce feu, cette flamme mystérieuse qui s'élève, se dilate, s'attache, éclate, embrase avec une force, une douceur et une pénétration que rien n'égale.

Tant que le feu de l'amour n'est pas allumé dans une âme, tant que le cœur demeure froid, endormi, que peut l'homme? Rien que de vulgaire; il est sans mouvement et comme mort. Mais vienne tout à coup la flamme de l'amour, quelle transfiguration subite et totale! On ne le reconnaît plus; il est pour ainsi dire tout ensoleillé; la vie, la force et la grâce rayonnent sur toute sa physionomie; alors il se donne après avoir tout déjà donné; alors il s'immole, alors il fait des choses héroïques.

Voyez l'amour paternel et l'amour maternel, quand ils tombent dans un cœur, ce qu'ils font faire! Voyez l'amour conjugal et tous les saints et légitimes amours institués par Dieu, ce qu'ils inspirent, ce qu'ils peuvent, ce qu'ils supportent! Voyez ce que peut surtout l'amour de Dieu brûlant dans une âme!

Quelle transformation! quel dévouement! quel héroïsme!

Comment ne pas admirer un martyr, un apôtre? Comment ne pas tomber saisi de vénération devant un saint, devant le cœur d'un saint? devant chacun d'eux n'est-on pas tenté de s'écrier comme une bonne âme devant saint Vincent de Paul: « Vous êtes si bon que, s'il y avait deux *bon Dieu*, vous en seriez un » ?

Ce saint disait lui-même, au sujet de saint François de Sales : « Que Dieu doit être bon puisque Monseigneur de Genève est si bon! »

Ce dernier fut un jour gravement outragé par un homme. « Je veux que vous sachiez bien, lui répondit-il, que quand même vous m'auriez crevé un œil, il m'en resterait encore un pour vous regarder avec amour ! »

Un sectaire, prêt à frapper grièvement un autre saint homme, lui dit avec l'accent d'une colère féroce : « Si vous saviez combien je vous hais !...

« — Si vous saviez combien je vous aime !... » lui répond le serviteur de Dieu, avec l'accent d'une indicible douceur.

Quel cœur chez les Saints! Que de traits semblables dans leur *Vie*.

C'est du cœur que viennent non seulement les beaux sentiments, les grandes actions, mais aussi les grandes pensées; de là jaillissent les pensées bonnes, pures; et puis, quand il le faut, les intuitions, les soudaines illuminations, car le cœur a des splendeurs, des révélations inattendues. L'amour est quelquefois aveugle, mais rien n'est plus éclairé, plus intelligent que le véritable amour. C'est comme un second œil. C'est pourquoi saint Paul a parlé excellemment des « yeux illuminés du cœur », *illuminat os oculos cordis*.

La plus grande idée, la plus grande révélation que Dieu ait pu nous donner de ce cœur, et qui contient en même temps la plus haute leçon, ç'a été de nous dire que notre cœur est un « trésor », *thesaurus*. C'est Notre-Seigneur dans l'Evangile qui nous a dit que le cœur est le trésor de l'homme.

Un trésor! parole bien significative! L'Ecriture avait déjà dit de ce cœur que c'est un « abîme » : *cor hominis abyssus!* C'était révéler qu'il s'y rencontre des profondeurs, des plis et des replis insondables. Mais le Fils de Dieu nous apprend que cet abîme est un trésor; qu'il est par conséquent riche dans ses profondeurs et d'une richesse extraordinaire. « L'homme bon, nous dit-il, tire le bien du bon trésor de son cœur. » *Bonus homo de bono thesauro cordis sui profert bonum.*

C'est donc là qu'on puise et qu'on puise encore comme dans un fonds intarissable, le bien, le bon, le beau, le parfait, l'héroïque: *bonum*. C'est le *trésor* infini, pour ainsi dire, des bonnes pensées, des bonnes paroles, des sentiments tendres et forts, des bonnes actions, des élans courageux, des dévouements intrépides.

Toute vertu vient du cœur, toute vertu est amour: « La foi est un amour qui croit; l'espérance, un amour qui attend; la patience, un amour qui endure; la prudence, un amour clairvoyant; la justice, un amour qui rend à chacun ce qui lui appartient; la force, un amour généreux ou ardent; et ainsi des autres (1). »

L'amour étant le tout de l'homme comme il est le tout de Dieu, voilà pourquoi ce Dieu a en si grande estime le cœur de l'homme. Il semble même n'estimer de nous que le cœur; c'est ce cœur, cette puissance, qu'il « regarde » en nous par-dessus tout : *intuetur cor;* c'est le cœur qu'il demande : « donne-moi ce cœur », *præbe cor tuum mihi.* Nous voyons sans cesse dans les Saints Livres, l'éloge du cœur, du « cœur vrai » *vero corde,* du « cœur droit » *recto corde,* du « cœur bon » *bono corde,* du « cœur pur » *mundo corde.*

Oui, il n'y a qu'une chose qui soit au-dessus de l'opinion, qui soit restée lumineuse comme le soleil, qui réchauffe l'âme, qui la vivifie, qui la soutient, qui

---

(1) Saint Augustin.

la rend plus forte et plus grande, et cette chose, ce présent de Dieu, c'est l'amour du bien, c'est la vertu, la bonté, c'est le pur amour.

L'amour! on abuse de ce mot, on l'avilit : « *Il nous faut le maintenir,* disait le pieux évêque de Genève lui-même, *car il est d'une incomparable beauté.* »

Mais si du cœur viennent tous les biens, de là aussi viennent tous les maux ; toutes les lâchetés et trahisons comme tous les dévouements et héroïsmes ; toutes les ténèbres comme toutes les lumières ; tous les poisons comme toutes les douceurs ; tous les vices, toutes les corruptions comme toutes les vertus.

Ouvrons l'Evangile : « C'est du cœur que sortent les mauvaises pensées, les adultères, les fornications, les homicides, les vols, l'avarice, la malignité, les fraudes, les impuretés, les jalousies, les blasphèmes, l'orgueil, l'obscurcissement de l'esprit, les folies. »

D'où proviennent ces deux extrémités si opposées l'une à l'autre ? Quel est ce mystère ? Ah! c'est que l'amour souvent s'égare ! L'homme n'aime pas ce qu'il doit aimer, ni comme il doit aimer. Tout le mal vient de là.

Que le cœur aime, c'est sa loi, c'est sa vie. Mais que doit-il aimer ? Le Vrai, le Bien, le Beau, c'est-à-dire Dieu, Vérité, Bonté, Beauté suprême.

Don sublime d'aimer ! Il gouverne souverainement la vie ; il conduit au souverain bien comme au souverain mal.

Oui, l'amour est une grande chose ; *magna res est amor!* s'écrie avec raison l'auteur de l'*Imitation*. L'amour, le véritable, le pur, le saint amour, c'est le bien par excellence. Rien n'est plus doux que l'amour, rien n'est plus fort, plus élevé, plus large, plus profond, plus exquis, plus parfait ni plus délicieux au ciel et sur terre.

Si la mémoire des savants, des artistes, des poètes est plus retentissante, celle des hommes de *bon cœur* est entourée de plus de bénédictions et d'affections! Le bon sens ou l'opinion commune sait faire la distinction qui existe entre les hommes illustres et les hommes de bien; aux uns, l'admiration; aux autres, l'estime profonde et l'amour fidèle.

Il n'y a pas de brillant écrivain ou de glorieux soldat dont le nom soit en possession d'autant de vénération et d'amour que les saints François de Sales et Vincent de Paul.

* *

Le sentiment des penseurs ou moralistes s'unit à la croyance universelle. « Dans la bonté de l'âme, dit saint Thomas, la meilleure part appartient à la volonté; c'est par la bonne volonté, en effet, que l'homme use bien de tout ce qu'il peut y avoir de bon en lui (1). »

« L'estimation et le prix d'un homme consiste au cœur; oui, c'est là que gît son vrai honneur (2). »

« L'on n'est estimable que par le cœur (3). »

« C'est par le cœur que l'homme vaut, s'il vaut quelque chose (4). »

N'oublions pas de citer les expressions sublimes du P. Lacordaire.

« La richesse ce n'est ni l'or, ni l'argent, ni les vaisseaux qui rapportent des extrémités de la terre des choses précieuses, ni la vapeur, ni les chemins de fer, ou tout ce que le génie de l'homme peut arracher des entrailles de la nature; la richesse, il n'y en a qu'une, et c'est l'amour...

---

(1) *In bonitate animæ prima pars est bonitas voluntatis, ex qua aliquis homo bene utitur qualibet alia bonitate.* (1ᵃ 2ᵃᵉ q. 122, A. 2.) — (2) MONTAIGNE. — (3) PASCAL. — (4) LA ROCHEFOUCAULD.

« L'amour est l'acte suprême de l'âme et le chef-d'œuvre de l'homme. L'intelligence y est, puisqu'il faut connaître pour aimer; sa volonté, puisqu'il faut consentir; sa liberté, puisqu'il faut faire un choix ; ses passions, puisqu'il faut désirer, espérer, craindre, se réjouir ou s'attrister ; sa vertu, puisqu'il faut persévérer, quelquefois mourir et se dévouer toujours...

« De Dieu à l'homme et de la terre au ciel, l'amour seul unit et remplit tout. Il est le commencement, le milieu et la fin des choses. Qui aime, sait ; qui aime, vit ; qui aime, se dévoue ; qui aime, est content ; une goutte d'amour mise dans la balance avec tout l'univers l'emporterait comme la tempête ferait d'un brin de paille...

« Nul coursier n'est plus vite, nul ne franchit plus d'abîmes avec plus de bonheur, nul ne nous conduit plus loin, plus haut, et ne nous donne mieux la sensation de l'être qui va créer...

« L'amour est le principe de tout, la raison de tout, la fin de tout, et par conséquent, c'est dans les êtres qui en ressentent le mouvement qu'il faut chercher la plénitude des opérations de Dieu...

« C'est aux solitudes de la conscience que se passent les plus beaux mystères de l'homme. Là se réfugient l'innocence méconnue, la faiblesse opprimée, le malheur immérité ; là tombent les larmes pures et les larmes vengeresses, et nul peuple, si saint qu'il soit, nul sanctuaire, si béni qu'il ait été, n'est aussi proche de Dieu que la conscience du juste, et surtout du juste malheureux...

« S'il fallait dresser des autels à quelque chose d'humain, j'aimerais mieux adorer la poussière du cœur que la poussière du génie...

« C'est la vie intime qui est tout l'homme, qui fait toute la valeur de l'homme...

« Un homme se fait au dedans de lui et non au dehors...

« Tel porte un manteau de pourpre qui n'est qu'un misérable, parce que la parole qu'il se dit à lui-même est la parole d'un misérable ; et tel passe dans la rue, nu-pieds, en haillons, qui est un grand homme, parce que la parole qu'il se dit à lui-même, est la parole d'un héros ou d'un saint...

« Le plus valeureux capitaine peut n'être qu'une femme le lendemain d'une victoire, et ses cicatrices ne couvrir qu'un caractère débile et sans portée...

« La vertu est si difficile qu'elle a été appelée la *vertu*, c'est-à-dire la *force* par excellence, et qu'en toutes choses elle se montre au sommet comme le suprême effort de l'homme. Hors d'elle, tout est facile, la naissance, la fortune, le talent, le succès, la gloire même ; et qui possède tout ne la possède point encore...

« Aucune loi ne peut nous donner une vertu, aucune victoire ne peut nous la créer.

. . . .

« Se vaincre ! voilà le dernier mot de la science divine et humaine ! Se vaincre pour aimer ! Car entre l'amour et nous il y a les terribles barrières de nos appétits sauvages et indisciplinés, cette fureur des sens qui n'est pas l'amour, mais une pulsation du sang, un instinct égoïste, semblable à celui qui nous ferait manger de la chair humaine dans une famine (1). »

« Ne rions pas de l'amour comme ces sottes âmes qui en sont incapables : il n'y a pas de mot plus grand parmi les hommes.

---

(1) LACORDAIRE, *Pensées*. (Poussielgue édit.)

« L'amour n'est pas le plaisir, ce n'est pas l'égoïsme de la jouissance, ce n'est pas l'illusion d'une passion brutale. Celui qui aime se donne avant tout ; le dernier terme de l'amour, c'est le sacrifice.

« Je pardonne tout aux jeunes gens, tout. Mais il y a une chose que je ne pardonne jamais et qui éloigne pour toujours une âme de la mienne, c'est quand je vois cette âme encore jeune, rire de l'amour, tuer en elle cette faiblesse divine et tout abandonner aux désirs d'une vie purement animale (1). »

« Je ne fais profession de ne savoir que l'amour, » avait dit le Sage ancien.

Connaître, supporter, réformer, vaincre, cultiver, améliorer son propre cœur : voilà la source première de tout le mérite et du véritable progrès de l'homme. En dehors de celui-ci, tout autre sera toujours secondaire.

De nos jours où l'on parle tant de progrès, combien est à propos cette profonde observation d'un penseur contemporain :

« Il y a une révolution qui n'a point encore été tentée et qui mériterait de l'être, une révolution qui serait la conversion ou l'amélioration de chacun de nous. N'est-il pas certain qu'à mesure que les individus vaudraient mieux, la société deviendrait meilleure? Nous cherchons depuis longtemps à résoudre un problème qui est une chimère, c'est-à-dire à faire un bon tout avec de mauvaises parties, à fonder la cité de Dieu sur les sept péchés capitaux. »

La plus importante, la plus glorieuse entreprise que puisse tenter le cœur humain, c'est de se vaincre lui-même. Le combat dure autant que dure la vie, mais mourir en combattant, c'est vaincre, et avoir

---

(1) Abbé Perreyve.

les armes à la main, c'est porter les lauriers du triomphe.

.˙.

Pourquoi tout le mérite de l'homme est-il dans son cœur, sa volonté, sa liberté ?

Nous en trouvons la raison dans les paroles déjà citées de saint Thomas : « C'est par la volonté que l'homme fait bon usage de tout ce qu'il y a de bon en lui. »

Les dispositions de l'âme, si excellentes qu'on les suppose, ne sont rendues bonnes et méritoires que par les bonnes dispositions de la volonté elle-même, car elle peut en user bien ou mal. On est ce que l'on est, on le devient, par ce que l'on pense d'abord, et ensuite par ce que l'on aime, ce que l'on veut. C'est ainsi qu'il faut entendre cette parole de saint Augustin : « Les hommes sont des volontés » ; *Homines voluntates sunt.* « Vous aimez la terre ? a dit ce même saint, vous êtes terrestre ; vous aimez le ciel ? vous êtes céleste. »

« On ne doit pas juger du mérite d'un homme par ses grandes qualités, mais par l'usage qu'il en sait faire (1). »

De tout ce qu'il est possible de concevoir dans le monde, et même en général en dehors du monde, il n'y a qu'une chose qu'on puisse tenir pour bonne sans restriction : c'est une *bonne volonté*. L'intelligence, la finesse, le jugement et tous les talents de l'esprit ; le courage, la résolution, la persévérance comme qualités de tempérament sont sans doute choses bonnes et désirables à beaucoup d'égards ;

---

(1) LA ROCHEFOUCAULD.

mais ces dons de la nature peuvent aussi être extrêmement mauvais et pernicieux, lorsque la volonté qui en doit faire usage n'est pas bonne.

En vérité, l'intelligence est essentielle dans la formation morale de l'homme, c'est elle qui éclaire, mais c'est la volonté qui décide l'orientation du cœur. Au fond et dans le vrai, l'intelligence est au service de l'amour; l'intelligence la plus étendue trop souvent peut n'être qu'un de ces soleils d'hiver qui peuvent éblouir, mais n'échauffent pas; c'est le cœur qui échauffe, c'est la volonté qui entraîne.

C'est la volonté qui en fin de compte décide de tout dans l'homme; c'est dans la volonté que résident tous les ressorts de l'humanité pour le bien et pour le mal.

On a raison de dire :

Voilà un personnage qui a composé des poésies merveilleuses, qu'on ne se lasse pas de relire et qui enchanteront encore nos derniers neveux; mais ses actions n'ont pas été à la hauteur de ses écrits : ce n'est qu'un grand poète. En voilà un autre qui durant vingt ans a tenu suspendues à ses lèvres les multitudes frémissantes et variées; mais il n'a rien fait pour les améliorer et les ennoblir : ce n'est qu'un grand orateur. En voilà un troisième qui est sorti vainqueur de dix batailles et qui a étonné l'Europe par ses exploits; mais il n'a jamais songé à mettre son épée au service d'une idée généreuse, d'une cause bonne : ce n'est qu'un grand général. Le seul et vrai grand homme est le personnage, d'ailleurs éminent, chez qui l'élément essentiellement humain, c'est-à-dire la moralité, la volonté droite, domine tous les autres. Là où ce bel ordre est interverti, où la grandeur poétique, oratoire, militaire prime la grandeur morale, au lieu de lui être subordonnée, il n'y a qu'une grandeur apparente, ou tout au moins d'un ordre inférieur.

Un homme eût-il une montagne de qualités, s'il manque au devoir, à la loi, à la justice, il perd aussitôt son droit à l'estime. Ce n'est ni le génie, ni le rang, ni la naissance, ni la fortune qui pourraient être mis en comparaison de la grandeur morale, de l'honnêteté.

« Être honnête homme, c'est finalement encore la plus haute de toutes les positions sociales (1). »

« Une jeune fille qui, dans l'âge des illusions de la jeunesse et de la beauté, se consacre comme religieuse à l'instruction des enfants et au service des malades, montre plus de grandeur d'âme que tous les conquérants de l'univers (2). »

Une conscience pure ! Un cœur pur ! voilà la richesse, la jeunesse, la beauté, l'honneur souverain de la vie, également à la portée de tous les hommes, partout et toujours ! « Il faut louer Dieu, disait une âme éminente, d'avoir voulu qu'il dépendît de nous d'être toujours riche, toujours jeune et toujours belle. »

Un cœur pur ! Pouvoir se dire :

Le ciel n'est pas plus pur que le fond de mon cœur ;

voilà non seulement la gloire, mais aussi la joie souveraine de la vie.

« Mourir avec la joie sacrée de savoir qu'on n'a jamais fait le moindre mal à une seule âme ! Mourir avec la confiance de n'avoir jamais scandalisé un seul de ces petits dont le Seigneur disait : « Leurs anges « contemplent la face du Père qui est au ciel ! » Mourir avec la certitude bienheureuse de n'avoir jamais profité d'une infirmité, abusé d'une pauvreté, trompé

---

(1) ABBÉ PERREYVE. — (2) BALMÈS.

une ignorance; avec l'honneur de n'avoir jamais rencontré devant soi la faiblesse de la fille de Dieu que pour la protéger et la défendre; mourir enfin, en se disant qu'on n'a jamais étendu d'un pouce l'empire du mal sur la terre, mais qu'on a étendu, au contraire, les limites de l'empire du bien; qu'on a dépensé son esprit, ses années, sa fortune et ses forces à soutenir le règne de la vérité et de la justice : quelle joie! Quelle incomparable consolation! Quelle ferme assurance au milieu des ombres des derniers moments! Quel honneur devant les hommes! Quelle protection devant Dieu (1)! »

∴

Il faut donc conclure que toute la perfection ou le mérite, que tout le bonheur ou tout le malheur de l'homme, est dans le cœur, dans le choix du cœur.

Oui, qui ne le sait? Si on n'est bon ou méchant que par la volonté, par le cœur, semblablement, on ne jouit, on ne souffre que par le cœur; on n'est vraiment heureux, vraiment malheureux que par le cœur. Toute la grandeur ou l'abaissement de l'homme est dans les amours auxquels il livre son cœur; et, répétons-le, parce que ceci est fondamental, toute la question est toujours là, entre Dieu et l'homme, entre l'homme et ses semblables.

Toute la question, ici-bas, est de savoir où l'on met son cœur, ce qu'on fait de lui, de quelles flammes on le nourrit, à qui on le donne, pour qui il bat.

« L'amour, c'est la vie ou la mort, et s'il s'agit de l'amour d'un Dieu, c'est l'éternelle vie ou l'éternelle mort (2). »

---

(1) Abbé Perreyve. — (2) Lacordaire.

Il faut choisir, ô mortel,
En cette vie mortelle,
Ou bien l'amour éternel
Ou bien la mort éternelle.
Le commandement de Dieu
Ne laisse point de milieu.

Il n'y a et il ne peut y avoir, ici-bas, que *deux amours* : l'exclusif amour de soi-même et du monde et l'amour de Dieu ↑ soi et en toutes choses.

Si Dieu n'est pas le roi de notre cœur, c'est nous-mêmes qui sommes notre roi, notre Dieu ; ce sont les créatures que nous aimons qui sont notre Dieu.

« On ne peut servir deux maîtres... Celui qui n'est pas pour moi est contre moi, » a dit Notre-Seigneur.

« Deux amours ont créé deux cités, dit saint Augustin, la cité du bien et la cité du mal. L'amour de Dieu jusqu'au mépris de soi a créé la cité du bien ; l'amour de soi jusqu'au mépris de Dieu a créé la cité du mal. »

Sans doute, il y a des degrés à l'indéfini dans cet amour ou ce mépris de Dieu, mais, en définitive : on a cet amour ou on ne l'a pas... *Question de* **liberté**!...

« Entre toutes les choses que l'homme chérit le plus, c'est sa liberté, car c'est la vie de son cœur et la plus riche pièce qu'il possède ; et comme le plus riche don que nous puissions donner, aussi est-ce la dernière chose que nous quittons et qui nous fait le plus de peine à quitter et renoncer. Et cette liberté que Dieu a donnée à l'homme est une pièce si excellente que le diable n'y ose toucher ; il peut bien par ses artifices brouiller et rôder à l'entour, mais il ne la saurait forcer ; et cette pièce est tellement libre que Dieu même qui l'a donnée, ne la veut point avoir par force ; et quand il veut que nous la lui donnions, il veut que ce soit par amour, franchement, et de notre bon gré. Il n'a jamais forcé personne pour le servir, et ne le fera jamais ; il va bien, à la vérité, piquant nos consciences, rôdant à l'entour de nos cœurs, par ses inspirations, nous sollicitant à nous convertir et nous donner tout à lui ; mais de nous prendre par force, oh ! jamais il ne le fera, quoiqu'il le pût faire, puisqu'il est tout-puissant (1). »

La liberté est la première condition du mérite.

Il n'y a, en effet, aucun mérite à faire une chose par force. Dieu nous offre la jouissance de son amitié pour l'éternité ; il ne peut rien exiger de moins qu'une sincère et volontaire acceptation, car l'homme n'est ni une machine, ni un animal, mais une volonté libre.

« Comment peut-on exprimer plus naïvement le désir que l'on a qu'un ami fasse bonne chère, que de préparer un bon et excellent festin, comme fit ce roi de la parabole évangélique, puis l'inviter, presser et presque contraindre par prières, exhortations, poursuites, de venir, de s'asseoir à la table et de manger ? Certes, celui qui de vive force ouvrirait la bouche à son ami, lui fourrerait la viande dans la bouche et la lui ferait avaler, il ne lui donnerait pas un festin de courtoisie, mais le traiterait en bête et comme un chapon qu'on veut engraisser. Cette espèce de bienfait veut être offert par remontrances et sollicitations et non violemment et forcément exercé (2). »

« Le mystère de la grâce est un mariage. Jésus est le prétendant de nos âmes. Un fiancé n'épouse pas celle qu'il a choisie, si elle ne veut point de lui ; de même, le Fils de Dieu, fiancé divin, ne s'impose jamais à l'âme qu'il choisit librement dans son amour. Malheur à la vierge folle qui ne répond pas à ses avances (3) ! »

---

(1) Saint François de Sales.— (2) Id.— (3) Mgr de Ségur.

.˙.

Comment cette question de cœur ou d'amour est-elle une question de vie ou de mort pour l'homme ?

La vie chrétienne, par laquelle seule on possède la vie éternelle qui consiste à voir, aimer, posséder Dieu éternellement, consiste elle-même dans la vie de Jésus-Christ en soi-même, dans la vie de sa grâce, de son amour.

A-t-on, ou n'a-t-on pas cette vie surnaturelle ? Toute la question est là. Tout le don du salut éternel est dans la réponse à cette question.

Ne peut-on pas dire d'un être qui réunit en soi plusieurs vies, que si la principale, celle pour laquelle il a reçu toutes les autres, lui manque, il ne vit pas, bien qu'il possède les autres, parce que ces autres vies n'étaient pas son but, mais que son but doit être cherché dans la vie dont il est privé ? Autre chose serait d'être privé d'une vie à laquelle on n'a point été destiné, et pour laquelle on n'a point été organisé. Ainsi la plante vit quoiqu'elle ne sente point, car elle n'a point été faite pour sentir ; l'animal vit, quoiqu'il ne pense point, parce qu'il n'a pas été fait pour penser ; mais l'homme fait pour aimer, l'homme dont la vision et l'amour divins sont la destination, aurait beau sentir, aurait beau penser, s'il n'a pas en lui le germe de cet amour, il ne vit pas ; il peut passer pour *mort*.

Et il ne faut pas dire seulement qu'il vit moins ; on ne vit pas à moitié, ni au tiers, ni aux deux tiers ; on vit ou l'on ne vit pas ; on aime ou l'on n'aime pas. Sans doute on peut aimer davantage ou aimer moins ;

là, les degrés se conçoivent ; là, il y a des différences infinies parmi les hommes. Mais entre l'être qui, dans un degré quelconque, aime et celui qui n'aime pas, la différence est du tout ou tout, du oui au non, de la vie à la mort.

La question du salut éternel se réduit donc à celle-ci : En quittant ce monde, a-t-on ou n'a-t-on pas la vie de Jésus-Christ en soi, la vie de sa grâce, de son amour ?

Avant d'aimer, on ne vit pas encore,
On ne vit plus dès qu'on cesse d'aimer.

PRIÈRE

Seigneur, mon Dieu ! je ne vous demande ni les richesses, ni les honneurs, ni les plaisirs de la terre ; je ne désire qu'une seule chose : **un Cœur !**... un bon, un beau cœur ! un cœur excellent en tout : un cœur vrai, franc, droit, constant, élevé, sublime dans son amour ; un cœur grand, noble, généreux, dévoué jusqu'à l'héroïsme, jusqu'à la mort ; un cœur vaillant, intrépide, ardent, invincible comme celui des Martyrs ; un cœur bouillant, impétueux, zélé, enflammé comme celui des Apôtres ; un cœur affectueux, tendre, chaleureux, pur, chaste, céleste comme celui des Vierges ; un cœur doux, humble, onctueux, compatissant, indulgent, charitable, pieux, saint, comme celui de tous les Saints ; mais par-dessus tout, un cœur enthousiaste, brûlant d'amour comme les Anges et les Séraphins ; un cœur tout pur et embrasé comme le Cœur Immaculé de la Très Sainte Vierge Marie, morte d'amour ; enfin, et pour tout dire en un mot, un cœur semblable au Vôtre, ô mon Jésus, mort tout consumé d'amour pour nous tous : un cœur sacré !... un cœur divin !...

Seigneur Jésus ! Je ne puis rien désirer et demander de plus ni de mieux ; rien qui vous soit plus agréable ; rien qui me soit plus avantageux. Avec un cœur semblable au Vôtre, ô Jésus ! j'ai tout ; sans lui, je n'ai rien. Il me tiendra lieu de tout : de toutes les richesses, de tous les honneurs, de tous les plaisirs. Seul, il me suffit ; avec lui, je gagnerai tout, je posséderai tout : tous les trésors, toutes les gloires, tous les bonheurs en ce monde et en l'autre. Ainsi soit-il.

Note. — **L'amitié divine ou charité est** SURNATURELLE.

« La charité n'est pas un amour que les forces naturelles ni des anges ni des hommes puissent produire, mais le Saint-Esprit le donne et le répand dans nos cœurs ; et comme nos âmes qui donnent la vie à notre corps ne tirent pas leur origine de notre corps, mais sont mises dans notre corps par la *providence naturelle* de Dieu ; ainsi la charité qui donne la vie à notre cœur n'est pas extraite de notre cœur, mais elle y est versée (à titre de vertu infuse) comme une céleste liqueur par la *providence surnaturelle* de sa divine majesté.

« Nous l'appelons donc amitié *surnaturelle* pour ce motif ; et aussi parce que la charité regarde Dieu et tend à Dieu non d'après la science *naturelle* que nous avons de Lui, mais selon la connaissance surnaturelle qui nous est donnée par la foi. C'est pourquoi avec la foi et l'espérance elle fait sa résidence sur la plus haute cime de l'esprit, et, comme une reine pleine de majesté, elle est assise au milieu de la volonté comme sur un trône. De cette région supérieure elle répand sur toute l'âme ses suavités et ses douceurs, la rendant par ce moyen toute belle, très agréable et aimable aux yeux de la bonté divine : de sorte que si l'âme est un royaume dont le Saint-Esprit soit le roi, la charité est la *reine assise à sa droite avec une robe d'or d'une incomparable magnificence...* Si l'âme est une reine épouse du Roi des Cieux, la charité est la couronne qui embellit royalement sa tête. Et si l'âme est un petit monde, la charité est le soleil qui orne tout, échauffe tout et vivifie tout (1). »

(1) Saint François de Sales.

Ce qu'il faut avoir soin de remarquer, c'est qu'il y a un abîme de différence d'être entre le monde de la nature et celui de la grâce; c'est que la grâce est un éclatant miracle de la bonté de Dieu.

Si un grain de sable se dilatait spontanément et s'étendait sous nos yeux; s'il poussait des bourgeons, puis des branches, des feuilles et des fleurs, nous aurions le droit d'en conclure que sa nature est changée et qu'il est passé dans un ordre supérieur; nous lui assignerions sa place dans le règne végétal; si un lis ou une rose se détachait du sol et se mettait à voltiger comme le papillon et à chercher sa nourriture sur la prairie, nous dirions encore que sa nature est singulièrement perfectionnée et que la plante s'est élevée jusqu'au règne animal.

De pareils phénomènes n'arrivent jamais dans le monde physique; ils seraient de véritables miracles; mais ils se rencontrent fréquemment dans le monde des esprits, c'est-à-dire dans les anges et dans les hommes... Lorsque Dieu leur accorde le don de la grâce, il opère en elles un prodige qui nous étonnerait, s'il nous était donné de le voir : leur nature, leurs facultés, leurs actes, tout en elles est transformé, tout semble divinisé, et voilà que ces créatures sont portées au-dessus de tous les rangs et de tous les ordres; elles voient s'éveiller en elles une vie qu'ils n'avaient pas, et elles s'entendent saluer du nom de dieux; elles sont en effet des *dieux en germe, en fleur.*

Le nom de *germe de Dieu: semen Dei,* donné à la *grâce* par l'Ecriture, a un sens profond : il comporte l'idée de toutes les dilatations, de tous les développements, et de toutes les conquêtes. Il indique tout ensemble et le travail sourd et silencieux qui s'opère dans l'ombre où le germe est enfoui, et les splendeurs de l'épanouissement final, et les luttes et tous les efforts qui préparent le dernier triomphe de la floraison.

Ainsi la divine semence de la grâce porte en elle-même un avenir de la gloire. Elle semble n'être rien d'abord, au jour où elle tombe dans le sillon de l'âme; elle n'a rien qui éblouisse ou qui appelle seulement le regard, et trop souvent on n'y prend pas garde; mais il y a en elle une vertu qui fermente en secret et qui tend à reproduire, dans l'esprit créé, les inénarrables beautés de l'Esprit Créateur.

En d'autres termes, la grâce prépare dans la créature intelligente une découverte splendide d'un troisième monde, la gloire de Dieu, la vision de son Essence,

Le monde de la nature, le monde de la grâce, le monde de la gloire, sont trois mondes distincts.

« La distance infinie des corps aux esprits figure la distance infiniment plus infinie des esprits à la charité, car elle est surnaturelle.

« Tous les corps, le firmament, les étoiles, la terre et ses royaumes ne valent pas le moindre des esprits, car il connaît tout cela, et soi-même, et les corps ne connaissent rien. Tous les corps ensemble et tous les esprits ensemble et toutes leurs productions ne valent pas le moindre mouvement de charité. Cela est d'un ordre infiniment plus élevé.

« De tous les corps ensemble, on ne saurait en faire réussir une petite pensée, cela est impossible et d'un autre ordre. De tous les corps et esprits, on n'en saurait tirer un mouvement de vraie charité, cela est impossible et d'un autre ordre surnaturel (1). »

∴

Oh! que l'homme juste serait heureux, s'il savait apprécier son bonheur! Il est réellement uni à Dieu, il le porte en lui, il le possède sans le voir encore à découvert. Il n'y a entre Dieu et son âme qu'une paroi fragile et chancelante dont la la chute prochaine est incessamment attendue; il n'y a qu'un voile léger qui les sépare ou plutôt qui empêche momentanément la vision béatifique de l'âme. Quand ce voile se déchirera, elle connaîtra le trésor qu'elle portait dans son sein, c'est-à-dire la grâce divine, la charité!

---

(1) PASCAL.

CHAPITRE DEUXIÈME

Toute la perfection ou le mérite du cœur de l'homme est dans le seul amour de Dieu par-dessus toutes choses et en toutes choses.

§ Ier

L'HOMME A ÉTÉ CRÉÉ POUR AIMER ET SERVIR DIEU SEUL.

Il n'y a chose au monde plus secrète ou plus cachée que les mouvements de notre volonté ou de notre cœur; les yeux des anges et des démons, qui sont si clairvoyants, n'y peuvent néanmoins rien apercevoir que par présomption et par conjectures; le don du cœur, le don de notre *moi* est insondable à toute créature. Or, c'est ce fond de nous-mêmes, ce centre de notre âme qui n'est connu que de Dieu, qui seul sonde les cœurs, et de nous-mêmes, qu'il faut donner tout entier à ce Dieu créateur de toutes choses.

On ne l'aime nullement, si on ne l'aime pas par-dessus toutes choses. On ne l'aime qu'imparfaitement, si on ne l'aime pas en toutes choses.

Comme la flamme tend à monter, comme l'œil cherche la lumière, comme la poitrine aspire l'air, comme le poisson demande l'onde et l'oiseau l'espace, ainsi notre âme est faite pour Dieu seul. Créée à l'image et à la ressemblance de Dieu, elle le recherche comme l'objet de sa vie.

« Jamais elle ne paraît plus semblable à Dieu, dit Bossuet, que lorsque, s'élevant au-dessus de tout ce qui est créé, elle va se perdre dans le vaste abîme de ses perfections infinies, et que, voyant qu'elle ne les peut comprendre, elle les admire et les adore, et consent d'y demeurer perdue pour jamais, sans vouloir s'en plus retirer ; car, qui la verrait dans cet état, dirait que ce serait plutôt un Dieu qu'une créature : quand elle revient de là, il lui semble qu'elle est perdue, parce qu'elle n'est plus dans son aimable centre ; elle ne cherche plus rien que Dieu.

« Enfin, cette âme est quelque chose de si grand et de si admirable, qu'elle ne se connaît pas elle-même ; et saint Augustin s'écriait là dessus, comme ravi hors de lui-même : « Je ne sais pas moi-même ce que
« vous m'avez donné, ô mon Dieu, mon Créateur, en
« me donnant une âme de cette nature ; c'est un pro-
« dige que vous seul connaissez ; personne ne le peut
« comprendre ; et si je le pouvais concevoir, je
« verrais clairement qu'après vous, il n'y a rien de
« plus grand que mon âme. »

« Jamais nous n'eussions pu connaître la nature de ce précieux don de Dieu, ni jamais nous n'eussions remarqué la grande estime qu'il en fait, si l'Ecriture Sainte, pour s'accommoder à notre façon d'entendre, n'eût usé d'une métaphore, où, sous le voile de six paroles, elle nous cache et nous laisse entrevoir six grandes merveilles dans la création de notre âme :

Inspiravit in faciem ejus spiraculum vitæ (1). « *Il souffla sur sa face l'esprit de vie.* » Pesez toutes ces paroles.

« Premièrement, elle nous dit que notre âme a été produite avec le souffle de Dieu; ce n'est pas qu'il ait en effet une bouche pour souffler à la façon des hommes; mais c'est pour nous faire entendre qu'il estime cette âme et la tient chère comme une respiration de sa propre vie. Il est bien vrai qu'il l'a tirée du néant comme le reste des créatures; mais l'Ecriture, en nous disant que c'est un souffle de sa poitrine, nous veut exprimer qu'il l'a produite avec une affection si particulière et si tendre, que c'est comme s'il l'avait tirée de la région de son cœur, *inspiravit*. De plus, l'Ecriture Sainte ne nous dit pas que Dieu a produit notre âme de ses mains comme notre corps, ni qu'il l'ait créée en parlant comme le reste des êtres, mais en respirant ou soupirant, pour nous faire entendre que c'est comme s'il eût enfanté une très chère conception qu'il avait portée dans ses entrailles durant toute l'éternité; c'est comme si elle disait qu'elle procède de l'intérieur de Dieu ainsi que la respiration; et que comme le souffle ou la respiration n'est qu'une sortie ou une rentrée continuelle de l'air qui s'en va visiter le cœur, qui ne le quitte qu'un seul moment et puis y retourne aussitôt pour le rafraîchir et pour lui conserver la vie; de même, notre âme n'est sortie de Dieu que pour y rentrer; il ne l'a respirée que pour l'aspirer de nouveau. Que si elle a comme soulagé son cœur quand elle en est sortie, il semble qu'elle le rafraîchisse en quelque manière, et qu'elle le console quand elle retourne à lui par quelque aspiration amoureuse. Oh! si nous savions ce que notre âme est au

---

(1) *Gen.*, II, 7.

cœur de Dieu! Elle ne saurait vivre sans lui, et il n'est pas content sans elle. C'est plus incomparablement que la respiration n'est à notre cœur. Qui m'empêcherait la respiration ferait étouffer mon cœur ; ne puis-je pas croire que je fais violence au cœur de Dieu quand mon âme ne suit pas les divines inspirations qui l'attirent amoureusement à lui pour se reposer dans son sein ?

« Après tout cela, nous n'arriverons pas à la profondeur des mystères qui sont cachés sous l'intelligence de ces paroles : « Il souffla sur sa face une respiration « de vie. » Je conçois bien que ces paroles sont grosses de quelques grandes vérités qu'elles voudraient enfanter dans nos esprits, si nous étions capables de les concevoir; car elles semblent nous dire que notre âme est un esprit que Dieu met en nous, et qu'il produit par voie de spiration. Quelle merveille est-ce ici ? Souvenez-vous que Dieu n'a que deux voies pour produire tout en lui-même : en l'une il *parle*, et il produit son Fils unique que nous appelons son Verbe; en l'autre il ne parle pas, mais il *soupire*, et il produit de son cœur, c'est-à-dire de sa volonté, son divin amour que nous appelons son Saint-Esprit; et cet Esprit adorable est la clôture et l'accomplissement de tout ce qu'il fait en lui-même. Et considérant si Dieu ne fait pas quelque chose de semblable au dehors de lui, il semble qu'il a produit toutes les créatures par deux voies : en parlant et en soupirant. Premièrement, il créa tous les êtres qui composent ce grand univers, mais c'est en parlant : « Il dit : Que la lumière soit, » *Fiat lux, fiat firmamentum* (1). Et quand il vient après tout cela à produire notre âme, ce n'est pas en parlant, mais en soupirant. C'est ainsi que l'Ecriture

---

(1) *Gen.*, 1.

Sainte nous en parle; puis elle ajoute que cette dernière production de l'esprit fut la clôture et l'accomplissement de toutes les œuvres de Dieu en dehors de lui-même, et qu'il se reposa comme dans une divine complaisance d'un si bel ouvrage.

« Où est une âme tant soit peu éclairée qui ne soit pas transportée de joie, si elle considère ici la convenance et la liaison admirable que Dieu a voulu mettre en son esprit et notre esprit? Le Saint-Esprit est un sacré soupir du cœur de Dieu, qui le comble d'une joie infinie en lui-même; et notre âme est un souffle de la poitrine de Dieu, qui lui donne de la complaisance au dehors de lui-même. Le Saint-Esprit est la dernière des ineffables productions de Dieu en lui-même, et notre âme est la dernière de toutes les admirables productions de Dieu au dehors de lui-même. O Dieu d'amour! à quel ravissement nous emporterait cette vérité, si elle nous entrait bien dans l'esprit, et si nous la pouvions comprendre! Qui est-ce qui ne dirait pas avec saint Augustin et saint Bernard : « O mon âme, qui as la gloire de porter
« l'image de Dieu! ô mon âme, qui as reçu ce très
« grand honneur d'être un esprit de son esprit, d'être
« sortie comme de sa poitrine, d'être un soupir de
« son cœur amoureux et tout plein de bonté pour
« toi! aime donc ce Dieu de bonté qui t'a tant aimée;
« aime uniquement, aime ardemment et te consume
« dans les flammes de son divin amour. Amen, ainsi
« soit-il (1)! »

Cette conclusion pratique à laquelle Bossuet invite l'âme humaine, d'aimer Dieu, de l'aimer uniquement, de l'aimer ardemment, de se concentrer dans ce

---

(1) *Instruction sur l'excellence de l'âme.*

divin amour, contient l'idée précise et complète de la perfection à laquelle l'homme est appelé.

Dieu se donnant à l'âme, et l'âme se donnant toute à Dieu seul : là est toute la perfection ou le mérite de l'âme humaine.

La charité ou « l'amour de Dieu et du prochain pour Dieu » forme l'essence même de sa perfection.

Aimer Dieu seul en toutes choses : c'est là tout l'homme, car c'est là toute la Loi :

« **Vous aimerez le Seigneur votre Dieu de tout votre cœur, de toute votre âme, de tout votre esprit, de toutes vos forces.** »

Nous sommes créés pour parvenir à lui, l'atteindre, le toucher, l'étreindre, ne faire qu'un avec lui.

Nous sommes créés pour vivre uniquement de son amour. Le but de l'Évangile est de faire de tous les peuples de la terre une seule société : l'Église ; de toutes les familles de cette société une seule famille ; de tous les membres de cette immense famille, un seul cœur aimant Dieu seul, Dieu, la fin, le bien souverain de toutes choses.

« La vraie religion est celle qui fait de Dieu et de l'homme deux amis tendres, confiants, fidèles, deux amis éternels, contre lesquels tous les temps à venir ne pourront rien que resserrer les liens de leur amour : voilà la religion (1). »

Dieu est le bien souverain de toutes choses : il est notre fin essentielle, notre fin totale ; il est toute la raison de notre existence, l'unique but de notre vie. C'est pour ce souverain bien, uniquement pour lui que nous vivons, que nous mourrons, c'est pour lui que nous vivrons dans les siècles éternels. « Ce n'est pas pour moi que je vis, ce n'est pas pour moi que je

---

(1) Abbé Perreyve.

meurs, dit l'apôtre saint Paul ; car nul de nous ne vit pour lui-même. Soit en effet que nous vivions, nous vivons pour le Seigneur ; soit que nous mourions, nous mourons pour le Seigneur ; parce que dans la mort, nous sommes au Seigneur (1). »

Servir Dieu, l'aimer, est tout le but de notre vie : si nous ne l'aimons pas, nous n'avons plus de raison d'être, nous ne servons à rien, nous ne valons rien, nous ne sommes rien. Lisons la parole divine :

« Écoutons tous ensemble le dernier mot de tout : Craignez le Seigneur et gardez ses commandements, car c'est là tout l'homme (2) ! »

« Vous aimerez le Seigneur votre Dieu de tout votre cœur, de tout votre esprit, de toute votre âme, de toutes vos forces (3). » « C'est là le premier et le plus grand des commandements, » a dit Notre-Seigneur (4).

Vous aimerez : l'amour est la plus haute expression, le dernier mot de toute puissance. Quand on aime, on se résume tout entier dans son amour, en se donnant tout entier au service de celui qu'on aime. *Vous aimerez*, qui ? le Seigneur votre Dieu, lui seul, parce qu'il est votre Seigneur et votre Dieu, c'est-à-dire votre tout.

Et comment faut-il l'aimer ? Vous l'aimerez *de tout votre esprit :* voilà l'intelligence ; *de tout votre cœur :* voilà la volonté ; *de toute votre âme :* voilà la sensibilité ; *de toutes vos forces :* voilà le corps. Ainsi rien n'est excepté : c'est nous tout entier, nous dans toutes les parties de notre être, nous dans tous les

---

(1) *Rom.*, xiv. — (2) *Finem loquendi pariter omnes audiamus : Deum time et mandata ejus observa, hoc est enim omnis homo.* Eccl., xii, 13. — (3) *Diliges Dominum Deum tuum ex toto corde tuo, et ex tota anima tua, et ex tota mente tua, et ex tota virtute tua.* Marc., xii, 30. — (4) *Hoc est maximum et primum mandatum.* Matth., xxii, 83.

instants de notre vie, qui devons uniquement aimer, servir, Celui pour lequel nous sommes créés.

Vous aimerez : c'est la grande loi qui résume toutes les lois ; le grand devoir qui résume tous les devoirs ; le dernier mot de tout, tout nous-mêmes.

« Écoutons tous ensemble le dernier mot de tout : Craignez Dieu et gardez ses commandements ; c'est là tout l'homme ! »

C'est là tout l'homme ! Tout ce qui n'est pas inspiré par la loi de Dieu, tout ce qui est fait en dehors, tout ce qui ne va pas à Dieu comme fin, est vanité, mensonge, mort, néant.

J'ai la santé, la fortune et la beauté... Et ensuite ?

J'ai de l'or et de l'argent... Et ensuite ?

Je commande à un grand nombre de serviteurs... Et ensuite ?

Quand je serais seul à avoir du génie, du savoir, de l'habileté... Et ensuite ?

Quand je serais seul à avoir une position éminente... Et ensuite ?

Quand je devrais jouir du monde pendant mille ans... Et après ?

Un jour, saint Philippe de Néri fut visité par un jeune homme de qualité qui venait lui communiquer un de ses succès. Le saint lui répondit :

— Vous êtes bien heureux, et je vous félicite de tout mon cœur.

Puis le jeune homme ajouta :

— Sous peu, j'attends un riche héritage.

— Vous êtes bien heureux, répondit de nouveau le saint, et je vous félicite de tout mon cœur.

— Avec cet héritage, continua le jeune homme, je compte faire un riche mariage.

— Oh ! que vous êtes heureux ! répétait sans cesse le saint, et comme je vous félicite de tout mon cœur !

Cependant il se lève avec une douce gravité ; il saisit les mains du pauvre enfant, les ramène sur sa poitrine, et le regardant avec une ineffable tendresse, il lui dit : « Et après...? »

A cette parole, le jeune homme penche la tête ; un grand voile tombe de devant ses yeux ; il aperçoit sa vie de pécheur, ses espérances brisées, ses rêves évanouis; il voit son lit d'agonie, son cercueil, sa tombe, l'éternité !... Et se précipitant à genoux, il frappe sa poitrine, et demande au saint apôtre de Rome l'habit de l'Ordre que celui-ci avait fondé.

Hélas ! Qu'ils sont nombreux ceux qui ressemblent à ce jeune homme inconsidéré ! Que de projets ! Que de rêves ! Quel souci de l'avenir terrestre ! Mais quel oubli total de l'avenir éternel ! de l'*unique nécessaire !*

Sans doute, il faut *gagner sa vie,* mais il ne suffit pas d'avoir de quoi vivre, il faut avoir de quoi mourir, c'est-à-dire, il ne suffit pas d'avoir de quoi vivre en ce monde, il faut avoir de quoi vivre en l'autre : on vit dans celui-ci des bonnes œuvres accomplies dans celui-là.

— Je ne suis pas comme vous, disait d'un ton méprisant un goguenard à un Franciscain, je ne mendie pas et j'ai de quoi vivre.

— Vous avez quoi vivre, reprit le disciple de saint François, mais avez-vous de quoi mourir ?

Ah ! *il faut faire ses affaires.*

Que servira au négociant d'avoir fait ses affaires en amassant des trésors pour le temps, s'il n'en a pas amassé pour l'éternité? Que servira au médecin d'avoir fait ses affaires en faisant mille et mille fois reculer la mort, s'il s'est laissé lui-même mourir à la vie véritable? Que servira à l'avocat d'avoir fait ses affaires en sauvant ses clients des coups de la justice humaine, s'il tombe lui-même frappé sous les coups de la justice divine? Que servira au savant d'avoir fait ses affaires en étendant ses connaissances, s'il n'a pas su arriver à la béatitude? Que sert à Salomon d'avoir été le plus sage des hommes, s'il n'a pas sauvé son âme? Que sert à Crésus d'avoir été le plus riche des rois, s'il a perdu le plus riche royaume?

« Que sert à l'homme de gagner l'univers, s'il vient à perdre son âme? » a dit Notre-Seigneur.

Au moment où saint François Xavier, jeune encore, étudiait à Paris, ne rêvant que la gloire humaine, il rencontra un de ses compatriotes, comme lui d'une noble famille, mais possédé d'une tout autre ambition, qui lui répéta la parole du Sauveur : *Que sert à l'homme de gagner l'univers?* D'abord François Xavier n'y prit pas garde, mais Ignace de Loyola revint plusieurs fois à la charge : *Que sert à l'homme de gagner l'univers?* disait-il toujours. A la fin, le jeune homme a compris que ce qu'il poursuit n'est que fumée; il laisse donc la carrière du siècle, il renonce à cet avenir qui s'offrait brillant à ses espérances. Il se fait prêtre, il devient missionnaire. Il part pour les Indes et convertit à Dieu plus de cinquante royaumes.

O puissance de cette seule parole bien méditée : « Que sert à l'homme de gagner tout l'univers, s'il vient à perdre son âme? »

Le roi Ézéchias disait en gémissant : « Le Seigneur a coupé le fil de ma vie, comme le tisserand coupe sa trame à peine commencée. » Oh! que de gens tout occupés à tisser au mieux leur toile, c'est-à-dire à former et à poursuivre leurs projets mondains, combinés avec tant de mesure, sont surpris par la mort qui tranche tout! Et que sont tous ces projets sinon des *toiles d'araignées* (1)? L'araignée s'épuise pour faire sa toile, afin de prendre une mouche : ô ciel! Tel chrétien s'épuise, se fatigue, se tourmente pour des bagatelles, lui qui peut posséder Dieu et obtenir une fortune éternelle.

« Dans le pays où la mort les transporte, savez-vous combien valent leurs domaines, leurs champs, leurs vignes, leurs châteaux et leurs parcs ? Zéro. Leurs billets de banque? Zéro. Leurs actions de chemin de fer? Zéro. Leurs sacs d'or? Zéro. Leurs sciences, leurs découvertes? Zéro et rien que zéro. *Ils ont dormi leur sommeil et tous ces hommes de richesses n'ont rien trouvé dans leurs mains* (2). Eux-mêmes le reconnaîtront, mais trop tard ; et dans leur désespoir ils s'écrieront : *Nous nous sommes donc trompés !* Nous nous sommes épuisés à chercher la vie où elle n'est pas. Pitié pour tous ces tisserands de toile d'araignée (3) ! »

Le sultan Saladin sur le point de mourir fit promener dans toute la ville un suaire au bout d'une pique et un héraut criait : « Voilà ce que le grand Saladin emportera de toutes ses richesses ! »

Louis XIV, fier des merveilles qu'il avait exécutées à Versailles, dit un jour à M. de Vivonne : « Vous souvient-il qu'il y avait là un moulin ? »

Le duc lui répondit : « Oui, Sire, le moulin n'y est plus, mais le vent y est encore. »

Tout passe... Tout passe... les hommes et les choses.

On arrive au bout de la vie : tout ce qu'on a rêvé s'est évanoui ; tout ce qu'on a recueilli est dissipé ; tout ce qu'on a élevé est couché à terre ; tout ce

---

(1) Isaïe, 59. — (2) *Ps.* xv. — (3) Mgr Gaume.

qu'on a aimé est mort. Mais quoi alors? Que reste-t-il donc de l'homme? Ce qui reste, c'est lui-même, c'est son cœur tout seul avec ses saintes affections, avec toutes les bonnes œuvres qu'il a saintement aimées.

Quand le bûcher sur lequel mourut Jeanne d'Arc eut laissé tomber ses flammes, tout avait disparu de la noble victime, tout était consumé, excepté son propre cœur. Ainsi en est-il au moral de tout homme. Notre vie est un bûcher, un autel sur lequel nous sommes consumés depuis notre naissance jusqu'à l'heure de notre mort ; elle est un creuset au fond duquel tout se consume, tout s'anéantit jusqu'à la fin, excepté une seule chose : notre cœur, purifié, agrandi, embelli, transfiguré, digne du ciel pour lequel il a été fait et où il peut alors remonter.

Rien ne reste de nous, sinon d'avoir aimé.

Rien ne reste de nous, sinon d'avoir aimé Dieu, sinon le trésor de nos bonnes œuvres, de nos seules bonnes œuvres.

Un homme avait trois amis : deux lui étaient surtout très chers ; le troisième, bien qu'il en fût sincèrement aimé, lui était indifférent. Un jour, accusé d'un grand crime, il fut cité en justice. « Qui d'entre vous trois, dit-il, veut venir avec moi pour témoigner de mon innocence? »

Le premier de ses amis s'excusa de ne pouvoir l'accompagner, il était retenu par d'autres affaires. Le deuxième le suivit jusqu'aux portes du tribunal et revint sur ses pas, craignant la colère du juge. Le troisième, sur lequel il avait compté le moins, entra et démontra son innocence avec tant de conviction, que l'accusé fut renvoyé absous et récompensé.

L'homme a trois amis dans ce monde. Comment se comportent-ils à l'heure de la mort, lorsqu'il est appelé devant le juge suprême ?

L'argent, son ami chéri, le délaisse d'abord et ne va pas avec lui.

Ses *parents* et *amis* le suivent jusqu'aux portes du tombeau, et retournent dans leurs demeures.

Le troisième, dont il s'est souvent le moins inquiété dans sa vie, sont ses *bonnes œuvres :* elles seules l'accompagnent jusqu'au trône du juge, elles le précèdent, parlent en sa faveur et trouvent pleine miséricorde et grâce.

Aimer Dieu : c'est là tout l'homme !...

Une femme se mourait fort jeune encore. Au sortir de son pensionnat, elle fut mariée à un homme qui ne sut point la diriger et qui la laissa à son isolement. Elle avait passé sa vie dans la frivolité, à faire des riens ou à ne rien faire, et la mort arriva. Étant près de sa fin, elle songe à toute sa vie passée et elle tombe dans un silence effrayant. Personne ne pouvait la comprendre ; sa mère et son mari l'entouraient de tendresse. On lui disait : « Qu'avez-vous ? » Elle restait sans paroles. A la fin, on fait venir une Sœur de Charité, qui lui dit : « Mais, Madame, en grâce, dites-nous ce que vous avez ! » Tout d'un coup, elle lève sa paupière humide, elle la regarde, elle tend ses bras, elle ouvre ses mains :

« Ma Sœur, regardez ce que j'ai ; je vais mourir et *j'ai les mains vides !...* »

La Sœur eut une sublime inspiration ; elle prit son chapelet, mit le crucifix dans les mains de la mourante en lui disant : « Rassurez-vous, vous avez Jésus-Christ dans vos mains ! »

Hélas ! que d'existences arrivent à leur fin, les mains vides de bonnes œuvres !

Aimer Dieu, c'est là tout l'homme !...

On disait un jour à saint Louis, roi de France, qu'il donnait trop de temps à ses exercices de piété. « Les hommes sont étranges, répondit-il avec douceur. On me fait un crime de mon assiduité à la prière ; on ne dirait mot si j'employais les heures que j'y consacre à jouer aux jeux de hasard, à courre la bête fauve, ou à chasser aux oiseaux. »

Le saint roi avait raison ; aussi ne s'occupait-il que de son âme dans l'accomplissement de tous les devoirs de la royauté. De plus, il ne laissait passer aucune occasion d'inculquer aux autres le soin de *l'unique nécessaire*.

Une femme de qualité, vieille et fort parée, lui demanda un entretien secret ; il la fit entrer dans son cabinet où il n'y avait que son confesseur, et l'écouta aussi longtemps qu'elle voulut : « Madame, lui dit-il, j'aurai soin de votre affaire, si, de votre côté, vous voulez avoir soin de votre salut. On dit que vous avez été belle ; ce temps n'est plus, vous le savez ; la beauté du corps passe comme la fleur des champs ; on a beau faire, on ne la rappelle point : il faut songer à la beauté de l'âme qui ne finira point. »

Oui, la beauté de l'âme, la vertu est la seule chose qui ne passe pas.

Un gentilhomme demandait au chevalier Bayard quels biens devait laisser un noble à ses enfants. « Ce qui ne craint ni le temps, ni la puissance humaine : la sagesse, la vertu, » répondit le chevalier.

Tandis que le maréchal de Luxembourg était au lit de mort, quelqu'un, pour le distraire, crut devoir lui rappeler ses anciennes victoires : « Ah ! Monsieur, lui répondit le maréchal, en ce moment, un verre d'eau donné au nom de Dieu est plus précieux que le gain de mille batailles. »

Le grand Condé, plus grand encore sur son lit de mort que sur le champ de bataille, s'écriait en voyant approcher sa dernière heure : « Ah ! que je vois les choses différemment que je ne les ai vues dans le cours de ma vie ! »

Lorsqu'on vint apporter le bâton de maréchal de France à M. de Castelnau, six heures avant sa mort, il répondit : « Cela est beau en ce monde ; mais je vais dans un pays où cela ne me servira guère. »

Dans le temps que Pie VI était au couvent des Chartreux, près de Florence, où on l'avait transféré, le grand duc de Toscane et sa famille, le roi et la reine de Sardaigne allèrent le visiter. Pour recevoir avec plus de solennité cette illustre visite, il s'était fait revêtir des ornements de sa dignité. Il rassembla ses forces pour aller au devant du roi détrôné. A leur rencontre, le roi et la reine tombent aux pieds du pontife, qui fait de vains efforts pour les relever. Le roi s'obstine à baiser les pieds du vicaire de Jésus-Christ ; il lui exprime la joie et la consolation qu'il éprouve de le voir. « J'oublie, lui dit-il, dans ce moment si doux, toutes mes disgrâces ; je ne regrette pas le trône que j'ai perdu, car je retrouve tout à vos pieds. — Hélas ! cher Prince, lui répond le Pape, tout n'est que vanité, nous l'éprouvons vous et moi ; tout est vanité excepté d'aimer et de servir Dieu seul. Portons nos regards vers le ciel : c'est là que nous attendent des trônes que les hommes ne pourront nous ravir. »

.*.

C'est sous l'impression de ces considérations saisissantes que l'abbé de Rancé, l'austère réformateur de la Trappe, écrivait le sonnet si souvent rappelé qui se termine ainsi :

Vivre sans vivre en saint, c'est vivre en insensé.

Un jour, ce sonnet tombait sous les yeux d'un chrétien, cœur d'or, qui lui aussi a entendu l'appel de Dieu, le commandant Marceau. Il écrit à son ami, le vénéré M. Dupont de Tours : « J'ai trouvé un sonnet de l'abbé Rancé qui finit par ce vers :

Vivre sans vivre en saint, c'est vivre en insensé.

« Ce vers me poursuit sans cesse ! Ne pas vivre en saint ; ne pas consacrer toutes ses pensées, ses paroles et ses actions à la gloire de Dieu ; ne pas être l'esclave de ses devoirs ; ne pas apporter à l'accomplissement de ses devoirs, même les plus petits, tous les soins que réclament la gloire de Dieu et l'édification du prochain, c'est vivre en insensé. Quelle vie est donc la mienne ! »

Un prélat d'une belle intelligence, Mgr Saivet, mort évêque de Perpignan, à l'âge de 48 ans, écrivait en 1860, étant encore l'abbé Saivet, dans son *Journal Intime* :

« Qu'est-ce donc que vivre ? Prier un peu, feuilleter quelques livres, rêver des amis absents, souffrir beaucoup. Vaut-il donc la peine d'être arraché du néant pour faire ce peu de cendres et ce peu de fumée ? Si l'existence a de grands aspects par certains côtés, qu'elles en a de petits et de misérables par d'autres ! Le comte de Mérode me disait un jour au sommet du col de Barèges : *Monsieur l'Aumônier, il n'y a que d'être prêtre que ce ne soit pas bête (sic).* Je dois dire plus logiquement encore : *Il n'y a que d'être saint que ce ne soit pas bête.* La vie du saint a seule de la valeur et pour le présent et pour l'avenir. Mais notre vie à nous, sans grand dévouement, sans action, vraiment *c'est bête,* et vous avez raison, cher comte de Mérode. »

∴

L'amour de Dieu ; c'est là tout l'homme !...

Voilà le seul trésor que ni le feu, ni les vers, ni la rouille ne peuvent atteindre !

Ce serait trop peu d'entendre à la lettre cette parole : « Une once de bien vaut plus que cent livres de mal. » Le bien seul a du poids, de la valeur ; le bien *est* ; le mal n'est *rien*, il est pire que rien ou zéro ; on ne peut établir de comparaison entre le bien et le mal ; une once de bien a une valeur infinie, produit un poids éternel de gloire, tandis que tout le monde du mal est pire que néant.

Voilà pourquoi celui qui a la charité ou l'amour de Dieu a tout et celui qui ne l'a pas, n'a rien et n'est *rien*, selon la parole profonde de saint Paul. L'amour de Dieu est l'unique œuvre *immortelle* ; c'est le commandement du temps et de l'éternité. Construisez des monuments, fondez des empires, créez des chefs-d'œuvre intellectuels : sans l'amour de Dieu, qu'en restera-t-il lorsque le monde sera détruit ? Rien, rien, rien... Mais si vous dites : « Mon Dieu, je vous aime ! » de cœur et d'action, cet acte est indestructible ; il demeurera éternellement.

Vanité des vanités et tout n'est que vanité, excepté servir Dieu et n'aimer que lui seul !

« Quand je vous ai dit que la grandeur et la gloire n'étaient parmi nous que des noms pompeux, vides de sens et de choses, je regardais le mauvais usage que nous faisons de ces noms, dit Bossuet.

« La faute que nous faisons en nous servant de ces noms, c'est de les appliquer à des objets trop indignes. Saint Chrysostome a bien compris cette vérité, quand il a dit : « Gloire, richesses, noblesse, puissance,
« pour les hommes du monde ne sont que des noms ;

« pour nous, si nous servons Dieu, ce seront des cho-
« ses. Au contraire la pauvreté, la honte, la mort, sont
« des choses trop effectives et trop réelles pour eux ;
« pour nous ce sont seulement des noms ; » parce que
celui qui s'attache à Dieu, ne perd ni ses biens, ni son
honneur, ni sa vie. Ne vous étonnez donc pas si
l'Ecclésiaste dit souvent : *Tout est vanité*. Il s'explique :
Tout est vanité sous le soleil, c'est-à-dire, tout ce qui
est mesuré par les années, tout ce qui est emporté par
la rapidité du temps. Sortez du temps et du changement : aspirez à l'éternité, la vanité ne vous tiendra
plus asservis. Ne vous étonnez donc pas si le
même Ecclésiaste méprise tout en nous, jusqu'à la
sagesse et ne trouve rien de meilleur, que de goûter
en repos le fruit de son travail. La sagesse dont il
parle en ce lieu, est cette sagesse insensée, ingénieuse
à se tourmenter, habile à se tromper elle-même, qui
se corrompt dans le présent, qui s'égare dans l'avenir ;
qui par beaucoup de raisonnements et de grands
efforts, ne fait que se consumer inutilement en amassant des choses que le vent apporte. *Hé !* s'écrie ce
sage roi, *y a-t-il rien de si vain ?* Et n'a-t-il pas raison de préférer la simplicité d'une vie particulière,
qui goûte doucement et innocemment ce peu de bien
que la nature nous donne, aux soucis et aux chagrins
des avares, aux songes inquiets des ambitieux ? *Mais
cela même*, dit-il, *ce repos, cette douceur de la vie est
encore une vanité : Vidi quod hoc quoque esset vani-
tas* (1), parce que la mort trouble et emporte tout.

« Laissons-lui donc mépriser tous les états de cette
vie, puisque, enfin, de quelque côté qu'on s'y tourne,
on voit toujours la mort en face, qui couvre de ténèbres
tous nos plus beaux jours. Laissons-lui égaler le fou

---

(1) Ecc., I.

et le sage ; et même je ne craindrai pas de le dire hautement, laissons-lui confondre l'homme avec la bête : *Unus interitus est hominis et jumentorum.*

« En effet, jusqu'à ce que nous ayons trouvé la véritable sagesse, tant que nous regarderons l'homme par les yeux du corps, sans y démêler par l'intelligence ce secret principe de toutes nos actions, qui étant capable de s'unir à Dieu, doit nécessairement y retourner, que verrons-nous autre chose dans notre vie que folles inquiétudes ? et que verrons-nous dans notre mort, qu'une vapeur qui s'exhale, que des esprits qui s'épuisent, que des ressorts qui se démontent et se déconcertent, enfin qu'une machine qui se dissout et se met en pièces ? Ennuyés de ces vanités, cherchons ce qu'il y a de grand et de solide en nous. Le Sage nous l'a montré dans les dernières paroles de l'Ecclésiaste : *Crains Dieu et observe ses commandements, car c'est là tout l'homme,* comme s'il disait : Ce n'est pas l'homme que j'ai méprisé, ne le croyez pas ; ce sont les opinions, ce sont les erreurs par lesquelles l'homme abusé se déshonore lui-même. Voulez-vous savoir en un mot ce que c'est que l'homme ? Tout son devoir, tout son objet, toute sa nature, c'est de *craindre Dieu, de l'aimer :* tout le reste est vain, je le déclare ; mais aussi tout le reste n'est pas l'homme. Voilà ce qui est réel et solide et ce que la mort ne peut nous enlever, car, ajoute l'Ecclésiaste, Dieu examinera dans son jugement tout ce que nous aurons fait de bien et de mal.

« Il est donc maintenant aisé de concilier toutes choses. Le Psalmiste dit : *qu'à la mort périront toutes nos pensées;* oui, celles que nous aurons laissé emporter au monde, dont la figure passe et s'évanouit. Car encore que notre esprit soit de nature à vivre toujours, il abandonne à la mort tout ce qu'il consacre aux choses immortelles ; de sorte que nos pensées, qui devaient être incorruptibles du côté de leur principe, deviennent périssables du côté de leur objet. Voulez-vous sauver quelque chose de ce débris si universel, si inévitable? Donnez à Dieu vos affections, nulle force ne vous ravira ce que vous aurez déposé en ses mains divines (1). »

Mon Dieu est mon tout.

Nous lisons que saint François passa quatre nuits à commenter et à répéter sans cesse ces pieuses paroles : « Mon Dieu est mon tout, mon Dieu est mon tout ! » Je le dirai mille fois, je le penserai mille fois, et je ne cesserai de le répéter, car que pourrais-je dire ou penser de plus grand et de meilleur :

« Mon Dieu est mon tout ! »

Que les autres cherchent et désirent ce qu'il leur plaira ; pour moi, je ne cherche et ne désire que vous, ô mon Dieu et mon tout ! Mortels insensés ! j'abandonne aux autres toutes les richesses, tous les honneurs et tous les plaisirs. Que je possède Dieu, et j'ai tout : je cède tous les autres mondes ; je n'envie point ces montagnes d'or et de pierres précieuses. Mon Dieu est tout pour moi. Il n'est rien de si bon, il n'est rien de si beau ni de si doux que ce premier souverain bien ne soit encore et meilleur et plus beau et plus doux. Mon Dieu est mon tout !

Hélas ! à combien de désirs divers mon cœur n'est-il pas en proie ! que de passions s'élèvent et bouillonnent dans mon âme ! Je suis comme ce jeune

---

(1) BOSSUET, *Oraison funèbre de Henriette d'Angleterre.*

insensé de l'Évangile : je me précipite tantôt dans l'eau, tantôt dans le feu. Mais quels sont donc ces biens que je désire avec tant d'ardeur ? Serait-ce quelques délices nouvelles, des festins ? Mon Dieu est mon banquet, mon breuvage et mon tout. Serait-ce un nouveau genre de divertissements et de plaisirs ? Mon Dieu est ma joie, mon bonheur et mon tout. Seraient-ce des honneurs, des dignités jusqu'à ce jour inconnues ? Dieu est ma gloire, ma dignité et mon tout.

Que puis-je désirer enfin que je ne trouve en Dieu et dont il ne me tienne lieu, étant mon tout ? Festins, plaisirs, repos, richesses, n'est-il pas tout cela pour moi, bien plus encore ? Car, qu'il me soit permis de me rassasier de ce mets que je dévore des yeux, de m'enivrer de cette liqueur dont la soif me consume, d'atteindre les honneurs après lesquels je soupire, que sera-ce après tout que cette nourriture, cette boisson, cette jouissance, ces honneurs ? « O mon Dieu et mon tout ! » Jouir de vous, être rassasié de vous, c'est être rassasié pleinement, c'est jouir de tous les biens, car vous êtes mon Dieu et mon tout !

Mais le travail m'accable, la douleur m'afflige, les soucis me rongent, mon ennemi me trouble et me persécute. Rien de tout cela n'est à craindre ; et quand même tout fondrait sur moi, ce ne sont plus des maux si le souverain bien, si Dieu vient à mon aide : « Mon Dieu est mon tout ! »

Vous êtes, ô Dieu, infiniment bon et la bonté elle-même ; vous êtes mon repos dans la fatigue, mon plaisir dans la douleur, ma sécurité dans les inquiétudes, mon fidèle rempart contre toutes les insultes des hommes, mon refuge contre tous les maux ; vous êtes enfin tout ce que je puis désirer. Ainsi, à l'avenir, toutes les fois que je désirerai quelque bien, je me répéterai sans cesse :

« Mon Dieu est mon tout ! »

Cessez, ô hommes ! cessez de rechercher ces ruisseaux boueux, puisque vous avez une source de l'eau la plus pure. Vous avez Dieu, vous avez tout, tout ce que vous désirez avoir.

.˙.

Un vénérable serviteur de Dieu avait presque honte de dire à Dieu : « Seigneur, je vous aime plus que toutes choses, plus que la terre et le ciel, plus que les richesses, les honneurs et les plaisirs de la terre. » Ces paroles lui semblaient faire injure à Dieu, et vouloir lui dire : « Mon Dieu, je vous aime plus que de la fumée, plus que de la paille, de la fange, de la pourriture. »

.˙.

Comme il n'y a qu'un seul bien, il n'y a aussi qu'un seul mal... Le bien unique essentiel, c'est le service de Dieu, son amour. Le mal unique, essentiel, c'est celui qui détruit ce bien : le péché, la désobéissance à Dieu... C'est le mal !... Tous les maux du monde n'ont de mal que ce qui participe du péché... Rien n'est mal que le péché et ce qui vient du péché, ce qui y va ou ce qui en vient.

Le péché est le plus effroyable désordre du monde. Il met en haut ce qui est en bas, et en bas ce qui est en haut. Il met la créature à la place du Créateur et le Créateur à la place de la créature.

Le péché est l'unique mal, parce qu'il est la seule chose qui nous empêche d'atteindre notre but, la vie éternellement bienheureuse.

Ecoutons une réponse sublime d'un mendiant que le Souverain Pontife a glorifié. Le bienheureux

Labre était sur un chemin conduisant à Rome ; il s'en allait couvert de ses haillons ; à un moment, il s'assit sur le bord de la route ; il n'avait qu'un chétif morceau de pain et ne buvait que de l'eau troublée, dans une écuelle de bois. Vint à passer une foule joyeuse, une noce s'en allant à ses fêtes. Ces gens regardent le mendiant, l'abandonné de la grand'-route, et poursuivent leur chemin en lui jetant cette parole de pitié et en quelque sorte d'indignation : « Le malheureux !... »

Lui, se relève et, avec la fierté d'un chrétien qui peut bien n'être couvert que de haillons et avoir à peine le pain de chaque jour, mais qui possède en son âme les trésors de l'éternité, il leur dit : « Vous m'appelez malheureux ; je suis très heureux sous le soleil du bon Dieu : il n'y a de malheureux que ceux qui vont en enfer. »

La pauvreté n'est point un vrai malheur. Avec le cardinal Pie, l'illustre panégyriste du saint mendiant dont nous venons de parler, disons à ce sujet : « Vermine pour vermine, mieux vaut la vermine du corps, que la vermine de l'âme, » qui seule prive du bonheur éternel.

Il n'y a qu'une seule chose qui puisse souiller l'homme, le vicier, le désagréger, le corrompre, le tuer, c'est le péché. On se rappelle ici ce mot de Lamennais : « La confession a été créée pour empêcher le péché de pourrir dans le cœur de l'homme. »

Écoutons encore le témoignage si beau d'une grande reine, sainte Élisabeth de Hongrie, sur le mal. Un jour qu'elle venait de soigner un lépreux, ce lépreux lui dit : « Madame, laissez-moi baiser la main qui vient de panser mes blessures. » Et la sainte, au lieu de lui tendre la main, inclina ses lèvres sur les plaies affreuses du malade ; une de ses compagnes s'écria : « Mais, Madame, savez-vous ce que vous venez de faire ? Il est dit dans l'Ecriture que c'est pécher que de toucher un lépreux.

« — Depuis que mon Sauveur a été appelé *lépreux*, répondit sainte Elisabeth, je ne connais plus qu'une lèpre, la *lèpre du péché mortel*. »

Qui que nous soyons, grands ou petits, riches ou pauvres, songeons à nous, à nous, et non pas à l'argent que nous amassons, car cet argent nous ne l'emporterons pas avec nous dans la tombe ; à nous, et non pas aux terres que nous possédons, aux maisons que nous habitons ; à nous, et non pas à notre corps, car une seule mort suffira pour tout abattre et un seul tombeau pour tout contenir ; à nous, c'est-à-dire à notre âme, qui est la partie principale de nous-mêmes, et qui, en conséquence, doit être l'objet principal de notre attention ; à notre âme qui est unique, et qui, à ce titre, doit concentrer tous nos soins, toutes nos pensées, tous nos sentiments et être comme le but général vers lequel doivent aboutir toutes choses particulières et subalternes. Quel soin n'a-t-on pas pour un fils unique ! Ce sont des attentions continuelles, des empressements, des transports, des adorations. Pourquoi tant de sollicitude et d'amour ? C'est en partie parce qu'il est la seule espérance de sa famille, le seul héritier de son nom, celui dans la personne duquel on se flatte de revivre après la mort ; c'est surtout parce qu'il est unique. Eh bien, notre âme est unique ; ayons donc pour elle tous les soins qu'on a pour un fils unique, nous rappelant toujours que : « plus une cause est importante, plus on doit s'efforcer d'en assurer le succès. » N'ayant qu'une âme, si nous venions à la perdre, il ne nous en resterait pas une seconde à l'aide de laquelle nous pourrions nous sauver.

Puissance, faiblesse, science, ignorance, richesse, pauvreté, peu importe tout cela; en fin de compte, toute vie se résume à gagner ou à perdre l'éternité bienheureuse.

On raconte qu'un souverain rencontrant un jour un jeune berger, s'approcha et lui demanda ce qu'il gagnait pour garder son troupeau. Le jeune pâtre regardant le souverain, lui répondit :

— Je gagne autant que vous, Sire.

— Pourquoi ? Comment ?

— Parce qu'en conduisant mon troupeau, comme en gouvernant les hommes, je gagne le ciel ou l'enfer.

Quelqu'un semblait plaindre un jour saint François de Sales de ce que les revenus de son évêché étaient trop modiques. « Mon évêché, répondit le saint, me vaut autant que l'archevêché de Tolède; car il me vaut le Paradis ou l'Enfer, aussi bien que celui de Tolède à son archevêque, selon que l'un et l'autre nous nous comporterons en nos charges. »

PRIÈRE

Elève-toi, mon âme, vers ton Créateur et ne diffère pas ta conversion. Le passé n'est plus, l'avenir n'est pas en ton pouvoir; il n'y a que le présent qui soit à toi, et le présent n'est qu'un moment qui t'est donné pour servir *Dieu* et gagner *l'éternité*.

Conçois bien la force de ces paroles : un Dieu, une âme, un moment, une éternité !

Un Dieu qui te regarde toujours;
Un moment qui t'échappe sans cesse;
Une éternité qui t'attend sûrement.

Un Dieu qui est tout;
Un moment qui n'est rien;
Une éternité qui t'ôte tout ou te donne tout pour jamais.

Un Dieu que tu sers si peu;
Un moment que tu ménages si mal;
Une éternité que tu apprécies si légèrement.

O Dieu! ô moment! ô éternité!

O Dieu! mon cœur vous cherche pour se donner à vous, pour s'assujettir à vous; je vous supplie d'en prendre possession et d'en chasser le péché, l'attache à la créature, l'amour déréglé de soi-même, afin que le but de tous les moments de ma vie soit uniquement de mériter le bonheur de vous voir, aimer, posséder durant l'éternité.

⁎⁎⁎

Prenez et recevez, Seigneur, ma liberté tout entière; recevez ma mémoire, mon intelligence et ma volonté. Tout ce que je suis, tout ce que j'ai, c'est vous qui me l'avez donné; je vous le rends; j'en fais l'abandon à votre bon plaisir. La seule chose que je vous demande, c'est *votre amour;* si je l'obtiens, je suis assez riche et ne désire rien de plus (1).

ACTE D'AMOUR

O Être infiniment saint, infiniment bon, infiniment aimable et parfait! source ineffable de tout bien et de toute perfection, bonté suprême, beauté souveraine, comment ai-je pu vivre sans vous aimer? Est-ce vivre que de ne vous aimer pas? Vous ne m'avez créé que pour vous aimer. Hélas! je n'ai presque vécu que pour vous offenser!

---

(1) Saint Ignace.

Vous ne m'avez donné un cœur capable de sentiments, que pour vous le consacrer, et je les ai profanés en les donnant au monde qui les a pervertis.

O beauté toujours ancienne et toujours nouvelle! que c'est bien tard que je vous ai connue! que c'est bien tard que je vous ai aimée! Puis-je dire qu'il y ait eu une seule année, un seul jour de ma vie où je vous ai aimée comme je devais vous aimer? Quel était l'aveuglement de mon esprit, et l'égarement de mon cœur, de m'attacher à autre chose qu'à vous! Qu'ai-je trouvé dans le monde qui ait pu contenter mon cœur? Il était fait pour vous, et hors de vous, que pouvais-je éprouver que vide, qu'affliction, qu'amertume? Vous le permettiez ainsi pour me ramener à vous par le néant même de tout le reste.

Ah! que du moins à présent je commence à vous aimer, mais à vous aimer véritablement; que je vous aime de tout mon cœur, de toutes mes forces! Vous me l'ordonnez, fallait-il un prétexte? n'était-ce pas assez de me le permettre?

Que je vous aime dans toutes choses, avant toutes choses, par-dessus toutes choses! Que sont-elles auprès de vous et sans vous?

Que je vous aime et que je n'aime que vous, ou pour vous. Mon cœur est-il trop grand pour le partager? Ne le méritez-vous pas sans réserve? et tout partage n'est-il pas indigne de vous?

Que je vous aime pour réparer le temps que je ne vous ai pas aimé, et le malheur que j'ai eu de ne vous aimer pas. Qu'il est grand ce malheur! Des torrents de larmes suffisent-ils pour le déplorer?

Que je vous aime toute ma vie tant que je respirerai sur la terre; que je ne respire que pour vous aimer! Que tous les instants de ma vie, toutes les respirations de mon cœur soient autant d'actes de votre amour! Ah! que ne puis-je, en vous aimant, expirer de l'ardeur, de la véhémence de ce saint amour!

Que je vous aime dans le temps, et que par là je me dispose à vous aimer avec les élus dans toute l'éternité.

Heureux séjour ! où l'on vous aime, où l'on est assuré de vous aimer, où l'on vous aime d'une manière digne de vous, où l'on ne vit que de votre amour, où l'on vous aimera sans crainte de vous déplaire, de vous perdre jamais!

O amour éternel ! ô amour immense ! animez-vous vous-même dans moi ; suppléez à ce que mon cœur voudrait vous dire et vous offrir. Oui, mon Dieu, je vous le dis dans ce moment, et je désire et j'espère vous le dire jusqu'à mon dernier soupir : faites que je vous aime ; mais d'un amour sincère et qui vienne du cœur ! d'un amour tendre qui en consacre toutes les affections ; d'un amour efficace qui se montre par les œuvres ; d'un amour généreux, capable de tous les sacrifices ; d'un amour pur, qui dans vous ne cherche, ne goûte que vous ; d'un amour constant qui vive au-delà des siècles.

Si je n'ai pas cet amour, je le désire, je vous le demande. Je ne demande, je ne désire plus sur la terre que cet amour comme la plus grande des grâces, le plus précieux des trésors, l'unique bonheur qu'il y ait à desirer en ce monde et en l'autre. C'est après avoir connu le néant de tout, que je vous rends cet hommage. Oui, mon Dieu, c'est vous seul que j'aimerais désormais ; faites que ces sentiments ne s'effacent, ne s'affaiblissent jamais dans mon cœur ; il est à vous, conservez-le dans le vôtre. Que rien ne soit capable de le séparer de vous, que tout contribue à l'unir toujours plus intimement à vous, objet de ses désirs, centre de son repos, et terme de son bonheur. Ainsi soit-il (1).

---

(1) *Ad mentem sancti Augustini.*

§ II

LES CRÉATURES SONT A L'USAGE DE L'HOMME COMME DES MOYENS D'ATTEINDRE SA FIN OU SON BUT, QUI EST D'AIMER, DE SERVIR DIEU SEUL.

« Que dois-je aimer ? » se demandait St Augustin.
« J'ai demandé à la terre, elle m'a répondu : « Ce « n'est pas moi ! » et tout ce qu'elle contient m'a fait la même réponse. Je l'ai demandé à la mer, aux abîmes et à tout ce qu'ils renferment de vivant, et ils m'ont répondu : « Nous ne sommes point ton « Dieu ; cherche au-dessus de nous. » J'ai interrogé l'air que nous respirons et l'air m'a répondu avec tous ses habitants : « Je ne suis pas Dieu. » J'ai interrogé le soleil, la lune et les étoiles : « Nous ne « sommes pas le Dieu que tu cherches, » m'ont-ils répondu. J'ai dit ensuite à tous les objets qui environnent mes sens : « Puisque vous n'êtes point mon « Dieu, apprenez-moi du moins quelque chose de ce « qu'il est. » Et tous ont élevé la voix, et se sont écriés : « C'est celui qui nous a faits. »

« Mon regard attentif sur toutes ces choses a été comme la voix par laquelle je les ai interrogées, et c'est dans leur beauté que j'ai trouvé leur réponse.

« J'ai reporté ma pensée sur moi-même et je me suis dit : « Je suis un homme ; et l'homme est composé « d'un corps et d'une âme, dont l'un est quelque chose « d'extérieur et de visible, l'autre quelque chose d'in- « visible et d'intérieur. Auquel des deux me fallait-il « avoir recours pour chercher mon Dieu, que déjà « j'avais cherché par tous mes sens corporels, depuis « la terre jusqu'au plus haut des cieux, et aussi loin « que mes yeux pouvaient étendre leurs regards ? »

« C'était à mon âme sans doute que je devais m'adresser de préférence ; car c'était devant son tribunal que tous ces messagers extérieurs venaient redire ce qu'ils avaient appris ; et à son jugement seul étaient soumises ces réponses du ciel et de la terre, qui me disaient, ainsi que tout ce qu'ils renferment : « Nous ne sommes point Dieu, et c'est lui « qui nous a faits. » — C'était l'homme intérieur qui avait eu connaissance de toutes ces choses par le ministère de l'homme extérieur.

« J'ai demandé à tout l'univers quel est mon Dieu, et l'univers m'a répondu : « Ce n'est pas moi, mais « Celui qui m'a fait. »

Quel rapport y a-t-il donc entre :

Dieu — l'Homme — le Monde ? Le voici :

I. — D'une part, Dieu, Créateur et Seigneur, seul principe et seul but ou fin ;

II. — De l'autre, l'homme, créé pour l'aimer, le servir sur la terre et pour le posséder à ce prix dans le ciel ;

III. — Dans tout le reste, dans toutes les créatures qui se rencontrent entre Dieu et l'homme : vie, santé, richesses, honneurs, maladie, pauvreté souffrance, opprobres, mort, événements de toutes sortes, il ne faut voir que des *moyens* n'ayant de valeur réelle que par leur relation avec sa fin suprême, et dès lors ne méritant par eux-mêmes aucun culte de but et de fin...

Tel est le rapport exact qu'il y a entre Dieu, l'homme et le monde qui l'entoure.

Dieu ; l'homme pour Dieu ; les créatures pour l'homme, comme moyens d'aller à Dieu.

Entendons ici le mot *créatures* dans son sens le plus large, qui est en même temps le sens littéral ; il signifie tout ce qui n'est pas le Créateur, tout ce qui est *créé*. Par conséquent, il comprend les choses spirituelles comme les choses matérielles : la grâce, les vertus, les sacrements, l'Église, etc. ; les éléments, les aliments, les plantes, les animaux ; en un mot tout ce qui a été fait dans le monde spirituel et dans le monde corporel. Et non seulement tout ce qui a été fait, mais tout ce qui se fait chaque jour, les événements qui se passent, événements physiques dans la marche du monde, événements moraux dans la conduite des hommes, événements divins dans l'intervention surnaturelle de Dieu ; en résumé, révélations de la nature et de la grâce, tout est compris sous le nom générique de créatures.

Ce mot a donc un sens absolument universel, et en désignant tout ce qui est entre Dieu et nous, il désigne tout ce qui est et tout ce qui se fait autour de nous, en nous, pour nous ou contre nous.

Les créatures sont à notre usage ; Dieu nous les a données. Mais pourquoi ? Dans quel but ? Dieu nous les a-t-il données pour nous en *définitive* ? Evidemment non. Nous ne pouvons être la fin dernière de rien. Dieu seul est le but final des choses. Il nous a créés par bonté, pour l'aimer, et il nous a donné les autres créatures qui nous entourent, afin que nous nous en servions uniquement pour atteindre notre fin, qui est de l'aimer et de le glorifier lui seul.

Aucune créature ne peut être le but dernier de notre vie ; c'est un chemin, il faut passer ; c'est une échelle, il faut monter, ne nous arrêtons pas en route ; ne nous fixons pas sur un échelon, il n'est pas fait pour qu'on s'y repose. Il faut fixer le vrai but ; tout le reste n'est rien que *moyen* pour arriver au ciel ;

il faut s'en servir comme d'un pont jeté sur le torrent de la vie;... le but, le rivage, le port, c'est Dieu, Dieu seul.

Les créatures sont autant de bienfaits qui sont comme des charbons ardents sans cesse allumés sur nous, pour embraser nos cœurs d'amour et de reconnaissance envers Dieu.

Moyens ou *instruments* d'amour divin, de service divin, de glorification divine : les créatures n'ont que cette unique et essentielle destination.

Moyens ou instruments, nous ne devons donc les employer que comme on emploie des instruments. Et comment emploie-t-on des instruments? Est-il besoin de dire qu'on les emploie uniquement au travail pour lequel ils sont faits. Qui a jamais songé à se servir d'un couteau pour autre chose que pour couper? Il n'y a que les fous et les enfant qui, ne sachant pas ce que c'est qu'un *instrument*, s'en servent d'une manière rédicule (1).

Non seulement on n'emploie pas un instrument à un autre usage que celui auquel il est destiné, mais on ne s'en sert que dans la mesure... ni plus ni moins... où il est utile au but à atteindre. C'est dans la nature de l'instrument et c'est la manière de s'en servir.

User des créatures uniquement pour aimer et glorifier Dieu, c'est réaliser leur destination essentielle. S'en servir pour une autre fin ou un autre but, c'est en faire un usage insensé, plus ou moins criminel selon le cas, et toujours préjudiciable à nos plus chers intérêts.

---

(1) V. l'auteur de la *Vie intérieure simplifiée.* (Delhomme et Briguet éditeurs.)

Pourquoi les plaisirs naturels des créatures ?

Il y a pour nous dans les créatures des plaisirs infiniment variés, semés par la main du Créateur. Plaisirs matériels de la vue, de l'ouïe, de l'odorat, du goût et du toucher : les beautés de la nature et des arts, les charmes de la musique, les parfums des fleurs, les saveurs des aliments, etc. Plaisirs moraux de la famille, de l'amitié, de l'estime, de la vertu pratiquée ou de la bonne conscience, etc. Plaisirs intellectuels de la littérature et des sciences, de la contemplation ou de la découverte de la vérité. Plaisirs surnaturels enfin, dans les prières, les pratiques religieuses et les touches divines de la grâce. Que de plaisirs, qu'ils sont variés et étendus !

Que sont-ils dans l'idée de Dieu qui les a faits et quel est leur rôle ?

Pour savoir ce qu'ils sont, il n'y a qu'à voir où ils sont. Où sont-ils ? Dans les créatures, avons-nous dit. Et les créatures, que sont-elles ? *Instruments*, rien qu'instruments. Par conséquent, le plaisir qui est en elles, n'est pas plus qu'elles ; il n'est qu'*instrumental* ou moyen. Il est une qualité donnée par Dieu aux instruments mis à notre usage.

Pourquoi cette qualité ? Pour faciliter l'usage des instruments.

Un outil tranchant ne peut couper toujours, il s'émousse ; et quand il a perdu la finesse de son fil, il faut la lui rendre en le passant sur la pierre. La machine, qui tourne rapidement, s'échaufferait et se détériorerait vite sans la goutte d'eau ou d'huile qui vient maintenir la douceur des frottements et l'égalité de la température. Ainsi, nos facultés s'usent et se lassent vite dans la pratique monotone et journalière du devoir sec ou aride en lui-même : il leur faut aussi la goutte d'huile qui adoucit, la goutte d'eau qui rafraîchit, le coup de meule qui affine. Elles ont besoin d'entretien et de forces, d'élan et de vigueur, d'aisance et de gaieté. Quand les fibres de notre âme sont enduites de l'onction de la grâce, nos lèvres chantent avec une facilité merveilleuse les louanges de notre Dieu.

Nous rendre le devoir plus facile et joyeux : voilà donc le rôle de cette huile de joie, que Dieu a mise dans les créatures. Voilà ce qu'est le plaisir créé, dans les idées de Dieu ; voilà son but, voilà pourquoi la Bonté infiniment prévoyante l'a placé dans tous les instruments, dans toutes les créatures. Il est vrai que depuis le péché, les obstacles et les douleurs se rencontrent à chaque pas ; mais même ces obstacles et ces douleurs que Dieu n'avait point faits, ont leurs consolations, leur utilité.

Malgré le péché, il reste encore une multitude de plaisirs ; l'huile de joie ne manque pas à nos facultés. Partout où nous trouvons un devoir à remplir, nous trouvons un plaisir qui en facilite l'accomplissement. Ainsi, pourquoi le plaisir de la famille ? Pour faciliter aux parents et aux enfants le grand devoir de l'éducation. Pourquoi le plaisir de l'amitié ? Pour donner à deux âmes unies par ses liens, l'élan vers le Bien, vers l'Amour souverain. Pourquoi le plaisir de la nourriture ? Pour garantir le devoir fondamental de la conservation de l'individu. Pourquoi le plaisir de la prière, des sacrements, de la pieuse méditation, des faveurs spirituelles ? Pour assurer et faciliter le très saint devoir des relations de la terre avec le ciel, de l'homme avec Dieu. Ainsi, toujours le plaisir répond à un devoir pour en favoriser l'accomplissement. Et le plaisir sera d'autant plus vif que le devoir sera plus important.

Mais le plaisir que nous trouvons dans l'usage des créatures est une satisfaction dont nous devons nous servir pour aimer et glorifier Dieu, et non une satisfaction finale où nous puissions nous reposer. C'est un moyen et non un but. Les créatures n'ont pour nous aucune trace de but en elles : notre but est en Dieu seul ; elles ne contiennent que des moyens. C'est affreusement bouleverser le plan divin que de se méprendre sur le plaisir et de vivre pour en jouir. Hélas ! que ce bouleversement est fréquent ! On met son bonheur final dans les plaisirs contenus dans les créatures, sans utiliser ces plaisirs à mieux aimer, à mieux servir Dieu, en qui seul on doit mettre son bonheur.

Assurément, le plaisir est bon, mais quand on en use bien. Bien employé, il fait les saints ; mal employé, il fait les réprouvés.

Nul plaisir n'est mauvais en soi ; l'abus seul peut le rendre mauvais. Employé à mieux faire le devoir, il est sain, fortifiant ; recherché pour lui-même, pour la satisfaction qu'il produit, il est nuisible, débilitant, avilissant. D'un côté que de brutes il fait ! de l'autre que d'anges il produit ! C'est le cas d'appliquer l'adage : *La corruption de ce qu'il y a de meilleur, devient ce qu'il y a de pire.*

Il ne s'agit donc pas le moins du monde de fuir le plaisir attaché aux créatures, puisqu'il est le don de Dieu lui-même. Nous sommes faits pour le bonheur ; nous ne pouvons pas ne pas le chercher : « Tout le but de l'homme est d'être heureux (1). » Dieu ne nous a créés que pour nous rendre heureux même en ce monde, en attendant le bonheur

---

(1) Bossuet.

parfait de l'autre, mais il veut que notre bonheur en ce monde comme en l'autre, soit en lui seul.

Il ne condamne nullement l'usage des créatures et par conséquent des plaisirs qu'elles contiennent, il ne condamne que le mauvais usage, que l'abus. Il veut qu'en usant des créatures, nous lui rapportions tout notre bonheur. Il veut que nous nous réjouissions non pas dans les créatures, mais en lui-même ; il nous le dit expressément.

« Le juste aura sa joie dans le Seigneur (1). »

« Justes, réjouissez-vous, et tressaillez dans le Seigneur. »

« Réjouissez-vous dans le Seigneur toujours ; je vous le répète, réjouissez-vous dans le Seigneur (2). »

L'Ecriture est remplie de passages répétant cette pensée profonde : *La joie du juste est dans le Seigneur.* Qu'est-ce à dire *la joie du juste ?* La joie qui est propre au juste, la sienne ; car, il y a une joie du juste et une autre qui n'est pas celle du juste : « *Je vous donne la paix, la mienne, et non pas celle du monde,* » dit le Sauveur.

Or, cette joie du juste, qui est la sienne propre, qui est la vraie joie, la seule vraie, parce qu'elle est la seule conforme à l'ordre divin, cette joie où est-elle ? Où se puise-t-elle ? D'où vient-elle ? Où va-t-elle ? Où demeure-t-elle ? *In Domino : Dans le Seigneur ; elle est en Dieu, elle se prend en Dieu, elle vient de Dieu, elle habite en Dieu.*

Voir, aimer, poursuivre en toutes choses la seule gloire de Dieu ; envisager, estimer, utiliser toutes choses en vue de Dieu : voilà l'essence de la piété parfaite. Elle n'est autre chose que la vue, l'amour

---

(1) *Ps.* LXIII. — (2) *Epist. ad Phil.* IV.

et la recherche de la gloire de Dieu en tout et avant tout. *Connaître, aimer, servir Dieu* : connaître pour aimer; aimer pour servir; aimer en connaissant; aimer en servant : c'est toute la vie chrétienne; c'est toute la piété. Ainsi la charité, c'est le centre de la piété, le lien de la perfection. Il faut voir pour aimer, et agir en aimant : l'édifice de notre âme s'élève ainsi dans la charité. C'est la réalisation de ces paroles de saint Paul : *La plénitude de la loi est la charité.*

**

La règle suprême ou l'ordre parfait dans l'usage des créatures est donc celui-ci :

L'homme, étant capable d'aimer, de glorifier Dieu immédiatement par lui-même, doit lui rapporter tout son être, toutes ses pensées, toutes ses affections, toutes ses actions; et parce que Dieu l'a établi ici-bas le maître des créatures, il doit les regarder comme autant de bienfaits de Dieu, et les faire servir à la gloire de son Bienfaiteur.

Par conséquent, si l'homme se regarde en quoi que ce soit comme indépendant, comme maître absolu de sa volonté, si, au préjudice du souverain domaine de Dieu, il rapporte à lui-même une seule pensée, une seule affection, une seule joie, une seule action; s'il use des créatures autrement que Dieu ne le veut ou le lui permet, il sort de l'ordre, qui est le droit essentiel, inviolable, imprescriptible de Dieu.

Nous devons faire de notre vie un sacrifice totalement offert à Dieu. Notre cœur est en même temps l'autel, la victime et le prêtre de ce sacrifice. Mais il ne faut pas qu'une main étrangère à la sienne ait porté le fer à cet autel et y ait retranché quelque chose aux pierres dont il est composé. La victime qu'on lui présente doit également être tout entière ; il ne faut pas qu'on en ait ôté la moindre partie. Le prêtre qui l'immole ne doit pas non plus être mutilé d'aucun de ses membres. Notre cœur ne doit nullement être partagé, afin que le sacrifice soit agréable au Seigneur. Tout partage est un vol sacrilège que Dieu a en horreur dans l'offrande du sacrifice.

.*.

Il n'y a rien d'étonnant que Dieu doive être « l'unique objet » de notre amour dans tout ce que nous aimons. Cette loi ne peut paraître excessive qu'à des âmes basses qui n'ont jamais réfléchi à ce que c'est que Dieu. Cet amour souverain ou dominant est tellement notre loi, que Dieu, malgré sa tendresse et sa miséricorde infinies, ne peut pas permettre une affection moindre ; car, il ne peut pas cesser un instant d'être l'Infini, le Créateur, le Conservateur, le Consommateur ou la Fin de toutes choses, le Tout du tout de toute créature. Il ne peut pas cesser un instant d'être la Source infinie de tout bien, et par conséquent l'objet de tout amour. De même qu'il n'y a rien qui puisse venir d'un autre être que Lui, de même, il n'y a rien qui ne doive retourner à Lui : *tout bien doit être rapporté au souverain Bien.* « Celui qui nous a créé tout entier a droit à notre être tout entier. » *Qui totum te fecit, totum te exigit* (1). Il doit être le but unique de toute notre vie.

Il ne peut pas permettre à la créature d'attribuer à un autre que Lui-même, ses droits, sa qualité d'Être souverain.

Une chose n'appartient-elle pas à quelqu'un dans la mesure où cette chose dépend de ce quelqu'un ?

---

(1) Saint Augustin.

Pourquoi l'artiste peut-il mettre fièrement la main sur son œuvre? C'est que ce bloc de marbre ou cette toile qu'il a travaillés, sont devenus une portion de lui-même : il les a faits siens en les marquant de l'immortelle empreinte de son génie.

Donner quelque chose à quelqu'un, c'est acquérir un droit sur lui. Un pauvre, un mendiant rencontre un de ses semblables sur la route; il lui demande l'aumône et en reçoit une pièce d'or. En faisant l'aumône, cet homme a conquis un droit sur le pauvre qui a contracté envers lui un devoir sacré; celui-ci n'eût-il reçu qu'une obole, cette obole l'enchaîne et personne au monde ne peut le dispenser de la reconnaissance. C'est en vain qu'il voudrait échapper à celui qui l'a secouru; il demeure éternellement son obligé.

Si au lieu d'une aumône ou d'un bienfait vulgaire, nous avions reçu d'un homme sa pensée, son sang, sa race, son nom; si quelqu'un nous avait tout donné: la nature, le ciel que nous aimons, l'air que nous respirons, le pain que nous mangeons, le sang qui coule dans nos veines, notre cœur, notre esprit, tout enfin, et les pensées qui fourmillent dans notre tête et les sentiments qui s'accumulent dans notre cœur comme un essaim pressé, tout notre être et jusqu'à notre *moi*; ce quelqu'un, quels droits n'aurait-il pas sur nous? Quels droits sacrés, universels, absolus, inviolables? Celui qui donne tout, ne doit-il pas revendiquer un droit total, radical, absolu?

Or, il existe un être qui a tout donné à l'homme et à toute créature; nous l'avons deviné; c'est l'Infini, c'est Dieu... Il est le Tout du tout de toute créature. Voilà pourquoi il doit être l'unique objet de notre adoration, de notre reconnaissance et de notre amour.

Dieu est le grand et unique **tout**; la créature n'est **rien** par elle-même: tel est le double fait fondamental sur lequel repose toute la religion dont l'unique objet ou but est de rendre à Dieu et à la créature ce qui leur est dû : tout à Dieu, tout sans réserve ; rien, absolument rien à la créature. *Dieu seul* doit être aimé en toutes choses, parce qu'il est le tout du tout de toute créature. L'effet de la connaissance pratique de cette vérité première est de nous vider peu à peu de nous-mêmes, de nous dépouiller de toutes nos usurpations, de nous réduire enfin à ce que nous sommes réellement, c'est-à-dire à *rien* par nous-mêmes et, en même temps, de nous remplir de Dieu, en sorte qu'il soit tout en nous, et nous tout en lui.

Tant que nous envisageons notre propre intérêt en quelque chose ; tant que nous nous regardons comme notre fin en quoi que ce soit, nous ne nous regardons pas pour ce que nous sommes, c'est-à-dire un pur néant de notre fonds, ni Dieu pour ce qu'il est, c'est-à-dire le tout unique de qui tout vient et à qui tout doit tendre. *Qu'avez-vous que vous n'ayez reçu ?* dit saint Paul. Puisqu'il n'est rien que nous n'ayons reçu de Dieu, *Dieu seul* doit être l'objet de notre amour. C'est son droit absolu et, en même temps, c'est notre intérêt souverain.

Quand les hommes comprendront-ils l'injustice infinie de ce honteux et abominable partage de notre cœur entre Dieu et la créature, qui est la source de toutes les fautes et toutes les infidélités que nous commettons ? Quand voudront-ils comprendre qu'en arrêtant leur cœur sur une créature sans monter par elle jusqu'à Dieu, ils se rendent coupables d'idolâtrie ? La créature ne tient-elle pas la place du Créateur, si elle est aimée sans rapport à Dieu ? Dans ce cas, n'est-elle pas notre Dieu ?

N'est-il pas souverainement injuste de fixer son cœur sur une créature quelconque sans considérer

Celui qui fait toute l'amabilité de cette créature elle-même ? Y a-t-il la moindre chose dans les créatures qui ne vienne de Lui ?

Quelle raison aurions-nous donc de refuser à Dieu une partie de notre cœur ? De plus, est-ce qu'il nous a refusé lui-même une partie du sien, et ne s'est-il pas tout donné sans la moindre réserve, avec tous les ouvrages qui sont sortis de ses mains divines ? N'est-il pas mort sur une croix pour nous et ne nous a-t-il pas donné sa chair à manger et son sang à boire ? N'a-t-il pas promis de se donner à nous lui-même à découvert, dans son royaume céleste et éternel ? Pouvons-nous prétendre qu'un Dieu si grand n'a pas acheté assez chèrement le cœur d'une petite créature comme nous, en donnant, pour pouvoir le posséder, tout ce qu'il est et tout ce qu'il a, et que c'est assez qu'elle lui en donne une petite partie pour l'amour qu'il lui témoigne ?

Mais Dieu ne peut nous laisser les maîtres de la moindre partie de notre cœur. Il ne peut nous permettre d'en disposer comme nous voulons, puisque lui seul est infiniment aimable et infiniment riche, capable de faire le bonheur parfait de ce cœur en remplissant toute l'étendue de ses désirs.

C'est pourquoi il ne veut pas laisser le moindre doute sur l'obligation de l'aimer lui seul en toutes choses. Ce n'est pas une fois seulement qu'il commande de l'aimer uniquement, mais il répète par *quatre fois* qu'il veut tout pour lui : *tout* le cœur, *toute* l'âme, *tout* l'esprit, *toutes* les forces : « Vous aimerez le Seigneur votre Dieu de tout votre cœur... »

— Mais comment satisfaire à ce commandement ? dira quelqu'un. Quelle est la personne au monde qui n'a d'autre amour dans son cœur que le très pur amour de Dieu ? Quel est celui qui n'a point son âme un peu partagée ? Où trouver en effet quelqu'un qui l'aime de toutes ses forces ? J'ai toujours cru, dira ce quelqu'un, pour mettre mon âme un peu en repos, que c'était une perfection à laquelle Dieu n'oblige pas tout le monde ; que cela était bon pour les personnes que Dieu appelle à pratiquer la perfection dans les cloîtres ; mais que pour nous, qui sommes arrêtés dans les engagements du monde, il nous suffisait, en rigueur, d'aimer Dieu, en sorte que nous ne souffrions jamais de péché mortel dans nos consciences.

— Erreur ! C'est un grand abus qui s'est glissé dans le monde et un étrange aveuglement qui règne dans les chrétiens, de ne pas considérer que le commandement de Dieu oblige également tous les hommes, de quelque condition qu'ils soient, et que le très grand précepte de la loi leur commande non seulement l'amour de Dieu, mais les oblige encore à l'aimer de tout leur cœur, de toute leur âme et de toutes leurs forces. Qui dit tout n'excepte rien, et qui donne un commandement ne donne pas un conseil qu'il soit permis de suivre ou de ne pas suivre.

Croyons-en saint Thomas qui passe dans toute l'Église pour l'oracle de la théologie. Il propose lui-même cette question, savoir : La perfection chrétienne qui consiste sans contredit dans l'amour de Dieu, est-elle *commandée* ou seulement *conseillée* ? Il répond ensuite en ces termes : *Dilectio Dei et proximi non cadit sub præcepto, secundum aliquam mensuram, ita ut quod est plus sub consilio maneat ;* c'est-à-dire que « l'amour de Dieu et du prochain n'est pas commandé en partie et conseillé pour le reste ; » car la loi ne dit pas : Si vous voulez obéir au précepte, vous aimerez Dieu d'une partie de votre cœur, et si vous voulez garder les conseils de perfection, vous l'aimerez de tout votre cœur. » Le commandement exprime en termes exprès qu'il oblige indifféremment tout le monde à l'aimer de tout son cœur, de toute son âme, et de toutes ses forces, c'est-à-dire à l'aimer avec toute la perfection de l'amour. Notre-Seigneur Jésus-Christ lui-même ajoute ces grandes paroles : *Hoc est primum et maximum mandatum :* « Voilà le premier et le plus grand commandement. »

Mais puisqu'il y a obligation d'aimer Dieu de tout son cœur, de toute son âme, de toutes ses forces, quels sont donc les divers degrés de la violation de ce commandement qui comprend toute la loi divine ?

Il y a faute *grave* ou *légère* ou simplement une *imperfection*, selon le cas.

Quoique l'*imperfection* ne soit pas un *péché*, ce serait faire erreur si l'on pensait que l'imperfection ne soit pas un mal qu'il faut s'efforcer d'éviter.

On se tromperait également en confondant l'*imperfection* avec l'omission d'une chose simplement *conseillée*.

Le *conseil* est opposé au *précepte* ou commandement. Une chose de conseil n'oblige pas ; il n'y a aucune trace de mal à ne pas la faire.

L'*imperfection* est un *défaut* qui rend moins parfaite une œuvre bonne en elle-même ; ce défaut est un manque de rectitude ou de perfection qu'elle doit avoir. L'imperfection n'est pas un péché, parce qu'elle n'est pas comme celui-ci une violation de la loi de Dieu. Néanmoins, elle est un mal qui nuit grandement à notre perfection ou à notre mérite : c'est ce que nous verrons plus explicitement en considérant la perfection de l'amour de Dieu.

Comme dans toute chose continue, il faut distinguer trois termes : le commencement, le progrès, la perfection, nous étudierons successivement ces trois termes :

Le commencement de l'amour de Dieu.

Le progrès de l'amour de Dieu.

La perfection de l'amour de Dieu.

PRIÈRE

Prosterné en votre présence, ô mon Dieu ! et en la présence de vos saints anges, à la face du ciel et de la terre, je commence à reconnaître que je ne suis au monde que pour vous aimer, que ce n'est que dans cette vue et à cette fin que vous m'avez donné l'être et la vie.

Je reconnais dans la douleur de mon âme et le gémissement de mon cœur, que je ne vous ai pas assez aimé, et dès lors que j'ai perdu, que j'ai profané le temps de ma vie et les sentiments de mon cœur.

Je désire enfin, dès ce moment, de vous aimer de toute l'étendue de mon cœur, et de réparer par l'ardeur de cet amour, la perte de tant d'années passées sans vous aimer.

Oui, mon Dieu, je vous aime, je désire de vous aimer, de vous aimer de tout mon cœur, de toute mon âme et de toutes mes forces ; je vous le dis de toute l'étendue de mon cœur et de ses sentiments : peut-être est-ce pour la première fois de ma vie, mais je vous le dirai jusqu'au dernier soupir. Cet amour saint, céleste, parfait : telle est, ô mon Dieu, l'unique chose que je vous demande. Avec lui j'ai tout ; sans lui je n'ai rien.

Mon Dieu, je vous donne mon cœur, tout mon cœur, mon cœur pour toujours. Je donnerai à mon prochain mes soins, mon zèle, mes attentions, mes biens, mon cœur par amour de vous ; car ce cœur est à vous. Je n'ai que ce cœur à vous donner ; vous le refuseriez-je ? Voudrais-je en retrancher et le partager, provoquer par là la jalousie de votre Cœur si justement jaloux de tout le mien ? Ne suis-je pas heureux que vous daigniez encore le recevoir, ce cœur jusqu'à présent si souvent, si cruellement profané par ses attaches toutes naturelles, peut-être même coupables et criminelles ? Je vous le donne sans réserve et pour toujours, mais, hélas ! vous en connaissez l'inconstance, ô mon Dieu ! Daignez le fixer dans votre grâce et dans votre amour ; il est à vous ; ne permettez pas qu'aucune créature vienne encore vous le ravir ; soyez-en le possesseur et le maître, puisque vous devez en être la récompense et le terme.

§ III

LE COMMENCEMENT DE L'AMOUR DE DIEU CONSISTE DANS LA VOLONTÉ FERME ET CONSTANTE DE LUI PLAIRE ET DE MOURIR PLUTOT QUE DE L'OFFENSER GRAVEMENT.

(Eviter le péché mortel.)

Pour bien comprendre la nature de l'amour divin absolument requis pour le salut, il faut distinguer deux formes ou deux manifestations de l'amour : l'amour de *préférence* ou de *volonté* et l'amour *sensible*.

L'amour de *préférence* ou de *volonté* est celui qui, dans le choix de deux choses qui nous sont propices, nous porte à préférer l'une à l'autre, à nous déclarer pour elle, et nous met dans la disposition de faire ou de souffrir davantage pour elle.

L'amour *sensible* ou *intense* est un amour chaud et véhément qui prend aussi sa source dans la volonté, mais qui quelquefois se déborde avec un tel excès sur la partie inférieure de notre être, qu'il se fait sentir au corps par des chaleurs, des tendresses et d'autres impressions sensibles : tel est l'amour des parents pour leurs enfants, surtout lorsqu'ils sont encore jeunes.

Si l'on compare ces deux amours, quoiqu'ils soient tous deux d'un grand prix, le premier, l'amour de préférence, l'emporte sur le second.

Il arrive souvent que l'amour intense fait que l'on aime plus tendrement une personne qu'une autre, quoique réellement on ait plus d'estime et plus d'amour dans le cœur pour cette dernière que pour la première.

Par exemple, les jeunes gens aiment quelquefois plus passionnément leurs condisciples que leurs parents, dont ils font cependant un bien plus grand cas; pour l'intérêt et le service de ceux-ci, ils feraient infiniment plus.

Ce que nous remarquons dans l'amour des enfants s'observe également dans l'amour des pères et des mères pour eux.

Supposons un vieillard qui ait deux fils, l'aîné de vingt-cinq à trente ans, et le cadet de sept à huit ans.

L'aîné est un jeune homme d'un grand esprit, d'un jugement solide, d'une rare prudence; il a fait de bonnes et fortes études; il gouverne la famille sagement, conduit les affaires du dedans et du dehors avec un si heureux succès, que son père peut totalement se reposer sur lui. Le cadet est un enfant qu'il a eu dans sa vieillesse, un vrai Benjamin, beau, agréable, complaisant, toujours auprès de son père, occupé à le caresser, à le réjouir, à lui faire passer le temps agréablement; le père en est si charmé, qu'il ne saurait le perdre de vue et vivre sans lui.

Dans le moment où cet heureux père se livre à la satisfaction que lui procurent ses deux enfants, on lui annonce qu'il faut absolument qu'il fasse le sacrifice de l'un des deux, que Dieu veut lui ôter; mais on lui laisse le choix. Quel coup de foudre pour ce malheureux père! Quelles mortelles angoisses, en pensant qu'il doit perdre un de ses fils, et qu'il doit lui-même faire le choix! S'il abandonne le plus jeune, il se voit frappé au cœur pour le reste de sa vie; il voit mourir ce qu'il a de plus cher au monde; s'il sacrifie l'aîné, il voit ses affaires et les intérêts de sa famille ruinés; il brise le bâton de sa vieillesse. Forcé de prendre une dernière résolution, il suit les conseils de la raison, qui commande *d'aimer, d'estimer les choses selon leur juste valeur,* et il sacrifie le plus jeune pour conserver l'aîné. Il montre par là que, quoiqu'il aimât bien plus tendrement et plus ardemment le cadet que l'aîné, il aimait cependant l'aîné d'un amour *proportionné à son mérite,* puisqu'il a préféré sa vie à celle de son frère.

Le simple bon sens et la moindre piété suffisent pour nous faire convenir qu'il serait très raisonnable d'aimer Dieu Notre-Seigneur d'un amour intense et infiniment plus grand, s'il était possible, que l'amour que nous avons pour les créatures, puisque nous lui sommes redevables de tout ce que nous sommes, et que ses infinies perfections sont si aimables et si excellentes, qu'une seule serait bien plus que suffisante pour allumer en nous le feu de cet amour et nous en consumer entièrement. Cependant, Dieu est si bon et si indulgent pour notre faiblesse que, d'après l'opinion de tous les théologiens, il n'a pas voulu nous y obliger; mais il daigne se contenter de l'amour de préférence.

Mais en quoi précisément consiste cet amour de préférence?

C'est une estime prédominante, souveraine qui donne à Dieu la première place dans notre cœur; c'est un attachement inviolable à la loi, qui nous fait préférer l'amitié de Dieu à tout autre bien qui se trouverait en concurrence avec lui ; c'est une disposition intérieure de cœur telle que, si dans une balance, on voyait d'un côté l'amour de son Dieu, et de l'autre, les trônes, les couronnes, les sceptres, tous les biens créés et possibles, on n'hésiterait pas un instant à renoncer, s'il le fallait, à tous ces biens pour conserver celui de la grâce ; c'est une disposition telle qu'on aimerait mieux renoncer à la possession éternelle de mille mondes que de renoncer un seul instant à l'amitié de son Dieu. C'est une volonté fermement et constamment résolue à tout entreprendre, à tout sacrifier, à tout souffrir, plutôt que de perdre l'amour de son Dieu ; c'est une résolution telle, que les afflictions, les tourments, les tyrans, la mort, mille morts présentées à ses yeux ne seraient pas capables de l'ébranler.

Tel est l'amour de préférence que Dieu nous demande, le tribut qu'il exige absolument de nos cœurs et auquel il nous oblige par le premier et le plus grand commandement de sa loi. C'est en vertu de ce commandement que Notre-Seigneur a dit : « Celui qui aime son père ou sa mère plus que moi, n'est pas digne de moi. » C'est cet amour que les Saints nous ont enseigné ensuite par leurs paroles et par leurs exemples.

Un père veut être aimé en père ; un ami veut être aimé en ami ; un roi veut être aimé en roi et Dieu veut être aimé en Dieu, c'est-à-dire que nous devons l'aimer dans tout, avant tout, par-dessus tout, préférablement à tout. Chaque chose doit être estimée selon sa juste valeur. L'amour que l'on porte doit être proportionné au bien que l'on aime ; si le bien est de peu de valeur, l'amour sera faible ; si le bien est plus précieux, l'amour sera plus ardent; si le bien était infini et immense, l'amour, s'il était possible, devrait être immense et infini comme lui. Or, Dieu est infiniment au-dessus de tout autre bien; il est le « Bien souverain »; le Bien de tout bien; nous devons donc l'aimer d'un amour au-dessus de tout autre amour. Nous devons donc l'aimer plus que nos biens, plus que nos amis, plus que notre vie, plus que nous-mêmes, parce que tout cela et nous-mêmes sommes à lui : voilà quel est cet amour de préférence si souvent cité, si souvent loué, jamais assez médité, jamais assez pratiqué.

« Donc, si l'acte d'amour que je forme dans mon cœur, quand je proteste à Dieu que je l'aime, n'a pas assez de vertu pour m'engager à rompre tous les liens et toutes les attaches qui peuvent me séparer de Dieu, dès lors, je dois prononcer anathème contre moi-même; dès lors, je dois me condamner moi-même comme prévaricateur de la charité de Dieu; dès lors, je dois conclure que je n'accomplis pas le commandement de l'amour de Dieu, que je ne suis donc plus en état de grâce avec Dieu, ni par conséquent dans la voie du salut. Pourquoi? Parce que je n'aime pas Dieu avec cette condition essentielle : de l'aimer par préférence à tout.

« En quoi, dit St Chrysostome, non seulement Dieu ne nous demande rien de trop; mais à le bien prendre, il ne dépend pas de lui de nous demander moins. Car, remarquez, dit ce saint docteur, que Dieu veut que nous le servions, que nous l'honorions, que nous l'aimions à proportion de ce qu'il est, et d'une manière qui le distingue de ce qu'il n'est pas; est-il rien de plus raisonnable? Un roi veut être servi en roi : pourquoi Dieu ne sera-t-il pas aimé en Dieu? Or, il ne peut être aimé en Dieu, s'il n'est aimé préférablement à toutes les créatures; car il n'est Dieu que parce qu'il est au-dessus de toutes les créatures; et si, dans une supposition chimérique, une créature avait de quoi être aimée autant que Dieu, elle cesserait d'être ce qu'elle est; et deviendrait Dieu elle-même. Comme il est donc vrai que si j'aimais une créature de cet amour de préférence, qui est proprement le souverain amour, je ne l'aimerais plus en créature, mais en Dieu; aussi est-il évident que si j'aime Dieu d'un autre amour que celui-là, je ne l'aime plus en Dieu. Or, n'aimer pas Dieu en Dieu, c'est lui faire outrage; et bien loin d'observer sa loi, c'est commettre un crime qui, dans le sentiment des théologiens et dans l'intention des pécheurs, va jusqu'à la destruction de la divinité.

« Voilà ce que Dieu lui-même nous a révélé en cent endroits de l'Ecriture; et voilà à quoi se termine le devoir capital de l'homme : *Diliges Dominum Deum tuum ex toto corde tuo.* Mais développons cette vérité, et, pour en avoir une intelligence plus exacte, consultons saint Paul, écoutons saint Augustin; et par ce qu'en ont dit cet Apôtre des nations et ce docteur de l'Eglise, voyons si nous pouvons nous rendre aujourd'hui témoignage que nous aimons Dieu. Il fallait une âme bien établie dans la foi pour faire à toutes les créatures un défi aussi général et aussi plein de confiance que celui de saint Paul, quand il disait: *Quis nos separabit a charitate Christi* (1)?

« Qui me séparera de l'amour de Jésus-Christ?
« Sera-ce l'affliction, le danger, la persécution, la faim,
« la nudité, le fer, la violence? Non, répondait ce
« vase d'élection; car je suis assuré que ni la mort,
« ni la vie, ni la grandeur, ni l'abaissement, ni la
« pauvreté, ni les richesses, ni les principautés, ni les

---

(1) *Ad. Rom.,* VIII.

« puissances, ni toute autre créature ne pourra jamais
« me détacher de l'amour qui me lie à mon Dieu. »

« Ainsi parlait cet homme apostolique. Qu'en pensez-vous, chrétiens ? Ne vous semble-t-il pas que c'était un excès de zèle qui le transportait ; et pour l'intérêt même de sa gloire, ne croyez-vous pas qu'il renfermait dans ses paroles toute la perfection de la charité divine ?

« Vous vous trompez ; il n'a exprimé que l'obligation commune d'aimer Dieu. En faisant ce défi et en y répondant, il ne parlait pas en apôtre, mais en simple fidèle. Il disait beaucoup, mais il ne disait rien à quoi tous les hommes ne soient tenus dans la rigueur ; et quiconque n'en peut pas dire autant que lui, n'a point de part à l'héritage du royaume de Dieu et de Jésus-Christ. Appliquez-vous à ma pensée, car, c'est justement comme si chacun de nous se disait à lui-même, et plût à Dieu qu'à l'exemple de ce grand saint, nous voulussions nous le dire souvent ! Hé bien, de toutes les choses que j'envisage dans l'univers, et qui pourraient être les objets de mon ambition et de ma cupidité, en est-il quelqu'une capable de m'ébranler, s'il s'agissait de donner à Dieu une preuve de mon amour et de la fidélité que je lui dois ? Venons au détail aussi bien que saint Paul.

« Si j'étais réduit à soutenir une violente persécution, et qu'il fût en mon pouvoir de m'en délivrer par une vengeance permise selon le monde, mais condamnée de Dieu, le voudrais-je à cette condition ?

« Si, par un renversement de fortune, je me voyais dans l'extrémité de la misère, et qu'il ne tînt qu'à moi, pour en sortir, de franchir un pas hors des bornes de la justice et de la conscience, oserais-je le hasarder ?

« Si pour acquérir ou conserver la faveur du plus grand prince de la terre, il ne dépendait que d'avoir pour lui une complaisance criminelle, l'aurais-je en effet au préjudice de mon devoir ?

« Si, violant pour une fois la loi chrétienne, il était aisé par là de m'élever à un rang d'honneur où je ne puis autrement prétendre, le désir de m'avancer l'emporterait-il ?

« Si la voie de l'iniquité était la seule par où je puisse me sauver dans une occasion où il irait de ma vie, succomberais-je à la crainte de la mort ?

« Ah! mes Frères, sachez que si l'amour que vous croyez avoir pour votre Dieu n'est pas d'une qualité à prévaloir au-dessus de tout cela, quelque ardent et quelque affectueux d'ailleurs qu'il puisse paraître, ce n'est point l'amour, ce n'est point l'amour que Dieu vous demande ; et souvenez-vous que vous êtes dans l'erreur, si comptant sur un tel amour, vous pensez à en être quittes devant lui. Non seulement vous n'aimez point Dieu avec ce surcroît de charité qu'ont les âmes parfaites ; mais vous ne l'aimez pas même selon la mesure précise de la loi. Pourquoi ? Parce que cet amour prétendu ne donne point à Dieu, dans votre cœur, la place qu'il doit y occuper ; c'est-à-dire, ne l'y met pas au-dessus de mille choses, qui néanmoins y doivent être dans un ordre bien inférieur. Car, supposez même cet amour dont vous vous flattez, vous faites encore plus d'état de votre vie, de vos biens, de votre crédit, de votre repos, que de l'héritage de Dieu, ou, pour mieux dire, que de Dieu même : d'où il s'ensuit que cet amour n'est point l'amour de préférence que Dieu attend de vous et que la loi vous ordonne.

« C'est ainsi que saint Paul l'a compris ; et quelque subtile que soit la raison humaine, elle n'opposera jamais rien à l'évidence de ce principe. Mais après l'Apôtre, écoutons St Augustin. C'est dans le *Commentaire du Psaume XXX*ᵐᵉ que ce saint docteur, s'adressant aux fidèles, et les instruisant sur le même sujet que je traite, leur fait cette proposition : Que votre cœur me réponde, dit-il, mes frères ; car pour aujourd'hui, c'est votre cœur que j'interroge, n'osant pas m'en tenir au témoignage de votre bouche, et sachant bien que, sur ce qui regarde l'amour de Dieu, il n'y a que le cœur qui ait droit de parler. Que ce soit donc notre cœur qui parle. Si Dieu vous faisait en ce moment l'offre la plus avantageuse en apparence et la plus capable de remplir toute l'étendue de vos désirs, s'il vous promettait de vous laisser pour jamais sur la terre, dans l'influence des biens, comblés d'honneurs et en état de goûter tous les plaisirs du monde, et qu'il vous dit : Je vous fais maîtres de tout cela ; vous serez riches, puissants, à votre aise, en sorte que rien ne pourra vous troubler, ni vous affliger, et, ce que vous estimez encore plus, vous serez exempts de la mort, et cette félicité humaine durera éternellement ; mais aussi, vous ne me verrez jamais, et jamais vous n'entrerez dans mon royaume de gloire que j'ai préparé à mes élus. Je vous demande, reprend saint Augustin, si Dieu vous parlait de la sorte, seriez-vous contents d'une pareille destinée, et voudriez-vous vous en tenir à cette offre ? Si vous vous en réjouissiez, chrétiens, ce serait une marque infaillible que vous n'avez pas encore commencé à aimer Dieu. C'est la conséquence que tire ce Père. Et d'où la tirait-il ? de ce principe fondamental, que l'amour de Dieu doit être un amour de préférence, et que vous ne pouvez l'avoir, cet amour de préférence, en consentant à être privés de Dieu pour jouir des biens temporels.

« Faisons une supposition plus naturelle encore et plus pressante. Imaginez-vous la chose du monde pour laquelle vous avez plus de passion : c'est votre honneur. On vous l'a ôté, ou par une atroce calomnie ou par un affront qui va jusqu'à l'outrage. Supposons la plaie aussi sanglante qu'il vous plaira : vous voilà perdu d'estime et de crédit dans le monde, et vous êtes d'une condition où cette tache doit être moins supportable que la mort même. Cependant il ne vous reste qu'une seule voie pour l'effacer, et cette voie est criminelle. On vous la propose, et si vous ne la prenez pas, vous tombez dans le mépris. Sur cela, je vous demande, mon cher auditeur : aimez-vous assez Dieu pour croire que vous voulussiez alors lui faire un sacrifice de votre ressentiment? Ne me répondez point que Dieu, dans cette conjoncture, vous donnerait des secours particuliers ; il ne s'agit point des secours que Dieu vous donnerait, mais de la fidélité avec laquelle vous usez de ceux qu'il vous donne. Il n'est point question de l'acte d'amour que vous formeriez, mais de celui que vous produisez maintenant, et je veux savoir s'il est tel de sa nature, qu'il pût réprimer tous les mouvements de vengeance qu'exciterait dans votre cœur l'injure que vous auriez reçue. Car, si cela est, vous avez sujet d'espérer et d'être content de vous ; mais si cela n'est pas, vous devez trembler, parce que vous n'êtes pas dans l'ordre de cette charité vivifiante qui opère le salut, et dont l'indispensable loi vous oblige à aimer Dieu plus que votre honneur.

« C'est qu'afin que l'acte d'amour de Dieu ait ce caractère de perfection que Dieu exige pour le salut, il ne suffit pas qu'il s'étende absolument à tous les préceptes, soit naturels, soit positifs de la loi chrétienne, mais il doit encore, sous condition, embrasser tous les conseils : *sous condition*, dis-je, remarquez bien, s'il vous plaît, ce terme ; en sorte que s'il était nécessaire, pour marquer à Dieu mon amour, de pratiquer ce qu'il y a dans les conseils évangéliques de plus mortifiant, de plus humiliant, de plus opposé à la nature et à l'amour-propre, en vertu de ce seul acte, *j'aime Dieu,* je fusse disposé à tout entreprendre et à tout souffrir. Ne pensez pas que cette disposition, quoique conditionnelle, soit chimérique. Il n'est rien de plus réel : pourquoi ? parce que, comme il n'y a pas un conseil évangélique qui ne puisse devenir, et qui, dans mille rencontres, ne devienne un commandement pour moi, il faut que l'amour de Dieu me mette au moins habituellement dans la disposition où je devrais être, et m'inspire la force que je devrais avoir si je me trouvais dans ces conjonctures. Ainsi, je ne suis point obligé, parce que j'aime Dieu, à quitter le monde, ni à prendre le parti de la retraite ; mais je suis obligé d'être préparé à l'un et à l'autre, parce que ma faiblesse pourrait être telle, que le monde serait évidemment un écueil à mon innocence, et qu'il n'y aurait que la retraite qui pût me garantir. Renoncer à mes biens, ce n'est dans la doctrine de Jésus-Christ qu'un simple conseil, mais être prêt à y renoncer, c'est un précepte rigoureux, parce que l'expérience pourrait me convaincre que je ne puis les retenir sans m'y attacher, ni m'y attacher sans me perdre. Dieu ne me commande pas d'endurer le martyre, mais il me commande d'être résolu à l'endurer, parce qu'il pourrait y avoir telle occasion où le martyre serait une preuve indispensable de ma foi. D'où vient que Tertullien, parlant de la foi des chrétiens, disait excellemment qu'elle nous rend responsables et redevables à Dieu de nous-mêmes, jusqu'à nous obliger à souffrir pour lui le martyre quand il y va de sa gloire ?

« Or, la charité ne vous charge pas moins de cette dette. Dites-moi donc, chrétiens, quand les martyrs, dans les persécutions, se laissaient immoler comme des victimes, quand ils se laissaient brûler par le feu, quand on les étendait sur les roues et sur les chevalets et que pour l'amour de Dieu, ils soutenaient avec un courage invincible toute la rigueur des tourments, faisaient-ils une œuvre de surérogation, et pouvaient-ils s'en dispenser ? non ; mais cela était nécessaire selon la loi de la charité, et s'ils n'avaient eu cette résolution et ce courage, ils auraient été réprouvés de Dieu. L'Évangile nous en assure ; et voilà pourquoi l'on excommuniait ceux qui ne résistaient pas jusqu'à l'effusion de leur sang. Bien loin d'avoir égard à leur faiblesse, on les déclarait apostats, et on les retranchait comme des membres indignes de Jésus-Christ. Les martyrs qui triomphaient de la cruauté des bourreaux étaient seulement loués pour avoir fait leur devoir, et non pas plus que leur devoir. Si la crainte les eût fait succomber, au lieu des bénédictions que leur donnait l'Église, elle n'aurait eu pour eux que des foudres et des anathèmes. Mais quoi ! le commandement d'aimer Dieu allait-il donc jusque-là ? Oui, mes chers auditeurs ; et si nous nous en étonnons, c'est que nous n'avons pas encore commencé à connaître Dieu, ni à mesurer la perfection de son amour par la sévérité des lois du monde. Car, telle est la fidélité dont on se pique dans le monde à l'égard de son prince et de sa patrie. On se fait un devoir parmi les hommes d'être prêt à mourir pour des hommes, et non seulement on s'en fait un devoir, mais on érige ce devoir en point d'honneur. Nous voyons tous les jours des sages du monde sacrifier pour cela leur repos, leur santé, leur vie ; et parce que souvent ils ne s'y proposent que des vues humaines, ce sont des martyrs du monde : pourquoi donc trouver étrange que Dieu, du moins, en demande autant de ceux qui l'aiment, et que la charité ait ses martyrs comme le monde a les siens ?

« Cependant, chrétiens, s'il s'agissait de donner à Dieu ce témoignage de notre amour, y serions-nous disposés ? S'il fallait, au moment que je parle, ou le renoncer, ou mourir, trouverait-il encore dans nous des martyrs ? Dispensez-moi, chrétiens, de répondre à cette question, qui m'exposerait peut-être, ou à trop présumer de votre constance, ou à trop à me défier de votre lâcheté. Ce que je sais et ce que toute la théologie m'apprend, c'est, mes Frères, que si nous avons cet amour, qui est le grand commandement de la loi, sans autre préparation d'esprit et de cœur, nous sommes en état d'être des martyrs de notre Dieu ; et que s'il nous manque aussi quelque chose pour être les martyrs de notre Dieu, quoi que nous sentions d'ailleurs pour lui, nous n'avons pas encore cet amour qui nous est si expressément ordonné dans sa loi. Quelques-uns prétendent qu'il est dangereux de faire ces suppositions ; et moi je soutiens que ces suppositions ainsi faites, sont d'une utilité infinie. Pourquoi ? premièrement, pour nous donner une haute idée de l'excellence et de la grandeur du Dieu que nous servons ; en second lieu, pour nous inspirer, quand il est question de lui obéir, des sentiments nobles et généreux ; enfin, pour nous humilier et pour nous confondre, quand nous manquons à certains devoirs aisés et communs, puisque la charité nous impose de si grandes obligations.

« Mais ces suppositions vivement conçues peuvent porter au désespoir. — Oui, chrétiens, elles y peuvent porter ; mais, qui ? ceux qui comptent sur leurs propres forces, et non point ceux qui s'appuient sur les forces de la grâce, puisque, au contraire, rien n'est plus capable d'animer notre espérance, que la grandeur et la difficulté de ce commandement. Car il me suffit de savoir que Dieu m'oblige à cela, et que cela surpasse infiniment tout ce que je puis de moi-même, pour être assuré que Dieu, qui est fidèle, me donnera infailliblement des secours proportionnés à ce qu'il me commande. Et voilà ce qui soutient l'espérance chrétienne ; au lieu que de moindres préceptes, par leur facilité apparente, font souvent naître la présomption. Ah ! mes Frères, c'est maintenant que je conçois d'où vient l'efficace, ou, pour mieux dire, la toute-puissance de la charité divine. Quand on me disait autrefois qu'il ne fallait qu'un acte d'amour de Dieu pour effacer tous les péchés ; quand on m'alléguait l'exemple de Madeleine, qui, par ce seul acte intérieur, avait expié tous les désordres de sa vie ; quand on me citait les Pères de l'Eglise, qui conviennent que cet acte, s'il est sincère, a autant de vertu, pour justifier un pécheur, que le baptême et que le martyre : quoique je crusse ces vérités, parce que la foi les autorise, à peine les pouvais-je goûter, parce que je n'en pénétrais pas le secret. Mais à présent, ô mon Dieu ! je n'en suis pas surpris ; car il est bien juste, que puisque notre amour pour vous est une disposition au martyre, il ait autant de pouvoir que le martyre, et que puisqu'il embrasse toutes les promesses et toutes les obligations du baptême, il soit aussi sanctifiant et aussi purifiant que le baptême (1). »

Il faut avoir soin, ici, de ne pas tomber dans l'erreur, de bien concevoir l'exacte vérité sur ce premier degré de l'amour de Dieu ; sinon, on courrait risque de jeter le trouble et le désespoir dans les âmes.

---

(1) BOURDALOUE, *Sermon sur l'amour de Dieu.*

Remarquons bien que pour être dans ce premier degré d'amour de Dieu nécessaire au salut, il s'agit de la *disposition habituelle* de l'âme plutôt que de l'*acte* même. Il s'agit d'éviter *actuellement* le péché mortel, d'être prêt actuellement à mourir plutôt que d'offenser Dieu gravement, **autant que possible**, non sans crainte et sans tremblement de tomber.

Certes, saint Pierre avait le premier degré de l'amour de Dieu; il était dans la disposition que ce degré exige; cette disposition lui faisait dire : « Quand il me faudrait mourir avec vous, Seigneur, je ne vous renierai point. » Et cependant, dans l'*acte*, dans l'occasion et en présence du danger, il ne resta pas debout.

Quelles sont donc les dispositions actuelles qui doivent correspondre à cette question : « Etes-vous prêt *maintenant, en ce moment même,* à mourir plutôt que d'offenser Dieu gravement ? » Notre âme doit être disposée à pouvoir répondre : « Je l'espère, avec la grâce de Dieu. »

Dira-t-on que la loi de Dieu est bien sévère, en exigeant le sacrifice de la vie plutôt qu'une faute grave ?

Eh quoi ! des pères, des mères n'ont pas craint d'ouvrir leurs veines, de donner leur sang, leur vie pour leurs enfants; des enfants eux-mêmes n'ont pas hésité à en faire autant pour leurs parents; et l'on trouverait surprenante l'obligation d'être toujours dans la ferme disposition de verser son sang pour Dieu, le père créateur de tout amour paternel et filial! C'est ne rien comprendre à la notion de l'amour de Dieu.

Hélas ! combien nos sentiments sont éloignés de ceux des chrétiens des premiers siècles !

Sainte Agathe résista avec un courage invincible à Quintius préfet du pays, qui la pressait vivement de renier la foi pour adorer les dieux de l'empire et s'unir à lui. Mais elle résolut de mourir plutôt que de renier son Dieu et de perdre sa vertu. Elle répondit à Aphrodisie, méchante femme que Quintius lui avait donnée pour la débaucher, ces paroles toutes brûlantes de l'amour de Jésus : « Aphrodisie, tu veux donc me persuader de quitter Jésus-Christ, de vendre ma virginité ; mais ne pense pas avoir assez d'éloquence et d'artifice pour en venir à bout ; je ne prends pas ta langue pour la langue d'une femme, mais pour celle du démon qui parle en toi. Quitter Jésus-Christ ? Tu perds ton temps, Aphrodisie, car je veux que tu saches que je suis solidement fondée dans l'amour de mon Seigneur Jésus, et si fortement attachée au vœu de virginité que je lui ai fait, que j'espère avec son secours, que le soleil perdra sa clarté, son feu et sa chaleur, la neige sa blancheur avant que je change de volonté. Que ton Quintius aiguise ses fers, qu'il affame ses lions, qu'il allume ses feux, qu'il prépare tous ses supplices, qu'il ouvre même, s'il peut, toutes les portes de l'enfer pour amouter tous les démons contre moi, en dépit de tous ses efforts, je mourrai chrétienne et vierge. »

Quintius, averti par Aphrodisie de la constance insurmontable de la sainte, lui fit lui-même mille promesses et ensuite mille menaces ; il essaya tous les moyens pour la gagner. Elle lui répondit : « Quintius, tu me promets de me donner la vie, la santé, les biens, les plaisirs, mais je ne veux point d'autre vie, d'autre santé, d'autres biens, d'autres plaisirs que Jésus-Christ ; fais tes menaces à d'autres : une biche poursuivie par les chasseurs et brûlante de soif, ne désire pas plus ardemment une fontaine d'eau vive pour se rafraîchir, que je désire les tourments, afin de pouvoir m'unir par là à Jésus. Si tu veux me faire trancher la tête : la voici ; si tu veux me faire frapper de verges : voici mes épaules ; si tu veux me faire brûler : voici mon corps ; si tu veux me faire exposer aux bêtes : voici mes mains, mes pieds et tous mes membres ; brûle, coupe, déchire bien ce corps, tourmente-le comme tu voudras ; plus tu me feras souffrir, plus tu m'accableras de biens, puisque je n'en serai que plus aimée et chérie de mon cher époux Jésus. Que fais-tu ? Qu'attends-tu ? Pourquoi tardes-tu si longtemps ? » Enfin, l'Eglise dit de cette sainte qu'elle alla à la prison comme à un banquet délicieux ; elle s'y prépara à son martyre d'amour en remettant tout le succès entre les mains de Jésus-Christ.

C'est ainsi que sont morts des millions de martyrs, à la suite de Jésus lui-même, le roi de tous ; et c'est ainsi que nous devons être prêts à donner notre vie, s'il le fallait, plutôt que de trahir notre Dieu.

Une paysanne, depuis longtemps éprouvée par la maladie, avait l'habitude de réunir, pour la prière, ses onze enfants autour de son lit. Avant la prière, on lisait la *Vie des Saints*. Un soir, on avait lu la passion d'un jeune martyr, qui, au milieu des plus horribles tourments, était mort confessant joyeusement le nom de Jésus. Après la lecture, la mère s'écria d'une voix pleine de larmes : « O mes enfants, qui donc en ferait autant aujourd'hui ? » Les onze enfants se levèrent ensemble et répondirent : « Nous, mère, nous tous, avec la grâce de Notre-Seigneur. »

Telles doivent être les dispositions de tout chrétien.

Plutôt que de perdre l'état de grâce ou d'amour de Dieu, ne doit-on pas être du sentiment de ce démon qu'on interrogea sur ce qu'il ferait pour revenir à cet état qu'il avait perdu ? Il répondit : « S'il y avait une colonne de fer embrasée et rougie à blanc, tout entourée de rasoirs parfaitement aiguisés, et de pointes pénétrantes et très aiguës, et que j'eusse un corps humain, je n'hésiterais pas à monter sur cette colonne et à grimper autour d'elle, m'y cramponnant et gravissant à travers le tranchant de ces couteaux au feu dévorant, dussé-je y laisser tous les lambeaux de mon corps ; je ferais toujours de nouveaux efforts pour monter, persévérant dans cette horrible ascension jusqu'à la fin du monde, pourvu que j'eusse quelque espérance de pouvoir revenir à l'état de grâce d'où je suis tombé. »

La mort ! la mort mille et mille fois plutôt que la perte de Dieu !

Disons donc avec saint Anselme : « Si j'étais entre ces deux abîmes : d'un côté, l'enfer et ses feux ; de l'autre, le péché et son affreuse laideur, je me jetterais plutôt dans l'abîme de flammes et j'aimerais mieux y souffrir éternellement en gardant mon âme pure, que de jouir des délices du ciel en la souillant par le péché ; mais l'innocence ne peut tomber en enfer, ni le péché entrer au ciel. »

PRIÈRE

O mon Dieu ! je me sens pressé de vous dire avec votre Apôtre : « Qui me séparera désormais de l'amour de Jésus ? » Non, Seigneur, la crainte de la mort ne me séparera pas de vous, parce que vous êtes ma vie ; ni l'amour de cette vie, parce que je suis tout prêt à la perdre pour vous ; ni les puissances du ciel, parce que vous êtes plus puissant qu'elles ; ni les choses présentes, parce qu'elles passent ; ni les choses futures, parce que je n'aime rien en elles que vous seul ; ni la tribulation, parce que vous fortifiez mon âme ; ni les angoisses, parce que vous consolez mon cœur ; ni la faim, parce que vous êtes ma nourriture ; ni la pauvreté, parce que vous êtes ma richese ;

ni les périls, parce que votre main divine me soutient; ni les persécutions et les tourments, parce qu'ils me deviennent doux par votre amour; ni les vicissitudes de ce monde, ni les ruses de mes ennemis, ni mes propres misères, car, si vous êtes pour moi, ô mon Dieu! qui sera contre moi? Une seule chose me suffit, votre amour. Votre amour me tient lieu de tout : quand je vous aime, je suis fort, je suis patient, je suis doux, je crois, j'espère, j'attends tous les biens véritables et j'évite les seuls maux qui soient réellement à redouter.

HAINE DU PÉCHÉ

I

BLANCHE

Un rêve!... Je rêve que ma position aujourd'hui douce, mais pourtant sans éclat, devient tout à coup brillante au delà de toute imagination. Me voilà riche à ne savoir que faire de mes millions; noble, comme celles qui le sont le plus; étincelante d'esprit; incroyablement séduisante; tout cela ensemble par un coup de fortune : richesse, noblesse, grâce merveilleuse de la parole, irrésistible attrait, toutes ces choses, comme une pluie charmante sont tombées sur moi.

Je me donne l'âge que l'on veut avoir, quand on ne l'a pas encore et auquel on voudrait revenir, quand on ne l'a plus : vingt ans.

Je me suppose aimée comme personne n'est aimé, vivant dans une serre chaude d'affection, de dévouement tendre, de prévenante bonté. Parents, serviteurs, vieux et nouveaux amis, connaissances d'un jour, tout le monde est sous le charme : c'est comme une folie. On n'a qu'une pensée : me plaire; qu'un désir : me voir; qu'une crainte : m'affliger; qu'une joie : me gâter; qu'un souci : m'obéir.

Moi, je me laisse aimer. Je respire ce bouquet d'amour et de bonté. Je n'ai pas peur qu'il se fane. Non, l'idée ne m'en vient même pas. Je vois l'avenir se dérouler au loin, tout aussi limpide que le présent.

Maintenant, j'arrête mon rêve, et je me pose une question :

Que faudrait-il pour gâter tout ce bonheur ?

La perte de mes millions ? — Oh ! mon Dieu, non. On peut être heureuse sans millions. Je les perdrais même d'assez bon cœur. Je ne sais pourquoi ce seul mot : *mes millions* me cause une espèce de dégoût, d'effroi. Les millions ne serviraient qu'à mettre un petit nuage dans mon ciel. Je me dirais : « Si l'on m'aimait à cause d'eux ? »

Je veux qu'on m'aime à cause de moi.

Que faudrait-il pour gâter mon bonheur ?

Que j'aie moins d'esprit ? — A tout prendre, on peut être heureuse sans avoir énormément d'esprit. Avec beaucoup d'esprit, on peut très bien se faire détester. Je me suppose aimée, pourtant ; mais, quelquefois, l'esprit est un bourreau. L'imagination s'en mêle ; on se fait des idées folles, et d'une folie noire. Trop d'esprit, cela torture à la longue. Je ne voudrais pas être sans esprit ; mais je n'aspire point à la haute science.

Qu'est-ce donc qui gâterait mon bonheur ?

Je me suis rêvée noble, et d'une noblesse illustre : si je perdais mon grand nom, perdrais-je avec lui mon bonheur ?

— J'avoue que j'aime un noble nom, transmis comme un saint héritage, et tombé sans souillure, à travers de longs siècles, sur le front des lointaines générations ; celui qui l'a reçu des ancêtres avec le souvenir de leurs vertus et la mémoire d'un glorieux passé, s'il en est digne, a le droit d'en être fier ; mais un nom illustre est parfois un fardeau. J'aime aussi un nom modeste, venu comme un tranquille ruisseau jusqu'aux âges présents, et honoré, sinon des gloires qui se confondent avec les gloires de la patrie, du moins par les simples et graves vertus qui sont les gloires de l'homme, et je renoncerais sans peine à mon grand nom pour en prendre un, si humble soit-il, qui n'eût jamais cessé d'être allié dans le jugement des hommes, avec les mot d'honneur, de courage, de dévouement et de bonté.

Si je devenais laide, ou seulement *moins bien*, mon bonheur serait-il perdu ?

— Après tout, il y a *d'heureuses laideurs* : que je plaise à qui je veux plaire, et à qui je dois plaire, c'est assez ! Du reste, quand l'âme est belle, le visage ne réfléchit-il pas quelque chose de cette beauté ? La richesse du dedans s'appelle grâce au dehors.

Mais si on cessait de m'aimer ?

O mon Dieu, si, tout à coup, ceux qui m'aiment, cessaient de m'aimer ! si l'hiver se faisait autour de mon cœur ! si je devenais subitement indifférente à tous !... Oh ! quelle pensée !

— Mais cela même ne détruirait pas mon bonheur ; car alors que tous devraient cesser de m'aimer, il y a un amour fidèle jusqu'à la mort qui survivrait aux affections perdues et demeurerait debout au milieu de l'indifférence universelle : cet amour opiniâtre, c'est le vôtre, mon Dieu ! Vous m'aimeriez encore, et je vous aimerais, et dans ce pieux échange, vous ne laisseriez couler mes larmes que pour avoir le droit de les essuyer et pour m'apprendre à les trouver douces.

Il y a une chose qui soufflerait sur mon bonheur, et qui le renverserait plus irréparablement et plus sûrement que ne le ferait la perte de tous les biens rêvés par moi, même la perte de tout amour, et cette chose cachée aux yeux, je l'aperçois invisible à tout le monde, et connue de moi seule, petite comme un grain de poussière, faible en apparence comme un ver rongeur, pénétrante et insaisissable comme la plus mince épine, où donc est-ce que je l'aperçois ?. Dans mon cœur. Ce grain de poussière qui arrête tout, ce ver de terre qui rongerait tout, cette épine qui détruirait tout, cette petite chose devant laquelle tout s'anéantirait : richesse, esprit, beauté, noblesse, grâce, joie de se sentir aimée,... l'ai-je nommée ?

— **C'est un remords, c'est une faute grave.**

Oui, je sens que je suis ainsi faite : avec un remords dans mon cœur, point de bonheur possible. Suis-je bonne ou mauvaise ? je ne sais trop ; mais si j'avais clairement la conscience d'une mauvaise et honteuse action ; si je voyais en moi le mal, non pas impardonnable, mais impardonné, je n'y tiendrais pas : je ne cesserais de m'agiter et de me tourner dans ma tristesse, aussi longtemps que l'épine demeurerait enfoncée.

Dieu voit mon cœur; il sait qu'en cet instant je suis sincère. La mort m'épouvante ; elle est affreuse ! mais une vie souillée m'épouvante davantage. J'ai vu des lis dans leur fraîcheur : je les revis le lendemain jaunes et déchiquetés. Ce qui les avait jaunis et les avait rongés, c'était un horrible habitant grisâtre et terne, qui marchait sur leurs blancs pétales, comme une tache vivante. Si j'étais lis (j'espère être pure), j'aimerais mieux me dessécher sur l'heure que de sentir cette tache envahir et souiller mon âme.

J'aime ma blancheur, j'ai la passion de la blancheur ; c'est pourquoi plus je l'adore, plus je dois trembler, plus je dois craindre de la perdre.

« Plutôt la mort qu'une tache ! c'est ma devise. *Potius mori quam fœdari !* »

II

MADELEINE

O mon Dieu ! depuis de longues années, je vous offense et je souille ce cœur dans lequel vous vous êtes un jour regardé. J'ai traîné mon âme dans la fange. Je ne lui ai épargné aucune honte. Je lui ai fait boire jusqu'au fond le calice de l'infamie.

Mon âme était blanche comme un lis : je l'ai jeté dans la boue, ce lis que vous aviez fait pour vous.

J'ai tout profané. Je me méprise, la honte me suffoque ; quand je pense à ce que je suis, le rouge me monte au front ; quand je pense à ce que je fus, les larmes m'étouffent.

Je fus pure un jour comme ces jeunes filles ; et j'allais comme elles, habillée de blanc, m'agenouiller dans vos églises ; et aujourd'hui, et en ce moment, j'éprouve comme une soif ardente de cette innocence et de cette pureté : j'ai soif d'honneur, j'ai soif de vertu ! Pour retrouver l'honneur et la vertu de mes vingt ans, je donnerais ma vie et je verserais tout mon sang ! J'ai soif de pardon, pardon, pardon, mon Dieu ! Oh ! si l'on pouvait laver son âme avec des larmes !

Si j'osais, je poserais mes lèvres sur vos pieds cloués, ô mon Dieu ! et je les baiserais en demandant grâce. Mais je n'ose ! Comment poser sur vos pieds divins des lèvres comme les miennes ?

Si j'osais, je vous dirais ce qui se passe dans mon cœur. J'éprouve un dégoût que je ne puis exprimer, une horreur mortelle pour cette boue dans laquelle j'ai roulé mon âme, et en même temps, en vous regardant sur votre croix, en contemplant vos mains qui m'ont autrefois bénie, vos pieds que je crains de baiser, votre front qui avait mis, sur le mien en un autre temps, quelque chose de sa douceur et de sa pureté, je sens s'allumer en moi un amour dont, en mes meilleurs jours, je n'avais jamais ressenti si irrésistiblement les ardeurs.

Seigneur, vous savez tout : vous savez donc que je vous aime.

Vous savez aussi qu'au souvenir de mes fautes, je reste écrasée, et que, pour vous les faire oublier, s'il fallait mille fois mourir, je mourrais mille fois de bon cœur.

Est-il possible, mon Dieu, je vous le demande à genoux, que je retrouve un jour l'innocence de mes jeunes années ? Que je prenne part encore à vos fêtes ? Que je respire encore dans vos églises le parfum des fleurs et l'odeur de l'encens ?

Envoyez-moi l'épreuve, ô mon Dieu, envoyez-moi la souffrance ! Si la mort seule peut me purifier, envoyez-moi la mort ! J'accepte tout, je veux tout. J'accepte la pauvreté, s'il faut que je devienne pauvre; j'accepte la maladie, si c'est la maladie qui doit guérir mon âme ; j'accepte le mépris du monde, que je mérite; j'accepte la haine, si je vaux la peine qu'on me haïsse ; et, en retour de mon immolation, je ne vous demande qu'une grâce : celle de me laisser briser mon cœur, et de m'en laisser répandre, ô Jésus, les derniers parfums sur vos pieds !

L'ANGE DE BÉTHANIE A MADELEINE

Le diamant qui brille au front des reines est une chose rare et précieuse ; pour en faire conquête, des générations ont accumulé leurs efforts et dépensé leurs sueurs ; il a fallu que la terre, profondément déchirée, ouvrît aux hommes ses entrailles, qu'un peuple d'ouvriers y descendît, et que plus d'un parmi eux, victime d'une recherche opiniâtre, ne remontât jamais au jour. Ce fut une joie et un triomphe, quand un chercheur, plus heureux que les autres, découvrit enfin la pierre éclatante encore enfermée dans sa gangue ; pour lui donner son éclat, pour allumer en elle les feux dont elle brille, il fallut qu'elle passât entre les mains du lapidaire, et qu'elle fût taillée avec art par un habile ouvrier. Alors seulement, emprisonnée dans l'or, elle fut jugée digne d'être attachée sur un bandeau royal : parmi les hommes, ce caillou éblouissant est donc une chose rare et précieuse.

Mais ce n'est pas ce qu'il y a de plus précieux sur la terre. La perle que la piété des peuples attache d'une main émue sur la mitre des pontifes, ou fixe comme une rosée immobile sur l'or consacré des ciboires, est aussi une chose bien précieuse. Au péril de sa vie, le plongeur, pour s'en emparer, est descendu au fond des mers. Il a longtemps demandé aux flots : L'avez-vous bercée ? Aux coraux : L'avez-vous aperçue ? Aux tempêtes : Vers quels rivages l'avez-vous emportée ! — Et, quand il s'en fut emparé, revenu du fond des abîmes, il la vendit au poids de l'or, cette perle blanche, non seulement à cause qu'elle était perle, mais à cause qu'elle était blanche d'une parfaite blancheur.

C'est donc une chose rare et précieuse; mais ce n'est pas encore ce qu'il y a de plus précieux sur la terre.

Ce qu'il y a de plus précieux sur la terre, ô Madeleine, ce sont les larmes que tu verses.

Moi, Ange, je les ai vues : elles coulaient goutte à goutte sur tes joues ; elles y descendaient lentement, brillantes comme des diamants, pures comme des perles, plus précieuses que tous les diamants et que toutes les perles ensemble, et, attiré par elles, une urne d'or à la main, je suis venu jusqu'à toi.

Ah ! sans doute, malheur au vice effronté ! malheur au vice qui s'étale dans l'insolence d'une richesse souillée, et qui serre entre ses doigts la bourse qui vient de payer son infamie ! Malheur à ce vice, insulteur de la vertu fière, dont le front ne rougit jamais, dont les yeux ne se mouillent jamais, dont le cœur, à chacun de ses battements, ne se soulève pas de honte et de dégoût !

Mais quand une pauvre femme comme toi veut remonter, des profondeurs de la fange où elle était tombée, à la surface de la vie, quand elle redemande sa dignité perdue au Christ qui laverait toutes les âmes avec une seule goutte de son sang, malheur à qui la repousserait !

O Madeleine ! S'il est de l'homme de tomber, il est de l'ange de se relever. Si tu veux t'en convaincre, ouvre un livre que tu n'as point ouvert depuis ton enfance ; ouvre l'Évangile, et lis avec moi la page que je t'y montre.

« Ayant su que Jésus dînait dans la maison de Simon, une femme, une pécheresse de la ville, entra, portant un flacon d'albâtre rempli de parfums.

« Elle se tenait derrière Jésus, près de ses pieds ; et elle commença de les arroser de ses larmes, et elle les essuyait de ses cheveux et elle les couvrait de baisers, les baignait de parfums.

« A cette vue, Simon le Pharisien, qui avait invité Jésus, se prit à penser : S'il était prophète, il saurait qui est cette femme qui le touche, ce qu'elle est : une pécheresse.

« Répondant à sa pensée, Jésus lui dit : « Simon, j'ai quelque chose à te dire.

« — Maître, parlez.

« — Un créancier avait deux débiteurs : l'un lui devait cinq cents deniers, l'autre cinquante.

« Comme ils n'avaient pas de quoi le payer, à chacun il fit remise de sa dette. Lequel des deux débiteurs aime davantage le créancier?

« Simon répondit : « Celui, je suppose, à qui a été fait remise de la plus grosse dette.

« — Bien jugé, reprit Jésus.

« Puis se tournant vers la femme et parlant toujours à Simon : « Tu vois cette femme, continua-t-il ; je suis entré dans ta maison : tu ne m'as pas donné d'eau pour me laver les pieds. Elle, de ses larmes les a arrosés et de ses cheveux les a essuyés.

« Tu ne m'as pas donné de baiser. Elle, depuis son entrée, n'a cessé de me baiser les pieds.

« Tu n'as pas versé d'huile sur ma tête. Elle, sur mes pieds, a répandu ses parfums.

« C'est pourquoi, je te le déclare, beaucoup de péchés lui sont remis, parce qu'elle a beaucoup aimé.

« *A moins d'amour, moins de pardon.* »

Pleure, Madeleine ! laisse couler tes larmes et laves-y ton cœur.

Toutes larmes de plus, sont des taches de moins.

Mais répands-les sur des pieds qui soient dignes de les recevoir. Baise ces pieds et purifie tes lèvres en les baisant.

Mets-toi à genoux, et brise ton vase d'albâtre. Tu le demandais à Dieu comme une grâce : il t'en fait un devoir. Verse, verse *tes derniers parfums*. Les derniers parfums du cœur sont les parfums *d'un grand prix*. L'expiation acceptée, la haine d'un passé dont tu rougis, le désir d'immolation qui déjà s'allume dans ton âme, l'instinct qui te fait appeler la pénitence, le besoin d'une pureté sans tache qui te dévore à cette heure de renouvellement, et, par-dessus tout, l'amour de ce Jésus si longtemps offensé, ne sont-ce pas là des parfums d'un grand prix? Laisse donc se mêler et se répandre ensemble tes larmes qui sont déjà un parfum. Quoi de plus précieux que les larmes! *Quand Dieu voit une âme à travers une larme, cette âme est sauvée.* Je ne te dis point encore : Beaucoup de péchés te seront remis, parce que tu as beaucoup aimé : tu n'as point encore assez aimé ; mais déjà tu aimes, et déjà tu es pardonnée. Aime beaucoup et tu seras beaucoup pardonnée. Plus ton amour sera grand, plus le pardon sera généreux, et plus le pardon sera généreux, plus l'amour deviendra grand. C'est un cercle divin dans lequel ton cœur est enfermé ; l'amour appelle le pardon, le pardon fait croître l'amour. A celui qui aime beaucoup, beaucoup de péchés lui sont remis ; celui à qui on remet beaucoup de péchés, aime d'autant plus qu'on les lui remet davantage. C'est pourquoi ta dette étant plus grande, tu aimeras, toi, plus que les autres, et tu *feras douter* si ton innocence est l'innocence recouvrée ou l'innocence conservée.

Les autres ne penseront pas à laver les pieds de Jésus ou les laveront avec une eau commune ; toi, Madeleine, tu les laveras avec une eau venue de ton cœur, et tombée goutte à goutte de tes yeux. Les autres essuieront ses pieds bénis avec un linge ; toi, Madeleine, tu les sécheras avec tes baisers, et tu les essuieras avec la soie déroulée de tes cheveux. Les autres répandront peut-être sur la tête du Christ, des parfums vulgaires ; toi, tu répandras non sur sa tête, mais sur ses pieds encore, déjà lavés par tes larmes et essuyés par tes lèvres, des parfums d'un grand prix, et tu feras servir ce qui était le luxe de tes crimes, au luxe de ton repentir. Car « celui à qui on a remis beaucoup, aime beaucoup ». Voici le mot qui doit désormais régler ta vie entière : *Il faut que tu aimes beaucoup.* Es-tu vraiment prête à tout supporter? Es-tu prête aux renoncements suprêmes, qui, un jour peut-être, te seront demandés? Si tu n'es point prête, tu n'aimes pas encore comme il faut aimer ; mais alors même que tu n'aurais qu'un faible amour, Dieu aujourd'hui s'en contente. Il est déjà prêt, lui, pour le pardon. Va le trouver.

Va le trouver, Madeleine, celui dont Isaïe, le prophète aux lèvres purifiées par le feu des autels célestes, disait *qu'il n'achève pas le roseau à demi brisé et qu'il n'éteint pas la mèche fumant encore.* Elle est ce roseau, l'âme qui a vécu longtemps dans le mal ; elle a perdu la foi, la confiance, la charité toute-puissante, le courage invincible, les sereines et les chastes vertus. C'est un roseau, et c'est moins qu'un roseau : c'est un roseau brisé, car le péché brise les âmes en les séparant violemment et brutalement de Dieu. Jésus passe près de ce roseau à demi mort. Que va-t-il faire ? Va-t-il l'écraser ? Un pharisien le ferait, un pharisien eût écrasé Madeleine aux pieds du Christ et la femme adultère dans le temple. Mais Jésus, non ! Jésus se penchera vers le roseau, au besoin il se mettra à genoux près de lui, dans la poussière du chemin. Il attachera soigneusement ses morceaux disjoints avec des fils tirés de son cœur, les fils de sa tendresse et de sa compassion. Il lui donnera un support et il attendra patiemment penché sur cette pauvre âme, comme une mère sur le berceau d'un enfant, les fruits de sa merveilleuse industrie.

Mais regarde encore cette âme, à laquelle ressemble la tienne : c'est une lampe qui s'éteint et ce n'est plus que par éclair qu'elle jette, de temps à autre, à travers une colonne de fumée, de vives et fugitives étincelles. Si le monde passait par là, il achèverait cette triste lampe, car le monde n'aime point les âmes, même celles qu'il a perdues, et il n'a pas de plus grande joie, ni de joie plus cruelle que d'éteindre en jouant *la lampe qui fume encore.* Mais Jésus n'est point le monde, et, goutte à goutte, prudemment, avec une attentive et divine bonté, il verse et mesure au cœur qui allait expirer et qui se ranime, l'huile de sa douceur, de son pardon et de sa charité.

Va trouver Jésus, jette-toi et demeure à ses pieds pour écouter sa parole et y puiser une vie nouvelle. Oui, *une vie nouvelle* : tu vas recommencer la vie. Un de tes frères s'écriait un jour : *On va si bien quand on commence!* Cela est vrai, mais quand on *recommence*, on va mieux. On va plus loin, et, quand on a du cœur, Madeleine, on va jusqu'au bout, c'est-à-dire jusqu'au ciel, en passant, s'il le faut, par le martyre.

.˙.

« Non, non, chastes larmes de la pécheresssse convertie, cheveux flottants sur les pieds du Sauveur, baisers doux et amers de la pénitence, parfums répandus sur la chair sans tache du Dieu-homme, non, vous n'êtes pas restés stériles ! Des générations sont venues à la trace de cet ineffable commerce entre le péché et la justice, la mort éternelle et la vie éternelle. D'autres Maries se sont levées de la couche du vice, elles ont de siècle en siècle abordé les pieds encore humides du Sauveur, elles y ont pleuré à leur tour, elles y ont, à leur tour, attaché les nœuds de leurs chevelures, elles y ont offert les baisers d'une pudeur acquise dans le remords, et versé le parfum demeuré au fond du vase où la première Marie l'avait déposé.

« Le monde l'a vu. Ennemi de la pudeur qui lui résiste, il n'a pu refuser son admiration à la pudeur qui renaît de ses cendres ; et, tout aveugle qu'il est, il a compris pourquoi Jésus, voulant se choisir des amis sur la terre, avait appelé la pécheresse, après avoir élu la chasteté de saint Jean, et il a pardonné à l'homme qui prononça sur une femme perdue cette adorable absolution : *Beaucoup de péchés lui sont remis parce qu'elle a beacoup aimé.*

« O mon Dieu ! vous êtes Dieu, car votre parole a créé des vertus, votre amitié pour une pécheresse a créé des saints.

. . . .

« Il ne faut qu'une larme pour remonter au ciel ; il ne faut qu'un regard pour retomber dans l'abîme...

« L'innocence est une goutte d'eau dans le monde ; le repentir est l'océan qui l'enveloppe et le sauve.

« Quel vase habité par une âme d'élite n'a pas reçu du ciel la goutte d'absinthe qui doit le purifier (1) ?...»

§ IV

LE PROGRÈS DE L'AMOUR DE DIEU CONSISTE DANS LA VOLONTÉ FERME ET CONSTANTE DE LUI PLAIRE ET DE NE PAS L'OFFENSER MÊME LÉGÈREMENT.

(Eviter le péché véniel.)

Le péché véniel est un dérèglement de pensée, de parole, d'action ou d'omission, contraire à la loi de Dieu, mais qui n'est point assez grave pour nous faire encourir la disgrâce du Seigneur et nous mettre au rang de ses ennemis. Il y a dans cette faute tout ce qui constitue un péché véritable : Dieu qui commande, l'homme qui désobéit à ce commandement. Le péché véniel ne met pas l'homme en dehors du chemin qui conduit à Dieu, mais il est pour lui un obstacle, un moment d'arrêt sur ce chemin.

Le péché mortel, comme son nom l'indique, donne la mort spirituelle à l'âme, mais le péché véniel ne lui donne pas la mort ; il est pour elle une **maladie**.

---

(1) LACORDAIRE.

Ce que les maladies opèrent dans le corps, le péché véniel le produit dans l'âme.

Il est une lèpre qui la défigure, une boue infecte qui souille son manteau royal. C'est un cancer qui en ronge peu à peu les vertus. C'est une paralysie qui lui ôte toute activité pour le bien ; une hydropisie qui la laisse de plus en plus altérée des biens périssables ; une gastrite qui la dégoûte des saintes pensées, sa propre nourriture ; une podagre qui l'empêche de cheminer dans la voie de la perfection ; un asthme qui arrête la prière, sa respiration naturelle. C'est une surdité aux divines inspirations ; une cécité qui ne lui permet point de contempler parfaitement les éternelles vérités ; une phtisie qui l'affaiblit et la jette dans la langueur.

Ce que nous craignons le plus dans les maladies corporelles, c'est qu'elles nous prédisposent à la mort et nous y conduisent plus ou moins promptement.

Le péché véniel prédispose l'âme à la mort comme les maladies y prédisposent le corps, en l'affaiblissant ; la faiblesse expose naturellement aux chutes graves.

Il faut distinguer entre le péché véniel et l'habitude de ce péché : « Nous ne pouvons jamais être du tout purs des péchés véniels, dit saint François de Sales, au moins pour persister longtemps en cette pureté ; mais nous pouvons bien n'avoir aucune *affection* aux péchés véniels. Certes, c'est autre chose de mentir une fois ou deux de gaieté de cœur en chose de peu d'importance et autre chose de se plaire à mentir, et d'être affectionné à cette sorte de péché. »

C'est surtout cette affection aux péchés véniels, c'est-à-dire l'*habitude* de les commettre, qui conduit au péché mortel.

Saint Augustin nous rapporte de sa mère, sainte Monique, un exemple qui fait clairement voir que l'habitude des petites fautes conduit insensiblement à de plus grandes.

« Malgré les précautions dont elle était entourée, écrit-il, elle s'était laissé peu à peu entraîner à la passion du vin, comme ses confidences maternelles me l'ont appris. En effet, lorsque ses parents, se fiant à sa sobriété, la chargeaient d'aller, selon l'usage, puiser le vin dans la cave, elle ne pouvait s'empêcher, après avoir plongé le vase pour le remplir et avant de le verser dans la bouteille, d'approcher ce vase du bord de ses lèvres pour en avaler quelques gouttes, mais jamais davantage, parce que la délicatesse de son goût s'y opposait. Ce n'était point encore chez elle une passion prononcée pour cette liqueur; elle obéissait à un de ces mouvements impétueux que l'enfance ne peut maîtriser, qui éclatent en elle par de folles saillies. Mais comme *celui qui méprise les petites choses tombe peu à peu dans les grandes*, il arriva que, ajoutant quelques gouttes à ce qu'elle avait bu la veille, elle avait contracté l'habitude du vin, et avait fini par vider avec délices des coupes presque pleines. Une servante, qui l'accompagnait ordinairement à la cave, s'étant prise de querelle avec elle, lui reprocha amèrement son vice, en l'appelant *buveuse*. Ce fut pour elle comme un coup d'aiguillon; elle envisagea avec horreur l'habitude honteuse qu'elle avait contractée et se promit bien de la perdre (1). »

Prenons la résolution d'éviter le péché véniel, et à ceux qui tenteraient d'atténuer la délicatesse de notre conscience, faisons la réponse de Marie-Thérèse, épouse de Louis XIV. Etant tombée dans une faute qu'elle se reprochait avec amertume, on voulut la rassurer en lui disant que sa faute n'était que

---

(1) *Conf.*, I, IX, c. 8.

vénielle. « Il n'importe, répondit elle en pleurant, elle est mortelle pour mon cœur. »

PRIÈRE (1).

O Jésus, ne me demandez plus mon cœur, je vous l'ai donné depuis longtemps, mais maintenant je veux le Vôtre; oui, je veux votre Cœur divin, ô mon Jésus! autrement je meurs de douleur ici à vos pieds. Veuillez tenir vos promesses; vous avez dit: « Ma fille, donne-moi ton cœur et je te donnerai le mien. » Eh bien, j'ai rempli la condition, je vous ai donné mon cœur; il est impur, je le sais; il est couvert de nombreuses taches, mais vous le purifierez dans le feu sacré de votre amour.

O Marie, ma Mère! dites à Jésus de me donner son Cœur au plus tôt; oui, oui, je veux son Cœur; il me doit son Cœur, parce que je lui ai donné le mien dès ma plus tendre enfance.

§ V

LA PERFECTION DE L'AMOUR DE DIEU ET PAR CONSÉQUENT SON MÉRITE, CONSISTE DANS LA VOLONTÉ FERME ET CONSTANTE DE NE PAS L'OFFENSER EN AUCUNE MANIÈRE ET DE LUI PLAIRE EN TOUTES CHOSES, EN SANCTIFIANT OU SURNATURALISANT, AUTANT QUE POSSIBLE, TOUTES SES AFFECTIONS, TOUTES SES ACTIONS, TOUTES SES PEINES OU SOUFFRANCES, C'EST-ADIRE EN AIMANT, EN TRAVAILLANT, EN SOUFFRANT EN DIEU, SELON DIEU, ET POUR DIEU, EN UNION ET PAR AMOUR DE JÉSUS.

(Éviter les imperfections.)

Pour que nos *affections*, nos *actions* et nos *peines* soient des *œuvres parfaites*, c'est-à-dire des œuvres

---

(1) Prière d'une pauvre fille, simple et naïve, dont toute la vie fut un perpétuel sacrifice à Dieu.

agréables aux yeux de Dieu et dignes de la récompense éternelle, *trois conditions* sont absolument requises.

Il faut qu'elles soient ordonnées, faites, souffertes « en Dieu, selon Dieu, pour Dieu ».

1º **En Dieu**, c'est-à-dire en état de grâce. De même qu'un cadavre ne peut rien produire de vivant, ainsi, une âme en état de mort spirituelle, c'est-à-dire en état de péché mortel, ne peut rien produire de vivant pour la vie éternelle.

On ne dit donc pas que toute action bonne en elle-même, comme la prière, l'aumône, etc... quoique faite en état de péché, soit absolument inutile ; elle n'est pas méritoire de la récompense éternelle, mais elle n'est pas entièrement inutile au salut ; toute bonne œuvre peut attirer des grâces de contrition, de conversion du péché. Ce que l'on prétend donc, et ce qui est certain, c'est que les actions faites en état de péché mortel ne peuvent mériter la récompense éternelle ; elles ne peuvent mériter la vie éternelle, puisqu'elles n'ont pas le terme de cette vie, qui est la vie de la **grâce**. C'est pourquoi on les appelle des *œuvres mortes,* elles ne donneront jamais aucun droit à la couronne de la vie éternelle.

2º **Selon Dieu**, c'est-à-dire selon l'ordre de sa volonté, en conformité avec sa volonté.

Il est certain que Dieu ne peut récompenser une affection, une action, une souffrance ordonnée, faite et endurée contrairement à sa volonté. Il ne peut récompenser le mal, le péché proprement dit.

3º **Pour Dieu**, c'est-à-dire en vue de Dieu, pour lui obéir, pour lui plaire, par amour de lui, pour sa plus grande gloire, en un mot, par un motif qui se rapporte à lui. C'est ce que l'on peut exprimer en un seul mot, en disant que pour être méritoires de la vie éternelle, nos affections, nos actions et nos souffrances doivent être *surnaturelles*, non pas seulement quant à leur principe, mais aussi quant à leur fin ou but.

Cette troisième condition du mérite des œuvres est aussi absolument nécessaire que les deux premières. Il est évident que Dieu ne peut récompenser ce qui n'est pas inspiré par son amour, ce qui n'est pas fait pour lui, ce qui ne lui est pas rapporté en aucune manière, c'est-à-dire ni directement ou explicitement, ni implicitement au moins, par la volonté générale de ne pas l'offenser, de lui plaire en toutes choses.

Toute action morale qui se produit au dehors renferme deux actes : l'*acte intérieur*, qui procède du fond de la volonté, et l'*acte extérieur*, qui est l'exécution de l'autre par la force des facultés de l'âme et du corps. Chacun de ses deux actes a son objet distinct puisque la volonté peut se proposer autre chose que ce qui peut s'exécuter au dehors.

La valeur de l'action extérieure dépend donc de l'intention de la volonté ; telle intention, telle action : la bonne intention ne justifie pas tout, mais la mauvaise intention suffit pour tout corrompre. Une action naturellement bonne en elle-même demeure telle si elle est faite dans une intention *naturellement* honnête ; mais pour qu'elle soit méritoire de la vie éternelle, il faut au moins qu'elle soit rapportée à Dieu directement ou indirectement, explicitement ou implicitement au moins. Il faut au moins qu'elle soit faite avec l'intention de lui obéir, d'observer sa loi.

« Effectivement, si l'écu n'est de bon or, s'il n'a son poids, s'il n'est battu au coin légitime, on le rejette comme non recevable. De même, si une œuvre n'est de bonne espèce, si elle n'est ornée de charité, si l'intention n'est pieuse, elle ne sera point reçue entre les bonnes œuvres (1). »

Une action qui n'est nullement rapportée à Dieu, ni directement, ni indirectement, si bonne soit-elle en elle-même, est une œuvre trop *imparfaite, incomplète* pour être digne de la récompense éternelle.

L'imperfection dans les actions n'est pas péché, parce qu'elle n'est pas comme celui-ci une violation de la loi de Dieu, mais elle est un défaut qu'il faut soigneusement éviter, parce qu'il nous enlève toujours une partie du mérite de nos œuvres.

S'il n'y a que le *corps* des actions, il n'y a rien pour Dieu ; c'est l'*âme,* c'est-à-dire, l'intention ou le motif, par lequel elles lui sont rapportées, qui détermine principalement leur valeur.

Sans l'intention, l'action n'est qu'une écorce, un fantôme, un corps sans âme et sans vie. Si Dieu n'en est pas le motif et le but, il ne peut l'avoir pour agréable, il ne peut la récompenser.

Il n'est pas d'action, si petite qu'elle soit, qui relevée par la droiture de l'intention et la pureté du motif, ne soit grande et précieuse devant Dieu ; au contraire, point d'action, quelque grande, quelque relevée qu'elle paraisse en elle-même, qui destituée du motif pur et de l'intention droite, ne soit vile et méprisable à ses yeux.

Dieu récompense les actions au poids de la pureté d'intention. Celle-ci est appelée une *alchimie céleste* qui change le fer en or, c'est-à-dire, que les choses les plus communes et les plus ordinaires, faites pour plaire à Dieu, deviennent des actes d'amour divin.

---

(1) SAINT FRANÇOIS DE SALES.

L'intention de la volonté est donc véritablement l'âme de nos actions, de telle sorte qu'on peut dire : *telle intention, telle action.*

« Chers Frères, disait un jour un pieux abbé qui se trouvait à table, laissez-moi vous raconter un songe que j'ai eu cette nuit. J'étais assis avec trois Frères, à une table, mangeant notre pain du soir. Dans la bouche du premier, ce pain sec se changea en miel ; dans la bouche du second, il resta ce qu'il était ; et dans celle du troisième, il devint du poison. D'où venait donc cette triplicité de goûts ? »

Les religieux, ne pouvant deviner la signification du songe se turent. L'abbé prenant la parole, leur donna l'explication suivante : « Le premier avait mangé son morceau de pain avec piété et reconnaissance ; le second l'avait mangé avec indifférence sans penser à Dieu ; le troisième l'avait mangé avec mécontentement bien consenti, en murmurant et en se plaignant secrètement. »

Le premier accomplit une *œuvre parfaite*, digne en tout point de la récompense éternelle.

Le second accomplit une *œuvre imparfaite*, n'ayant que le mérite dû à la volonté générale de servir Dieu.

Le troisième commit une faute, car loin de sanctifier son action, il offensa Dieu en maugréant contre sa divine volonté.

Il en est ainsi de toute bonne œuvre.

Faire l'aumône par amour de Dieu, parce qu'il l'ordonne, c'est accomplir une œuvre parfaite, c'est-à-dire un acte de *vertu surnaturelle* et par conséquent digne de la récompense éternelle.

Faire l'aumône sans songer à Dieu, par pitié naturelle, parce que la misère du prochain attire notre compassion, est, en soi, un acte de *vertu naturelle* qui, comme tel, ne mériterait pas la récompense éternelle, mais qui, en réalité, de fait, devient *surnaturel* et pareillement digne de la récompense céleste, s'il est accompli en état de grâce, avec l'intention générale de servir Dieu. Mais il n'a pas le mérite de l'*intention actuelle*.

Faire l'aumône par vanité, est un péché.

Jésus apparut un jour à sainte Catherine de Sienne lui montrant, sans rien dire, une belle grappe de raisin qu'il tenait en ses mains divines.

— Qu'est-ce que cela, mon doux Seigneur? dit la sainte.

— Ce sont tes œuvres, lui répondit Jésus, regarde et vois si tous les grains de ta grappe sont ce qu'ils devraient être.

Regardons, nous aussi, la grappe de nos œuvres. N'y en a-t-il pas beaucoup de gâtées, beaucoup de tachées et rabougries?

Les grains tachés et rabougris, dit Mgr de Ségur, ce sont les œuvres bonnes, mais imparfaites, où il s'est mêlé de la vanité, de la dissipation.

Les grains gâtés, ce sont les œuvres mauvaises, les œuvres faites contre la volonté de Jésus, par orgueil ou par lâcheté, ou par emportement.

Les beaux grains, les grains bien ronds et bien dorés, ce sont les œuvres parfaites, les œuvres faites en Jésus, selon Jésus, pour Jésus.

.˙.

Il nous est maintenant facile de bien saisir la juste notion de la perfection chrétienne. Ce qui la caractérise, c'est d'aimer, d'agir *en Dieu, selon Dieu, pour Dieu en toutes choses ;* c'est la vie, l'amour, la recherche de Dieu en tout et *toujours ;* c'est non seulement l'exclusion de tout désordre, de tout péché dans l'âme, mais aussi des imperfections autant que possible. C'est la sanctification, la surnaturalisation de ses affections, de ses actions, de ses peines, au plus haut degré possible.

Pour préciser d'une manière exacte la juste notion de la perfection, il est d'une importance capitale de bien distinguer ce qui est de *précepte* ou d'obligation et ce qui est de *conseil*; de ne pas confondre l'*imperfection* avec l'*omission* d'une chose simplement conseillée.

Dieu parle à l'âme sous la forme rigoureuse du commandement ou sous la forme insinuante du conseil.

Le *précepte* ou commandement s'impose sous peine de péché: de péché mortel si le précepte est grave, de péché véniel, s'il est léger.

Le *conseil* n'est pas un ordre, mais une délicate invitation; en résistant on ne pèche pas; en accédant on fait mieux, mais il n'y a aucune trace de mal à ne pas faire une chose conseillée.

L'*imperfection* n'est ni l'omission d'une chose imposée sous peine de péché, ni l'omission d'une chose de conseil: elle est, comme nous l'avons dit, un défaut de rectitude et de beauté qui empêche une action d'être parfaite, achevée.

Cela étant, penser ou supposer que la perfection chrétienne, en elle-même, implique essentiellement le sacrifice des satisfactions ou des choses permises, est une erreur absolue. La perfection exige de régler, de sanctifier ou surnaturaliser les satisfactions, l'usage des choses permises.

Par exemple, il n'y a aucune imperfection à faire un excellent repas. S'imposer une mortification, se priver d'un mets, de dessert, est un acte d'un mérite spécial, mais un acte libre, nullement obligatoire dans le cas supposé. Ce qu'il y a ici d'obligatoire, c'est de régler, de sanctifier ou surnaturaliser l'action en agissant pour la gloire de Dieu.

On ne doit pas manger pour le plaisir de manger comme un épicurien; on ne doit pas non plus simplement manger pour vivre, comme un bon philosophe païen; mais on doit manger parce que Dieu le veut, et comme il le veut, c'est-à-dire pour travailler à sa gloire et pour le salut de soi-même : cela seul est chrétien.

« Soit que vous mangiez, soit que vous buviez, soit que vous fassiez autre chose, faites tout pour la plus grande gloire de Dieu, » dit l'Apôtre. Il ne dit pas de ne pas manger et de ne pas boire; mangez et buvez, cela n'est pas contraire à la perfection, mais en le faisant, faites-le pour la plus grande gloire de Dieu; l'essentiel est d'agir avec cette première intention. Il ne faut pas que le plaisir ni le besoin du boire et du manger soient le mobile dominant, l'intention principale, ni surtout finale de l'action, car c'est en cela qu'est l'*imperfection*. Il faut que l'action *naturellement* bonne en elle-même soit rendue *surnaturelle*, qu'elle ait été offerte à Dieu implicitement au moins par une intention générale, par une offrande commune de toutes ses actions.

.⁎.

De ce qu'il y a une différence totale entre le *précepte* et le *conseil*, de ce qu'il n'y a aucun péché, aucun mal à ne pas faire les choses conseillées, il ne faudrait pas conclure que leur pratique ne nous est nullement ou jamais nécessaire.

La pratique des conseils de l'Évangile, la privation des choses permises, de temps en temps, est nécessaire à l'âme pour ne pas être en danger de sortir des limites des commandements de Dieu. Pour se maintenir en état de grâce, pour se maintenir dans l'amour de Dieu, il est moralement nécessaire de pratiquer, de temps en temps, les choses qui sont de conseil, afin d'obtenir cette fin. Celui qui ne se mortifie jamais, c'est-à-dire qui ne se prive jamais d'aucune satisfaction permise, celui-là finit presque infailliblement par faire une chute grave, par perdre la grâce de Dieu. Notre nature ayant été viciée, corrompue, affaiblie par le péché, a besoin d'être stimulée dans la voie du bien pour s'y maintenir. Pour redresser un bâton courbé, on le plie en sens contraire ; ainsi, pour mettre notre nature dans la pleine voie du bien, il faut l'obliger à faire parfois au moins, sinon souvent, plus que le strict devoir.

D'ailleurs, nous savons que la pénitence est une loi divine qui oblige tous les chrétiens, et que l'Eglise, interprète de cette loi, leur impose, sous peine de péché, plusieurs pénitences annuelles. Tout chrétien doit expier parce qu'il est pécheur.

Mais on peut et on doit s'efforcer aussi de pratiquer les choses de conseil pour mériter davantage. Il y a un grand mérite à se priver parfois des satisfactions permises.

.*.

En résumé : **tout en Dieu, tout selon Dieu, tout pour Dieu** : telles sont les trois conditions de la sanctification de notre vie, c'est-à-dire de nos affections, de nos actions et de nos peines.

La troisième condition, à savoir : aimer, agir, souffrir pour faire la volonté de Dieu, principalement par amour de lui-même : voilà celle qui surtout augmente indéfiniment notre perfection ou notre mérite éternel.

Au lieu de nous regarder comme notre propre centre, et de tourner sans cesse autour par nos pensées et par nos désirs pour les y rapporter, nous devons sortir de nous-mêmes, pour n'y jamais rien rapporter. Nous devons éviter de faire de notre cœur comme un lac restreint en lui-même ; il faut qu'il soit plutôt comme une vaste mer d'où sort, à grands flots précipités, le fleuve de nos pensées, de nos désirs, de nos affections, de nos joies, de nos projets, coulant sans cesse vers Dieu, l'Océan, source et fin dernière de toutes choses. L'amour divin, selon la pensée de saint Augustin, est en effet comme un grand fleuve qui coule toujours avec rapidité et qui va se précipiter et se perdre dans le sein de Dieu. Il faut que toutes les affections que nous avons pour les créatures se jettent dans ce fleuve comme autant de ruisseaux, pour en grossir les eaux par leur aboutissement à l'amour divin. Cet amour ne peut souffrir qu'ils se répandent ailleurs, ni qu'ils coulent hors de son lit. Il ne peut permettre que nous concevions la moindre pensée, que nous formions le moindre désir, que nous fassions la moindre action qui ne tende à Dieu, au moins implicitement, comme à sa fin ou son but. Détourner ailleurs quelqu'un de ces ruisseaux par des affections qui ne peuvent lui être rapportées, c'est diminuer ses eaux et retarder injustement son cours.

Il veut que tous les moments de notre vie soient fidèlement employés à sa gloire, et que nous n'en laissions écouler aucun qui ne tende vers lui. Si nous avons de l'attrait pour quelqu'autre objet ; s'il nous vient dans l'esprit quelqu'autre chose qui nous paraisse aimable, il faut que cela soit entraîné par la rapidité de ce fleuve divin, vers celui où nous porte l'impétuosité de notre amour.

Voyons si nous réalisons la **troisième condition** de la perfection ou du mérite de nos œuvres.

Voyons successivement si nous *surnaturalisons* dans leur *but*, nos *affections* (vie, santé, amitiés, richesses, plaisirs de la nature, honneurs et dignités), nos *actions* et nos *peines*.

Aimons-nous la vie, la santé, notre prochain, nos amis, les richesses, etc., *pour Dieu, par amour de Dieu* ?

Vie.

Aimons-nous la vie d'un amour *surnaturel* ?

Elle est de toutes les choses sensibles, celle qui nous est naturellement la plus chère, parce qu'elle est le fondement de tout le reste. Mais sont-ils nombreux ceux qui peuvent se vanter de l'aimer uniquement pour Dieu, sans aucun retour de leur amour-propre ? Le commandement divin n'exige point qu'il nous soit tout à fait indifférent de vivre ou de mourir ; mais si nous avons plus de penchant pour la vie que pour la mort, il faut que ce désir soit absolument subordonné à la volonté de Dieu. Il faut être disposé à lui remettre le dépôt de la vie, à toute heure et sans résistance, sans souhaiter de la prolonger une seconde de plus qu'il ne l'a ordonné.

Sont-ils nombreux ceux qui se trouvent dans cette situation ? Les soins exagérés et les mouvements inquiets que nous nous donnons sans cesse pour la conservation de notre vie ; la crainte et le trouble désordonnés dont nous sommes saisis lorsqu'elle est en quelque danger ; le désir violent que nous éprouvons de ne pas mourir si tôt et de vivre encore au moins quelques années : tout cela marque évidemment que nous l'aimons plus par amour-propre que par amour de Dieu, puisque nous envisageons autre chose que sa volonté et sa gloire dans l'attachement que nous y avons.

Il est vrai qu'il se trouve beaucoup de personnes qui n'ont point d'attachement désordonné pour la vie, et qui même souhaitent la mort ; mais encore dans ces personnes, très souvent le désir de mourir est encore quelque peu un effet de l'amour-propre, comme le désir de vivre l'est dans les autres, parce qu'elles ne souhaitent la mort que pour se délivrer des peines et des misères de cette vie, et non pas tant pour procurer la gloire du Seigneur ou pour accomplir son adorable volonté.

Toutefois, il ne faut pas comprendre dans le nombre de ces personnes, celui de ces âmes pures et toutes brûlantes de l'amour divin, lesquelles, bien que soumises à la volonté du Seigneur pour demeurer dans ce lieu d'exil ou pour en sortir, souhaitent néanmoins avec ardeur leur délivrance, afin d'aller jouir dans le ciel du cher objet de leur amour ; l'amour de Dieu se concilie parfaitement avec l'amour de soi bien ordonné. Le désir de bientôt posséder Dieu, loin d'être une marque d'amour-propre désordonné, est au contraire une des plus grandes marques de sainteté ; on jouit d'autant plus de la vision de Dieu dans le ciel qu'on l'a plus désiré, plus aimé sur la terre.

Mais si le commandement de Dieu n'exige pas le désir de la mort, il exige d'aimer la vie par amour de Dieu, parce qu'il la conserve et qu'il veut sa prolongation. Il condamne tout amour de la vie qui n'a pas Dieu en vue, et cette disposition est si essentielle au parfait chrétien, que sans elle il ne peut être regardé comme tel.

Il condamne l'amour désordonné de la vie, l'avarice de la vie.

Que les païens soient attachés démesurément à cette vie, cela se comprend, puisqu'ils ignorent les grands mystères qui suivent la mort ; mais que les chrétiens, qui connaissent ces mystères, aiment cette vie misérable comme si elle était leur fin dernière, c'est déshonorer et abjurer la Foi ou les divines promesses du saint Evangile de Jésus-Christ. Aussi, d'après les Pères et les théologiens, les âmes saintes elles-mêmes, mais qui ont témoigné trop peu de désir pour le règne éternel de Dieu, sont-elles punies de leur froideur dans le Purgatoire, où elles soupirent après Celui qu'elles n'ont pas assez ardemment désiré.

.˙.

Si nous aimons la vie, nous devons l'aimer d'un amour surnaturel, comme les Saints !

Marie Diaz, contemporaine de sainte Thérèse, parvint, malgré de vives et de continuelles souffrances, à l'âge de quatre-vingts ans.

Un jour qu'elle conversait avec cette grande âme, Thérèse lui exprimait le vif désir de mourir. « Et moi, dit Marie Diaz, je préfère la prolongation de mon exil pour souffrir davantage ; car, tant que nous sommes sur la terre, nous pouvons par la résignation donner quelque chose à Dieu, tandis qu'au ciel il ne nous restera qu'à recevoir la récompense de nos peines. Ne vaut-il pas mieux vivre longtemps et endurer beaucoup pour l'amour de Dieu ? nous aurons l'éternité pour jouir. »

Un missionnaire disait un jour au vénérable curé d'Ars : « Si le bon Dieu vous proposait ou de monter au ciel à l'instant même, ou de rester sur la terre pour travailler à la conversion des pécheurs, que feriez-vous?

— Je crois que je resterais.

— Est-ce possible? Les saints sont si heureux dans le ciel! Plus de tentations, plus de misères!... »

Il répondit avec un angélique sourire : « C'est vrai : mais les saints sont des rentiers. Ils ne peuvent plus comme nous glorifier Dieu par le travail, par la souffrance et les sacrifices pour le salut des âmes. »

.•.

Si nous désirons la mort, nous devons la désirer d'un désir surnaturel, comme les Saints.

Considérons les beaux sentiments de saint Louis de Gonzague dans la dernière lettre qu'il écrivit à sa mère, avant de mourir :

MA TRÈS HONORÉE MÈRE,

Que Jésus-Christ vous donne sa paix. Que la grâce et la consolation de l'Esprit-Saint soient avec vous!

Votre lettre m'a encore trouvé vivant dans cette région des morts, mais prêt à partir pour aller à jamais louer Dieu dans la terre des vivants. Je croyais avoir à cette heure déjà fait le pas; mais la violence de la fièvre ayant un peu diminué, je suis heureusement parvenu jusqu'à ce jour de l'Ascension. Depuis ce temps, un rhume a fait reprendre des forces à la fièvre, de sorte que je vois que j'avance peu à peu vers les doux et chers embrassements du Père céleste, dans le sein duquel j'espère pouvoir me reposer en sûreté et pour toujours. Or, si la charité, comme dit saint Paul, fait pleurer avec ceux qui pleurent et se réjouir avec ceux qui sont dans la joie, votre consolation sera bien grande, ma très chère Mère, pour la grâce que le Seigneur vous fait dans ma personne, me conduisant au vrai bonheur, et m'assurant de n'être plus dans la crainte de le perdre. Je vous avoue donc que je m'égare et m'extasie dans la considération de la bonté divine, mer immense sans écueils et sans fond. Cette divine bonté m'appelle à un bonheur éternel, après de bien légères fatigues. Elle m'invite du haut du ciel à ce souverain bonheur que j'ai cherché si négligemment. Elle me promet la récompense du peu de larmes que j'ai versées. Prenez donc garde de faire injure à cette infinie bonté, ce qui arriverait sûrement si vous veniez à pleurer comme mort votre fils qui doit vivre en la présence de Dieu, et qui vous servira plus par ses prières qu'il ne le faisait ici-bas. Notre séparation ne sera pas longue; nous nous reverrons au ciel, et unis ensemble pour ne plus nous séparer, nous jouirons de notre Rédempteur, nous le louerons de toutes nos forces et chanterons éternellement ses infinies miséricordes. Je vous écris tout cela uniquement pour le désir que j'ai que vous, ma très chère Mère, et toute la famille, receviez ma mort comme une grande faveur.

Que votre bénédiction maternelle m'accompagne et me dirige dans le passage de le mer de ce monde, et me fasse arriver heureusement au port de mes désirs et de mes espérances. Je vous écris avec d'autant plus de plaisir qu'il ne me restait plus d'autre preuve à vous donner de mon amour et du profond respect que je vous dois. Je finis en vous demandant de nouveau humblement votre bénédiction.

Louis Gonzague.

Le précepte n'exige pas de nous réjouir aux approches de notre trépas pour l'autre vie, mais il exige au moins la soumission, la résignation filiale.

Un paysan, qui voyait ses amis en pleurs autour de lui, faisait cette touchante interrogation : « Est-ce donc un péché de mourir? Je vais dans la maison de mon Père. »

Une crainte excessive de la mort est la marque d'un faible amour de Dieu. La perfection exige une résignation filiale qui seule honore Dieu. Quel père, quelle mère se flatterait de faire peur à ses enfants?

Une mère près de son enfant à l'agonie cherchait, malgré sa douleur, à l'encourager et à le consoler.

« Ma mère, priez, j'ai peur, s'écria-t-il, tout à coup, vous ne serez plus là ! »

La mère, pieusement inspirée, répondit : « Il ne faut pas avoir peur: Dieu est le cœur de toutes les mères. »

Saint François de Sales donna sur son lit de mort l'exemple de la parfaite résignation. « En quel état vous vois-je? lui disait un religieux de ses amis. — Mon Père, répondit François, j'attends ici la miséricorde de Dieu. — Si telle était la volonté de Dieu, reprend le religieux, ne voudriez-vous pas bien mourir en ce moment? — Si Dieu le veut, reprend le saint malade avec un doux sourire, je le veux aussi : cette heure ou une autre, qu'importe ! Il fait bon s'abandonner au Seigneur : il est le maître, qu'il fasse selon son bon plaisir. » Il fit ensuite sa profession de foi disant : « Je veux mourir dans la foi de l'Eglise catholique, apostolique et romaine, la seule bonne religion. Qu'on m'apporte, ajouta-t-il, le sacrement de l'Extrême-Onction. — Monseigneur, lui dit-on, dites : Que ce calice passe loin de moi. — Oh! non, répondit-il, il vaut mieux dire : Mon Dieu, que votre volonté se fasse et non la mienne. — Eh bien, alors, consacrez-vous à la Sainte Trinité. — Oh! de grand cœur, je voue et consacre à Dieu tout ce qui est en moi : ma mémoire et mes actions à Dieu le Père ; mon entendement et mes paroles à Dieu le Fils; ma volonté et mes pensées à Dieu le Saint-Esprit ; mon cœur, mon corps, ma langue, mes sens et toutes mes douleurs à l'humanité de Jésus-Christ. » Quelqu'un lui ayant répété ce passage des psaumes : *Mettez votre confiance dans le Seigneur, et il vous nourrira*, le saint malade ajouta : « Ma nourriture est que je fasse la volonté de mon Père. » Voyant les pleurs de ses domestiques : « Mes enfants, leur dit-il, ne pleurez point : ne faut-il pas que la volonté de Dieu s'accomplisse ? » Comme on lui suggérait d'unir ses douleurs à celles de Jésus couronné d'épines : « Ce que je souffre, répondit-il, ne mérite pas le nom de douleurs en comparaison de celles-là. » Pendant qu'on lui appliquait le fer rouge sur la tête, on lui demanda s'il sentait le mal qu'on lui faisait : « Oui, je le sens, répondit-il doucement; mais faites-moi tout ce que vous voudrez. » Ayant serré la main à l'un des siens, il lui dit : « Il se fait tard, et le jour de ma vie est déjà bien abaissé. » Puis, ayant prononcé le nom de Jésus, il rendit sa belle âme à Dieu.

PRIÈRE (1).

O mon Jésus! c'est vous que j'aime, que je désire, vous dont mon cœur a soif, vous que je chéris. Emportez-moi jusqu'au centre du brasier d'amour qui brûle en vous ; unissez-moi si étroitement à vous dès cette vie, qu'au moment où je devrai quitter mon corps, j'aie déjà trouvé en vous le bonheur suprême pour l'éternité. Mon âme vous aime, mon cœur aspire à vous, tout mon être est à votre amour, ma vie tout entière est sortie de moi pour aller après vous. O Jésus, le plus aimé de ceux qui sont aimés, mon cœur vous dit : « Vous êtes

---

(1) Sainte Gertrude.

mon cher trésor, ma véritable et unique joie, mon bonheur assuré, mon partage excellent, le seul objet qu'aime et chérit mon âme. »

Que suis-je, ô mon Dieu ! ô vie de mon âme ! Hélas ! quelle distance infinie entre vous et moi ! Je suis semblable au grain de poussière que le vent soulève de la terre. Envoyez donc sur moi le vent brûlant de votre amour ; faites, dans son impétuosité, que votre Esprit-Saint, comme un tourbillon, me soulève et me lance dans votre sein miséricordieux, et daignez m'y recevoir. C'est là que je serai vraiment détachée de moi-même, que je serai sortie de moi pour vivre en vous, ô mon cher amour ! là que je me quitterai moi-même sans retour, en sorte qu'il ne restera plus de moi aucune trace, comme il en est du grain de poussière dont la disparition ne se fait sentir en rien. Transformez-moi si complètement dans le sentiment de votre amour, que toute mon imperfection en soit anéantie, que je n'aie plus de vie hors de vous. Donnez-moi de me perdre en vous si complètement, que de toute l'éternité, je ne puisse me retrouver jamais, si ce n'est en vous.

Unissez-moi à vous d'un si ardent amour que dans mon désir d'être réunie à vous, j'aie soif de mourir ; que l'alliance formée par vous entre vous et moi soit si étroite qu'elle m'enlève mon cœur, afin que désormais il ne soit plus en moi, mais qu'il demeure en vous par l'union indivisible de l'amour.

DES AILES !

Des ailes ! pour voler jusqu'au palais des Anges,
Dans l'infini, partout, dans le firmament bleu !
Des ailes ! pour quitter ce monde plein de fanges ;
Des ailes ! pour voler plus près de vous, mon Dieu !

Des ailes ! pour voler aux horizons de flammes,
De célestes amours désaltérer nos cœurs !
Des ailes ! pour revoir le berceau de nos âmes,
Vague et cher souvenir d'ineffables bonheurs !

Des ailes ! pour voler bien loin de notre terre,
Loin du deuil, de la mort, loin des noirs ouragans !
Des ailes ! pour porter mes pleurs et ma prière
Au bon Dieu de ma mère et des petits enfants.

Des ailes ! pour quitter nos misères profondes !
Des ailes ! pour aller où finit la douleur !
Des ailes ! pour aller au delà de nos mondes !
Des ailes ! pour savoir où poser notre cœur !

Des ailes ! pour voler vers l'étendue immense
Où déjà sont montés tant de morts bien-aimés !
Des ailes ! pour voler où s'enfuit l'espérance,
Où germent les bonheurs sur la terre semés !

Des ailes ! pour aller à la plage bénie,
Où pour jamais enfin la tempête s'endort ;
Des ailes ! pour voler au-dessus de la vie !
Des ailes ! pour voler au delà de la mort !

Des ailes ! pour mon cœur, des ailes pour mon âme,
Captifs impatients de l'extase éternel !
Des ailes ! pour aller où le jour prend sa flamme !
Des ailes ! pour voler, Seigneur, à votre appel !

La Santé.

Aimons-nous la santé d'un amour *surnaturel*, pour Dieu, par amour de Dieu ?

L'amour de la santé suit de tout près l'amour de la vie ; c'est un bien qui nous est aussi fort précieux. Le précepte divin n'exige pas qu'il nous soit tout à fait indifférent d'être en état de santé ou de maladie, mais il exige que nous soyons résignés à la volonté de Dieu, il exige que nous aimions la santé non par amour de nous-mêmes, mais par amour de Dieu.

Il est permis de préférer la santé à la maladie ; demandons la santé ; mais enfin, la maladie peut venir et avec elle les souffrances, les infirmités ; peu d'existences en sont exemptes. Eh bien, quand on souffre, que faire sinon de dire : « C'est Dieu qui envoie sagement et selon les desseins d'un tendre amour, la maladie ou la santé ? »

Si nous murmurons, si nous n'avons d'autre préoccupation que notre santé, si nous tombons à son égard dans des soins et des ménagements ridicules, qui rendent malade quand on ne l'est pas (car on se porte souvent mieux quand on se soigne moins), croyons-nous qu'alors notre volonté soit en conformité avec celle de Dieu? croyons-nous que nous nous aimons pour Dieu ? Non, non, parce qu'alors nous n'agissons pas pour Dieu. Un soin modéré et raisonnable de la santé est un devoir, il faut le remplir, mais la préoccupation est de trop, le murmure est de trop. Qu'on se plaigne enfin, si l'on veut, mais au moins qu'on se soumette et qu'il y ait dans cette acceptation la connaissance et l'amour de la volonté divine.

Si nous ne nous inquiétons pas de nous voir longtemps détenus dans un lit ou renfermés dans une chambre sans pouvoir sortir ; si nous n'avons nul grand chagrin lorsque les remèdes ne réussissent pas et qu'ils ne nous donnent aucun soulagement, ou lorsqu'on nous refuse ceux que nous croyons nous être nécessaires ; si enfin, quelque cours que prenne notre maladie, nous demeurons dans un parfait abandon entre les mains du Seigneur, sans souhaiter autre chose que l'accomplissement de sa sainte volonté, nous pouvons dire que nous aimons la santé sans amour-propre. Mais sont-ils nombreux, relativement, ceux qui peuvent se glorifier d'être dans ce cas?

Nous nous servons de divers prétextes spéciaux pour justifier l'amour que nous avons pour la santé ; nous disons qu'on se relâche dans la piété pendant la maladie, qu'on y oublie Dieu, qu'on y devient sensuel, négligent, en un mot qu'on n'y fait rien pour

Dieu et qu'on est à charge à soi-même et à tous les siens. Vains prétextes ! C'est oublier que toute la sainteté consiste uniquement et totalement dans l'assujettissement de tout notre être à la volonté de Dieu. Il n'y a rien à chercher ailleurs ! Tout est là. Loin d'être un obstacle à notre perfection spirituelle, la maladie y contribue plus que la santé. On peut bien plus exercer la vertu dans un lit, au milieu des souffrances, que sur un champ de bataille au milieu du combat. La plus grande partie de la vertu ou de la force consiste bien plutôt à endurer patiemment qu'à attaquer vigoureusement, et c'est pour cela que le Sage a dit : *Un homme patient vaut mieux qu'un homme vaillant ; celui qui se commande à lui-même vaut mieux que celui qui prend les villes de force.*

Donc, si la maladie nous est un obstacle à la vertu, c'est que notre amour-propre n'y trouve pas son compte ; c'est que nous aimons la santé plutôt par amour-propre que par un véritable zèle pour les intérêts de Dieu.

« Il m'a toujours paru que la maladie était la chose du monde qui exige le plus de vertu, parce qu'elle abat les forces au moment où on en a le plus besoin (1). »

Sachons que la maladie est la pierre de touche qui fera connaître si nous sommes de l'or ou du cuivre. Certaines personnes, tant qu'elles sont bien portantes, paraissent gaies, patientes et dévotes ; mais quand elles sont visitées par la maladie, elles tombent dans mille fautes, et semblent inconsolables ; elles témoignent de l'impatience envers tout le monde, même envers ceux qui les assistent par charité ; la moindre douleur, la moindre incommodité, leur font pousser

---

(1) LACORDAIRE.

des gémissements ; elles se plaignent de leurs parents, du médecin, de la garde-malade, des remèdes. Voilà le cuivre qui se montre au lieu de l'or.

Mais, direz-vous, je souffre tant ! Ne puis-je pas dire ce que je souffre ? — Il ne vous est pas défendu de révéler vos souffrances, quand elles sont graves ; mais, quand elles sont légères, c'est une faiblesse de vous en plaindre à tout le monde. Si les remèdes ne parviennent pas à vous délivrer de votre mal, pratiquez la patience, en vous soumettant avec résignation à la volonté de Dieu, qui veut votre bien. Oh ! qu'il est édifiant de supporter les maladies avec un air tranquille et résigné, comme le faisait saint François de Sales ! Lorsqu'il était malade, il exposait simplement au médecin le mal qu'il avait, lui obéissait ponctuellement, prenait tous les remèdes prescrits, quelque désagréables qu'ils fussent, puis il restait en paix sans se plaindre de ce qu'il souffrait.

Ce que je regrette le plus, direz-vous, c'est que je ne puis ni aller à l'église ni communier. — Dites donc : pourquoi voudriez-vous aller à l'église, à la communion ? n'est-ce pas pour plaire à Dieu ? Eh bien, si maintenant il plaît à Dieu que vous n'alliez ni à l'église ni à la communion, mais que vous restiez sur un lit de douleur, pourquoi vous en affliger ? Le vénérable Jean d'Avila écrivait un jour à un malade : « Mon ami, ne vous appliquez pas à examiner ce que vous feriez si vous vous portiez bien ; mais contentez vous d'être malade aussi longtemps qu'il plaira à Dieu. »

Vous dites, enfin, qu'en cet état, vous êtes à charge aux autres. — Mais, comme vous devez vous conformer à la volonté de Dieu, les autres doivent s'y conformer également, en voyant que, si vous leur êtes à charge, ce n'est point par votre faute, mais par la volonté de Dieu. Saint François de Sales disait un jour à un malade qui se désolait des embarras que sa maladie donnait à ses enfants : « Pour moi, je ne suis jamais si content dans mes maladies que quand je vois les miens se donner beaucoup de peines autour de moi ; car je me dis alors : S'ils font tout cela pour Dieu, comme j'aime à penser qu'ils le font, que de mérites ils amassent ! quelle belle récompense dans le ciel ! et dans cette vie ils me semblent plus dignes d'envie que de pitié. »

Saint Vincent de Paul fut presque toujours souffrant à cause de diverses maladies ; cependant, il conserva toujours la même affabilité, la même sérénité de visage, qu'il fût malade ou en santé. Dans le fort de ses douleurs, il se contentait de regarder le crucifix et de s'exciter à la patience par des aspirations affectueuses. S'il lui arrivait de parler de ses maladies, il en parlait comme si ce n'était rien, en disant qu'elles le faisaient bien peu souffrir en comparaison de ce qu'il méritait et de ce que Jésus-Christ avait souffert pour son amour. Un jour quelqu'un qui lui pansait la jambe, qu'il garda malade pendant quarante ans, fut ému de compassion en la voyant gonflée et couverte d'ulcères, et lui dit : « Ah ! mon Père, comme ce mal doit vous occasionner des souffrances ! » Le saint répondit : « Comment, vous appelez mal l'œuvre de Dieu, et ses dispositions à éprouver un misérable pécheur ? Que Dieu vous pardonne ce que vous venez de dire. On ne doit pas parler de la sorte à l'école de Jésus-Christ. »

Faire la volonté de Dieu dans la maladie comme dans l'état de santé, voilà la perfection.

— Lorsque sainte Gertrude récitait le *Notre Père*, elle avait coutume de répéter plusieurs fois ces mots : « Que votre volonté soit faite ! » Un jour qu'elle priait de cette manière, le divin Sauveur lui apparut et lui dit : « Je t'offre la santé ou la maladie. Choisis, ma fille, ce qui te plaît. » Ne sachant pas ce que le Seigneur trouvait de mieux à lui donner, elle répondit : « Que votre volonté soit faite et non la mienne. »

— Une dame de la cour, pénitente de saint François de Sales, lui avait écrit que pour être délivrée de ses maux de tête, elle récitait un *Pater* en l'honneur du couronnement d'épines. « Cela n'est pas défendu, répondit le saint; mais, mon Dieu, ajouta-t-il, non, je n'aurais jamais le courage de prier Notre-Seigneur, par le mal qu'il a eu à la tête, d'exempter la mienne de toute douleur. Je préférerais recourir au couronnement de Notre-Seigneur pour obtenir une couronne de patience autour de mon mal de tête. »

Amour du prochain, amitiés.

Aimons-nous notre prochain en général, nos parents et nos amis en particulier, d'un amour *surnaturel*, c'est-à-dire par amour de Dieu, en vue de Dieu ?

L'amitié est un besoin du cœur de l'homme; il ne peut s'en passer.

Nous ne sommes pas faits pour vivre ici-bas dans l'isolement du cœur. Il nous faut, comme dit admirablement l'Ecriture, « une âme selon notre âme » : *anima secundum animam nostram ;* un être avec qui nous ayons le cœur en confiance et au large, c'est-à-dire un vrai ami, à qui nous puissions tout dire, tout confier ; il nous faut des visages amis que nous soyons heureux de revoir et qui s'épanouissent en nous revoyant. Dans cette joie on oublie ses peines, on se délasse, on trouve cette dilatation du cœur qui repose.

Les Saintes Écritures qui nous commandent avant tout l'amour de Dieu, n'en sont pas moins prodigues de louanges envers l'amitié.

« Un ami fidèle, c'est un rempart. »

« Celui qui l'a rencontré, a trouvé un trésor. »

« Rien n'est comparable à l'amitié fidèle; l'argent et l'or sont de vil prix, si on les compare à la fidélité d'un ami et au bonheur de l'amitié fidèle. »

Et enfin cette parole extraordinaire : « Un ami fidèle, c'est un remède de vie et d'immortalité. »

Pourquoi tant d'éloges?

Pourquoi saint Thomas met-il l'amitié au rang des *vertus*, sinon parce qu'elle doit nous servir à mieux jouir de Dieu, à mieux l'aimer? Quel autre usage devons-nous faire de cette flamme sacrée qui est en nous? Nous devons aimer nos parents, nos amis, et tous les hommes en Dieu, selon Dieu et pour Dieu.

Les amis ne doivent pas s'aimer les uns les autres, en se constituant comme le centre et la fin dernière de leur affection réciproque; ils ne doivent unir leur affection que pour la porter avec plus d'ardeur sur Dieu.

Aimer pour être aimé : c'est le principe d'une amitié raisonnable et naturelle; mais cette attention qui est purement humaine, ne suffit pas pour rendre notre amitié sainte, digne de la récompense éternelle; pour cette fin, elle doit être surnaturelle ou chrétienne.

Comme toutes les créatures, comme tous les plaisirs, celui de l'amitié n'est qu'un *instrument* destiné à nous conduire à Dieu, un *échelon* pour nous élever plus facilement à Lui; la créature ne peut, en aucun cas, être le but final de notre affection.

« L'amitié est la perfection de la charité fraternelle ; c'est une liaison particulière pour nous *aider à jouir de Dieu ;* toute autre amitié est vaine (1). »

Il n'y a que deux manières d'aimer : l'une imparfaite et mensongère, c'est d'aimer uniquement pour son propre plaisir ; l'autre, plus vraie et plus généreuse, c'est d'aimer pour le bonheur de ce que l'on aime.

On ne peut dire que l'on aime pour leur bonheur, ses parents et ses amis, si on ne désire pour eux le véritable bien. On ne doit pas s'imaginer que notre affection soit parfaitement sincère, lorsqu'on a le courage de consentir à une chose qui est un mal pour eux. Le premier devoir d'un ami est d'user de son amitié pour contribuer au salut de celui qu'il aime, pour le rendre un jour heureux. Un fidèle ami doit se rendre le gardien de l'âme même de son ami et non pas seulement de ses secrets. Or, il n'est le gardien de son âme, il n'est son parfait ami que s'il l'aime pour son plus grand bien, qui est Dieu seul.

Quiconque aime donc véritablement ses parents, ses amis, doit les solliciter de tout son cœur et par les plus fortes considérations de l'amitié, de se donner à Dieu avec toutes leurs pensées, toutes leurs affections et toutes leurs forces. C'est ainsi qu'il les aime en Dieu, selon Dieu et pour Dieu ; c'est ainsi qu'il les aime comme soi-même, parce qu'il leur procure le même souverain bien qui fait tout son bonheur.

« Les communications ne me paraissent plus intimes si elles ne deviennent surnaturelles, écrivait le P. Lacordaire, car que peut-il y avoir d'intime là où

---

(1) Bossuet.

l'on ne va pas jusqu'au fond des pensées et des affections qui remplissent l'âme de Dieu ?... Je ne puis plus aimer quelqu'un sans que l'âme se glisse derrière le cœur, et que Jésus-Christ soit de moitié entre nous... A mesure qu'on vieillit, la nature descend et les âmes montent, et l'on sent la beauté de ce mot de Vauvenargues : *Tôt ou tard, on ne jouit que des âmes...*

L'ami doit formuler ainsi son amitié pour son ami : « Je mets mon cœur dans le tien ; tu mets ton cœur dans le mien ; nous nous mettons tous les deux dans les Cœurs de Jésus et de Marie, et nous voilà inséparablement unis : à la vie à la mort ; dans le temps et pour l'éternité. »

S'entr'aider à mieux aimer ou servir Dieu : tel est donc le but unique de l'amitié qui est la perfection de la charité fraternelle.

Si l'on veut juger de l'amitié par cette règle, les amis parfaits sont rares, car il faut retrancher de ce nombre tous ceux qu'un amour désordonné ou une lâche complaisance fait consentir ou participer aux passions aveugles de ceux qu'ils aiment. Il n'y a absolument que les gens d'une vertu parfaite qui soient capables d'une parfaite amitié : l'une est inséparable de l'autre. Dès lors, il est facile de voir combien l'amour-propre nuit à cette perfection de l'amitié.

Dans quel but nous créons-nous des relations ? Dans quel but les utilisons-nous ? Est-ce pour favoriser ou augmenter l'amitié divine en nos amis et en nous-mêmes ? Est-ce pour nous entr'aider à faire le bien et à le bien faire ? En un mot, pourquoi et comment aimons-nous nos parents, nos amis et notre prochain en général ?

Hélas ! combien nous les aimons mal ! Si nous les aimons pour eux en même temps que pour nous, nous leur désirons et leur procurons autant que possible les biens terrestres, la santé du corps, la richesse matérielle, etc. Mais nous efforçons-nous de leur procurer par-dessus tout la santé de l'âme, les richesses spirituelles, les vertus surnaturelles, l'amitié divine ? Trop souvent, outre que nous leur souhaitons des biens secondaires, ne les aimons-nous pas d'un amour qui leur est positivement nuisible ? N'est-ce pas presque uniquement pour nous que nous les aimons ?

Voyez les mères qui gâtent leurs enfants, selon l'expression consacrée par l'usage vulgaire ; elles se font une idole de l'amour de ces petits êtres, au point de ne pouvoir les perdre un seul instant, ne fût-ce qu'en apparence. Elles aiment mieux les laisser se déprimer, se corrompre que de les contrister.

Elles ne les aiment donc pas ? Est-ce bien aimer que de laisser le mal s'emparer de ce que l'on aime ? Elles s'aiment elles-mêmes uniquement, ou plutôt, elles ne savent rien aimer, car en achetant au prix de leur devoir, la molle volupté des caresses de leurs enfants, par une juste punition de leurs fautes, elles sont méprisées de ceux pour qui elles s'avilissent.

Qu'elles sont loin de ressembler à cette mère modèle qui répétait sans cesse à ses enfants « qu'elle ne les aimerait qu'autant qu'ils aimeraient Dieu ; et que si elle connaissait quelque enfant étranger à sa famille, qui eût pour Dieu plus d'affection qu'eux, elle aurait aussi, pour cet enfant, plus d'affection que pour eux-mêmes. »

*
* *

Hélas ! combien nos vues sont terrestres dans les affections humaines !

Nous voulons jouir toujours de ce qui nous est donné ; vous voulons posséder éternellement ce qui nous est seulement prêté, et nous nous indignons de ce que Dieu ne nous obéit pas, comme les enfants mal élevés qui se courroucent et trépignent en pleurant, de ne pouvoir prendre la lune ou jouer avec les étoiles.

Nous avons des parents, des amis, et ils meurent : nous voilà aussi désolés que si nous ne savions pas qu'ils étaient mortels, que si nous ne savions pas qu'ils nous étaient prêtés ici-bas. — Nous ne les aimons pas pour eux-mêmes mais pour nous. — Sommes-nous donc jaloux de les voir arriver avant nous au lieu de leur repos ? Et parce que nos yeux ne voient plus leur enveloppe corporelle, notre âme est-elle pour cela séparée de leur âme ?

Notre idole est renversée, notre château de cartes s'est écroulé, le petit paradis éphémère dans lequel nous voulions renfermer notre éternité a crevé comme une bulle de savon, et nous voilà au désespoir ! Comme Dieu doit nous regarder avec pitié lorsque nous pleurons à cause du bien qu'il nous fait à tous ! Et combien ce médecin céleste est sage de couper impitoyablement nos chairs gangrenées sans avoir égard à nos cris enfantins ! Sans doute, Lui qui voit tout, nous pardonne généreusement ces blasphèmes de notre ignorance, et lorsqu'un jour nous verrons ce qu'il aura fait pour nous sauver avantageusement, nous pleurerons peut-être encore, mais ce sera de repentir et d'amour.

Pourquoi laisse-t-on perdre le mérite infini des deuils ? Pourquoi n'imiterait-on pas une pauvre mère qui avait déjà perdu deux de ses filles ? La troisième allait suivre ses sœurs. En voyant s'éteindre entre ses bras cette enfant si chère, son cœur était véritablement déchiré, brisé. Tout à coup, sous l'inspiration d'un vif sentiment de foi, elle tombe à genoux et s'écrie :

« Mon Dieu ! vous reprenez votre bien ; je vous le donne de tout mon cœur, pendant qu'il est encore mien ; recevez mon sacrifice pour donner à ma chère enfant, tout le bonheur que vous allez me retirer. »

N'est-ce point là le véritable amour ?

...

Dira-t-on que cet amour si surnaturel, si divin, nuit aux affections naturelles et légitimes ?

Erreur ! Ignorance de la sainteté !

Ne devons-nous pas aimer nos parents, notre prochain en général comme nous-mêmes ? L'amour de Dieu et l'amour du prochain ne sont-ils pas inséparables l'un de l'autre ? Ne sont-ils pas toute la loi du Seigneur ?

L'amour de Dieu ne fait nullement renoncer à aimer tout ce que la nature nous oblige d'aimer : les parents, les amis, les biens temporels, la réputation, la santé, tout ce qui est nécessaire dans la vie humaine et la vie elle-même ; mais il défend seulement d'aimer ces biens d'un amour purement naturel comme pourrait le faire un athée ; il nous les fait aimer en Dieu, pour Dieu, et autant qu'il plaît à Dieu. Il nous les fait aimer autant qu'il plaît à Dieu et nous rend prêts à les perdre aussitôt qu'il plaît à Dieu. Mais en les aimant ainsi d'un amour tout divin et surnaturel, nous les aimons mieux incomparablement et d'un amour plus constant, plus solide et plus assuré, que toute la nature ensemble ne peut les aimer.

C'est une erreur de se persuader que ceux qui aiment Dieu de tout leur cœur, s'étudient à ne pas aimer, et que pour être bon chrétien, il faut faire profession d'être indifférent et insensible à tout.

C'est tout le contraire. Rien n'est si resserré qu'un cœur qui n'aime pas Dieu ; il aime peu de chose et il l'aime très mal ; mais rien n'est plus aimant qu'un cœur possédé par l'amour de Dieu. Les saints qui l'aimaient très parfaitement avaient un cœur plus large que tout le monde ensemble pour y loger Dieu, et tout ce qui appartient à Dieu. Ils n'aimaient pas seulement leurs amis mais leurs plus grands ennemis ; non seulement leurs proches et leur compatriotes, mais les étrangers et les inconnus. Ils aimaient jusqu'aux plus grands pécheurs : personne n'était banni de l'étendue immense de leur amour, ils n'étaient que douceur, que tendresse, qu'affabilité pour tous les hommes, toujours prêts à donner leur sang et leur vie pour les intérêts de la charité ; il en est qui l'ont donnée en effet avec plus de joie que s'ils avaient goûté toutes les consolations de la terre. Voyons par là si ce grand amour naturel est comparable à celui-là, et s'il est vrai de dire qu'on fait profession de n'aimer rien lorsqu'on aime Dieu.

« Il serait singulier que le Christianisme, fondé sur l'amour de Dieu et des hommes, n'aboutît qu'à la sécheresse de l'âme à l'égard de tout ce qui n'est pas Dieu.

« Les maîtres de la vie spirituelle recommandent le détachement, mais non pas la *désaffection ;* le détachement de soi-même loin de diminuer l'amour, l'augmente et l'entretient.

« Ce qui ruine l'amour, c'est l'égoïsme, ce n'est pas l'amour de Dieu ; il n'y eut jamais sur la terre d'ardeurs plus durables, plus pures, plus tendres que celles auxquelles les saints livraient leur cœur à la fois dépouillé et rempli, dépouillé d'eux-mêmes et rempli de Dieu (1). »

---

(1) LACORDAIRE.

Ce que Dieu demande, c'est d'aimer les hommes et les choses « par amour de lui-même », en premier lieu ; et « par amour de nous-mêmes », en second lieu. En demandant à Abraham le sacrifice de son fils unique, lui a-t-il jamais demandé de ne pas l'aimer ? La reine Blanche de Castille, n'aimait-elle pas son fils lorsqu'elle disait : « Mon fils, j'aimerais mieux vous voir mort que coupable d'un seul péché mortel ? » La perfection de l'amour humain, bien loin d'être en opposition avec l'amour divin, est au contraire un signe particulier du parfait chrétien, d'après la parole même de Notre-Seigneur Jésus-Christ : on « reconnaît ses disciples » à leur amour du prochain. La perfection de cet amour fait éprouver ce que Fénelon écrivait au duc de Bourgogne, son élève : « Prince, je donnerais mille vies comme une goutte d'eau, pour vous rendre aussi parfait que je le désire. »

Saint François de Sales était si pénétré de l'amour de Dieu, qu'il disait : « Si je connaissais dans mon cœur une seule fibre qui ne fût pas à Dieu, je l'arracherais aussitôt. »

Et cependant qui aima plus son prochain ? qui fut si bon pour les pécheurs ? Ne lui reprochait-on pas sa trop grande condescendance envers eux ? Ne fut-il pas obligé de répondre un jour : « Il n'y aura donc que le bon Dieu et moi qui aimerons les pécheurs ? »

N'est-ce pas encore ce saint qui a dit : « Je ne comprends pas qu'on puisse rencontrer une créature humaine sans éprouver la tentation de se jeter à son cou ?...

« Je ne sais comment j'ai le cœur fait ; mais j'ai un tel plaisir, je ressens une suavité si délicieuse et si particulière à aimer mes ennemis, que si Dieu m'avait défendu de les aimer, j'aurais du mal à lui obéir. »

Soyons bien persuadés que les Saints sont les hommes les plus aimants. La façon particulière dont ils ressentent les affections naturelles dépend des conditions « d'état » dans lesquelles ils se trouvent placés. Un saint ou une sainte sont-ils engagés dans les liens du mariage ? Il leur arrivera d'être les modèles des époux, même au point de vue de l'amour humain. Ni sainte Brigitte, ni saint Louis, roi de France, ni sainte Elisabeth de Hongrie, ni sainte Chantal, quels qu'aient été les progrès postérieurs de leur sainteté, n'ont jamais éprouvé aucune difficulté à concilier l'amour humain et l'amour divin. Est-ce par le premier qu'ils avaient débuté ? Il n'y aurait eu là rien d'impossible. Tout devoir d'état accompli selon la loi et avec cœur mène à Dieu. C'est du père selon la nature que l'enfant s'élève, se laisse conduire à l'idée du Père qui est aux cieux. Pourquoi, de l'amour qu'elle a pour son époux selon la chair, la femme ne se sentirait-elle pas portée à un amour plus vif encore pour celui que le langage des saints appelle si fréquemment l'Epoux de l'âme. Saint Bernard a écrit à la lettre : « L'amour commence par la chair et finit par l'esprit. » Ne soyons donc pas surpris que l'amour humain puisse conduire à l'amour divin. Il est vrai que lorsque l'âme descend du Père et de l'Epoux éternel, au père ou à l'époux temporel, elle redescend avec un amour qui s'est épuré, qui s'est spiritualisé. Mais s'épurer, s'affiner n'est pas s'amoindrir. En tout cas, l'accord entre l'amour divin et l'amour humain paraissait aux saints si facile, que cette sorte de double vie se renouvelait pour eux tous les jours. Sainte Elisabeth de Hongrie s'ingéniait avec son mari à trouver les moyens de le quitter le moins possible, car « ils s'aimaient, dit un auteur du temps, au-delà de ce qu'il est possible de croire. » Le jour où cette sainte fouillant familièrement dans l'aumônière de son mari, apprit par hasard qu'il s'était engagé à partir pour la croisade, la première émotion qu'elle en éprouva fut si violente, qu'elle s'évanouit. Lorsqu'il fallait qu'elle restât seule, elle se précipitait sur les appareils de la pénitence, et en usait comme si elle n'eût eu d'amour que pour son Dieu. Dès qu'on lui annonçait le retour de son époux, elle se parait selon son rang et de son mieux, pour lui plaire, bien que sa beauté naturelle et leur affection réciproque y eussent amplement suffi. Elle avait coutume de se mortifier durement, et revenait chaque fois avec son agrément et sa gaité ordinaires auprès de lui. Les sacrifices qu'elle s'imposait pour servir Dieu souverainement ne nuisaient nullement à ses devoirs de femme. Et ce n'était pas seulement à son mari qu'elle ouvrait les effusions de son cœur tout aimant : c'était aux pauvres, aux endettés, aux malades abandonnés et aux mourants ; il lui arrivait d'ensevelir elle-même les morts dans les draps de son propre lit, et de suivre avec recueillement le cercueil du dernier de ses sujets.

Quelle amitié forte et tendre à la fois chez les saints !
Citons cette admirable lettre du grand saint Anselme, sacré évêque après avoir vécu jusqu'à l'âge de 60 ans, dans la célèbre abbaye du Bec, en Normandie.

« A mes très aimés de mon âme, écrivait-il à deux de ses très proches parents qu'il voulait amener avec lui. Mes yeux désirent ardemment vous contempler; mes bras s'étendent pour vous embrasser ; mes lèvres soupirent après vos baisers ; tout ce qu'il me reste de vie se consume à vous attendre. J'espère en priant et je prie en espérant. Venez goûter combien le Seigneur est doux : vous ne pouvez le savoir tant que vous trouverez de la douceur dans le monde... Je ne saurais vous tromper : d'abord, parce que je vous aime; ensuite, parce que j'ai l'expérience de ce que je dis. Soyons donc ensemble, afin que dès à présent et pour toujours, nous ne fassions plus qu'une chair, qu'un sang, qu'une âme. Mon âme est soudée aux deux vôtres ; vous pouvez la déchirer, mais non la séparer de vous ; vous ne pouvez pas non plus l'entraîner dans le siècle. Il vous faut donc ou vivre ici avec elle, ou la briser ; mais Dieu vous préserve de faire tant de mal à une pauvre âme qui ne vous en a jamais fait et qui vous aime. Oh ! oui ! comme mon amour me consume ! Comme il s'efforce de faire irruption dans mes paroles ! Mais aucune parole ne le satisfait. Que de choses il voudrait écrire ! mais ni le papier ni le temps ne lui suffisent. Parleleur, ô mon Jésus, parle à leur cœur, toi qui peux seul les bien éclairer. Dis-leur de tout quitter et de te suivre ; ne sépare pas de moi ceux à qui tu m'as enchaîné par tous les liens du sang et du cœur. Sois mon témoin, Seigneur, toi et ces larmes qui coulent pendant que j'écris. »

La sensibilité elle-même ne devient-elle pas plus riche et plus délicate chez les saints par la violence de leur amour et par l'étendue indéfinie de leur charité? On sait que le tendre saint François d'Assise appelait du nom de frères et de sœurs toutes les créatures. On aurait tort de s'en tenir à admirer simplement ce fait comme exceptionnel, et de ne pas y voir davantage la tendresse d'un cœur qui était tout amour.

Autre exemple. L'austère et terrible saint Bernard, cet homme si dur à lui-même, ne pouvait contempler une douleur, une faiblesse, une infirmité physique ou morale, sans être saisi d'une immense compassion. On remarquait qu'il ne pouvait assister aux obsèques d'un étranger sans pleurer. Son humanité s'étendait jusqu'aux animaux, jusqu'aux bêtes sauvages. A la vue d'un lièvre poursuivi par les chiens ou d'un pauvre oiselet menacé par un oiseau de proie, son cœur se serrait ; il ne pouvait se tenir de tracer en l'air un signe de croix afin de sauver les innocentes petites bêtes.

.˙.

Durant notre siècle, le *Récit d'une Sœur* nous a donné un illustre exemple d'une parfaite alliance de l'amitié divine et humaine.

Deux jeunes gens se rencontrent à Rome, ils se voient, ils s'aiment. Ils emportent à Naples, l'un, tout le feu d'un ardent et pur amour, l'autre, le germe seulement, mais un germe qui va grandir et en quelques mois devenir sublime. Ecoutez les confidences du premier, ou plutôt, car tous les charmes doivent se retrouver réunis ici, écoutez les confidences de l'un et de l'autre, mêlées à leur insu dans un même récit. Quelle passion, mais quelle pureté ! Quel amour, mais quelle religion ! Jamais deux cœurs, en se donnant l'un à l'autre, ont-ils mieux mis aux mains de Dieu le lien sacré qui allait les unir !

« Je vous jure, écrivait Albert, que lorsque je suis près de vous, ce que j'éprouve me semble être le présage d'une autre vie. Comment des émotions de ce genre ne franchissent-elles pas la tombe ? Oh ! non, je ne crois pas qu'on puisse aimer avec innocence, avec profondeur ; je ne crois pas qu'on puisse vous aimer, *vous*, enfin : sans être pénétré de religion et d'immortalité. »

Alexandrine écrivait de son côté : « Maman proposa au prince Lapoukhin de monter sur la terrasse. Je les laissai monter et suivis le plus lentement possible.

Car je me disais : Dans ce moment *il* va entrer peut-être ! Et cela arriva. Et moi, de la joie de le voir, je ne pouvais parler. Cependant comme ce silence prolongé en disait plus que je ne voulais en dire, ce fut moi, je crois, qui le rompis la première ; et toute la soirée je fut si joyeuse ! Oh ! mon Dieu, mon Dieu ! Dieu tout amour ! Cette pure extase, cette joie infinie, cet amour qui fait trouver parfait l'objet qu'on aime, n'est-ce pas un avant-goût de la manière dont tu nous permettras d'aimer *pour toujours* ceux que nous aimons déjà ainsi sur la terre ? »

Et encore : « Nous passions la plus grande partie de la soirée sur la terrasse d'en haut. Cela était enchanteur. Ces deux golfes, ces rivages, ce Vésuve, d'où ruisselaient des rivières de feu, un ciel toujours étoilé, un air toujours embaumé, et avec tout cela, *s'aimer*, en osant parler de Dieu ! »

Et Albert : « Je voudrais retenir les heures. Chaque jour qui fuit est si beau ! Oh ! jamais je n'ai mieux compris le malheur que depuis que mon âme est si remplie de joie ! Un si beau bouquet doit-il se faner ? Oh ! non, c'est pour toujours ! Ce bonheur doit vivre par delà le tombeau, et c'est le ciel qui s'ouvre pour moi dès ici-bas ! »

Et Alexandrine (c'est comme un chant, un concert à deux voix) : « Un de ces soirs, à Castellamare, nous étions ensemble à regarder le coucher du soleil de la mer. Maman n'était même pas dans la chambre. Il nous semblait être seuls au monde avec Dieu. Albert suivait avec extase le soleil, et il dit : « Oh ! si nous pouvions aller où il va ! » J'admirais son enthousiasme, mais je n'en éprouvais qu'une faible partie. Je pensais plus à lui, et lui plus au ciel. J'admirais le ciel par lui ; lui, y allait tout seul. Oh ! après des moments comme ceux-là, comme la soirée qui suivait me semblait sanctifiée. Avec quel délicieux et calme bonheur j'allais m'occuper de ma toilette pour apparaître ensuite un peu plus jolie aux yeux de celui qui me rendait meilleure. »

Tout est de ce ton. Il faudrait tout citer. Jamais aube plus pure ne se leva sur deux jeunes vies. « Le long de la Villa-Reale, je marchais avec lui et ses sœurs. Leurs parents fermaient la marche. Nous cheminions ainsi presque déjà en famille, éclairés par une lune charmante et par les plus belles étoiles, que nous regardions avec adoration pour Dieu, remplis d'amour ou d'amitié les uns pour les autres. »

C'est de ce ciel enchanté qu'ils tombèrent, après onze jours seulement de mariage, dans la plus poignante des inquiétudes, et quatre ans plus tard dans la plus effroyable des douleurs.

Mais la Religion, qui avait souri à leur bonheur, ne leur fit pas défaut à l'heure suprême. Elle les unit plus divinement, plus tendrement encore, sur la couche de leurs douleurs. Au moment où l'un arrivait par une sainte mort, à la vraie vie, l'autre, née dans l'erreur, arriva, par une volonté pure, à la vraie foi. La première communion de l'un se rencontra avec la dernière communion de l'autre; et une même hostie, partagée en deux, les unit à Dieu dans un dernier baiser.

« Oh! mon Dieu, écrivait huit jours après celle qui survivait, ne sépare pas toi-même ce que tu as uni. Souviens-toi, mon Dieu, mon Père, et pardonne-moi ma hardiesse; souviens-toi que nous nous sommes toujours souvenu de toi! Souviens-toi qu'il n'y a pas même eu un billet d'amour écrit entre nous, où ton nom n'ait pas été prononcé et ta bénédiction appelée! Souviens-toi que nous t'avons beaucoup prié ensemble; souviens-toi que nous avons toujours voulu que notre amour fût éternel !... »

Ce fut le dernier bienfait de la Religion. Si sublime, en effet, qu'eût été son rôle dans cet amour et dans cette douleur, dans cette union de deux âmes et dans leur séparation, elle le fut davantage encore dans la terrible tâche de consoler celle qui restait. Elle l'empêcha à la fois de mourir de douleur et de mourir à sa douleur. Elle la préserva de l'immense malheur d'oublier, de se distraire, de chercher au dehors de vaines et honteuses consolations. Cet époux disparu, elle le fit resplendir à ses yeux ; en sorte qu'elle commença à vivre avec lui dans une union plus haute que la première. Elle trouva dans sa foi en Dieu, dans la pensée de l'immortalité, où elle vivait sans cesse dans la société de celui qu'elle aimait, le principe de sa résignation.

Quel exemple !

Qui oserait prétendre qu'un ardent amour de Dieu nuit aux affections naturelles ?...

Richesses.

Aimons-nous les richesses d'un amour *surnaturel*, c'est-à-dire en Dieu, selon Dieu, pour Dieu ?

L'homme a des nécessités temporelles qui sont une conséquence de sa nature ou qui ressortent de sa situation sociale. Il doit se nourrir, se vêtir, se loger. Ce qu'il se doit à lui-même, il le doit aux siens.

Or, tout cela exige, dans une certaine proportion, la possession de ce que nous appelons la *richesse*, c'est-à-dire, un certain avoir en argent ou en propriétés quelconques.

Que l'homme désire et recherche la richesse ainsi comprise, à savoir en vue d'en user selon les règles établies par Dieu, rien de plus naturel, de plus juste ; on peut dire que c'est un devoir pour lui.

L'Esprit-Saint, au livre des Proverbes, faisant le portrait de la femme forte, de l'épouse et mère vraiment vertueuse, cite avec éloge son esprit de travail, son succès dans les ventes qu'elle fait, et sa prévoyance qui lui fait acheter des champs nouveaux, et qui la porte à cultiver soigneusement sa vigne et à pourvoir de vêtements les gens de sa maison.

Au livre de Job, nous voyons que Dieu avait donné beaucoup de biens à ce saint homme :

« Le Seigneur m'a tout donné ; le Seigneur m'a tout ôté ; que son saint nom soit béni ! » proclame-t-il à l'heure où il fait cet acte de résignation parfaite dont les termes sont devenus la formule de toutes les résignations chrétiennes (1).

Dieu, il est vrai, venait de lui enlever les biens qu'il lui avait donnés, mais c'était pour l'éprouver, et quand l'heure de l'épreuve fut passée, le Seigneur lui rendit ces mêmes biens dans une plus large mesure.

Salomon, sollicité par Dieu de demander ce qu'il désirait, ne lui demanda que la sagesse. Le Seigneur le félicita *d'avoir demandé ce bien qui est au-dessus de tous les biens* et lui dit : « Vous aurez la sagesse, et de plus, je vous donnerai la richesse et la gloire. »

On voit par ces passages des Livres Saints, que la Religion ne défend pas l'acquisition des richesses et que les Saints même peuvent avoir une certaine sollicitude éclairée et laborieuse pour atteindre cette fin.

Ce que Dieu condamne, ce n'est pas l'or ni l'argent ; c'est la conduite, à la fois sotte et impie, de ceux qui

---

(1) *Dominus dedit ; dominus abstulit : sit nomen ejus benedictum.*

s'en font une divinité, renouvelant l'imbécile et sacrilège conduite des Hébreux adorant le veau d'or au pied du Sinaï. Ce qu'il condamne, c'est le cœur étroit, égoïste, abaissé, qui ne sait partager son or avec ses frères, qui voit sans pitié Lazare dénué de tout à sa porte, qui ne se soucie nullement d'en utiliser une partie en œuvres apostoliques, qui ne se sert de ses biens que pour satisfaire son orgueil, sa sensualité, sa luxure.

Ce que Dieu condamne encore, c'est cet amour désordonné des richesses qui rend le pauvre, l'ouvrier, le domestique, jaloux et envieux à l'égard de ceux qui sont plus favorisés des biens de la fortune, et leur donne des ambitions de s'enrichir pleines d'illusions et de troubles.

Ce que Dieu condamne enfin, c'est cet amour désordonné de la fortune qui fait qu'on possède ses biens avec inquiétude et qu'on les perd avec désespoir.

Voilà pourquoi la Sainte Écriture a des paroles extrêmement sévères contre les richesses.

« Celui qui aime l'or, est-il dit au livre de l'Ecclésiastique, ne sera pas innocent. »

Au livre des Proverbes, nous lisons cet avertissement : « Ne travaillez pas à vous enrichir, mais mettez des bornes à votre prudence. »

Notre-Seigneur dit à son tour : « Malheur à vous, riches...! »

Enfin, saint Paul déclare « que ceux qui veulent s'enrichir tomberont dans les filets de Satan. »

Dans ces paroles et d'autres semblables, Dieu, s'adressant à l'homme faible qui abuse des meilleures choses et en fait des instruments de ses passions, ne veut que nous *détacher de cœur* des biens périssables et nous en faire voir le péril ; il exprime ce qui arrive ordinairement par la faiblesse et la faute de l'homme.

Mais encore une fois, il ne condamne pas l'or ni les propriétés qu'il a créés pour l'usage de l'homme, pour ses nécessités et son agrément. Ce n'est pas la pauvreté matérielle qui est réputée une vertu, mais l'esprit de pauvreté, de détachement. Il y a beaucoup de pauvres qui manquent souvent du nécessaire, mais parce qu'ils desirent trop vivement les richesses au lieu de modérer leurs désirs, ils ne méritent rien, parce qu'ils sont riches d'esprit. Il y a des riches qui possèdent comme ne possédant pas, et font un saint usage de leurs richesses ; ces riches acquièrent beaucoup de mérites, parce qu'ils sont pauvres d'esprit.

« Ce ne sont point les richesses, c'est l'orgueil qui a été puni dans le mauvais riche, et il faut mettre au nombre des riches qui seront rejetés, ceux qui, n'ayant point de richesses, ont trop désiré d'en avoir (1). »

On peut ne rien posséder et être un monstre d'avarice ; on peut avoir une grande fortune et avoir la pauvreté d'esprit d'un parfait religieux.

Un homme du monde peut posséder de grandes richesses qui ne mettront aucun obstacle à la perfection chrétienne dont il lui sera possible d'atteindre le plus haut degré. Si cet homme du monde n'a aucun attachement déréglé pour ce qu'il possède ; s'il est toujours disposé à en faire le sacrifice à son amour pour Dieu et pour la vertu, il peut, au milieu de ses richesses, pratiquer mieux la pauvreté d'esprit qu'un religieux vivant au sein de la pauvreté volontaire. Celui-ci n'aurait pas en lui la pauvreté d'esprit,

---

(1) Saint Augustin.

s'il conservait encore quelque attache déréglée pour les choses, même de minime valeur, dont on lui a laissé l'usage.

Le commandement de Dieu n'exige pas qu'il nous soit indifférent d'être bien ou mal nourri, bien ou mal vêtu, bien ou mal logé, bien ou mal meublé; mais il exige l'usage de tous ces biens qu'autant qu'il peut contribuer à la gloire du Seigneur. Il exige qu'on ne ressente aucune complaisance excessive de l'abondance d'une maison aisée où l'on a tout à souhait, ni aucune peine exagérée de l'incommodité d'une autre, qui ne fournit le nécessaire qu'avec poids et mesure. Dans un cas comme dans l'autre, il exige qu'on recherche avant tout les intérêts de Dieu.

Nous devons regarder les biens de la terre comme les biens de Dieu, des biens qu'il ne fait que prêter.

Il ne nous est pas permis d'en user sans lui rendre actions de grâce. Si nous venons à les perdre, il ne nous est pas commandé de nous en réjouir, mais bien de nous y soumettre avec une pleine résignation de notre volonté.

La possession ou le détachement des richesses méritoire devant Dieu est la seule possession ou le seul détachement inspiré par la volonté de lui obéir, de ne pas violer sa loi. Tout autre désintéressement ne serait que païen.

On rappelait à Berryer une circonstance de sa vie, dans laquelle, lui disait-on, il n'aurait eu qu'à se baisser pour ramasser des millions. — Oui, sans doute, répondit-il, mais il eût fallu *se baisser*.

Une telle probité est la marque d'une grande vertu, mais elle n'est méritoire devant Dieu que si elle est inspirée par la volonté de respecter sa loi sainte.

Est-ce selon cette loi que nous jouissons des biens de la terre ? Les aimons-nous d'un amour *surnaturel* ? Dans quel esprit les possédons-nous ou désirons-nous les acquérir ? Si nous les possédons ou si nous travaillons à les acquérir, est-ce en vue de nous en servir pour la plus grande gloire de Dieu ? Combien d'hommes les possèdent, sinon par avarice, au moins sans rapport à Dieu, sans actions de grâce, par pur amour-propre, en vue seulement de se procurer le bien-être de la terre ?...

Il faut avoir un grand soin de remarquer ici qu'il n'est pas facile de découvrir si notre cœur est possédé par l'amour des biens de la terre, soit que nous les possédions en toute propriété, soit que nous n'en ayons que l'usage. L'amour des biens, de la fortune, n'est pas comme celui qu'on a pour les autres créatures. Celui-ci est ordinairement ardent, enflammé, plein de vivacité, et l'on ne saurait le cacher au fond de son âme. L'amour humain, l'ambition, la vaine gloire se manifestent aux yeux des hommes. Mais l'amour des biens de la terre et de l'argent se dérobe à tous les regards dans le fond du cœur de l'homme ; il ne se révèle point à l'extérieur par des élans impétueux et ne se découvre à personne ; il ne se fait connaître que quand on a l'appréhension de les perdre, ou qu'on en éprouve réellement la perte, ou enfin quand on doit spontanément s'en dessaisir. Si dans de pareils cas, on en subit la privation sans que la paix de l'âme en soit profondément troublée et avec une entière résignation à la volonté de Dieu, c'est un signe certain qu'on était parfaitement détaché de ces biens au fond de son cœur. Si, au contraire, on en ressent une grande affliction, si le cœur est extrêmement et longuement navré d'une telle perte, c'est une marque infaillible de l'attachement qu'on avait pour ces biens, puisque leur séparation est si pénible et si amère pendant un si long temps.

Pour s'assurer si une compresse appliquée sur une blessure y est adhérente, il suffit de l'enlever et de la détacher du siège du mal ; si au moment où l'on enlève la compresse, on n'éprouve aucune douleur, c'est une marque certaine qu'elle n'était pas collée à la blessure ; mais si une douleur très aiguë se fait sentir, c'est une preuve que l'appareil était fortement attaché à la plaie, avec d'autant plus d'adhérence que la douleur est plus vive.

Il en est ainsi pour ce qui regarde le cœur.

Saint Ignace de Loyola fait très bien comprendre, par une comparaison dont la justesse est remarquable, l'idéal de la pauvreté, du détachement *conseillé* par l'Evangile.

Le pauvre d'esprit, dit ce saint, au milieu des biens qu'il possède ou ceux dont l'usage tout seul est à sa disposition, doit ressembler à une statue qui ne se réjouit, ni ne s'afflige de rien et qui se laisse habiller ou déshabiller par son maître, comme celui-ci l'entend et le veut. Mettez sur la statue un vêtement qui se compose de lambeaux déchirés ou un vêtement de soie brodé d'or et enrichi de diamants, cela lui est fort indifférent ; elle prendra l'un et quittera l'autre comme on voudra. Mettez-lui à la main une bourse pleine d'or ou une autre pleine de boue, cette main est également disposée à les recevoir indistinctement.

Plaisirs.

Aimons-nous ces plaisirs d'un amour *surnaturel ?*

Nous avons dit que la perfection chrétienne ne condamne nullement le plaisir attaché à l'usage des créatures en général, puisque c'est Dieu lui-même qui l'y a mis, pour en faciliter l'usage, pour faciliter l'accomplissement de sa loi sainte, de tous nos devoirs. Mais il ne nous est pas permis de mettre tout notre cœur dans ces plaisirs ; ils ne sont créés que pour nous conduire à Dieu ; c'est à lui seul que doit s'attacher notre cœur. Il ne nous est pas défendu de nous réjouir, mais nous devons nous réjouir dans le seul Seigneur, qui est la source de tout bien : *tout bien doit être rapporté, tout bien doit nous conduire au souverain Bien.*

Or, qui peut dire qu'il n'aime purement que pour Dieu les plaisirs qu'on peut trouver dans le manger, dans le boire, dans le dormir, dans les conversations amicales, dans les promenades, dans les divertissements en général, dans tout ce qui plaît à la vue, à l'ouïe et aux autres sens ? Qui recherche avec cette même pure intention les plaisirs de l'intelligence, les plaisirs délicats qui se trouvent dans l'étude du Vrai, du Bien, du Beau ? Qui peut se vanter que lorsqu'il se permet un plaisir quelconque, ce n'est que pour plaire à Dieu et accomplir sa volonté d'après laquelle il y a le temps du travail et le temps du repos ? Où est celui qui ne soulage son corps que pour soutenir sa faiblesse et afin qu'il ait ensuite la force de remplir ses devoirs d'état et nullement pour contenter ses inclinations ? Où est celui qui n'en prend que le nécessaire et qui n'a nulle peine exagérée quand la Providence, par divers événements, l'en prive ?

Hélas ! combien on est loin de prendre les plaisirs permis par des motifs si purs et si désintéressés ! Malheureusement, on y court avec un empressement désordonné, on s'y abandonne sans aucune retenue, sans aucune vue que de se satisfaire.

N'essayons pas de dire que la vie chrétienne est ennemie des bienséances honnêtes et des agréments innocents de la vie. La vie chrétienne ne prescrit rien qui ne soit conforme aux plus strictes convenances, qui ne soit absolument bienséant et raisonnable. Sur quoi baserait-on l'opinion contraire ? Est-ce sur la loi elle-même de Notre-Seigneur Jésus-Christ ?

Saint Paul ne commande-t-il pas expressément à tous les fidèles de se prévenir les uns les autres par des témoignages d'honneur et de bienséance ; de se réjouir avec ceux qui se réjouissent, de pleurer avec ceux qui pleurent, de rechercher non seulement ce qui pourrait être utile à tous les hommes, mais encore tout ce qui pourrait leur être agréable, afin que le nom du Seigneur ne soit pas blasphémé par les impies, et que notre sainte Religion paraisse aimable aux païens eux-mêmes ?

Est-ce sur l'exemple de Notre-Seigneur Jésus-Christ ?

Mais ce divin Sauveur ne s'assit-il pas à la table du pharisien ? Ne sanctifia-t-il pas, par sa présence, les noces de Cana ? Ne se mêla-t-il pas souvent à la table des pécheurs ? Ne parut-il pas dans l'assemblée du peuple ? Ne reçut-il pas avec bonté la femme pécheresse ?

« Vous me demandez, disait saint François de Sales, si ceux qui désirent vivre avec quelque perfection peuvent tant voir le monde. La perfection ne consiste pas à ne pas voir le monde, mais à ne point le *goûter*. Tout ce que la vue nous apporte, c'est le danger, car qui le voit, est en quelque péril de l'aimer ; mais à qui est bien résolu et déterminé, la vue ne nuit point...

« Une âme vigoureuse et constante peut vivre au monde sans recevoir aucune humeur mondaine et trouver les sources d'une douce piété dans les ondes amères du siècle. Sainte Elisabeth jouait et dansait dans les assemblées de passe-temps, mais sa dévotion croissait parmi les pompes et vanités auxquelles sa condition l'exposait ; les grands feux s'enflamment et les petits s'éteignent au vent. »

Si l'on pense que la vie chrétienne est ennemie des plaisirs légitimes, c'est qu'on ne veut pas les sanctifier, c'est qu'on ne veut pas en *user* en Dieu, selon Dieu et pour Dieu, mais en user en soi-même, selon soi-même, pour soi-même, en abuser.

Ne se montrer au monde que pour le servir et l'édifier ; entretenir des rapports utiles, mais jamais dangereux ; cultiver ses amis, mais des amis vertueux ; faire de ses devoirs d'état des moyens de salut : voilà le devoir de bienséance et c'est ce que la Religion ordonne.

Négliger les occupations les plus importantes ; se répandre indiscrètement et sans choix dans le monde ; y consacrer tout son temps en visites et en cérémonial ; y porter le poids de son ennui et l'oubli de soi-même ; y fixer ses désirs ; y dresser son tabernacle ; en faire son dieu : voilà l'abus du monde ; c'est ce que la Religion condamne...

Respecter son superflu comme le patrimoine du pauvre ; ne se distinguer ni par trop de magnificence, ni par trop de simplicité ; régler son train et sa dépense plutôt au-dessous qu'au-dessus de son rang et de ses revenus ; songer plus à la convenance qu'à l'éclat : voilà le devoir, la bienséance ; voilà ce que la Religion ordonne.

Courir follement après le caprice des modes ; faire assaut de magnifence ; donner dans un luxe outré ; étaler l'orgueil des ornements et l'immodestie des parures ; sacrifier inhumainement à sa vanité la subsistance des pauvres, le soutien des œuvres pieuses, des œuvres d'apostolat : voilà l'abus ; voilà ce que la Religion condamne...

Prendre part à des conversations où la pudeur n'ait jamais à rougir, où le cœur ait toujours à gagner, où la piété ait souvent à s'édifier : voilà le devoir ; voilà la Religion.

Envelopper le venin de la corruption sous des paroles artificieuses et délicates ; assaisonner ses discours du sel amer et piquant de la médisance ; chercher plus à briller qu'à s'instruire et à s'édifier ; voilà le mal.

Ne se proposer dans le jeu que le simple délassement ; se disposer au travail par des récréations ou amusements rares, courts, et honnêtes, sous le regard de Dieu : voilà le devoir, voilà l'amour divin.

Regarder le jeu comme une occupation et un trafic ; y passer les jours et les nuits ; en faire une fureur et une ruine ; participer à des fêtes criminelles ; aller dans des compagnies licencieuses : voilà l'abus, le scandale...

En un mot, la Religion ne commande rien qui ne soit avantageux ; elle ne condamne rien qui ne soit funeste.

— La princesse Marie-Immaculée de Bourbon, qui resta toujours si pure et si fervente, avait la coutume, après sa récréation, d'adresser cette prière à la bienheureuse Vierge Marie : « Je te remercie, ô ma Mère, de ce que je me suis bien divertie sans te déplaire. »

Gloire.

Aimons-nous la gloire d'un amour *surnaturel* ?

La gloire est le désir d'être loué des hommes ; cet amour de l'estime, de l'approbation, des louanges humaines est naturel à l'homme. Tout cœur humain déteste et fuit naturellement l'abaissement, l'oubli, l'ignominie, et ambitionne la gloire, c'est-à-dire l'éclat de la bonne renommée. L'enfant comme l'homme parfait, le pauvre comme le riche, l'ignorant comme le savant ont au cœur ce même désir de la gloire, quoique les manifestations en soient fort diverses. On trouve des malades d'une patience admirable ; des pauvres qui subissent héroïquement une vie semée de privations ;... mais être l'objet de l'oubli, de la haine et surtout du mépris, sans perdre la paix de l'âme, c'est une chose qui paraît, sans l'assistance particulière de Dieu, au-dessus de tous les courages et de toutes les vertus naturelles.

« Quelque possession que l'homme ait sur la terre, quelque santé et commodité essentielle qu'il ait, il n'est pas satisfait, s'il n'est dans l'estime de ses semblables. Il estime si grande la raison de l'homme, que quelque avantage qu'il ait sur la terre, s'il n'est placé avantageusement aussi dans la raison de l'homme, il n'est pas content. C'est la plus belle place du monde : rien ne peut le détourner de ce désir, et c'est la qualité la plus ineffaçable du cœur de l'homme (1). »

Le désir d'être justement approuvé dans le bien que nous faisons est légitime, car il est dans l'ordre que le bien soit approuvé et loué. Dieu approuve ce qui est bon ; il le loue dans le ciel à la face de ses anges. Le désir de la gloire n'est donc point blâmable. S'il en était autrement, Jésus ne nous aurait pas commandé de faire briller aux yeux des hommes la lumière de nos bonnes actions, afin qu'ils en soient édifiés (2).

Mais autre chose est de produire nos bonnes œuvres en face des hommes afin que Dieu soit glorifié, et

---

(1) PASCAL. — (2) *Luceat lux vestra coram hominibus, ut videant opera vestra bona, et glorificent Patrem vestrum qui in cœlis est.* MATTH., V, 16.

autre chose est de les y produire afin que les hommes nous glorifient nous-mêmes. C'est ce désir de glorification personnelle qui constitue la *vaine gloire*, qui est un péché venant de l'orgueil.

Vouloir plaire aux hommes pour faire du bien est un acte de vertu ; vouloir plaire aux hommes par un principe de vaine complaisance est un péché.

L'orgueil ne consiste pas dans une profonde estime de soi-même, dans l'ardeur du désir de s'élever, de dominer, d'acquérir tout bien ; il consiste dans le désir d'acquérir un bien quelconque *en dehors de Dieu*.

L'homme n'est pas vertueux parce qu'il est haut ou bas, juste au centre ou plus ou moins au centre ; il l'est en occupant n'importe quelle place, pourvu qu'il y soit selon la volonté de Dieu. La vertu n'est pas dans la grandeur des choses, mais dans l'*ordre* voulu de Dieu.

Aussi les Docteurs ne croient pas que le péché du démon ait consisté à désirer devenir égal à Dieu : cela était impossible, et le démon ne pouvait en avoir l'idée ; ils ne croient pas non plus que son péché ait consisté à désirer la grandeur et la gloire : cela est parfaitement permis en soi. Mais il a désiré posséder tous ces biens par lui-même, en dehors de Dieu ; il a désiré se considérer comme une source principale, comme un centre premier pour les autres êtres : là a commencé son péché.

Ecoutons Bossuet : « Si toutes ces choses, les plaisirs, les richesses, la gloire, sont bonnes, il est clair que le désir de les avoir renferme quelque bien. Qu'un ange se soit admiré et aimé lui-même, il a admiré et aimé une bonne chose. En quoi donc pèche-t-il dans cette admiration et cet amour, si ce n'est qu'il ne l'a point rapporté à Dieu ?... L'ange devait donc aimer ce plaisir non en lui-même, mais en Dieu. »

Ce que Dieu condamne, ce n'est donc point la gloire, mais la *vaine gloire,* c'est-à-dire le mensonge, l'orgueil, la frivolité, la fatuité, car la vaine gloire est tout cela.

Se substituer à Dieu comme si on était l'auteur de ce que l'on est et de ce que l'on a ; agir, non par conscience et par devoir, mais par le *pur motif* de plaire aux hommes ; tenir à la louange pour elle-même, à cause de la grandeur apparente qu'elle donne ; rechercher à jouir seul de l'estime de nos semblables ; en un mot, se glorifier de soi, en soi, pour soi, sans rapporter à Dieu l'honneur dû à nos œuvres : voilà ce qu'est la vaine gloire ; voilà ce que Dieu condamne.

Mais la gloire qui consiste dans la connaissance que nous avons nous-mêmes et qu'ont les autres des bonnes qualités, des biens que Dieu a mis en nous, et dont nous reconnaissons et acclamons Dieu comme l'auteur, voulant que toute louange lui soit donnée avant tout, est bonne. Cette gloire est légitime ; Dieu ne la condamne pas et rien dans la Religion ne nous ordonne d'ignorer et de laisser ignorer les dons, les talents, les grâces dont le ciel nous a enrichis.

Les saints du paradis connaissent leur beauté, leurs vertus, leur rang ; ils sont les témoins de leur gloire et ils y mettent leur joie. Ils restent saints pourtant et dans l'ordre, en reconnaissant que Dieu est l'auteur de tout bien et en lui rapportant finalement toute louange, et en se complaisant en lui plus que dans ses dons.

« Les bienheureux esprits ont deux merveilleux mouvements, car ils n'ont pas plus tôt jeté les premiers regards sur eux-mêmes, que, reconnaissant aussitôt que leurs lumières sont découlées d'une autre lumière infinie, ils retournent à leur principe d'une promptitude incroyable, et cherchent leur perfection où ils trouvent leur origine (1). »

Effectivement, ils reçoivent constamment l'influx divin, ils nagent dans les flots de la vie universelle, ils boivent la lumière et l'amour, ils sont inondés par les torrents de grâce qui sortent perpétuellement du sein de l'auguste Trinité ; ils reçoivent, ils sont abreuvés, ils tressaillent d'admiration, de joie et de bonheur, puis ils semblent reprendre toutes ces grâces, et par un regard perçant et plein de tendre vénération, ils les renvoient à Dieu après les avoir changées en hymnes d'amour et de reconnaissance ; ils les renvoient à Dieu pour en demander de nouvelles et de plus abondantes.

La Sainte Vierge, même sur la terre, n'ignorait pas les grands dons, les privilèges incomparables dont Dieu l'avait gratifiée ; elle proclame en son *Magnificat* que le Seigneur a fait en elle de grandes choses, et elle dit qu'elle en tressaille de bonheur : *Et exultavit spiritus meus in Deo salutari meo.*

Sainte Thérèse savait qu'elle était douée de beauté, d'un caractère ferme, qu'elle avait de l'esprit, et elle déclare que Dieu a fait de son cœur un parterre de fleurs odoriférantes. Dans sa vie qu'elle a écrite elle-même, elle affirme que l'humilité n'empêche pas de reconnaître les dons que Dieu nous fait, même le don de l'humilité. Elle déclare encore qu'il lui était impossible d'éprouver le moindre sentiment d'orgueil, tellement elle ressentait qu'elle était redevable de tout le bien qui était en elle, à l'Auteur de tout don.

Et non seulement nous pouvons reconnaître en nous les dons de Dieu, mais aussi nous en réjouir, en y

---

(1) Bossuet.

puisant un motif de confiance, de reconnaissance et d'amour envers le divin Bienfaiteur. La même sainte Thérèse pense que nous n'aimerons pas grandement le bon Dieu, si nous ne nous croyons pas aimés spécialement de lui, si par conséquent nous ne reconnaissons pas les dons par lesquels il accuse cet amour particulier envers nous.

« Que chaque fidèle dise : « Je suis saint », ce n'est point de l'orgueil, c'est l'aveu d'une âme reconnaissante. Si vous dites : « Je suis saint par moi-même », vous êtes un orgueilleux. Si vous dites : « Je ne suis pas saint », vous êtes un ingrat. Reconnaissez donc que vous possédez les dons de Dieu, mais qu'ils ne viennent pas de vous. Alors vous ne serez ni orgueilleux ni ingrat (1). »

Un jeune homme plein de bonne volonté, cherchant à aimer Dieu de tout son cœur, demandait à un ami « comment il devait faire pour donner aux autres le bon exemple dans ses actions. »

Celui-ci lui répondit par la frappante comparaison que voici : « La meilleure manière d'édifier les autres par ses actions, consiste à se comporter comme les bougies qui brûlent à l'église sur les autels. Elles brillent toutes pour Dieu et cependant leur lumière brille devant les hommes. Celui qui veut luire devant les hommes, sans brûler pour Dieu, celui-là, le monde l'appelle aussitôt un hypocrite et se scandalise de sa conduite. Quant à celui qui brûle pour Dieu, il brille par le fait même pour les hommes, et par conséquent il est tout à fait inutile qu'il dise qu'il veut luire pour eux. Et comme il sent, dans son humilité, combien il devrait encore brûler davantage pour Dieu, il est probable qu'il ne

---

(1) SAINT AUGUSTIN.

lui viendra jamais à la pensée qu'il est l'unique et la plus belle lumière de la maison du Seigneur. »

Est-ce ainsi que brillent en nous les vertus ou les qualités naturelles qui peuvent s'y trouver ? Brillent-elles en nous pour la plus grande gloire de Dieu ? Les utilisons-nous à son service ?

Où est celui qui, se connaissant de la pénétration, du jugement, de l'étendue d'esprit, de la prudence, du discernement, de la fermeté, de la capacité et d'autres talents semblables, n'en ressent pas dans le fond de son cœur une secrète joie dont Dieu n'est pas le principe ?

Le précepte n'exige pas d'être indifférent au talent, à la beauté, à la bonne grâce, à la force, à l'adresse, à l'aptitude pour certains arts, etc. Mais où est celui qui possède ces bonnes qualités sans y avoir de l'attache, et n'en ressent de plaisir que parce qu'elles lui fournissent le moyen de rendre à Dieu la gloire qu'il en attend ? Où est celui qui, se voyant distingué par ses qualités, n'en prend pas parfois occasion de se préférer aux autres, de se donner quelques vaines louanges là-dessus et de s'en servir pour s'attirer l'estime des hommes et s'acquérir de la réputation ?

Si l'on est privé de tous ces dons naturels, n'en est-on pas bien fâché ? Où est celui qui s'en voyant dépourvu n'en a quelque peine et n'en ressent quelque jalousie dans le fond de son âme, souhaitant d'égaler ou même de surpasser ceux qui les possèdent, sans que ces sentiments naissent d'un désir pleinement subordonné à la volonté de Dieu ?

Ne sommes-nous nullement ambitieux ? Lorsque nous nous voyons considérer, distinguer, respecter ; lorsqu'on loue notre sagesse, notre vertu, notre habileté ; lorsqu'on reçoit bien tout ce qui vient de nous ; de quelle manière recevons-nous nous-même tout cela ? Au fond de notre cœur, n'y a-t-il aucune complaisance à cette estime, à ces louanges, à cet honneur, qui ne soit rapportée à la gloire de Dieu, fin dernière de tout honneur et de toute gloire ? Nous en réjouissons-nous dans le Seigneur ? N'avons-nous pas un véritable chagrin lorsque quelqu'un contredit aux louanges qu'on nous donne, lorsqu'on détruit ou qu'on blesse notre réputation ? Ne sommes-nous pas ardents à la défendre, même quand il n'y a aucun scandale à craindre, et n'employons-nous pas pour cela tout ce qui peut donner quelque relief à notre mérite ?

Or, d'où vient cette vivacité sur tout ce qui choque notre délicatesse sinon de l'amour-propre ? Car, si nous n'en étions possédé, l'estime des hommes ne nous ferait pas tant de plaisir, ni leur mépris tant de peine : nous ne serions sensible qu'à l'honneur et à l'offense du Seigneur ; nous n'aurions que du zèle pour l'un et que de l'horreur pour l'autre.

« Seigneur, disait saint Augustin, celui qui veut être loué ne cherche pas votre gloire, mais la sienne ; c'est un larron, un assassin, un démon qui dérobe à Dieu sa gloire pour se l'approprier. »

Dignités.

Un pape écrivait à un pieux empereur : « Sachez, ô grand empereur, que la souveraine puissance vous est accordée d'en haut, afin que la vertu soit aidée, que les voies du ciel soient élargies, et que l'empire de la terre serve l'empire du ciel. »

Pourquoi les hommes doivent-ils commander, si ce n'est pour faire que Dieu soit obéi ? Nous ne devons pas rechercher les honneurs pour eux-mêmes, mais pour accomplir la volonté de Dieu, à qui seul revient tout honneur et toute gloire.

Recherchons-nous les dignités ou les emplois honorables en vue des charges qu'ils offrent, afin de rendre ainsi plus de gloire à Dieu, ou ne recherchons-nous pas plutôt les charges qu'ils offrent, en vue des honneurs qui les accompagnent ?

Possédant ces dignités, ne faisons-nous pas notre possible pour nous décharger des devoirs qu'elles nous imposent ?

Recevons-nous les honneurs comme les saints, par amour de Dieu ?

Tandis que tout le monde s'empressait d'honorer saint François d'Assise, son compagnon lui témoigna beaucoup d'étonnement de ce qu'il recevait ces honneurs.

« Mon frère, lui répondit l'homme de Dieu, ignorez-vous que ces respects s'adressent à Dieu ? C'est à moi à les lui renvoyer, comme les hommages rendus à la statue doivent retourner à l'original. »

Sommes-nous dans les dispositions de l'empereur Ferdinand II, qui faisait tous les jours cette prière :

« Seigneur, si c'est votre volonté que je devienne plus grand et plus puissant que je suis, élevez-moi et je vous glorifierai ; s'il importe à votre gloire et à mon salut que je reste dans l'état où je me trouve, je vous prie de m'y maintenir, et je vous glorifierai encore ! Mais si mon abaissement peut contribuer à votre honneur et à mon salut, je m'humilierai et m'anéantirai selon votre bon plaisir, et je vous glorifierai toujours. »

En haut, au milieu, en bas, comme vous voudrez, ô mon Dieu !

Actions et souffrances.

Pour être parfaites ou dignes de la récompense céleste, nos actions doivent revêtir trois conditions, avons-nous dit. Il faut qu'elles soient faites *en Dieu*, c'est-à-dire en état de grâce ou d'amour de Dieu ; *selon Dieu*, c'est-à-dire, bonnes en elles-mêmes, conformes à sa loi ; *pour Dieu*, enfin, c'est-à-dire pour lui obéir, en vue de lui plaire, par amour de lui.

Surnaturalisons-nous nos actions et nos souffrances dans leur but, dans une intention pure ? Agissons-nous, souffrons-nous pour Dieu, par amour de Dieu ?

Agir pour le plaisir, pour la satisfaction des instincts ou des passions du corps, nous est commun avec les brutes.

Agir par intérêt, par ambition nous est commun avec les plus fieffés malfaiteurs.

Agir sans but, au hasard de nos caprices, nous est commun avec les fous.

Agir purement par raison, sans rapport à Dieu, nous est commun avec les sages païens.

Agir pour obéir ou plaire à Dieu, pour la vérité, pour la justice divine, nous est commun avec Jésus-Christ, et c'est la seule manière d'agir qui soit méritoire d'une récompense éternelle.

Dieu ne peut récompenser ce qui n'est pas fait pour lui. De même qu'une monnaie qui n'est pas marquée du sceau de l'État, qui ne porte pas l'effigie du prince, n'a pas cours ; ainsi, toute action qui n'est pas marquée du sceau divin, qui n'est pas inspirée par l'amour de Dieu au moins implicitement, n'a pas cours devant lui.

Nos œuvres valent ce que vaut l'amour divin qui les anime, ce que vaut l'intention qui les fait entreprendre.

Si l'on a l'amour de Dieu en soi, tout ce que l'on fait se trouve plus ou moins parfait selon la perfection de l'amour de Dieu lui-même, selon le degré de la pureté d'intention qui en est l'âme.

On ne mérite rien pour la vie éternelle, si l'on n'est pas en état de grâce ou d'amour de Dieu, si l'on est en état de péché mortel.

La volonté mauvaise, l'intention coupable anéantit tout mérite. Richard de Saint-Victor dit énergiquement à ce sujet : « Par une intention coupable on devient infanticide ; on tue ses fils, c'est-à-dire, on rend ses actes nuls et ses œuvres mortes. »

Pour que nos actions soient méritoires de la vie éternelle, il n'est pas nécessaire qu'elles soient offertes à Dieu *chacune en particulier*, et à *chaque instant ;* cela serait désirable, mais c'est impossible : les plus grands Saints eux-mêmes n'ont pu le faire, parce que la faiblesse de notre nature est telle que nous ne pouvons garder d'une manière incessante la pensée de Dieu.

Comment donc nos actions deviennent-elles méritoires de la récompense éternelle ? Elles le deviennent par l'intention ordinaire ou générale de ne pas offenser Dieu, de persévérer dans son amour, par la volonté ferme et constante de lui plaire en toutes choses.

En vertu de cette intention générale d'agir en l'amour de Dieu et pour l'amour de Dieu, nos actions lui sont implicitement rapportées. Cette intention *virtuelle, implicite,* suffit tant qu'elle n'est pas rétractée par la volonté contraire de faire le mal, ou directement par des actions mauvaises.

Cette intention première influe sur tout l'ensemble des actions, de sorte qu'on peut dire qu'elle en est véritablement la cause, le motif, quoiqu'on n'y fasse pas toujours une réflexion actuelle en les faisant. Quand un homme se met en chemin pour aller en quelque lieu, quoiqu'il ne pense pas actuellement à chaque pas qu'il fait au terme où il veut aller, il a pourtant une intention virtuelle à chaque pas de s'avancer vers ce terme, parce que c'est en vertu du dessein qu'il a eu d'aller à ce lieu, qu'il s'est mis en chemin et qu'il fait toutes les démarches pour y arriver. Nous pouvons dire la même chose de nos actions que nous accomplissons en vue d'observer la loi de Dieu, en vue de lui plaire : ce que nous entreprenons pour Dieu, nous l'exécutons pour lui.

Le chrétien en état de grâce ou d'amour de Dieu, qui a l'intention d'éviter le péché et d'agir honnêtement dans toutes ses actions ; qui prie ordinairement et s'acquitte fidèlement des divers devoirs de la vie chrétienne et de sa propre condition, ce chrétien ne cesse pas de mériter devant Dieu par ses œuvres, quoiqu'il ne songe pas à les lui rapporter explicitement.

La charité est comme un sacrement qui nous consacre à Dieu avec tout ce qui est à nous. « C'est une des propriétés de l'amitié, dit saint François de Sales, de rendre agréable l'ami et tout ce qui est en lui de bon et d'honnête. L'amitié répand ses grâces et faveurs sur toutes les actions de celui que l'on aime pour peu qu'elles en soient susceptibles. Toutes les œuvres vertueuses d'un cœur ami de Dieu sont dédiées à Dieu, car le cœur qui s'est donné à Dieu, comment n'a-t-il pas donné tout ce qui dépend de lui-même ? Qui donne l'arbre sans réserve ne donne-t-il pas aussi les feuilles, les fleurs et les fruits ? Parce que le juste est planté dans la maison de Dieu, ses feuilles, ses fleurs et ses fruits sont dédiés au service de sa Majesté…

« Tout ce que vous faites, et quoi que vous fassiez en paroles et en œuvres, faites le tout au nom de Jésus-Christ : « soit que vous mangiez, soit que vous « buviez, soit que vous fassiez autre chose, faites le « tout à la gloire de Dieu (1). » Ce sont les propres paroles du divin apôtre, lesquelles, comme dit le grand saint Thomas en les expliquant, sont suffisamment pratiquées quand nous avons l'habitude de la très sainte charité, par laquelle, bien que nous n'ayons pas une expresse et attentive intention de faire chaque œuvre pour Dieu, cette intention néanmoins est contenue couvertement en l'union et communion que nous avons avec Dieu, par laquelle tout ce que nous pouvons faire de nous est dédié avec nous à sa divine Bonté. Il n'est pas besoin qu'un enfant, demeurant en la maison de son père, déclare que ce qu'il acquiert est acquis à son père ; car sa personne étant à son père, tout ce qui en dépend lui appartient aussi. Il suffit aussi que nous soyons enfants de Dieu par amour, pour rendre tout ce que nous faisons entièrement destiné à sa gloire…

« Je sais que quelques-uns n'estiment pas que cette offrande si générale de nous-mêmes, étende sa vertu et porte son influence sur les actions que nous pratiquons par après, sinon à mesure qu'en l'exercice d'elles nous appliquons en particulier le motif de l'amour, les dédiant spécialement à la gloire de Dieu. Mais tous confessent néanmoins avec saint Bonaventure, loué d'un chacun en ce sujet, que si j'ai résolu en mon cœur de donner cent écus pour Dieu, quoique par après je fasse à loisir la distribution de cette somme, ayant l'esprit distrait et sans attention, toute la distribution néanmoins ne laissera pas d'être

---

(1) *I Cor.*, x, 31.

faite par amour, à cause qu'elle procède du premier objet que le divin amour me fit faire de donner tout cela.

« Mais de grâce, Théotime, quelle différence y a-t-il entre celui qui offre cent écus à Dieu et celui qui offre toutes ses actions ? Certes, il n'y en a point, sinon que l'un offre une somme d'argent et l'autre une somme d'actions. Et pourquoi donc, je vous prie, ne seront-ils l'un comme l'autre estimés faire la distribution des pièces de leurs sommes, en vertu de leurs premières et fondamentales résolutions ? Et si l'un, distribuant ses écus sans attention, ne laisse pas de jouir de l'influence de son premier dessein, pourquoi l'autre, distribuant ses actions, ne jouira-t-il pas du fruit de sa première intention ? Celui qui destinément s'est rendu esclave amiable de la divine bonté, lui a par conséquent dédié toutes ses actions. Certes, saint Bonaventure avoue qu'un homme qui s'est acquis une si grande inclination et coutume de bien faire, que souvent il le fait sans spéciale attention, ne laisse pas de mériter beaucoup par telles actions, lesquelles sont ennoblies par l'amour duquel elles proviennent, comme la racine source originaire de cette heureuse habitude, facilité et promptitude (1). »

En réalité, quand la volonté est fermement et constamment disposée à éviter le mal et à faire le bien ; quand le cœur s'est véritablement donné à Dieu, ne lui a-t-il pas tout donné ? Qui a le cœur, la volonté, a tout.

Cela étant, n'y a-t-il pas *un peu d'exagération* dans le discours suivant de Bourdaloue ?

---

(1) SAINT FRANÇOIS DE SALES, *Traité de l'amour de Dieu*, L. XI, c. 3 et L. XII, c. 8.

« Tout chrétien qu'on est, on agit en païen, je ne dis pas en païen sujet aux vices et au dérèglement des mœurs où conduisait de lui-même le paganisme; mais je dis en honnête et sage païen. C'est-à-dire qu'on agit, non pas pour la foi, ni par des vues de religion, mais par la seule raison, mais par une probité naturelle, mais par un respect tout humain, mais par la coutume, l'habitude, l'éducation, mais par le tempérament, l'inclination, le penchant.

« On rend la justice, parce qu'on est naturellement droit et équitable; on sert le prochain, parce qu'on est naturellement officieux et bienfaisant; on assiste les pauvres, parce que naturellement on est sensible aux misères d'autrui, et qu'on a le cœur tendre et affectueux; on prend soin d'un ménage et on s'applique à bien conduire une maison, parce que naturellement on est rangé et qu'on aime l'ordre; on remplit toutes les fonctions de son ministère, de son emploi, de sa charge, parce que l'honneur le demande, parce que la réputation y est engagée, parce qu'on veut toujours se maintenir en crédit et sur un certain pied; on s'occupe d'une étude, on passe les journées et souvent même les nuits dans un travail continuel, parce qu'on veut s'instruire et savoir, qu'on veut réussir et paraître, qu'on veut s'avancer et parvenir; ainsi du reste, dont le détail serait infini.

« Tout cela est bon en soi, mais dans le motif, tout cela est défectueux. Il est bon de rendre à chacun ce qui lui est dû, de protéger l'innocence et de garder en toutes choses une parfaite équité. Il est bon de se prêter la main les uns les autres, de se prévenir par des offices mutuels et d'obliger autant qu'on peut tout le monde. Il est bon de consoler les affligés, de compatir à leurs peines et de les secourir dans leurs besoins. Il est bon de veiller sur des enfants, des domestiques, sur toute une famille, d'en administrer les biens et d'en ménager les intérêts. Il est bon dans une dignité, dans une magistrature, dans un négoce, de vaquer à ses devoirs, et de s'y adonner avec une assiduité infatigable. Que dirais-je de plus? Il est bon de cultiver ses talents, de devenir habile dans sa profession, de travailler à enrichir son esprit de nouvelles connaissances ; encore une fois, il n'y a rien là que de louable ; mais voici le défaut capital : c'est qu'il n'y a rien là qui soit marqué du sceau de la foi, ni par conséquent du sceau de Dieu. Or le sceau de Dieu, le sceau de la foi ne s'y trouvant point, ce ne peut être, pour m'exprimer ainsi, qu'une monnaie fausse dans l'estime de Dieu et de nulle valeur par rapport à l'éternité. Car on peut nous dire alors ce que disait le Sauveur des hommes : Qu'attendez-vous dans le royaume du ciel, et qu'elle récompense méritez-vous ? Hé ! « les païens ne faisaient-ils pas tout ce que vous faites » (1) ? Qu'avez-vous au-dessus d'eux, puisque vous n'agissez point autrement qu'eux, ni par des principes plus relevés ?

« En effet, il y a dans le paganisme, comme parmi nous, des juges intègres, déclarés, sans acception de personne, en faveur du bon droit, et assez généreux pour le défendre aux dépens de leur fortune et même au péril de leur vie. Il y a eu d'heureux naturels, toujours disposés à faire plaisir et ne refusant jamais leurs services. Il y a eu des âmes compatissantes, qui, par un sentiment de miséricorde, s'attendrissaient sur toutes les calamités publiques ou particulières et pour y subvenir, répandaient leurs dons avec abondance. Il y a eu des hommes d'une droiture inflexible, d'une fermeté inébranlable, d'un désintéressement à toute

---

(1) Matth., 5.

épreuve, d'un courage que rien n'étonnait, d'une patience que rien n'altérait, d'une application que rien ne lassait, d'une attention et d'une vigilance à qui rien n'échappait. Il y a eu des femmes d'une régularité parfaite et d'une conduite irrépréhensible. Que de vertus ! mais quelles vertus ? vertus morales et rien au-delà. Elles méritaient les louanges du public, elles méritaient même de la part de Dieu quelques récompenses temporelles et les obtenaient : elles étaient bonnes pour cette vie, mais sans être d'aucun prix pour l'autre, parce que la foi ne les vivifiait pas, ne les consacrait pas.

« Telles sont les vertus d'une infinité de chrétiens, telles sont leurs œuvres. Ils ont la foi, mais comme s'ils ne l'avaient point, puisque dans toutes leurs actions ils ne font aucun usage de leur foi. A considérer dans la substance les œuvres qu'ils pratiquent ce sont des œuvres dignes de la foi qu'ils professent, et ce serait des œuvres dignes de Dieu, si la foi les rapportait à Dieu ; mais c'est à quoi ils ne pensent en aucune sorte; ils consultent, ils délibèrent, ils forment des desseins, ils prennent des résolutions, ils les exécutent; dans les plans de vie où leur condition les engage, ils se trouvent chargés d'une multitude d'affaires, et pour y suffire ils se donnent mille mouvements, mille soins, mille peines ; ils ont, selon le cours des choses humaines et selon les conjectures, leurs contradictions, leurs traverses à essuyer; ils ont leurs chagrins, leurs ennuis, leurs dégoûts, leurs adversités, leurs souffrances à porter. Ample matière, riche fonds de mérites auprès de Dieu, si la foi, comme un bon levain, y répandait sa vertu ; si, dis-je, toutes ces délibérations et tous ces desseins étaient dirigés par des maximes de foi, si toutes ces fatigues et tous ces mouvements étaient soutenus par des considérations divines et de foi, si toutes ces souffrances et toutes ces afflictions étaient prises, acceptées, offertes en sacrifice et présentées par un esprit de foi : tout profiterait alors pour la vie éternelle, et rien ne serait perdu.

« Je dis : rien, quelque peu de chose que ce soit, car voilà quel est le propre et l'effet de la foi, quand elle opère par la charité et par une intention pure et chrétienne.

« On ne peut mieux la comparer qu'à ce grain évangélique, qui, dans tous les légumes, est le plus petit, mais qui, semé dans une bonne terre, croît, s'élève, pousse des branches, se couvre de feuilles et devient arbre. Partout où la foi se communique, étant accompagnée de la grâce, et partout où elle agit, elle y imprime un caractère de sainteté et attache aux moindres effets qu'elle produit un droit spécial à l'héritage céleste. Ne fût-ce qu'un verre d'eau donné au nom de Jésus-Christ, c'est assez pour obtenir dans l'éternité une couronne de gloire. Les apôtres passèrent toute une nuit à pêcher et ils ne prirent rien : pourquoi ? parce que Jésus n'était pas avec eux, mais du moment que cet Homme-Dieu parut sur le rivage et que par son ordre et en sa présence ils se remirent au travail, la pêche qu'ils firent fut si abondante que leurs filets se rompaient de toutes parts et qu'ils eurent beaucoup de peine à la recueillir. Image sensible où nous devons également reconnaître et l'inutilité de toutes nos œuvres pour le salut, si la foi, animée de la charité et de la grâce, n'en est pas le principe et comme le premier moteur, et leur excellence, si ce sont les fruits d'une foi vive et agissante, et si c'est par l'impression de la foi que nous sommes excités à les pratiquer.

« Étrange aveuglement que le nôtre, quand nous suivons d'autres règles en agissant et que nous nous conduisons uniquement par la politique du siècle et par

la prudence de la chair! Combien vois-je tous les jours
de personnes de l'un et de l'autre sexe, de tout âge et
de tout état, qui, dans les occupations et les embarras
dont ils sont sans cesse agités, ne se donnent ni repos,
ni relâche ; qui, du matin au soir, sont obligés d'aller,
de venir, de parler, d'écouter, de répondre, de veiller
à tout ce qui est de leur intérêt propre ou de leur devoir, mènent une vie très fatigante ; qui, dans le commerce du monde, sont exposés à des déboires très
amers, à des contretemps très désagréables, à des
revers très fâcheux, à des coups et à des événements
capables de déconcerter toute la fermeté de leur âme ;
qui, par délicatesse de leur complexion ou le déran-
gement de leur santé, sont affligés de fréquentes
maladies, infirmités habituelles, souvent même de
douleurs très aiguës? Or, en quoi ils me paraissent
tous à plaindre et ce qu'il y a pour eux, sans contredit, de plus déplorable, c'est que tant de pas, de
courses, de veilles, d'inquiétudes, de tourments d'esprit ; que tant d'exercices du corps très pénibles, et
quelquefois accablants, que tant d'accidents, d'infor-
tunes, de mauvais succès, de pertes, de contrariétés,
de tribulations, d'humiliations, de désolations, de fai-
blesses et de langueurs ; que tout cela, dis-je, et mille
autres choses qui leur deviendraient salutaires avec le
secours de la foi, ne leur soient, au regard du salut,
d'aucun profit, parce que, tout abîmés dans les sens, ils
ne savent point user de leur foi et qu'ils ne la mettent
jamais en œuvre. Sans rien faire plus qu'ils ne font
et sans rien souffrir au delà de ce qu'ils souffrent,
ils pourraient par le moyen de cette foi bien épurée
et bien employée, amasser d'immenses richesses pour
un autre monde que celui-ci, et grossir chaque jour leur
trésor; au lieu que, se bornant aux vues profanes
d'une nature aveugle et aux vains raisonnements d'une

sèche philosophie, toutes leurs années s'écoulent sans fruit et qu'à la fin de leurs jours, ils n'ont rien dans les mains dont ils puissent tirer devant Dieu quelque avantage. Heureux donc le chrétien qui fait toujours la sainte alliance et des œuvres avec la foi et de la foi avec les œuvres ! »

Il ne faut point prendre *trop à la lettre* ce discours qui, ainsi entendu, serait capable de décourager bien des âmes de bonne volonté ; il ne faut y voir que le préjudice considérable porté à la quantité du mérite des œuvres, par suite du défaut d'intention plus relevée, plus renouvelée, plus *virtuelle*, plus *actuelle*.

En vérité, il est certain que plus les vues humaines et naturelles pénètrent nos actions, plus elles perdent de leur mérite surnaturel ; car, l'amour de Dieu et l'amour-propre ou déréglé de soi-même, sont dans l'âme comme une balance : plus l'un s'élève, plus l'autre s'abaisse.

Mais, dès lors que l'amour de Dieu existe réellement d'un côté dans l'âme, et que de l'autre les actions et les intentions de celles-ci sont bonnes en elles-mêmes, il ne se peut que l'ensemble de ces actions n'aient absolument aucune valeur devant Dieu, puisqu'elles n'ont rien de contraire à son amour, qui est le fond de l'âme. Il ne se peut que l'ensemble de ces actions ne soient pas virtuellement rapportées à Dieu, quoique faiblement, par cet amour réellement présent au fond de l'âme. Il ne se peut que l'ensemble de ces actions, sortant du cœur même où réside l'amour divin, soient complètement soustraites à l'influence de celui-ci.

Il est vrai que plus une eau s'éloigne de sa source, plus elle perd de sa pureté ou limpidité, mais elle se conserve toujours plus ou moins limpide, tant qu'elle n'est pas détournée de son cours ordinaire dans un marécage.

Ainsi, l'ensemble des bonnes actions du chrétien en état de grâce demeurent toujours plus ou moins marquées du sceau de l'amour divin et par conséquent dignes du ciel, tant qu'elles demeurent bonnes en elles-mêmes, tant qu'elles ne sont point détournées ou perverties par une intention mauvaise.

L'ensemble des bonnes actions faites en état de grâce tendent vers Dieu de leur propre poids, par la volonté générale de l'aimer, de le servir.

Mais, de même qu'une partie des eaux d'un fleuve peuvent rester plus ou moins stagnantes sur les bords, sur le littoral, sans être détournées de leur lit; pareillement, on conçoit que quelques actions, en particulier, qu'une partie des bonnes actions de l'âme en état de grâce demeurent sans mérite pour la vie éternelle, parce qu'elles sont, pour ainsi dire, trop *stagnantes* dans l'âme, à savoir, parce qu'elles sont trop faites par motif purement naturel, par pur amour-propre. Mais, répétons-le, l'ensemble de ces actions accomplies en état de grâce, ne laisse pas de tendre au but vers Dieu, et d'être méritoires de la récompense éternelle.

Prenons l'exemple déjà cité.

Le matin, nous offrons notre journée à Dieu; pendant le jour, nous rencontrons un pauvre, et par pitié naturelle, nous lui faisons l'aumône, sans songer nullement à Dieu.

Notre action n'a pas le mérite de l'intention actuelle, mais elle a celui de l'intention *virtuelle*.

L'intention virtuelle suffit donc pour rendre surnaturelles, et par conséquent méritoires de la vie éternelle, les actions naturellement bonnes en elles-mêmes.

Mais quoique cette intention virtuelle suffise à cette fin, il est d'un intérêt capital de nous accoutumer à avoir l'**intention actuelle**, *autant que possible, en offrant à Dieu nos actions en particulier au moins les principales, en renouvelant le plus souvent possible l'offrande générale de toutes.*

1° Parce que cette intention actuelle donne à nos actions un nouveau lustre et un plus grand mérite.

2° Parce que cette intention actuelle nous fait retrancher beaucoup de défauts qui pourraient se glisser dans nos actions, et prévenir des intentions moins pures qui s'y pourraient mêler.

3° Parce que cette pratique nous fait faire nos actions avec plus de ferveur, de facilité et de perfection.

4° Parce que cette habitude d'offrir toutes ses actions à Dieu par une intention actuelle, est un des moyens des plus aisés, des plus solides et des moins sujets à l'illusion pour se tenir en la présence de Dieu ; car agir continuellement en vue de Dieu, c'est avoir Dieu toujours présent.

5° Parce que c'est une union pratique avec Dieu, car agir pour Dieu, n'est-ce pas aimer Dieu ?

6° Et ceci est d'une importance capitale à observer, parce que quand cette intention d'agir pour Dieu est éloignée de l'action, comme il arrive lorsqu'on se contente le matin d'offrir ses actions à Dieu par une intention générale, cette intention, naturellement, forcément, se relâche peu à peu, et il y a lieu de craindre qu'elle ne s'affaiblisse jusqu'au dernier degré d'influence par une certaine nonchalance d'un esprit distrait ou dissipé.

Au dix-septième siècle, de faux docteurs soutenaient que l'*acte* d'amour dure tant qu'il n'est pas révoqué, de telle sorte que lorsqu'une âme a produit un tel acte, il persiste toujours avec la *même vivacité* et la *même intensité*, jusqu'à ce qu'il ait été révoqué. Bossuet qui combattit ces doctrines exagérées avec tant de force, faisait justement remarquer que l'on confondait ainsi *deux états distincts* : celui des saints qui sont sur la terre et celui des bienheureux dans le ciel.

« Il faudrait nous dire, dit-il, où l'on a pris ce nouveau principe que tout acte dure en soi s'il n'est pas révoqué : car au contraire, c'est un principe évident, par la raison et par l'expérience, que tout acte est passager en soi ; et qu'un acte perpétuel est un acte de l'autre vie. La raison en est qu'en l'autre vie, l'âme entièrement réunie à son premier principe, qui est Dieu, loin d'être partagée et appesantie par le corps, par les soins inévitables, par la concupiscence, par les tentations, par aucune distraction quelle qu'elle soit, agit de toute sa force, et c'est pourquoi le précepte d'aimer Dieu de tout son cœur et de toute son intelligence, ayant alors son dernier accomplissement, cet acte d'amour ne peut souffrir d'interruption. Mais ici-bas, où nous nous trouvons dans un état tout contraire, nos actes les plus parfaits, qui viennent toujours d'un cœur en quelque façon divisé, ne peuvent jamais avoir toute leur vigueur et *sont sujets à s'éteindre naturellement parmi les occupations de cette vie, si on ne les fait revivre* (1). »

D'ailleurs, toute créature n'est-elle pas continuellement sujette au changement? Rien ne peut se conserver dans le même état. Toute chose, si parfaite soit-elle, finit par s'altérer, se gâter, se corrompre, s'il n'y a rien à côté qui nourrisse, qui entretienne, qui renouvelle cette chose : le feu s'éteint si la

---

(1) *Instruction sur les états d'oraison.*

chaleur ne le nourrit ; la neige se fond sans le froid qui en est l'aliment ; l'air se vicie s'il est sans mouvement ; l'eau se corrompt si elle croupit ; l'herbe, les fruits et toutes les autres choses se gâtent, finissent par dépérir complètement si on les sépare de leurs qualités naturelles.

Ainsi en est-il de la vie de l'homme.

La vie humaine est un perpétuel changement. Notre corps n'est pas le soir ce qu'il était le matin, il a gagné pour la vie ou perdu pour la mort.

De même, l'âme du chrétien ne doit pas être le soir ce qu'elle était le matin ; elle doit avoir changé pour la perfection et pour la gloire. Surtout si elle a reçu le sacrement eucharistique, il lui faut reproduire dans sa vie le mystère du changement qui s'est produit sur l'autel, et donner à Jésus-Christ, en retour de ses miracles, un cœur chaque jour plus transformé.

Donc, s'il n'est pas rigoureusement nécessaire de renouveler à Dieu l'offrande de nos actions, à chaque instant, nous devons nous efforcer de la renouveler le plus souvent possible, parce que, comme l'expérience le prouve, la première intention de la journée perd nécessairement de sa force, de son efficacité, de son intensité, par les distractions, les occupations, les soins nécessaires de la vie présente.

De plus, comme nous avons un grand fond d'amour-propre, il est difficile, si nous n'avons beaucoup d'attention à nous-mêmes, et beaucoup de vigilance sur tous nos mouvements, qu'il ne nous échappe mille vues humaines, mille retours sur nous-mêmes et sur nos intérêts, mille mouvements de vanité, de sensualité, de désir de plaire aux hommes ou de se contenter soi-même, mille respects humains, qui, étant comme autant de rétractations de l'intention que nous avons eue le matin de faire toutes nos actions pour la gloire de Dieu, la détruisent considérablement, sinon en totalité.

Il est donc généralement nécessaire d'entretenir la force, l'efficacité, l'intensité, la ferveur de l'offrande première de nos œuvres, par des **actes répétés le plus souvent possible**.

D'ailleurs, il faut remarquer que tout le trésor spirituel de l'homme dépend *du degré* de sanctification de ses actions ordinaires. Plus la ferveur, plus l'amour de Dieu pénètre, anime, vivifie l'ensemble de toutes et de chacune d'elles, autant que possible, plus il y a de mérite à ses yeux ; il n'est certainement pas une seule action, même des plus naturelles, même des plus indifférentes qui, étant faite pour Dieu, par amour de Dieu, ne devienne surnaturelle, et, étant faite en grâce, ne nous mérite la possession de Dieu, et un degré en plus de gloire éternelle. Ainsi, comme au moins les trois quarts des actions qui composent notre vie, sont des actions communes, on doit juger par là quels trésors de mérites amasse une personne qui a soin de rapporter très fréquemment toutes ses actions communes à la gloire de Dieu, dans un jour, dans un mois, dans une année, dans toute la vie ; et au contraire, quelle perte ne fait pas une personne qui néglige une aussi sainte pratique, qu'on peut dire être le plus grand secret de la vie spirituelle, l'art parfait d'amasser des trésors immenses de mérites, presque sans peine.

Pour le mieux comprendre, supposons dans une même communauté deux personnes, qui, depuis le matin jusqu'au soir, fassent les mêmes actions, dans le même temps et de la même manière, au moins pour l'extérieur ; mais que l'une soit une personne *intérieure*, qui ne fasse pas la moindre action, même la plus basse et la plus indifférente, qu'elle n'ait soin de l'offrir à Dieu, et de l'accomplir par amour de lui ; que l'autre soit une personne toute naturelle dans ses manières, qui agisse par humeur, par coutume, par nécessité, ou tout au plus par raison, sans penser à rapporter à Dieu tant d'actions indifférentes qui occupent une partie de la journée ; que ces deux personnes se trouvent en même temps au moment de la mort près de paraître devant Dieu, et d'aller recevoir la récompense de leurs actions. Quoiqu'elles n'aient fait toutes deux presque que les mêmes actions, l'une se trouvera cependant pleine de vertus, remplie de mérites, et sera ensuite élevée à un très éminent degré de gloire dans le ciel ; au lieu que l'autre, après avoir ce semble beaucoup travaillé, se trouvera beaucoup moins riche, n'ayant que le mérite dû à la volonté générale de servir Dieu.

Il est rapporté dans les Chroniques de l'Ordre de Cîteaux, que saint Bernard, récitant l'office divin avec ses religieux, vit plusieurs anges qui marquaient et écrivaient ce que chaque religieux faisait et de quelle manière il le faisait. Selon le plus ou le moins d'attention, de ferveur, d'amour que chacun avait à prier ou à chanter, ils écrivaient ou en lettres d'or, ou en lettres d'argent, ou avec de l'encre, ou même avec de l'eau ; mais ils n'écrivaient rien du tout de quelques-uns qui, n'étant là présents que de corps, en étaient absents d'esprit, et se laissaient emporter par des pensées vaines et inutiles.

Observons-nous avec soin dans nos actions les plus ordinaires de chaque jour, de chaque heure, de chaque instant. Voyons bien si elles méritent d'être inscrites sur le grand livre de vie ; si elles méritent d'être écrites en lettres d'or, ou en lettres d'argent, ou avec de l'encre, ou avec de l'eau, ou enfin de ne l'être pas du tout.

— Un saint ermite, avant de commencer chaque action, levait les yeux au ciel et s'arrêtait un peu ; on lui demanda ce qu'il faisait alors et il répondit : « Je vise au but pour assurer mon coup. » Suivons cet exemple ; avant de rien entreprendre, visons au but, en disant : « Seigneur, je fais ceci pour vous plaire, pour vous obéir, par amour de vous. »

— Un peintre, dont le pinceau était consacré à Dieu, disait : « Je peins pour l'éternité. » *Pingo ad æternitatem.*

— On faisait de saint Bernard un bel éloge en disant qu'il n'était point ordinaire dans les actions ordinaires : *Erat in ordinariis non ordinarius*. La grâce était le principe de ses actions, la charité en était le motif et il les faisait en présence de Dieu, animé d'une grande ferveur.

— Le bienheureux Berchmans faisait tellement toutes ses actions dans le temps, dans le lieu, de la manière et pour les fins qu'il les devait faire, que l'on pouvait dire après chacune d'elles : « Voilà une action qui est parfaitement bien faite. »

— Un serviteur de Dieu, près de la fin de sa vie, disait : « Je connais maintenant très parfaitement que ce qu'il y a de plus essentiel pour devenir saint, c'est de bien faire pour l'amour de Dieu toutes ses actions. »

— On trouva dans un petit livre écrit de la main de saint Louis de Gonzague cette résolution qu'il avait prise et qu'il tint : « Je mettrai tous mes soins à faire que toutes mes œuvres soient bonnes et me fassent aller à Dieu. »

Une des règles dont il se servait pour s'entretenir dans la pratique de la vertu était de se demander souvent avant de faire une action : « A quoi cela me servira-t-il pour l'éternité ? Tout ce qui n'est pas éternel n'est rien. » *Quid hoc ad æternitatem ?*

— Sainte Marie Magdeleine de Pazzi disait : « Dieu récompense les actions au poids de la pureté d'intention. »

Elle ne cessait de recommander aux novices dont elle était chargée d'offrir à Dieu toutes leurs actions, même les plus indifférentes ; et afin qu'elles y fussent fidèles, elle leur faisait de temps en temps cette question : « Pour quelle fin faites-vous cette action ? » Et lorsque la personne interrogée répondait qu'elle la faisait sans intention surnaturelle, elle lui disait : « Ne voyez-vous pas, qu'en agissant ainsi, vous en perdez le mérite ? Dieu n'est ni honoré, ni content de telles actions. »

Elle n'avait d'autre pensée, d'autre désir, d'autre but que de plaire à son bien-aimé dans toutes ses actions. Elle disait : « Si je mange, si je bois, si je parle, si je me tais, si je dors, si je veille, si je pense, si je suis à l'église, dans la maison, malade, en santé, à toute heure et à tout moment de ma vie, je veux que tout soit en Dieu et pour Dieu. Dorénavant, je ne veux pouvoir penser ou parler, agir ou me reposer que pour accomplir la volonté de Dieu ; et tout ce qui ne pourrait être fait dans ce but, je voudrais le voir détruit, réduit en poussière, et la poussière emportée par le vent. »

— *Mettre en toute chose beaucoup d'amour :* tel était le grand secret de la spiritualité de sainte Thérèse. « Le peu que nous faisons, faisons-le de grand cœur », c'était sa maxime. « Être bien avec Jésus », était le vœu qui résumait tous ses souhaits de mère pour sa chère famille. Elle-même possédait le secret de trouver Jésus partout. « Il est même au milieu des plats et des marmites, disait-elle simplement, me venant en aide au dedans et au dehors. »

— Saint Ignace de Loyola répétait souvent ces paroles qu'il prit pour devise : *A la plus grande gloire de Dieu.* C'était là qu'il rapportait toutes ses actions et toutes celles de sa Société. On lui entendait dire fréquemment ces autres paroles : *Que désiré-je, Seigneur, que puis-je désirer sinon vous ?* La charité couronnait toutes ses vertus.

Quelque temps après sa conversion, animé du désir de se consacrer au service des autels et de travailler au salut des âmes, il forma le dessein d'étudier la grammaire. Il est incroyable combien il lui en coûta de peines pour dévorer les difficultés attachées à l'étude des premiers éléments. Les goûts de sa jeunesse et les exercices de la vie d'oraison contemplative le rendaient peu propre à plier son esprit aux bagatelles de la grammaire. Comme il était tout absorbé en Dieu, il oubliait aussitôt ce qu'il avait lu. Par exemple, au lieu de conjuguer le verbe *amo,* il faisait des actes d'amour de Dieu : « Je vous aime, mon Dieu, disait-il, vous m'aimez ; aimer, être aimé, et rien davantage. »

— M. Olier était si pénétré de l'esprit surnaturel dans toute sa conduite ; il usait des créatures avec un esprit de foi telle, même dans les moindres choses, qu'il a pu se rendre ce témoignage : « Je n'ai jamais osé me servir d'aucun nouveau vêtement comme d'habits, de chapeaux ou du reste, sans en consacrer le premier usage à la Sainte Vierge, la priant de ne pas souffrir que pendant qu'ils seraient à mon usage, j'eusse le malheur d'offenser jamais son divin Fils. »

Voir, aimer, rechercher Dieu en toutes choses. « Jouir de Dieu, être en Dieu et avec Dieu, plongés dans son sein comme nous le sommes dans la nature : voilà la vocation de l'homme (1). »

Tout faire et tout souffrir par amour de Dieu : voilà le simple secret de toute la sainteté ; et c'est pourquoi mille et mille actions de grâces en soient rendues à Dieu, la plus haute perfection est à la portée des âmes les plus simples qui soient au monde.

C'est un fait facile à constater que les cœurs humbles et droits, qui ne sont pas gâtés par les passions ou desséchés par l'orgueil et les excès de raisonnement, s'ouvrent très vite à cette vie de l'amour du bon Dieu.

— Un prêtre rencontrant un enfant de treize ans qui, ce jour-là faisait le travail de son père, lui apprit à casser les cailloux par amour pour le bon Dieu. Deux ans après, le prêtre rencontra le même enfant et sut de lui qu'il continuait à casser les cailloux par amour.

Ce même prêtre avait appris à un vieux mineur aveugle à bercer son petit-fils pour le même motif. Chaque mouvement du berceau devait être à la fois un acte d'amour de Dieu et une prière pour le salut de la chère âme, plusieurs années de suite, car dans cette famille bénie, les enfants furent nombreux, le vieillard faisait écrire au prêtre qu'il continuait à bercer tous ses petits-enfants aux mêmes intentions.

— Une personne, ignorante selon le monde, se recueillait quelquefois dans son travail ou dans sa marche, comme pour se mettre la main sur le cœur et s'assurer qu'elle faisait tel mouvement, telle action par amour pour Notre-Seigneur.

Petite marchande au détail, elle disait : « Quand je pèse quelque chose, il me semble que je pèse de l'amour pour Notre-Seigneur. »

---

(1) LACORDAIRE.

Son confesseur lui demandait si elle faisait bien toutes choses par amour pour Dieu : « Oh ! je pleurerais, dit-elle, si une seule de mes actions échappait à l'amour de mon Dieu. »

Un jour, elle embrassa son crucifix en poussant ce cri d'amour, dont elle prit l'habitude : « Mon Dieu ! je vous aime pour le monde entier ! »

— Une petite fille, recueillie et catéchisée par des religieuses, avait appris à se corriger et à se vaincre par le motif de l'amour de Dieu, et savait ainsi exprimer et prouver son amour: «Quand on me demande un sacrifice pour plaire à Jésus, pour aimer Jésus, vite je me dis : « Une, deux, trois, et me voilà partie.»

— Mgr de Ségur avait appris à un enfant malade un chapelet de l'amour de Dieu, qui consistait à réciter sur chaque grain une formule de l'acte d'amour. L'enfant mourut sanctifié.

— Une autre âme simple, vouée à l'amour et à la prière, récitait tour à tour sur les grains de son chapelet les deux formules suivantes :

« O Jésus, notre tout amour, apprenez-nous à vous aimer pour tous ceux qui ne vous aiment pas !

« O Marie, Mère du bel amour, apprenez-nous à aimer Jésus, notre tout amour ! »

— Une personne qui désirait faire toutes ses actions par amour pour Dieu, les commençait toutes en formant sur elles le signe de la croix, disant alors : « Au nom et pour l'amour du Père, du Fils et du Saint-Esprit. Ainsi soit-il. Oui, mon Dieu, telle est mon intention. »

— Un Frère serviteur dans un Ordre de religieux, linger dans un des collèges de cet Ordre, demanda sur son lit de mort l'aiguille avec laquelle il raccommodait les habits. On crut qu'il délirait ; pourtant on le satisfit, et lui, tenant cette aiguille, s'écria : « Voilà la clef qui m'ouvrira le ciel. Cette aiguille n'a pas fait un point qui ne fût pour Dieu seul : je n'ai cousu que pour vêtir Jésus-Christ en la personne de ses serviteurs. »

— Alphonse Rodriguez, remplissant l'office de portier, dans une semblable maison, ouvrait aux visiteurs comme si c'eût été à Jésus-Christ même ; il parvenait à la plus haute sainteté dans la plus humble des fonctions. Il travaillait tellement à sanctifier son humble emploi par la pureté de ses intentions, il s'en acquittait tellement par amour de Jésus, qu'il identifiait les visiteurs avec Jésus-Christ lui-même. Plus d'une fois, il mérita, en ouvrant sa porte, de se trouver en face d'une apparition de son Dieu.

— Deux solitaires priaient Dieu avec ardeur de leur faire connaître la manière de le servir parfaitement, lorsqu'ils entendirent une voix du ciel qui leur disait d'aller à la ville d'Alexandrie, auprès d'un homme appelé *Euchariste,* dont la femme s'appelait Marie. Ils partirent donc pour Alexandrie, et demandèrent Euchariste que personne ne connaissait. Apercevant cependant une pauvre femme sur la porte de sa maison, ils lui demandèrent où demeurait Euchariste. — « C'est mon mari, dit-elle, entrez, reposez-vous, il reviendra bientôt. » Sur le soir revint Euchariste avec son petit troupeau de brebis. Les solitaires l'embrassèrent et le prièrent de leur dire son genre de vie. — « Je suis un pauvre berger, répondit-il. — Mais comment servez-vous le Seigneur ?

— Ce serait à vous, mes frères, de m'apprendre à le servir, mais puisque vous voulez que je vous dise la manière dont je m'y prends, la voici : *je fais tout et je souffre tout pour l'amour de Dieu,* depuis que ma bonne mère me l'a appris dans mon enfance, et Marie, ma femme, fait comme moi. »

Les solitaires s'en allèrent émus et édifiés.

— Une fille vertueuse, qui servait dans une maison respectable, édifiait beaucoup par la promptitude, l'exactitude et la joie avec laquelle elle obéissait en tout ce qu'on lui commandait. Un jour qu'elle balayait un appartement avec beaucoup de soin et de gaieté, quelqu'un lui demanda le secret de sa joie habituelle.

« Je vais vous dire mon secret, puisque vous désirez le savoir. J'ai assisté autrefois à une mission ; le missionnaire à qui je m'adressai me donna une pratique de piété que je n'oublierai jamais ; je tâche d'y être fidèle ; elle est mon salut : « Ma fille, me dit-il, « faites le plus parfaitement que vous pourrez, pour « l'amour de Dieu, tout ce qu'on vous commandera ; « toutes vos occupations de chaque jour, de chaque « heure, de chaque instant. » Vous voyez que je balaie ; je le fais de mon mieux pour plaire au Seigneur, dont la personne qui m'a dit de balayer tient la place. Voilà le secret de mon bonheur ; cette simple pensée : « Je travaille sans cesse pour Dieu ; je suis « à la journée du bon Dieu, » me rend toujours courageuse, contente, gaie. »

— Un pieux maître d'école proposait ainsi à ses élèves la résolution de sanctifier toutes leurs actions.

« Mes chers enfants, leur disait-il, je sais deux petits mots, qui, s'ils habitent dans votre cœur, vous procureront la tranquillité pendant la vie, la consolation à l'heure de la mort et l'espérance au-delà du tombeau. Ces deux petits mots sont : *Avec Dieu.*

« Levez-vous avec Dieu et votre journée sera inscrite au livre de vie ; endormez-vous avec Dieu et vous reposerez doucement d'un sommeil béni. Allez en classe avec Dieu et vous apprendrez la parole de la vie éternelle. Voyagez avec Dieu et vos pas ne seront jamais inutiles. Commencez, continuez et finissez votre travail avec Dieu et vos œuvres vous suivront toutes sans exception au jour de l'Eternité. Avec Dieu, il n'y a rien qui ne profite. La joie avec Dieu, se multiplie et s'éternise ; les souffrances, avec Dieu, sont supportables et méritoires. Mourir avec Dieu, c'est se préparer une douce entrée auprès du Père céleste ; descendre dans la tombe avec Dieu, c'est reposer dans le Seigneur jusqu'à la résurrection glorieuse. C'est pourquoi, mes chers enfants, n'oubliez jamais ces deux mots si importants : *Avec Dieu !* »

.˙.

Tout en Dieu, tout selon Dieu, tout pour Dieu.

« Tout à Dieu, rien à moi ; tout de Dieu, rien de moi ; tout pour Dieu, rien pour moi (1). »

Tout comme Jésus, tout avec Jésus, tout pour Jésus.

Tout faire et tout souffrir en union et par amour de Jésus ; vivre uniquement de son amour, de sa vie : voilà le parfait idéal de notre vie.

« Ma vie, c'est le Christ ! » a dit l'Apôtre. Selon lui, tous les chrétiens ne forment qu'un seul corps mystique dont Jésus est la tête et eux-mêmes les membres. « Nous sommes un même corps avec le Christ. Il est la tête, vous êtes les membres. »

C'est pourquoi, les docteurs et les saints énumèrent chacun de nos organes, de nos membres, et ne craignent pas de dire des paroles comme celles-ci :

« Mes yeux sont les yeux du Christ (2). »

« Mon cœur, c'est le cœur du Christ (3). »

---

(1) Sainte Thérèse.— (2) Saint Anselme.— (3) Saint Jean Chrysostome.

« Notre bouche est la bouche du Christ; le Christ nous tient lieu d'âme (1). »

« Le Christ est la respiration de notre bouche (2). »

« La charité, c'est le sang du Christ (3). »

« Le Christ ne fait qu'une seule personne avec les âmes des justes (4). »

« Le chrétien est un second Christ, un autre Jésus-Christ. »

« Je ne suis qu'un instrument au service du Christ. Réjouissez-vous, nous sommes devenus le Christ; il est la tête et nous sommes les membres. Lui et nous réunis, c'est un seul homme et c'est tout l'homme, et cet homme par sa tête, c'est Dieu même (5). »

Dans les personnes bien unies au Sauveur, « celui-ci s'épanche à toutes les portes de leur âme et de leur corps. Elles ont Jésus-Christ au cerveau, au cœur, en la poitrine, aux yeux, aux mains, à la langue, aux oreilles, aux pieds. Et ce Sauveur que fait-il partout par là ? Il redresse tout, il vivifie tout : il aime dans le cœur, il entend au cerveau, il anime dans la poitrine, il voit aux yeux, il parle en la langue et ainsi du reste, il fait tout en tout.

« Quiconque a Jésus dans son cœur, l'a bientôt après dans toutes ses actions. J'ai voulu inscrire sur votre cœur : *Vive Jésus!* assuré que votre vie venant de votre cœur, comme l'amandier de son noyau, produira ses actions. Comme ce Jésus vivra dans votre cœur, il vivra dans tout ce que vous ferez et sera dans vos yeux, dans votre bouche, dans vos mains (6). »

Le bon Sauveur disait à sainte Mechtilde : « Vis entièrement pour moi : regarde tes œuvres comme

---

(1) Saint Macaire.— (2) Saint Jérôme.— (3) Saint Ignace, martyr. — (4) Saint Grégoire. — (5) Saint Augustin. — (6) Saint François de Sales.

m'appartenant et non à toi ; ne vois en toi que le vêtement dont je me couvre pour régler en toi et exécuter toutes tes actions. »

En résumé, le parfait chrétien, c'est Jésus seul Maître, seul obéi, seul aimé en toutes choses dans l'homme.

Le parfait chrétien, c'est *Jésus sacramenté*. Quand le prêtre porte l'hostie à l'autel, c'est du pain ; quand il a dit sur elle les paroles de la consécration, elle garde, il est vrai, les mêmes apparences ; pourtant, ce n'est plus du pain, c'est Jésus. Ainsi, sous l'influence de la grâce, il n'y a plus, pour ainsi dire, dans le parfait chrétien, que les apparences de sa personne ; la réalité, le dedans, dans le fond, c'est la personne de Jésus.

Dans l'Homme-Dieu, il n'y a qu'une personne pour les deux natures ; dans l'homme chrétien, la personne de Jésus anime toute la personne humaine.

Quand nous prions, nos lèvres sont les lèvres de Jésus ; quand nous nous agenouillons, c'est son corps qui s'incline ; quand nous aimons, c'est son cœur qui se répand ; quand nous souffrons, c'est lui qui continue la rédemption ; quand nous voulons faire du bien, il veut que ce soit lui que nous donnions aux âmes comme une parcelle de la sainte Eucharistie.

Ainsi se réalise la parole de l'Apôtre : « Ma vie, c'est le Christ ; ce n'est plus moi qui vis, c'est Jésus qui vit en moi. »

« L'homme, c'est un composé d'un corps et d'une âme ; le chrétien, c'est un composé d'un corps, d'une âme et du Saint-Esprit (1). »

« Notre âme est la fille du Père éternel, l'épouse de Jésus Christ, le temple du Saint-Esprit (2). »

---

(1) Saint Cyrille — (2) Saint Bonaventure.

« Que le Christ soit votre hôte très aimé, qu'il s'asseye à votre table pour vous délicieusement nourrir, appelez-le à de suaves et intimes entretiens. Ayez-le dans votre esprit, ayez-le dans votre cœur, ayez-le dans vos actes ; partagez avec lui vos travaux et, le soir, endormez-vous sur son cœur. Qu'il soit l'âme de vos lectures, de vos conversations, de vos prières ; qu'il respire, qu'il prie, qu'il agisse et pâtisse en vous (1). »

« Il faut que nous devenions des dieux en prenant des sentiments divins (2). »

« L'âme et Jésus sont deux amis qui ne peuvent se passer l'un de l'autre (3). »

Une personne, qui soupirait après la perfection, demanda à un saint prêtre très éclairé, un moyen d'y parvenir. Il lui dit :

« *Vivez continuellement en union avec Jésus-Christ, sans rien faire à l'extérieur d'extraordinaire.* »

Elle suivit ce conseil et les progrès qu'elle fit dans la perfection divine furent très rapides. Du matin jusqu'au soir, elle se proposait Jésus-Christ pour modèle en tout ce qu'elle faisait. Dès son réveil, elle se représentait Notre-Seigneur s'offrant à son Père, et elle s'offrait avec lui. Dans ses prières, elle se le représentait priant avec une ferveur infinie, et s'efforçait d'entrer dans ses dispositions. En travaillant, elle s'occupait de Notre-Seigneur ne travaillant qu'à une seule chose, à la gloire de Dieu et à notre salut. Si on lui commandait quelque chose, elle se hâtait d'obéir, pensant à Jésus soumis à Marie et à Joseph. En assistant à la Sainte Messe, elle se

---

(1) Saint Pierre Damien. — (2) Bossuet. — (3) B. Vianney, curé d'Ars.

sacrifiait en esprit avec le Sauveur. Dans ses conversations, elle pensait à Jésus-Christ, dont la conversation était si douce et si édifiante. Lorsqu'elle était tentée, elle prononçait les paroles qu'il fit entendre à l'esprit tentateur. Lorsqu'elle souffrait, elle se rappelait que Jésus-Christ était l'homme de douleur. Étant dans le lit de son repos, elle savourait ces paroles de Jésus expirant : « O mon Père, je remets mon âme entre vos mains. »

Pratique de l'offrande de sa journée à Dieu.

I

OFFRANDE D'AMOUR

Nous savons maintenant que tous les actes de la vie chrétienne, les pensées, les paroles, les actions, les souffrances, peuvent devenir des actes *d'amour de Dieu*.

De là, dès qu'une âme a compris combien l'acte d'amour parfait plaît à Dieu et augmente la valeur de nos actions, elle doit se sentir remplie d'un grand et noble désir : faire de sa vie tout entière comme un immense acte d'amour parfait, *une vraie vie toute d'amour. Tout faire, tout souffrir*, comme disent les bonnes gens, *par amour pour le bon Dieu !*

Donc, si nous voulons que nos journées tout entières, avec leurs mille petits détails, soient remplies par l'amour du bon Dieu, sans que rien ne lui échappe, il faut :

1° *Dès notre réveil*, offrir à Dieu par amour tout ce que nous aurons à faire ou à souffrir.

2° *Ne pas détruire l'effet de cette offrande* en

formant dans la suite un acte de volonté contraire ou en renonçant par le péché mortel au divin amour.

Mais, il va sans dire, comme nous l'avons observé, qu'*il nous sera très bon de renouveler cette offrande dans le cours de la journée.* Plus souvent nous la renouvellerons, plus son effet sera puissant, car nous agirons plus sûrement encore dans tous les détails de notre vie pour le bon Dieu et avec un plus grand amour.

Cette offrande peut n'être qu'intérieure, sans formule, et se faire par un simple mouvement du cœur vers Dieu.

Nous pouvons aussi nous servir de l'offrande contenue dans la prière du matin ou de toute autre semblable.

Le plus important, ce n'est point la formule, mais la disposition intérieure de celui qui la prononce ; ce n'est point *la récitation* de l'offrande, mais *l'amour* de celui qui la récite, la générosité avec laquelle il se donne réellement à Dieu, *l'attention* à offrir, à donner fréquemment à Dieu sa volonté et son cœur, et à sanctifier toute chose par le motif du divin amour.

Il y a là, pour tous ceux qui veulent aimer Dieu et se sanctifier de plus en plus, une source de vie spirituelle, une pratique de la véritable piété, un chemin direct pour parvenir à la vraie sainteté.

Rien n'est plus propre à rendre notre amour pour Dieu *perpétuellement et en toutes choses actif et pratique.* Le moyen est extrêmement simple, facile et assuré.

Bien des âmes, surtout quand elles ont été instruites, soutenues et dirigées dans cette voie, y ont trouvé la lumière, la force, la générosité, la joie, l'élan vers Dieu, le progrès dans la piété, la nourriture habituelle de leur âme, la satisfaction de tous les besoins de leur cœur, l'orientation, le parfait emploi et l'unité de leur vie.

Mais si nous voulons que l'amour parfait produise en nous tous ces effets, rappelons-nous bien qu'*il n'est pas suffisant pour nous d'offrir à Dieu nos actions d'une façon vague et générale*, qui laisse notre amour envers lui à l'état de simple désir et de pur sentiment.

Il faut de plus que notre conduite témoigne de notre amour pour Dieu et que nous fassions de véritables efforts, il faut même que nous nous imposions de saintes violences :

Pour éviter avec soin les moindres péchés,

Pour corriger nos défauts de caractère,

Pour pratiquer les vertus chrétiennes, notamment l'humilité, la mortification, la patience, la douceur,

Pour remplir fidèlement nos devoirs d'état,

Pour faire le mieux possible nos actions ordinaires,

Pour sanctifier par l'amour du bon Dieu nos travaux et nos souffrances de chaque jour,

En un mot, nous devons réaliser la parole de l'apôtre : « Mes enfants, n'aimons pas seulement en paroles et avec la langue, mais par des œuvres et dans la vérité (1). »

II

AVANTAGES DE L'OFFRANDE D'AMOUR

I. Non seulement, en effet, l'acte d'amour augmente la ferveur dans nos exercices de piété, mais même il peut les remplacer quand ils sont impossibles.

Il arrive parfois qu'une âme, à cause de ses occupations multipliées ou pour d'autres circonstances, ne peut pas faire ses exercices de piété accoutumés ; mais

---

(1) I JOAN., III, 18.

toujours elle aura des actions et des souffrances à offrir au bon Dieu ; toujours, par conséquent, elle pourra faire des actes d'amour de Dieu.

De plus, il est des exercices de piété qui peuvent paraître trop élevés à certaines âmes ; mais faire des actes d'amour de Dieu, c'est là une chose à la portée de toutes les intelligences, et pour laquelle il suffit d'avoir un peu de bonne volonté.

II. *Cette pratique est précieuse et accessible aux ouvriers* et à tous ceux qu'accablent les nécessités et les douleurs de la vie.

Dans les ateliers, dans les usines, dans les champs, sous terre parmi les mineurs, dans les familles, que d'actes perdus pour Dieu et pour ceux qui travaillent et souffrent !

Si tout était donné à Dieu par amour, *quel trésor* amassé, quel capital pour le ciel !

Il y aurait toujours des peines et des souffrances sur la terre ; mais comme elles seraient diminuées, sanctifiées et fécondées par l'amour du bon Dieu !

III. *Les malades et les infirmes* trouvent très grand profit à savoir sanctifier leurs souffrances par l'amour de Dieu, pour se relever et se fortifier, et aussi pour achever de réparer ce qui a pu être incomplet et imparfait dans la réception des sacrements.

Des prêtres, dans le saint ministère, et des religieuses gardes-malades ont pu exercer par cette pratique un apostolat très facile et très consolant.

Des pécheurs qui repoussaient le prêtre ont d'abord accepté d'offrir à Dieu leurs souffrances par amour ; puis, éclairés, adoucis, transformés par ce divin amour, qui déjà peut-être les avait purifiés, ils ont demandé d'eux-mêmes les sacrements et sont morts en aimant de tout leur cœur le Dieu qu'ils avaient longtemps abandonné et offensé.

De pauvres infirmes ont appris à sanctifier ainsi leurs longues douleurs, leurs insomnies, toutes leurs souffrances de corps, d'esprit et de cœur, jusqu'à s'offrir sans cesse à Dieu comme victimes d'amour en union avec Jésus agonisant et crucifié.

RÉSOLUTION

Il faut répandre partout l'amour de Dieu, le prêcher, le faire comprendre et pratiquer à beaucoup d'âmes.

Dieu sera plus aimé quand il sera plus connu; il sera aussi plus connu quand il sera plus aimé, et rien n'affermira et n'étendra mieux le règne de la vérité que le règne de l'amour.

C'est un grand honneur et une joie profonde de prêcher l'amour divin et de procurer à Dieu des actes d'amour.

La vénérable Mère Barat, fondatrice de la Société du Sacré-Cœur, au moment d'envoyer les premières religieuses missionnaires qui ont tant contribué à étendre l'Eglise catholique dans les deux Amériques, leur disait avec un accent enflammé :

« Ah! quand vous n'iriez si loin que pour y établir un tabernacle de plus et faire prononcer à un pauvre sauvage un seul acte d'amour, ne serait-ce pas assez pour le bonheur de votre vie et pour le mérite de votre éternité ? »

« Ah! si je pouvais persuader à un seul d'entre vous de servir Jésus par amour, quelle joie ce serait pour le ciel! quel bonheur pour Marie! quelle consolation pour le Sacré Cœur de Jésus! Une âme de plus dans le monde, qui sert Dieu par amour! O doux Sauveur! des milliers d'années passées dans la pénitence n'achèteraient point trop cher le plaisir de vous offrir une telle consolation ! Le soleil et ses voiles de pourpre, les cieux et leurs couronnes d'étoiles, les montagnes et leur parure, les mers et leur reflet brillant, les bois et leurs parfums, les fleurs et leur émail, sont loin d'égaler la beauté d'une âme qui sert Jésus par amour, au sein des douleurs communes, dans cette vallée de larmes (1). »

TOUT POUR JÉSUS

Je ferai toute chose au nom de mon Jésus ;
Veillant, devant les yeux j'aurai toujours Jésus ;
Dormant, dans mon sommeil je songerai Jésus ;
En lisant, pour maître, j'écouterai Jésus ;
Ma plume, en écrivant, pour guide aura Jésus ;
Et Jésus, par ma main, n'écrira que Jésus ;
Assis, marchant, j'aurai pour compagnon Jésus.
Priant, je laisserai prier en moi Jésus ;
Mes mots seront formés, animés par Jésus.
Fatigué, j'aurai force et repos en Jésus ;
Ma main s'en nourrira, ma soif boira Jésus ;
Et malade, j'aurai pour médecin Jésus ;
Je veux enfin, mourant, mourir en mon Jésus ;
Dans mon dernier soupir, exhalé pour Jésus
Mon âme, en aspirant au baiser de Jésus,
Sur mes lèvres penché rencontrera Jésus.
Mes yeux seront fermés par la main de Jésus.
Le tombeau qui m'attend est le Cœur de Jésus,
L'épitaphe sera le saint nom de Jésus.

CONSÉCRATION A JÉSUS

Mon Jésus, je vous donne mon âme ; remplissez-la de votre amour.

Mon Jésus, je vous donne mon cœur ; faites qu'il ne batte que pour vous.

Mon Jésus, je vous donne mes croix et mes peines ; elles n'auront de mérite que par vous.

---
(1) P. FABER, *Tout pour Jésus.*

Mon Jésus, je vous donne ma bouche; que désormais elle ne sache que vous bénir.

Mon Jésus, je vous donne mes pensées afin que vous en soyez l'unique objet.

Mon Jésus, je vous donne mes yeux qui ne veulent plus voir que par vous.

Mon Jésus, je vous donne mes mains; qu'elles ne s'emploient plus qu'aux œuvres qui vous plaisent.

Mon Jésus, je vous donne mes pieds; qu'ils ne me conduisent plus qu'à vous.

Mon Jésus, mon Seigneur et mon tout, ma joie et mon bonheur, ma vie et ma force, je me donne entièrement à vous ; qu'à partir de ce jour, je ne vive plus que de vous, par vous, avec vous, devant vous, en vous et pour vous.

Ainsi soit-il.

∴

Tout faire et tout souffrir par amour de Jésus ! *Est-ce à dire que l'exclusif amour de Jésus condamne tout amour de soi-même ?*

Nous ne pouvons pas ne pas nous aimer nous-même, et de plus, c'est notre devoir, puisque l'amour de nous-même est d'ailleurs la règle de celui que nous devons avoir pour le prochain, d'après le commandement de Dieu : « Vous aimerez votre prochain comme vous-même. » Dieu veut donc que nous nous aimions, que nous cherchions ce qui nous est avantageux, en mettant tout notre bonheur en Lui.

On doit distinguer deux amours de soi-même : un *bon* et un *mauvais*. Cette distinction est d'une importance capitale; sans elle, on tombe dans la plus funeste des confusions.

« Si vous vous aimez mal, vous vous haïssez; si vous savez vous haïr comme il faut, vous vous aimez (1). »

---

(1) *Si male amaveris, tunc odisti ; si bene oderis, tunc amasti.* Saint Augustin.

L'amour bon, légitime ou réglé de soi-même consiste à aimer Dieu par-dessus tout, à mettre tout son bonheur en Lui, à aimer le prochain et toutes choses en Lui, selon Lui, par amour de Lui.

L'amour mauvais, illégitime ou déréglé de soi-même consiste à s'aimer exclusivement soi-même et toutes choses pour soi. La nature de cet amour-propre est de « se borner en soi-même, de se nourrir de soi-même, de vivre entièrement en soi-même (1). »

L'amour bon, légitime est si fort attaché à Dieu qu'il ne cherche qu'à lui plaire ; sa seule ambition est d'accomplir sa volonté et de procurer sa gloire ; les choses naturelles ne sont point les motifs qui la font agir.

Au contraire, le mauvais amour-propre ou l'amour déréglé de soi nous attache si fort à nous-mêmes que nous ne cherchons que nous-mêmes comme but ; sous son impulsion, nous ne pensons qu'à contenter nos sens, à satisfaire nos passions, à suivre le penchant de nos inclinations sans considérer la volonté de Dieu, qui doit présider comme règle de tous ces mouvements. L'amour déréglé de soi porte à la recherche de la gloire et de l'estime des hommes, des plaisirs et des douceurs de la vie, des biens de la terre, sans aucune subordination à Dieu, sans élévation de l'âme vers Celui qui les distribue année par année, jour par jour, moment par moment.

L'auteur de l'*Imitation* de Notre-Seigneur a décrit, mieux que personne, les divers mouvements de l'amour déréglé de soi-même et de l'amour divin, de la nature et de la grâce.

« La nature est pleine d'artifices, elle attire, elle surprend, elle séduit et n'a jamais d'autre fin

---

(1) Bossuet.

qu'elle-même... La grâce, au contraire, agit avec simplicité et fuit jusqu'à la moindre apparence du mal; elle fait tout pour Dieu seul, en qui elle se repose comme en sa fin.

« La nature répugne à mourir à elle-même ; elle ne veut point être contrainte, ni vaincue, ni assujettie, ni se soumettre volontairement... Mais la grâce porte à se mortifier soi-même, résiste à la sensualité, recherche l'assujettissement, aspire à être vaincue, et ne veut pas jouir de sa liberté ; elle aime la dépendance, ne désire dominer personne, mais vivre, demeurer, être toujours sous la main de Dieu; à cause de Dieu, elle est prête à s'abaisser humblement au-dessous de toute créature.

« La nature travaille pour son intérêt propre et calcule le gain qu'elle peut retirer des autres... La grâce ne considère point ce qui lui est avantageux, mais ce qui peut être utile à plusieurs.

« La nature aime à recevoir les respects et les honneurs... La grâce renvoie fidèlement à Dieu tout honneur et toute gloire.

« La nature craint la confusion et le mépris... La grâce se réjouit de souffrir les outrages pour le nom de Jésus.

« La nature aime l'oisiveté et le repos du corps... La grâce ne peut être oisive et se fait une joie du travail.

« La nature recherche les choses curieuses et belles, et repousse avec horreur ce qui est vil et grossier... La grâce se complaît dans les choses simples et humbles; elle ne dédaigne point ce qu'il y a de plus rude, et ne refuse point de se vêtir de haillons.

« La nature convoite les biens du temps ; elle se réjouit d'un bien terrestre, s'afflige d'une perte et s'irrite d'une légère injure... La grâce n'aspire qu'aux biens éternels et ne s'attache point à ceux du temps ; elle ne se trouble d'aucune perte et ne s'offense point des paroles les plus dures, parce qu'elle a mis son trésor et sa joie dans le ciel, où rien ne périt.

« La nature est avide et reçoit plus volontiers qu'elle ne donne, elle aime ce qui lui est propre et particulier... La grâce est généreuse et ne se réserve rien ; elle évite la singularité, se contente de peu et croit qu'il est plus *heureux de donner que de recevoir*.

« La nature se porte vers les créatures, la chair, les vanités ; elle est bien aise de se produire... La grâce élève à Dieu, excite à la vertu, renonce aux créatures, fuit le monde, hait les désirs de la chair, ne se répand point au dehors, et rougit de paraître devant les hommes.

« La nature se réjouit d'avoir quelque consolation extérieure qui flatte le penchant des sens... La grâce ne cherche de consolation qu'en Dieu seul ; et s'élevant au-dessus des choses visibles, elle met toutes ses délices dans le souverain Bien.

« La nature agit en tout pour le gain et pour son avantage ; elle ne sait rien faire gratuitement ; mais, en obligeant, elle espère obtenir quelque chose d'égal ou de meilleur, des faveurs ou des louanges ; et elle veut qu'on tienne pour beaucoup tout ce qu'elle fait et tout ce qu'elle donne... La grâce ne veut rien de temporel ; elle ne demande d'autre récompense que Dieu seul et ne désire des choses du temps, même les plus nécessaires, que ce qui peut lui servir pour acquérir les biens éternels.

« La nature se complaît dans le grand nombre des amis et des parents ; elle se glorifie d'un rang élevé, d'une naissance illustre ; elle sourit aux puissants, flatte les riches, et applaudit à ceux qui lui ressemblent... La grâce aime ses ennemis mêmes, et ne s'enorgueillit point du nombre de ses amis ; elle ne compte pour rien la noblesse et les ancêtres, à moins qu'ils ne se soient distingués par la vertu ; elle favorise plutôt le pauvre que le riche, compatit plus au faible qu'au puissant, recherche l'homme vrai, fuit le menteur et ne cesse d'exhorter les bons à s'efforcer de devenir meilleurs.

« La nature est prompte à se plaindre de ce qui lui manque et de ce qui la blesse... La grâce supporte avec constance la pauvreté.

« La nature rapporte tout à elle-même, combat, discute pour ses intérêts... La grâce ramène tout à Dieu, de qui tout émane originairement ; elle ne s'attribue aucun bien, ne présume point d'elle-même avec arrogance, ne conteste point, ne préfère point son opinion à celle des autres ; mais elle soumet toutes ses pensées et tous ses sentiments à l'éternelle sagesse et au jugement de Dieu.

« La nature est curieuse de secrets et de nouvelles ; elle veut se montrer et voir et examiner par elle-même ; elle désire d'être connue et de s'attirer la louange et l'admiration... La grâce ne s'occupe point de nouvelles, ni de ce qui nourrit la curiosité ; elle enseigne à réprimer les sens, à fuir la vaine complaisance et l'ostentation, à cacher humblement ce qui mérite l'éloge et l'estime, et à ne chercher en ce qu'on sait, et en toutes choses, que ce qui peut être utile en l'honneur et la gloire de Dieu : elle ne veut point qu'on loue ni elle ni ses œuvres, mais elle désire que Dieu soit béni dans les dons qu'il répand par pur amour. »

En un mot, la nature se recherche soi-même et le monde en tout... La grâce ne cherche que Dieu en elle-même et en toutes choses.

Or, est-ce l'impulsion ou la vie de la grâce qui

anime notre vie? Est-elle le mobile de nos actions? N'agissons-nous pas par amour de nous-mêmes plutôt que par amour de Dieu?

Qui peut sonder la malignité infectieuse de l'amour-propre sous toutes ses formes, depuis le simple amour de soi jusqu'à l'orgueil qui en est le plus haut degré! Il gangrène tout. Si nous nous rendons justice, nous avouerons ingénument que l'amour-propre touche presque tout sans exception. Car qui peut dire que toutes ses pensées, toutes ses actions sont d'une pureté d'intention absolument irréprochable? On ne saurait trouver un seul homme sur la terre qui ne lui offre quelque sacrifice, quelque encens. C'est cet égoïsme désordonné qui conduit et qui gouverne tout dans le monde; tout se fait par son ordre, et l'on peut dire de lui avec bien plus de raison que Pharaon ne le disait de Joseph, que personne ne remue ni le pied, ni la main, sans son commandement.

Quand on examine à fond son propre cœur, ne semble-t-il pas qu'on voit un champ ingrat et stérile, où il ne croît d'autre plante que l'égoïsme ou la recherche de soi-même? Si, à force de travail, on en fait pousser quelque bonne et salutaire, on s'aperçoit bientôt qu'elle est étouffée par la malignité de celle-là, si on n'a pas soin d'y remédier par une sage précaution.

On agit par vanité, pour s'attirer l'estime, l'approbation, les regards des hommes; on agit par amour-propre, pour se contenter ou se satisfaire, se recherchant, se trouvant soi-même en tout son goût, son honneur, son caprice, sa volonté, ses idées.

On agit par respect humain, pour plaire aux hommes ou dans la crainte de leur déplaire; on agit par intérêt, se proposant quelque vue basse et servile; on agit par hypocrisie, par dissimulation.

Mais, ce qui est plus fâcheux, c'est que ceux-là mêmes qui sont le plus en garde contre leur amour-propre, qui croient ne rechercher que Dieu et n'envisager que sa gloire dans leurs actions, se trompent bien souvent; séduits par les artifices de l'amour-propre, qui se déguise en mille manières différentes, ils se cherchent eux-mêmes fréquemment. C'est ce qui faisait dire à l'Apôtre, que *tous cherchent leurs intérêts et non ceux de Jésus-Christ* (1), et au prophète Isaïe, que *chacun se détourne de la voie du Seigneur pour marcher dans la sienne* (2).

Et en effet, il arrive ordinairement que celui qui a oublié le monde dans sa mémoire, après une bonne action, ne l'a pas oublié dans son cœur; lorsqu'il croit en être absolument détaché, il reconnaît que le monde vit plus en lui qu'il ne vit lui-même dans le monde. Que d'imperfections ! Que de taches dans nos actions ! Que de pensées d'amour-propre, de satisfactions humaines, de plaisirs sensuels, de retours égoïstes s'y trouvent mêlés !

« Elles sont bonnes en apparence, mais elles n'ont que l'apparence, comme ces fruits qui semblent plus jaunes et plus mûrs parce qu'un ver les a piqués (3). »

L'amour-propre peut les piquer, les corrompre de mille manières. Il est facile de s'en rendre compte.

On peut parler ou écrire divinement bien de la vertu, uniquement pour acquérir une excellente réputation ; s'acquitter de tous les devoirs de sa charge, uniquement en vue d'en obtenir une qui rapporte davantage ; dire du bien de tout le monde à dessein d'être loué à son tour ; consacrer en bien-

---

(1) *Omnes quærunt quæ sua sunt non quæ Jesu Christi.* Ad. Phil., II, 23. — (2) *Unusquisque in viam suam declinavit.* Isaïe, LIII., 6. — (3) V. Vianney.

faits la plus grande partie de son revenu pour être réputé libéral et bienfaisant ; s'humilier, quoique possédant des talents et un mérite distingué, afin d'exciter d'autant plus l'admiration et la vénération ; étouffer le désir de la vengeance parce que l'on craint de s'exposer ; fuir les excès de la sensualité uniquement à cause de la honte qui y est attachée ; se piquer d'avoir des mœurs par la raison qu'elles sont en estime chez ceux avec qui on habite ; professer sa religion, plutôt par routine que par conviction, parce qu'on y est attaché dès son enfance ; se montrer de bonne foi et serviable comme un moyen de se concilier des amis et des protecteurs ; s'employer au soulagement des veuves et des orphelins pour se faire regarder en quelque sorte comme une petite providence terrestre ; se garder d'ambition par amour pour sa tranquillité ou ses aises ; éviter l'avarice par orgueil ; ne point montrer d'humeur par la crainte du ridicule et pour acquérir la réputation d'une personne qui conserve son sang-froid ; s'interdire la médisance pour ne pas encourir la haine des autres ; éviter les excès de l'intempérance parce qu'on craint la récidive d'une maladie dangereuse ; se montrer pacifique pour ne pas se faire de nouveaux ennemis.

Toutes ces actions et mille autres semblables qui ont une apparence de vertu, ne sont rien moins que vertueuses eu égard à la cause qui les produit ; elles méritent souvent plus de blâme que d'éloges et ne sont qu'un *pur amour-propre déguisé ;* si elles n'ont rien de divin, comment pourraient-elles mériter une récompense de Dieu ?

Mais parlons ici de nos bonnes actions ordinaires, du bien que nous faisons ou que nous croyons faire, car il ne s'agit plus ici de péché. Eh bien, oui, dans cette partie de notre vie qui en est de beaucoup la plus importante, puisqu'elle en occupe tous les instants à peu près, dans cette succession continue d'actions indifférentes ou bonnes dont se compose la trame de nos jours, ce que nous voyons en premier lieu, c'est nous ; ce que nous aimons, c'est nous ; ce que nous recherchons, c'est nous : notre plaisir, notre convenance, notre humeur, notre caprice, notre goût.

En général, nous recherchons l'utilité humaine avant l'utilité divine. Evénements, personnes, choses, nous jugeons tout cela, bon ou mauvais, suivant le plus ou moins d'avantages humains, suivant le plus ou moins de satisfaction ou d'utilité humaine que nous y rencontrons pour nous et pour les autres.

Redisons-le, le mal n'est pas que notre satisfaction vienne se mêler à la gloire de Dieu : elle peut et elle doit se joindre à elle. L'une n'exclut point l'autre ; bien plus, elle l'appelle.

C'est un bien nécessaire ; mais il ne faut pas que la satisfaction vienne à dominer et demeure purement humaine ; et c'est ce qui se fait presque toujours en nous.

Au moins, dans nos exercices de piété, recherchons-nous davantage la gloire de Dieu ? Oui, mais encore que d'amour-propre ! Que la sécheresse vienne ! on se décourage, on les quitte. Pourquoi ? Parce qu'on cherche la consolation de Dieu avant le Dieu des consolations, selon le mot de saint François de Sales.

Si malheureusement nous perdons beaucoup du mérite attaché aux actions ordinaires, à combien plus forte raison perdons-nous beaucoup du mérite dû aux actions d'éclat, aux actions vues de tout le monde.

Pour l'ordinaire, le mérite perd beaucoup dans celles-ci, parce qu'il est bien rare que la nature n'y trouve son compte dans la réputation qu'elle donne à son auteur.

Une des choses les plus dangereuses pour la perfection de la vie chrétienne, est, sans contredit, la *vaine gloire* qui est une des formes les plus subtiles de l'amour-propre.

C'est le rocher où mille et mille vaisseaux se brisent, le gouffre où ils se perdent. C'est un dard empoisonné qui perce, brise et tue tout ce qu'il rencontre. « Crains cette flèche, nous dit saint Bernard, elle vole avec une grande vitesse, elle pénètre fort aisément ; mais la plaie n'est pas facile à guérir, car elle est mortelle. Si vous me demandez quelle est cette flèche, je vous dirai que c'est la vaine gloire. »

La vaine gloire est une ennemie presque invincible de la perfection chrétienne.

Tous les saints nous avertissent de nous tenir en garde contre la vaine gloire. Saint Grégoire dit qu'elle est un voleur qui se dissimule et qui s'accoste d'un voyageur en feignant de tenir la même route que lui, qui le vole ensuite et l'assassine lorsqu'il est le moins sur ses gardes et qu'il se croit être le plus en sûreté.

« Je confesse, dit ce grand saint à la fin d'un de ses ouvrages, que quand je me mets à examiner mon intention en écrivant ceci, il me semble que je n'y ai point eu d'autre but que de plaire à Dieu; mais néanmoins, quand je ne suis pas en garde contre moi, je trouve qu'il s'y mêle, je ne sais comment, quelque désir de contenter les hommes et quelque vaine complaisance d'y avoir peut-être réussi ; et, quoi qu'il en soit, je m'aperçois fort bien que ce que je fais n'est pas entièrement si net de poussière et de paille qu'au commencement. Car je sais que je l'entrepris d'abord avec la meilleure intention du monde et dans la seule vue de plaire à Dieu, et maintenant je vois fort bien qu'il se mêle encore à tout cela d'autres considérations qui rendent mon intention moins pure et moins droite qu'auparavant. Il nous arrive en ceci, ajoute-t-il, la même chose qu'au manger ; au commencement, c'est par nécessité que nous mangeons, mais ensuite la sensualité s'y glisse si adroitement, que ce que nous avons commencé pour subvenir aux besoins de la nature et pour conserver notre vie, nous le continuons à cause du plaisir et du goût que nous y trouvons. L'expérience ne nous fait voir que trop souvent la même chose, dans les actions les plus saintes. »

En effet, nous croyons n'avoir en vue que la gloire de Dieu et le salut des âmes dans les œuvres de dévoûment et de charité. Or, quelle place y tiennent les préoccupations de l'estime, les recherches de la louange, les besoins de la reconnaissance, les désirs du succès ! Combien nous avons besoin de nous complaire en ce que nous faisons ! Ne sommes-nous pas régulièrement tristes et découragés quand nous ne récoltons pas cette moisson ? Ne mesurons-nous pas trop volontiers la valeur de notre travail à la quantité de jouissances qu'il apporte ? Ne sommes-nous pas affectionnés dans la proportion où nous sommes consolés ?

Combien il est vrai que la vaine gloire est le plus redoutable ennemi des bonnes actions ! Combien saint Bernard a raison de l'appeler « le premier et le dernier trait dans le combat des vices » ; *ipsa est in peccato prima, in conflictu postrema ;* le premier qui se présente comme le plus hardi et le dernier comme le plus opiniâtre et le plus difficile à éviter.

Platon dit que la vaine gloire est la dernière robe dont l'âme se dépouille, tant elle est jointe, collée et pour ainsi dire incorporée avec nous.

Saint Jérôme compare ce vice à l'ombre, parce que comme celle-ci accompagne le corps, de même la vaine gloire suit toujours la vertu, et puis, plus le corps fuit son ombre avec vitesse, plus aussi la vaine gloire court après l'homme vertueux qui se sent importuné de ses attaques.

Où sont ceux qui ne recherchent jamais les louanges ? C'est le propre de certaines personnes angéliques, douées d'une grande sagesse et dont le front va presque toucher les étoiles. Non, il n'existe pas de vice plus agréablement tyrannique que l'amour désordonné des louanges. Ce vice triomphe sans peine de tous les cœurs pour les soumettre à son empire.

L'âme se défait avec moins de peine des autres vices, ou parce qu'ils sont particuliers, que leur influence est plus limitée, qu'ils sont plus faciles à reconnaître, ou parce qu'ils ne sont pas de tous les âges; mais la vaine gloire est un vice bien plus général; sa sphère est beaucoup plus vaste, elle répand son venin à tout âge, sur toutes sortes de bonnes œuvres et même sur quelques mauvaises, dont les hommes se vantent.

Loin de se laisser subjuguer par des actes de perfection, la vaine gloire s'alimente, au contraire, par ces actes mêmes qui lui donnent de la vigueur pour combattre la perfection elle-même.

« Il n'est pas de vice, dit très justement saint Jean Chrysostome, qui n'ait pour adversaire quelque vertu qui finit par le vaincre, qui, enfin, à force de résistance, ne vienne pas à bout d'en triompher. L'impureté a pour adversaire la chasteté, l'orgueil trouve un ennemi dans l'humiliation, la colère dans la douceur, l'avarice dans la générosité, l'envie dans la charité fraternelle, la paresse dans la ferveur de la piété. La vaine gloire seule n'a pas de vertu qui lui soit opposée et qui puisse en être victorieusement abattue, car quel que soit le bien qu'on fasse pour la dompter, elle en prend justement occasion de s'en prévaloir, et les actes d'humilité qui devraient cependant réprimer son insolente rébellion, ne servent finalement qu'à lui donner encore plus d'audace ; elle excite le cœur à se complaire dans la vénération provoquée par les actes mêmes qui doublent sa vertu ; et c'est pourquoi la vaine gloire n'est pas le vice des pécheurs, qui n'ont pas de quoi s'enorgueillir dans leurs crimes, mais des personnes adonnées à la vie pieuse. »

En considérant la malignité de la vaine gloire, on ne s'étonne plus de l'immense désastre qu'elle cause.

Elle est une peste intérieure de l'âme, un poison qui corrompt plus ou moins tout ce qu'il touche.

Elle est la rouille des vertus, la teigne qui ronge la sainteté, une cruelle vipère qui déchire le ventre qui l'a portée.

Donner la mort à un homme, ce n'est autre chose que séparer son âme de son corps, en sorte que ce qui était tout à l'heure un *corps humain*, n'est plus qu'un cadavre qui a bien encore l'apparence, mais qui pourtant n'est plus un *corps d'homme*. C'est l'effet que produit la vaine gloire sur tous les actes de vertu faits purement sous son influence. Elle enlève tout ce qui, dans les actes vertueux, est par soi-même bon, surnaturel, méritoire, saint, et le change en un cadavre de vertu qui présente aux yeux des hommes, une apparence de vie qui plaît, mais qui, aux yeux de Dieu, n'offre qu'un objet hideux ;

en un mot, la vaine gloire tue tout cela par le doux poison des convoitises qu'elle excite.

.·.

En résumé, comment dépeindre toute la malice de l'amour déréglé de soi-même !

Cet amour mauvais est un levain d'iniquité qui tend à corrompre la masse de nos pensées, de nos désirs et de nos actions ; un germe de poison dont les racines sont si profondes et si multipliées qu'on ne saurait les arracher ; c'est un ver fatal qui fait mourir en nous la sève divine et qui corrompt tous les fruits de mérite que nous nous efforçons de produire ; c'est une lèpre universelle qui nous couvre d'ulcères et de pourriture ; c'est une corruption générale qui pénètre jusqu'au fond de nos entrailles et jusqu'à la moelle de nos os ; c'est un venin funeste qui, attaquant le cœur, se répand de là dans tous les membres de l'homme spirituel ; c'est un serpent à cent têtes qui renaissent et se multiplient à mesure qu'on les coupe ; c'est un voleur domestique qui, sous nos yeux, enlève tout ce que nous avons de plus précieux, sans que nous ayons le courage de nous y opposer ; c'est un ami perfide, qui, faisant semblant d'être dans nos intérêts, nous trahit et nous perd sans ressource ; c'est un imposteur dont les artifices sont impénétrables, qui engage tout le monde dans ses pièges, et dont tout le monde se fait un plaisir d'être la dupe ; c'est un comédien qui joue mille personnages divers et se travestit en mille manières différentes pour venir à bout de tous ses desseins. C'est un séditieux qui cause des révoltes continuelles dans le royaume intérieur de notre âme ; c'est un tyran qui usurpe l'empire de notre cœur et il y exerce sans cesse mille violences et mille injustices. En un mot, il est le funeste auteur de tous les défauts, de tous les désordres, le père de tous les crimes, la source de tous les dérèglements. C'est ce que l'Apôtre nous fait comprendre lorsqu'il met tous les crimes les plus énormes à la suite de l'amour déréglé de soi-même.

« Il y aura des hommes amoureux d'eux-mêmes, avares, orgueilleux, médisants, désobéissants, ingrats, impies, dénaturés, etc. (1). »

***

Toutefois, sous prétexte que l'amour-propre va « se fourrer partout », selon le mot de Bossuet, ce serait faire erreur de penser qu'il est impossible de bien sanctifier ses actions et d'arriver à une grande perfection. Est-il besoin de rappeler que Dieu n'exige et ne peut exiger de nous qu'une perfection *relative* et non *absolue*. En effet :

Peut-il y avoir une pensée, une affection, une action où la gloire de Dieu ait absolument toute la place ?

Dans la science de la morale et de la sainteté, comme dans les autres sciences, on doit discerner deux choses bien distinctes : la *théorie* et la *pratique*.

Or, les principes de la théorie sont absolus, immuables, mais l'application des principes est toujours *quelque peu imparfaite*.

On n'a que des à peu près, même pour les choses les plus élémentaires.

Exemple : Il est impossible à l'homme, même aidé de ses instruments de précision, de tracer une ligne

---

(1) *II Ad Tim.*

absolument droite; de tracer une circonférence dont tous les points soient également éloignés du centre, *absolument à la même distance*. Cette ligne et ce cercle vus à un puissant grossissement paraîtraient défectueux.

Ainsi en est-il de nos actions humaines. La règle parfaite d'après laquelle nous devons les accomplir se résume dans cette formule : *Tout en Dieu; tout selon Dieu ; tout pour Dieu*.

Nous devons aimer *Dieu seul en tout :* cette loi est immuable et absolue; mais dans la pratique, même avec la meilleure volonté du monde, l'homme ne peut arriver qu'à des à peu près; cela résulte de sa nature; même dans les actions les plus simples, il ne peut atteindre le parfait, l'absolu, l'idéal.

« Comment faut-il aller à Dieu ? demandait quelqu'un au vénérable Vianney, curé d'Ars.

— Tout droit comme un boulet de canon, » répondit-il.

Qu'est-ce à dire ? allons à Dieu le plus directement possible.

« Dieu seul ! Dieu seul ! » c'est le mot qu'un religieux se redisait sans cesse, afin de bien agir toujours *pour Dieu seul*.

« Je voudrais être une goutte d'eau cachée et ignorée, » disait un autre serviteur de Dieu, animé des mêmes pures intentions.

« Bienheureux sont les humbles, parce qu'ils arriveront sûrement au port : c'est là la béatitude qui me plaît le plus, et je voudrais qu'au dernier jour, ma justice, s'il s'en trouve une en moi, fût cachée à tout le monde et connue de Dieu seul (1). »

---

(1) SAINT FRANÇOIS DE SALES.

LÉGENDE DE LA SAINTE OMBRE

Il y avait, à une époque bien éloignée, un Saint si bon, que les Anges étonnés venaient tout exprès du ciel pour voir comment sur la terre on peut tant ressembler au bon Dieu.

Et lui s'en allait simplement dans la vie, répandant la vertu comme l'étoile répand la lumière, comme la fleur répand le parfum, sans jamais s'apercevoir.

Deux mots résumaient chacun de ses jours: il *donnait*, il *pardonnait*; et ces deux mots ne sortaient jamais de sa bouche, mais ils se traduisaient dans son sourire, dans son amabilité, dans sa condescendance, dans sa charité en toutes ses œuvres.

Et les Anges dirent au bon Dieu: « Seigneur, accordez-lui le don des miracles. »

Et Dieu répondit : « Je le veux bien ; demandez-lui ce qu'il veut. »

Et les Anges dirent au Saint: « Voulez-vous que vos mains, en touchant les malades, leur rendent la santé?

— Non, dit le Saint ; j'aime mieux que le bon Dieu le fasse tout seul !

— Voulez-vous que votre parole convertisse les âmes coupables et ramène au bon chemin les cœurs qui s'égarent?

— Non, c'est la mission des anges, ce n'est pas celle d'une pauvre créature; je prie, je ne convertis pas.

— Voulez-vous devenir un modèle de patience, attirant à vous par l'éclat de vos vertus, et faire ainsi glorifier le bon Dieu?

— Non, répondit le Saint, si l'on s'attachait à moi, on se détacherait de Dieu. Le bon Dieu a bien d'autres moyens pour se faire glorifier.

— Mais enfin, dirent les Anges, que désirez-vous?

Et le Saint souriant disait: « Que puis-je vouloir, sinon le bon plaisir divin ? Que Dieu me laisse sa grâce, avec elle n'ai-je pas tout? »

Et les Anges insistant : « Il faut pourtant que vous demandiez un miracle, ou nous vous en imposons un de force. »

— Eh bien, dit le Saint, que je fasse beaucoup de bien, sans le savoir jamais ! »

Les Anges tinrent conseil, puis s'arrêtèrent à cette pensée : chaque fois que l'ombre du Saint se projettera ou derrière lui ou à ses côtés, de manière qu'il ne puisse l'apercevoir, cette ombre aura le privilège de guérir les malades, de soulager les douleurs, de consoler les tristesses.

Et cela fut ainsi.

Et quand le Saint marchait, son ombre se dessinant à ses côtés ou derrière lui, reverdissait les chemins arides, fleurissait les plantes flétries, rendait l'eau limpide aux ruisseaux desséchés, aux petits enfants pâles les fraîches couleurs, aux mères en larmes la joie.

Et le Saint s'en allait simplement dans la vie, répandant la vertu, comme l'étoile répand la lumière, comme la fleur répand le parfum, sans s'en apercevoir.

Et le peuple respectant sa modestie, le suivait silencieux, ne lui parlant jamais de ses miracles, et peu à peu oubliant jusqu'à son nom, ne l'appelèrent plus que la *Sainte Ombre.*

PRIÈRE

Seigneur tout-puissant et tout miséricordieux, faites-moi la grâce de désirer avec ardeur les choses qui vous sont agréables, de les rechercher avec prudence, de les discerner avec lumière et de les accomplir avec une exacte fidélité pour la gloire de votre saint nom. Seigneur mon Dieu, réglez toute ma vie et toutes mes actions. Vous me commandez d'accomplir ce que vous marquez dans votre Evangile ; donnez-moi le pouvoir de faire ce que vous désirez que je fasse, et que je l'accomplisse effectivement, selon que je le dois et qu'il est avantageux pour le salut de mon âme ; que la voie par laquelle je marche soit sûre, droite et parfaite, et que je me conduise de telle sorte dans les biens et dans les maux, que je ne m'élève point dans les uns, ni ne me laisse point abattre dans les autres ; que je vous rende grâce dans la prospérité, que je vous serve avec patience dans l'adversité, que je ne me réjouisse ni ne m'afflige de rien, sinon de ce qui peut m'approcher ou m'éloigner de vous ; que je ne désire de plaire et ne craigne de déplaire qu'à vous seul.

Donnez-moi la grâce de ne rien entreprendre que par un mouvement de charité, de considérer comme œuvres mortes toutes celles qui ne regardent point votre service et de n'agir point par coutume, mais de vous rapporter toutes mes actions avec un zèle toujours nouveau ; que l'amour de votre grandeur et de votre éternité me fasse tenir pour viles et pour abjectes toutes les choses passagères et périssables ; qu'il me rende chères et précieuses toutes les choses qui viennent de vous et vous, mon Dieu, plus que toutes choses ; que tout m'ennuie et me dégoûte sans vous, que tout me soit insupportable et odieux hors de vous ; que je trouve du charme dans les travaux que l'on entreprend pour vous ; et que je ne trouve que peine et fatigue dans le repos que l'on ne prend point en vous.

Donnez-moi la grâce, mon Dieu, d'élever mon cœur vers vous par de fréquentes et ferventes aspirations, et de reconnaître mes défauts avec une douleur accompagnée d'une sincère résolution de m'en corriger.

Faites que je sois humble sans être dissimulé, que je vous craigne sans me porter au désespoir, que j'espère en vous sans entrer dans une confiance présomptueuse, que je sois chaste, que j'aie du zèle pour le salut de mon prochain, sans aigreur ni colère ; que je l'aime avec sincérité, que je l'édifie par mes paroles et par mes exemples, sans en tirer vanité ; que je ne blâme jamais ses actions connues, ni ne fasse connaître celles qui ne le sont pas ; que je sois patient, doux, indulgent, charitable. Donnez-moi, mon très doux Jésus, un cœur si attentif et si vigilant, que nulle vaine et curieuse pensée ne puisse le détourner de vous, un cœur si ferme et si immobile que nulle affection terrestre ne le puisse amollir et le détacher de vous ; un cœur si généreux et si invincible, que nulle personne ne lui puisse ôter la confiance qu'il a en vous ; un cœur si dégagé de tout, que nul plaisir sensuel, quelque entraînant qu'il soit, ne puisse le faire sortir du chemin qui mène à vous.

Accordez-moi, mon Dieu, une lumière par laquelle je vous connaisse, une vigilance par laquelle je vous cherche, une sagesse par laquelle je vous trouve, une conduite par laquelle je vous plaise, une persévérance par laquelle je vous possède parfaitement. Faites que je participe à vos souffrances et à vos douleurs par les travaux de la pénitance, que j'use de vos bienfaits en cette vie par l'assurance de votre grâce et que je jouisse de votre félicité dans le ciel par la communication de votre gloire (1).

§ VI

LA PERFECTION OU LE MÉRITE DE L'AMOUR DE DIEU EST PROPORTIONNÉ A LA PURETÉ DE CET AMOUR.

L'intention la plus méritoire est celle qui est la plus droite et la plus pure, celle qui se propose une fin plus noble et des motifs plus parfaits, dans ses affections, ses actions et ses souffrances.

Les seules intentions bonnes et méritoires, quoique à divers degrés, sont celles qui ont pour motifs :

1° La crainte de Dieu et de ses châtiments ;

2° La laideur et la malice du péché ;

3° L'espoir de la récompense ;

4° La reconnaissance des bienfaits ;

5° La crainte filiale qui redoute de se séparer de Dieu et même de lui causer quelque déplaisir ;

6° Le désir pur de lui plaire et de le servir par amour.

---

(1) Saint Thomas.

Ces divers motifs sont tous méritoires, quoique à divers degrés.

Un père a quatre enfants d'un caractère bien différent. L'un a besoin d'être traité avec rigueur; à cette condition, tout va bien, car il craint son père, ou plutôt il craint ses punitions; ce n'est que pour ce motif qu'il obéit.

L'autre a toujours quelque chose à demander à son père, et pour l'obtenir, il se montre plein de docilité, afin de s'attirer ses bonnes grâces: il n'obéit donc que pour obtenir quelque chose.

Le troisième n'est pas meilleur, car souvent il murmure en secret quand son père lui commande quelque chose, et il ne le fait de bonne grâce que lorsqu'il s'agit d'une chose facile et agréable.

Quant au dernier frère, il agit tout autrement. Il fait avec joie tout ce qu'il présume devoir être agréable à son père, quelque pénible que la chose lui paraisse. Il ne le fait pas en vue d'être loué ou récompensé, mais plutôt par amour, en vue de lui plaire. Il ne s'inquiète pas de son intérêt: telle est la volonté de son père, cela lui suffit et il obéit.

Or, que pensons-nous de ces quatre enfants?

Sont-ils tous des enfants sages et obéissants?

Non, pas tous également; le dernier est seul un véritablement bon et parfait enfant.

Eh bien, voilà notre cas vis-à-vis de Dieu. Il est notre Père, par conséquent, nous devons faire sa volonté, c'est-à-dire pratiquer ce qui est bien et éviter ce qui est mal. C'est là assurément ce que font bien des hommes, mais tous ne sont pas également bons et vertueux. Quelques-uns s'abstiennent de mal faire, mais ils ne le font que parce qu'ils craignent Dieu, ou plutôt le *châtiment* et ils n'agissent que par *contrainte*. Quelques-uns ne font le bien que pour en tirer profit et en être récompensé : ils n'agissent donc que dans leur propre avantage et par *intérêt*. Enfin, d'autres n'accomplissent la volonté de Dieu que dans les circonstances où ils le font volontiers, et alors que cela leur paraît facile, et ceux-là aussi ne font pas quelque chose de bien méritoire.

Celui-là seul est véritablement vertueux et parfait, qui est toujours disposé à faire ce que Dieu veut, et à le faire parce que Dieu le veut, par amour pour Lui.

Servir Dieu par la crainte des peines, c'est toujours le chercher et rendre bonnes ses actions ; la crainte de Dieu, quoique servile, est bonne en elle-même ; elle est un don de Lui ; elle est *le commencement de la sagesse*, selon la parole sainte.

Si l'on se disait à soi-même, en ayant véritablement ce sentiment dans le cœur : « J'offenserais Dieu, si le péché n'était pas l'objet de ses châtiments ; » les théologiens disent que ce serait pécher, parce que ce serait avoir actuellement une volonté mal disposée, une volonté mauvaise.

Mais se servir de la crainte des peines, de l'appréhension de la mort et du jugement de Dieu pour s'exciter à le servir, à éviter le mal, cela ne peut être que louable, et c'est sans doute pour cela que l'Esprit-Saint a formulé ainsi toute la Loi : « Craignez Dieu et observez ses commandements, car c'est là tout l'homme. »

Toutefois, la crainte ne doit servir qu'à nous élever à l'amour. Dieu veut et doit être aimé. « On ne l'honore vraiment que par l'amour ; » *non colitur nisi amando*.

Et non seulement Dieu veut et doit être aimé, mais il veut que nous l'aimions non pas uniquement en vue de nos propres intérêts ; il veut que nous l'aimions aussi et surtout par amour de lui-même, par rapport à son amabilité infinie.

En effet, nous pouvons aimer Dieu d'un amour surnaturel de *deux manières* : ou de l'amour d'ESPÉ-RANCE, ou de l'amour de CHARITÉ.

Nous l'aimons de l'amour d'*espérance*, quand nous le regardons comme notre souverain bien et comme notre fin dernière, dont la seule possession peut nous rendre bienheureux pour le temps et pour l'éternité.

Cet amour est très excellent, à la vérité, puisqu'il est produit par une vertu que Dieu nous a donnée exprès afin de l'aimer pour nous-mêmes. Ceux qui voudraient blâmer cette sorte d'amour comme un défaut dans les âmes qui tendent à la perfection, comme s'il ne fallait estimer que l'amour de la pure charité qui aime Dieu pour lui-même, ceux-là n'auraient pas raison, puisque la *Foi*, l'*Espérance* et la *Charité* sont également des vertus divines et qu'elles sont toutes nécessaires pour notre salut.

Néanmoins, il est vrai qu'à le bien prendre, l'amour d'espérance ou de reconnaissance est un amour-propre, non pas cet amour-propre lâche, animal et funeste que la nature produit d'elle-même et qui ne porte une âme qu'à désirer des vanités, ou des voluptés, ou des biens périssables, ce qui n'est qu'un faux amour; mais c'est un amour-propre tout divin, qui nous est commandé par la loi de Dieu; car, lorsqu'elle nous ordonne d'aimer notre prochain comme nous-mêmes, il est visible qu'elle nous commande de nous aimer nous-mêmes. Or, qu'est-ce que nous aimer nous-mêmes, si ce n'est nous vouloir du bien? et quel véritable bien pouvons-nous nous vouloir, si ce n'est le Bien infini?

Mais aussi, on ne peut pas dire qu'une âme aime Dieu purement, parfaitement, si elle ne l'aime *pour lui-même*, si son amour ne se termine à lui pour lui vouloir du bien, puisque l'essence de l'amour consiste à *vouloir du bien à quelqu'un*. *Amare est velle alicui bonum*. Si nous l'aimons d'un vrai et pur amour, nous lui voulons tout le bien incréé qu'il possède, et nous lui voulons tous les biens créés dont il est l'auteur, nous lui rapportons tout comme au seul principe de tout ; nous lui voulons les hommages, les services, les adorations de toutes ses créatures; surtout nous nous voulons uniquement pour lui ; nous voulons qu'il soit le Maître absolu de notre cœur, de tout notre cœur et de tout nous-même, et qu'il fasse de nous tout ce qu'il voudra pour sa gloire, sans regarder d'autres intérêts que ceux de sa divine Majesté. Voilà ce qu'on appelle aimer Dieu véritablement et d'un pur amour.

« La chose la plus importante, disait un jour Notre-Seigneur à sainte Catherine de Sienne, c'est qu'il ne faut pas que tu m'aimes pour toi ; que te t'aimes pour toi ; que tu aimes le prochain pour toi ; il faut que tu m'aimes pour moi, que tu t'aimes pour moi et que tu aimes le prochain pour moi. »

.•.

Dieu veut être aimé non seulement de l'amour imparfait ou amour de reconnaissance, mais aussi de l'amour parfait ou amour d'amitié.

« Chacun veut, dans la société de ses amis, être aimé sans motif d'intérêts et uniquement pour lui-même. Hélas ! si l'homme ne peut souffrir d'être aimé par intérêt, comment osons-nous croire que

Dieu n'a pas la même délicatesse? On est pénétrant jusqu'à l'infini pour démêler jusqu'aux plus subtils motifs d'intérêt, de bienséance, de plaisir ou d'honneur qui attachent nos amis à nous ; on est au désespoir de n'être aimé d'eux que par reconnaissance, à plus forte raison par d'autres motifs plus choquants; on veut l'être par pure inclination, par estime, par admiration. L'amitié est si jalouse et si délicate qu'un atome qui s'y mêle la blesse; elle ne peut souffrir dans l'ami que le don simple et sans réserve du fond de son cœur. Celui qui aime ne veut, dans le transport de sa passion, qu'être aimé pour lui seul, que l'être au-dessus de tout et uniquement, que l'être en sorte que le monde entier lui soit sacrifié, que l'être en sorte qu'on s'oublie et qu'on se compte pour rien, afin d'être tout à lui : telle est la jalousie forcenée et l'injustice extravagante des amours passionnées : cette jalousie n'est qu'une tyrannie de l'amour-propre. Il n'y a qu'à se sonder soi-même pour y trouver ce fond d'idolâtrie; et quiconque ne l'y démêle pas, ne se connaît point encore assez soi-même.

« Ce qui est en nous l'injustice la plus ridicule et la plus odieuse, est la souveraine justice en Dieu.

« Rien n'est si ordinaire et si honteux aux hommes que d'être jaloux; mais Dieu qui ne peut céder sa gloire à un autre, se nomme lui-même le Dieu jaloux, et sa jalousie est essentielle à sa perfection (1). »

Un amour d'amitié : tel est l'amour que nous devons à Dieu.

Quand donc nous disons dans la formule de l'acte de charité que nous récitons dans nos prières : « Mon

---

(1) FÉNELON.

Dieu, je vous aime parce que vous êtes infiniment bon, » il ne faut pas entendre les bienfaits que Dieu nous donne, mais l'amabilité de sa personne et de ses perfections infinies ; autrement, nous n'aurions pas un amour d'amitié, mais un amour de reconnaissance. Cependant, si l'on regarde les bienfaits de Dieu comme un effet de sa bonté, si on les aime pour Dieu et non pour soi-même, alors on fait un acte de charité ; car, dans ce cas, ce ne sont point les bienfaits qu'on aime comme dernier terme de notre affection, mais la bonté de Dieu, source de tout don, de tout bien. Pareillement le désir de posséder Dieu rentre dans la charité parfaite, si nous tendons vers cette possession plutôt par affection amicale que pour nous-mêmes. C'est ainsi, par exemple, que le désir de l'apôtre saint Paul de *mourir et d'être avec Jésus-Christ,* est un acte de charité d'un amour parfait.

.•.

Aimer Dieu d'un amour parfait, c'est-à-dire d'un amour pur, c'est l'aimer, le servir comme de sages enfants servent leur père.

Il y a une énorme différence entre le service d'un esclave, celui d'un mercenaire et celui d'un fils. L'esclave ne sert son maître que par la crainte du châtiment. Le salarié se propose la récompense, et s'il a soin de mieux servir, c'est qu'il en espère une plus grande. Le fils, lui, ne sert point pour un tel motif; c'est par pur amour qu'il sert son père ; lorsqu'il fait tous ses efforts pour ne rien faire qui puisse l'offenser, ce n'est point qu'il en appréhende aucun châtiment, ou qu'il en espère aucune récompense, mais c'est que l'amour lui donne naturellement cette délicatesse et cette attention. Il sert et honore son père, quoique celui-ci soit pauvre et ne puisse rien laisser en héritage, parce qu'il est son enfant; pourvu qu'il le contente, il se croit assez payé de son service et de sa peine.

Ainsi devons-nous aimer Dieu. Nous devons le servir non pas comme des esclaves ou des mercenaires qui ne redoutent que le châtiment et qui n'envisagent que la récompense, mais comme ses véritables enfants, puisqu'il nous a fait la grâce de vouloir que nous le fussions.

Mais l'amour divin ne peut-il pas avoir une qualité supérieure à celle de l'amour de l'enfant pour son père?

Saint Bernard veut que dans nos actions nous nous souvenions si peu de nous-mêmes, que nous soyons tellement détachés de toute sorte d'intérêt particulier, qu'il n'estime pas que ce soit encore assez d'aimer et de servir Dieu comme les enfants aiment et servent leurs pères. Il demande quelque chose de plus pur, de plus parfait et de plus élevé. « Il est vrai, dit-il, que les enfants aiment leurs pères ; mais souvent ils songent à leur succession, et tant qu'ils appréhendent de la perdre de quelque façon que ce soit, peut-être rendent-ils plus de respect à celui de qui ils doivent l'attendre, mais peut-être aussi l'en aiment-ils moins. »

Quel est donc cet amour si parfait et si élevé qui surpasse celui des enfants envers leur père ? « Voulez-vous le savoir? dit le même saint, c'est l'amour que l'épouse a pour l'époux. Cet amour de l'épouse et de l'époux est tel, que, se renfermant entièrement dans l'objet aimé, l'un ne cherche rien au-delà, et l'autre n'a rien d'ailleurs à souhaiter. C'est là tout leur trésor, car le véritable amour est content de lui seul; il borne ses désirs et sa récompense à ce qu'il aime; il se suffit à lui-même ; il plaît et par lui-même et pour lui-même : il ne cherche aucune raison pour aimer que d'aimer ; il aime à aimer, il aime à être aimé, il aime l'amour. »

Saint Bernard suppose ici ce qui se passe ordinairement parmi les hommes ; il parle du fils en général, qui souvent a besoin d'être stimulé par la vue de l'héritage ; mais on peut trouver l'amour tout désintéressé dans le fils comme dans l'épouse.

Il est vrai néanmoins qu'une épouse a un autre avantage au-dessus du fils, que saint Bernard a observé, et c'est par cet avantage qu'il faut expliquer la préférence de l'amour de l'épouse à l'amour du fils.

« On ne saurait, dit-il, trouver de nom plus doux pour exprimer les affections tendres et réciproques de Dieu et de l'âme, que le nom d'époux et d'épouse : car entre l'époux et l'épouse tout est commun ; ils n'ont rien en propre ni de séparé. Ils ont un même héritage, une même maison, une même table, un même lit, et ils sont une même chair. Quel est, dit-il ailleurs, le bonheur d'une âme de pouvoir appeler son Epoux, Celui dont le soleil et la lune admirent la beauté ? Que peut-elle lui rendre pour reconnaître cet honneur ineffable de partager tout avec lui, d'être assise à une même table, d'avoir un même empire avec lui, et de reposer avec lui dans un même lit ? *Socia mensæ, socia regni, socia thalami.* »

Effectivement, l'amour de l'époux et de l'épouse comprend, renferme, résume tous les amours : l'amour d'amitié, l'amour filial, l'amour paternel et maternel.

Imaginons-nous une mère qui aime son fils plus qu'elle-même, et constatons si ce fils peut faire, pour ses propres avantages, quelque chose que sa mère ne fasse pour lui avec beaucoup plus d'empressement et d'ardeur que lui-même. Elle ne s'emploie qu'aux intérêts de son fils parce qu'elle l'aime. Tout ce qu'elle fait c'est pour lui ; c'est pour lui qu'elle travaille, qu'elle veille ; il est l'objet de tous ses soins ; elle lui procure tout ce qui lui est nécessaire ; s'il gagne quelque chose, elle s'en réjouit ; s'il fait une perte, elle s'en afflige ; ses peines la mettent en peine ; ses douleurs la tourmentent ; s'il pleure, elle jette des larmes ; s'il est content, elle est pleine de satisfaction ; les offenses que l'on fait à son fils sont les siennes, et s'il est malade, elle souffre avec lui. De sorte que, comme l'ombre représente parfaitement le corps et le suit en tous ses mouvements et en toutes ses postures, de même, si nous pouvions pénétrer le fond de ces deux cœurs, nous verrions que le cœur de la mère est tel que celui du fils ; ils n'ont qu'un seul et même mouvement, quoique séparés. Et cela se fait si naturellement et si ordinairement, qu'il semble que la mère s'oublie elle-même ; il est visible qu'elle ne se souvient plus de ce qui la regarde pour s'attacher entièrement à son fils ; elle se dépouille de tout pour l'enrichir, et ainsi elle est plus dans ce qu'elle aime qu'elle est dans elle-même, puisqu'elle s'oublie elle-même pour l'amour de son fils. A ce sujet, Platon a dit excellemment, que celui qui aime véritablement est mort pour lui-même et n'a plus de vie que pour ce qu'il aime.

Tel est l'amour des époux : leurs deux vies ne sont qu'une seule et même vie.

L'âme donc qui aime Dieu purement, l'aime d'un amour d'épouse. Elle se transforme tellement en lui, qu'elle ne veut plus que ce qu'il veut, qu'elle n'aime plus que ce qu'il aime ; alors, ce qui lui déplaît lui est désagréable, ce qu'il hait lui est en horreur ; elle ne se soucie plus d'elle-même, de son avantage ni de son honneur, mais seulement du service et de la gloire de Dieu ; ainsi, elle arrive à cet heureux état de n'avoir plus de volonté propre, mais d'avoir toute sa volonté en Dieu, de sorte qu'elle est comme divinisée. Comme un morceau de fer jeté dans un grand feu prend les propriétés du feu sans perdre sa nature de fer ; ainsi, tout homme qui est vivement embrasé de l'amour de Dieu participe à la pureté de Dieu, sans cesser d'être véritablement homme, comme saint Denis le rapporte de saint Paul par ces paroles : « L'amour a la puissance d'unir les choses entre elles ; il ne permet pas que les amants soient à eux-mêmes, mais à celui qu'ils aiment ; » et c'est ce qui a fait dire à cet apôtre, le plus parfait des amants : « Je vis et ce n'est pas moi qui vis, mais c'est Jésus-Christ qui vit en moi. »

.·.

En résumé, nous devons aimer Dieu ; nous devons l'aimer par-dessus toutes choses, mais on peut aimer Dieu par-dessus toutes choses pour divers motifs : voilà pourquoi la théologie distingue deux sortes d'amour de Dieu : l'amour *parfait* et l'amour *imparfait,* suivant le *motif* qui les distingue.

1° L'amour imparfait consiste à aimer Dieu *à cause des bienfaits que nous avons reçus de lui, à cause des grâces que nous attendons encore et du Ciel qu'il nous a promis.*

2° L'amour parfait consiste à aimer Dieu *pour lui-même, à cause de ses perfections infinies.*

L'acte de charité dont le catéchisme nous donne la formule est un acte d'amour parfait : « Mon Dieu, je vous aime de tout mon cœur et par-dessus toutes choses, *parce que vous êtes infiniment bon et infiniment aimable.* »

Il importe ici de faire quelques remarques.

I. C'est le *motif* qui distingue l'amour parfait de l'amour imparfait.

Aimer Dieu d'un amour parfait ne veut donc pas nécessairement dire qu'on l'aime avec toute la pureté, l'ardeur et la générosité possible ; cela signifie simplement qu'on l'aime pour le motif le plus élevé, le plus parfait.

Par conséquent, ne croyons pas qu'il nous soit impossible de faire des actes d'amour parfait parce que nous n'aimons pas Dieu avec l'ardeur d'une sainte Thérèse ou d'un saint François-Xavier.

Demandons-nous une seule chose : *Pourquoi aimé-je le bon Dieu? pour quel motif?*

Toutes les fois que nous pouvons nous répondre : « J'aime Dieu par-dessus toutes choses, pour lui-même, parce qu'il est infiniment bon, c'est-à-dire infiniment digne d'amour », ne cherchons plus, nous faisons un acte d'amour parfait.

II. *L'acte d'amour parfait peut avoir une valeur plus ou moins grande.*

Comme sainte Thérèse et saint François-Xavier, nous pouvons former des actes d'amour parfait; mais nous avons encore bien à faire pour qu'ils soient aussi agréables à Dieu, aussi méritoires que les actes d'amour faits par ces grands Saints.

C'est que, en effet, notre amour pour Dieu est loin d'égaler la charité qui remplissait ces âmes et les portait aux actions les plus héroïques. Il est inspiré par le même motif, mais il n'est pas aussi ardent, aussi pur, aussi généreux. Par suite, les actes qu'il produit ne sont pas aussi élevés, aussi parfaits.

Efforçons-nous donc d'aimer Dieu toujours davantage et la valeur de nos actes d'amour ira en s'augmentant de plus en plus.

III. *Pour faire un acte d'amour parfait, ce qu'on a coutume d'appeler le* **sensible** *n'est pas nécessaire.*

Il résulte de là qu'on peut beaucoup aimer Dieu jusque dans la sécheresse du cœur et le dégoût spirituel : *il suffit de vouloir l'aimer.* L'acte d'amour du cœur ainsi éprouvé peut même, parce qu'il est plus pur et plus généreux, être plus agréable à Dieu et montrer une volonté plus profonde et plus forte de l'aimer. *Vouloir aimer, c'est aimer.* Oui, certes, et cette pensée, en rassurant le pécheur qui n'ose lever les yeux vers son Dieu, console les âmes pieuses qu'attriste leur impuissance à aimer Dieu autant qu'elles le voudraient et que Dieu le leur demande.

IV. *Il y a bien des manières de faire des actes d'amour parfait.*

Cet acte peut être simplement *intérieur*, une élévation de cœur vers Dieu.

Il peut aussi se faire par des *paroles*, des oraisons jaculatoires : « Mon Dieu, je vous aime pour vous-même et par-dessus toutes choses ! » — « Mon Dieu et mon tout ! » N'oublions pas cependant que *toute formule doit être animée par l'amour intérieur.*

Néanmoins, la manière la plus pratique de multiplier les actes d'amour parfait, c'est d'*offrir à Dieu toutes nos actions et toutes nos peines de chaque jour, et de faire les unes ou de supporter les autres le mieux possible,* afin de lui prouver notre amour.

Sous cette forme d'*acte extérieur* et de *sacrifice*, notre amour pour Dieu est plus sérieux, plus profond, parce qu'il requiert plus d'énergie et de volonté de notre part.

En effet, il est facile aux âmes de foi de dire : « Mon Dieu, je vous aime par-dessus toutes choses; » mais il coûte de porter une croix, de se vaincre soi-même. Si alors nous disons à Dieu : « C'est par amour pour vous que je fais ceci ou souffre cela, » nous lui donnons une preuve véritable de la sincérité de notre amour.

Dans la pratique de la vie chrétienne, nous avons mille occasions de faire des actes d'amour parfait ; par exemple, lorsqu'il s'agit de remporter une victoire sur une tentation ou sur notre caractère, de faire un acte d'obéissance ou de renoncement, de surmonter une répugnance ou une antipathie, de nous imposer une privation pénible, de subir une humiliation, etc.

Tous les actes, toutes les luttes et toutes les difficultés de la vie peuvent ainsi nous servir à pratiquer l'amour parfait et à nous en assurer les merveilleux effets.

V. *Tout homme est capable de faire des actes d'amour parfait.*

En effet, connaître le Dieu infiniment bon et infiniment aimable, le traiter comme tel, l'aimer de tout son cœur, non seulement à cause de ses bienfaits, mais encore pour lui-même, à cause de ses perfections infinies, et lui offrir par amour ses actions et ses peines, ce sont des actes que tout homme peut faire.

Il n'y a donc point là un excès de dévotion, un mysticisme exagéré ou une chose extraordinaire réservée seulement à quelques âmes choisies retirées dans le cloître.

C'est tout simplement la pratique du premier commandement de Dieu et son application à tous les devoirs et à toutes les actions de la vie.

VI. *Enfin, sous prétexte d'amour pur, il ne faudrait point s'imaginer que le désir de posséder Dieu, de jouir de ses dons, de son propre bonheur éternel comme récompense, soit un amour qu'on doit exclure de son cœur, comme étant imparfait ou intéressé.*

Bien que l'amour parfait et l'amour imparfait soient distincts, les *motifs* qui les inspirent ne *s'excluent point*. Tout en aimant Dieu pour ses bienfaits et pour le ciel qu'il nous promet, nous pouvons l'aimer pour lui-même et pour ses perfections. Et si nous l'aimons parce qu'il est infiniment parfait, cet amour, qui est le véritable amour pur ou amour d'amitié, ne nous empêche pas d'aimer Dieu pour tous ses dons, ni de travailler en vue du bonheur éternel.

Le désir de jouir de Dieu loin d'être un obstacle au pur amour divin, en est au contraire le fondement essentiel, absolument nécessaire ; l'amitié ne pourrait exister sans lui.

Aimer son ami pour lui-même et non pour soi : c'est, en effet, le caractère propre de l'amitié ; mais elle est essentiellement un amour et une bienveillance *réciproques ;* nécessairement les amis se veulent et se font mutuellement et actuellement du bien, autant qu'il est en leur pouvoir. Tout le monde sait que la marque la plus certaine d'une vraie et solide amitié, c'est de vouloir et surtout faire du bien le plus possible à son ami. Plus la communication des biens devient grande, plus aussi l'amitié devient étroite et intime.

Cette loi qui régit l'amitié est si vraie que partout où il se trouve une relation ou communication quelconque, il y a une espèce de société et d'amitié, comme entre ceux qui portent les armes ensemble, ou qui professent un même art, car ils ont la coutume de s'appeler les uns les autres, camarades et amis. L'amour des parents est naturellement le plus fort de tous les amours, parce que tout est commun entre eux : même sang, même toit, même table, même héritage. Enfin, il semble que le sentiment de tous les hommes est que l'amitié subsiste par une communication quelconque, d'où est venu ce proverbe de toutes les nations : *Toutes choses sont communes entre les amis : Amicorum omnia sunt communia.*

Il faut donc conclure avec saint Thomas : « S'il n'y avait point de communication de biens, il n'y aurait point d'amitié. » *Nisi esset communicatio bonorum, nulla esset amicitia.*

Par conséquent « si, par impossible, Dieu n'était pas notre souverain Bien, il n'y aurait pour nous aucune raison de l'aimer (1). »

Quoique l'amitié ait pour fondement essentiel une relation quelconque ou une communication de biens, nous voyons déjà qu'elle n'en perd pas son caractère propre, qui est d'aimer son ami pour lui-même. L'amour de soi-même et l'amour de son ami s'ajoutent l'un à l'autre pour se perfectionner et non pour se détruire.

« Nous sommes, dit saint Thomas, disposés à aimer une personne à cause des bienfaits que nous en recevons, mais après que nous avons commencé à l'aimer, nous ne l'aimons plus pour ses bienfaits, mais pour sa propre vertu et pour son propre mérite (2). »

Exemple. Une personne inconnue avec laquelle nous n'avions aucune relation, par un effet de sa bonté, nous comble de bienfaits ; cette communication de biens nous oblige de l'aimer réciproquement, et,

---

(1) *Dato per impossibile, quod Deus non esset summum hominis bonum, non esset et ratio diligendi.* S. TH., 2ª 2æ, q. 26. ART. 13. *ad* 3um.

(2) *Ad amandum disponimur propter beneficia suscepta, quamvis postquam jam amare incepimus, non propter illa beneficia amemus amicum sed propter ejus virtutem.* 2ª 2æ, q. 27. ART. 3.

s'il est en notre pouvoir, de lui témoigner par les effets, notre gratitude. De plus, cette largesse qu'elle exerce à notre égard, nous donne la confiance de l'aborder et de traiter familièrement avec elle. Dans cette conversation, nous découvrons un grand fond de vertu et de mérite ; nous connaissons la grandeur de son âme, sa bonté, sa générosité et toutes ses autres vertus. Alors nous l'aimons, non pas parce qu'elle nous a fait du bien, mais parce qu'elle le mérite par ses excellentes qualités.

On voit dans cet exemple, que l'amour commence par la communication des biens, mais qu'il monte plus haut, et qu'il s'arrête en la vertu de celui qui a répandu ces biens. Le commencement peut être intéressé, mais la fin est entièrement désintéressée.

Voilà ce qui a lieu dans l'ordre surnaturel. Voilà les progrès par lesquels nous nous élevons à une parfaite amitié avec Dieu. Notre-Seigneur commence par la communication de ses biens, et il le faut nécessairement, car « qu'avez-vous que vous n'ayez reçu ? » nous dit l'apôtre saint Paul.

Dans le Ciel, Dieu se donne à découvert avec tous ses biens. Or cette gloire immense dont les Bienheureux jouissent ne leur est-elle pas un pressant motif d'aimer leur souverain Bienfaiteur, et ne s'en servent-ils pas pour s'exciter à l'aimer avec toute l'ardeur dont ils sont capables ?

A plus forte raison faut-il qu'il en soit ainsi sur la terre, où l'homme ne peut voir Dieu, en lui-même ; il ne peut le connaître que par les biens qu'il en reçoit ou qu'il en espère ; et c'est ainsi que la reconnaissance des biens qu'il a reçus et l'espérance de ceux qui lui sont promis, enflamment d'amour son âme.

Il est certain qu'il n'y a rien qui excite plus puissamment l'amour que les bienfaits. « Celui qui commença à répandre des grâces, dit un ancien, trouva des liens pour attacher les hommes. » Ce sont les attraits qui font le plus de violence sur les cœurs. Il n'y a point d'homme si barbare qui ne soit touché d'un généreux bienfait. La reconnaissance le saisit et l'oblige à vouloir et à faire du bien à celui qui l'a prévenu, et c'est précisément cette réciprocité d'affection qui constitue l'amitié. Plus il y a de témoignages de bienveillance ou de dons, plus l'amitié doit grandir. Si celui à qui Dieu remet plus de péchés est obligé de plus aimer, celui qui a reçu plus de grâces ne sera-t-il pas aussi plus obligé d'aimer ?

La règle est générale : *qui a plus reçu est obligé de rendre davantage.* Nous ne pouvons pas rendre à Dieu bienfait pour bienfait, mais nous devons lui rendre amour pour amour. « Puisqu'il n'y a rien que je puisse dignement rendre à Dieu, malheur à moi si je ne l'aime pas ! Rendons donc à Dieu amour pour ses bienfaits ; car celui qui en reçoit davantage est obligé de plus aimer (1). »

« Mon Dieu, nous sommes embrasés par la considération de vos dons, et nous nous élevons au-dessus de nous. Nous brûlons de votre feu et son ardeur nous porte à la pacifique Jérusalem céleste. Je me suis réjoui lorsqu'on m'a dit que nous irons en la maison du Seigneur (2). »

Ainsi ont prié et aimé tous les Saints.

Ils aimaient les *dons* de Dieu, mais ils aimaient davantage le *Donneur*, Dieu lui-même, et se servaient de ses dons pour l'aimer davantage.

« Les Saints n'aiment point Dieu uniquement à cause de ses dons, mais ils aiment ses dons à cause de Lui (3). »

---

(1) St Ambroise. (2) St Augustin. (3) St Jean Chrysostome.

Ils ont aimé à la manière d'un fils, d'une épouse.

Un fils aime son père par cette raison primitive qu'il est son père, et il l'aime encore parce qu'il est touché de l'affection que son père lui témoigne en lui promettant le plus grand héritage. Un tel fils aime l'héritage, il est vrai, mais il aime encore plus son père de qui il l'attend. Il n'y a rien en cela qui soit indigne d'un fils, ni qui fasse tort à son père. Ce fils, au contraire, serait un fils bien ingrat, s'il n'estimait pas l'héritage autant qu'il doit être estimé, et s'il n'aimait pas son père autant qu'il doit l'aimer.

Les chrétiens sont bien plus heureux, et ils ont bien plus d'obligation d'estimer leur sort, et de n'en détourner jamais ni leur esprit ni leur cœur, puisque *leur Père même est leur héritage.*

Une épouse aime son époux parce qu'il est son époux; et, en second lieu, parce qu'il lui a témoigné un grand amour, en l'enrichissant de tant de pierres précieuses, en la comblant de tant d'autres dons en vertu de son mariage. Elle aime ces présents pour leur prix, et elle les aime encore parce que ce sont des gages de l'amour de son époux. Certainement l'amour de l'époux ne la rend pas indifférente à ses dons; mais elle préfère l'amour de son époux à l'estime qu'elle fait de ses biens. Le premier de ces deux amours l'emporte infiniment au-dessus de l'autre, mais rien n'empêche l'épouse d'entretenir ces deux amours. Elle doit même les joindre, avec cette différence qu'elle aime son époux sans réserve, et qu'elle aime ses ornements pour plusieurs raisons : à cause de leur valeur, parce qu'ils sont autant de marques de l'amour de son époux, et enfin, parce que par la magnificence de ces ornements, elle fait honneur à son époux.

Les chrétiens sont bien plus heureux et ils ont bien plus l'obligation d'estimer leur sort, puisque Dieu lui-même est à la fois leur Epoux et leur parure ou leur gloire éternelle.

C'est par ces motifs généreux que sainte Agnès, vierge et martyre, s'excitait à l'aimer.

«Retirez-vous de moi, pierre d'achoppement et proie de la mort, dit-elle au fils du gouverneur de Rome, qui voulait l'épouser malgré elle. Ne pensez pas, quoi que vous puissiez dire ou faire, que je sois infidèle à mon *Epoux*, dont je suis tellement éprise que je ne vis que de son amour. Vous êtes d'une naissance illustre et de l'une des premières maisons de Rome, mais ne croyez pas pour cela que ces avantages puissent vous rendre son rival, parce que je vois en lui six perfections que l'on ne saurait trouver ailleurs : il est noble, il est beau, il est sage, il est bon, il est riche, il est puissant.

« Il est noble. Dieu son Père l'a engendré de toute éternité et la mère qui l'a enfanté est demeurée vierge.

« Il est si beau que sa splendeur surpasse la clarté du soleil, de la lune et des étoiles à un tel degré, qu'elles admirent sa beauté et confessent qu'elles ne sont devant lui que ténèbres.

« Sa sagesse a fait une si forte impression sur mon esprit et a captivé si puissamment mon cœur que je ne puis penser qu'à lui seul; et, maintenant que je vous parle de son excellence, j'en ressens un si grand plaisir, un si doux contentement, que, quoique je vous redoute plus que la mort, puisque vous voulez me séparer de lui, je suis cependant bien aise de vous voir pour vous le dire.

« Il est si riche, qu'il ne laisse aucun de ses serviteurs dans la pauvreté; il les comble tous de richesses, et il me donne son trésor qui vaut infiniment mieux que tout l'empire romain.

« Que vous dirai-je de sa bonté qui est infinie ; il me l'a bien montrée en donnant son sang et sa vie pour moi, en me prenant pour son épouse, en m'accablant de présents d'un prix inestimable, et en me promettant de ne jamais m'abandonner.

« Pour comble de perfection, il est si puissant que rien au ciel et sur la terre ne saurait lui résister ; son ombre seule guérit les malades et ressuscite les morts, c'est pour cela que je suis toute à lui, que je l'aime plus que mon âme et ma vie, que je serais bien aise de livrer pour lui.

« Voyez ensuite quelle est la nature de notre amour : quand je l'aime, je suis chaste ; quand je m'approche de lui, je suis pure ; quand je l'embrasse, je suis vierge, et jugez si je serais sage, si l'espérance ou la peur me portaient à le quitter. »

Si un fils aimait l'héritage que son père lui a préparé plus que son père même ; si une épouse n'aimait son époux que pour les bagues et les joyaux qu'elle en a reçus, il est certain que ce serait une étrange confusion, un renversement de la nature : alors l'amour chaste et l'amour filial seraient changés en un amour servile et mercenaire.

Le même désordre arriverait, si une âme n'aimait Dieu que pour elle-même, et seulement parce qu'il veut la rendre heureuse : ce serait un horrible sacrilège, ce serait ne regarder Dieu que comme l'instrument de son bonheur ; ce serait mettre Dieu au même rang que les choses créées qui ne sont purement destinées qu'à notre usage. Il est clair que ce faux amour ne saurait subsister avec la charité.

L'amour des biens ou des dons de Dieu, et l'amour de Dieu lui-même, sont donc *deux amours inséparables*. Le second ne pourrait pas exister sans le premier. Nous pouvons les séparer l'un de l'autre spéculativement, c'est-à-dire dans notre esprit : celui-ci peut considérer Dieu tantôt comme son Créateur, son Rédempteur, son Bienfaiteur, tantôt purement comme son Ami, son Père, son Époux, et faire des actes d'amour selon ces deux points de vues. Mais en réalité, en fait, nous ne pouvons pas séparer ces deux manières d'envisager Dieu ; toujours les Saints se sont servis des bienfaits de Dieu pour mieux l'aimer Lui-même. Ils ont toujours eu le désir de jouir de Dieu, de le posséder, si pur, si désintéressé qu'ait été leur amour.

Ils n'ont jamais aimé Dieu simplement à cause de ses dons, mais ils l'ont toujours aimé Lui-même, le *Donneur*.

Admirons ce sublime élan d'amour de sainte Thérèse, un des plus beaux qui soient jamais sortis d'une poitrine humaine.

« Est-ce que tu crois, ô Toi, Jésus, éternellement vivant, que je t'aime à cause des récompenses futures promises dans ton Royaume ; pour les palmes, les harpes, les merveilles, les délices de ton Ciel ? Oh ! non, moi je t'aime parce que tu as été malheureux, parce que tu as passé par toutes les douleurs, supporté toutes les humiliations ! Toi, Dieu chargé de fers, Toi, Dieu conduit au supplice par les bourreaux ! Moi, je t'aime parce que tu as été forcé de crier vers le Père : « Pourquoi m'as-tu « abandonné ? » Moi, je t'aime plus à cause de ton agonie et de ta mort, qu'à cause de ta résurrection : car, je m'imagine que Toi, ressuscité, remontant dans les espaces azurés, ayant ton univers à tes ordres, tu as moins besoin de ta servante ! Mais lorsque j'assiste à ton agonie, il me semble que je reviens dans les contrées déjà connues de moi¹ ; que j'avais déjà contemplé jadis cette colline et cette croix inondées de la pourpre de ton sang! Que cette Madeleine, ta sainte, ta bien-aimée, qui gémit là-bas, c'était peut-être moi. Car, dans mon cœur, son cœur se lamente; toutes les larmes de ses yeux sourdent dans mes paupières et mon désespoir est si terrible et si profond que deux semblables désespoirs ne peuvent pas exister! Non, elle ne t'aimait pas davantage! Je sais qu'elle est une grande sainte et moi une pauvre chétive, dont les actions sont moins méritoires devant Toi: mais elle ne t'aimait pas davantage! »

Faudrait-il conclure de cet amour si pur, si désintéressé, que sainte Thérèse n'aimait point Dieu comme son souverain Bien. Ce serait méconnaître la vérité et admettre une absurdité: on ne peut pas ne pas désirer le bonheur.

« O ma vie, ma vie, s'écrie-t-elle, comment pouvez-vous vivre séparée de votre véritable vie ? Que faites-vous dans cette immense solitude, ô mon âme? Qui peut vous consoler au milieu de tant d'orages et de tempêtes ?... O souverain Créateur, mon Dieu et mes délices, jusques à quand vivrai-je ainsi dans l'attente de vous voir un jour? O vie longue, vie pénible, vie qui n'est point une vie! O solitude profonde, ô nuit obscure! Jusques à quand, Seigneur, jusques à quand? Que ferai-je, ô mon bien, que ferai-je? Désirerai-je de ne pas vous désirer? O mon Dieu et mon Créateur, vous nous blessez des traits de votre amour et vous ne nous guérissez pas... Vous donnez la mort sans ôter la vie.

« Heureux ceux qui se trouvent si fortement attachés à vous, par les chaînes de vos bienfaits, ô mon Dieu, qu'il n'est pas en leur pouvoir de les rompre, car l'amour est fort comme la mort, invincible comme l'enfer. Oh! qui pourrait se voir précipité pour jamais dans cet enfer de l'amour divin! »

Ainsi ont aimé tous les Saints ; ils se sont élevés des créatures au Créateur, des bienfaits au Bienfaiteur. Ils ont aimé Dieu comme un Père, un Ami, un Epoux.

Ils ont aimé Dieu d'un amour de reconnaissance et en même temps d'un amour de la plus tendre amitié, comme on le voit par exemple dans les sublimes aspirations et prières suivantes de sainte Gertrude, dont le cœur était si intimement et familièrement uni au Sacré Cœur de Jésus.

O Amour, vous êtes ma première fleur, l'arche de mes fiançailles et ma dot nuptiale. Daignez m'admettre dans l'intimité de votre amour ; mon cœur aspire avec ardeur à votre baiser divin. Ouvrez-moi le sanctuaire de votre infinie tendresse; mon âme a soif de vos embrassements éternels.

Préparez pour moi le festin de votre abondante miséricorde; invitez-moi à la table où vous communiquez toutes vos douceurs ; goûtons ensemble votre festin, ô mon souverain Bien ! Vous abondez et surabondez en toute sorte de richesses, et vous vous communiquez d'une façon ineffable à votre créature.

Nourrissez-moi de vous-même. Comment l'étincelle pourrait-elle subsister loin du feu qui l'a produite ? Comment la goutte d'eau se conserverait-elle hors de la fontaine d'où elle est sortie ?

Daigne votre flamme chérie dévorer toute ma substance, s'emparer de mon âme tout entière ! Daigne votre libéralité toute-puissante en agir ainsi envers ce grain de poussière !...

O Amour, ô Midi dont l'ardeur est si douce, vous êtes l'heure du repos sacré, et la paix entière que l'on goûte en vous fait mes délices. Ce loisir tant désiré est rempli de votre divine présence; on y est enivré de la beauté sereine du visage de l'époux...

O Amour, ô mon beau Midi ! je voudrais mourir et mourir mille fois, pour me reposer en vous. Inclinez donc vers moi, ô mon Bien-Aimé, votre visage chéri.

Oh ! s'il m'était donné d'approcher de vous assez pour n'être plus seulement près de vous mais en vous ! Par votre influence, ô Soleil de justice, toutes les fleurs des vertus sortiraient de moi qui ne suis que cendre et poussière. Mon âme, fécondée par vos rayons, ô mon Maître et mon Epoux, produirait les nobles fruits de toute perfection. Enlevée de cette vallée de misère, admise à contempler vos traits si désirés, mon éternel bonheur serait de penser que vous n'avez pas dédaigné, ô Miroir sans tache, de vous unir à une pécheresse telle que moi...

O Amour dont les divins baisers sont si doux, vous êtes cette fontaine que cherche sa soif ardente. C'est à vous que s'adressent les transports de mon cœur. O Mer immense, pourquoi tardez-vous à recevoir cette faible goutte d'eau dans votre plénitude ?...

Qu'elle est ineffable cette union ! Qu'elle est supérieure à tout autre mode de vivre, cette intime familiarité avec vous ! Qu'il est enivrant, votre parfum ! Quelles délices de respirer la paix divine, la miséricorde généreuse qui sont en vous...

Oh ! puissé-je obtenir dès ici-bas ce que je désire ! Puissé-je obtenir que mon âme se tourne enfin vers vous et que vous me rendiez la vie par le baiser si doux de votre miséricorde ! O mon Bien le plus chéri, laissez-moi vous saisir au plus intime de mon être, laissez-moi vous donner ainsi mon humble baiser, afin qu'unie à vous, je vous demeure attachée d'une manière indissoluble...

O amour, Esprit-Saint, vous êtes dans la très sainte Trinité, cet ineffable baiser qui forme le lien puissant du Père et du Fils. Vous êtes aussi ce baiser, cause de notre salut, que votre divinité souveraine a imprimé par le Fils sur notre faible humanité...

O baiser rempli de douceur, que mon humble qualité de vile poussière ne me prive pas de vous ! O amour, prodiguez-moi vos caresses jusqu'à ce que je devienne un seul esprit avec vous. Faites-moi sentir combien il est délicieux d'être unie à vous...

O amour qui êtes Dieu, vous êtes ma plus aimée possession. Sans vous, ni le ciel ni la terre n'auraient de moi ni une espérance, ni un désir. Vous êtes mon héritage véritable, mon attente unique, le seul but vers lequel je tends...

Heureux les yeux qui vous contemplent, ô Dieu amour! Je sais qu'un jour je vous verrai de mes yeux, ô Jésus!...

Heureuses les oreilles qui entendent votre voix, ô Dieu amour, parole de vie! Quand se fera-t-elle entendre à moi, cette douce voix qui doit me consoler en m'appelant à vous?

Heureux l'odorat qui vous aspire, ô Dieu amour, délicieux parfum de la vie! quand viendra-t-il m'embaumer, l'arome ineffable de votre divinité.

Heureuse la bouche qui goûte votre saveur suprême, ô Dieu amour, qui savoure vos paroles si tendres, plus douces que le rayon de miel! Quand mon âme sera-t-elle nourrie de la substance de votre divinité, et enivrée de l'abondance de vos délices? Faites-moi goûter dès ici-bas combien vous êtes doux, ô mon Maître, et bientôt donnez-moi de jouir pleinement de vous dans l'éternité, ô Dieu de ma vie!...

Heureuse l'âme qui vous tient embrassé par un inséparable amour!

Heureux le cœur qui sent s'imprimer sur lui le baiser de votre Cœur sacré, gage de l'alliance indissoluble, ô Dieu amour!...

Oh! quand me sentirai-je pressée dans vos bras, ô Dieu de mon cœur? Quand vous verrai-je sans intermédiaire? Oh! vite, vite, arrachez-moi à cet exil, et rendez-moi heureuse par la vue de vos aimables traits...

O Dieu amour, vous m'avez créée; créez-moi de nouveau dans votre amour. O amour, vous êtes la vie: ranimez en moi la vie; réparez toutes les pertes que mon amour y avait souffertes. O amour, vous m'avez rachetée: suppléez et rachetez en moi tout ce que j'ai perdu de votre amour par ma négligence. O amour, vous m'avez adoptée pour votre fille: nourrissez-moi selon votre Cœur. O amour, vous m'avez choisie pour vous et non pour un autre: faites que je m'attache à vous tout entière. O amour, vous m'avez aimée gratuitement: donnez-moi de vous aimer de tout mon cœur, de toute mon âme et de toute ma force...

O amour, vous êtes le Dieu tout-puissant: affermissez-moi dans l'amour. O amour, vous êtes la souveraine sagesse: donnez-moi l'esprit de sagesse pour vous aimer. O amour, vous êtes la source des délices: faites-moi goûter votre douceur. O amour, vous êtes cher par-dessus tout: donnez-moi de vivre à vous seul. O amour, vous êtes fidèle: consolez-moi et aidez-moi en toutes mes épreuves. O amour, vous êtes le compagnon de ma vie: opérez en moi toutes mes œuvres. O amour, c'est vous qui remportez la victoire: donnez-moi de persévérer en vous jusqu'à la fin. O amour, le plus tendre des amours, vous ne m'avez jamais abandonnée: je vous remets mon esprit. A l'heure de ma mort, retirez-moi à vous; dites-moi: « Tu seras avec moi *aujourd'hui!...* »

Que n'ai-je toutes les forces réunies des anges et des hommes! Avec quel bonheur je les dépenserais à célébrer éternellement vos louanges!...

Mais dès à présent, je jette dans l'encensoir d'or de votre divin Cœur, où brûle à votre gloire le suave parfum de l'éternel amour, j'y jette mon cœur comme un faible grain d'encens, désirant, avec toute l'ardeur de mon âme, que tout vil et indigne qu'il est, le souffle de votre Esprit l'allume de sa vie, qu'il soit consumé uniquement à votre gloire, et que ces longs soupirs que je pousse vers vous, du fond des abîmes de la terre, dans ma longue attente, méritent d'être changés en cantiques éternels à votre gloire...

§ VII

LA PERFECTION OU LE MÉRITE DE LA VIE CHRÉTIENNE N'EST DONC PAS ESSENTIELLEMENT DANS LES ŒUVRES, DANS L'OBSERVATION MATÉRIELLE DE LA LOI, MAIS DANS LA CHARITÉ OU L'AMOUR DE DIEU.

La pureté d'intention avec laquelle nous devons accomplir nos actions nous montre clairement que notre perfection ou notre mérite ne consiste pas dans l'observation matérielle des commandements de Dieu, dans une obéissance simplement extérieure, quelque exacte qu'elle puisse être dans les moindres prescriptions. Cette fidélité extérieure à la loi de Dieu, n'est que le *corps* de la vie chrétienne, qui n'est rien sans *l'âme*, c'est-à-dire sans l'amour intérieur, sans l'affection intérieure du cœur, de la volonté. Il faut que notre cœur ou notre amour sorte du sein de Dieu comme de sa source, qu'il soit animé par le sien et qu'il aille à lui comme à son but.

Quoique l'amour divin se prouve par les œuvres, néanmoins il est une disposition tout intérieure, il réside dans l'âme, dans le cœur ou la volonté. Sans l'affection intérieure, il n'y a pas de véritable amour.

En effet, que penserions-nous d'un courtisan qui, après avoir reçu mille témoignages de la bonté de son roi, lui dirait : « Je vous obéirai en toutes choses, j'exécuterai tous vos ordres exactement, mais mon âme ou mon cœur est de glace pour vous; il n'y a en moi aucun mouvement d'affection qui m'attache à votre personne. »

Ne dirions-nous pas que ce courtisan serait le plus injuste et le plus ingrat de tous les hommes, et et qu'il mériterait de perdre pour jamais les bonnes grâces de son prince?

Pourrions-nous juger plus favorablement d'un chrétien, qui étant redevable à Notre-Seigneur Jésus-Christ, le Roi des rois, de son être, de sa vie, se contente de lui rendre une soumission légale, d'obéir extérieurement à ses commandements, sans lui donner son âme ou son cœur, se persuadant qu'il n'est pas obligé de le lui donner? Fît-il des prodiges ou des merveilles à l'extérieur, il mérite la disgrâce divine. Oui, observer la loi de la conscience en tant que telle et non parce qu'elle est la loi de Dieu, ce n'est qu'orgueil ou machine. L'Évangile ne recommande jamais d'obéir à la loi abstraite, mais toujours à la volonté de Dieu. Très certainement, obéir à la loi ou à sa conscience et obéir à Dieu sont deux choses bien distinctes. Si l'un est identique à l'autre, si l'un ne coûte pas plus de peine que l'autre, d'où vient cette répugnance à passer de l'un à l'autre, de la loi au législateur, de la conscience à Dieu? D'où vient cette inconcevable préférence de l'idée à l'idéal vivant? « La vertu, quand elle est toute seule n'a son soleil qu'en Dieu (1). »

Si on respecte la loi de Dieu comme venant de Dieu, d'où vient qu'on ne veut pas la respecter parce qu'elle vient de Dieu? Si on honore la conscience comme étant la voix de Dieu, pourquoi ne veut-on pas l'honorer parce qu'elle est la voix de Dieu? Pourquoi voudrait-on que Dieu ne soit pas directement le but et l'objet de nos hommages? C'est que, dans le fait, ce n'est point Dieu lui-même qu'on veut aimer, mais soi-même ; c'est qu'on ne veut pas obéir à Dieu; on ne veut dépendre que de soi. Au fond, c'est donc un amour-propre déréglé qui inspire la pratique du devoir sans se préoccuper de l'amour de Dieu.

On ne doit donc pas s'étonner que tout ce qui n'est pas inspiré, fait par amour de Dieu, explicitement ou implicitement, ne mérite aucune récompense de lui.

Un enfant aura beau témoigner de son respect, de son obéissance, de son dévoûment pour ses parents, il ne sera jamais un vrai fils si l'amour lui manque.

---

(1) LACORDAIRE.

La loi ne porte pas simplement : « Vous n'offenserez pas le Seigneur; » elle dit en termes exprès : « Vous aimerez le Seigneur votre Dieu de tout votre cœur. » Qui jamais a dit que ne pas offenser une personne et l'aimer soit la même chose ?

Toutes les vertus croissent donc dans l'âme à proportion qu'elle augmente en l'amour divin. Elle pratique les bonnes œuvres avec d'autant plus de perfection qu'elle aime plus ardemment. Ses bonnes œuvres et ses actes de piété se mesurent à son amour que l'on peut comparer à la vapeur qui met en branle tout un mécanisme, au poids qui donne le mouvement à toutes les roues d'une horloge. Aussi est-on fondé à pouvoir déclarer de nouveau et plus hautement, plus affirmativement encore, que toute la sainteté ou perfection chrétienne consiste essentiellement dans la charité. « Une charité commencée est la vertu commencée; une charité avancée est la vertu en progrès; une charité parfaite est la vertu grande et parfaite...

« Toute la véritable religion et toute la solide piété qu'on peut avoir pour Dieu, tout le culte et tout le service qu'on peut lui rendre consistent dans l'amour. Il ne peut être honoré que par l'amour (1). »

Pourquoi Dieu ne peut-il être honoré comme il doit l'être que par l'amour ? C'est parce que l'amour ne peut être payé que par l'amour. Pourquoi l'amour ne peut-il être payé que par l'amour ? La raison en est simple; la voici : l'amour seul se donne, seul il est vraiment don. Qu'un homme comble un autre homme de richesses, d'honneurs, s'il ne le fait point

---

(1) *Amor hic est cultus Dei, hæc vera religio, hæc recta pietas, hæc tantum Deo debita servitus... Deus non colitur nisi amando.* Saint Augustin.

par amour, il ne fait pas un vrai don, il n'a pas droit à ce que l'amour se donne à lui en retour. Au contraire, soit la chose la moins précieuse, la plus commune, un verre d'eau ; qu'il soit donné par amour, c'est un don véritable qui impose la dette d'un amour égal ; donc, l'amour seul étant don, il s'ensuit qu'il ne peut être payé que par un autre amour, don lui aussi.

Par conséquent, si une volonté, un amour humain se doit pour un amour humain, à combien plus forte raison l'amour de l'homme se doit-il à l'amour de Dieu.

Sans doute, la règle ou la mesure de la récompense éternelle est : *A chacun selon ses œuvres.*

On ne peut l'avoir sans la mériter ; on ne peut l'avoir que parce qu'on la mérite, et qu'autant qu'on la mérite. Ici-bas, on a souvent les récompenses sans les mériter, et plus souvent encore, on les mérite sans les avoir. Que de couronnes sans mérites ! que de mérites sans couronnes !

Là-haut, rien de semblable : *A chacun selon ses œuvres ; pas de couronnes sans mérites ; pas de mérites sans couronnes ;* telle est la règle universelle, absolue de la récompense éternelle. Dieu n'a pas dit : A chacun selon ses projets, ses intentions, mais : *A chacun selon ses œuvres ;* une bonne pensée, un bon désir, une bonne parole, la moindre bonne action : il ne laissera rien sans récompense.

Mais, entendons bien cette règle. N'allons pas confondre l'extérieur avec l'intérieur, le principal avec le secondaire, l'écorce avec la moelle et la sève de l'arbre. Le principe ou la cause du mérite n'est pas dans les œuvres, mais bien plutôt dans *l'âme* qui les accomplit ; il est dans la charité ou l'amour de Dieu qui les anime.

A chacun selon ses œuvres faites en l'amour, par l'amour et pour l'amour de Dieu, sinon explicitement, du moins implicitement.

Telle est la seule mesure exacte, absolue, de la récompense céleste. Sans doute, la difficulté extérieure des œuvres à accomplir augmente leur mérite, néanmoins, elle ne l'augmente en rien sans l'amour de Dieu; sans amour, l'œuvre la plus merveilleuse est morte ; elle n'est qu'un cadavre de vertu. Une montagne de bonnes œuvres sans la charité ne mérite pas même une once de gloire.

Personne n'a jamais exprimé avec plus d'autorité et avec plus d'énergie que l'apôtre saint Paul, le néant des actions les plus sublimes, si elles ne sont pas faites pour Dieu, si elles ne sont pas animées par la charité ou l'amour divin.

« Quand je parlerais, dit-il, le langage de tous les hommes et des anges, si je n'ai pas la charité, l'amour de Dieu, je ne suis que comme un airain qui résonne et comme la cymbale qui retentit. Quand j'aurais le don des prophéties, que je saurais tous les mystères et que je posséderais toute la science, quand j'aurais même toute la foi jusqu'à transporter les montagnes, si je n'ai pas la charité, je ne suis rien. Et quand je donnerais tout ce que j'ai pour la nourriture des pauvres et que je livrerais mon corps pour être brûlé, si je n'ai pas la charité, l'amour de Dieu, tout cela ne me servira de rien (1). »

L'Apôtre parle de souffrances, de l'effusion du sang, de l'embrasement de son corps, tout cela ne sert à rien sans l'amour de Dieu, sans la charité. « Mettez la charité : tout est profit ; ôtez la charité, tout est inutile (2). »

---

(1) *I Cor.*, XIII. — (2) SAINT AUGUSTIN.

Un seul chemin conduit à Dieu : L'AMOUR.
« On ne va pas à Dieu avec des pas, mais en aimant. » *Iter ad Deum non ambulando sed amando* (1).

Les plus horribles et les plus longues tortures n'ont aucun mérite si elles ne sont pas endurées par amour de Dieu, si cet amour n'en est pas l'âme.

Il y a trois manières de souffrir et par conséquent trois catégories de souffrants ; la première qu'on peut appeler impie ; la deuxième païenne ; la troisième *chrétienne*.

La première est celle des mauvais chrétiens pour qui la souffrance est une occasion de blasphème et de murmure contre Dieu. Ces chrétiens souffrent comme les démons et les damnés, parce qu'ils souffrent comme eux, avec révolte, avec fureur et rage. Ainsi endurées, les souffrances, non seulement ne sont pas méritoires, mais elles sont une occasion de maux incalculables.

La deuxième catégorie se compose des chrétiens qui souffrent stoïquement, sans aucun motif surnaturel, uniquement parce qu'ils ne peuvent éviter la souffrance. Supporter ainsi la souffrance de l'âme, est complètement stérile en fruits de salut.

Cette manière de souffrir avilit l'homme, parce qu'elle ne lui montre dans la douleur qu'un tyran dont il faut, bon gré mal gré, subir le joug. Et si par force de caractère, il parvient à en diminuer le poids, ce joug n'en est pas moins un esclavage sans gloire, ou du moins sans gloire véritable.

La troisième catégorie est celle des chrétiens vraiment dignes de ce nom, qui voient dans la souffrance un moyen d'expier leurs fautes ou de mériter davantage auprès de Dieu, en devenant plus semblables

---

(1) Saint Augustin.

à Jésus-Christ ; les fervents chrétiens souffrent avec résignation, patience et amour, en union avec Jésus crucifié, se conformant autant que possible, à ses dispositions, à ses intentions, à ses fins.

Cette troisième manière de souffrir est la seule méritoire de Dieu. La peine toute seule ne mérite ni n'expie rien, parce qu'elle ne change rien dans le cœur ; ce qui mérite et ce qui expie, c'est la peine acceptée comme épreuve ou comme expiation.

Il est évident que la douleur n'est pas bonne par elle-même, et qu'elle ne devient bonne qu'à ceux qui la supportent bien. « Le monde est une fournaise, écrit saint Augustin ; la douleur en est le feu ; Dieu est l'orfèvre qui l'attise. Les bons sont là comme l'or ; les méchants y sont comme la paille ; le même feu qui épure l'or consume la paille ; l'une s'y change en cendres, l'autre s'y dégage de ses scories. » Il avait dit ailleurs : « Agitez un bourbier, il répand l'infection ; agitez une essence, elle embaume. » Ainsi en est-il de la souffrance.

Nous en avons le signe au Calvaire, où deux larrons furent crucifiés à droite et à gauche de Jésus : tout le mystère de la douleur était représenté là, Dieu et la créature s'y rencontrent dans des tourments, apparemment semblables, mais dans le Fils de Dieu la souffrance était toute sainteté. Dans celui des deux larrons qui se repentit, elle fut si sanctifiante qu'elle lui ouvrit immédiatement le Paradis.

Pour l'autre qui s'obstina dans le péché, non seulement elle ne le sanctifia point, mais lui devenant l'occasion de consommer une malice qu'elle pouvait guérir, elle mit le sceau à sa damnation.

Telle intention : *telle action, telle souffrance.*

Si notre intention est bonne, notre action est bonne, si d'ailleurs elle est conforme à la loi divine.

Si notre intention est mauvaise, notre action est mauvaise, quelque éclatante qu'elle paraisse aux yeux des hommes.

Qu'est-ce qu'un verre d'eau? c'est bien peu de chose; cependant celui qui le donne à un pauvre avec l'intention d'obéir à Dieu, par amour pour lui, non pas seulement par simple compassion naturelle, celui-là *ne perdra point sa récompense* (1).

Y a-t-il rien de plus bas que les actions de boire, de manger, de dormir, de se récréer; ce sont des actions qui nous sont communes avec les bêtes, et qui par elles-mêmes sont purement terrestres; faites pour Dieu, pour accomplir sa volonté, ces actions méritent un degré de gloire éternelle.

Au contraire, un homme jeûne tous les jours au pain et à l'eau; il donne tous ses biens aux pauvres; il convertit en foule les pécheurs; s'il agit par vanité, toutes ces grandes et magnifiques actions perdent toute leur valeur; au lieu de rendre bon celui qui les accomplit, au lieu de le rendre digne de récompense, elles le rendent plus mauvais et digne de châtiment. Pourquoi? Ce n'est pas la peine ou la souffrance qui fait le mérite, mais la fin ou le but pour lequel on souffre.

Notre-Seigneur a été crucifié avec deux larrons; ils étaient trois attachés au même supplice de la croix, mais leur manière de souffrir était bien différente; l'impie peut mourir *avec* le martyr, mais non *comme* le martyr; ce qui fait le martyr, ce n'est pas le tourment ou le supplice enduré, mais la cause, l'intention, le but pour lequel on l'endure.

On appelle une belle vie dans le monde, une vie où l'on compte de grandes actions, des victoires

---

(1) *Amen dico vobis non perdet mercedem suam.* MATTH. X, 42.

remportées, des négociations difficiles conclues, des entreprises conduites avec succès, des emplois illustres soutenus avec réputation, des dignités éminentes acquises par des services importants ; une vie qui passe dans les histoires, qui remplit les monuments publics, et dont le souvenir se conservera jusqu'à la dernière postérité : voilà une belle vie selon le monde.

Mais si dans tout cela on a plus cherché sa gloire propre que la gloire de Dieu, si l'on n'a eu en vue que de se bâtir un édifice de grandeur sur la terre, en vain a-t-on fourni une carrière éclatante devant les hommes ; devant Dieu, c'est une vie perdue. En vain les histoires en parlent : les choses qu'elles en disent seront effacées des vies et des histoires éternelles.

En vain ces actions feront l'admiration des siècles à venir, elles ne seront point écrites sur les colonnes immortelles du temple céleste ; en vain une telle vie sera-t-elle considérée sur la scène de tous les siècles, elle sera dans les siècles éternels comme si elle n'eût jamais été ; en vain ses titres et ses dignités se conserveront sur le marbre et sur le cuivre : ayant été écrits de la main des hommes, ils passeront avec eux, tandis que ce qui aura été écrit par le doigt de Dieu, durera autant que lui-même ; en vain une vie serait-elle proposée comme un modèle à l'ambition de la postérité, si elle n'a de réalité que dans les passions des hommes, dès qu'il n'y aura plus de passions et que tous les objets qui les allument seront anéantis, cette vie ne sera plus rien et retombera dans le néant avec le monde qui l'avait admirée.

Elevez si haut que vous voudrez un édifice spirituel composé d'aumônes, de prières ardentes, de jeûnes et de toutes les autres vertus, si vous n'avez auparavant jeté le fondement de l'humilité et de la charité, tout cela n'est que néant.

Que l'un vante aussi chaudement et éloquemment que possible la continence, la virginité, le mépris des richesses, et quelque autre qualité que ce puisse être : tout cela est impur, profane et abominable devant Dieu, si l'humilité et l'amour n'en fait le mérite et la valeur.

Au-dessus de la mortification, au-dessus de l'aumône, au-dessus de la prière et de la communion fréquente, au-dessus de tous les mérites naturels et même surnaturels, il faut placer la *charité*.

C'est donc à juste titre que la charité est appelée la *reine* ou mieux l'*âme* de toutes les vertus. De même que l'âme par sa présence anime le corps, unit les membres, les embellit, les fortifie, leur donne la puissance de produire des actions vivantes, donne le mouvement à tous les sens, au lieu que son absence laisse le corps dépouillé de toutes ses perfections, de sa vie, de sa beauté, de sa force, et tous les membres dans un état de dissolution; ainsi, la grâce divine, la charité ou l'amour divin domine toutes les autres vertus. Sans cet amour, toutes les vertus morales ne sont qu'un corps sans vie; elles n'ont aucun droit à la récompense céleste.

« Comme l'homme est la perfection de l'univers, l'esprit la perfection de l'homme, et l'amour celle de l'esprit, ainsi la charité est la perfection de l'amour, et par conséquent la fin, la perfection et l'excellence de l'univers...

« Dans la sainte Église de Jésus-Christ, tout appartient à l'amour, tout est fondé sur l'amour, tout aboutit à l'amour, tout est amour...

« Le commandement de l'amour est comme un arbre, dont les consolations, exhortations, inspirations et généralement tous les autres commandements sont les fleurs, et la vie éternelle le fruit ; et tout ce qui ne tend pas à l'amour éternel, ne peut tendre qu'à la mort éternelle...

« Il faut ou mourir ou aimer : car qui n'aime pas, dit saint Jean, demeure dans la mort.

« Toute vertu est morte sans la charité : pour cela elle est la *vie*.

« Nul n'arrive sans elle à la dernière et souveraine fin qui est Dieu ; pour cela elle est la *voie*.

« Sans elle il n'y a point de vraie vertu : pour cela elle est la *vérité* (1). »

« Aimer Dieu, c'est le servir, en sorte que celui qui l'aime le sert, celui qui ne l'aime pas ne le sert pas ; celui qui l'aime peu le sert peu ; celui qui l'aime beaucoup le sert beaucoup (2). »

« Celui qui a une grande charité est grand ; celui qui en a peu est peu de chose ; et celui qui n'en a point, n'est rien du tout, puisqu'il n'y a rien de plus vrai que ce que dit l'Apôtre : *Si je n'ai la charité, je ne suis rien* (3). » Et s'il arrivait qu'une simple femme se trouvât à l'heure de la mort plus remplie de charité qu'un homme qui aurait fait plusieurs miracles et converti beaucoup de monde, elle tiendrait sans doute un rang plus élevé dans le ciel. Car, comme dit saint Thomas, la gloire *essentielle* est le prix et la récompense de la charité, et les travaux endurés pour Dieu et la conversion des âmes ne sont récompensés que d'une gloire *accidentelle*. Ainsi, ce ne sont pas les plus longs services ni le plus grand nombre de travaux qui nous acquièrent le plus de mérites et une plus haute gloire devant Dieu, mais

---

(1) SAINT FRANÇOIS DE SALES. — (2) HUGUES DE SAINT-VICTOR. — (3) SAINT BERNARD.

c'est la plus fervente charité. Comment saint Louis de Gonzague, par exemple, qui n'a vécu que 21 ans, a-t-il pu acquérir tant de gloire sinon par son plus grand amour ?

Cette vérité ne doit pas nous étonner, car quoique tout ce que nous pouvons faire de notre côté soit peu de chose en comparaison de ce que nous recevons de la main de Dieu, néanmoins, celui-là fait beaucoup et donne beaucoup qui aime beaucoup ; parce qu'en aimant, il se donne soi-même, et ainsi il fait tout ce qu'il est capable de faire ; car, comme c'est la volonté qui domine souverainement en nous, et que l'amour suit la volonté, celui qui donne entièrement son amour à Dieu, lui donne aussi toute sa volonté et tout ce qui dépend de cette puissance ; et ainsi il ne lui reste plus rien à donner. Cette offrande est la plus noble de toutes, parce qu'elle est le dernier effort que le cœur humain puisse faire ; c'est pourquoi Dieu récompense ce devoir de la créature avec une magnificence digne de lui, car il se donne lui-même tout entier à l'âme qui se donne toute à lui.

Que ceux donc qui sont pauvres et qui ne sont pas capables de donner beaucoup à Dieu, ni par leur science, ni par leur esprit, ni par leurs travaux corporels, parce qu'ils sont infirmes ou âgés, se consolent et ne perdent pas l'espérance d'une grande gloire ; car, ils peuvent aimer beaucoup Dieu : celui-là peut beaucoup qui aime beaucoup ; celui-là donne beaucoup qui se donne soi-même ; celui-là fait beaucoup qui désire faire beaucoup, puisque devant Dieu, qui regarde les cœurs, la volonté est autant considérée que l'action. Si les richesses nous manquent pour faire l'aumône, soyons riches en désir de secourir les pauvres, et assurons-nous que nous avons donné l'aumône. Il n'est pas nécessaire que nous soyons exposés aux tourments pour l'amour de Dieu ; il suffit que nous souhaitions d'être traités comme les martyrs, et nous sommes martyrs aux yeux de Dieu. Il ne tient qu'à nous de mériter chaque jour, à chaque instant du jour, la gloire du martyre. Les saints offraient sans cesse leur vie à Dieu ; sainte Chantal, par exemple, désirait très souvent donner sa vie pour la foi.

En un mot, nous pouvons acquérir la gloire de toutes les bonnes œuvres, si nous désirons sincèrement les accomplir. Le bienheureux Alphonse Rodriguez forma un jour le désir de convertir le monde entier, et il lui fut révélé qu'il aurait pour ce désir une gloire proportionnée à sa sincérité.

Saint Bonaventure, l'un des plus célèbres docteurs de l'Eglise, avait, au nombre de ses religieux, un frère convers, qui était d'une simplicité admirable. Il se nommait Gilles, et était le troisième compagnon de saint François d'Assise. Un jour qu'il s'entretenait avec saint Bonaventure, il lui dit : « Mon Père, Dieu nous a donné de grandes marques de son amour, mais nous qui ne sommes que des ignorants, comment pouvons-nous correspondre à son infinie bonté et parvenir au salut ?

— Le moyen en est bien facile, lui répondit le saint ; il ne faut pour cela *qu'aimer Dieu*, et il n'est personne qui, avec le secours de sa grâce, ne puisse l'aimer.

— Quoi ! reprit le frère Gilles, un ignorant peut aimer Dieu d'une manière aussi parfaite que le plus grand docteur ?

— Oui, répliqua Bonaventure, il y a plus ; c'est qu'une bonne femme peut aimer Dieu plus qu'un célèbre théologien.

A ces mots, le frère Gilles, transporté de joie, va dans le jardin, puis se tenant à la porte qui était sur le grand chemin, et du côté de la ville de Rome, il se mit à crier : « Venez hommes simples et sans lettres, venez bonnes femmes, venez tous aimer Notre-Seigneur. Vous pouvez l'aimer autant, et même plus que le Père Bonaventure et les plus habiles théologiens. »

Se livrant ensuite à une profonde méditation, il rappelait sans cesse à son esprit que nous pouvons tous aimer Dieu; que l'amour que nous avons pour lui constitue toute la perfection ou le mérite qui nous distingue à ses yeux ; cette vérité fit goûter à son âme les plus douces consolations.

*
* *

L'intention, la bonne intention, la bonne volonté, le cœur, l'amour : voilà l'âme des actions, leur vie, leur tout.

Notre-Seigneur ayant déclaré explicitement que l'amour divin est le *premier* et le *plus grand commandement* de la Loi, ne pouvait rien dire de plus, semble-t-il, pour nous engager à faire de notre vie une vie *toute d'amour.*

Il a fait plus. On voit dans l'Evangile qu'il ne laisse passer aucune occasion dont il peut profiter, pour nous pénétrer infailliblement de cette doctrine. Il use de toutes sortes de comparaisons ou paraboles, il utilise toutes les circonstances possibles pour l'enseigner. C'est ce dont il est facile de se rendre compte.

I. Notre-Seigneur nous dit : « Votre œil est le flambeau de votre corps ; si votre œil est simple, tout votre corps sera lumineux (1) » ; si au contraire votre œil est mal disposé, tout ira mal, le pied fera de faux pas, la tête se heurtera, et le corps sera exposé à des chutes.

---

(1) Matth., vi, 22.

Les saints Pères et les interprètes disent que Notre-Seigneur veut parler ici de la force de l'intention soit pour le bien soit pour le mal, et qu'il veut montrer que de même que l'œil guide les membres et dirige tous les mouvements du corps, ainsi, l'intention gouverne toutes nos actions. L'*œil simple,* c'est la *bonne intention* qui répand son éclat sur tout le corps de nos actions, même indifférentes, en les rendant précieuses devant Dieu ; l'œil mauvais, c'est la mauvaise intention, qui obscurcit toutes nos œuvres et en fait des œuvres vaines ou sans valeur.

II. Notre-Seigneur se sert encore d'une autre comparaison ou parabole, celle du levain qu'il donne en ces termes : « Le royaume des cieux est semblable au levain qu'une femme a mis en trois mesures de farine, jusqu'à ce que tout ait été levé. »

Ce levain signifie l'intention, de même que la pâte sans levain, de quelque quantité de farine qu'elle soit composée, quelle que soit la qualité du froment, quelque blanche qu'elle puisse être, n'est pas bonne par elle-même, mais est sans saveur, froide et comme morte, car c'est le levain qui y est mêlé et incorporé qui l'échauffe, la vivifie, la lève, la rend savoureuse et propre à faire de pain acceptable ; ainsi, toute action, quelque grande et quelque excellente qu'elle paraisse, ne vaut rien si elle n'est pas pénétrée du levain de la bonne intention. Si le levain ne s'étendait pas et ne s'unissait pas à toutes les parties de la pâte, la partie à laquelle il ne serait pas uni n'aurait ni vie ni chaleur ; de même l'action, la parole ou la pensée qui n'aura pas été explicitement ou implicitement animée d'un motif céleste ou divin, est morte et perdue. C'est pour cela qu'il faut avoir grand soin de mettre ce levain mystérieux, c'est-à-dire la bonne intention dans ces trois mesures de farine, qui sont nos pensées, nos paroles et nos actions, et le répandre partout afin que rien ne soit perdu.

III. « Le royaume des cieux, disait encore le Fils de Dieu, est semblable à un père de famille qui est sorti de bon matin afin de louer des ouvriers pour travailler à sa vigne ; il convient avec eux du prix. » Il sort vers les neuf heures et en loue d'autres ; il retourne de nouveau à midi, à trois heures, à cinq heures du soir, à une heure avant la nuit et les envoie tous au travail. A la fin de la journée, il commande à son receveur de payer les ouvriers en *commençant par les derniers venus,* et de donner aux uns comme aux autres. Les saints Docteurs de l'Eglise enseignent que le but de cette parabole est de montrer à tous, que pour la récompense éternelle, Dieu ne s'arrête pas précisément à la longueur ou à la pesanteur du travail, mais à la bonne volonté et à l'ardeur de l'affection, comme on le voit évidemment dans le paiement des ouvriers de la parabole : les derniers reçoivent autant que les premiers ; ils sont même payés avant eux, quoiqu'ils eussent fort peu travaillé, seulement une heure à la fraîcheur de la nuit tombante, tandis que les autres avaient supporté tout le poids du jour et de la chaleur : c'est d'ailleurs ce dont ils se plaignirent : « Ces derniers n'ont travaillé qu'une heure, et vous les avez rendus égaux à nous, qui avons porté le poids du jour et de la chaleur. » La cause de cette égalité de salaire dans une si grande inégalité de travail vient de ce qu'ils firent leur ouvrage avec des intentions plus pures que les premiers ; par ce moyen ils avancèrent autant en une heure que les autres dans tout le jour avec tous leurs travaux.

IV. Une femme affligée d'une perte de sang, après avoir employé sans fruit, pendant douze ans, toutes sortes de remèdes, voyant passer Notre-

Seigneur, se jeta dans la foule qui le suivait; elle fit tant qu'elle s'approcha de lui par derrière, toucha la frange de son vêtement et fut aussitôt guérie. Notre-Seigneur sachant ce qui s'était passé, dit tout haut : « Qui m'a touché ? » Les apôtres lui répondent : « Maître, la foule vous presse de tous côtés et vous accable et vous dites: Qui m'a touché? — Je sais bien que quelqu'un m'a touché, reprit le divin Maître, car j'ai senti une force découler de moi sur cette personne (1). »

La femme qui avait été subitement guérie, entendant ces paroles, se jeta à ses pieds en déclarant publiquement ce qui lui était arrivé.

Nous apprenons par là que quoiqu'il y eût un grand nombre de personnes qui touchassent Notre-Seigneur, il ne fit cependant attention qu'à *une seule*, parce que les autres ne le touchaient que corporellement et par hasard, comme des personnes qui, en le suivant avec impétuosité, le pressaient et se poussaient les unes les autres.

Celle-ci, au contraire, le toucha, non pas tant de corps que d'esprit, avec une grande foi, une profonde humilité, une très bonne intention. C'est le cas de dire avec saint Augustin : « On ne va pas à Dieu avec des pas mais en aimant »; *non eundo sed amando.*

V. L'évangéliste saint Marc raconte que Notre-Seigneur étant au temple, vis-à-vis le tronc des aumônes, pour voir quelles offrandes feraient ceux qui venaient prier, aperçut plusieurs riches qui y jetaient à pleines mains beaucoup d'argent; une pauvre veuve vint après et y mit *deux deniers* (2).

---

(1) Luc, VIII, 45. — (2) Marc, XII, 42.

Notre-Seigneur prit de là occasion d'établir la grande vérité dont nous parlons, en disant à ses disciples : « Je vous le dis en vérité : cette pauvre veuve a plus mis dans le tronc que tous les autres (1). »

Cependant elle n'y avait mis que deux deniers, et les autres y avaient jeté de grosses pièces d'argent. Quelle peut être la cause d'un jugement si étrange de la part de Notre-Seigneur? Il est clair qu'il n'est pas question ici de l'extérieur, les riches avaient bien plus donné que la veuve sous ce rapport. Notre-Seigneur jugea du don de la veuve d'après le cœur ; il ne regarda point combien elle avait donné, mais avec quelle affection elle avait donné, et c'est d'après sa bonne volonté que cette veuve mérita d'avoir donné plus que tous les autres. Avant tout, Notre-Seigneur Dieu tient compte de la bonne volonté, du bon cœur.

Nous pouvons tirer de cet épisode cette importante instruction, qui est en même temps la source d'une très douce consolation : il n'est personne qui ne soit assez riche pour offrir à Dieu des présents d'une très grande valeur, parce que, quelque pauvre que l'on soit, on a toujours un cœur où on pourra toujours les trouver. Si notre coffre, si notre bourse n'a rien à donner, notre cœur et notre volonté peuvent fournir tout ce qui sera nécessaire.

« Personne ne doit craindre d'aller à Dieu les mains vides, si le cœur est plein de bonne volonté (2). »

On trouvera toujours là tout ce qu'il faut lui offrir.

C'est de ce coffre que la pauvre veuve de l'Evangile tira ce qui rendit ces deux deniers si précieux et son action si excellente.

---

(1) Marc, xii, 42. — (2) Saint Grégoire le Grand.

.•.

Tout l'édifice spirituel de notre future récompense repose donc principalement et immédiatement sur les bonnes intentions de notre volonté, sur les bonnes affections du centre de notre cœur. C'est en vain que les bases portent de hautes colonnes, et les colonnes de hauts édifices ; si les bases ne sont pas posées sur la droite ligne et assurées sur un fondement stable et immobile, tout l'édifice, quelque beau et quelque élevé qu'il puisse être, tombera infailliblement ; sa ruine sera même d'autant plus assurée et plus complète qu'il sera plus élevé. Il ne faut donc pas regarder ce que les bases soutiennent, mais sur quoi elles sont appuyées ; il ne faut pas faire beaucoup d'attention à ce que l'homme fait, mais il faut considérer ce qu'il se propose dans son action, de quel côté il la dirige ; Dieu scrute le cœur des hommes non seulement sur leurs œuvres, mais sur les intentions qu'ils se proposent, car c'est la volonté, c'est le cœur qui donne le prix aux choses, qui agrandit les plus petites, qui élève les plus rabaissées, comme c'est lui qui abaisse et dégrade les plus grandes et les plus précieuses. C'est le cœur que Dieu regarde avant tout et par-dessus tout.

D'ailleurs, nous-mêmes, créés à l'image de Dieu, nous sommes ainsi faits. Un petit présent fait de bon cœur nous touche plus qu'un présent magnifique fait par un motif tout intéressé. Nous sommes plus obligés à celui qui nous a donné peu de chose, mais avec un cœur débordant d'affection, qui nous eût donné davantage s'il eût été en son pouvoir, qui non seulement nous a donné avec affection, mais avec une sorte de passion pleine de joie, qu'à celui qui nous a donné de grandes choses mais à contre cœur.

Et pourquoi? si ce dernier a hésité longtemps avant de bien faire, s'il a différé, s'il n'a donné qu'à regret et par force, s'il a vanté son présent, il a donné à sa vanité et non à nous-mêmes : un tel don perd tout son prix par la bassesse de ces sentiments et de ces intentions, tandis que le don le plus petit devient d'un grand prix et d'une grande excellence par la pureté de l'intention.

Le roi Xerxès traversait un jour une ville de son puissant empire. Les habitants, selon la coutume, s'étaient empressés d'accourir avec de riches cadeaux. Chacun rivalisait de zèle; c'était à qui présenterait les métaux les plus précieux, les tissus les plus fins, les fruits les plus rares. Seul un pauvre restait à l'écart; il n'avait rien à offrir que sa misère. Tout à coup, il aperçoit à quelques pas de là une fontaine d'où coulait une eau pure et limpide comme le cristal. Il court, remplit de cette eau le creux de ses deux mains et l'apporte au roi.

Xerxès fut touché de cette pensée: « Qu'on me donne une coupe d'or, dit-il à l'un de ses gardes. Je veux y mettre cette eau : c'est le don du cœur. »

Appliquons-nous cet exemple. Prenons notre cœur à deux mains, pour ainsi dire, et avec la simplicité du pauvre, apportons-le à Jésus; c'est tout ce qu'il demande : « Mon fils, donne-moi ton cœur, » *Præbe, fili mi, cor tuum mihi*. Nous ne pouvons rien lui offrir de plus ni de mieux; car, rien n'est plus à nous que notre cœur; rien n'est plus libre en nous que le don du cœur. Donnons-le donc à Jésus; il en fera un vase d'élection plus précieux que les vases d'or et plus éclatant que le diamant, digne de briller éternellement au ciel.

Sainte Mechtilde priait un jour Notre-Seigneur ainsi : « Que vous offrirai-je maintenant, ô Bien-

Aimé de mon cœur ? » Le Seigneur lui répondit :
« Offre-moi ton cœur en cinq manières, et ce
sera pour moi la plus agréable offrande. D'abord
offre-le-moi comme des arrhes de fiançailles, avec
toute la fidélité dont il est capable, priant que par
l'amour de mon Cœur il soit purifié de tout ce qu'il
aurait de corrompu en étant infidèle. Secondement,
offre-le comme un joyau dans toute la délectation de
ton cœur, en sorte que si tu jouissais de toutes les
délices, tu y renoncerais volontiers pour moi. Troisièmement comme une couronne, représentant tout
l'honneur que tu pourrais acquérir en ce monde ou
dans l'autre, afin que moi seul sois ta gloire et ta
couronne. Quatrièmement, comme un vase où l'on
conserve un mets exquis, dans lequel je pourrais me
nourrir de moi-même. Cinquièmement enfin, comme
un flacon d'or, d'où je puisse boire ma propre
douceur. »

.˙.

AIMER : tout est dans ce mot le plus grand, le
plus beau, le plus délicieux de tous les mots.

Aimer Dieu et son prochain : voilà la loi, les
prophètes, l'Evangile.

Oui, le degré de notre perfection, de notre sainteté
devant Dieu dépend d'abord et avant tout de notre
degré d'amour, de la beauté de notre intérieur, de
l'éclat de ce sanctuaire intime qui est le centre de
l'âme, de cette chambre secrète et invisible où se
célèbrent avec Dieu les mystères sacrés de la vie du
cœur.

Notre perfection est dans l'union à Dieu de cette
partie la plus intime de notre être dans ce qu'elle a
de plus profond, de plus mystérieusement caché ou
secret, de plus incommunicable. C'est cette union

volontaire, cette fusion cordiale de l'âme avec Dieu, c'est cette force électrique de l'amour qui atteint jusqu'aux régions qui touchent à la division de l'âme et de l'esprit, c'est cet amour supérieur dominant et victorieux qui forme ce que Notre-Seigneur appelle *l'adoration en esprit et en vérité*.

Quand les battements du cœur sont divins, quand Dieu est le but principal de la vie, quand le regard est constamment dirigé vers le ciel, sans négligence toutefois des détails de l'existence humaine, l'âme possède son principal trésor : elle marche dans la voie d'une haute et sublime perfection.

QUI A LA GRACE OU LA CHARITÉ A TOUT.

De même que la Sainte Écriture donne à Dieu un grand nombre de noms, pour désigner ses perfections infinies, ainsi les saints donnent à la grâce de Dieu inséparable de son amour différentes appellations pour désigner l'excellence de ce bien. Ils ont compris qu'il était impossible de donner une idée assez élevée de ce bien inestimable. Ils ne trouvaient pas de paroles pour signifier ce qu'ils en ressentaient dans leurs cœurs et c'est pourquoi ils s'efforçaient d'expliquer par une multitude de comparaisons et de dénominations ce qu'ils jugent inexprimable. Toutes se réduisent à exprimer que la grâce de Dieu est le bien suprême de l'homme, son tout.

« La charité est si belle, dit le vénérable curé d'Ars, que les Pères et les Prophètes ne savent de quels termes se servir pour en exprimer la beauté. Ils la comparent au soleil, le plus bel astre du firmament ; au feu, le plus fort et le plus actif des éléments ; à l'or, le plus précieux, le plus riches des métaux ; enfin, à la rose, la plus belle des fleurs et la plus odoriférante. »

Saint Éphrem l'appelle un jardin très agréable par sa beauté, sa suavité et la variété des vertus dont elle orne l'âme, comme d'autant de fleurs très belles et de roses parfumées. Le même saint l'appelle une Souveraine, une Gardienne, une Compagne, une Sœur, une Mère, une Lumière. Saint Bernard l'appelle un baume très pur, d'une grande valeur, d'une efficacité merveilleuse qui guérit toute blessure et parfume l'âme de l'odeur de Jésus-Christ. Saint Chrysostome l'appelle une forteresse inexpugnable, parce qu'elle nous défend et que nous devons la garder, si nous voulons qu'elle nous garde. Saint Antonin l'appelle l'arbre de vie, car c'est par elle seulement que nous vivons de la vie éternelle et elle nous donnera la véritable immortalité. Saint Bernard l'appelle une nourriture très douce, pleine de suavité, qui non seulement fortifie, délecte, mais répare et guérit. Saint Paulin dit également qu'elle est une médecine salutaire, parce qu'elle restaure et guérit notre nature malade par le péché. Saint Bruno lui donne le nom de feu, parce que le feu est le plus noble des éléments, celui qui a le plus d'efficacité et qui produit les effets les plus admirables; de même que la chaleur accompagne le feu, ainsi la charité ou l'amour de Dieu accompagne la grâce; le feu purifie, la grâce a aussi cette vertu; le feu amollit, liquéfie, ainsi la grâce attendrit l'âme et la liquéfie en Dieu; c'est pourquoi le Psalmiste a dit que son cœur était devenu comme une cire fondue; le feu cuit les aliments, la grâce produit cet effet pour toutes les œuvres et elle en fait un mets délicieux pour la table de Dieu. Origène, saint Macaire, saint Jérôme et saint Basile l'appellent sel parce que, en même temps qu'elle cuit, elle préserve, fortifie et empêche la corruption.

Saint Bonaventure compare la grâce à l'arc-en-ciel ; sa beauté, la variété de ses couleurs, et sa signification qui désigne la paix entre Dieu et les hommes : tout cela lui semble donner une idée de la grâce. Saint Jean Chrysostome l'appelle encore la mère de tous les biens. Saint Augustin l'appelle une pluie et une rosée du matin, parce qu'elle fertilise l'âme pour de saintes œuvres. Saint Ambroise a dit pour la même raison qu'elle est la fontaine des jardins et la source des eaux vives. Saint Macaire l'appelle le levain de Dieu, qui communique à tout l'homme une saveur divine et le divinise. Il la compare encore à un immense filet qui recueille pour Dieu tous les Saints. Saint Laurent Justinien l'appelle une lumière qui dissipe les ténèbres du péché et réjouit l'âme, parce que sans la jouissance de la lumière, il n'y a pas de joie parfaite. Saint Vincent Ferrier l'appelle aussi un soleil ; et saint Jean Chrysostome dit que le monde n'est pas plus brillant quand les rayons du soleil paraissent que l'âme illuminée par la grâce. Le soleil est le roi de la nature, il donne la vie à toutes choses ici-bas ; la grâce ou la charité est la reine de tous les dons divins, et elle produit les biens immortels. Saint Bernard la compare au lait et au vin ; le lait est la nourriture des enfants, la grâce alimente les humbles, le vin donne des forces et réjouit le cœur, et saint Thomas a défini la grâce : la délectation du cœur. Euthymius pense que la grâce est ce vêtement d'or dont parle le Psalmiste quand il célèbre la fille du Roi. Beaucoup de savants l'appellent une eau vive ; la Sainte Ecriture la désigne souvent sous le nom d'eau. Notre-Seigneur Jésus-Christ l'a promise en employant la métaphore de « fontaine d'eau vive qui jaillit jusqu'à la vie éternelle » ; et Dieu a dit par la bouche d'Ezéchiel : « Je répandrai sur vous de l'eau pure, et vous serez purifiés de toutes vos taches. » L'eau est nécessaire à la vie humaine ; sans elle on ne pourrait vivre : elle fertilise les champs, elle purifie, elle rafraîchit. La grâce produit spirituellement les mêmes effets : sans elle l'âme ne vit pas, et avec elle l'âme est féconde en bonnes œuvres ; elle lave les péchés et réjouit la conscience. Saint Ambroise dit que la grâce est cet œil très beau du visage de l'Epouse qui ravit d'amour le cœur du divin Epoux. D'autres l'appellent, conformément à la Sainte Ecriture, une semence de Dieu, un gage de la vie éternelle, une robe nuptiale, une semence de gloire, un trésor dans des vases d'argile, parce que c'est une chose admirable qu'une nature fragile et de boue comme la nature humaine possède un objet si précieux et un si grand trésor que la grâce.

Voilà comment les Pères de l'Eglise essayent de rendre l'estime qu'ils ont pour le bien infini de la grâce.

PRIÈRE

O mon Dieu ! ô amour ! aimez vous-même en moi ; par là vous serez aimé suivant que vous êtes aimable. Je ne veux subsister que pour me consumer devant vous, comme une lampe brûle sans cesse devant vos autels. Je ne suis point pour moi ; il n'y a que vous qui êtes pour vous-même ; rien pour moi, tout pour vous : ce n'est pas trop. Je suis jaloux de moi pour vous contre moi-même. Plutôt périr que de souffrir que l'amour qui doit tendre à vous retourne jamais sur moi ! Aimez, ô amour ! aimez dans votre faible créature, aimez votre souveraine bonté. O Beauté ! O Bonté infinie ! O Amour infini ! Brûlez, consumez mon cœur ; faites-en l'holocauste parfait.

§ VIII

LA PERFECTION OU LE MÉRITE DE LA VIE CHRÉTIENNE N'EST DONC PAS DANS LES PRATIQUES DE DÉVOTION, DANS LE CULTE EXTÉRIEUR, MAIS DANS LA FOI, L'ESPÉRANCE ET LA CHARITÉ OU L'AMOUR DE DIEU.

« Je n'entends parler que de perfection et je vois fort peu de gens qui la pratiquent ; chacun en fait une à sa mode : les uns la mettent dans l'austérité de la nourriture, d'autres dans la simplicité des habits, quelques-uns dans les aumônes, plusieurs dans la fréquentation des sacrements de Pénitence et d'Eucharistie ; certains dans l'oraison soit mentale, soit vocale ; un grand nombre dans les grâces extraordinaires que l'on appelle gratuitement données, comme le don des miracles. Tous ceux-là se trompent prenant les effets pour la cause, le ruisseau pour la source, les branches pour la racine, le secondaire pour le principal et souvent l'ombre pour le corps... Pour moi je ne sais ni ne connais point d'autre perfection chrétienne que *d'aimer Dieu de tout son cœur et le prochain comme soi-même.* Toute autre perfection sans celle-là est une fausse perfection : la charité ou amour divin est le seul lien de perfection entre les chrétiens et la seule vertu qui nous unisse à Dieu. C'est donc dans cette union que consistent notre fin et notre consommation. Je sais que la prière, les austérités et autres exercices de vertu sont de fort bons moyens pour avancer dans la perfection ; il ne faut pourtant pas mettre la perfection dans les moyens, mais dans la fin où ces moyens conduisent : autrement ce serait s'arrêter dans le chemin et au milieu de la course, au lieu d'arriver au but (1). »

---

(1) Saint François de Sales.

En fait d'actions et de dévotions, les saints étaient fort sobres pour la quantité. La pureté d'intention était leur pierre de touche, le but essentiel qu'ils visaient; ils y concentraient tout, c'était pour eux le grand moyen et l'abrégé de la sainteté. Ils furent des hommes qui ne firent pas davantage que les autres et souvent moins qu'eux, mais ils firent mille fois mieux ce qu'ils avaient à faire.

Entendons encore l'illustre et aimable Docteur de la piété, que nous venons de citer. « Les avares spirituels sont ceux qui recherchent et embrassent beaucoup d'exercices, dans l'espérance de parvenir plus tôt à la perfection, comme si la perfection consistait en la multiplicité des actions que nous faisons et non en la perfection avec laquelle nous les faisons. Ceci est une chose que j'ai déjà dite fort souvent, mais on ne saurait trop la répéter. Dieu n'a pas mis notre perfection dans la multitude des choses que nous faisons, mais seulement dans la manière de les faire, méthode qui n'est autre que de faire le peu que nous faisons, chacun de nous selon son état, purement *en l'amour, par l'amour, et pour l'amour*. Certes, l'on ne peut assez dire combien cette variété d'exercices retarde notre perfection, parce qu'elle nous ôte la douce et tranquille attention que nous devons avoir à faire soigneusement pour Dieu ce que nous faisons...

« Ceux qui, étant dans un festin, vont picotant chaque mets et mangeant un peu de tout, se gâtent l'estomac et se causent des indigestions, qui les empêchent de dormir et qui sont cause que, pendant toute la nuit, ils ne font que cracher. De même, les âmes qui veulent goûter de toutes les méthodes et de tous les moyens qui nous conduisent ou peuvent nous conduire à la perfection, ne prennent pas la bonne route, car l'estomac de leur volonté n'ayant pas assez de chaleur pour digérer et mettre en pratique tant de moyens, il se fait dans leur âme une certaine crudité et indigestion qui leur ôte la paix et tranquillité d'esprit dans *l'amour* de Notre-Seigneur, lequel est *l'unique nécessaire* que Marie a choisi et qui ne lui sera point ôté. »

Peu et bien ; telle était la devise de ce saint Docteur de la vie spirituelle. Et quand on lui disait qu'on ne faisait jamais assez pour Dieu, il répondait ceci : « C'est par les racines qu'il faut croître en l'amour divin plutôt que par les branches. » Et il s'expliquait ainsi : « C'est croître par les branches que de vouloir faire une multitude d'actes de vertu, dont plusieurs se trouvent non seulement défectueux mais superflus et par là nuisibles, comme la trop grande abondance nuit à la vigne qu'il faut décharger en partie, pour que les raisins qu'on laisse grossissent mieux. C'est croître par les racines que de faire moins d'œuvres, mais de les faire avec plus de perfection et avec un plus grand amour de Dieu. C'est à quoi nous exhorte l'Apôtre quand il nous enseigne à être *enracinés et fondés dans la charité, si nous voulons comprendre la suréminente charité de la science de Jésus-Christ.*

Une gracieuse aventure qui arriva un jour à notre doux saint lui fournit l'occasion d'expliquer encore cette même importante vérité à ses chères filles de la Visitation. « Il y a quelque temps, dit-il, il y eut de saintes religieuses qui me dirent : — Monseigneur, que ferons-nous cette année ? L'année passée, nous jeûnâmes trois jours de la semaine, et nous prenions la discipline autant de fois ; que ferons-nous maintenant, pendant cette année ? Il faut bien faire quelque chose de plus, tant pour rendre grâces à Dieu de l'année passée que pour aller toujours en avant dans la vie de Dieu. — C'est bien dit, qu'il faut toujours aller en avant, répondis-je, mais notre avancement ne se fait pas comme vous pensez, par la multiplicité des actes de piété, mais par la perfection avec laquelle nous les faisons. L'année passée, vous jeûniez trois jours de la semaine, et vous preniez la discipline trois fois ; si vous voulez toujours doubler vos exercices, cette année, la semaine y sera en entier ; mais, l'année prochaine, comment ferez-vous ? Il faudra que vous fassiez des semaines de neuf jours, ou bien que vous jeûniez deux fois le jour. Grande est la folie de ceux qui s'amusent à désirer d'être martyrisés aux Indes, et qui ne s'appliquent pas à ce qu'ils ont à faire dans leur état ou condition ! Mais grande est aussi l'illusion de ceux qui veulent manger plus qu'ils ne peuvent digérer. Le point essentiel ne consiste pas à entreprendre beaucoup de choses à la fois, mais à bien faire le peu que l'on entreprend. *Peu et bien* est une des maximes les plus sages que nous puissions adopter pour avancer dans la voie de la vertu. »

Une autre fois, une religieuse de la Visitation demanda mal à propos à saint François de Sales l'autorisation d'aller nu-pieds, par esprit de pénitence.
— Gardez vos souliers, changez votre tête, lui répondit-il très spirituellement.

Qu'est-ce à dire ? Il n'est pas nécessaire de faire plus que nos devoirs ordinaires, plus d'exercices de piété, mais il est nécessaire d'avancer davantage dans l'amour avec lequel nous les accomplissons : il faut s'efforcer, non pas tant de faire plus que de faire *mieux*. En vérité, *toujours mieux aimer :* tout est là.

Il en est du moral comme du physique ; ce n'est point ce que l'on mange qui nourrit, qui fait du bien;

c'est ce que l'on digère, ce que l'on s'assimile par les organes intérieurs.

« Un homme qui voudrait nourrir ses bras et ses jambes en y apliquant la substance des meilleurs aliments ne se donnerait jamais aucun embonpoint ; il faut que tout commence par le centre, que tout soit dirigé d'abord dans l'estomac, qu'il devienne chyle, sang et enfin vraie chair. C'est du dedans le plus intime que se distribue la nourriture de toutes les parties extérieures. L'oraison affective est comme l'estomac, l'instrument de toute digestion. C'est l'amour *qui digère tout,* qui fait tout sien et qui incorpore à soi tout ce qu'il reçoit ; c'est lui qui nourrit tout l'extérieur de l'homme dans la pratique des vertus. Si vous voulez appliquer les vertus par le dehors, vous ne faites qu'une symétrie gênante, qu'un arrangement superstitieux, qu'un amas d'œuvres légales et judaïques, qu'un ouvrage inanimé. C'est un sépulcre blanchi ; le dehors est une décoration de marbre où toutes les vertus sont en bas-relief, mais au dedans, il n'y a que des ossements de morts. Le dedans est sans vie : tout y est squelette ; tout y est desséché, faute de l'onction du Saint-Esprit. Il ne faut donc pas vouloir mettre l'amour au dedans par la multitude des pratiques entassées au dehors avec scrupule ; mais il faut, au contraire, que le principe intérieur d'amour, cultivé par l'oraison à certaines heures et entretenu par la présence familière de Dieu dans la journée, porte la nourriture du centre aux membres extérieurs et fasse exercer, avec simplicité, en chaque occasion, chaque vertu convenable pour ce moment-là.

« Il n'est pas question de dire beaucoup à Dieu. Souvent, on ne parle pas beaucoup à un ami qu'on est ravi de voir ; on le regarde avec complaisance ;

on lui dit souvent certaines paroles courtes qui ne sont que de sentiment. L'esprit n'y a point ou peu de part ; on répète souvent ces mêmes paroles. C'est moins la diversité des pensées que le repos et la correspondance du cœur qu'on cherche dans le commerce de son ami. C'est ainsi qu'on est avec Dieu qui ne dédaigne point d'être notre ami le plus tendre, le plus cordial, le plus familier et le plus intime. A l'égard de Dieu, un mot, un soupir, une pensée, un sentiment dit tout : encore même n'est-il pas question d'avoir toujours des transports et des tendresses sensibles.

« Dans l'amitié, on se voit, on se parle, on s'écoute, on ne se dit rien, on est content d'être ensemble sans se rien dire ; les deux cœurs se reposent et se voient l'un dans l'autre : ils n'en font plus qu'un seul ; on ne mesure point ce qu'on dit ; on a soin de rien insinuer, ni de rien amener ; tout se dit par simple sentiment et sans ordre ; on ne réserve, ni ne tourne, ni ne façonne rien ; on est aussi content le jour qu'on a peu parlé que celui qu'on a eu beaucoup à dire. On n'est jamais de la sorte qu'avec les meilleurs amis ; mais c'est ainsi qu'on est parfaitement avec Dieu, quand on ne s'enveloppe point dans les multiplicités de l'amour-propre (1). »

Un prêtre, ayant rencontré dans les champs un jeune berger, lui demanda s'il faisait ses prières.

— Quelles prières dis-tu, mon enfant ?

— Je ne sais pas lire, répondit-il, je dis seulement : *Ainsi soit-il*, et je répète ce mot à chaque instant.

— Comment cela ? interrogea le prêtre surpris.

— On m'a dit que, dans le monde, il y avait des milliers et des milliers de prêtres, de religieux et de

---

(1) FÉNELON

religieuses, dans les couvents, qui priaient. Ils savent bien prier, alors moi, qui ne ne sais pas, je m'unis à eux et je dis au bon Dieu : *Ainsi soit-il*. Exaucez-les, je ne sais pas prier, moi, mais je vous offre les mêmes prières qu'eux.

Un simple soupir vers Dieu produit en abondance des effets de sanctification. Dans une révélation, Notre-Seigneur dit à sainte Mechtilde : « L'effet des soupirs est grand, à ce point qu'on ne soupire jamais vers Dieu sans s'en rapprocher davantage. Les soupirs qui proviennent de l'amour ou du désir qu'on a de moi ou de ma grâce, opèrent trois biens dans l'âme : d'abord ils fortifient l'âme, ainsi qu'une bonne odeur refait et fortifie l'homme ; secondement, ils l'illuminent, comme le soleil éclaire une maison auparavant obscure ; ils la dulcifient, en sorte que tout ce qu'elle fait ou souffre est pour elle d'une douce saveur. Mais, le soupir qui provient de la contrition des péchés, comme un bon ambassadeur, réconcilie l'âme avec Dieu, obtient la grâce au coupable et rassérène la conscience troublée. »

Sur les *Antiennes O...* de l'Avent, Bossuet écrivait à une religieuse : « Dites *O* en silence, n'y ajoutant rien : ô adorer ! ô louer ! ô désirer ! ô attendre ! ô gémir ! ô admirer ! ô regretter ! ô entrer dans son néant ! ô renaître avec le Sauveur ! ô l'attirer du Ciel ! ô s'unir à lui ! ô s'étonner de son bonheur dans une chaste jouissance ! ô être doux et humble de cœur ! ô être ardent ! ô être fidèle ! Qu'y a-t-il de moins qu'un *O ;* mais qu'y a-t-il de plus grand que ce simple cri du cœur ? Toute l'éloquence du monde est dans cet *O*, et je ne sais plus qu'en dire, tant je m'y perds. »

Il est donc bien évident que la sainteté ne consiste dans aucune pratique de dévotion en particulier ;

elle est uniquement dans l'attachement, dans l'union de l'âme à Dieu par la Foi, l'Espérance et la Charité. La prière, les sacrements, toutes les pratiques de dévotion ne sont que des moyens, des instruments établis pour nous conduire à cette fin. La sainte Eucharistie elle-même n'est que le moyen par excellence de communier, c'est-à-dire de nous unir intimement à Dieu. Jésus ne nous donne son corps, son sang dans son sacrement que pour nous unir mieux et plus facilement à sa divinité. La communion sacramentelle a pour but la communion spirituelle à Jésus.

« Il y a deux manières d'entendre l'Eucharistie, il y a le sens ordinaire du sacrement, mais il y a le sens plus profond de la vérité qui est l'aliment de l'âme (1). »

« Celui qui croit en Dieu, mange Dieu, il est incorporé au Christ par la foi (2). »

« Il y a une manne parfaite, c'est le pain de la vierge dont parle l'Evangile ; mais il y a aussi une manne spirituelle, c'est une pluie de sagesse invisible qui arrose les âmes justes et que savoure le palais intérieur (3). »

« Nous mangeons la chair du Christ, et nous buvons son sang, non seulement sous la forme sacramentelle, mais dans la lecture des Ecritures ; car la parole de Dieu est vraiment une nourriture et un breuvage (4). »

« Qu'est-ce que manger le Christ ? Ce n'est pas seulement recevoir son corps dans le sacrement, mais c'est demeurer en lui et le posséder en soi par l'amour. (5). »

---

(1) Origène. — (2) Innocent III. — (3) Saint Ambroise. — (4) Saint Jérôme. — (5) Saint Augustin.

« On devient participant du corps et du sang du Sauveur, lorsqu'on devient membre du Christ; or, on devient membre du Christ, lorsqu'on le mange spirituellement par la foi et par l'amour, car alors on se change véritablement au corps de Jésus-Christ, pour vivre éternellement avec lui (1). »

« Unissons-nous donc à Jésus, corps à corps, esprit à esprit. Qu'on ne dise point: « l'esprit suffit ». Le corps est le moyen pour s'unir à l'esprit; c'est en se faisant chair que le Fils de Dieu est descendu jusqu'à nous et c'est par sa chair que nous devons le prendre pour nous unir à son esprit, à sa divinité. « Nous sommes faits participants, dit saint Pierre, « de la nature divine », parce que Jésus-Christ a aussi participé à notre nature. Il faut donc nous unir à la chair que le Verbe a prise, afin que par cette chair nous jouissions de la divinité de ce Verbe et que nous devenions des dieux en prenant des sentiments divins (2). »

« C'est la chair de Jésus-Christ que nous mangeons, mais c'est son esprit qui nous vivifie. La chair seule ne profite de rien, comme il le dit lui-même, oui, la chair, quoique unie au Verbe... Il ne l'a unie que pour nous communiquer son esprit plus sensiblement par cette société charnelle qu'il a faite avec nous; il ne nous la donne à manger que pour nous incorporer à lui, et faire vivre nos âmes de sa vie divine. Pourquoi donc, vivant si souvent de lui, refuserons-nous de vivre pour lui? Que devient en nous ce pain céleste, cette chair toute divine? A quoi servent nos communions? Jésus-Christ vit-il en nous? Ses sentiments, ses actions se manifestent-ils en notre chair mortelle? Croissons-nous en Jésus-Christ à force de

---

(1) B. Albert le Grand. — (2) Bossuet.

le manger ? Toujours s'amuser ; toujours murmurer contre les moindres croix ; toujours ramper sur la terre ; toujours chercher de misérables consolations ; toujours cacher ses défauts sans les corriger, pendant qu'on ne fait qu'une même chair avec lui! Jésus-Christ est toute notre vie ; c'est la vérité éternelle dont nous devons être nourris. Quel moyen de prendre un aliment si divin, et de languir toujours ? Ne point croître dans la vertu, n'avoir ni force ni santé, se repaître de mensonge, fomenter dans son cœur des passions dangereuses, être dégoûté des vrais biens, est-ce là la vie d'un chrétien qui mange le pain du ciel ? Jésus-Christ ne veut s'unir et s'incorporer avec nous que pour vivre dans le fond de nos cœurs ; il faut qu'il se manifeste dans notre chair mortelle, qu'il paraisse en nous, puisque nous ne faisons qu'une même chose avec lui (1). »

．•．

En somme, le cœur est toute la Religion ; il en administre tous les sacrements, il supplée à tous par le désir, quand il y a impossibilité de les recevoir par le ministère des prêtres de la sainte Église.

Le cœur baptise ; il absout ; il offre le Saint Sacrifice ; il est lui-même à la fois le prêtre, l'autel et la victime ; il communie, il reçoit Jésus-Christ tout entier par tous les bons désirs de son âme ; l'amour de Jésus-Christ est, en un sens, le premier et le roi des sacrements.

Sainte Gertrude se plaignait un jour d'être dans l'impossibilité de recevoir le sacrement de pénitence. « De quoi vous plaignez-vous, ma bien-aimée, lui dit Notre-Seigneur, puisque je suis le souverain Prêtre

---

(1) FÉNELON.

et le vrai Pontife, que vous trouvez toujours quand vous le désirez, et que je puis renouveler en votre âme avec plus d'efficacité la grâce des sept sacrements ensemble par une seule opération, qu'aucun autre prêtre ni pontife ne le pourrait faire par sept opérations différentes, car je vous baptiserai dans mon sang précieux ; je vous confirmerai dans ma force victorieuse ; je vous prendrai pour mon épouse, en vous donnant pour gage la fin de mon amour ; je vous consacrerai dans la perfection de ma vie sainte ; je vous délivrerai par un jugement plein de miséricorde et de tendresse, de tous les liens du péché ; je vous nourrirai de moi-même par un excès de ma charité, et et je me rassasierai aussi tout ensemble en vous possédant ; enfin, je pénétrerai vos entrailles, par une onction si agissante de la douceur de mon esprit, que tous vos sens et toutes vos actions ne respireront que la dévotion qui, découlant de vous comme une huile sainte, vous disposera sans cesse de plus en plus et vous sanctifiera pour la vie éternelle. »

La sainte dont nous venons de parler eut un jour l'occasion de mettre en pratique cette leçon.

Montant une colline, elle fit un faux pas et tomba dans une sorte de précipice où elle pouvait trouver la mort. En se relevant elle disait : « Très aimable Jésus, qu'il me fût arrivé un grand bonheur, si cette chute m'eût donné le moyen d'aller plus tôt à vous. » De quoi ses compagnes étonnées, lui demandèrent si elle ne craignait pas de mourir sans recevoir les sacrements de l'Eglise. Elle leur répondit : « Je désire, il est vrai, de tout mon cœur, recevoir les sacrements en ce dernier passage ; mais je fais encore plus d'état de la volonté de Dieu, car je suis convaincue que la meilleure disposition que l'on puisse avoir pour bien mourir, est de se soumettre à ce que

Dieu veut. C'est pourquoi, quelle que soit la mort par laquelle il lui plaira que j'aille à lui, c'est celle-là, que je désire, bien persuadée qu'elle sera meilleure pour moi que toute autre. »

PRIÈRE

O mon Dieu ! *On ne vous honore que par l'amour ;* tout votre culte est dans l'amour ; que tous mes actes de piété soient donc pénétrés par toute l'affection de mon cœur !

Vous dites : *Aimez*. Je veux aimer. Vous dites : *de tout votre cœur*. C'est de tout mon cœur. Vous dites : *de toute votre pensée*. Venez, toutes mes pensées, tous mes sentiments, tous mes mouvements, tous mes désirs ; venez, réunissez-vous pour aimer Dieu. Vous dites : *de toutes vos forces*, c'est-à-dire de toutes ces forces que vous excitez et que vous m'inspirez vous-même. O Seigneur, je vous suis, je cours de toute ma force pour m'unir à vous.

O Dieu si connu et si inconnu, je veux vous aimer au delà de mes connaissances, comme un être incompréhensible que l'on ne connaît qu'en s'élevant au-dessus de toutes ses connaissances, sans jamais pouvoir s'élever assez, ni comprendre, ni connaître assez combien vous êtes incompréhensible. O Seigneur ! je m'unis à vous, à vos lumières, à votre amour ; vous êtes seul digne de vous connaître et de vous aimer. Je m'unis autant que je puis à vos lumières et à vos attraits incompréhensibles ; et dans ce silence intime de mon âme, je consens à toutes les louanges que vous vous donnez. O Seigneur ! *le silence est votre louange!* David le chantait ainsi dans un de ses psaumes : « Le silence est votre louange. » Il faut se taire, il faut se perdre, il faut s'abîmer et reconnaître qu'on ne peut rien dire de digne de vous, ni vous aimer comme il le faut. C'est ainsi qu'il faut aimer le Seigneur son Dieu, non seulement de toutes ses forces, mais encore, s'il se pouvait, de toutes les forces de Dieu (1).

---

(1) Bossuet.

§ IX

LA PERFECTION OU LE MÉRITE DE L'HOMME N'EST PAS ESSENTIELLEMENT DANS LA PRATIQUE DES CONSEILS ÉVANGÉLIQUES, DANS TEL OU TEL ÉTAT DE VIE, MAIS DANS LA FOI, L'ESPÉRANCE ET LA CHARITÉ OU L'AMOUR DE DIEU.

« Qu'un peintre, observe Scaramelli, se prépare de bons pinceaux, qu'il broie et mélange habilement de fines couleurs, on ne peut pas dire encore qu'il soit maître dans son art, puisque ce ne sont là que les instruments et non la fin de la peinture, qui est de représenter vivement les objets sur la toile. Il en est de même de la perfection chrétienne. Elle consiste tout entière dans la charité ou amour de Dieu et du prochain. Se priver des aises de la vie, garder le célibat, s'assujettir à la volonté d'un autre, ce sont, il est vrai, des actes de grande vertu, mais seulement en tant que moyens pour arriver à la divine charité. »

Il est si incontestablement vrai que la vie chrétienne n'est pas dans un état de vie en particulier, qu'en ce moment même, le plus parfait de tous les hommes, le plus aimé de Dieu, le plus rapproché de la sainteté des anges, est peut-être caché dans une condition très obscure, dans quelque humble village, dans quelque maison noire et sombre d'une ville ; peut-être est-il engagé dans l'état du mariage...

On objectera que la vie religieuse est plus parfaite que celle du monde. — Entendons-nous. La vie religieuse est plus parfaite en ce sens qu'elle offre aux âmes qui y sont appelées des moyens extérieurs plus faciles et plus nombreux de perfection ; en ce sens qu'elle les éloigne de bien des dangers, qu'elle les place sous une dépendance plus complète et plus immédiate de Dieu et que l'homme peut ainsi avec plus de facilité se donner entièrement au Seigneur, mais la vie chrétienne est indépendante de tout état de vie. La racine, l'âme, la fin, le complément, le nœud vital de la perfection, c'est la charité ou l'amour divin. L'œuvre la plus méritoire est celle qui est faite avec le plus d'amour divin. Quoique le martyre soit plus méritoire en soi que la vie d'un simple bon chrétien ou confesseur de la foi, cependant ce dernier peut être plus agréable à Dieu qu'un martyr. Toute personne mariée qui a dans son cœur plus d'amour divin qu'une religieuse est plus parfaite qu'elle. « Une femme mariée qui est humble, vaut mieux qu'une vierge consacrée à Dieu et qui serait orgueilleuse (1). »

Précisons bien. Si nous comparons les états, il est incontestable que la virginité est plus parfaite que le mariage, mais si nous comparons les personnes, celle-là est la meilleure qui possède de plus grandes richesses spirituelles, qui possède plus de vie surnaturelle.

« La perfection de la vie chrétienne ne consiste pas essentiellement dans la pauvreté volontaire, mais la pauvreté volontaire est utile comme instrument à la perfection. Il ne faudrait donc pas dire que la perfection est plus grande là où se trouve la plus grande pauvreté ; car on peut avec de grandes richesses, arriver au plus haut degré de la perfection (2). »

A ce point de vue, la perfection est dans l'esprit de pauvreté, dans le détachement du cœur, dans la possession indifférente des richesses considérées comme un moyen de bien faire et non comme un but.

---

(1) SAINT THOMAS, 2ᵃ 2ᵉ q. 185. — (2) SAINT AUGUSTIN.

En soi, aucun état n'est un obstacle à la perfection. « Si le mariage et l'éducation des enfants étaient un obstacle dans le chemin de la vertu, Dieu n'aurait pas établi ce sacrement. Si nous voulons observer les règles de la sagesse et de la modération, non seulement le mariage ne nous empêchera pas de vivre selon Dieu, mais il nous apportera en même temps une grande consolation.

« Si quelqu'un prétend que le mariage est un obstacle à la vertu, qu'il sache que c'est plutôt sa mauvaise volonté. Agissez avec sagesse et modération dans l'état du mariage, et vous pourrez être les premiers dans le royaume des cieux, et vous jouirez de toutes sortes de biens (1). »

« C'est une erreur et même une hérésie de vouloir bannir la vie dévote de la compagnie des soldats, de la boutique des artisans, de la cour des princes, du ménage des gens mariées (2). »

On lit dans la Vie des Pères du désert la remarquable histoire suivante. Un saint ermite, nommé Macaire, était rempli de l'esprit de Dieu ; il entendit un jour une voix qui lui dit : « Macaire, tu n'es pas encore arrivé à un si haut degré de perfection que deux femmes qui demeurent dans la ville voisine. »

Aussitôt le vieillard prend son bâton et va frapper à la porte de la maison désignée, il s'assied et pose à ces deux femmes cette question : « Quelle est donc votre vie ? car, c'est pour le savoir, que j'ai entrepris un pénible voyage. »

Elles lui répondent : « Nous sommes mariées aux deux frères ; depuis quinze ans, nous sommes dans la même maison ; nous n'avons pas souvenir d'avoir

---

(1) Saint Jean Chrysostome. — (2) Saint François de Sales, *Vie dévote.*

jamais eu ensemble une parole de dispute, et ces quinze années se sont passées dans la paix et la concorde la plus parfaite. Nous avions formé le projet de nous faire religieuses, mais nos maris n'y ont point consenti ; alors, nous avons pris la résolution de vivre encore plus saintement sous le regard de Dieu et d'éviter dans nos discours et nos actes tout ce qui ne serait point assez chrétien. »

En entendant ces paroles, le vieil anachorète s'écrie : « En vérité, je le dis : il n'y a plus ni vierge, ni femme mariée, ni moine, ni séculier, mais Dieu donne sa grâce ou son esprit à tous, selon la vocation de chacun. »

Rien n'est plus vrai. La vie religieuse, *dans son essence*, n'est pas différente de la vie chrétienne obligatoire pour tous. Il n'y a pas deux sortes de sainteté, l'une pour les laïques qui vivent dans le monde, l'autre, pour les religieux et les personnes consacrées à Dieu à quelque titre que ce soit. Elle est la même pour tous. Ils ont les uns et les autres le même but à atteindre, le même Dieu à aimer et à servir, les mêmes moyens, c'est-à-dire la même grâce divine pour y arriver. Ce qui les distingue, aux yeux de Dieu sous le rapport du mérite, ce n'est pas le nom qu'ils portent, ce n'est pas l'état de vie qu'ils pratiquent, c'est uniquement le degré de charité qu'ils ont atteint, de cette charité également nécessaire à tous les hommes de quelque nom qu'ils s'appellent, parce qu'elle est la perfection essentielle et finale de tous les enfants de Dieu.

Aimer Dieu et son prochain pour l'amour de Dieu, tout dépend uniquement de cette affection première et prédominante.

Si la perfection chrétienne consistait essentiellement dans les actes extérieurs et dans quelque état de vie en particulier, les religieux seraient à peu près les seuls en état d'y arriver; mais non, et on ne concevrait pas qu'il en fût autrement : la perfection est au dedans de chacun de nous, dans quelque condition que nous soyons, elle est tout entière dans l'âme, dans la volonté, dans le cœur, dans le centre intime de nous-même. Versons-la autour de nous et dans toute notre vie, et nos moindres actes verdiront animés par une sève toute céleste, car l'œuvre la plus méritoire est celle qui procède d'un plus grand amour de Dieu. D'ailleurs, la variété des différents états de vie dans l'unité du principe ou de la règle de perfection qui est la Charité, constitue et achève la beauté du monde moral.

« Dieu, dit saint François, commande à la création, aux plantes de porter des fruits chacune selon son germe; ainsi commande-t-il aux chrétiens, qui sont les plantes vivantes de son Eglise, qu'ils produisent des fruits de dévotion, un chacun selon sa qualité et vocation. La dévotion doit être différemment pratiquée par le prince, par l'artisan, par le valet, par le père, par la veuve, par la mariée ; il faut l'accommoder aux forces, aux affaires et aux devoirs de chacun ; mais où que nous soyons, nous pouvons et devons aspirer à la vie parfaite. »

Evidemment ce serait une imperfection dans les œuvres de la création visible, si les arbres, contrairement à l'ordre du Créateur, voulaient ne plus produire leurs fruits naturels, sous prétexte que d'autres seraient meilleurs. Que dirait le jardinier, si tout à coup, la fleur d'agrément prétendait se changer en la nature de l'arbre qui produit des fruits savoureux ? si la violette voulait devenir cerisier ? Ce serait le renversement de tout ordre et par conséquent de toute perfection.

Tel serait le désordre dans la société humaine, si les personnes de tel état de vie vivaient à la façon de tel autre état. Que deviendrait la société si les chrétiens du monde, si les femmes mariées voulaient vivre dans les églises et pratiquer la retraite au même dégré que les religieux ? Non seulement cette manière d'entendre la religion ne serait point parfaite, mais elle serait ridicule et totalement déréglée.

« Le royaume de Dieu (c'est-à-dire le moyen de l'acquérir) ne consiste point dans une scrupuleuse observation de petites formalités ; il consiste pour chacun dans les *vertus propres à son état*. Un grand prince ne doit point servir Dieu de la même façon qu'un solitaire ou qu'un simple particulier. Saint Louis, par exemple, s'est sanctifié en grand roi. Il était intrépide à la guerre, décisif dans les conseils, supérieur aux autres hommes par la noblesse de ses sentiments, sans hauteur, sans présomption, sans dureté. Il suivait en tout les véritables intérêts de sa nation, dont il était autant le père que le roi. Il était appliqué, prévoyant, modéré, droit et ferme dans les négociations, de sorte que les étrangers ne se fiaient pas moins à lui que ses propres sujets. Jamais prince ne fut plus sage pour policer les peuples et pour les rendre bons et heureux. Il aimait avec tendresse et confiance tous ceux qu'il devait aimer, mais il était ferme pour corriger ceux qu'il aimait le plus, quand ils avaient tort. Il était noble et large dans ses magnificences selon les mœurs de son temps, mais sans faste et sans luxe. Sa dépense qui était grande se faisait avec tant d'ordre, qu'elle ne l'empêchait pas de dégager tout son domaine (1). »

---

(1) Fénelon, *Correspondance avec le duc de Bourgogne.*

Saint François de Sales disait : « L'occupation la plus sérieuse de la vie du vrai et fidèle chrétien est de chercher sans cesse la perfection de son état, c'est-à-dire de se perfectionner de plus en plus dans l'état où il se trouve... Ne semez point vos désirs sur le jardin d'autrui, cultivez seulement bien le vôtre. Ne désirez pas de n'être pas ce que vous êtes. Occupez vos pensées à vous perfectionner en elles et à porter les croix petites et grandes que vous rencontrerez. Croyez-moi, c'est ici le grand mot et le moins entendu de la conduite spirituelle. Chacun aime selon son goût ; peu de gens aiment selon leur devoir et le goût de Notre-Seigneur. A quoi sert de bâtir des châteaux en Espagne puisqu'il nous faut bâtir en France ? C'est ma vieille leçon, vous l'entendez bien. »

.*.

N'allons donc pas croire que la sainteté soit le fait du seul état religieux ; tous les états de vie sont l'œuvre de Dieu, et sont donc voulus de lui ; il ne les aurait point créés si on ne pouvait se sanctifier dans chacun d'eux.

« La vraie dévotion est à l'égard de chaque état légitime comme la liqueur qui prend la forme du vase où elle est mise (1). »

Où le monde exerce-t-il plus son empire que dans la cour des rois, au sein des armées, dans les palais des riches? C'est là que ses maximes mensongères et vicieuses remplacent presque entièrement l'Evangile et que le respect humain est érigé, sous le prétexte des bienséances, en loi obligatoire. C'est là que la volupté trouve ses plus vives amorces ; c'est là qu'on persécute de cent façons tout ce qui, s'arrachant aux

---

(1) Saint François de Sales.

bagatelles mondaines, s'élève à la hauteur de la vertu et de la piété chrétienne.

Et pourtant, il y a eu de saints rois et de saintes reines, comme saint Louis, Alfred le Grand, saint Henri, saint Edouard, sainte Elisabeth, et cent autres.

Et pourtant, il y a beaucoup de saints parmi les nobles et les riches, comme saint Louis de Gonzague, saint Elzéar et son épouse sainte Delphine.

Et pourtant, il y a eu des saints ou de fervents soldats, comme saint Sébastien, saint Victor, le capitaine Marceau, le général de Sonis, etc., etc.

Quelle position difficile pour se sanctifier que celle d'une femme mariée dont le mari est peu chrétien, sensuel, brutal peut-être ; eh bien, sainte Monique, sainte Françoise Romaine, Canori Mora, en ce siècle, et cent autres se sont sanctifiées au milieu des obstacles d'une telle situation.

Que de persécutions, que d'occasions dangereuses, que de séductions cachées, subtiles, ne rencontrent pas, en général, les jeunes filles du peuple dans le monde, et surtout quand elles doivent se mettre en service ! Cependant sainte Marguerite de Louvain était servante dans une auberge et elle est sainte ; sainte Zite et sainte Nothburge se sont sanctifiées dans la même humble position ; sainte Germaine Cousin passa presque toute sa vie à garder les troupeaux ; Marie Eustelle, la sainte lingère de Saint-Pallais, allait à la journée.

PRIÈRE

O mon Dieu ! puisque ma perfection ne dépend point essentiellement de mon rang ou de ma condition, mais de mon amour pour vous, faites que je m'applique sans cesse à vous aimer davantage dans les devoirs de mon état.

Puisque toute la religion est dans le cœur, plus je vous aimerai, plus je serai un parfait religieux, car, tous les parfaits amis de Dieu sont de parfaits religieux.

Je vous aimerais comme les Martyrs, si je vous aime patiemment; je vous aimerais comme les Apôtres, si je vous aime avec zèle ; je vous aimerais comme les Vierges si je vous aime avec pureté ; je vous aimerais comme tous les Saints, si je vous aime ardemment et continuellement. Plus je vous aimerai, ô mon Dieu ! plus vous m'aimerez dans ma vocation, si humble soit-elle.

§ X

L'EXERCICE DE L'AMOUR DE DIEU OU L'USAGE FRÉQUENT DES ACTES D'AMOUR DE DIEU, EST LE PLUS PARFAIT, MÉRITOIRE, FACILE, AGRÉABLE, LE PLUS IMPORTANT ET NÉCESSAIRE.

I. *Que nous serions heureux, si nous pouvions bien comprendre la grandeur, la beauté, la dignité, la sublimité, l'excellence d'un* **seul acte d'amour de Dieu,** *pour le former à présent dans nos cœurs !*

« Il n'y a rien dans le monde d'aussi réel, d'aussi substantiel que l'amour de Dieu. Un acte d'amour de Dieu est un chef-d'œuvre plus parfait qu'une statue de Phidias ou de Praxitèle ; quelque chose de plus solide que les Alpes, de plus durable que ce globe qui est sorti si fort des mains de Dieu. En comparaison de cette grande réalité, tout le reste n'est qu'une vaine chimère ; tout le reste est vide de sens et s'évanouit bientôt. Un acte d'amour est une *œuvre complète ;* les effets en sont plus puissants, les conséquences en sont plus importantes que les effets ou les conséquences de tout autre acte. La mort elle-même ne saurait lui être comparée sous ce rapport. Et pourtant que faut-il pour constituer un acte d'amour ? Un regard du cœur qui, avec la rapidité de l'éclair, pénètre dans les cieux. De pareils actes peuvent se multiplier au-delà de tout calcul, et jusqu'au milieu des occupations en apparence les plus propres à distraire. Loin d'être affaiblis par la répétition, ils y puisent une nouvelle intensité, une puissance inconnue. De plus, ils n'exigent aucun effort, c'est même pour nous un plaisir de les former (1). »

L'action d'une fourmi ou d'un moucheron ne peut entrer en comparaison avec la plus petite action raisonnable de l'homme; il y a un abîme entre l'homme et l'animal, parce qu'il y a un abîme entre le monde des esprits et le monde des corps.

De même, la plus sublime action naturelle ne peut entrer en comparaison avec le moindre acte de vertu surnaturelle; il y a un abîme entre l'un et l'autre, parce qu'il y a un abîme infini entre le monde de la nature et le monde de la grâce.

Que l'on estime, que l'on vante tant que l'on voudra tous les exploits des plus grands conquérants, toutes les victoires qu'ils ont remportées, toutes les villes et toutes les provinces qu'ils ont conquises et tout ce qu'ils ont jamais fait de plus grand; qu'on ajoute à cela toute la science des savants et des philosophes, toute l'éloquence des orateurs, tout le génie des poètes, tous les ouvrages les plus excellents des plus grands maîtres dans la peinture, la sculpture, l'architecture, l'orfèvrerie, les sept merveilles du monde et tout ce que la nature et l'art ont pu produire depuis le commencement de l'univers : tout cela n'approche point de la noblesse, de la perfection, de la réalité de la plus petite action vertueuse, d'un seul acte d'amour de Dieu produit par un cœur en état de grâce.

---

(1) P. FABER, *Tout pour Jésus.*

L'acte d'amour de Dieu est la plus sainte de toutes les actions de la vie; c'est la disposition la plus parfaite du cœur; c'est le sentiment le plus héroïque de l'âme; c'est l'exercice le plus digne de la Religion; c'est la pratique de l'œuvre la plus sainte que puisse faire une pure créature; c'est l'hommage le plus glorieux qui puisse être offert à Dieu; c'est ce qui nous approche de plus près des intelligences célestes; c'est ce qui nous donne entrée dans le Cœur de Dieu même, et qui nous élève déjà, en quelque manière, au ciel, quoique encore habitants de la terre.

Il n'y a rien de plus excellent, parce que c'est vivre de la vie même de Dieu à laquelle nous sommes uniquement destinés.

La plus sensible marque de la vie, c'est l'action. Or quelle est l'action de Dieu? Reportons notre pensée jusque dans l'éternité qui a précédé la création du monde. Là, nous ne voyons que Dieu seul, mais c'est un Dieu vivant. En quoi donc consiste sa vie? Ce ne peut être dans aucune chose qui soit au dehors de lui, puisqu'il n'y a rien. C'est donc en lui-même et de lui-même qu'il tient sa vie, et quand tout le monde qu'il a créé serait anéanti, il ne serait pas moins un Dieu vivant. Toute sa vie est donc renfermée en lui-même et cette vie ne consiste qu'en deux grandes et éternelles actions : voir ou contempler et aimer sa divinité. Voilà l'essence et toute la perfection de sa vie. Tout ce que Dieu produit au dehors de lui, n'est rien en comparaison de ces deux actions éternelles, nécessaires, qui sont toute sa gloire.

Notre âme est la seule de toutes les créatures de ce monde inférieur qui a l'honneur d'être créée pour imiter éternellement les opérations de Dieu, pour participer à sa vie divine, en le *contemplant* et en l'*aimant*. Mais elle est retenue pour quelque temps ici-bas sur la terre, comme dans une école de sainteté, pour y faire l'essai et comme l'apprentissage méritoire de ce qu'elle doit faire éternellement dans le ciel. Elle n'est ici-bas que pour apprendre à vivre de la vie de Dieu, parce qu'elle ne sera là-haut que pour vivre parfaitement de cette vie. Ce n'est donc pas dans aucune chose extérieure que consiste notre vie divine. Elle est toute renfermée dans l'intérieur et elle ne consiste que dans les deux plus sublimes opérations de notre âme : entendre et vouloir, connaître et aimer.

Sans doute, il faut estimer les bonnes œuvres extérieures ; elle peuvent être des fruits de la vie divine, mais elles ne sont pas elles-mêmes cette vie surnaturelle ; celle-là est toute recueillie dans l'intérieur et n'en sort jamais : c'est *la pensée* et *l'amour de Dieu*. Si notre âme ne pense à lui que d'une pensée habituelle et si elle ne l'aime que d'un amour habituel, elle ne vit aussi que d'une vie habituelle, assoupie et comme endormie. Plus elle s'applique actuellement, c'est-à-dire par des actes fréquents, à penser à Lui et à épancher son cœur vers lui, plus aussi elle vit d'une vie divine, actuelle, vigoureuse et toute parfaite.

II. *Que nous serions heureux si nous pouvions bien comprendre le mérite,* le prix d'un seul acte d'amour de Dieu !

La valeur de la moindre bonne action, d'un seul acte d'amour de Dieu est telle qu'elle est inestimable. Elle vaut infiniment plus que tous les empires du monde. Quand on donnerait pour l'acheter tous les biens de la nature, il serait absolument impossible d'en donner le prix. La nature, avec tout ce qu'elle a et tout ce qu'elle peut, quelque effort qu'elle fasse, ne saurait mériter le plus petit bien *surnaturel* de la grâce et de la gloire, tandis que le moindre acte de vertu fait en état de grâce, un seul acte d'amour de Dieu nous acquiert, « produit en nous le poids éternel d'une gloire souveraine, » selon les paroles même de saint Paul.

Ce profit est si admirable qu'il surpasse toutes les pensées que l'on peut concevoir et toutes les paroles que l'on pourrait dire là-dessus. Une âme qui fait son exercice ordinaire de penser à Dieu et de l'adorer dans son intérieur, qui s'efforce d'entretenir son cœur, le plus qu'elle peut, dans l'amour actuel de son infinie bonté, est un aigle qui, avec les deux ailes de sa reconnaissance et de son amour, vole et s'avance perpétuellement, avec une vitesse incroyable vers la plus sublime, la plus profonde et la plus riche possession de Dieu, car, puisqu'un seul acte de l'amour de Dieu vaut une couronne éternelle, combien de couronnes dans une heure? combien dans un jour? combien dans un mois? combien dans une année? combien durant tout le cours de la vie? Une seule de ces journées a plus de prix que tous les travaux des conquérants de la terre qui ont été durant tous les siècles. Ont-ils jamais su conquérir cent couronnes en un jour? et quelles couronnes !

Une âme qui s'efforce de contempler Dieu actuellement présent et de l'aimer toujours le plus ardemment qu'il lui est possible, très certainement croît sans cesse en amour ; car, il n'y a pas un seul acte d'amour de Dieu qui ne mérite une augmentation de l'amour de Dieu. Il est donc certain qu'elle acquiert sans cesse de nouveaux et de plus hauts degrés dans la gloire, car il n'y a pas un seul degré d'amour de Dieu auquel ne réponde un degré de gloire dans la possession éternelle de Dieu. Or, l'exercice de la vie divine dont nous parlons ici, les accumule par centaines et par milliers dans notre âme, sans qu'il nous en coûte presque aucune peine.

Ah! si une âme pouvait voir clairement les progrès admirables qu'elle fait lorsqu'elle s'y applique avec une constante fidélité et avec ferveur! Peut-être qu'elle a maintenant un degré d'amour qui la met au rang des anges qui sont en très grand nombre et tous subordonnés les uns aux autres, et que le degré de son amour en surpasse déjà des milliers et des plus élevés.

III. *L'usage fréquent des actes d'amour de Dieu est facile.*

Il n'y a rien de plus facile, puisqu'il n'est question que d'aimer, et d'aimer une bonté et une beauté infiniment aimable, laquelle nous a donné un cœur capable de l'aimer d'un amour toujours plus fort et plus ardent. Y a-t-il rien de plus facile que de penser à son père, à son ami, à son bienfaiteur, à un trésor infiniment précieux que nous devons posséder un jour? Or, Dieu nous est tout cela, et à un degré infini. Penser à Dieu et faire des actes d'amour de lui ; faire de toutes ses actions ordinaires autant d'actes d'amour de Dieu, qui peut s'excuser de cette pratique ? — Dira-t-on : « Je n'ai pas la force » ? Mais les plus faibles en sont capables comme les plus forts. Dira-t-on : « Je ne suis pas assez savant » ? Mais les plus ignorants peuvent penser à Dieu et l'aimer comme les plus savants. Dira-t-on : « Je n'ai pas le temps » ? Mais on peut s'appliquer intérieurement au souvenir et à l'amour de Dieu en tout temps, durant toutes sortes d'occupations et en quelque lieu que l'on puisse être. Il n'y a donc rien de si facile quand on a de la bonne volonté.

IV. *L'usage fréquent des actes d'amour de Dieu est non seulement facile mais agréable.*

Cette pratique ne semble difficile qu'à ceux qui n'ont qu'un médiocre amour de Dieu, parce qu'ils veulent toujours partager leur cœur entre lui et les créatures. Elle est difficile pour une âme qui n'est pas encore bien persuadée de cette vérité de la foi, que Dieu est tout, et que le reste n'est qu'une ombre qui passe. Elle est difficile pour une âme qui ne s'est pas encore efforcée de goûter la suavité du Seigneur. Mais il n'y a rien de plus agréable pour une bonne âme que de se tenir uniquement appliquée à Dieu seul, lorsqu'elle a une fois bien goûté la douceur de ce très grand précepte qui nous oblige à l'aimer de *tout* notre cœur, de *toute* notre âme, de *toutes* nos forces ; lorsqu'elle a une fois compris que Dieu doit être si jaloux de notre amour, qu'il ne peut vouloir que nous aimions quelque chose contrairement à son amour ou en dehors. Après que cette âme a expérimenté combien il est vrai que Dieu prend ses délices avec elle et qu'elle trouve réciproquement avec lui des délices infiniment plus grandes que tout le monde ensemble ne peut lui en donner, oh! bien loin de trouver une gêne ou une contrainte à demeurer recueillie avec lui seul dans le sanctuaire de son intérieur, au contraire, elle souffre une fâcheuse violence si elle s'est séparée de lui, jusqu'à ce qu'elle y soit retournée et qu'elle s'y repose comme dans son centre. Représentons-nous deux amis intimes qui, retirés seuls dans leur cabinet, jouissent à leur aise des douceurs de l'amitié, épanchant leur cœur l'un dans l'autre, et se communiquant leurs plus secrètes pensées. Si, au milieu de leur entretien, on vient en tirer un pour traiter une affaire, quel chagrin ! il va, mais il va à regret; il expédie le plus tôt qu'il peut son affaire, tandis qu'il a toujours son cœur où est son ami; et sitôt qu'il est libre, il retourne en courant jouir de son paradis, et pour peu qu'il en soit sorti, il lui semble qu'il y a un siècle qu'il l'avait quitté.

Faible peinture de la violence que souffre une âme qui vit habituellement dans la pensée et l'amour de Dieu, qui traite avec lui dans la solitude de son cœur, comme un ami avec son ami, lorsque les créatures ont pu la distraire légèrement de son amitié divine !

V. *L'usage fréquent des actes d'amour de Dieu est souverainement important et nécessaire.*

Qui est-ce qui ne regrette pas d'avoir omis par le passé mille et mille actes d'amour de Dieu, et qui ne voudrait pas en faire autant à l'avenir qu'il en a omis par le passé? Qui ne le voudrait de tout son cœur?

Qui est-ce qui ne voudrait faire autant d'actes d'amour de Dieu qu'en fit sainte Madeleine depuis sa conversion, et qu'en ont fait tant de bonnes âmes en toute leur vie ?

Qui est-ce qui n'en voudrait faire autant qu'il s'en est fait, qu'il s'en fait et qu'il s'en fera jusqu'à la fin du monde ?

Vous avouez qu'il faudrait n'avoir nul sentiment pour ne le désirer pas de toutes ses forces. Quoi ! pouvoir faire moi seul autant d'actes d'amour de Dieu qu'en ont fait et qu'en feront tous les gens de bien en ce monde, qui ne le voudrait? Ah! si je le pouvais, que ne ferais-je pas pour obtenir un si grand bien ?

Mais au contraire, qui est-ce qui voudrait omettre, à l'avenir, autant d'actes d'amour de Dieu qu'il en a omis par le passé?

Qui est-ce qui voudrait empêcher autant d'actes d'amour de Dieu qu'en a fait sainte Madeleine depuis sa conversion, et tant d'autres saints en toute leur vie ? Qui voudrait empêcher, s'il pouvait, autant d'actes d'amour de Dieu qu'il s'en est fait et qu'il s'en fera jusqu'à la fin du monde? Vous avouez qu'il faudrait avoir un cœur de démon pour le vouloir.

Considérez maintenant deux vérités : l'une que les saints aiment Dieu plus ou moins parfaitement dans le Ciel, selon qu'ils l'ont aimé dans ce monde ; l'autre que l'amour de chaque saint, dans l'éternité, est plus considérable, par sa durée, que ne le sauraient être, par leur nombre, tous les actes d'amour de Dieu que tous les saints ont pu produire dans leur vie mortelle, car le nombre de ceux-ci est borné, et la durée de celui-là est infinie.

Il est donc certain que ceux qui négligent maintenant de faire un acte d'amour de Dieu, quand même ils le peuvent omettre sans péché, s'exposent certainement à aimer Dieu moins parfaitement dans toute l'éternité, et que, par conséquent, s'ils ne réparent cette négligence par leur ferveur, ils ôteront à Dieu, en quelque façon, plus de gloire que l'on ne saurait dire. Après cela, concevez-vous tout le mal qui vient des seules omissions de votre vie passée? Combien de fois avez-vous omis des actes d'amour que vous pouviez faire? et si vous ne réparez ces négligences, combien avez-vous ravi de gloire à Dieu? Lui seul le connaît, puisque cela est infini et que, lui seul, connaît l'infini.

Et de quels trésors, de quelles richesses pour vous-même, âme chrétienne, ne vous êtes-vous pas privée par votre négligence? Quels regrets à la mort si vous pensez en ces moments : Quoi! j'aurais pu aimer Dieu mille fois, un million de fois plus que je n'ai fait, et si je l'eusse aimé de la sorte, je l'aimerais autant de fois davantage durant toute l'éternité! Malheureux, de m'être privé moi-même d'un si grand bonheur!

Croissons donc en amour, tandis que nous le pouvons; ne souffrons point de vide dans les jours et les heures de notre vie; elle passe comme une ombre et va, dans peu, disparaître; ne nous mettons pas dans l'occasion de pleurer sans fruit notre négligence et notre lâcheté. Tâchons, pour réparer le passé, de faire, dans le peu de temps qui nous reste, beaucoup d'actes d'amour de Dieu les plus parfaits qu'il nous sera possible. Ainsi agissaient les François d'Assise, les Xavier, les Thérèse, les Gertrude et tant d'autres âmes ferventes qui en faisaient plusieurs cents par jour, et on a vu des serviteurs de Dieu en faire plusieurs mille dans un seul jour. Imitons leur exemple et regardons tous les moments de la journée comme de très grandes grâces du ciel, puisqu'il n'est aucun de ces moments où nous ne puissions grossir notre trésor, en augmentant notre amour, et que, quand nous n'augmenterions que d'un degré, ce degré d'amour que nous aurons eu sur la terre, demeurera éternellement dans le ciel. *Charitas numquam excidit.*

Cet acte d'amour est un germe qui renaît, qui se renouvelle dans tous les instants d'une éternité entière. Dans chacun de ces instants, Dieu sera plus glorifié, et moi plus heureux en Dieu et de Dieu. Ah! quel prix, quel avantage dans un seul acte d'amour de Dieu que l'on produit pendant la vie! Quand même il serait vrai que nous gagnerions peu par chaque acte d'amour, ce peu est, en quelque façon, infini, en ce qu'il est éternel. Quelle perte ne fait donc pas une âme par sa négligence, par sa lâcheté, en omettant de faire un acte d'amour de Dieu? De quel bien, de quel trésor ne se prive-t-elle pas? Il est plus précieux que le monde entier; il est aussi précieux que Dieu lui-même, puisque c'est Dieu plus aimant, plus aimé et possédé plus parfaitement.

Élevez donc, le plus souvent que vous pourrez, ô vous qui lisez ceci, élevez votre cœur par les actes d'amour de Dieu les plus embrasés dont vous serez capable, et souvenez-vous que, selon la remarque de sainte Thérèse, il en est de l'amour de Dieu comme d'un grand feu dans lequel il faut continuellement jeter du bois pour l'entretenir. Souvenez-vous encore de ce que disait saint Augustin, dans la même pensée, que l'amour de Dieu, que la charité se refroidit dès que le cœur *devient muet. Silentium cordis, frigus charitatis.*

Ainsi, prenez la sainte habitude de produire souvent, et de cœur et de bouche, des actes d'amour de Dieu. Vous portez partout votre cœur, et c'est de l'abondance du cœur que doivent partir les paroles courtes et enflammées qui expriment ces actes d'amour. Commencez par en produire un à chaque heure ; après, vous en ferez un de demi-heure en demi-heure. Vous pourrez, dans la suite, en faire un à chaque quart d'heure ; ou bien, vous en ferez un certain nombre depuis votre réveil jusqu'à midi, et autant depuis midi jusqu'au soir. C'est par là qu'insensiblement vous viendrez, comme les Saints, à produire chaque jour un grand nombre de ces actes. C'est par là que vous pourrez dire, en quelque manière, comme les Saints : « Nous vivons d'amour, l'exercice du divin amour fait l'exercice le plus ordinaire de notre vie. » Mais, si vous vous occupez de la sorte à former des actes d'amour de Dieu durant votre vie, n'aurez-vous pas lieu d'espérer de sa miséricorde qu'il vous fera la grâce de mourir, comme plusieurs d'entre eux, dans l'*exercice actuel du divin amour* ? Oh! quelle grâce! mourir et aimer actuellement son Dieu ; en sorte que le *dernier soupir* de la vie soit un *soupir d'amour*, et le mouvement d'une âme qui s'élance vers Dieu. Oh! que cette mort est précieuse, qu'elle est heureuse, qu'elle est à désirer! Tout ce que nous pourrons jamais faire pour l'obtenir n'est rien au prix d'un bien si grand, et si inestimable.

L'on voit, tous les jours, des personnes ne plaindre pas les heures passées dans le jeu, dans les divertissements et dans les conversations inutiles, et nous plaindrions les moments que Dieu nous demande pour former quelques actes du divin amour? Ah! si on avait un peu de foi, l'on regarderait comme rien tous les biens de la nature et du monde, en comparaison des biens de la grâce et de la gloire, en comparaison d'un acte d'amour de Dieu. Ne regardons pas cette pratique comme trop difficile et au-dessus de nos forces.

Nous aspirons au bonheur des saints ; nous ferons ce qu'ils font, si nous faisons ce qu'ils ont fait. L'amour divin s'augmente, comme les autres habitudes par des actes réitérés : plus nous formerons des actes de cet amour, plus nous en augmenterons l'habitude. Quand nous n'en ferions que six chaque jour, trois avant midi et trois après midi, ce sera plus de deux mille actes d'amour dans un an, plus de vingt mille en dix ans, c'est-à-dire plus de vingt mille degrés de gloire pour l'autre vie. Que si nous venons à faire six de ces actes avant midi et six après midi, en voilà plus de quarante mille en dix ans. Raisonnons ainsi par proportion des pertes que nous ferions en négligeant de faire ces actes du divin amour.

Quels mérites n'acquerrait-on pas, à quelle perfection, dans peu, ne parviendrait-on pas si l'on était fidèle à la pratique toute sainte dont nous parlons ici ? Pourquoi tant de différence entre les personnes d'une même condition, d'un même état, où l'on fait les mêmes actions extérieures et les mêmes exercices de piété ? C'est que le cœur, c'est que l'amour n'est pas le même. Comment quelques saints, qui sont morts fort jeunes, se sont-ils si fort élevés dans la gloire, et ont-ils plus mérité en fort peu d'années que d'autres personnes en soixante ou quatre-vingts ans de vie ? C'est qu'en ce peu de temps ils ont produit plus d'actes de ce divin amour, ou qu'ils en ont produit de plus excellents et de plus fervents ; en un mot, c'est qu'ils ont plus aimé.

Que le dégoût ne nous fasse pas abandonner ou négliger un si saint exercice. Il faut se souvenir, que malgré le dégoût, 1° nous ne laissons pas de plaire à Dieu en faisant ces actes d'amour, si nous n'y trouvions parfois aucun plaisir ; 2° que par conséquent, nous ne laissons pas d'accroître nos mérites, et l'amour de Dieu que nous aurons éternellement dans le ciel ; 3° que notre lâcheté et notre négligence nous causeraient des pertes éternelles.

Puisque cette pratique dont nous parlons est si glorieuse à Dieu et si avantageuse à notre âme, ne craignons plus la petite gêne qu'il pourrait y avoir à produire ces actes du divin amour. Il ne s'agit pas ici de grandes fatigues et de grands travaux. Ayons un bon cœur, une bonne volonté, et nous avons dès lors de quoi plaire à Dieu, et de quoi nous enrichir. Les saints loin de la trouver gênante, cette pratique, en faisaient une source de saintes délices. Sainte Gertrude répéta avec une consolation inexprimable plus deux cents fois en un jour : *J'adore, je loue et bénis la très Sainte Trinité*. Saint François d'Assise, durant toute une nuit, ne disait que ce peu de paroles : *Deus meus et omnia* : « Mon Dieu et mon tout. » Les vies de sainte Catherine de Sienne, de sainte Catherine de Gênes, de sainte Thérèse, de sainte Magdeleine de Pazzi, pour ne rien dire de tant d'autres, nous fournissent des exemples semblables.

Ne craignons point que l'application à former, de temps en temps, de ces sortes d'actes nous distraie de nos autres occupations. Ce sera là, au contraire, un moyen de nous en mieux acquitter, parce que nous les ferons par amour et en présence du Bien-Aimé, et comme sous ses yeux. Et que pouvons-nous gagner qui vaille ce que nous perdrons ? Pour qui travaillons-nous ? Pourquoi priver notre âme de ses véritables biens ? Ayons plus à cœur ce qui est d'une si grande conséquence. Quoi ! dire de temps en temps à Dieu : *Je vous aime,* est-ce donc une chose si gênante et si capable de nous faire négliger les devoirs et les occupations propres de notre état ? Non, non, les saints ne le croyaient pas ; ils trouvaient en cela même de nouvelles forces et un nouveau courage pour s'en mieux acquitter.

Si la petite gêne qui se trouve dans la pratique de ce saint exercice nous effraie, pensons à la gloire qui en reviendra à Dieu et à la récompense inestimable que nous acquerrons.

Pour éviter le dégoût que le démon tâchera peut-être de nous en inspirer, nous pourrons diversifier ces actes, et en faire tantôt d'une façon et tantôt d'une autre, suivant l'attrait de la grâce et les dispositions intérieures de joie, de tristesse, de paix, de trouble, de tentation où nous nous trouverons. On peut encore s'occuper à former des actes d'amour ou de complaisance, ou de bienveillance, ou de préférence, etc. Il faut se souvenir, seulement : 1° qu'il ne suffit pas de les prononcer de bouche, ni même de les prononcer dans sa pensée ; mais il faut que le cœur les prononce ; 2° que, comme il est vrai que nous ne pouvons faire aucun acte d'amour de Dieu sans une grâce surnaturelle, on a aussi lieu de croire qu'en faisant ce qui est en notre pouvoir, et nous servant de ces formules avec soin, avec application, Dieu donnera cette grâce avec laquelle on produit effectivement un acte d'amour, puisqu'il est toujours à la porte de notre cœur, et qu'il ne désire rien tant de nous que notre amour. Ne manquons pas, surtout, de lui demander cet amour sacré. Il ne se refusa jamais à une prière fervente et persévérante.

Puisqu'il nous est impossible, ici-bas, de faire de notre vie un état d'amour de Dieu conservant la même *vivacité* ou *intensité* que celui des Bienheureux qui sont au ciel, efforçons-nous donc de multiplier la *quantité* et la *qualité* des actes; c'est le moyen le plus efficace, le plus pratique de réaliser l'idéal de la vie, d'atteindre aussi parfaitement que possible son but, qui est d'aimer Dieu souverainement.

— Un religieux s'imposa la loi d'élever son cœur à Dieu environ cent fois depuis le matin jusqu'au dîner et cent fois depuis le dîner jusqu'au soir. Il garda inviolablement cette résolution pendant plus de vingt-cinq ans, sans y manquer un seul jour, quelles que fussent ses occupations dans les temps de maladie, de sécheresse, et malgré tous les obstacles. L'auteur qui rapporte ce fait et qui a connu ce religieux, ajoute ces mots : « Cela semblera quelque chose aux commençants qui n'ont pas encore l'habitude de ces actes, mais ce sera peu pour ceux qui sont rompus à ce saint exercice, qui s'appliquent à un amour toujours plus actuel, au souvenir continuel de la présence de Dieu. »

— Mon Dieu, je vous aime ! Mon Dieu je veux vous aimer ! Mon Dieu, augmentez mon amour ! Tel doit être le cri perpétuel de notre âme. Ce sont les seuls mots, disait Lacordaire, que l'on profère toujours sans se répéter jamais...

Je vous aime! « Dix mille mots précèdent celui-là, mais nul autre ne vient après dans aucune langue;

quand on l'a dit une fois à un homme, il n'y a plus qu'une ressource, c'est de le lui répéter à jamais. La bouche de l'homme ne va pas plus loin, parce que son cœur ne va pas au-delà. L'amour est l'acte suprême de l'âme et le chef-d'œuvre de l'homme. »

Rappelons-nous que le premier autel de Dieu est notre cœur, qui doit toujours brûler et être consumé du feu de son amour; la flamme doit s'élever continuellement jusqu'à Lui. Il faut donc que l'âme nourrisse continuellement en elle ce feu sacré, il faut qu'elle l'entretienne par des affections ardentes, des désirs brûlants. Il faut qu'elle se serve de tout ce qu'elle voit, de tout ce qu'elle entend, de tout ce qu'elle touche, de tout ce qu'elle fait pour tendre continuellement vers son Bien-Aimé, pour l'admirer, le louer, le bénir, solliciter ses lumières, lui demander pardon de ses fautes, se consoler avec lui dans ses afflictions. Il faut que tout devienne un aliment qui nourrisse et fasse croître de plus en plus cette divine flamme: si par faiblesse ou par quelque autre malheur, ce feu vient à s'éteindre, il faut le rallumer aussitôt; il faut que notre cœur soit semblable, dans cet état, à une bougie éteinte mais fumant encore, qui se rallume au premier souffle, au premier contact d'une autre lumière...

Des actes!... Des actes!... Des actes!... Saint François de Sales nous dit : « Appliquons cent et cent fois le jour notre vie au divin amour, par la pratique des oraisons jaculatoires, élévations de cœur ; car, ces saints exercices lançant et jetant continuellement nos esprits en Dieu, y portent ensuite toutes nos actions. Et comment se pourrait-il faire, je vous prie, qu'une âme s'élançant à tous moments en la divine bonté, et soupirant sans cesse des paroles d'amour pour tenir toujours son cœur dans le sein de ce Père céleste, ne fût pas estimée faire toutes ses bonnes actions en Dieu et pour Dieu ? »

« 'L'amour doit toujours croître, dit Bossuet. Quand j'aimerais de toute ma force, ce ne sera plus cette vie; la charité sera consommée, la cupidité sera éteinte ; la sensualité et l'amour-propre seront arrachés. Mais tant que nous sommes en cette vie, ce poids qui nous entraîne au mal subsiste toujours.

« En attendant, ô mon Dieu ! la charité doit croître toujours, et la cupidité toujours décroître. La force augmente en aimant ; l'exercice de l'amour épure le cœur, en lui apprenant à aimer de plus en plus. Dieu est en nous quand nous aimons, et c'est lui qui, du dedans de nos cœurs, y répand et y inspire l'amour. On mérite par l'amour de posséder Dieu davantage, et en le possédant davantage, d'aimer davantage. Je n'aime donc pas de toute la force que je puis exercer en cette vie, si je n'aime mieux demain qu'aujourd'hui, et si le jour d'après je n'augmente mon amour, jusqu'à ce que j'arrive à la vie, où le précepte de la charité s'accomplira parfaitement. On ne peut s'y préparer qu'en cette vie, mais on ne peut l'accomplir parfaitement que dans l'autre. Ce qu'il y a à faire en cette vie, c'est d'aimer toujours de plus en plus, et en aimant, d'acquérir de nouvelles forces pour aimer. Excitons-nous nuit et jour à cette pratique. *Faites cela et vous vivrez,* dit le Sauveur...

« Formons donc en nous la Trinité sainte unis à Dieu, connaissant Dieu, aimant Dieu. Et comme notre connaissance qui, à présent, est imparfaite et obscure s'en ira, et que l'amour est en nous la seule chose qui ne s'en ira jamais et ne se perdra point, aimons, aimons, aimons; faisons sans fin ce que nous ferons sans fin ; faisons sans fin dans le temps ce que nous ferons sans fin dans l'éternité. »

PRIÈRE

Que ne puis-je, ô mon Dieu, pendant le reste de ma vie, multiplier les actes de ma contrition et de mon amour, dans un nombre plus grand que celui de mes infidélités ! Que ne puis-je former des actes si véhéments de contrition et d'amour, que leur véhémence répare votre gloire et mes pertes !

Au moins, mon Dieu, puisqu'un seul acte d'amour vous procure tant de gloire sur la terre ; puisque, après ma mort, il hâtera l'heureux moment qui m'unira à vous ; puisque dans le ciel il se multipliera à votre gloire tous les instants de l'éternité ; je veux (la résolution en est prise, par votre grâce, et, avec le secours de cette même grâce, je l'exécuterai), je veux tout faire et tout souffrir par amour pour vous. Je ne veux parler que par amour, n'agir que par amour, être tout amour, ne vivre, ne respirer que dans l'amour, par l'amour et pour l'amour.

Je veux vous aimer, ô mon Dieu, et non content de moi-même, je voudrais embraser tous les cœurs, attirer à vous tous les êtres ; je voudrais que tous les hommes réunis de concert dans ces sentiments embrasés, se disent les uns aux autres : Aimons Dieu. Je voudrais porter jusqu'aux extrémités de la terre le flambeau céleste de votre amour, convertir tous les peuples, éclairer toutes les nations, embraser l'univers. Je voudrais qu'il n'y eût d'autre sentiment que celui de votre divin amour. En un mot, qui dit tout, ô mon Dieu, je voudrais vous aimer de l'amour même dont vous nous aimez ; voilà mon cœur, il n'est plus à moi ; vivez-y, régnez-y à jamais, et faites-y régner éternellement l'éternel amour.

CHAPITRE TROISIÈME

La marque à laquelle on reconnaît que l'on aime Dieu est l'accomplissement de sa volonté ou de sa loi.

Pour que notre vie soit sainte et méritoire de la vie éternelle, trois conditions, avons-nous dit, sont requises; il faut qu'elle soit vécue *en Dieu, selon Dieu, pour Dieu* ou par amour de Dieu.

Il est amplement démontré que toute la perfection ou le mérite de l'homme consiste essentiellement dans son cœur, sa bonne volonté, ses bonnes intentions, dans son amour pour Dieu. Or, de même que l'amour de Dieu est l'essence même de la perfection ou du mérite de l'homme, ainsi, ce qu'il y a de plus pur et de plus exquis dans cet amour, c'est de se conformer absolument à la volonté divine, de n'avoir, en toute chose, point d'autre volonté que celle-ci.

L'amour de Dieu ne doit pas seulement être affectif, c'est-à-dire manifesté par les sentiments du cœur, mais effectif, c'est-à-dire manifesté par les œuvres qu'il inspire et qu'il dirige.

<dd>La foi qui n'agit pas est-ce une foi sincère?</dd>

L'amour de Dieu qui n'aurait pas pour but essentiel et suprême de réaliser uniquement la très sainte volonté de Dieu ne serait qu'un odieux mensonge et une criminelle contradiction.

Il est vrai, l'homme n'est responsable que de ses *intentions* ; une seule chose nous est demandée et suffit : le cœur, la bonne volonté ou l'intention droite ; nous ne serons jugés que d'après notre conscience, d'après ce que nous aurons fait avec connaissance et volonté. Mais il faut bien prendre garde de se faire illusion à ce sujet. La seule intention ou conscience droite est celle qui fait ses preuves et offre des garanties ; sans quoi, que de crimes ne pourrait-on pas commettre sous le couvert de la bonne intention !

Qu'est-ce donc qui garantit la droiture du cœur, de l'intention, de la volonté, de la conscience ?

1° On doit faire tout ce qui dépend de soi pour connaître son devoir et pour le bien comprendre ;

2° Ayant voulu faire son devoir et l'ayant entendu de son mieux, on doit tout faire pour passer à l'exécution, pour agir selon sa conscience.

L'enfer est pavé de bonnes intentions : proverbe excellent qui dénonce avec raison comme véritablement coupables les simples velléités, les bonnes intentions entièrement molles, qui ne font aucun bien et n'empêchent aucune faute.

Oui, l'intention vaut par-dessus tout, l'intention suffit à faire l'homme, le saint, mais c'est l'intention *sincère, profonde, énergique* qui fait tout ce qui dépend d'elle pour passer à l'action, qui s'applique particulièrement et tout d'abord à savoir et à bien comprendre ce qui doit être fait. Il y a un ensemble de choses auxquelles la volonté doit se conformer pour être une volonté bonne, et qu'on n'a pas le droit d'ignorer. Cette ignorance est la première des fautes, quand elle est due (comme cela arrive souvent) à la légèreté, au manque de scrupule, aux passions.

On admet des circonstances atténuantes, quand la sincérité est hors de doute. Mais personne n'admettra volontiers que, sous prétexte de bonnes intentions, les étourdis et les violents aient droit à l'estime, au même titre que les sages respectueux de tous les droits et de tous les devoirs auxquels nous sommes tenus. En un mot, la bonne intention à laquelle tout le monde rend hommage, la seule qui ne soit pas suspecte et devant laquelle on s'incline quels qu'en soient les effets, est celle qui fait preuve de sincérité et de vaillance. Voilà ce que le bon sens dit à tous.

Si donc nous voulons nous assurer que nous aimons Dieu par-dessus tout, voyons notre conduite, nos efforts, nos actes qui sont la preuve de notre amour. Voyons en nous-mêmes si nous sommes réellement disposés à faire la volonté de Dieu, si nous la faisons avant tout, si nous sommes prêts à tout entreprendre ou à tout souffrir pour accomplir ses commandements. L'amour de Dieu, n'est pas une affaire de sentiment et d'imagination. Les affections tendres avec leurs douceurs et leurs consolations peuvent s'y trouver, mais ils n'en constituent nullement l'essence. Sous ce rapport, beaucoup de personnes pieuses, qui ne sont pas suffisamment éclairées, trouvent souvent des mécomptes dans leur dévotion. Le véritable amour de Dieu consiste à faire sa volonté, à observer ses commandements avant tout, quand même on sentirait de la répugnance, quand même on trouverait en soi la plus grande résistance, la plus mauvaise disposition naturelle.

Si on agit malgré tout cela, si on domine cette mauvaise inclination, si on dompte sa nature rebelle; si on contraint sa volonté à accomplir le commandement divin, alors, quelle que soit la désolation intérieure, quel que soit le dégoût, quelle que soit l'angoisse de la sensibilité, et la tempête du cœur, on aime Dieu véritablement et fortement, car c'est le préférer à tout. C'est ce que l'Evangile nous explique par une parabole.

Un homme avait deux fils ; il rencontre l'aîné et lui dit : Va travailler à ma vigne. — J'y vais, dit celui-ci, et il n'y va pas. Le père rencontre ensuite le second et lui dit : Va travailler à ma vigne. — Non, dit l'autre ; je n'irai pas, je n'ai pas le temps. Puis, quand il a quitté son père, touché de repentir, il rentre en lui-même et va faire ce que son père demande.

Lequel des deux a le mieux aimé son père ? C'est le plus obéissant. Qui a le mieux obéi ? Est-ce celui qui s'est soumis en parole à la volonté du père, et en fait, l'a méprisé ? N'est-ce pas celui qui a dit *non* d'abord, mais qui ensuite a dit *oui* par sa conduite, en exécutant l'ordre de son père, quoiqu'il lui en ait coûté ? Il est vrai que l'amour est dans le cœur et non dans les œuvres, mais il se prouve par les œuvres.

Dieu veut que nous lui prouvions notre amour par le fait, par l'action, par toute la conduite. Il va sans dire que tout en nous, la parole et l'acte, doivent s'accorder à exécuter sa volonté ; mais il est évident qu'on doit juger de la sincérité de l'amour par les actes plutôt que par les paroles.

La marque à laquelle on reconnaît que l'on aime Dieu est donc véritablement l'accomplissement de sa volonté ou de sa loi.

C'est l'enseignement que Notre-Seigneur Jésus-Christ n'a cessé de nous donner pendant toute sa vie et par ses *paroles* et par son *exemple*. Il n'y a pas de vérité qu'il nous enseigne avec plus de force et d'insistance. Ouvrons l'Evangile et considérons successivement et ses *paroles* et son *exemple*.

I. *Ses paroles.* Le *Sermon sur la Montagne*, qui est l'abrégé de toute la doctrine de Jésus, se résume et se termine par le précepte de l'accomplissement de la très sainte volonté de Dieu.

Notre-Seigneur vient de mettre en garde ses disciples contre les faux prophètes. De même qu'on juge l'arbre par ses fruits, ainsi on doit les juger, dit-il ; puis, il ajoute : « Entrera dans le royaume des cieux, non pas quiconque me dira : Seigneur, Seigneur, mais celui qui fait la volonté de mon Père qui est dans les cieux ; celui-là y entrera. » Ensuite, afin de bien nous montrer que c'est là le point fondamental de la vie chrétienne, il a recours à une comparaison tellement expressive, qu'elle ne laisse subsister aucun doute à ce sujet, et c'est par elle qu'il finit son discours : « Quiconque vient à moi et écoute mes paroles et les met en pratique, je vous montrerai à qui il ressemble, dit-il... Il ressemble à un homme qui, bâtissant une maison, a creusé profondément et en a posé le fondement sur la pierre. L'inondation survenant, le courant s'est précipité contre cette maison et n'a pu l'ébranler, parce qu'elle était fondée sur la pierre. Mais celui qui écoute et ne pratique point, ressemble à un homme qui a bâti sa maison sur la terre, le sable, sans fondement ; le torrent s'est précipité contre elle, et elle est tombée, et grande a été la ruine de cette maison. »

Remarquons ailleurs la singularité des paroles dont Notre-Seigneur se sert, pour renouveler le même enseignement.

Il était occupé à parler au peuple, et pendant ce temps, nous dit l'Evangile, sa mère et ses frères (il s'agit de ses propres cousins) étaient dehors, cherchant à lui parler. Quelqu'un lui dit : « Votre mère et vos frères sont là dehors, et vous cherchent. » Et Notre-Seigneur de répondre : « Qui est ma mère et qui sont mes frères ? » Et étendant la main sur ses disciples, il ajoute : « Voici ma mère et mes frères ; car quiconque aura fait la volonté de mon Père qui est dans les cieux, celui-là est mon frère, ma sœur et ma mère. » Ne sont-ce pas là, en effet, des paroles singulières ? Ne sont-elles pas à dessein de nous faire considérer toute l'importance de l'enseignement donné, de nous pénétrer le plus profondément possible de cette vérité : que rien ne nous « unit » davantage à Dieu que la conformité de notre volonté à la sienne ? N'est-ce pas nous dire : « De même que naturellement, les liens du sang unissent le plus les hommes entre eux, ainsi, le lien de la volonté est celui qui nous unit le plus à Dieu ? »

Mais ce n'est pas tout. Jésus a fait plus encore pour nous pénétrer de l'excellence de la sainte volonté de Dieu, et nous la faire suivre comme unique règle de notre vie. Dans la prière qu'il nous a enseignée lui-même, le *Notre Père*, la prière catholique par excellence, il nous en fait demander chaque jour l'accomplissement parfait, nous faisant entendre par là, que c'est le « moyen infaillible » pour obtenir le royaume de Dieu ; objet des deux premières demandes : *que votre volonté soit faite sur la terre comme au ciel !*

II. *Son exemple.* Considérons l'exemple de Jésus dans sa vie cachée et dans sa vie publique.

Vie cachée. — Durant les trente premières années de sa vie, nous ne connaissons de Lui *qu'une seule parole*. Nous savons à quelle occasion il l'a prononcée. Le Sauveur était alors âgé de douze ans. Ses parents l'avaient amené à Jérusalem pour les fêtes de Pâques, et retournant à Nazareth, ils s'aperçoivent que l'enfant n'est plus avec eux. Pendant trois jours ils sont à sa recherche, et enfin, ils le retrouvent dans le temple, discutant au milieu des docteurs de la loi. Saisie de le voir là, sa Mère le reprend doucement : « Mon Fils, pourquoi avez-vous agi ainsi envers nous ? Voilà que nous vous cherchions tout'affligés, votre père et moi. — Pourquoi me cherchiez-vous, leur répondit Jésus, ne saviez-vous pas qu'il faut que je m'emploie aux choses de mon Père ? »

Telle est la seule parole que nous connaissons de Jésus, pendant les trente premières années de sa vie mortelle. Elle est consacrée à nous enseigner que la volonté du Père céleste est la première chose à considérer; qu'il faut la préférer à toutes les considérations humaines et à toutes les tendresses du sang. L'Evangile nous dit que la Sainte Vierge et saint Joseph ne comprirent pas cette parole. La rigueur dont Jésus semble faire usage en cette circonstance n'est qu'apparente. Elle n'a pour but que de fortifier davantage l'enseignement donné, le plus grand des enseignements. On ne peut pas lui donner une autre signification; car Notre-Seigneur allait immédiatement donner la preuve de la soumission la plus exemplaire envers ses parents : *Erat subditus illis.* « Il leur était soumis; » c'est tout ce que l'Evangile nous apprend de lui à partir de ce moment, jusqu'à ce qu'il soit parvenu à l'âge de trente ans.

Cette vie cachée qu'il a menée jusqu'alors, n'est-elle pas la plus éclatante explication du sens de la parole qu'il répondit à ses parents? Jésus n'avait qu'une volonté : accomplir celle de son Père céleste. Il était aussi content d'exercer le métier de charpentier dans Nazareth que de prêcher dans la Judée. Il avait autant de plaisir à ramasser les éclats de bois, les copeaux dans la boutique de son père, qu'à faire des miracles, qu'à ressusciter les morts, parce qu'il faisait ces choses si différentes extérieurement, avec la simple vue de faire tout pour accomplir la volonté du Très-Haut. Cette vie cachée, qui a été sa vie presque tout entière, n'est-elle pas le plus grand exemple qu'il ait donné aux hommes ? Dans son obscurité même, n'est-elle pas la plus grande « lumière du monde » destinée à éclairer tous les chrétiens de tous les siècles, sur ce qu'ils ont à faire en ce monde ? Le seul nom de Nazareth comprend tout l'Evangile : n'est-il pas plus éloquent que tous les plus magnifiques discours ? Ne parle-t-il pas à tout le monde : au père, à la mère, à l'enfant ? Ne dit-il pas à chacun d'accomplir les devoirs de son état ? Ne dit-il pas à tous : « Craignez Dieu et observez ses commandements ; car c'est là tout l'homme ? »

« Orgueil, s'écrie Bossuet, en contemplant ce mystère, viens *crever* à ce spectacle : Jésus fils d'un charpentier, charpentier lui-même, connu par cet exercice, sans qu'on parle d'autre emploi ni d'aucune autre action ! »

Vie publique. — Un jour que ses disciples le priaient de manger, parce qu'il en avait grand besoin, il leur répondit : « J'ai à manger une nourriture que vous ne connaissez point. » Les disciples se disaient donc l'un à l'autre : « Quelqu'un lui a-t-il apporté à manger ? » Jésus reprit : « Ma nourriture est de faire la volonté de Celui qui m'a envoyé, et d'accomplir son œuvre. » N'est-ce pas là encore un langage singulier ? *Ma nourriture,* dit-il. Pouvait-il exprimer d'une manière plus expressive combien il était uni à la volonté de son Père ? Car rien ne s'unit davantage à nous-mêmes que la nourriture. Il ne pouvait donc mieux nous faire comprendre que la volonté de Dieu dût être « la vie » de notre âme, la vie de notre vie.

Une autre fois que les Juifs persécutaient Jésus, parce qu'il se disait avoir Dieu pour Père, il leur répondit qu'il ne faisait qu'un avec son Père, qu'il ne pouvait rien faire de lui-même, et il ajouta : « Mon jugement est juste, parce que je ne cherche point ma volonté, mais la volonté de Celui qui m'a envoyé. »

Il affirme la même chose à ses disciples, le jour où il leur promit l'institution de la Sainte Eucharistie. Il venait de leur dire qu'il était « le pain de vie », mais il n'était pas cru par eux. Voulant exciter leur foi en lui, il leur assura que tous ceux qui viendraient à lui auraient la vie éternelle : « La volonté du Père qui m'a envoyé, dit-il, est que je ne perde rien de tout ce qu'il m'a donné, mais que je le ressuscite au dernier jour, et je suis descendu du ciel pour faire non ma volonté, mais la volonté de Celui qui m'a envoyé. » Ailleurs encore, il nous le répète : « Celui qui m'a envoyé est avec moi, et il ne m'a point laissé seul, parce que je fais toujours ce qui lui plaît. »

Considérons enfin Jésus dans les derniers moments de sa vie. Contemplons-le, la veille de sa mort, au jardin des Oliviers, à l'heure de son effroyable agonie, à cette heure terrible où la justice infinie de Dieu le Père, armée de sa toute-puissance, vient fondre sur lui pour lui faire expier la rançon de tous les péchés du genre humain tout entier. Nul doute que cet instant, le plus douloureux de tous les instants de sa vie, ne manifeste, à un degré tout divin, cette conformité de sa volonté à celle de son Père, dont il nous a donné l'exemple pendant sa vie entière. A ce moment où il est « écrasé », pour ainsi dire, sous le poids du péché, jusqu'à suer le sang, quelle prière fait-il ? « Mon Père, s'écrie-t-il, si c'est possible, que ce calice de ma passion s'éloigne de moi : toutefois, que votre *volonté se fasse et non pas la mienne.* » Quel exemple ! quelle leçon ! Ah ! il pourra s'écrier aussi sur la croix : « Tout est consommé. » *Consommatum est.* L'expiation du péché est achevée ; j'ai accompli l'œuvre que mon Père m'a confiée ; je peux mourir en m'abandonnant à votre volonté. « Seigneur, je remets mon âme entre vos mains ! »

.′.

Faire la volonté de Dieu en tout, partout et toujours ; lui obéir de tout notre cœur : c'est tout notre bien, toute notre perfection.

Faire notre propre volonté, c'est tout notre mal ; notre plus grand ennemi, c'est nous-mêmes, c'est-à-dire notre propre volonté. Quand nous faisons nos propres volontés, les démons cessent de nous combattre, parce que nos volontés elles-mêmes deviennent des démons, et les pires de tous.

— Le fondateur d'une communauté religieuse, pressé par ses disciples de leur donner des règles bien précises, écrivit sur une feuille ce seul mot : *Obéissance*. Il leur faisait entendre par là que l'obéissance et la sainteté ne sont qu'une seule et même chose.

— Pendant que saint François de Sales formait le plan des règles qu'il devait donner aux religieuses de la Visitation, quelqu'un lui dit de les faire aller nu-pieds ; mais le saint répondit : « Vous voulez commencer par les pieds, et moi je veux commencer par la tête. »

— Saint Philippe de Néri répétait sans cesse à ses pénitents que toute la sainteté consistait dans « quatre doigts au front ».

— Un grand serviteur de Dieu disait : « Un acte d'abnégation de sa propre volonté vaut mieux que l'érection de mille hôpitaux. »

— Un autre : « Il y a plus de mérite à manger par obéissance qu'à jeûner par sa propre volonté. »

— Un autre encore : « Il vaut mieux être un simple doigt et rester uni au corps que d'être un œil et d'en être séparé. » L'œil séparé du corps n'est qu'un peu de pourriture ; ainsi toute œuvre faite en dehors de la volonté de Dieu est une œuvre morte.

— Le bienheureux Henri Suzo disait : « J'aimerais mieux être un ver de terre par la volonté de Dieu que d'être un séraphin par ma propre volonté. »

J'aime mieux ne rien faire et être martyr de l'oisiveté par la volonté de Dieu que de convertir le monde entier sans elle. J'aime mieux être caché sous le boisseau, dans un petit coin, par la volonté de Dieu, que de briller aux cieux sans elle.

Telle est la marque de la plus parfaite, de la plus sublime perfection. L'âme qui aime parfaitement Dieu, s'abandonne entièrement à Lui ; elle n'aime rien, ne veut rien, ne demande rien, ne désire rien, sinon Lui-même. Pourvu qu'elle accomplisse le bon plaisir divin, où qu'elle soit, quoi qu'elle fasse, elle est assez grande, assez riche, assez heureuse, assez sage.

— Un bon Frère disait dans sa simplicité que, quand il était à table prenant ses repas, il faisait autant que fit saint François-Xavier, l'apôtre des Indes, « parce que, ajoutait-il, ce que saint François-Xavier faisait de mieux en prêchant l'Evangile aux Indes, c'était d'accomplir la volonté de Dieu, et que lui aussi accomplissait cette volonté, lorsqu'il était au réfectoire, dans le temps que la règle demandait qu'il y fût. »

On représentait quelquefois à saint François de Sales, qu'un grand nombre de personnes de peu de considération l'occupaient beaucoup pour des choses de rien : « Je le sais bien, répondit-il, mais que voulez-vous que je fasse à cela? Leurs petites affaires paraissent à ces personnes être de grandes affaires, et elles désirent que je les console, puis-je m'y refuser? Dieu sait bien que toutes les occupations me sont indifférentes, pourvu qu'elles regardent son service. En faisant cela, je ne suis pas obligé de faire autre chose, et n'est-ce donc pas une *grande œuvre que de faire la volonté de Dieu ?*

« Avec la volonté de Dieu, le Purgatoire me serait un Paradis, et sans la volonté de Dieu le Paradis me serait un Purgatoire... je préférerais, si la chose était possible, l'Enfer avec la volonté de Dieu, au Paradis sans cette divine volonté. »

Se donner et s'abandonner aussi totalement à Dieu est la première et principale marque de l'amour de Dieu, parce que donner toute sa volonté, c'est se donner tout soi-même; c'est le don du cœur qui est le don le plus absolu, le plus universel, en un mot le plus parfait.

Celui qui sacrifie à Dieu ses biens, en les distribuant aux pauvres, son honneur, en embrassant les mépris, son corps, en le mortifiant par des jeûnes et autres pénitences, lui donne une partie de lui-même; mais celui qui lui sacrifie sa volonté, celui-là se donne lui-même tout entier à Lui, sans réserve aucune. Il peut dire au Seigneur : « Je n'ai plus rien à vous donner, » puisqu'il veut la volonté de Dieu, rien autre que sa volonté, toute sa volonté; il la veut uniquement, exclusivement, insatiablement.

Cette disposition d'âme a le mérite du martyre. Par le martyre, on sacrifie sa vie en sacrifiant sa tête; par l'abandon parfait de sa volonté à Dieu, on donne sa vie, car la volonté est la tête de l'âme. C'est pourquoi il ne tient qu'à nous de donner sans cesse à notre vie le mérite du martyre, en donnant insatiablement notre volonté à Dieu ; en réalisant sans cesse notre prière de chaque jour : « Que votre sainte volonté soit faite ! » L'heure de notre mort doit être la consommation de notre martyre volontaire. Loin de nous faire cacher l'arrivée de ce suprême instant, le plus précieux de notre vie, demandons d'y être tout entier présent, pour offrir à Dieu le suprême sacrifice dont nous sommes à la fois l'autel, la victime et le prêtre. Disons comme un excellent chrétien : « A ma mort, je veux être là. » Ainsi, nous aurons la couronne du parfait martyre.

Notre perfection ou sanctification, c'est-à-dire l'accomplissement de la volonté de Dieu en nous a *plusieurs degrés*. On peut les résumer dans les quatre principes suivants :

I. *Réformer*, c'est-à-dire redresser notre volonté *déformée* ou détournée de Dieu par le péché : *deformatum reformare*.

« Je suis un fer recourbé, disait saint Louis de Gonzague, j'ai besoin d'être redressé. »

II. *Conformer*, c'est-à-dire rendre conforme ou semblable à la volonté de Dieu notre volonté maintenant redressée ou droite. *Reformatum conformare*.

III. *Confirmer*, c'est-à-dire maintenir, consolider, fortifier la volonté déjà conforme à la volonté de Dieu : *conformatum confirmare*.

IV. *Transformer*, c'est-à-dire fondre, couler, uniformer, pour ainsi dire, notre volonté une fois affermie, attachée définitivement à la volonté divine. *Confirmatum transformare* (1).

Se réformer soi-même : telle est donc la base de toute la perfection ou le mérite de l'homme. Ce doit être le but premier et constant de la vie, car la réforme de soi-même est la première de toutes les

---

(1) Ces quatre points correspondent au plan des *Exercices* de saint Ignace de Loyola, grand maître de la vie spirituelle.

réformes. On ne peut pas prétendre travailler à aimer Dieu, si on ne travaille pas à se réformer, à vaincre ses mauvaises habitudes, à mortifier ses mauvais penchants. Se réformer : voilà tout le travail nécessaire de la vie ; c'est toute la science de la vie. Hélas ! que d'hommes la négligent !

L'empereur de Russie, Pierre le Grand, disait avec raison sur la fin de sa carrière : « J'ai réformé tout mon empire, et je n'ai pas su me réformer moi-même. »

Selon saint Augustin, il y a dans chacun de nous un serpent, une Ève et un Adam. Le serpent, c'est le monde séducteur de nos sens ; l'Ève, c'est notre âme avec la multiplicité de ses désirs déréglés ; l'Adam, c'est notre raison, notre volonté, dont la mission est de s'appliquer sans cesse à dominer le serpent et l'Ève.

On appelle généralement *humeur*, la disposition habituelle de l'esprit et du cœur, c'est-à-dire le naturel, le tempérament, le caractère, les inclinations, la fantaisie. On accuse et on excuse les hommes, comme ils s'accusent et s'excusent eux-mêmes par ces mots : « Que voulez-vous, c'est l'humeur ! » Quoi qu'il en soit du mot, il est certain que, pour chacun de nous, il se trouve dans la pente de notre humeur un grand danger de violer les devoirs les plus sacrés de la conscience, et que ne savoir pas prendre sur soi de modifier, de corriger son humeur, entraîne les plus fatales conséquences.

Combien on s'étudie peu à se dompter soi-même ! Hélas ! on va devant soi, et le plus souvent on reste ce qu'on est, toute la vie.

Et cependant, sans ce travail continuel de la correction de ses défauts, sans cette lutte perpétuelle contre son amour-propre, il n'y a pas dans la vie chrétienne, soit dans le monde, soit hors du monde, de vertus véritables et solides. Il n'y a ni douceur, ni humilité, ni patience, ni charité, si on ne sait pas se vaincre; il n'y a pas davantage de bonheur domestique, de véritable paix, d'union de famille, de charme dans les relations sociales.

Combien de personnes sont au dehors tout autres qu'au dedans! Combien paraissent un ange sur la scène du monde d'où elles ne sortent que pour être « un diable en la maison », selon l'expression de saint François de Sales!

Avec des étrangers, quelle amabilité, quelle grâce, quel esprit! elles sont admirables. Dans leur intérieur quelle froideur et quelle brusquerie! quel ennui! elles sont insupportables. Quelquefois un même instant les voit passer de cette extrémité à l'autre. Quelqu'un entre, on se compose : c'est la douceur, la politesse la plus exquise, et cela au moment où on se livrai précisément à de brusques saillies de son humeur bilieuse, inquiète et coléreuse. Chose triste et trop vraie : on sera au dedans de soi et vis-à-vis des siens d'autant moins égal et moins modéré, qu'on saura le paraître davantage aux yeux du monde. Il faut une compensation.

Parmi les personnes qui se piquent d'une vie régulière, pieuse même, et qui fréquentent les Sacrements, il en est peu qui vivent du véritable esprit de renoncement, de sacrifices intérieurs et d'efforts sans cesse renouvelés sur leur caractère. Leur rareté donne lieu d'accuser la piété. Mon Dieu! ce n'est pas la piété qui a tort, ce sont les personnes qui se disent pieuses, veulent le paraître, et ne le sont pas véritablement. Elles éloignent ainsi les autres de la religion, et sont cause de mille fautes dans ceux qui les entourent.

Mais comment faire pour se corriger? Avec la bonne volonté aidée de la grâce de Dieu, on le peut infailliblement. Pour notre consolation, sachons bien que les Saints ont leurs défauts comme nous.

« On n'acquiert pas la perfection en se tenant les bras croisés, dit saint François de Sales : il faut travailler tout de bon à se dompter soi-même et à vivre selon la raison...

« Vous estimez peut-être que la perfection se doit trouver toute faite et qu'il ne faille que la mettre comme on met un habit ; mais il n'en est pas ainsi ; il faut la faire soi-même, et s'en revêtir...

« On ne requiert pas de vous que vous n'ayez point de passions ; il n'est pas en votre pouvoir, et Dieu veut que vous les ressentiez jusqu'à la mort, pour votre plus grand mérite ; ni même que vos passions soient peu fortes, car ce serait dire qu'une âme qui a de mauvaises inclinations ne serait pas propre au service de Dieu : en quoi le monde se trompe ; car Dieu ne rejette rien de ce où la malice ne se trouve point. En quoi, je vous prie, est coupable une personne, pour être de tel ou tel tempérament, sujette à telle ou telle passion ? Le tout consiste dans les actes que nous en faisons par un mouvement de notre volonté ; le péché étant si volontaire que, sans notre consentement, il n'y a point de péché.

« S'il arrive donc que la colère me surprenne, je lui dirai : Tourne, retourne, crève si tu veux, je ne ferai rien en ta faveur, non pas même de prononcer une parole selon ton mouvement. Dieu nous a laissé ce pouvoir : autrement ce serait, en nous demandant la perfection, nous obliger à une chose impossible, et par conséquent, une injustice, laquelle ne peut se rencontrer en Dieu.

« Vivre selon l'esprit, c'est faire les actions, dire les paroles et produire les pensées que l'esprit de Dieu demande de nous ; et quand je dis : produire les pensées, j'entends celles qui sont volontaires. Je suis triste et je ne veux pas parler : les perroquets font ainsi. Je suis triste ; mais puisque la charité requiert que je parle, je le ferai : les personnes spirituelles font ainsi. Je suis méprisé, et je m'en fâche : les paons et les singes font ainsi. Je suis méprisé, et je m'en réjouis : les Apôtres faisaient ainsi.

« Vivre selon l'esprit, c'est donc faire ce que la Foi, l'Espérance et la Charité nous enseignent, soit dans les choses temporelles soit dans les spirituelles. »

Vaincre, régler, diriger le feu des passions, doit être l'objet de nos soins continuels. Un excellent directeur d'âme donnait ce conseil : « Ayez toujours deux instruments au coin de votre feu : une pelle et une cruche d'eau ; la pelle pour jeter des cendres sur le feu, et de l'eau, si les cendres ne suffisent pas. La précaution est nécessaire, autrement vous aurez tous les jours des feux de cheminée, et souvent votre pauvre directeur ou vos amis seront obligés de monter sur les toits. »

Se réformer, *se vaincre soi-même :* c'était la maxime que saint Ignace de Loyola ne cessait de répéter à ses religieux. Il disait que parmi les personnes d'oraison, il y en a peu qui avancent dans la perfection, parce qu'il y en a peu qui s'appliquent à se *vaincre elles-mêmes,* c'est-à-dire à combattre sans cesse leur volonté propre, l'amour-propre déréglé, le *moi humain,* notre plus grand ennemi. « Sur 100 personnes d'oraison, plus de 90 font à leur tête. » Ce sont ses propres paroles. Aussi préférait-il un acte de mortification de la propre volonté à plusieurs heures de prières pleines de consolations spirituelles.

Un serviteur de Dieu faisait cette question : « A quoi sert de tenir fermées les portes d'une ville, si l'ennemi intérieur ou la faim, afflige tous les habitants?

Qu'est-ce à dire ? A quoi bon mortifier les sens extérieurs et faire d'autres exercices de dévotion, quand on retient dans son cœur quelque passion, comme l'attachement obstiné à sa propre volonté ou l'estime désordonnée de soi-même, l'ambition, la colère, la jalousie, la rancune ou un autre ennemi semblable qui met tout en ruine ?

Certaines personnes pratiquent plusieurs dévotions, s'approchent souvent des Sacrements, disent beaucoup de prières, s'imposent peut-être quelques jeûnes ou autres pénitences corporelles, mais en même temps, elles négligent le soin de vaincre leurs petites passions, par exemple, certains ressentiments, certaines aversions, certaines affections déréglées, certains goûts de vanité ; ou bien encore, elles ne s'exercent point à aimer le prochain, à lui venir en aide, à éviter d'en dire du mal ; elles ne s'exercent point à vaincre leur mauvaise humeur, à supporter avec patience les contrariétés, à s'abandonner à la volonté divine. En pareil cas, quel progrès peuvent-elles faire dans la perfection ? Ces malheureuses âmes sont toujours dans les mêmes fautes, hors du bon chemin. *Bene currunt sed extra viam,* dit saint Augustin : « Elles courent bien ou plutôt elles courent bien loin, mais elles se trouvent hors du chemin de la perfection, » qui consiste à se *vaincre soi-même,* à modeler sa vie sur la volonté de Dieu ; à dompter son propre cœur pour le tourner vers Dieu seul. *Tantum proficies, quantum tibi ipsi vim intuleris :* « Vous avancerez dans la mesure où vous vous ferez violence, » dit l'auteur de l'Imitation.

Sans doute, il ne faut nullement blâmer les prières vocales, ni les pénitences, ni aucun autre exercice spirituel, mais on ne doit les faire que pour obtenir la *victoire sur soi-même,* sur ses passions. Les exercices de piété sont les *instruments*, les *canaux* de la grâce divine nécessaire pour arriver à pouvoir pratiquer les vertus chrétiennes, la vie d'union à Dieu. Méditations, prières, communions et toutes les autres pratiques de la religion n'ont qu'un seul but : vaincre notre amour-propre pour nous donner tout à l'amour de Dieu.

Il n'est pas une œuvre de religion, même la plus sainte, qui n'ait sa mesure dans son emploi : on peut en abuser. Au contraire, il n'y a pas de mesure dans l'observation de la loi de Dieu, qui consiste tout entière à l'aimer. On ne peut jamais trop désirer unir notre cœur, notre volonté, au cœur, à la volonté de Dieu. Aussi saint Bernard a deux fois raison de dire : « La mesure d'aimer Dieu est de l'aimer sans mesure. » Nous ne pouvons jamais trop aimer Dieu et Dieu ne peut pas jamais être trop aimé.

Nous pouvons abuser de la pénitence extérieure ou corporelle, mais jamais nous ne pouvons abuser de la pénitence intérieure, ou spirituelle ; la seconde est le but unique de la première ; celle-là n'est qu'un pur moyen d'obtenir celle-ci. « Que sert, dit saint Jérôme, de s'exténuer par les jeûnes et puis de s'enfler d'orgueil, ne pouvant souffrir une parole de mépris ou le refus d'une demande ? Que sert de s'abstenir de vin et puis de s'enivrer de colère pour un désagrément ou une contradiction ?

Ecoutons Bossuet : « Que le monde est plein de fausses piétés ! Ils ne voudraient pas qu'il manquât un *Ave Maria* à leur chapelet, mais les rapines, mais les médisances, mais les jalousies, ils les avalent comme de l'eau : scrupuleux dans les petites obligations, larges sans mesure dans les autres. Il ne faut pas mépriser les petites choses, qui sont en effet la couverture et la défense des grandes, mais aussi ne pas imaginer que Dieu se paie de cette écorce et de ces grimaces...

« Des chrétiens se font des lois et ils les suivent ; ils s'imposent des obligations et ils y sont ponctuels. Cependant ils méprisent celles que Dieu leur impose et violent hardiment ses lois les plus saintes : certes, ils sont dignes de cette terrible malédiction que Dieu prononce par la bouche de son prophète : « Malheur à vous qui cherchez dans vos dévotions, non ma volonté, mais la vôtre. C'est pourquoi, dit le Seigneur, je déteste vos observances, vos oraisons me font mal au cœur ; j'ai peine à les supporter...

« Que ne combattez-vous en vous-mêmes l'avarice, l'ambition, la sensualité ? Celui-là est inquiété, s'il n'a pas dit son chapelet et ses autres prières réglées, ou s'il manque quelque *Ave Maria* à la dizaine : je ne le blâme pas, à Dieu ne plaise ! je loue dans les exercices de piété une exactitude religieuse ; mais qui pourrait supporter que celui-là même arrache tous les jours sans peine quatre ou cinq commandements à l'observance du saint Décalogue, et qu'il foule aux pieds sans scrupule les plus saints devoirs du christianisme ? Étrange illusion, dont l'ennemi du genre humain nous fascine ! Il ne peut arracher du cœur de l'homme le principe de religion qu'il y voit trop profondément gravé ; il lui donne non son emploi légitime, mais un dangereux amusement, afin que déçus par cette apparence, nous croyions avoir satisfait par nos petits soins aux obligations sérieuses que la religion nous impose ; détrompez-vous, chrétiens.

« Mais vous me dites : Où me poussez-vous ? Quitterai-je donc toutes mes prières, jusqu'à ce que j'aie résolu de me convertir tout à Dieu, et vivrai-je, en attendant, comme un infidèle ? Non, mes Frères, à Dieu ne plaise ! Dites toujours vos prières, j'aime mieux vous voir pratiquer les dévotions imparfaites que de vous voir mépriser toute dévotion et oublier que vous êtes chrétiens. Le médecin qui vous traite d'une maladie dangereuse et habituelle, vous ordonne des remèdes forts, mais il ordonne aussi des fomentations et d'autres remèdes plus doux. Vous pratiquez ceux-ci et vous n'avez pas le courage de souffrir les autres : il vous avertit alors sagement que vous n'achèverez pas votre guérison. Vous vous irritez contre lui ou plutôt contre vous-mêmes, et vous lui dites que vous quitterez tout régime, et que vous laisserez à l'abandon votre santé et votre vie. Il ne s'aigrit pas contre vous, et il regarde votre chagrin comme une suite fâcheuse ou plutôt comme une partie de votre mal ; puis il vous répond : Ne le faites pas ; prenez toujours ces remèdes, qui du moins ne vous peuvent nuire, et qui peut-être soutiendront un peu la nature accablée ; mais à la fin vous périrez sans ressource, si vous ne faites de plus grands efforts pour votre santé.

« Ainsi, je vous dis, mes Frères ; pratiquez ces dévotions, faites ces prières ; j'aime mieux cela qu'un oubli total et de Dieu et de vous-mêmes. Mais ne vous appuyez pas sur ces légères pratiques ; elles empêchent peut-être un plus grand malheur, c'est-à-dire l'impiété toute déclarée et le mépris tout manifeste de Dieu et c'est pour cela qu'on vous les souffre ; mais sachez qu'elles n'avancent pas votre guérison, et que si vous y mettez votre appui, elles en seraient bien plutôt un perpétuel obstacle. Car, écoutez ce que le Saint-Esprit a dit de vos œuvres et de vos dévotions superstitieuses : « Ils ne cherchent pas la
« justice et ne jugent pas droitement. Ils mettent
« leur confiance dans des choses de néant et ils
« s'amusent à des vanités. La toile qu'ils ont tissée est
« une toile d'araignée ; et pour cela, dit le Seigneur,

« leur toile ne sera pas propre à les revêtir, et ils ne
« seront point couverts de leurs œuvres. Car leurs
« œuvres sont des œuvres inutiles, et leurs pensées
« sont des pensées vaines. Ils marchent dans un
« chemin de désolation et de ruine... »

« Telle est la juste sentence que le Saint-Esprit à prononcée contre ceux qui mettent leur dévotion dans des pratiques si minces, permettez-moi la liberté de ce mot ; et qui négligent cependant de faire des fruits dignes de pénitence selon le principe de l'Evangile. Leur piété superficielle ne sera pas capable de les couvrir ; leur pauvreté leur fera honte. Ils seront jugés par leur bouche et les saints qu'ils auront loués les condamneront par leurs exemples. Voulez-vous que votre dévotion vous soit profitable ? Soyez chastes, soyez droits, soyez charitables ; faites justice à la veuve et à l'orphelin, protégez l'oppressé, soulagez le pauvre et le misérable. En faisant des œuvres de surabondance, gardez-vous bien d'oublier celles qui sont de nécessité ; attachez-vous à la loi. »

« Que d'abus dans la dévotion, dit Fénelon : les uns la font consister dans la multiplicité des prières ; les autres dans le grand nombre des œuvres extérieures qui vont à la gloire de Dieu et au soulagement du prochain ; quelques-uns la mettent dans des désirs continuels de faire leur salut ; quelques autres dans de grandes austérités. Toutes ces choses sont bonnes ; elles sont même nécessaires jusqu'à un certain degré. Mais on se trompe si on y place le fond et l'essentiel de la véritable piété.

« Celle-ci qui nous sanctifie et qui nous dévoue tout entier à Dieu, consiste à faire tout ce qu'il veut, et à accomplir précisément, dans les temps, dans les lieux et dans les circonstances où il nous met, tout ce qu'il désire de nous. Tant de mouvements que vous voudrez, tant d'œuvres éclatantes qu'il vous plaira : vous ne serez payé que pour avoir fait la volonté du souverain Maître. Le domestique qui vous sert ferait des merveilles dans votre maison, que s'il ne faisait pas ce que vous souhaitez, vous ne lui tiendriez aucun compte de ses actions et vous vous plaindriez avec raison de ce qu'il vous servirait mal... Jusqu'à quand nous fera-t-on ce reproche honteux, qui fait croire à tant de gens que la dévotion n'est qu'un langage, ce reproche si ordinaire qui consiste à dire que les gens qui font profession de piété sont les plus délicats et les plus sensibles ; que leur piété dégénère peu à peu en mollesse ; qu'ils veulent servir Dieu avec toutes sortes de commodités, soupirer après l'autre vie en jouissant de toutes les douceurs de celle-ci, et déclamer toujours avec zèle contre l'amour-propre, prenant néanmoins toutes sortes de précautions pour ne le mortifier jamais en eux ?...

« Leur genre de vie, régulier en apparence, ne sert alors qu'à favoriser leur vanité ; hors de là, elles sont indociles, inquiètes, indiscrètes, délicates, sensibles, incapables de se mortifier pour remplir leurs devoirs. En un mot, en allant à la prière avec ce fond d'orgueil et de présomption, elles n'en rapportent qu'un esprit gâté, plein d'illusion sur elles-mêmes et presque incurable. Malheur à ceux qui prient de la sorte ! Malheur à nous, si nos prières ne nous rendent plus humbles, plus soumis, plus vigilants sur nos défauts, plus disposés à vivre dans l'obscurité et dans la dépendance !... Nous tendons toujours à être quelque chose, nous faisons souvent du bruit dans la dévotion après en avoir fait dans les choses que nous avons quittées. Et pourquoi ! c'est que l'on veut être distingué en toutes sortes d'état : hélas ! on ne voit partout qu'une religion en figure, qu'une religion judaïque ! » Enfin, écoutons Massillon :

« Toute action de piété qui ne tend pas à établir le règne de Dieu au dedans de nous, est vaine ; toute pratique sainte qui subsiste toujours avec nos passions ; qui laisse toujours dans notre cœur l'amour du monde et de ses plaisirs criminels ; qui ne touche point à nos haines, à nos jalousies, à notre ambition, à nos attachements, à notre paresse, est plutôt une dérision de la vertu qu'une vertu même. Nous ne sommes devant Dieu que ce que nous sommes par notre cœur et par nos affections. Il ne voit de nous que notre amour ; il veut être la fin de toutes nos actions, le principe de toutes nos affections, l'inclination dominante de notre âme : tout ce qui ne prend pas sa source dans ces dispositions, tout ce qui ne doit pas nous y affermir ou nous y conduire, quelque éclat qu'il puisse avoir devant les hommes, n'est rien devant lui, n'est qu'un airain sonnant et une cymbale vide et retentissante.

« Toute la religion en ce sens est dans le cœur : Dieu ne s'est manifesté aux hommes ; il n'a formé une Eglise visible sur la terre ; il n'a établi la majesté de ses cérémonies, la vertu de ses sacrements, la magnificence de ses autels, la variété de ses pratiques et tout l'appareil de son culte, que pour conduire les hommes aux devoirs intérieurs de l'action de grâces, et pour se former un peuple saint, pur, innocent, spirituel qui pût le glorifier dans tous les siècles.

« Voilà la fin de tout le culte établi de Dieu et de tous les desseins de sa sagesse sur les hommes. Toute religion qui se bornerait à de purs dehors et ne réglerait pas le cœur et les affections, serait indigne de l'Etre suprême ; ne lui rendrait pas la principale gloire et le seul hommage qu'il désire et devrait être confondue avec ces vaines religions du paganisme, qui n'inspiraient à la superstition des peuples que des hommages publics et des cérémonies bizarres, qui ne réglaient point l'intérieur et laissaient au cœur toute sa corruption, parce qu'elles ne pouvaient ni la guérir ni la connaître. »

∴

Il est vrai que les plus grands persécuteurs de l'Eglise sont les mauvais chrétiens, qui ne mettent pas leur conduite en harmonie avec leur foi, avec leurs pratiques religieuses. « L'honnête homme qui va à la messe est plus honnête homme que l'honnête homme qui n'y va pas; mais le fripon qui y va est aussi plus fripon que le fripon qui n'y va pas, » a dit J. de Maistre.

Mais sous prétexte que la religion ne consiste pas dans les pratiques du culte, il ne faudrait pas conclure qu'on peut s'en dispenser. Quoiqu'elles ne soient pas la religion elle-même, quoiqu'elles ne constituent pas l'amour de Dieu, en fait, elles en sont ordinairement la preuve, la vraie pierre de touche. Pourquoi ? Parce que ces pratiques, à cause de l'humilité qu'elles demandent, enlèvent le plus grand obstacle de la religion dans les âmes, à savoir : l'*orgueil*.

Les pratiques religieuses étant d'autant plus humiliantes qu'elles sont plus petites, éprouvent l'humilité de l'homme et par conséquent sa religion, son amour de Dieu. L'humilité et l'amour de Dieu vont de pair dans l'âme. « L'humilité est la charité montante; la charité est l'humilité montante, » selon le mot de saint François de Sales.

Si on a véritablement l'humilité intérieure, si on a vraiment l'amour de Dieu en soi, on ne rougit pas de s'humilier extérieurement.

Saint Augustin parle d'un vénérable vieillard, très savant et très lettré, qui s'était converti à la foi. Avant sa conversion, il avait de la peine à se plier aux pratiques de l'Eglise. Son intelligence était convaincue, mais il n'était pas un vrai chrétien, parce qu'il n'osait pas aller à l'église... Oui, sa foi s'arrêtait devant cet obstacle; il n'osait pas aller à l'église, et il n'osait pas, par crainte des plaisanteries...

Il disait cependant à un de ses intimes amis : « Sais-tu que me voilà chrétien? » Cet ami, fervent chrétien, lui disait : « Non, je ne le croirai pas, je ne te regarderai pas comme un vrai chrétien tant que je ne te verrai point à l'église. »

Victorin, c'était le nom du philosophe, lui répondit : « *Sont-ce donc les murailles qui font le chrétien?* » Et il répétait souvent la même chose : « Je suis décidément chrétien. » Même réponse de son ami, même réflexion sur les murailles.

Mais un jour il dépouilla toute honte, toute vanité et surprit son ami par ces paroles : « Allons à l'église; je veux être chrétien. » Et celui-ci, tout heureux, l'y conduisit à l'instant... Son nom, répandu tout bas par ceux qui le connaissaient, éleva dans l'assemblée un murmure de joie... Et tous, pleins d'allégresse, s'écriaient : « Victorin! Victorin! » Puis tout le monde se tut. Il prononça le *Je crois en Dieu* avec une admirable foi et tous eussent voulu l'enlever dans leur cœur; ils l'enlevaient en vérité par leur amour et leur joie. L'amour et la joie étaient comme les bras des ravisseurs.

Combien d'hommes et de femmes de notre époque ressemblent à ce savant dont parle saint Augustin! Ils disent comme lui : Moi, je crois en Dieu, en Jésus-Christ; je suis chrétien; sachez-le et n'en doutez pas. Les vrais chrétiens leur répondent : Nous ne croirons à votre conversion que lorsque nous vous aurons vu à l'église puis à la Table sainte.

Et ils répliquent comme Victorin : Est-ce que ce sont les murailles qui font les chrétiens ? Est-ce que la religion n'est pas dans le fond de notre conscience ? Est-elle dans ces mille pratiques cultuelles ?

Mais en réalité, ils ne sont pas bien convaincus ; ils se sentent en défaut ; qu'est-ce donc qui les arrête ? Leur âme ne possède pas l'humilité qui est la première condition de l'édifice spirituel de la vie chrétienne ; ils craignent les plaisanteries, ils ont peur du *qu'en dira-t-on*, et aussi il y a souvent des choses qu'ils ne veulent pas avouer, des liens qu'ils ne veulent point rompre... En vérité, ils ne sont pas chrétiens ; ils le seront quand ils viendront à l'église, quand ils s'humilieront sincèrement devant le tribunal de la pénitence, quand ils communieront avec nous.

.*.

En résumé : observer de tout cœur la volonté de Dieu, ses *commandements* et *ceux de l'Eglise*, puisque désobéir à l'Eglise c'est désobéir à Dieu : voilà toute la religion.

Nous connaissons tous l'histoire de ce jeune homme s'approchant du Sauveur pour lui adresser cette question : « Maître, quel bien ai-je à faire pour posséder la vie éternelle ? » Jésus lui répond : « Si vous voulez entrer dans la vie, observez les commandements. »

Cet homme qui s'approche du Sauveur, c'est l'humanité tout entière, car il n'est pas de créature humaine qui n'aspire à posséder la vie. Or il n'en est aucune qui puisse espérer de vivre sans agir selon la loi.

On ne vit pas de la vie de Dieu si on ne l'aime pas, et on ne l'aime pas, si l'on ne se conforme pas à sa sainte loi.

Voilà pourquoi l'observation de cette loi est la première obligation que l'Église rappelle à l'homme qui va devenir chrétien par le Baptême. Elle emploie les paroles mêmes de Notre-Seigneur.

— Que demandez-vous à l'Église de Dieu ? — La foi. — Que vous procure la foi ? — La vie éternelle. — Si vous voulez entrer dans la vie, observez les commandements...

D'ailleurs, quelle affection Dieu a toujours eue pour ses commandements ! Avec quelle ardeur et quelle instance il en a recommandé la mémoire et l'observation à son peuple !

Premièrement, Lui-même les écrivit sur deux tables de pierre sur les deux faces, pour en marquer l'importance et pour mieux faire sentir la nécessité qu'il y avait de les observer.

Secondement, il fit faire un tabernacle et une arche de bois incorruptible, toute couverte d'or le plus pur pour y loger ces tables.

En troisième lieu, il ordonne à Moïse, chef de son peuple, de préparer de nouvelles tables de pierre pour y écrire de nouveau les dix commandements.

(Moïse, saintement indigné à la vue de l'infidélité révoltante des Israélites adorant le veau d'or, avait brisé les premières tables au pied de la montagne sur laquelle il était en rapport avec le Seigneur.)

En quatrième lieu, il commande au peuple, entrant dans la Terre Promise, après le passage du Jourdain, de mettre de grosses pierres sur le rivage de ce fleuve, où seraient écrits ces commandements, afin que tous fussent assurés, que s'ils ne les gardaient, ils ne jouiraient pas longtemps de cette heureuse terre qu'ils avaient conquise par la conduite et la bénédiction de Dieu ; et parce qu'ils ne pouvaient pas être toujours là pour les lire, il leur commande de les écrire à l'entrée et sur toutes les portes des maisons, de les imprimer bien avant dans leur esprit et dans le cœur de leurs enfants. Voici ses paroles : « Ecoutez donc, Israël, et ayez grand soin de faire ce que le Seigneur vous a commandé, afin que vous soyez heureux et que vous vous multipliiez de plus en plus, selon la promesse que le Seigneur, le Dieu de vos pères, vous a faite de vous donner une terre où couleraient des ruisseaux de lait et de miel.

« Ecoutez, Israël, ce que je vous dis : Le Seigneur notre Dieu est le seul et unique Seigneur. C'est pourquoi vous aimerez le Seigneur votre Dieu de tout votre cœur, de toute votre âme et de toutes vos forces.

« *Ces commandements que je vous donne* aujourd'hui seront gravés dans votre cœur ; vous en instruirez vos enfants, vous les méditerez assis dans votre maison et marchant dans le chemin, la nuit dans les intervalles du sommeil, le matin à votre réveil.

« Vous les lierez comme une marque dans votre main ; vous les porterez entre vos yeux (ne les oubliez jamais) ; vous les écrirez sur le seuil et sur les poteaux de la porte de votre maison. »

Rien donc, dans la religion, ne saurait remplacer l'observation des *commandements*.

Ni les sentiments de foi. — Notre-Seigneur nous dit : « Celui qui croira, qui recevra le baptême (et en aura rempli les obligations, cela va sans dire), celui-là sera sauvé. »

Ni les sentiments d'un amour facile. — « Celui qui aime mon Père, déclare Notre-Seigneur Jésus-Christ, observe ses commandements... Vous êtes vraiment mes amis, si vous accomplissez mes préceptes. » « Celui qui prétend connaître Dieu et n'observe pas ses commandements, affirme l'apôtre saint Jean, est menteur et n'a pas la vérité en lui ; au contraire, la charité est parfaite dans le cœur de celui qui garde la parole de Dieu. »

Ni la pratique de n'importe quelles bonnes œuvres. — Le sacrifice que nous offrons à Dieu par l'obéissance parfaite à sa volonté est le sacrifice suprême.

Saül avait résisté aux ordres de Dieu. En vain, il avait multiplié les offrandes et les victimes. Samuel, envoyé par le Seigneur irrité, lui fait entendre cette véhémente condamnation : « Croyez-vous que Dieu veuille des holocaustes et des victimes et qu'il ne préfère pas qu'on obéisse à sa voix ? *L'obéissance vaut mieux que les victimes...* Ne pas se soumettre à sa volonté, c'est un péché d'idolâtrie. Parce que vous avez rejeté les paroles du Seigneur, le Seigneur vous a rejeté et vous ne serez plus roi. »

Les œuvres d'apostolat, les miracles d'une puissance surnaturelle ne seront rien, ou plutôt, ils seront considérés comme des œuvres d'iniquité, si la volonté de Dieu n'est pas accomplie. C'est l'enseignement du Sauveur : « Ce ne sont pas tous ceux qui disent : Seigneur, Seigneur, qui entreront dans le royaume des cieux ; mais celui-là y entrera qui fait la volonté de mon Père qui est dans les cieux. Plusieurs me diront au jour du jugement : Seigneur, Seigneur, n'avons-nous pas prophétisé en votre nom ? N'avons-nous pas chassé les démons en votre nom ? N'avons-nous pas fait plusieurs miracles en votre nom ? Et alors je leur dirai : Je ne vous ai jamais connus. Retirez-vous de moi, vous qui faites des œuvres d'iniquité. »

Non, rien absolument ne saurait remplacer l'observation de la volonté de Dieu, de ses commandements.

La volonté où la loi de Dieu comprend :

I. **L'observation de tous ses commandements.**
II. **L'observation de tous les devoirs d'état.**

III. La soumission aux ordres de sa divine Providence.

§ Ier

ON ACCOMPLIT LA VOLONTÉ OU LA LOI DE DIEU PAR L'OBSERVATION DE TOUS SES COMMANDEMENTS.

De même qu'une seule blessure grave suffit pour ôter la vie du corps, ainsi la violation d'un seul commandement de Dieu ou de l'Eglise, en matière grave, suffit pour ôter à l'âme la vie de la grâce ou de l'amour de Dieu. On ne peut conserver l'état de grâce ou d'amour de Dieu que par l'observation de tous les divins commandements sans exception. Écoutons, sur ce sujet, Bourdaloue :

« Pour reproduire l'acte d'amour, qui est le sujet du premier commandement, ou du commandement par excellence, il faut être disposé, ou, pour mieux dire, déterminé par une volonté absolue, sincère, efficace, à observer, sans réserve et sans exception, tous les autres commandements, et se persuader qu'il est autant impossible d'aimer Dieu, et de n'être pas dans cette disposition d'esprit, que de l'aimer tout ensemble et de ne le pas aimer. Je dis tous les commandements sans exception, car, prenez garde, chrétiens, à ce que vous n'avez peut-être jamais bien compris ; il n'en est pas de la charité comme des vertus morales et naturelles, en sorte que vous puissiez dire, quand vous accomplissez un précepte : « J'ai une charité commencée ; si j'en accomplis plusieurs, cette charité croît dans moi, et elle sera entière lorsque je les accomplirai toutes. » Non, il n'en va pas ainsi : l'essence de la charité ne souffre point de partage ; elle est attachée à l'observation de toute la loi, et de même, dit l'Ange de l'école, saint Thomas, que si je doutais d'un seul article de la religion que je professe, quelque soumission d'esprit que je pusse avoir sur tout le reste, il serait vrai néanmoins que je n'aurais pas le moindre degré de foi, parce que la substance de la foi est indivisible ; ainsi, est-il certain que, quand j'aurais pour tous les autres commandements cette soumission de volonté que la loi demande, si elle me manque à l'égard d'un seul, dès lors, je n'ai pas le moindre degré d'amour de Dieu.

« Il y a une grande charité, poursuit saint Thomas, et par comparaison à celle-là, on peut dire qu'il y a une moindre charité ; mais la charité que je conçois la moindre, si c'est une vraie charité, s'étend, aussi bien que la plus grande, à toutes les obligations présentes, futures, possibles. C'est pour cela que l'Apôtre appelle cet amour la *plénitude de la loi : plenitudo legis ;* parce que tous les commandements de la loi de Dieu entrent, pour ainsi dire, dans la charité, comme autant de parties qui la composent, et qui se confondent dans elle comme autant de lignes qui, hors de leur centre, sont séparées, mais, dans leur centre, trouvent leur union sans préjudice de leur distinction.

« En effet, entre tous les préceptes particuliers, considérés hors de ce centre de l'amour divin, il n'y a ni connexion, ni dépendance naturelle : on peut observer l'un sans accomplir l'autre ; celui qui défend le vol ne défend ni le parjure, ni l'adultère ; celui qui commande l'aumône ne commande ni la prière, ni la pénitence ; mais, par rapport à l'amour de Dieu, tout cela est inséparable ; pourquoi ? parce que cet amour, en vertu de ce qu'il contient et de ce que nous appelons sa plénitude, est une défense générale de tout ce qui répugne à l'ordre, et un commandement universel de tout ce qui est conforme à la raison, en sorte que, dans le langage de la théologie, dire intérieurement à Dieu que je l'aime, c'est faire un vœu d'obéir à toutes ses volontés, comme si je spécifiais chaque chose en détail, et que, développant mon cœur, je m'expliquasse par ce seul acte, sur tout ce que Dieu sait que je lui dois et que je veux lui rendre. Sur cela, saint Augustin fait une réflexion bien judicieuse, dont voici le précis. Il examine ces paroles du Sauveur du monde : « Si vous gardez mes commandements, vous serez dans l'exercice et comme dans la possession de mon amour (1), » et il les compare à un autre passage du même évangile : « Si vous m'aimez, gardez mes commandements (2). » Là-dessus il raisonne, et voici comment. D'une part, Jésus-Christ nous assure que, si nous l'aimons, nous obéirons à sa loi, et de l'autre, il nous déclare que, si nous obéissons à sa loi, nous l'aimerons. Quoi donc ? est-ce par la charité que la loi s'accomplit, ou par l'accomplissement de la loi que la charité se pratique ? Aimons-nous Dieu parce que nous faisons ce qu'il nous commande, ou faisons-nous ce qu'il nous commande parce que nous l'aimons ? Ah ! mes Frères, répond cet incomparable docteur, ne doutons point que l'un et l'autre ensemble ne se vérifient, selon l'oracle et la pensée du Fils de Dieu ; car, quiconque aime Dieu de bonne foi, a déjà accompli tous les préceptes dans la disposition de son cœur, et quand il vient à les accomplir dans l'exécution, il ratifie seulement et il confirme par ses œuvres ce qu'il a déjà fait par ses sentiments et dans le secret de l'âme. D'où il s'ensuit qu'il y a

---

(1) *Si præcepta mea servaveritis, manebitis in dilectione mea.* JOHAN., XV.

(2) *Si diligitis me, mandata mea servate.* IDEM, XIV.

de la contradiction à former l'acte de l'amour de Dieu, et n'avoir pas une volonté absolue d'observer tous les commandements de Dieu.

« Supposons donc un homme tel que l'imperfection de notre siècle ne nous en fait aujourd'hui que trop voir ; je veux dire un homme d'une fidélité bornée, et qui, dans l'obéissance qu'il rend à Dieu, usant de réserve, accomplisse, si vous voulez, hors un seul point, toute la loi ; il n'est ni blasphémateur, ni impie, ni fourbe, ni usurpateur, ni emporté, ni vindicatif ; il est religieux envers Dieu, équitable envers le prochain, mais il est faible sur une passion qui le domine, et qui, pour être l'unique dont il soit esclave, n'en est pas moins le scandale de sa vie ; ou bien, pour le considérer sous une autre idée, il est chaste, réglé dans ses plaisirs, ennemi du libertinage, il a même du zèle pour la discipline et pour la pureté des mœurs ; mais, avec cette pureté de mœurs et ce zèle, il ne peut oublier une injure ; avec cette régularité, il n'est pas maître de sa langue, et, par ses médisances, il déchire impunément le prochain. Je dis que cet homme n'a pas plus de charité, j'entends de cette charité divine et surnaturelle dont dépend le salut, qu'un publicain et qu'un païen ; et Dieu, dont le discernement, quoique sévère est infaillible, ne le réprouve pas moins que s'il violait toute la loi ; pourquoi ? parce qu'en omettant un point grave de la loi, il n'a plus ce qui est essentiel à la charité, savoir, une volonté efficace de remplir toute la loi.

« Et voilà le sens de cette parole de saint Jacques, qui paraissait autrefois si obscure aux Pères de l'Eglise et sur laquelle saint Augustin même crut avoir besoin de consulter saint Jérôme : « Quiconque pèche contre « un seul précepte, est aussi coupable que s'il péchait

« contre tous (1). » Quoi! demande saint Augustin, est-ce que la transgression d'un seul commandement est censée aussi criminelle que la transgression de tous les commandements? est-ce qu'il n'y a pas plus de désordres à les violer tous qu'à n'en violer qu'un seul? est-ce que l'un et l'autre est égal à Dieu, et que Dieu ne s'en tient ni plus ni moins offensé? En ce sens répondait saint Jérôme, la proposition serait une erreur, et une erreur pernicieuse dans ses conséquences. Mais dans le sens de l'Apôtre, elle contient un dogme incontestable de notre foi, que quiconque viole dans un seul point la loi de Dieu, est aussi bien privé de la grâce, perd aussi immanquablement la charité, n'a non plus de part à l'héritage de la gloire, enfin, n'est pas moins un sujet de réprobation, que s'il se trouvait l'avoir violée dans toutes ses parties.

« Et sur cela, mon Dieu! reprenait saint Bernard, méditant cette vérité, je n'ai nulle raison de me plaindre, comme si la loi de votre amour était un joug trop pesant. Car est-il rien, au contraire, de plus équitable que cette loi? et si je la condamnais, ne me condamnerais-je pas moi-même, puisque, n'étant qu'un homme mortel, je prétends néamoins avoir droit d'exiger de mes amis, la même fidélité. Qu'un d'eux m'ait manqué dans une affaire importante, qu'il ait pris parti contre moi, qu'il m'ait déshonoré, qu'il m'ait fait outrage, quoiqu'en toute autre chose il soit sans reproche à mon égard, je ne le regarde plus alors comme un ami, et je conclus qu'il ne me rend pas même le devoir de cette charité commune que les hommes se doivent les uns aux autres. — Mais il ne m'a offensé qu'en ce seul point. — Il n'importe, cela me suffit pour comprendre qu'il ne m'aime pas,

---

(1) *Qui peccat in uno, factus est omnium reus.* JAC., II.

parce que s'il m'aimait sincèrement et solidement, il serait dans la disposition de me ménager en tout, et de ne me blesser en rien. C'est ainsi, ô mon Dieu! que je le conçois; et si j'en juge de la sorte pour ma propre cause, pourquoi en jugerai-je autrement, lorsqu'il s'agit des intérêts de mon Créateur et de mon Souverain? Pourquoi, quand il m'arrive de franchir un pas contre vos ordres et au préjudice de votre honneur, quelque irrépréhensible que je sois d'ailleurs, me paraîtra-t-il étrange que vous m'effaciez du livre de vie, comme prévaricateur de la loi d'amour que vous m'avez imposée?

« De conclure de là, chrétiens, qu'il n'y a donc plus de mesure à garder, quand on est une fois pécheur; et que puisque la charité ne se partage point, il vaut donc autant la perdre pour beaucoup que de la perdre pour peu, être tout à fait libertin que de ne l'être qu'à demi, suivre en aveugle toutes ses passions que de n'en satisfaire qu'une, se porter à toutes les extrémités que de se modérer dans le crime, c'est raisonner en impie et en mercenaire, qui n'ayant en vue que son intérêt propre dans le dérèglement de ses mœurs, se soucie peu du plus ou du moins qu'en souffre l'intérêt de Dieu.

« Mais vous vous trompez, mon frère, dit saint Augustin; car quelque indivisible que soit la charité et l'amour de Dieu, il est toujours vrai que plus vous violez de commandements, plus vous vous rendez Dieu ennemi, plus le retour de sa grâce vous devient difficile, plus vous grossissez ce trésor de colère dont parle saint Paul, plus vous devez attendre de châtiments dans l'éternité malheureuse; s'il vous reste quelque principe de religion, en voilà plus qu'il ne faut pour vous obliger à ne vous pas vous emporter dans le péché même. Mais du reste, convenons aussi, mes chers auditeurs, qu'il y a bien de l'illusion dans la conduite des hommes à l'égard de ce grand précepte: *Diliges Dominum, Deum tuum.* « Vous aimerez « le Seigneur votre Dieu. » Rien n'est plus aisé que de dire : « J'aime Dieu », mais rien dans la pratique n'est plus rare que cet amour ; pourquoi? c'est que nous nous flattons, et que nous ne distinguons pas le vrai et le faux amour de Dieu. Non seulement nous trompons les autres par notre hypocrisie ; mais nous nous trompons nous-mêmes par un aveuglement volontaire. Qu'il s'élève dans notre âme le plus léger sentiment d'amour pour Dieu, nous voilà persuadés que tout est fait, et nous croyons avoir la plénitude de ce divin amour. Ce qui n'est souvent qu'affection naturelle, nous le prenons pour un mouvement de la grâce, nous le regardons comme un effet de notre fidélité; nous confondons l'inspiration qui nous porte à aimer, avec l'amour même; et ce que Dieu opère dans nous indépendemment de nous, nous nous l'attribuons comme si c'était tout ce que Dieu veut que nous fassions pour lui. Mais abus, chrétiens ; et malheur à nous, si nous tombons ou si nous demeurons en de si grossières erreurs! Aimer Dieu, c'est s'interdire tout ce que défend la loi de Dieu, et pratiquer tout ce qu'elle ordonne, c'est se renoncer soi-même, c'est faire une guerre continuelle à ses passions; c'est humilier son esprit, crucifier sa chair, et la crucifier, comme dit saint Paul, avec ses vices et concupiscences, c'est résister aux illusions du monde, au torrent de la coutume, à l'attrait du mauvais exemple; en un mot, c'est vouloir plaire en tout à Dieu, et ne lui vouloir déplaire en rien. »

Un père de famille, qui avait l'habitude de travailler le dimanche, voulut un jour soumettre à ce régime l'un de ses enfants qui venait de faire sa Première

Communion. L'enfant résista, disant qu'on lui avait appris l'obligation d'assister à la messe et qu'il voulait y aller.

— Il n'y a pas d'autre autorité que la mienne, lui dit le père; tu laisseras la messe et tu viendras travailler avec moi.

— Non, répondit l'enfant; on m'a enseigné l'obligation de la messe et je veux y être fidèle.

— On a dû t'enseigner aussi, reprend le père, à obéir à tes parents.

— Oui, ajoute l'enfant, mais c'est le quatrième commandement de Dieu qui ordonne d'obéir, et c'est le troisième qui ordonne de sanctifier le dimanche... Eh bien, si on peut se moquer du troisième, on peut aussi se moquer du quatrième.

Le père, confondu par cette réplique si juste, se mit à réfléchir, trouva que son petit garçon avait raison, le laissa aller à la messe et finit par l'y accompagner lui-même, et renonça à la profanation du dimanche.

Vérité qu'on ne saurait trop redire : On ne peut pas distinguer entre les Commandements et dire : « J'obéirai à celui-ci, je n'obéirai point à celui-là. »

PRIÈRE

Mon Dieu, je crois en vous, mais fortifiez ma foi ; j'espère en vous, mais assurez mon espérance; je vous aime, mais redoublez mon amour; je me repens d'avoir péché, mais augmentez mon repentir.

Je vous adore comme mon premier principe ; je vous désire comme ma première fin ; je vous remercie comme mon bienfaiteur perpétuel ; je vous invoque comme mon souverain défenseur.

Mon Dieu, daignez me régler par votre sagesse, me contenir par votre justice, me consoler par votre miséricorde, me protéger par votre puissance.

Je vous consacre mes pensées, mes paroles, mes actions et mes souffrances, afin que désormais je pense à vous, je parle de vous, j'agisse selon vous, et je souffre pour vous.

Seigneur, je veux ce que vous voulez, parce que vous le voulez, comme vous le voulez, et autant que vous le voulez.

Je vous prie d'éclairer mon esprit, d'embraser ma volonté, de purifier mon corps, et de sanctifier mon âme.

Mon Dieu, animez-moi à expier mes offenses passées, à surmonter mes tentations à l'avenir, à corriger les passions qui me dominent, et à pratiquer les vertus qui me conviennent.

Remplissez mon cœur de tendresse pour vos bontés, d'aversion pour mes défauts, de zèle pour mon prochain, et de mépris pour le monde.

Qu'il me souvienne, Seigneur, d'être soumis à mes supérieurs, charitable à mes inférieurs, fidèle à mes amis, et indulgent à mes ennemis.

Venez à mon secours pour vaincre la volupté par la mortification, l'avarice par l'aumône, la colère par la douceur, et la tiédeur par la dévotion.

Mon Dieu, rendez-moi prudent dans mes entreprises, courageux dans les dangers, patient dans les traverses, et humble dans les succès.

Que je n'oublie jamais de joindre l'attention à mes prières, la tempérance à mes repas, l'exactitude à mes emplois, la constance à mes résolutions.

Seigneur, inspirez-moi le soin d'avoir toujours une conscience droite, un extérieur modeste, une conversation édifiante et une conduite régulière.

Que je m'applique sans cesse à dompter la nature, à seconder la grâce, à garder la loi, et à mériter le salut.

Mon Dieu, découvrez-moi quelle est la petitesse de la terre, la grandeur du ciel, la brièveté du temps et la durée de l'éternité.

Faites que je me prépare à la mort, que je craigne votre jugement, que j'évite l'enfer, et que j'obtienne le paradis, par les mérites de Notre-Seigneur Jésus-Christ. Ainsi soit-il.

§ II

ON ACCOMPLIT LA VOLONTÉ OU LA LOI DE DIEU PAR L'OBSERVATION DE TOUS LES DEVOIRS D'ÉTAT.

La Providence en nous plaçant dans tel ou tel état, nous impose les devoirs qui sont propres à cet état. L'ensemble de ces devoirs est donc la manifestation constante de la volonté de Dieu à notre égard. Manquer à ces devoirs, les accomplir avec négligence, c'est désobéir à Dieu lui-même. Avec les obligations que la religion nous impose, ces devoirs constituent les devoirs essentiels et qui doivent être préférés à tous les autres. Les pratiques de dévotion doivent toujours être surbordonnées aux devoirs d'état. Un père de famille qui, pour se consacrer à des œuvres de piété ou de zèle, négligerait l'administration de sa fortune et l'éducation de ses enfants, serait gravement coupable. Une mère de famille qui abandonnerait la direction de sa maison, le soin de ses enfants et de ses serviteurs, pour se livrer à des actes multipliés de dévotion ne serait pas moins coupable.

La piété consiste à faire d'abord son devoir, à accomplir ce qui est d'*obligation,* de commandement. Les choses de *conseil* viennent ensuite et toujours en vue de mieux faire ce qui est d'*obligation.* Les pratiques de piété ne sont utiles qu'autant qu'elles nous aident à mieux accomplir nos devoirs d'état : elles n'ont été créées que pour faciliter ces devoirs, pour en rendre la pratique plus douce et plus prompte. Elles sont moyens et non le *but* à atteindre.

Quel n'est donc pas l'aveuglement de certaines personnes qui négligent plusieurs de leurs importants devoirs et dérobent une grande partie d'un temps que réclament les affaires de la maison! Ce temps qu'elles n'ont pas le droit de détourner ailleurs, elles le consacrent à des pratiques bonnes en elles-mêmes, quand on s'y livre avec sagesse, mais trop multipliées et tout à fait inopportunes dans les circonstances où se trouvent ces personnes. Elles s'occupent très longuement à quelques pieux exercices, et pendant ce temps tout est en désordre dans la maison : toute la famille se plaint, souffre, murmure. Une pareille dévotion est déréglée, ridicule, insupportable. Tout doit se faire avec ordre, mesure et sagesse ; l'excès dans les meilleures choses est ce qu'il y a de pire.

Combien de personnes se font illusion sur la nature de la perfection chrétienne, qui consiste précisément dans l'accomplissement parfait des actions ordinaires de la vie de chaque jour ! Elles s'occupent de tout excepté de leurs obligations ; elles remuent mille détails à la fois, se livrent sans discrétion à une multitude de pratiques qui ne sont que conseillées ou même qui sont purement personnelles ; elles n'oublient qu'une affaire essentielle : les obligations de leur état.

Se montrer d'une exactitude invariable dans l'accomplissement de tous ses devoirs par amour de Dieu ; supporter avec une rare patience le poids de chaque jour, de chaque heure, de chaque minute ; souffrir avec calme les ennuis et la monotonie d'une vie toujours la même ; aimer Dieu de tout son cœur, de toute son âme, de tout son esprit, de toutes ses forces sous une forme de vie simple et commune ; être un ange de pureté et de douceur dans le temple de son corps et de sa maison ; voilà la seule vraie perfection, piété, religion, dévotion.

Fi! de la piété qui tient comme trop au-dessous d'elle les humbles œuvres de la vie matérielle et les devoirs de sa profession ! Qui a jamais eu un don d'oraison plus sublime que sainte Thrérèse? qui fut jamais plus au-dessus des créatures ? Néanmoins écoutons ses paroles : « J'admire Madeleine aux pieds de Notre-Seigneur, à Béthanie, mais si Marthe ne s'était employée à la maison, qui aurait préparé le repas de Jésus ? » Et à son frère qui se plaignait des soucis des affaires, elle disait également : « Est-ce qu'Abraham, dont il est écrit qu'il *marchait en la présence de Dieu*, négligeait pour cela le soin de ses troupeaux ? » Nous en avons déjà fait la remarque, elle-même trouvait Jésus partout : « Il est même au milieu des plats et des marmites, me venant en aide au dedans et au dehors. »

Rien n'est grand, rien n'est vil, l'âme en est la mesure.

Avec une grande âme, un grand amour, tout devient matière céleste ; avec une âme basse, vile, tout devient terrestre, même les choses les plus célestes en elles-mêmes. On devient ce que l'on aime ; si l'on aime Dieu, on est surnaturel ou divin en tout.

« Chacun veut avoir des vertus éclatantes et de montre, attachées au haut de la croix, afin qu'on les voie de loin et qu'on les admire ; très peu se pressent à cueillir celles qui, comme le serpolet et le thym, croissent au pied et à l'ombre de cet arbre de vie. Cependant, ce sont les plus odoriférantes et les plus arrosées du sang du Sauveur. Ce sont l'humilité, la patience, la douceur, la bénignité, le support du prochain, la condescendance, la suavité du cœur, la débonnaireté, la cordialité, la compassion, le pardon des offenses, la simplicité, la candeur, et autres semblables. Ces vertus-là sont comme des violettes qui se plaisent à la fraîcheur de l'ombre, se nourrissent de la rosée, et qui, quoique de peu d'éclat, ne laissent pas de répandre une bonne odeur (1). »

---

(1) Saint François de Sales.

« N'espérons pas, chrétiens, trouver jamais la sainteté ailleurs que dans la perfection de notre état. C'est en cela qu'elle consiste, et les plus grands saints n'ont point eu d'autre secret que celui-là pour y parvenir. Ils ne se sont point sanctifiés parce qu'ils ont fait des choses extraordinaires que l'on n'attendait pas d'eux; ils sont devenus saints, parce qu'ils ont bien fait ce qu'ils avaient à faire, et ce que Dieu leur prescrivait dans leur condition. Jésus-Christ lui-même, qui est le Saint des saints, n'a point voulu suivre d'autre règle. Quoiqu'il fût au-dessus de tous les états, il a borné, sinon sa sainteté, du moins l'exercice de sa sainteté aux devoirs de son état; et la qualité de Dieu qu'il portait, ne l'a point empêché de s'accommoder en tout à l'état de l'homme. Il était fils, il a voulu obéir en fils; il était Juif, il n'a manqué en rien la loi des Juifs. Il s'est tenu jusqu'à l'âge de trente ans dans l'obscurité d'une vie cachée, arrêtant toutes les ardeurs de son zèle, plutôt que de le produire d'une manière qui ne fût pas réglée selon son état. Car c'est la seule raison que nous donnent les Pères de la longue retraite de cet Homme-Dieu.

« Voilà pourquoi saint Paul, dont je ne fais ici qu'extraire les pensées, exhortant les chrétiens à la sainteté, en revenait toujours à sa maxime : *Unusquisque in qua vocatione vocatus est* : Que chacun de nous, mes Frères, se sanctifie dans l'état où il a été appelé de Dieu.

« Voilà pourquoi ce grand maître de la perfection chrétienne, et qui avait été instruit par Jésus-Christ lui-même, recommandait si fortement aux Corinthiens, de n'affecter point cet excès de sagesse, et de n'être sages qu'avec sobriété : *Non plus sapere quam oportet sapere, sed sapere ad sobrietatem.*

« Non pas qu'il voulût mettre des bornes à la perfection et à la sainteté de ces premiers fidèles; il en était bien éloigné; mais parce qu'il craignait que ces premiers fidèles n'allassent chercher la sainteté et la perfection où elle n'était pas, je veux dire hors de leur état. Car, c'est proprement ce que signifie cette *intempérance de sagesse* dont parle saint Paul. Intempérance, dis-je, non point en ce qui est de notre état, puisqu'il est certain que nous ne pouvons jamais être trop parfaits dans notre état, mais intempérance en ce qui est au-delà de l'état où Dieu nous a mis, parce que vouloir être parfait de la sorte, c'est le vouloir trop, et cesser tout à fait de l'être.

« Or, le moyen de corriger dans nous cette intempérance? Le voici en trois paroles qui contiennent un fond inépuisable de moralité : c'est de nous défaire de certains faux zèles de perfection qui nous préoccupent et qui nous empêchent d'avoir le solide et le véritable. Je m'explique.

« C'est de retrancher le zèle d'une perfection chimérique et imaginaire que Dieu n'attend pas de nous, et qui nous détourne de celle que Dieu exige de nous.

« De modérer ce zèle inquiet de la perfection d'autrui qui nous fait négliger la nôtre, et que nous entretenons assez souvent au préjudice de la nôtre.

« Mais par-dessus tout, de réformer ce zèle tout païen que nous avons, d'être parfaits et irréprochables dans notre état selon le monde, sans travailler à l'être selon le christianisme et selon Dieu.

« Prenez garde ; je dis de retrancher le zèle d'une perfection chimérique, car j'appelle perfection chimérique, celle que nous nous figurons en certains états où nous ne serons jamais et dont la pensée ne sert qu'à nourrir le dégoût de celui où nous sommes... Si j'étais ceci ou cela, je servirais Dieu avec joie, je ne penserais qu'à lui, je vaquerais sérieusement à mon salut. Abus, chrétiens. Si nous étions ceci ou cela, nous ferions encore pis que nous ne faisons, car nous n'aurions pas les grâces que nous avons. Or ce sont les grâces qui peuvent tout, et doivent tout faire en nous et avec nous. Dieu nous donne des grâces dans notre état qu'il nous refuserait partout ailleurs.

« J'appelle perfection chimérique, celle qui nous porte à faire le bien que nous ne sommes pas obligés de faire et à omettre celui que nous devons faire. Car vous verrez des chrétiens pratiquer des dévotions singulières pour eux, et se dispenser des obligations communes; faire des aumônes par une certaine compassion naturelle, plus que par charité, et ne pas payer leurs dettes, à quoi la justice et la conscience les engagent. Voilà le zèle qu'il faut retrancher et voici celui qu'il faut modérer:

« C'est un zèle inquiet de la perfection d'autrui, tandis qu'on néglige la sienne propre. On voudrait réformer toute l'Eglise et l'on ne se réforme pas soi-même. On parle comme si tout était perdu dans le monde et qu'il n'y eût que nous de parfaits. Hé! mes chers auditeurs, appliquons-nous d'abord à nous-mêmes. Un défaut corrigé dans nous vaudra mieux pour nous que de grands excès corrigés dans le prochain.

« Mais ce que nous avons surtout à régler et à redresser, est ce faux zèle qui nous rend si attentifs à notre propre perfection selon le monde, tandis que nous abandonnons tout le soin de notre perfection selon Dieu; comme si l'honnête homme et le chrétien devaient être distingués dans nous; comme si toutes les qualités que nous avons ne devaient pas être sanctifiées par le christianisme; comme s'il ne nous était pas mille fois plus important de nous avancer auprès de Dieu et de lui plaire, que de plaire aux hommes. Ah ! chrétiens, pratiquons la grande leçon de saint Paul, qui est de nous rendre parfaits en Jésus-Christ ; car nous ne le serons jamais qu'en lui et que pour lui (1). »

Mais, dira-t-on, comment supporter tant d'ennuis, tant de peines par amour de Dieu ? Qui ne connaît les multiples difficultés des différents états de vie : les ennuis d'un ménage, les tristesses, les abattements, les antipathies de la vie commune, les défaillances d'une âme noyée dans le tourbillon des affaires terrestres ?

« Il n'y a nulle vocation qui n'ait ses ennuis, ses amertumes et ses dégoûts, dit saint François de Sales, et bien plus, si nous exceptons ceux qui sont pleinement résignés à la volonté de Dieu, chacun voudrait volontiers changer sa condition avec celle des autres. Ceux qui sont mariés voudraient ne l'être pas et ceux qui ne le sont pas voudraient l'être...

« D'où vient cette générale inquiétude des esprits, sinon d'un certain déplaisir que nous avons à la contrainte ? Mais c'est tout un : quiconque n'est pas pleinement résigné, qu'il tourne à deçà et delà, il n'aura jamais de repos. Ceux qui ont la fièvre ne trouvent nulle place bonne. Ils n'ont pas demeuré un quart d'heure en un lit, qu'ils voudraient être en un autre. Ce n'est pas le lit, qui en est la cause, c'est la fièvre qui les tourmente partout. Or, une personne qui n'a point la fièvre de la propre volonté se contente de tout, pourvu que Dieu soit servi. Elle ne se soucie pas en quelle qualité Dieu l'emploie, pourvu qu'elle fasse sa volonté divine, ce lui est tout un...

---

(1) BOURDALOUE.

« On peut se sanctifier partout. Abraham parmi les idolâtres, Loth dans une ville exécrable et Job en la terre de Hus, furent saints au milieu des méchants. David, et après lui saint Louis, parmi tant de hasards, de travaux et d'affaires s'y sont sanctifiés. »

Mais, hélas ! Dans quelque situation que nous soyons, nous trouvons toujours des raisons pour nous dispenser de faire notre devoir, pour nous excuser de nos fautes, pour excuser notre peu de soin dans l'œuvre de notre perfection.

Quand nous sommes heureux, quand nous jouissons d'une fortune douce et riante, tout répondant à peu près à nos désirs, nous alléguons les difficultés de notre rang pour justifier les égarements de nos mœurs mondaines; nous disons qu'il est bien difficile à un certain âge, dans la multiplicité des affaires journalières, de se condamner à la pratique sérieuse des devoirs de la vie chrétienne.

Mais voici le changement de situation. Nous sommes dans un état ordinaire d'affliction; la fortune nous abandonne; nos amis nous trompent et s'éloignent de nous; ceux de qui nous dépendons, nous négligent; nos ennemis nous accablent, nos proches deviennent eux-mêmes nos persécuteurs. Alors nous nous plaignons que tout nous éloigne de Dieu dans cet état de chagrin et d'amertume; que l'esprit n'est pas assez tranquille pour penser aux choses de l'âme; que le cœur est trop ulcéré pour sentir autre chose que son propre malheur; qu'il faut chercher à étourdir sa douleur par des diversions et des plaisirs devenus nécessaires, et ne pas achever de dépérir faute de consolations. Quelle contradiction ! Quels vains prétextes !

En effet, de quelque nature que soient nos peines, l'histoire des âmes ne nous en propose-t-elle pas qui, dans le cas semblable au nôtre, ont possédé leur âme dans la patience et ont fait de leurs afflictions une source de salut?

Si vous pleurez la perte d'une personne chère, Judith trouva dans une semblable douleur l'accroissement de sa foi et de sa piété, et changea les larmes de son veuvage en des larmes précieuses de mérite et de pénitence.

Si une santé languissante vous rend la vie plus triste et plus amère que la mort même, Job trouva dans les débris d'un corps tout ulcéré, des motifs de componction, des désirs d'éternité et d'espérance de sa résurrection immortelle.

Si on flétrit votre réputation par des impostures, Suzanne offrit une âme tranquille et constante à la plus noire calomnie; sachant qu'elle avait le Seigneur pour témoin de son innocence, elle lui laissa le soin de la venger de l'injustice des hommes.

Si l'on renverse votre fortune par des artifices, David detrôné regarda l'humiliation de son nouvel état comme la punition de l'abus de sa prospérité passée.

Si un mariage mal assorti devient votre croix de tous les jours, Esther trouva dans les caprices et dans les fureurs d'un époux infidèle, l'épreuve de sa vertu et le mérite de sa douceur et de sa patience inaltérable.

Enfin, placez-vous dans les situations les plus tristes, vous y trouverez des justes qui y ont opéré leur salut. Sans chercher des exemples dans les temps qui nous ont précédés, regardez autour de vous et vous verrez des âmes qui, chargées des mêmes croix que vous, en font un usage bien différent, et trouvent des moyens de perfection et de salut, dans les mêmes évènements où vous trouvez vous-mêmes la perte de votre innocence ou le prétexte de vos murmures. En cherchant autour de vous, vous trouverez des âmes que la miséricorde de Dieu a rappelées de l'égarement, en répandant des amertumes salutaires sur leur vie, en renversant une fortune établie, en refroidissant une faveur enviée, en frappant une santé inaltérable.

Mais, en définitive, d'où proviennent tant de plaintes, tant d'ennuis, tant de souffrances ? De l'attachement à sa propre volonté; de la révolte contre la volonté de Dieu, la seule à considérer, la seule à observer; en un mot, du défaut d'amour de Dieu seul... Ah! si l'on aimait Dieu! que de peines de moins! et que de vertus, que de mérites de plus! L'amour n'est-il pas tout-puissant? Rien ne lui résiste; il est plus fort que la mort même. Celui qui aime est porté pour ainsi dire par sa croix elle-même, quoiqu'en même temps il la porte. Mais, pour en être là, il ne suffit pas d'un demi-amour, il faut la grâce de *l'amour parfait*. Il ne suffit pas que l'âme soit à peine humectée dans l'amour divin, il faut qu'elle y soit totalement détrempée. Alors seulement l'âme devient non point insensible, mais absolument malléable comme de la cire, aux événements de la vie. Entre l'enclume et le marteau des misères humaines, ni elle ne se brise, ni elle ne se bronze, mais elle plie volontairement, amoureusement, passionnément même, sous le coup de tous les événements, n'ayant qu'une seule chose en vue : aimer, aimer son Roi, son Père, son Époux, lui plaire, en se soumettant en tout et partout à sa sainte volonté.

Il n'est pas une difficulté humaine, pas une situation pénible ici-bas qui puisse nous empêcher d'être saint, d'aimer Dieu par-dessus toutes choses. Rien ne peut nous nuire que nous-mêmes, que notre volonté indocile, insoumise. Les mille difficultés de la vie ne sont point un obstacle, c'est à nous de nous sanctifier au milieu d'elles. Il dépend de nous d'être dans les affaires de ce monde comme le nageur dont les membres inférieurs plongent dans l'eau, mais dont la tête domine les flots, de manière à pouvoir toujours contempler la lumière du ciel. Il dépend de nous de ne pas nous laisser noyer au fond des eaux de la mer fangeuse de ce monde, de toujours respirer par les parties hautes de notre âme, et d'arriver ainsi facilement au rivage de la bienheureuse éternité.

Contemplons ce pauvre homme dont le cœur est d'or, mais dont la vie est simple et se passe dans l'obscurité de ses travaux vulgaires ! Son âme est à Dieu : voilà son tout; le reste est secondaire. Son âme unie à Dieu, cette âme si belle et si riche, il la tient suspendue sur ses paroles, sur la moindre de ses actions, sur son silence même, comme un bel encensoir toujours fumant de l'encens le plus pur de son cœur. Il est au milieu des siens, de ses semblables, comme le soleil qui s'élève sur le monde; il éclaire, il réchauffe, il féconde, il rajeunit tout; rien n'échappe à son influence bienfaisante; partout il exhale la bonne odeur de ses vertus; il est dans la famille comme un aimant qui rassemble tout ce qui se disjoint, parce que son âme est elle-même continuellement sous l'action de l'Aimant de toutes choses : Dieu.

PRIÈRE

Vous m'avez mis dans un état, ô mon Dieu ! aidez-moi à en connaître les devoirs et à les remplir. Si j'ai des peines, je m'efforcerais de vous les offrir; vous me donnerez la grâce de les supporter. Manquerais-je de peines dans tout autre état ? Je le reconnais, ô mon Dieu ! si on était fidèle, chacun dans les peines de son état trouverait sa pénitence et son martyre, et par là même le moyen de s'y sanctifier.

On s'inquiète, on s'impatiente, on se plaint, on murmure ; qu'avance-t-on par là ? En diminue-t-on les peines ? on ne fait que les aigrir et en perdre le fruit. Non, mon Dieu, je ne me plaindrai plus, je les supporterai par amour de vous et en esprit de pénitence ; d'ailleurs, souffrir en vous aimant, ce n'est déjà plus souffrir. Ah ! si jusqu'à présent j'avais fidèlement rempli mes devoirs et supporté mes peines, que de mérites n'aurais-je pas acquis pour le Ciel ! Il ne m'en reste que le regret ; heureux s'il est constant et suivi d'une vie plus chrétienne et conforme aux vues de votre Providence sur moi ! C'est du moins la résolution que je forme ; votre grâce me l'inspire, votre grâce m'aidera à y être fidèle.

§ III

ON ACCOMPLIT LA VOLONTÉ OU LA LOI DE DIEU PAR UNE SOUMISSION PARFAITE A SA DIVINE PROVIDENCE.

Toute vie humaine est, en ce monde, formée de deux parts : l'une est remplie des faits, des actes dont nous sommes nous-mêmes la cause et qui sont le résultat libre de notre activité naturelle ou surnaturelle ; l'autre est soumise à l'action des causes indépendantes de notre volonté, soit en nous, soit hors de nous, que le plus souvent nous ne pouvons ni prévenir, ni empêcher, ni gouverner à notre gré, mais que nous devons subir, bonnes ou mauvaises, agréables ou désagréables à notre nature : telles sont les deux parts de notre vie : l'une active, l'autre passive.

Or, faire la volonté de Dieu en toutes choses, petites et grandes, actives et passives, doit être la règle de notre vie. Pour le bien comprendre, rappelons-nous ce principe :

Rien ne se passe dans l'univers que Dieu ne le veuille, que Dieu ne l'ordonne, et cela doit s'entendre absolument de toutes choses, excepté le péché.

Rien n'arrive par hasard dans tout l'univers ; Dieu intervient partout : « Je suis le Seigneur, dit-il lui-même par la bouche d'Isaïe ; je suis le Seigneur et il n'en est point d'autre ; c'est moi qui forme la lumière et qui crée les ténèbres, qui fais la paix et qui crée les maux. » « C'est moi, avait-il dit auparavant par Moïse, c'est moi qui fais mourir et c'est moi qui fais vivre ; c'est moi qui blesse et c'est moi qui guéris. »

« Le Seigneur ôte et donne la vie, est-il dit encore dans le cantique d'Anne, mère de Samuel ; il conduit au tombeau et il en retire ; le Seigneur fait le pauvre et le riche ; il abaisse et il élève. » « Arrivera-t-il quelque mal, dit Amos, qui ne vienne du Seigneur? » « Oui, dit le Sage, les biens et les maux, la vie et la mort, la pauvreté et les richesses viennent de Dieu. »

Oui, à l'égard de Dieu, il n'y a pas de hasard ; tout vient de lui seul ; sa providence s'étend à toutes les créatures sans exception ; il a tout arrêté, décrété lui-même de toute éternité. Depuis le plus haut du ciel jusqu'au fond des abîmes, il n'y a pas un atome qui échappe à ses soins et à sa conduite, il compte tous les cheveux de notre tête et il ne nous en tombe pas un sans son ordre. Il ne se remue pas même une feuille d'arbre sans sa volonté.

Il n'y a pas d'effet sans cause, autrement dit, rien ne vient de rien. Dieu n'est-il pas la cause première de tout ce qui existe? Peut-il se produire *un seul mouvement* et le moindre sans son concours? Oui, tout, absolument tout ce qui est, dépend totalement et continuellement de lui seul.

Il est vrai, Dieu disposant de tout de la manière la plus douce et la plus parfaite, et gouvernant le monde avec une providence si merveilleuse, beaucoup de choses nous semblent arriver par *hasard*, selon l'expression usuelle. Mais encore une fois, disons-le, il n'y a pas d'effet sans cause ; rien ne vient de rien ; le mot *hasard* est un vain mot à l'égard de Dieu. Le hasard n'est rien ; nous appelons de ce nom certaines combinaisons de choses que nous ne pouvons ni empêcher, ni prévoir, et dont nous ignorons la cause, mais celle-ci n'est pas ignorée de Dieu. Suivant la comparaison d'un sage païen, supposons qu'un maître envoie un serviteur en quelque endroit pour quelque affaire, et qu'ensuite il y envoie un second, encore pour une autre affaire, sans que ni l'un ni l'autre ne sache rien de cela ; toutefois le maître le fait avec l'intention de faire rencontrer au même lieu ses deux serviteurs. A l'égard des deux serviteurs, leur rencontre serait l'effet du hasard, mais à l'égard de leur maître, elle serait une chose bien préméditée, bien voulue.

Ainsi en est-il ici-bas de ce qui semble nous arriver fortuitement ; nous voyons arriver les choses sans même que nous y ayons songé ; mais à l'égard de Dieu, il n'en est pas ainsi ; ces choses sont la suite nécessaire et l'exécution parfaite de l'ordre éternel de sa providence qui les a voulues ainsi pour un but bien déterminé.

On dira : Oui, tous les événements du monde viennent de Dieu, sont voulus de Lui ; mais cela ne doit s'entendre que des maladies ou de la mort, du froid ou du chaud, et des autres accidents produits par des causes dépourvues de liberté, et non de ce qui dépend de la volonté de l'homme. On ajoutera : Quand quelqu'un porte préjudice à son prochain, qu'il lui ravit ses biens, qu'il le persécute, qu'il le frappe, comment attribuer cette conduite à la volonté de Dieu, lui qui ne veut pas qu'on le traite de la sorte, qu'on lui fasse injure, qui, au contraire, le défend? On ne peut donc, concluera-t-on, s'en prendre qu'à la volonté de l'homme, qu'à son ignorance ou à sa malice. En vérité, il y a péché dans toutes ces actions; comment donc Dieu les veut-il ? Comment y prend-il part ?

— Il faut, dans le péché de l'homme, séparer deux choses absolument distinctes : l'une, le mouvement ou l'acte extérieur; l'autre, le « dérèglement de la volonté », qui s'écarte de ce que les commandements de Dieu prescrivent; Dieu est la cause et l'auteur de la première; l'homme seul est l'auteur et la cause de la seconde. Ainsi, si cet homme frappe ou médit, c'est d'une part, le mouvement du bras ou de la langue, et d'autre part, l'intention qui accompagne le mouvement; or le péché n'est pas dans le mouvement, et c'est pourquoi Dieu en peut être et en est effectivement l'auteur, car l'homme, ni aucune autre créature, n'a ni l'être ni le mouvement de lui-même, mais de Dieu qui agit en lui et par lui. Quant à la malice de l'intention, elle est toute de l'homme, et c'est là seulement qu'est le péché, auquel Dieu ne prend aucune part, mais qu'il permet pour ne pas porter atteinte à la liberté humaine.

Dieu ne participe donc à nos œuvres que pour en former l'être; il ne va pas plus loin; il reste absolument étranger à la malice qui s'y rencontre et qui ne prend sa source qu'en nous. Dieu veut l'action faite mais non le *mal* qui l'accompagne. Il veut la privation de l'honneur et de la fortune, mais il ne participe en rien au péché du médisant ou du voleur qui les a ravis. Un exemple exprime plus clairement cette vérité.

Un juge, par un équitable jugement, condamne à mort un criminel, mais le bourreau se trouve être l'ennemi particulier de ce criminel; au lieu de n'exécuter la sentence que par devoir, il le fait par haine, par esprit de vengeance... Il est évident que le juge ne trempe en aucune façon dans le péché de l'exécuteur; il n'entend point que ce péché se commette, mais seulement que la justice se fasse. De même, Dieu ne contribue absolument en rien à la malice de cet homme qui nous déshonore ou qui nous vole; sa malice est son fait particulier. Dieu veut, disions-nous, nous humilier ou nous dépouiller de nos biens pour notre plus grand profit spirituel, et ce dessein, digne de sa bonté, qu'il pourrait exécuter par mille autres moyens, n'a rien de commun avec le péché de l'homme qui lui sert d'instrument.

L'homme méchant est entre les mains de Dieu comme un poison entre les mains d'un artiste habile; ce n'est pas l'artiste qui a donné à cette herbe ou à ce minéral la vertu maligne qui leur est propre, mais c'est lui qui l'a mêlée dans ce breuvage qu'il nous présente, dans ce breuvage destiné à nous rendre la santé. Ainsi, ce n'est pas Dieu qui a inspiré à notre ennemi la volonté mauvaise qu'il a de nous nuire, mais c'est lui qui lui en a donné le pouvoir, c'est lui qui a détourné sur nous la malice de cette personne, c'est lui qui a disposé les choses de telle sorte qu'elle s'est trouvée en état de troubler notre repos pour notre plus grand bien, pour nous exercer à la vertu. Le Seigneur lui-même a voulu que nous tombions dans ce piège, malgré toute notre prudence, puisqu'il ne l'a pas empêché, puisqu'il a prêté la main à ceux qui nous le tendaient ; c'est lui qui nous a livrés sans défense à nos ennemis et qui a conduit, pour ainsi dire, tous les coups qu'ils nous ont portés. N'en doutons pas, si nous recevons quelque blessure, c'est Dieu lui-même qui nous a blessés.

Quand toutes les créatures se ligueraient contre nous, si le Créateur ne le voulait pas, s'il ne se joignait pas à elles, s'il ne leur donnait et les moyens et la force d'exécuter leurs mauvais desseins, jamais elles n'en viendraient à bout. « Vous n'auriez aucun pouvoir sur moi, s'il ne vous avait été donné d'en haut, » disait Jésus à Pilate. Nous en pouvons dire autant des démons, des hommes et même des créatures qui sont privées de raison et de sentiment. Non, elles ne nous affligeraient pas, elles ne nous incommoderaient pas si Dieu ne le permettait.

« Frappe, disait saint Jacques l'ermite, au démon qui le menaçait, frappe hardiment si Dieu te l'a permis ; s'il ne t'en a pas donné le pouvoir, je ne te crains point avec toute ta rage ; je méprise toutes tes menaces. »

Pourquoi ne disons-nous pas également que c'est Dieu qui a blessé, guéri, bâti, démoli et fait immédiatement toutes les œuvres des créatures ? Pourquoi ne disons-nous pas toujours : « Que la volonté de Dieu soit faite ! » Si Dieu ne l'avait pas permis, telle chose ne nous serait pas arrivée.

Il est vrai que les hommes n'ont par eux-mêmes aucun domaine sur nous, et que tout mépris, toute humiliation, tout outrage est injuste de leur part. Mais nous n'avons pas pour cela droit de nous venger de cette injustice, parce que nous ne sommes point propriétaires de nous-mêmes. C'est à Dieu seul que nous appartenons. C'est sa loi qu'on viole en nous méprisant, en nous humiliant, en nous outrageant ; c'est lui qui est offensé. C'est donc Dieu qui doit se ressentir de l'injure qu'on lui fait en nous maltraitant, et non pas nous, qui dans tout ce qui nous arrive, devons être plutôt sensibles à l'injure de Dieu.

Quant à nos droits, faisons-les valoir, selon les règles de la justice, et ne soyons point trop exigeants dans les choses ordinaires de la vie. Suivons ce conseil de Fénelon : « Laissez couler l'eau sous les ponts; laissez les hommes être hommes, c'est-à-dire faibles, vains, inconstants, injustes, faux et presomptueux. Laissez le monde être toujours monde. Laissez chacun suivre son naturel et ses habitudes : vous ne sauriez les refondre ; le plus court est de les laisser et de les souffrir. Accoutumez-vous à la déraison et à l'injustice. Demeurez en paix dans le sein de Dieu qui voit mieux que vous tous ces maux et qui les permet. Contentez-vous de faire sans empressement le peu qui dépend de vous; que tout le reste soit pour vous comme s'il n'était pas. »

.*.

N'attribuons donc jamais ni aux démons ni aux hommes, mais à Dieu, comme à leur vraie source, nos pertes, nos déplaisirs, nos afflictions, nos humiliations, autrement, ce serait faire comme le chien, qui décharge sa colère sur la pierre, sans prendre garde au bras qui la lui a jetée. Ainsi, prenons garde de dire : Un tel est cause du malheur que j'ai éprouvé, il est cause de ma ruine. Nos maux sont l'ouvrage, non de cet homme, mais de Dieu.

Cette doctrine a toujours été familière aux âmes vraiment éclairées de Dieu. Nous en avons un exemple célèbre dans le saint homme Job. Il a perdu ses enfants et ses biens; il est tombé de la plus haute fortune dans la misère la plus profonde, et il dit : « Le Seigneur m'avait tout donné, le Seigneur m'a tout ôté; il n'est arrivé que ce qui lui a plu; que son saint Nom soit béni. » Vous voyez, dit saint Augustin, que cet homme avait bien compris ce grand secret ; il ne dit pas : Le Seigneur m'avait donné mes enfants et mes biens, et le démon me les a ôtés; mais: C'est lui qui me les avait donnés, c'est lui qui me les a ôtés; cela s'est fait comme il a plu au Seigneur, et non comme il a plu au démon.

L'exemple de Joseph n'est pas moins remarquable. Ses frères l'ont vendu à des étrangers par jalousie, par malice, et cependant, ce saint patriarche attribue tout à la Providence de Dieu ; il s'en explique même à plusieurs reprises : « C'est le Seigneur, dit-il, qui m'a envoyé en Egypte... C'est lui qui m'a fait venir ici avant vous, pour vous conserver la vie... Ce n'est point par votre volonté que j'ai été envoyé ici, mais par la volonté de Dieu. »

David, poursuivi et outragé par Séméi, ne voit également, dans la conduite de ce sujet rebelle, que l'action de cette même Providence, et lorsque par deux fois il arrête l'indignation de ses fidèles serviteurs, il leur dit : « Laissez-le faire, laissez-le me maudire, selon l'ordre qu'il en a reçu du Seigneur. »

Notre Sauveur lui-même, le Saint des saints, descendu du ciel pour nous instruire par ses paroles et par ses exemples, ne dit-il pas à saint Pierre, qui, poussé par un zèle indiscret, voulait le détourner du dessein qu'il avait de souffrir et empêcher que les soldats ne missent la main sur lui : « Ne voulez-vous pas que je boive le calice que mon Père m'a donné? »

Ainsi, il attribuait les outrages et les douleurs de sa passion, non aux Juifs qui l'accusaient, à Judas qui le trahissait, à Pilate qui le condamnait, aux bourreaux qui le tourmentaient, aux démons qui les excitaient, mais à Dieu, à Dieu considéré non pas sous la qualité rigoureuse d'un juge, mais sous celle de Père à qui il exprime une tendre affection.

N'allons pas penser que la soumission à la volonté de Dieu fasse tomber l'homme dans une mortelle et criminelle indifférence, en lui faisant abdiquer sa liberté, sa volonté. Soumettre sa volonté à la volonté divine n'est pas l'anéantir. Dieu ne veut pas que nous nous disions : « J'agirai comme il me plaira, il ne m'arrivera que ce qui doit m'arriver. » Il veut que nous agissions d'abord selon sa volonté : voilà le commandement de la prudence qui est la première des vertus cardinales. Mais après avoir fait le bien et l'avoir bien fait, nous devons nous remettre totalement et absolument entre les mains de la Providence.

Nous devons nous abandonner à elle quoi qu'il arrive, et dire avec le saint homme Job : « Si nous avons reçu les biens de Dieu, pourquoi n'en recevrions-nous pas les maux ? »

Ce raisonnement est admirable de justesse. Ce saint homme veut dire que si nous avions à recevoir quelque chose des mains des hommes, en vérité, nous devrions examiner ce que c'est, comment elles nous le donnent, car elles sont souvent pleines de vanité et de mensonge. Mais il n'en est pas ainsi de Dieu. Il ne nous fait ni ne nous donne jamais rien, qu'afin de nous rendre meilleurs et plus parfaits que nous le sommes ; c'est pourquoi cela seul doit nous suffire pour notre entière satisfaction, de savoir que c'est de sa part et par sa conduite que toutes choses nous arrivent, soit paix, soit guerre, soit caresse, soit rebus, soit abondance, soit pauvreté : tout est bien, puisque tout vient de sa main.

Il n'appartient qu'aux enfants insensés d'aimer ou de haïr leur père selon qu'ils en reçoivent des caresses ou des châtiments, puisqu'il les aime en tout temps et que dans l'une comme dans l'autre manière de les conduire, il les regarde comme ses enfants et ses héritiers. « Qu'il nous traite si rudement qu'il voudra, il est notre Père, » dit saint Augustin. Il nous a battus, il nous a mis à terre et comme foulés aux pieds, il est vrai, mais il est notre Père. Soyons certains qu'un tel Père n'use de cette rigueur envers ses enfants que pour leur plus grand bien. Si nous avons reçu de bon cœur les biens qu'il nous a faits, pourquoi ne recevrions-nous pas du même cœur les maux qu'il nous envoie, puisque ces maux aussi bien que ces biens tendent à nous rendre bienheureux ? « Il n'est pas plus coupable de croire qu'il n'y a pas de Dieu que de le croire manquant de sagesse et de bonté, » observe saint Augustin. Dans l'ignorance où nous sommes de ce qui doit nous arriver dans la suite, comment donc osons-nous murmurer de ce que nous souffrons par la permission de Dieu ? Nous savons que les accidents les plus fâcheux ont quelquefois d'heureuses suites, et qu'au contraire, les succès les plus favorables peuvent enfin se terminer à de funestes issues. C'est même une règle que Dieu garde assez ordinairement d'aller à ses fins par des voies tout opposées aux voies que la prudence humaine a coutume de choisir.

LE SACRIFICE D'ABRAHAM

Fidèle adorateur de l'Arbitre suprême,
Craint, respecté des rois, plus grand que les rois même,
Opulent sans orgueil, vertueux sans effort,
Abraham jouissait du plus illustre sort.
Un fils, de ses vertus imitateur docile,
Et fruit miraculeux d'une souche stérile,
Un fils à l'Eternel consacré comme lui,
Etait de sa vieillesse et l'espoir et l'appui.
Quel appui, quel espoir ! Un oracle adorable
Lui promet en ce fils une race innombrable,

Un peuple redouté, fidèle, florissant,
Et toujours protégé du bras du Tout-Puissant.
Mais toi, qui dans son cœur lis sa reconnaissance,
Grand Dieu, qu'exiges-tu de son obéissance?
Veux-tu le rendre encore, en éprouvant sa foi,
Plus digne des bienfaits qu'il a reçus de toi ?
« Sur le sommet d'un mont, dit le souverain Maître,
« Qu'à des signes certains je te ferai connaître,
« Conduis cet Isaac si tendrement aimé,
« Et que ta main l'immole au Dieu qui l'a formé. »
Quel ordre! Quel arrêt! Quelle atteinte soudaine!
Ah! le cœur d'Abraham ne le soutient qu'à peine.
Quoi! ce fils pour qui seul il aime encore le jour,
Le fruit de tant de vœux, l'objet de tant d'amour,
En qui doit s'accomplir la promesse immortelle,
Va périr! et périr sous la main paternelle!
Cruel père! Ainsi donc tu pourras te trahir!
Oui, quand son Dieu commande, il ne sait qu'obéir.
« O toi qui vois, dit-il, la douleur qui me presse,
« Grand Dieu! calme mon trouble et soutiens ma faiblesse.
« Tu condamnes mon fils ; je vais te l'immoler ;
« Mais pardonne à mes pleurs quand son sang va couler ;
« S'ils peuvent t'offenser, mon cœur les désavoue ;
« Même dans tes rigueurs, il t'admire, il te loue.
« Oui, la nature en vain murmure de ta loi.
« Et qui suis-je, grand Dieu! pour me plaindre de toi ?
« Tes arrêts pourraient-ils n'être pas légitimes ?
« N'aurais-tu plus le droit de choisir tes victimes ?
« Ce fils que tu proscris fut un don de ta main,
« Don peut-être chéri d'un amour trop humain ;
« Lorsqu'elle le reprend, résigné, je l'adore,
« Qu'elle ajoute à mes maux si leur excès t'honore.
« Mais d'un frivole espoir m'aurais-tu donc flatté ?
« Pourrais-tu n'être plus le Dieu de vérité ?
« Ce peuple qu'Isaac... Loin, raison téméraire ;
« L'Eternel a parlé, c'est à toi de te taire.
« Non, Seigneur, Abraham n'en croira que sa foi. »
Il dit, et n'écoutant que la suprême loi,
Consterné, mais toujours fidèle et magnanime,
Dans le sein de la nuit part avec la victime.
Sur leurs pas est conduit le fatal appareil :
Trois fois ils ont vu naître et mourir le soleil.

O jours ! O nuits ! Enfin l'aspect du lieu terrible
Frappe l'œil d'Abraham, perce son cœur sensible.
Loin, stupide vertu ! Ce qui fait le héros
N'est pas moins de sentir que de vaincre ses maux.
Sans suite, sans témoins, sur le mont redoutable,
Le feu, le glaive en main, ce père déplorable,
Dévorant des sanglots qu'il a peine à cacher,
Conduit son Isaac courbé sous son bûcher.
Ils montent : chaque pas exerce sa constance ;
Son cœur souffre, gémit, mais jamais ne balance.
Au sommet arrivés, un autel est construit ;
Mais son fils de son sort n'est pas encore instruit.
O douleur ! il l'embrasse, et sur son sein le presse,
Fixe sur lui des yeux accablés de tristesse,
S'attendrit, fond en pleurs, sent expirer sa voix.
« Mon fils, dit-il enfin, le trouble où tu me vois,
« Les pleurs que je répands, le transport qui m'anime,
« Tout doit t'instruire, hélas ! du choix de la victime.
« L'Éternel — sans mourir puis-je te l'annoncer ? —
« L'Éternel veut ton sang... ma main doit le verser. »
« — La victime avec joie à vos coups s'abandonne,
« Frappez, dit Isaac, puisque Dieu vous l'ordonne ;
« De m'apprendre mon sort deviez-vous différer ?
« Mon père, avez-vous craint de m'en voir murmurer ?
« Le Seigneur a parlé, sa victime l'adore ;
« Et je meurs trop heureux si mon trépas l'honore.
« Je sais qu'un autre sort vous fut promis en moi ;
« Mais quel sort est plus beau que d'accomplir sa loi ?
« J'ai vécu sans remords, j'expirerai sans crainte.
« Je sens le poids du coup dont votre âme est atteinte ;
« Mais à votre vertu son bras l'a mesuré.
« Ainsi de vos pareils il doit être honoré,
« Que votre foi s'anime et que vos larmes cessent. »
A ces mots, il échappe à ses bras qui le pressent ;
Sans trembler, sur l'autel se prosterne à genoux :
« En expirant, grand Dieu, je bénirai tes coups. »
Abraham, éperdu, troublé, hors de lui-même,
Et près de succomber à sa douleur extrême,
Sur ce fils qui bientôt doit tomber sous sa main,
Jette un regard perçant, qu'il détourne soudain.
Son cœur saisi d'effroi, de cruauté s'accuse,
La nature tremblante à son bras se refuse.

Mais du père bientôt le fidèle est vainqueur :
Animé d'un saint zèle, il fait taire son cœur,
Avance, prend le fer, lève le bras... « Arrête !
« Crie une voix des cieux, et respecte sa tête.
« J'en jure par moi-même, a dit le Tout-Puissant :
« Puisque j'ai vu ton bras fidèle, obéissant,
« Immoler ce cher fils à ta foi généreuse,
« Je te bénis ; ta race illustre, et plus nombreuse
« Que les astres des cieux et les sables des mers,
« Par son sort de ma gloire instruira l'univers ;
« Et c'est en elle enfin que, trop longtemps proscrites,
« Toutes les nations seront un jour bénites.
« Cieux, louez l'Eternel : il ne daigne ordonner
« D'héroïques efforts que pour les couronner. »

— Un vieillard qui, pendant tout le cours de sa longue vie, avait sans cesse lutté contre le malheur, était renommé comme n'ayant jamais perdu sa sérénité ni déploré son sort.

Un de ses amis, grand admirateur d'un courage qui lui paraissait au-dessus de la nature humaine, lui demandait, un jour, s'il avait un secret pour vivre ainsi toujours satisfait. « Oui, lui répondit le vieillard, et je vais vous l'enseigner. Le secret, d'ailleurs, est bien simple : je fais un bon usage de mes yeux, voilà tout. » L'ami, aiguillonné par la curiosité, cherchait en vain le mot de cette énigme. Il pria le vieillard de la lui expliquer. « Avec plaisir, dit celui-ci en souriant, écoutez-moi.

« D'abord, dans quelque situation que je me trouve, je regarde le ciel : sa vue me rappelle que ma principale affaire ici-bas est de mériter une place là-haut. Ensuite, je regarde la terre, et je songe à l'étroit espace qu'elle me réserve. Enfin, je regarde le monde, et j'observe qu'il y a beaucoup de gens qui ont plus de raisons que moi de s'estimer malheureux. C'est ainsi que je n'oublie jamais ni où est le séjour des consolations et de la vraie félicité, ni la tombe qui dévore les soucis, ni l'absurdité que je commettrais en m'abandonnant à la tristesse et aux plaintes, tandis qu'une foule de mes semblables endurent des maux plus cruels que les miens. »

— Une fervente chrétienne sortait un jour pour soulager une violente peine de cœur qu'elle éprouvait. Un petit chien qui l'accompagnait d'ordinaire, mais qu'elle ne voulait pas ce jour-là, s'entêtait à la suivre malgré elle. Pour le chasser et le faire rester à demeure, elle prit un bâton et l'en menaça. Que fit le pauvre petit animal ? Loin de s'enfuir, il se coucha sous le bâton et se mit à en lécher le bout. Le bâton ne remuant plus, il s'approcha en rampant un peu, puis un peu plus, jusqu'à ce qu'il eut atteint les pieds de sa maîtresse, et alors, il se mit à les lécher avec des transports de tendresse et de joie. La pauvre maîtresse fut si touchée de cette leçon, qu'elle jeta le bâton, prit dans ses bras la fidèle créature, la couvrit de baisers et de larmes, les plus douces larmes qu'elle eût versées depuis bien longtemps. — « Oui, mon Seigneur bien-aimé, oui, mon Maître adoré, dit-elle, moi aussi, je baiserai le bâton qui est levé sur moi pour me frapper, et je m'enlacerai autour de ces pieds qui sont tout prêts à me fouler. » Puis, elle ouvre un livre de prières ; les premières lignes qui tombèrent sous ses yeux, furent les résolutions d'une âme déterminée à un complet abandon, qui disait entre autres choses : « J'obéirai à la volonté de ceux pour qui je me sens le plus d'éloignement et le moins de sympathie ; je me mettrai sous les pieds de tout le monde. »

— Un saint prêtre, portant un soir le saint Viatique à un malade, fit une chute et se cassa la jambe. Après avoir enduré de longues et cruelles douleurs, il dut se résigner à une amputation qui entraverait à jamais les fonctions de son ministère. Au moment de subir cette cruelle opération, il éleva les yeux et les mains vers le ciel et dit : « Mon Dieu, vous avez si souvent manifesté votre puissance envers ceux qui recouraient à vous pendant votre vie mortelle, ne voudrez-vous pas opérer un miracle en ma faveur? » Mais se repentant bientôt d'avoir demandé cette grâce, il reprit : « Mon corps voulait garder ses deux jambes, mais mon âme ne veut que la volonté de Dieu. » Ce saint prêtre, soumis à cette adorable Volonté, s'abandonna aux médecins. Longtemps après, ses amis le plaignaient. Il répondit gaiement à leur compassion : « Ce n'est pas avec les pieds ni avec les jambes qu'on aime Dieu, mais avec son cœur : pour celui-là, je suis sûr qu'on ne me l'enlèvera jamais! Ne nous attristons pas des choses qui n'empêchent point d'aimer Dieu ! »

« Depuis cet accident, lui dit un confrère, votre âme a beaucoup gagné dans l'union intime avec Notre-Seigneur. — Oui, répondit-il, mais aussi cette union mérite d'être désirée et acquise à tout prix. Pour m'unir encore davantage à Jésus crucifié, je ne donnerai pas seulement ma seconde jambe, mais mes deux mains et jusqu'à ma tête. J'avoue à la plus grande gloire de Dieu, qu'il m'a fidèlement assisté et me fait la grâce de ne point manquer de consolation. »

— Entre les beaux exemples de résignation en notre siècle, il faut citer celui de Mgr de Ségur après sa cécité. A la perte de son premier œil, il s'écrie : « Dieu m'a donné deux yeux, il y a trente-trois ans, il m'en reprend un aujourd'hui. Il me reprendra bientôt peut-être le second. Je n'ai plus qu'à le remercier du temps pendant lequel il me les a laissés. Il est bien le maître. »

La perte du second œil le laissa dans les mêmes sentiments intérieurs de soumission à la volonté divine. — « C'est une grande bénédiction et une faveur inappréciable, écrit-il, le 2 septembre 1865, à sa sœur Sabine, que d'être fixé à la croix par une infirmité quelconque, et surtout par celle de la cécité. C'est une participation permanente à Jésus crucifié, et une sorte de consécration religieuse qui vous oblige, bon gré, mal gré, à renoncer au monde, aux folles joies, aux attraits si dangereux des grandeurs humaines, des fêtes, des réunions. C'est comme une goutte d'absinthe divine qui vient christianiser tous les breuvages de la terre, et une sorte d'élixir contre le naturalisme. Aide-moi, ma chère sœur, à bénir Dieu de cette visite bien imméritée. »

Le 2 septembre 1869, il écrit : « Il y a treize ans que je suis devenu tout à fait aveugle et que le bon Dieu, miséricordieux et clément, m'a mis de force dans un petit cloître portatif dont personne que lui ne peut forcer la clôture. Si ton œil est plus que simple, dit l'Evangile, tout ton être sera lumineux. Or, mon œil est plus que simple. C'est là mon petit monastère, ma petite clôture ambulante, qui m'oblige à pratiquer la pauvreté et l'obéissance : la pauvreté en me séparant de tout, bon gré, mal gré ; l'obéissance, en me mettant du matin au soir dans la dépendance permanente de quelqu'un. Dieu soit donc béni ! Demande-lui qu'il ait toujours compassion de moi et qu'il me garde sur la croix tout près de lui, comme le bon larron. »

Le 1ᵉʳ septembre 1879, empêché par sa santé d'aller présider, à Angers, le congrès de l'Union des Œuvres, il écrit : « Je me résigne, estimant que l'immobilité dans la résignation à la volonté divine est plus efficace pour le bien que l'activité la plus ardente. Les trois heures pendant lesquelles Jésus-Christ cloué sur la croix est resté immobile, ont été plus pécieuses que les trente-trois années de sa vie évangélique. Demain, 2 septembre, il y aura vingt-cinq ans que j'ai perdu la vue. Je supplie les membres du congrès de faire une communion en actions de grâces, afin de bien célébrer avec moi, ce que j'appelle mes noces d'argent d'aveugle. »

C'EST AINSI QUE DIEU FORGE UNE AME

Dans la foule, secrètement,
Dieu parfois prend une âme neuve
Qu'il veut amener lentement
Jusqu'à lui, d'épreuve en épreuve.

Il la choisit pour sa bonté,
Et lui donne encore en partage
La tendresse avec la fierté,
Pour qu'elle saigne davantage.

Il la fait pauvre, sans soutien,
Dans les rangs obscurs retenue ;
Cherchant le vrai, voulant le bien,
Pure toujours, et méconnue.

Il fait plier sous les douleurs
Le faible corps qui l'emprisonne ;
Il la nourrit avec des pleurs
Que nulle autre âme ne soupçonne

Il lui suscite chaque jour,
Pour l'éprouver, une autre peine :
Il la fait souffrir par l'amour,
Par l'injustice et par la haine.

Jamais sa rigueur ne s'endort :
L'âme attend la paix ? Il la trouble ;
Elle lutte ? Il frappe plus fort ;
Elle se résigne ? Il redouble.

Il la blesse d'un coup certain
Dans chacun des êtres qu'elle aime,
Et de son étrange destin
Fait un mystérieux problème.

A la rude loi du travail
Il la condamne ; ainsi frappée,
Il la durcit comme un émail,
Il la trempe comme une épée.

Juge inflexible, il veut savoir
Si, jusqu'au bout, malgré l'orage,
Elle accomplira son devoir
Sans démentir ce long courage.

Et s'il la voit, au dernier jour,
Sans que sa fermeté réclame,
Il lui sourit avec amour...
C'est ainsi que Dieu forge une âme !

PRIÈRE

Je crois, ô mon Dieu, ô mon Père, que vous gouvernez tout par votre providence ; atteignant avec force d'une fin à l'autre et disposant toute chose avec suavité ! Je crois, ô mon Dieu, ô mon Père, que vous êtes bon ; de toutes les lumières de ma raison, de toutes les intuitions de mon cœur, de toutes les forces de mon âme, je crois que vous êtes la bonté même !

Je crois, ô mon Dieu, ô mon Père, que vous êtes l'amour infini ; toutes vos pensées et tous vos actes ont leur racine dans votre cœur, leur première et dernière inspiration dans votre amour !

Je crois, ô mon Dieu, ô mon Père, que vous voulez le salut de tous, nul ne périt dont vous n'ayez voulu le salut, nul ne périt que vous n'ayez aimé jusqu'à souffrir et mourir pour lui ; nul ne périt que pour avoir repoussé votre divin amour, manifesté à l'infini dans le mystère de la Croix.

Je crois, ô mon Dieu, ô mon Père, qu'un père, une mère, des frères, des sœurs, un époux, des enfants, des amis peuvent aimer tendrement et profondément ; mais, ô amour infini, vous nous aimez bien davantage encore !

Je crois, ô mon Dieu, ô mon Père, que toutes mes croix me viennent de votre bonté. C'est votre amour qui me les envoie. Je ne le vois pas, toute ma nature frémit, mais je le crois, je ferme les yeux et, brisé, meurtri, je me repose sur votre Cœur.

Je crois, ô mon Dieu, ô mon Père, que nous n'avons pas ici-bas de demeure permanente ; nous en cherchons une autre dans l'éternité. J'attends avec impatience, mais en paix, le grand jour de la lumière ; ce jour-là, les brouillards se dissiperont, je saurai le pourquoi de ces deuils, de ces larmes, de ces souffrances, de ces préférences, de ces oublis, de ces abandons, de ces trahisons, de ces calomnies, de cette mort cruelle. Mais déjà, je le sais, le mot de l'éternité et le mot de l'exil est le même : Dieu est bon, Dieu est amour ; Dieu fait tout par bonté et miséricorde, Dieu fait tout par amour.

Mon Dieu, qui avez créé le monde par votre puissance, et qui le gouvernez par votre sagesse, conduisant toutes choses à leurs fins par des voies également douces, efficaces et infaillibles, je crois, selon l'oracle de Jésus-Christ, votre Fils, qu'il n'arrive rien dans l'univers sans l'ordre de la Providence, et qu'il ne tombe pas même un cheveu de nos têtes sans votre volonté. Maître absolu de toutes les causes créées, soit libres, soit nécessaires, vous l'êtes en même temps de tous les effets qu'elles produisent. Rien ne peut arriver à notre égard ni par hasard, puisque vous avez tout prévu, dès l'éternité ; ni contre votre gré, parce que rien ne résiste à votre puissance.

C'est donc vous, ô souverain Maître du monde, qui, par un choix très libre de votre volonté toute sainte, ordonnez ou permettez tout ce qui se fait en ce monde. C'est à vous qu'il faut attribuer la diversité des conditions, l'inégalité des biens, la distribution des talents. C'est vous qui réglez les saisons, le chaud, le froid, les vents, les pluies, les tempêtes, les foudres. C'est vous qui causez la fertilité, la stérilité, l'abondance, la disette, la santé, la maladie, la prospérité, l'adversité, la paix, la guerre, les revers et les succès, les révolutions, les calamités et généralement tous les biens et tous les maux temporels d'ici-bas. Les créatures qui contribuent à tous ces effets ne sont que les instruments de votre providence pour l'exécution de vos desseins. Hors le péché, que vous ne pouvez vouloir, tout le reste vient de votre main, et doit être regardé par une âme fidèle comme un ordre de votre part. La malice même des hommes, leurs péchés et toutes les suites funestes qu'ils peuvent avoir, entrent dans l'ordre de votre providence ; car non seulement vous les permettez pouvant les empêcher, mais vous les permettez par des fins infiniment justes et très dignes de votre sagesse et de votre bonté. Voilà des vérités certaines enseignées dans toutes les pages de vos divines Ecritures, et dont il ne m'est pas permis ne douter. Mais si cela est ainsi, Seigneur, s'il est vrai que vous réglez vous-même tous les événements, que reste-t-il à la créature que le parti de la soumission la plus profonde? Que lui reste-t-il que d'adorer vos desseins, d'y entrer et de se conformer en toutes choses à votre adorable volonté? Quoi de plus juste que la créature soit soumise au Créateur et qu'une volonté aussi aveugle, aussi bornée, aussi corrompue que celle de l'homme, se conforme à une volonté infiniment sage, infiniment sainte comme la vôtre?

Vous êtes le maître, ô grand Dieu, votre droit est de commander. Nous sommes les esclaves, notre devoir est de nous soumettre. C'est à vous de donner la loi ; à nous de la recevoir avec respect. Rien de plus raisonnable que cet ordre, rien de plus criminel que de le violer.

O mon Dieu, si je méditais ces vérités, si je me les rendais familières, l'admirable ressource que j'y trouverais contre les troubles, les plaintes, les murmures, les défiances qui s'élèvent si souvent dans mon cœur ! Hélas ! je tombe si aisément dans les troubles à la vue des maux et des misères dont la terre est comme inondée ; de tant d'injustices, de vexations, d'oppressions, de scandales, d'impiétés ; de tant d'accidents tragiques ; de tant de malheurs qui désolent les familles, les villes, les provinces, les royaumes! Mais, s'il est vrai, comme la religion me l'apprend, que rien de tout cela n'arrive que vous ne le sachiez, que vous ne le voyiez, que vous ne le régliez, que vous ne le conduisiez vous-même à une fin digne de vous, quoi de plus capable de calmer mon esprit et mon cœur? Ces maux doivent, à la vérité, m'affliger ; ils doivent exciter ma compassion et mon zèle pour en arrêter le cours ; autant que je le puis, je dois y employer mes soins, mes prières et tout ce qui dépend de moi. Mais après cela, pour éviter le trouble, que votre esprit ne produit jamais, et pour conserver la paix, je n'ai qu'à lever les yeux vers vous avec la foi la plus vive. Vous pouvez les empêcher, Seigneur, vous ne le faites pas ; vous aimez plutôt à les permettre : c'est la souveraine raison qui vous conduit, vous ne pouvez rien faire que pour le mieux. Il faut que vous ayez de quoi réparer avec avantage ces désordres, autrement vous ne les permettriez pas. Si je pouvais connaître les raisons qui vous déterminent, j'en serais charmé, je serais convaincu qu'on ne peut rien de plus équitable, je verrais avec évidence que ces désordres n'empêchent pas que le monde ne soit gouverné avec une sagesse et une bonté infinies. Si je ne comprends pas à présent ces vérités, je dois rendre hommage à votre providence de croire avec certitude que cela est, en attendant le jour où vous devez justifier votre conduite aux yeux de l'univers.

Je me laisse aller encore bien souvent aux plaintes et aux murmures, lorsque les choses n'arrivent pas selon mes désirs, qu'elles sont contraires à mes desseins, à mes inclinations, à mes intérêts. Je me laisse abattre en ces rencontres par la tristesse et par l'ennui. Je pense, je parle et j'agis comme si j'ignorais qu'il y a un maître au-dessus de moi qui gouverne tout ou comme si mon intérêt particulier ou mes inclinations devaient être la règle de votre conduite dans le gouvernement du monde. Ah! Seigneur, si je faisais attention que c'est de votre main que tout cela me vient, comment oserais-je murmurer? Quand je ne regarderais en vous que la qualité de souverain Maître, mon devoir ne serait-il pas de m'anéantir à vos pieds et d'adorer vos divins ordres sans oser les contredire en rien? Car qui suis-je pour oser m'élever contre vous, ou pour vous demander raison de votre conduite ? Quand il vous plairait de me briser comme un potier brise un vase de terre qu'il a formé, vous useriez de votre droit et je n'aurais rien à répondre. Mais, Seigneur, lorsque je fais réflexion que, bien loin d'en user ainsi avec vos créatures, votre bonté et votre amour ont autant de part que votre puissance et votre sagesse à la conduite que vous tenez avec elles ; quand je considère que vous nous aimez infiniment et que vous n'ordonnez et ne permettez rien que pour le bien de vos serviteurs ; quand je pense que par un effet admirable de votre sagesse, les choses mêmes qui paraissent les plus contraires à nos intérêts tournent à notre avantage, si nous savons nous soumettre à votre volonté et entrer dans vos desseins, alors je sens combien il est juste qu'on s'abandonne à vous, non seulement avec respect comme à un maître infiniment puissant, mais avec amour et avec confiance, comme à un père infiniment bon. Ordonnez donc de moi, mon Dieu, tout ce qu'il vous plaira. Je suis résolu à me soumettre à votre volonté en toutes choses.

O volonté divine infiniment sainte, infiniment sage, infiniment adorable, infiniment aimable, je vous adore et je vous aime de tout mon cœur. Je me soumets et je m'abandonne à vous avec le plus profond respect. Je confesse qu'il est infiniment juste que vous vous accomplissiez sur toutes les créatures et je désire cet accomplissement avec toute l'ardeur de mon cœur. Je rétracte tout ce que j'ai fait jusqu'ici de contraire à ce sentiment. Mon étude sera dorénavant de me conformer sans cesse à vos desseins. Puisque rien n'arrive que par votre ordre, il est juste que cette conformité soit continuelle. Je tiendrai donc mes yeux à vous, ô mon Dieu, dans tous les événements de la vie, j'adorerai en tout votre volonté. Je l'adorerai dans l'ordre et le gouvernement du monde. Je l'adorerai dans les révolutions qui arrivent dans les Etats et dans l'Eglise, je l'adorerai dans tout ce qui arrivera à mes amis et à mes parents, je l'adorerai singulièrement dans tout ce qui me regardera moi-même, ma personne, mes biens, mon honneur, ma vie, ma mort. J'acquiesce, dès ce moment, à tout ce qu'il vous plaira de régler sur tout cela. Je ne désire ni plus de santé, ni plus de biens, ni plus d'honneur, ni plus de vie que ce qu'il vous plaira de m'en donner. Et dans ce qui m'arrivera d'affligeant, dans les disgrâces, dans les pertes, dans les maladies, dans les persécutions, dans les tentations, de quelque part qu'elles viennent, je n'arrêterai plus ma vue sur les créatures, mais je la porterai sur vous, ô mon Dieu, je recevrai tout de votre main avec soumission et avec paix. Je l'adorerai cette main divine et je la baiserai avec respect et avec amour.

Je veux vivre dans votre service comme il convient à un esclave dans la maison de son maître, dépendant en tout de vos ordres et n'ayant d'autre volonté que la vôtre. Je me tiendrai devant vous depuis le matin jusqu'au soir, dans cette posture d'un serviteur devant son maître, prêt à exécuter vos volontés. Je la trouve, cette divine volonté, dans ma condition, dans mon emploi, dans ma charge, dans mes fonctions, dans mon travail, dans mon étude, dans mes prières, je la trouve en tout, partout et à toute heure. Je veux donc la chercher en tout, m'y conformer en tout, l'aimer en tout.

O la sainte, ô la douce, ô l'heureuse vie que celle-là. Apprenez-moi, Seigneur, ce divin exercice de soumission et de conformité à votre volonté. Que je puisse dire, avec Jésus-Christ, que je ne fais en toutes choses que ce qui vous plaît et que ma nourriture, c'est de faire votre volonté. Je le demande par les mérites infinis du même Jésus.

O Jésus! le comble de mes désirs, c'est de pouvoir conformer toutes mes volontés à la vôtre et dans le cours de ma vie et dans toute l'étendue de l'éternité, aussi parfaitement que jamais homme du monde l'a fait ou l'a dû faire ; et partant, je ne veux ni ne désire plus rien, dès à présent, ni dans mon corps, ni dans mon âme, ni dans ma vie, ni dans ma mort, ni dans ce que j'ai, ni dans ce que je n'ai pas, ni dans ce que je fais, ni dans ce que je souffre, je ne veux, ni ne désire rien que ce qui vous est le plus agréable ; je n'ai souffle de vie qui n'aspire là et tout ce qui est hors de là, ne m'est rien du tout.

O Jésus! si vous me donnez le choix de tout ce que je saurais désirer avec la promesse de me l'accorder infailliblement à la première demande que je vous en ferais, il me serait impossible de vous demander jamais autre chose que ce que je vous demande à présent ; je vous le demande un million et un million et encore un million de fois, que votre très adorable volonté se fasse entièrement en moi, sur moi et autour de moi, selon votre bon plaisir.

> O toi dont mon souffle est la vie!
> Toi sur qui mes yeux sont ouverts!
> Peux-tu craindre que je t'oublie,
> Homme, roi de cet univers?
> Crois-tu que ma vertu sommeille?
> Non, mon regard immense veille
> Sur tous les mondes à la fois.
> La mer qui fuit à ma parole
> Et la poussière qui s'envole
> Suivent et comprennent mes lois.
>
> Marche au flambeau de l'espérance
> Jusque dans l'ombre du trépas,
> Assuré que ma providence
> Ne tend point de pièges à tes pas.
> Chaque aurore la justifie,
> L'univers entier s'y confie,
> Et l'homme seul en a douté!
> Mais ma vengeance paternelle
> Confondra ce doute infidèle
> Dans l'abîme de ma bonté.

CHAPITRE IV

L'accomplissement de la loi de Dieu avec joie est la marque d'un amour parfait, d'une sainteté éminente.

§ Ier

LA JOIE EST INSÉPARABLE DE L'AMOUR DE DIEU.

L'ami met son plaisir et sa joie à vivre avec son ami. L'amour a deux effets : il a, il tient, il possède, il garde en lui celui qu'il aime pour l'enrichir, lui donner de la joie et du bonheur ; puis, à son tour, il va, il reste, il se repose dans celui qu'il aime : avec lui, il jouit des dons qu'il lui a faits, de ses joies il fait ses joies et leurs bonheurs se confondent. C'est la vraie intimité : une seule pensée, un seul amour, une seule joie, les mêmes actions pour deux vivants.

L'*amour* et la *joie* sont inséparables l'un de l'autre. Si l'amour indique la tige principale et la plus délicate de la plante humaine, la joie n'en marque-t-elle pas la fleur? Aimer, qu'est-ce autre chose que trouver complaisance et joie dans son bien? et jouir qu'est-ce autre chose qu'aimer? Nous pouvons distinguer ces deux sentiments dans notre esprit, mais ils ne diffèrent pas en réalité. L'amour est l'inclination qui entraîne l'être vers l'objet aimé et la joie se produit aussitôt, avant même la possession actuelle de l'objet bien-aimé. Aimer et goûter la joie sont donc deux termes synonymes.

On sait par expérience que, sans amour, la vie la plus riche en toutes sortes de biens, est sans joie, froide, stérile comme la mort, et au sein de cette abondance, on mettra sur les lèvres de la pauvre âme languissante et glacée, le mot du poète :

> Un seul être me manque et tout est dépeuplé.

En revanche, que cet être lui soit rendu, revînt-il seul et dans le plus complet dénûment, c'est la vie, c'est la joie qui revient avec lui. Accablez le corps de souffrances et l'âme d'humiliations ; couvrez de ténèbres l'intelligence, et s'il est possible, par une suprême épreuve, enlevez-lui une partie de sa liberté en lui ôtant la conscience de son bon vouloir : si dans le cœur la petite lampe de l'amour continue de brûler, vous y entendrez encore le cantique de l'action de grâces dans les tressaillements de la joie.

La joie accompagne l'amour comme la chaleur la lumière, comme le parfum la fleur ; elle l'accompagne et se proportionne à sa mesure. Les dons de la joie répondent toujours aux efforts ou aux largesses de l'amour ; la vie la plus heureuse se distingue uniquement à ce signe : celle où l'on aime davantage. Regardons du reste les grandes joies, regardons cette joie suprême qui s'appelle « l'extase », et qui apparaît en la vie comme un éclair de souveraines délices, de la souveraine félicité elle-même. A quoi se rattachent ces ineffables jouissances ? Quelle en est la cause première ? L'amour, mais un amour d'une souveraine intensité. Il a rempli peu à peu le cœur. Il a jeté l'âme tout entière à la poursuite du vrai ; il l'a concentrée dans le beau ; il l'a plongée dans le bien. En un mot, il l'a mise en contact continuel avec l'Etre souverain qui, aspiré si ardemment, laisse enfin échapper sur sa créature un rayon de sa divine essence.

« L'âme, dit Bossuet, étant tout à coup, en un clin d'œil, investie des rayons de la Divinité, éblouie de sa clarté, liée des bras de son amour, pénétrée de sa présence, opprimée du poids de sa grandeur et de l'efficacité excellente de ses perfections, de sa majesté, de ses lumières immenses, est tellement surprise, étonnée, épouvantée, ravie en admiration de son infinie grandeur, de sa brillante clarté, de la délicieuse sérénité de son visage, qu'elle est comme noyée dans cet abîme de lumière, perdue dans cet océan de bonté, brûlée et consumée dans cette fournaise d'amour, anéantie en elle-même par une heureuse défaillance, sans savoir où elle est, tant elle est égarée et enfoncée dans cette vaste solitude de l'immensité divine. »

A mesure que l'âme fidèle se dégage de la terre et d'elle-même, toutes ses pensées, tous ses désirs s'élèvent et viennent se confondre en Celui qu'elle aime uniquement. Alors, elle gémit des liens qui l'appesantissent et la retiennent encore ici-bas. Pressée d'un amour qui croît sans cesse, elle voudrait briser son enveloppe mortelle et s'élancer dans le sein de l'Etre infini auquel elle aspire et s'y plonger et s'y perdre éternellement. *Qui me donnera des ailes comme à la colombe et je volerai et je me reposerai!* Nul repos, en effet, pour elle jusqu'à ce qu'elle soit unie à l'objet de ses ardeurs, jusqu'à ce qu'elle puisse dire dans les transports, dans l'ivresse divine de sa joie, dans la jouissance, la possession à jamais immuable du céleste Epoux : *Mon Bien-Aimé est à moi, je suis à Lui. Aimer et jouir* ne font *qu'un* et voilà pourquoi, en principe, l'amour de Dieu ou la vertu et le bonheur sont inséparables.

Dieu étant le souverain Bien ou la dernière fin de toute créature, il s'ensuit que l'amour de ce souverain Bien fait sans doute le plus grand et le plus souverain de tous les plaisirs de l'homme, même en ce monde, car Dieu est le souverain Bien de l'homme en ce monde comme dans l'autre.

Il est la joie même. La béatitude est l'idée première et l'idée dernière que nous devons nous faire de lui. Comment notre âme ne serait-elle pas joyeuse d'avoir toujours en elle cette source immense de joie? Comment ne serait-elle pas contente et même, à certaines heures, ravie de joie, en songeant que bientôt elle verra, elle contemplera, elle possédera sans mesure, sans fin, ce Dieu, qui est la joie, le bonheur par essence.

∴

Mais non seulement la joie est naturelle à l'amour et par conséquent à l'amour de Dieu, le propre de l'amitié est aussi de rendre doux l'accomplissement de la volonté de l'ami, et c'est pourquoi celui qui aime Dieu n'a pas de plus grand plaisir que d'accomplir sa volonté ou sa loi.

L'amour n'a pas de plus ardent désir que de parvenir à ce qu'il aime. Lorsqu'il reconnaît que les travaux sont les moyens les plus assurés pour y arriver, il aime les travaux parce qu'il ne les considère plus comme des choses fâcheuses, mais comme des voies qui le conduisent au bonheur. La joie qu'il a de souffrir pour ce qu'il aime, adoucit toute l'amertume du travail. C'est pourquoi saint Augustin a dit admirablement : « Quand on aime, on ne ressent point le travail, on aime le travail même. » Il dit dans un autre endroit : « Les travaux des amants sont semblables à ceux des grands chasseurs ou des personnes qui aiment la pêche avec passion, car ces exercices leur plaisent au lieu de les lasser. » L'amour se porte avec joie aux choses les plus difficiles; il ne craint point les dangers, il ne refuse aucun travail, il souffre avec patience ce qu'il endure.

Représentons-nous une mère qui aime un fils unique, qu'elle veut faire enrichir par toutes les voies possibles. Son amour ne lui sert-il pas de bourreau, et ne devient-elle pas l'esclave de ce qu'elle aime? Car quelle servitude plus grande peut-on s'imaginer que de se retrancher le boire, le manger, le dormir, de se contraindre en toutes ses actions, et de ne vivre pas pour soi-même, mais pour autrui? de perdre l'usage des biens, d'augmenter ses soins et ses peines, de passer les jours et les nuits dans le travail, et de ne prétendre à rien en tout cela pour ses propres avantages, mais seulement pour ceux d'autrui? C'est là le seul intérêt de cette mère, c'est là toute sa joie, parce que l'avantage de celui pour lequel elle se tourmente, lui donne plus de plaisir que cette vie si rude ne lui a causé de peine; elle trouve de la douceur au milieu de l'amertume, et le plus rude travail lui tient lieu du plus grand repos.

Ainsi, il n'y a rien au monde de plus doux et de plus fort, de plus cruel ni de plus tendre tout ensemble que l'amour!

Tel est aussi l'amour de Dieu. Si quelqu'un est touché vivement de cet amour, il n'y a nulle vertu, quelque difficile qu'elle soit, à laquelle il ne se porte avec joie. Il travaille sans se lasser, il fait des efforts et il ne sent pas; les exercices les plus pénibles lui sont un jeu. « Mon joug est doux, et mon fardeau est léger, » a dit Notre-Seigneur.

L'amour le rend doux; quoiqu'il soit appelé un *joug* et une *charge*, néanmoins ce joug et cette charge sont pour nous comme la plume est aux oiseaux, qui les rend plus légers pour voler. Ce qui a fait dire ces paroles à un saint docteur : « O joug délicieux de l'amour, que vous pressez doucement, que vous liez puissamment, que vous serrez fortement, que vous récompensez abondamment, et que le joug que vous nous imposez a de plaisirs et de délices! »

PRIÈRE

Entrez donc au dedans de moi, ô Seigneur! Saisissez-vous du secret et profond ressort d'où partent mes résolutions et mes volontés. Remuez, excitez, animez tout; et du dedans de mon cœur, de cette intime partie de moi-même, si je puis parler de cette sorte, qui ébranle tout le reste, inspirez-moi cette chaste et puissante délectation qui fait l'amour ou qui l'est. Répandez la charité dans le fond de mon cœur, comme un baume et comme une huile céleste. Que de là elle aille, elle pénètre, et qu'elle remplisse tout au dedans et au dehors. Alors je vous aimerai, et je serai vraiment fort pour vous aimer de toute ma force.

O amour qui brûlez toujours et qui ne vous éteignez jamais! O charité! ô mon Dieu, échauffez mon cœur, brûlez mon cœur, consumez mon cœur... Que je vous trouve, ô le Désir de mon cœur! Que je vous possède, Amour de mon âme! Que je vous embrasse, Epoux céleste, vous qui êtes mon souverain bonheur! Que je vous possède intérieurement et extérieurement, ô mon éternelle Béatitude! Que je vous tienne renfermée dans le fond de mon cœur, ô la souveraine Joie de ma vie!

§ II

LA JOIE EST NÉCESSAIRE A LA VERTU OU A L'AMOUR DE DIEU.

« L'homme ne peut jamais être sans plaisir ; il aime les plaisirs spirituels ou ceux de la chair (1). »

« La délectation est une conséquence nécessaire de la vertu. L'homme ne peut pas vivre longtemps avec ce qui le contriste... Si donc la vertu est triste, il ne pourra pas la supporter longtemps (2). »

L'ignorance de ces deux profondes vérités cause tous les jours des ravages spirituels immenses. Nous sommes faits pour le bonheur ; notre nature l'exige ; nous ne pouvons donc pas ne pas le rechercher. Il nous est naturellement impossible de supporter longtemps la tristesse qui est l'absence du bonheur.

Donc, si l'homme ne se réjouit pas dans la vertu, il cherche les plaisirs dans le vice : cela est inévitable. N'est-ce pas un fait d'expérience journalière ? Or, quel remède à ces conséquences épouvantablement désastreuses ? Il n'y en a qu'un d'efficace, c'est de donner à l'homme le bonheur des biens célestes infiniment supérieur au bonheur de tous les biens terrestres. « L'amour du monde ne peut-être combattu que par la suavité des plaisirs divins (3) »

« Ne livrez point votre âme à la tristesse, nous avertit l'Esprit-Saint, car la joie du cœur est la vie de l'homme ; c'est un trésor inépuisable de sainteté, mais la tristesse en a tué plusieurs, et elle n'est utile à rien. » Pesons bien ces paroles : « la joie du cœur est la vie de l'homme » ; sans elle la mort est dans l'âme ; son être moral est comme frappé de paralysie ; il ne peut rien faire de bien.

---

(1) Saint Grégoire le Grand. — (2) Saint Thomas d'Aquin. — (3) Saint Augustin.

Sans amour et par conséquent sans joie, comment pourrions-nous accomplir le devoir ? La volonté n'est jamais que l'humble esclave de l'amour. Faire le bien, accomplir le devoir parce qu'il est le devoir et sans être poussés par la force de l'amour, nous ne le pouvons qu'accidentellement ; faire le bien tous les jours, à chacun des moments de notre vie, le faire de bonne grâce, sans marchandage et sans restriction, le faire à l'encontre de toutes les difficultés que nos mauvais penchants ou que les hommes nous suscitent, nous ne le pouvons sans amour. On ne peut se fatiguer à marcher indéfiniment sans être encouragé par l'espoir d'arriver au but du voyage.

Faire consister la perfection à accomplir en toute chose tout le contraire de ce que nous aimons est « l'idée la plus odieuse et la plus opposée à l'enseignement catholique, » a écrit le P. Faber.

« La grâce nous est donnée pour agir aussi facilement que si la vertu nous était naturelle, et aussi *agréablement* que si elle était toujours conforme à nos goûts, *connaturaliter, et faciliter, et delectabiliter* (1). »

« Il faut que la vertu opère le bien comme il faut, c'est-à-dire volontairement, avec promptitude, avec joie et fermeté : car, telles sont les conditions de l'action vertueuse. Pour cela, il est nécessaire que celui qui agit, aime le bien pour lequel il agit, parce que l'amour est le principe de tous les sentiments volontaires et ce qui se fait par amour, se fait avec énergie, promptitude et plaisir (2). »

« Le mouvement de la sagesse ne nous cause ni amertume, ni travail, mais plutôt la sagesse change

---

(1) Saint Thomas, *Cont. Gent.*, LIII. — (2) Idem, *De virtute carit.*

l'amertume de la vie en douceur et le travail en repos (1). »

« Pour que l'œuvre soit complètement bonne, il faut que nous nous réjouissions dans l'acte, car le propre du juste est de se réjouir dans ses œuvres (2). »

« Quand on sert Dieu, les causes de joie nous environnent de toutes parts (3). »

« Les justes n'ont pas un grand besoin de plaisirs extérieurs, parce qu'ils portent en eux-mêmes une source continuelle de voluptés (4). »

« La sagesse rayonne dans l'âme et lui donne une forme divine. Elle éclaire l'intelligence, elle enflamme le cœur, elle fortifie les actions, elle remplit l'esprit de gracieuses clartés ; le cœur, de charmes délicieux ; l'action, de vigueur (5). »

« Il est de la nature du bien, que le plaisir augmente à mesure que le bien se multiplie, l'allégresse spirituelle est comme l'assaisonnement du bien. Le bien que l'on fait porte avec lui la douceur dans le goût et la joie dans le cœur. La sagesse est un fruit de plaisir intérieur, le délicieux paradis de l'âme (6). »

« L'amour divin est un feu qui purifie ; c'est une lumière qui remplit l'âme de clartés ; c'est une vie qui réjouit par une suave tendresse. C'est la vie qui remplit l'âme d'une joie indicible, d'une éternelle jubilation (7). »

« Rien ne rend l'âme aussi chère à Dieu que si elle goûte en Lui d'intimes délices ; et c'est là le souverain plaisir de la vie (8). »

---

(1) IDEM, 2ª 2æ, q. 45. Art 3. — (2) IDEM, 3 dist., q. 1. (3) IDEM, In Espist. Phil., c. 4. — (4) IDEM, Ethiq. l. 1, lect. 13. — (5) SAINT BONAVENTURE, De septem donis. — (6) IDEM, ibid. — (7) IDEM, ibid., De dono pietatis. — (8) IDEM, ibid., De dono sapientiæ.

« Le dernier degré de l'amour est une véritable et pleine tranquillité, où la paix et le repos de l'âme sont tels, qu'elle est, pour ainsi dire, en un sommeil silencieux. La paix, c'est le dernier degré où repose l'âme qui poursuit la vertu (1). »

« La paix c'est l'image, c'est le gage de la joie éternelle (2). »

« Si nous nous accoutumons à cette belle sagesse divine, les habitudes chrétiennes prendront la fermeté des habitudes naturelles. Comme il est facile de dormir, de manger, de boire, de respirer, ainsi tout ce qui a rapport à la vertu nous sera facile ; nous goûterons une volupté pure, nous serons dans un port sûr et nous y jouirons d'une perpétuelle tranquillité (3). »

« Il est nécessaire que la conscience se réjouisse des bonnes actions, et qu'elle fasse volontiers ce qui doit la réjouir, quand elle l'aura fait (4). »

St Augustin veut que nous chantions en pratiquant la vertu, c'est-à-dire que nous fassions tout avec joie, car, dit-il, « c'est la seule manière, non seulement de faire le bien, mais de le bien faire ; et si nous faisons le bien avec tristesse, ce défaut vient de nous. Alors, nous portons le joug de la loi comme le Juif ; nous ne chantons pas...

« Dans les plus hautes régions de la perfection chrétienne, il y a un séjour de joie où l'on savoure le souverain Bien, où l'on jouit de la lumière sereine et comme du vent frais de l'éternité. »

Il y a une jouissance commencée de ce que le même Docteur appelle ailleurs « l'éternel serein, le lieu d'éternelle sérénité » : *æternum serenum*.

---

(1) IDEM, *ibid.* — (2) IDEM, *De dono intell.* — (3) SAINT CHRYSOSTOME. — (4) SAINT LÉON.

« Rien ne glorifie Dieu autant que la joie. Il n'y a pas d'adoration là où il n'y a pas de joie. Un homme mélancolique ne pourra jamais être autre chose qu'un convalescent dans la maison de Dieu. Il peut penser beaucoup à Dieu, mais il l'adore très peu. Dieu devra plutôt le servir en qualité d'infirmier, que lui ne servira Dieu comme son Père et son Roi. La joie est la fraîcheur de l'esprit ; la joie est l'œuvre perpétuelle de l'âme, le rayon habituel du soleil qui donne naissance à l'adoration et aux vertus héroïques (1). »

En somme, la joie spirituelle est une *vertu*. Ce n'est pas seulement un sentiment, une consolation, un bonheur, c'est une vertu comme la force, la patience, la justice. Une vertu est une aptitude, une force qui porte au bien, qui incline et dispose nos âmes à pratiquer le bien. Or, nous le comprenons sans peine, la joie de l'esprit, c'est la vraie liberté de l'âme qui cherche Dieu, c'est la marque souveraine de la perfection ou de l'amour de Dieu dont elle est le fruit le plus exquis. *Se réjouir en Dieu*, se réjouir dans l'accomplissement de sa sainte volonté, c'est la disposition la plus sainte, celle qui nous approche le plus des bienheureux du ciel. Qu'est-ce que la joie spirituelle, si ce n'est l'amour vrai de Dieu ? et qu'est-ce que l'amour de Dieu, s'il n'est accompagné de la joie spirituelle ? S'il est généreux, s'il est parfait, l'amour de Dieu est inséparable de la joie spirituelle. La joie c'est le contentement du bien, mais comment n'être pas content du souverain Bien ? La pratique de cette joie consiste à être bien avec Dieu, à *être content de Lui en tout :* n'est-ce pas la vertu parfaite ?

Hâtons-nous de dire qu'elle est compatible avec tous les états de l'âme, qu'elle peut exister dans toutes

---

(1) P. Faber.

les situations de notre pauvre vie. Saint Paul disait aux premiers chrétiens persécutés, il leur disait et leur répétait sans cesse : « Réjouissez-vous dans le Seigneur ! » Il ne tenait aucun compte des difficultés ; il ne voyait aucun obstacle à leur joie dans les tentations, dans les épreuves, dans les persécutions ; au contraire ! l'Apôtre disait : « *Estimez donc qu'il y a une joie entière*, ou pour traduire plus littéralement, que c'est *toute joie que de souffrir la tentation.* » Et comment cela ? C'est qu'il veut en nous une foi si affermie, une volonté si fidèle, qu'au milieu même des plus cruels combats, nous demeurions toujours contents de Dieu.

Les Saints ont toujours regardé la joie comme un des grands moyens d'avancer dans la vertu et comme une puissante arme contre le démon, qui ne cesse jamais de représenter la vie chrétienne comme étant triste, afin de faire tomber les âmes dans le découragement. « Chaque fois que nous nous réjouissons dans le Seigneur, dit Origène, nous flagellons le diable. »

Tous les saints Docteurs, tous les théologiens, tous les auteurs ascétiques n'ont qu'une voix pour condamner la tristesse ; l'Esprit-Saint lui-même la réprouve et la raison la proscrit. « La tristesse, dit saint Chrysostome, est un cruel supplice pour les âmes, une douleur qu'on ne saurait dépeindre, et le plus redoutable de tous les tourments. C'est un ver empoisonné qui ronge le corps et tue l'âme. Il dévore nos os et nos moelles. C'est un bourreau qui nous torture sans relâche et finit par nous décourager, par nous désespérer. C'est une longue nuit sans étoiles et remplie de ténèbres horribles ; c'est une tempête, un ouragan, une fièvre plus perfide et plus pénétrante que la flamme ; une guerre sans trêve ni merci, une maladie de langueur qui, pour un certain nombre, obscurcit l'intelligence en abattant le corps. »

D'après saint François de Sales, « l'inquiétude, mère de la mauvaise tristesse, est le plus grand mal qui puisse arriver à l'âme, à l'exception du péché...

« La tristesse de la vraie pénitence ne doit pas tant être nommée tristesse que déplaisir, un sentiment et détestation du mal, tristesse qui n'est jamais ni ennuyeuse ni chagrine ; tristesse qui n'engourdit point l'esprit, mais qui le rend actif, prompt et diligent ; tristesse qui n'abat point le cœur, mais le relève par la prière et l'espérance, et lui fait faire les élans de la ferveur de dévotion ; tristesse qui, au fort de ses amertumes, produit toujours la douceur d'une incomparable consolation, suivant le principe de saint Augustin : « Que le pénitent s'attriste toujours, mais « que toujours il se réjouisse de sa tristesse. »

« Les actions dépendent souvent des dispositions physiques ; mais tout mélancolique que l'on soit, on peut bien dire des paroles gracieuses, bonnes et courtoises ; et malgré son inclination, faire par raison les choses convenables en paroles et œuvres de charité, douceur et condescendance.

« On est excusable de ne pas être toujours gai, car on n'est pas maître de la gaîté pour l'avoir quand on veut ; mais on n'est point excusable de ne pas être toujours bon, maniable, condescendant, car cela est toujours au pouvoir de notre volonté.

« La prière est le remède souverain à la tristesse, car elle élève l'esprit à Dieu qui est notre unique joie et seule consolation. « Quelqu'un est-il triste, dit saint « Jacques, qu'il prie. »

Le suave Docteur écrit à sainte Chantal : « Dites-moi donc, ma chère fille, ce pauvre cœur bien-aimé, comment se porte-t-il ? Est-il toujours vaillant et vigilant pour s'empêcher des surprises de la tristesse ? Je vous le recommande au nom de Notre-Seigneur, ne le tourmentez pas, je dis même quand il aurait fait quelque détour, reprenez-le doucement et le ramenez en son chemin, car il est bon certes, ce chétif petit cœur de ma grande fille, et pourvu qu'elle le traite bien, vous verrez que ce cœur deviendra un vrai cœur selon le Cœur de Dieu.

« Je prie notre doux Sauveur de répandre sa douce et agréable suavité sur vous, afin que vous reposiez saintement, sainement, tranquillement en lui, et qu'il veille paternellement sur vous, puisqu'il est le très souverain amour de notre cœur. Oh ! Dieu, je vous le recommande, notre pauvre cœur : soulagez-le, fortifiez-le, récréez-le mieux et le plus que vous pourrez, afin qu'il serve Dieu ; car c'est pour cette considération qu'il le faut traiter ainsi. C'est l'agneau de l'holocauste qu'il nous faut offrir à Dieu ; il le faut donc tenir en bon point, s'il est possible. C'est le lit de l'Epoux ; il le faut donc parsemer de fleurs. Consolez-le donc ce pauvre cœur, et donnez-lui le plus de joie et de paix que vous pourrez, afin qu'il en serve mieux Notre-Seigneur. Hélas ! qu'avons-nous à souhaiter autre chose que cela ? Vive Dieu ! ou rien ou Dieu ; car tout ce qui n'est pas Dieu, n'est rien ou pis que rien.

« Je ne puis penser comment vous pouvez admettre en votre cœur ces tristesses démesurées, étant fille de Dieu, remise, il y a longtemps, dans le sein de sa miséricorde, et consacrée à son amour. Vous devez vous soulager vous-même, méprisant toutes ces suggestions et tristesses mélancoliques que l'ennemi vous fait, avec le seul dessein de vous lasser et tracasser.

« Allez joyeusement et à cœur ouvert le plus que vous pourrez ; et si vous n'allez pas toujours joyeusement, allez toujours courageusement et avec confiance.

« 'Elle viendra cette bonne heure que vous désirez, au jour que la Providence souveraine a nommé dans le secret de sa miséricorde ; et alors, avec mille sortes de secrètes consolations, vous déploierez votre intérieur devant sa divine bonté, qui convertira vos rochers en eau, votre serpent en baguette, et toutes les épines de votre cœur en roses, et en roses odoriférantes qui récréeront votre esprit de leur suavité.

« Ah ! mon Dieu, que je suis redevable à ce Sauveur qui nous aime tant ! Que je voudrais bien, pour une bonne fois, le serrer et le coller sur ma poitrine ! Qu'à jamais Jésus soit en nos cœurs, qu'il y vive et règne éternellement. Quel bonheur d'être seul à seul avec Dieu, sans que personne sache ce qui se passe entre Dieu et le cœur, que Dieu même et le cœur qui l'adore ! »

En nos temps, le Père de Ravignan a rendu un grand service aux âmes affamées de leur perfection, en expliquant avec insistance, dans ses instructions publiques et sa direction particulière, que la joie est le vrai mobile des efforts de l'âme qui tend à la perfection. Il a dit qu'une manière de faire pénitence, c'est d'être joyeux, et il l'entend de la joie surnaturelle qui est la seule dont nous parlons.

« La joie de l'esprit est vraiment la vie de la foi : *c'est la voie la meilleure.* Pour la suivre et s'y maintenir, il faut une attention décidée, une habitude prise de la volonté *de se réjouir de tout en Dieu.* Ainsi, on se place et on s'établit, autant qu'il est possible, dans le surnaturel solide et vrai. On se renonce soi-même résolument, avec toutes ses inclinations naturelles et sensibles, avec toutes ses imaginations et ses distractions qu'on méprise et qu'on laisse de côté : c'est bien, très bien, c'est l'abnégation.

« O grâce de la joie de l'esprit! c'est bien la mortification par là même, puisqu'on ne cherche plus soi. Il en coûte de se réjouir en Dieu spirituellement; on voudrait tant les joies senties de la nature !

« J'aimerai, je me réjouirai ainsi dans la partie supérieure de mon esprit, et je laisserai tranquillement souffrir ailleurs mon corps et mon âme.

« Mais c'est une grâce, et une grâce très grande. Eh ! oui, sans doute. On peut et on doit la désirer, la solliciter, s'exercer dans la disposition qu'elle inspire, pour y coopérer courageusement et doucement. Avec la direction donnée intérieurement à l'âme pour se reporter toujours vers le contentement surnaturel et la joie de l'esprit, on peut rencontrer l'ennui. — L'ennui fut, en quelque sorte, consacré comme épreuve des âmes au jardin des Oliviers. L'inaction peut très naturellement amener l'ennui. Et cependant, telle est la puissance de la grâce, telle est la miséricordieuse économie de l'assistance divine, que dans l'inaction forcée, dans l'épreuve et l'ennui, une volonté forte peut s'élever à la joie de l'esprit, au contentement en Dieu. Il n'y a point incompatibilité. La *vision* béatifique dans l'âme de Notre-Seigneur pendant son agonie explique bien des choses, mais, comment ?... — Voilà qui est étrange : on peut toujours être dans la joie, même sous le coup de l'ennui ! — Oui, et même on le doit ; est-ce que saint Paul ne dit pas : « *Gaudete in Domino semper... Superabundo gaudio in omni tribulatione ?...* Réjouissez-vous dans le Seigneur toujours... Je surabonde de joie dans toute tribulation. »

« — Mais c'est une grâce, un don surnaturel, un état exceptionnel. — Un don surnaturel, oui, oui; une exception, non, non. Je suis intimement convaincu que le seul obstacle à la joie de l'esprit, c'est *nous-mêmes* : notre raisonnement volontaire et tout naturel, notre attachement aux choses sensibles et variables, notre débat consenti avec nos peines, nos souvenirs, nos prévisions... Oubliez tout, sans cesse autant que possible, et jetez-vous dans la joie pure de l'esprit. Soutenir, se soutenir : *sustine*. C'est bien ce qu'il y a de plus difficile, et c'est le meilleur, la vie, la joie de l'esprit : c'est le combat, c'est la paix supérieure, c'est la constance dans la foi. O don précieux ! pour soutenir, se soutenir, pour justifier ce mot : *sustine*, il faut tâcher, dès le premier instant de raison, au réveil, de jeter en haut, avec foi et courage, son esprit et son cœur. *Sursum corda !... Quæ sursum sunt querite.* En haut les cœurs ! cherchez les choses d'en haut, par-dessus tout.

« Pour se remettre, s'abandonner totalement à Dieu et en Dieu, dans la souffrance, dans la force, dans la peine, dans la liberté, pour tout et en tout, il faut renouveler, entretenir cette disposition si précieuse, aussi continuellement que possible dans la journée. *Spécialement elle doit dominer l'oraison.* Hélas ! l'âme s'abaissera, la terre réclamera ; elle ira par une pente naturelle aux choses inférieures, humaines, sensibles. L'imagination se promènera dans les chimères... Mais une énergie tranquille nous reportera en haut pour nous soutenir en Dieu, près de Dieu, nous réjouir de lui, être content de lui... Le reste est en bas... tendre en haut toujours...

« Je le sais, nous ne pouvons nous fixer dans la recherche incessante de Dieu ; la faiblesse de notre nature nous fait redescendre sans cesse ; alors, comme les Saints, remontons ! Remontons par la prière, par l'aspiration de l'âme, par les efforts de la volonté qui cherche à s'unir à son Bien suprême, à son unique centre, à son unique amour, à son Dieu!... Notre vie alors se composera de deux mouvements successifs : nous irons chercher, puiser Dieu; nous reviendrons le répandre ensuite autour de nous par nos actes extérieurs, tout en le gardant par une vigilance pleine d'amour. Quand Dieu s'épuise en nous, ce qui arrive, hélas ! cent fois dans un jour, ah ! remontons au ciel par la prière : là, purifions-nous, abaissons-nous, puisons... et puis revenons travailler et souffrir, et enfin mourir! C'est ainsi que vivaient les Saints; voilà ce qu'ils faisaient : pas autre chose. »

Sans doute, il y a dans la voie qui conduit à Dieu, des épreuves, des angoisses intérieures nécessaires à la purgation et à la purification de l'âme. Une juste comparaison nous en explique la nécessité. Quand on met au feu le bois vert et humide, il s'agite, il pétille, il produit une épaisse fumée ; mais une fois desséché, le bois brûle doucement et s'élève en flammes légères.

Les âmes traversent des nuages de tristesse et subissent des crucifiements, mais ils ne sont que passagers; ils sont nécessaires pour conduire les âmes à la flamme céleste de la joie pure.

La joie est tellement inhérente à la vertu, que lorsque nous faisons le bien avec tristesse, habituellement, c'est un défaut qui vient de nous. Il provient de notre attachement aux choses de ce monde et à nous-mêmes. Il peut aussi être permis de Dieu comme une épreuve, et alors, il peut devenir un sujet de mérite. Mais, même dans ces heures de tristesse involontaire, dans ces heures d'abandon passager, il n'y a rien qui console comme la perspective même lointaine de Dieu.

Qui m'instruira de Dieu, si ce n'est Dieu lui-même ?
Dans un sombre nuage, il veut s'envelopper,
Mais il est un rayon qu'il laisse s'échapper ;
Que me faut-il de plus ? Je marche avec courage,
Et, content du rayon, j'adore le nuage.

§ III

LA JOIE SPIRITUELLE EST PROPORTIONNÉE AU DEGRÉ DE L'AMOUR DIVIN, AU DEGRÉ DE LA SAINTETÉ.

Il faut avouer que le commun des chrétiens qui se bornent à éviter seulement les péchés considérables, qui ne sont pas entièrement dévoués à Dieu, ne goûtent pas autant qu'il est possible de goûter sur la terre, combien le Seigneur est doux. Ils ont le fonds et la substance du bonheur dans le calme de la conscience, mais ils sont sujets à des troubles et à des anxiétés ; ils ont des inquiétudes sur leur salut ; ils sont davantage dominés par le sentiment de la crainte de Dieu que par le sentiment de son amour. Ils ne pensent qu'avec frayeur à la mort et au jugement de Dieu. Ils sont aussi beaucoup trop sensibles aux maux de cette vie, et, très souvent, ils souffrent de leur imagination, de leur amour-propre qu'ils satisfont dans mille petites passions. Tout cela est bien vrai ; dans ces personnes, la paix n'est pas aussi profonde et tranquille qu'elle pourrait l'être.

Quels sont donc ceux qui possèdent ce parfait repos ? Ce sont ceux qui se sont pleinement donnés à Dieu, qui lui ont remis le soin de tous leurs intérêts sans exception, qui se laissent gouverner fidèlement par sa providence. Ces chrétiens, soit qu'ils vivent dans le monde, soit qu'ils en soient séparés, sont au-dessus du monde et de ses vicissitudes ; leur cœur est établi dans une région où les maux d'ici-bas ne sauraient atteindre. Occupés à se combattre et à se surmonter en toutes choses, ils parviennent par une suite de victoires à une paix imperturbable. Ils ne connaissent ni les anxiétés ni les scrupules; ils ne sont point inquiets sur leur salut, ni effrayés de la mort et de ses suites. Ils ont mis toute leur confiance en Dieu ; et quoi qu'il leur arrive, ils savent qu'il ne les abandonnera pas. Ils n'existent plus en eux-mêmes, mais en Dieu ; tranquilles dans son sein, ils sont à l'abri de la crainte, tant pour cette vie que pour l'autre.

Cet amour, plus fort que la mort même, est si violent qu'il ne permet à tout jamais de retourner aux vaines joies de cette vie à celui qui en est embrasé. Il fait dire à celui qui en est embrasé, avec saint Paul : « Tout ce que le monde renferme, toutes ses grandeurs, toutes ses joies, je l'ai estimé de l'ordure, pour gagner Jésus-Christ. »

Ceux qui sont ainsi épris du divin amour jouissent d'une merveilleuse tranquillité d'esprit, même au milieu de la multitude des occupations. « Certaines âmes sont dans une grande erreur de croire qu'on ne peut conserver le repos intérieur et la paix de l'âme au milieu des affaires et des difficultés; car, quoiqu'il n'y ait point de mouvement plus grand que celui d'un vaisseau qui est en pleine mer, néanmoins, ceux qui sont dedans, ne laissent pas de reposer et de dormir, et l'aiguille de la boussole demeure toujours dans sa situation naturelle, c'est-à-dire tournée du côté du pôle. Le grand point pour ne pas perdre la paix, c'est de nous appliquer à tenir la boussole de notre volonté du côté du pôle, qui est le bon plaisir de Dieu (1). »

---

(1) SAINT FRANÇOIS DE SALES.

Dieu s'unit si intimement à l'homme qui s'est donné complètement à lui; il le pénètre et le remplit si intérieurement dans toutes les capacités de son âme, qu'il peut dire, sans mensonge, qu'il possède Dieu et qu'il en est tout plein, jusqu'à la chair même qui en reçoit les bienfaisants effets. Aussi l'homme trouve que ses travaux sont déjà surabondamment récompensés dès cette vie, sans exclusion des autres promesses de Dieu qui, en plus de tous les biens surnaturels qu'il accorde en ce monde, assure encore la vie éternelle à ceux qui lui sont fidèles.

Pour l'ordinaire, Dieu donne aux personnes qui gardent exactement ses commandements, en s'efforçant de l'aimer de toutes leurs forces, une telle satisfaction de cœur par la participation de sa grâce, et par l'union d'amour qu'il a avec eux, qu'en toute vérité ils peuvent dire qu'ils sont heureux d'un bonheur au-dessus de toutes les joies du monde, puisque ni la mort, ni la vie, ni le glaive, ni la persécution, ni aucune créature ne les peuvent séparer de la charité de Dieu, qui est en Jésus-Christ. Tel est le fruit de la vertu parfaite. Pour la vie présente comme pour la vie future se vérifient ces paroles de saint Paul : « L'œil n'a point vu, l'oreille n'a point entendu, le cœur n'a point senti ce que Dieu prépare à ceux qui l'aiment. »

Le bonheur de l'âme qui possède Dieu consiste dans une douce et continuelle familiarité avec Dieu, avec Jésus, familiarité semblable à celle d'un époux avec son épouse intime, ou d'une mère avec son enfant qu'elle tient par la main. Cette mère parle sans cesse à son petit chéri, l'aide à marcher, le conseille, l'avertit, le caresse souvent et en prend soin en tout et toujours. Ainsi Dieu tient l'âme, l'avertit, la conseille, lui parle, l'entretient, et de temps en temps la caresse d'une manière qu'on ne peut exprimer, et qu'on ne peut comprendre que par expérience. L'âme est tout heureuse et satisfaite de se voir ainsi avec Dieu, et ne cesse jamais d'avoir en lui plus d'entretien, plus de douceur et de joie, qu'un roi n'en peut avoir environné de tout son peuple, qu'un homme n'en peut expérimenter avec la personne qu'il aime passionnément et dont il a l'intime conversation.

« C'est saint Jean, dit Bossuet, qui nous découvre un nouveau caractère de Jésus-Christ, le plus tendre, le plus doux de tous. Il est l'Epoux. Il a épousé les âmes, les comblant de dons, de chastes délices; jouissant d'elles, se donnant à elles; leur donnant non seulement tout ce qu'il a, mais encore tout ce qu'il est. Il s'appelle souvent l'*Epoux* dans l'Évangile, et tout un livre de l'Écriture Sainte le montre comme un époux et l'âme fidèle comme une épouse, usant ensemble des familiarités les plus intimes, et s'appelant des noms les plus tendres. Parce que ce titre est si consolant pour nous et si doux pour lui, Notre-Seigneur s'est plu à le manifester plus souvent aux Saints : « Il vient dans l'intime de mon âme, dit sainte Gertrude, afin de goûter avec moi, dans mon cœur, les douceurs que trouve, en sa propre maison, un époux avec son épouse. »

L'âme parfaite se plonge, pour ainsi dire, dans l'essence divine, se noie et s'abîme continuellement dans la lumière et dans le feu divin comme le poisson se plonge et s'abîme dans l'océan. Le petit poisson qui ne fait que d'éclore, étant citoyen de l'océan, a toute l'étendue et la profondeur des mers pour sa demeure et se promène où il veut; tout est à lui; il a là un palais que personne ne peut lui disputer; il en jouit entièrement. Ainsi, l'âme possède toute l'immensité de Dieu pour s'y perdre délicieusement et à tout moment. Elle se délecte dans cette immensité de joie, de plaisir et de repos, ne voyant que Dieu et son amour pour son élément, et ne se pouvant plaire ailleurs qu'en Lui.

> Je crois que l'océan d'amour
> Sera désormais mon séjour.
> De quelque part que je me tourne
> Je ne vois paraître qu'amour ;
> C'est mon aller et mon retour,
> En lui je marche et je séjourne :
> Je vais à lui, je vis en lui,
> Partout ailleurs je n'ai qu'ennui.

Ceux qui aiment Dieu de telle sorte qu'ils s'abandonnent totalement à sa volonté, portent partout la paix avec eux : paix au dedans, paix au dehors ; paix avec Dieu, paix avec le prochain, paix avec eux-mêmes ; paix dans leurs gains, paix dans leurs pertes ; paix dans leurs succès, paix dans leurs revers ; paix dans leur âme, paix dans leur corps, paix jusque dans leurs entrailles et la moelle de leurs os, de sorte qu'ils peuvent dire avec sainte Catherine de Gênes : « Si on pilait mes os dans un mortier, il n'en sortirait autre chose que paix, que douceur, que suavité. » On ne voit point paraître sur leur front le trouble et la tristesse, parce que rien au dedans ni au dehors d'eux ne peut les produire.

Interrogé comment il s'était acquis la paix de l'âme, un saint personnage fit cette belle réponse : « Je n'ai jamais pu me reposer en aucune chose qui fût moindre que Dieu ; maintenant que je l'ai trouvé, je ne cherche rien de plus, car je suis au comble de tous mes désirs. » Le bonheur complet n'est pas sur cette terre, mais assurément celui dont les âmes parfaites jouissent en est le plus approchant et nul autre ne lui est comparable.

Elles ont néanmoins leurs peines, et des peines d'un ordre surnaturel, des peines au-dessus de toute expression, des peines que l'expérience seule peut faire concevoir, mais l'amour de Dieu les élève au-dessus; il les porte à les accepter, à les chérir, à en désirer même l'augmentation; elles sont déterminées à les souffrir et cela de tout leur cœur, tant qu'il plaira à Dieu, sans se permettre d'en souhaiter ni la fin, ni la diminution. Ainsi, elles y trouvent leur paix, leur repos, leurs délices.

Cela est incompréhensible à quiconque ne l'a pas éprouvé, mais c'est la disposition unanime des âmes avancées dans l'amour divin. Si l'on a dit avec quelque vérité de l'amour en général : *tous les autres plaisirs ne valent pas ses peines à lui,* combien plus cela est vrai de l'amour de l'Etre infiniment aimable !

Le feu de l'enfer est sans contredit le plus terrible de tous les feux; cependant, chose étonnante mais vraie, Dieu peut communiquer à une âme un degré d'amour assez intense, pour la rendre capable de porter cette peine, non seulement sans impatience et sans murmure, mais sans souhaiter même d'en être délivrée.

Si l'âme pouvait trouver un bonheur suffisant ici-bas, ce serait sans doute en s'attachant à d'autres âmes, parce que toutes sont de même espèce, formées sur le même modèle et dignes de se comprendre et de s'aimer. « Il n'y a rien de si attractif pour les belles âmes qu'une belle âme (1). » Une sainte amitié est le plus grand des trésors; mais elle n'est qu'un moyen pour mieux s'appuyer sur le seul soutien véritablement solide. L'âme a besoin d'un appui éternel en durée et en solidité; sans cela, forcément il lui

---

(1) Mme SWETCHINE.

arrivera bien souvent de jeter des cris de joie ou de douleur qui demeureront sans écho ; personne ne saura ce qu'elle désire, ni ce qu'elle endure; personne ne remarquera sa beauté ni ses blessures, personne si ce n'est Celui à qui elle appartient et pour qui elle a été créée. Jésus seul est le spectateur éternel de ses agitations intérieures, parce que seul il a le droit souverain du domaine sacré de l'âme.

« Lorsque vous posséderez Jésus, vous serez riche et Lui seul vous suffit. Il veillera sur vous, il prendra de vous un soin fidèle en toutes choses, de sorte que vous n'aurez plus besoin de rien attendre des hommes. Car les hommes changent vite, et nous manquent tout d'un coup, mais Jésus-Christ demeure éternellement inébranlable dans sa constance, il est près de vous jusqu'à la fin. On ne doit guère compter sur un homme fragile et mortel, encore bien qu'il vous soit utile, et que vous soyez chers l'un à l'autre; et il n'y a pas lieu de s'attrister beaucoup, si quelquefois il vous traverse et s'élève contre vous. Ceux qui sont aujourd'hui pour vous, pourront, demain, être contre vous et réciproquement : les hommes changent parfois comme le vent.

« Jésus visite souvent l'homme intérieur et ses entretiens sont doux, ses consolations ravissantes; sa paix est inépuisable et sa familiarité incompréhensible. Quand Jésus est présent tout est doux et rien ne semble difficile, mais quand Jésus se retire, tout fatigue. Quand Jésus ne parle pas au dedans, nulle consolation n'a de paix, mais si Jésus dit une seule parole, on est merveilleusement consolé.

« Etre sans Jésus, c'est un insupportable enfer ; être avec Jésus, c'est un paradis de délices ; qui trouve Jésus, trouve un trésor immense ou plutôt un bien au-dessus de tous les biens; qui perd Jésus, perd plus et beaucoup plus que s'il perdait le monde entier ; vivre sans Jésus, c'est le comble de l'indigence ; être uni à Jésus, c'est posséder des richesses infinies (1). »

N'est-ce pas pour mieux se mettre à notre portée que le Fils de Dieu s'est fait homme en tout semblable à nous ? N'est-ce pas pour cela qu'a été instituée la divine Eucharistie ? Là, Jésus se tient à la disposition de tous ceux qui croient en lui et les fidèles trouvent en lui un paradis sur terre. Le très Saint-Sacrement réalise le plus ardent désir de Jésus qui aime avant tout d'être avec les enfants des hommes, et il satisfait en même temps le plus impérieux besoin des âmes qui ne peuvent être vraiment heureuses qu'en lui. Aussi lorsque le Dieu caché a entendu l'appel du chrétien qui soupire après lui, le cri du cœur que la charité presse, qui se désole et meurt d'ennui loin de lui ; lorsque pour satisfaire le désir de sa créature qui répond à son désir, il s'en va la visiter, que se passe-t-il dans cette entrevue ? Qui a étudié le mystère de cette rencontre entre Dieu et l'âme, de ce tête à tête ineffable que Jésus a préparé à ceux qui l'aiment ? Il lui tarde de se communiquer aux cœurs purs. Il commence à les initier sur les chemins du voyage aux joies et aux gloires de son Royaume. Quel langage terrestre pourrait raconter ces entretiens intimes, ces effusions d'une amitié qui surpasse en douceur, en force, en félicité toutes les amitiés mondaines ?

Il faut interroger une âme que la foi a pénétrée de sa sève divine et où le goût des choses célestes a été développé et perfectionné par une longue habitude de piété ; si cette âme veut s'ouvrir et exposer son état au sortir de ses communications avec Jésus, on

---

(1) *Imitation.*

verra un temple d'un nouveau genre, la véritable demeure de Jésus, la plus fidèle image du ciel. On verra jusqu'où peuvent aller les élévations de l'âme humaine, les délicatesses du sentiment, la puissance, les charmes, les amabilités de la vertu, toutes les grandeurs et les beautés morales de la nature, toutes les richesses de la grâce, la pureté, la sainteté, la suavité des opérations de l'Esprit-Saint, on verra le doigt de Dieu et le rejaillissement de sa gloire.

§ IV

LES HOMMES LES PLUS ÉCLAIRÉS ET LES PLUS VERTUEUX DE L'HUMANITÉ ET TOUS LES SAINTS PROCLAMENT A L'UNANIMITÉ QU'UNE GRANDE JOIE SPIRITUELLE EST DANS LA VERTU OU L'AMOUR DE DIEU ; ILS CONFIRMENT LE TÉMOIGNAGE DE LA PAROLE PAR L'EXEMPLE.

Platon, génie de premier ordre, quoique païen a dit : « Faisons venir un héraut et publions à haute voix que le plus heureux des hommes, c'est le plus juste, le plus vertueux, celui dont l'âme est plus royale et qui règne sur lui-même. »

Un autre païen a dit : « La divinité a placé la sueur devant la vertu et le chemin qui mène à elle est bien ardu et bien abrupt. Cependant, à mesure qu'on franchit les premiers escarpements, la route devient moins pénible et *au sommet habite la félicité.* »

« La divinité, dit à son tour Aristote, autre génie de premier ordre, la divinité possède toute béatitude et l'homme participe à cette béatitude pour autant que sa vie ressemble à la vie divine. »

« Quiconque, dit le philosophe Sénèque, a formé le projet d'être heureux, ne doit avoir en vue qu'un seul bien, *la vertu.* »

Parmi les grands esprits modernes, ceux-là mêmes qui furent ennemis de l'Eglise, n'ont point parlé autrement que les sages païens, lorsqu'ils n'ont point parlé sous l'empire de leurs mauvaises passions.

J.-J. Rousseau dit : « qu'il n'est point de route plus sûre pour arriver au bonheur que celle de la vertu. »

Un autre penseur : « L'homme sans religion est une machine automatique qui marche vers le bonheur et se brise avant d'y arriver. »

« Chose admirable ! dit Montesquieu, la religion chrétienne qui ne semble avoir d'autre objet que la félicité de l'autre vie, fait encore notre bonheur dans celle-ci ! »

On pourrait multiplier à l'indéfini ces citations. Après avoir entendu quelques-uns des plus hauts représentants de la simple et saine raison, considérons maintenant les affirmations et les exemples des Saints et des grands chrétiens. Ils ont mille fois d'autant plus de conviction et de sentiment que leurs auteurs sont mille fois plus près de Dieu.

.•.

« Les hommes, nous dit saint Augustin, prennent leur plaisir dans les richesses, dans les honneurs, dans la satisfaction de leurs appétits ; celui-là se plaît à la paresse, celui-là à la bonne chère, un autre, à médire et à censurer ; chacun a ses inclinations particulières à contenter, qui sont aussi différentes les unes des autres, que les hommes sont différents entre eux, de visage, d'humeur, d'âge, de condition et de complexion naturelle. Mais voulez-vous me croire ? Je vous assure que quand vous auriez les passions et les inclinations de tous les hommes ensemble, je vous donnerai le moyen d'y satisfaire et de posséder vous seul, sans peine et parfaitement, toute la joie que les autres recherchent avec des peines incroyables, et ne peuvent néanmoins acquérir que très imparfaitement. En un mot, laissez le monde au monde, et prenez Dieu pour votre part; si vous pouvez une fois l'obtenir, vous trouverez en lui votre repos, votre salut, votre bonheur, vos plaisirs, vos richesses, votre nourriture, votre joie, votre vie et tout ce que vous pourriez désirer. »

Effectivement, les Apôtres et, conformément à leurs exhortations et à leur exemple, les Martyrs étaient comblés de joie devant les tribunaux où ils étaient proscrits, dans les prisons obscures où ils étaient renfermés, au milieu des tourments que la cruauté des tyrans leur faisait souffrir. Jamais, leur disaient-ils, nous n'avons goûté autant de plaisirs dans les festins les plus délicieux que nous en ressentons dans vos tortures. *Numquam tam jucunde epulati sumus.* Leur tristesse aurait fait le triomphe de leurs ennemis, leur joie faisait leur supplice et leur honte : c'est alors qu'ils s'avouaient vaincus.

— Les solitaires, au milieu des déserts, goûtaient les douceurs de la joie, que les grands du monde ne goûtent pas dans les délices de l'opulence. Cette joie était peinte sur leur visage, parce que leur cœur en était inondé; elle s'exprimait par leurs paroles et respirait dans toutes leurs manières. On peut voir dans leur *Vie* combien ils étaient ennemis de la tristesse et quels soins ils prenaient pour la bannir de leurs cœurs. Ces vastes solitudes, ces déserts inhabités et inhabitables, qui auraient fait le chagrin et le désespoir des mondains, faisaient les délices de ces anges terrestres ou de ces hommes célestes. Lorsque la persécution les força quelquefois d'abandonner leurs déserts et de se réfugier dans les grandes villes, ils s'y regardèrent comme dans le plus rude de tous les exils. Tels que le peuple de Dieu dans la captivité de Babylone, ils soupiraient sans cesse pour leur retour dans leur chère solitude, mais ils ne s'affligeaient pas.

— Saint Antoine, le grand patriarche du désert, était si joyeux que c'était à son visage riant qu'on le reconnaissait parmi ses moines. A mesure qu'il s'exerçait avec plus de zèle au renoncement de soi-même, à la pénitence, aux pieuses méditations, à mesure aussi son amour pour Dieu devenait plus ardent ; il éprouvait tant de bonheur dans cet amour, qu'un jour il s'écria : « Seigneur, vous m'avez trompé ! Je croyais en effet, en vous suivant, devoir supporter de grandes souffrances ; je ne voyais devant moi que des jours de pénitence et d'afflictions, mais maintenant j'éprouve la joie la plus vive, les consolations les plus douces. Vous m'avez donc trompé, Seigneur! »

— Saint Romuald était si gai à l'âge de 120 ans, qu'il portait la joie partout.

— Saint Apollonius, adressant une exhortation à ses disciples, leur disait : « Que les gentils, que les juifs et autres infidèles soient tristes, à la bonne heure ! mais, nous chrétiens, qui allons à l'éternité bienheureuse, jamais ! »

— L'abbé Apollon qui était à la tête de cinq cents religieux, les dirigeait dans la même pensée et les excitait souvent à la joie. Et l'on disait qu'il était impossible de trouver sur la terre des gens plus heureux.

La joie dans le Seigneur : tel fut toujours le caractère dominant des Ordres religieux.

> Cloître silencieux, voûte des monastères,
> C'est vous, sombres caveaux, vous qui savez aimer;
> Ce sont vos froides nefs, vos pavés et vos pierres,
> Que jamais lèvre en feu n'a baisés sans pâmer.

Trempez-leur donc le front dans les eaux baptismales ;
Dites-leur donc un peu ce qu'avec leurs genoux
Il leur faudrait user de pierres sépulcrales,
Avant de soupçonner qu'on aime comme vous.
Oui, c'est un vaste amour qu'au fond de vos calices
Vous buvez à plein cœur, moines mystérieux...
Vous aimiez ardemment ! Oh ! vous étiez heureux !

— Saint François d'Assise fut la vivante condamnation de la piété morose et chagrine, laquelle est absolument contraire à la vraie piété, à celle de l'Evangile qui est essentiellement joyeuse. Son âme transparente réfléchissait Dieu partout. Un rayon de joie rejaillissait sur elle de tous les êtres, de l'oiseau, du brin d'herbe, du soleil, même de la douleur et de la mort, parce que tout lui parlait de Celui qui est la souveraine joie. Oui, même au sein de la douleur, l'âme poétique de François, plus tendre et plus vibrante que jamais, fut une harpe aux cordes si sensibles, que, moins qu'un souffle, un rayon la faisait chanter. Même à l'heure des suprêmes douleurs qui précédèrent l'agonie, François, moribond et joyeux comme au temps où, troubadour sans souci, il chantait les chansons de France, dans les rues de la cité, se fit chanter son cantique à la nature, à son frère le soleil, à ses sœurs les étoiles, à sa sœur la douleur, à sa sœur la mort. Beau cantique plein de poésie et de parfum, qui avait jailli de son âme à une heure d'enthousiasme, et devint la sérénade de sa vie, l'aubade de l'éternité, l'aurore du Paradis.

Ce fut un saint et un joyeux. Un jour, c'était à une de ses assemblées générales, il fit afficher ce placard en gros caractères :

« *Les Frères ne doivent pas se montrer avec une mine chargée de nuages, mais aimables, souriants, gais, comme il convient.* »

Lui-même se défendait énergiquement contre la tristesse, et quand il en sentait les premières atteintes, il priait, priait jusqu'à ce que par la porte de son âme, toujours ouverte devant Dieu, la tristesse fût sortie, et la joie fût entrée.

Nul plus que lui ne concilia ces deux choses qui paraissent à beaucoup inconciliables, et qui cependant doivent se confondre : la sainteté et la gaîté. Il fut toujours un joyeux et un saint.

— Saint Bernard, dont la vie fut un long martyre, comme l'atteste Alexandre III, dans la bulle de sa canonisation, se rend ce témoignage : « Je l'avouerai à la gloire du Dieu que je sers : je suis né avec une santé très faible, je suis accablé d'affaires et assailli de toutes parts par les clameurs élévées contre moi ; cependant, je ne sens pas le poids du jour et de la chaleur ; je ne trouve que de la douceur dans un joug que m'impose le Père de famille ; je trouve mon fardeau léger, il me semble qu'il n'y a pas une heure que j'en suis chargé, l'amour lui a ôté son poids, en a abrégé le temps de sa durée. »

— Quelles douceurs éprouvait sainte Gertrude ! « O Dieu, ô mon Dieu, puisque vous êtes à moi, rien ne me manque ; et puisque je suis à vous, je me glorifierai à jamais en vous, mon Dieu et mon Sauveur. C'est vous qui, dans toutes mes tristesses, savez me préparer en vous un festin d'allégresse. Où est-il, le bien-être de mon âme, si ce n'est en vous, ô Dieu de ma vie ? Si la pensée de votre louange est si douce au sein des misères de cette vie, que sera-ce, ô mon Dieu, lorsque la splendeur de votre divinité apparaîtra dans toute sa gloire ? Si quelques gouttes venues jusqu'à moi par avance ont une telle vertu pour me nourrir, que sera-ce, ô douceur infinie, lorsque vous vous serez donnée dans votre immensité tout entière ? Si vos consolations sont capables de remplir dès ici-bas le désir qui m'attire vers le souverain Bien, que sera-ce, ô Dieu de mon salut, lorsque vous absorberez en vous mon esprit ?

« Que seront les pâturages de cette région où vous montrez votre face, si déjà, dans ceux d'ici-bas, mon âme, initiée un moment à vos douceurs, se fond tout entière et passe en vous ? Quelle nourriture sera pour elle la contemplation de vos traits divins, si déjà elle sent s'apaiser sa faim, lorsque vous l'admettez à goûter les eaux de vos consolations intérieures ? O Dieu, ô mon Dieu, quand vous attirez vers vous mon âme, vous ne me laissez plus la liberté de sentir ou de penser autre chose que vous ; vous m'enlevez à moi-même. Dans ces heureux instants, je n'ai plus de moi-même aucun souci ; car c'est en vous-même que vous m'entraînez et me cachez à mes propres regards. Vos tendres et fugitifs embrassements, ô Jésus, ont pour moi tant de douceur, que, si j'avais mille cœurs, ils se fondraient en moi à l'instant. Vos baisers divins font passer ma vie en vous-même, et mon âme ose vous prodiguer ses amoureuses étreintes. O bonheur ! si, dans ces instants, je tombais sans vie, pour me perdre sous les ondes de votre divinité ! »

— Sainte Scholastique disait : « Si l'on connaissait toutes les joies que Dieu réserve à ceux qui le servent, tout le monde voudrait être à lui. »

— Quand sainte Marie-Madeleine de Pazzi voyait rire ses novices : « Riez, riez, mes enfants, leur disait-elle, vous en avez grand sujet, puisque, arrachées aux flots du monde, vous êtes ici dans l'asile de la paix et de la sainteté. »

— Les annales de la Compagnie de Jésus racontent qu'au temps de saint Ignace, un novice appelé François Costerus, était fort porté à rire. Le saint l'accosta un jour : « François, lui dit-il, on me dit que vous riez toujours. » Le jeune homme, baissant les yeux, s'attend à recevoir une verte réprimande, mais nullement, saint Ignace continuant, lui dit : « Mon fils, je vous le dis, riez, riez, réjouissez-vous dans le bon Dieu ; car un religieux n'a aucune cause de tristesse, et il a mille motifs d'être joyeux. »

Ce même saint disait : « Ceux qui prétendent que les religieux doivent être dans la tristesse, sont des calomniateurs, parce qu'ils feraient entendre qu'ils servent un mauvais maître...

« *L'Alleluia* est le chant favori des Saints parce qu'ils trouvent en tout de quoi louer et bénir Dieu...

« Celui qui porte Dieu dans son cœur, porte partout son paradis avec lui. »

— « Seigneur, a écrit sainte Thérèse dans *Sa Vie*, vous rendez tout facile, et l'on peut vraiment dire que vous nous trompez en nous laissant entendre qu'il y a de la peine à vous servir ; car pour moi, je n'en vois point, et je ne sais pas comment on peut dire que la route qui conduit à vous est étroite ; ce n'est pas un sentier, c'est un chemin royal ; celui qui y marche est en sûreté ; celui qui vous aime, ô mon Dieu, marche dans une voie large et royale, loin des précipices ; s'il fait quelques petites chutes, votre main le relève. »

Cette sainte, renfermée dans son cloître, accablée d'infirmités, persécutée des hommes et des démons, éprouvée par Dieu, conservait au milieu des sécheresses les plus désolantes, toute la gaîté de son humeur, et toute l'affabilité de son caractère. Elle parle avec éloge d'une de ses religieuses qui était si gaie, qu'elle réjouissait toute la communauté. Elle combattit toujours dans ses filles ce qu'elle appelait une *sainteté mélancolique*. Volontiers, elle eût pris

cette devise pour surmonter toute tentation au mal :
« De la bonne humeur, encore de la bonne humeur
et toujours de la bonne humeur ! »

— Saint François de Sales, qui a dit : « Les saints
tristes sont de tristes saints », dépeint ainsi les vrais
chrétiens : « Ce sont des hommes qui ont des cœurs
angéliques, ou des anges qui ont des cœurs humains.
S'ils ne sont pas jeunes, ils paraissent l'être, parce
qu'ils sont pleins de vigueur et d'agilité. Ils ont des
ailes pour voler, et s'élancent à Dieu par la sainte
oraison, mais ils ont aussi des pieds pour cheminer
avec les hommes par une sainte et aimable conversation : leurs visages sont beaux et gais, d'autant qu'ils
reçoivent toutes choses avec douceur et suavité. »

Il a dit aussi : « Les Juifs ne voulaient pas chanter
sur les rives de l'Euphrate, et moi je voudrais que
nous chantassions partout. » Et le saint, en réalité,
redisait souvent à mi-voix quelque cantique ou
quelque chant sacré, quand les circonstances le lui
permettaient.

Il était si porté à la joie, que ses ennemis lui en
faisaient un crime, et que les contradicteurs de sa
doctrine relevaient hautement les *joyeusetés* qu'il se
permettait de dire. Ses écrits sont pleins de saillies
et de traits agréables, qui manifestent le contentement de son cœur. Toutes les histoires de sa vie
s'accordent en ce point, qu'il était tout aimable et
qu'il plaisait à tout le monde ; que la joie, la sérénité,
la bonté, la modestie, étaient toujours réunies sur
son visage.

— Saint Philippe de Néri, grand directeur des
âmes, et dont le confessionnal était surtout assiégé
par les jeunes gens, ne souffrait pas que ses disciples
s'abandonnassent à la tristesse. Quand quelqu'un
d'eux paraissait plus sombre qu'à l'ordinaire, il lui

en demandait la cause, ou il lui donnait un petit soufflet en disant : « Soyez joyeux. » Il avait reconnu, par une grande expérience, que la dilatation du cœur est aussi favorable que la tristesse est préjudiciable au progrès de la vertu. C'est pourquoi il montrait à ceux qui l'abordaient avec un air ouvert et joyeux une bienveillance particulière.

— « O folie des mondains, s'écrie saint Alphonse de Liguori, il y a plus de bonheur vrai dans une larme de repentir ou dans un « Mon Dieu ! » prononcé en état de grâce que n'en sauraient procurer mille fêtes, mille spectacles, mille festins attachés à un cœur adonné au monde. »

— On criait bien haut, en 1793, époque de douloureuse mémoire en France, que les couvents étaient autant de prisons où gémissaient de malheureux esclaves sous la férule monastique. Les couvents s'ouvrent au cri de liberté ! et personne ne veut sortir... — Elles sont donc douces les chaînes que l'on porte au service de Dieu ?

C'est un fait d'expérience que la plus grande félicité terrestre se rencontre dans les ordres religieux fervents ; et l'on peut dire que plus ils sont austères et éloignés du monde et de ses biens, plus les vraies joies et la vraie paix y abondent.

— Monseigneur Daniel, visitant un couvent très austère, demanda à une religieuse : « Etes-vous heureuse, ma Sœur ? — Si je suis heureuse ! Monseigneur, répondit-elle ! Je le suis tellement que j'en ai peur ! Je demande en effet, comment je pourrais l'être dans l'autre vie après l'avoir tant été dans celle-ci. »

— Madame Louise, fille du roi Louis XV, avait quitté les splendeurs et les joies de la cour royale, pour se faire carmélite, sous le nom de Sœur Thérèse de St-Augustin ; elle disait un jour à ses religieuses :

« Croyez-moi, mes Sœurs, nous sommes bien plus heureuses que les princes de la cour ; et même pour le physique. A Versailles, j'avais un bon lit, mais souvent je n'y pouvais dormir ; une bonne table, mais point d'appétit... Quant à la paix de l'âme, quelle différence ! C'est à la lettre et dans la vérité que je puis dire qu'un seul jour passé dans la maison du Seigneur m'apporte plus de contentement solide que mille dans le palais que j'habitais. »

Un jour cette même sainte carmélite recevait, dans son couvent, la visite de son cousin, l'empereur d'Autriche, Joseph II. En voyant de ses yeux tout le détail de cette vie pauvre et austère du Carmel, ce prince mondain dit à sa cousine : « En vérité, j'aimerais mieux être pendu que de vivre ici comme vous vivez. — Mon cousin, répondit la princesse carmélite, en considérant ce que Notre-Seigneur a fait pour nous, la vie d'une carmélite paraît bien douce. Il est vrai que notre bonheur est de la classe de ceux qu'il faut goûter pour y croire ; mais comme j'ai la double expérience, je suis en droit de prononcer que la carmélite, dans sa cellule, est plus heureuse que la princesse dans son palais. »

— Le saint curé d'Ars parlait souvent des joies de la vie intérieure et de la prière : c'est un sujet qu'il n'abordait jamais sans que son cœur n'entrât aussitôt en fusion. « Etre roi, disait-il, triste place ! On est roi pour les hommes ! Mais être à Dieu, être à Dieu tout entier, être à Dieu sans partage : le corps à Dieu, l'âme à Dieu ! un corps chaste, une âme pure ! oh ! il n'y a rien de si beau !

« La prière, voilà tout le bonheur de l'homme sur la terre. O belle vie ! belle union de l'âme avec Notre-Seigneur ! L'éternité ne sera pas assez longue pour comprendre ce bonheur... La vie intérieure est un bain d'amour dans lequel l'âme se plonge... Elle est comme noyée dans l'amour... Dieu tient l'homme intérieur comme une mère tient la tête de son enfant dans ses mains pour le couvrir de baisers et de caresses...

« Je pense souvent à la joie des apôtres quand ils revoient Notre-Seigneur après sa résurrection. La séparation avait été si cruelle ! Notre-Seigneur les aimait tant ! Il était si bon avec eux ! Il est à présumer qu'il les embrassa en leur disant : *La paix soit avec vous!* C'est ainsi qu'il embrasse notre âme, quand nous prions. Il nous dit encore : *La paix soit avec vous!...*

« Le Paradis, l'Enfer et le Purgatoire ont une espèce d'avant-goût dès cette vie. Le Purgatoire est dans les âmes qui ne sont pas mortes totalement à elles-mêmes; l'Enfer est dans le cœur des impies; le Paradis, dans celui des parfaits qui sont bien unis à Dieu.

« L'homme créé par amour ne peut vivre sans amour : ou il aime Dieu, ou il s'aime et aime le monde exclusivement. Voyez, mes enfants, c'est la foi qui manque. Quand on n'a pas de foi, on est aveugle. Celui qui ne voit pas, ne connaît pas; celui qui ne connaît pas, n'aime pas; celui qui n'aime pas Dieu, s'aime lui-même, et en même temps il aime ses plaisirs. Il attache son cœur à des choses qui passent comme la fumée. Il ne peut connaître ni la vérité ni aucun bien; il ne peut connaître que le mensonge, parce qu'il n'a pas la lumière; il est dans le brouillard. S'il avait la lumière, il verrait bien que tout ce qu'il aime ne peut lui donner que la mort éternelle.

« En dehors du bon Dieu, voyez-vous, mes enfants, rien n'est solide, rien, rien ! Si c'est la vie, elle passe; si c'est la fortune, elle s'écroule; si c'est la santé, elle est détruite; si c'est la réputation, elle est attaquée. Nous allons comme le vent... Tout s'en va à grand train, tout se précipite. Ah! mon Dieu, mon Dieu, qu'ils sont donc à plaindre ceux qui mettent leur affection dans toutes ces choses!... Ils l'y mettent parce qu'ils s'aiment mal; ils ne s'aiment pas d'un amour raisonnable; ils s'aiment en se cherchant et en cherchant les créatures plus que Dieu. C'est pourquoi ils ne sont jamais contents, jamais tranquilles; ils sont toujours inquiets, toujours tourmentés, toujours bouleversés.

« Voyez, mes enfants, le bon chrétien parcourt le chemin de ce monde, monté sur un beau char de triomphe; ce char est traîné par les anges, et c'est Notre-Seigneur lui-même qui le conduit; tandis que le pauvre pécheur est attelé au char de la vie, et le démon est sur le siège, qui le force d'avancer à grands coups de fouet.

« Mes enfants, les trois actes de foi, d'espérance et de charité renferment tout le bonheur de l'homme sur la terre. Par la foi, nous croyons ce que Dieu nous a promis, nous croyons que nous le verrons un jour, que nous le posséderons, que nous serons éternellement heureux avec lui dans le ciel; par l'espérance, nous attendons l'effet de ses promesses : nous espérons que nous serons récompensés de toutes nos bonnes actions, de toutes nos bonnes pensées, de tous nos bons désirs, car Dieu tient compte de tout, même des bons désirs. Que faut-il de plus pour être heureux?

« Au ciel, la foi et l'espérance n'existeront plus; car les brouillards qui obscurcissent notre raison seront dissipés. Notre esprit aura l'intelligence des choses qui lui sont cachées ici-bas. Nous n'espérerons plus rien, puisque nous aurons tout. On n'espère pas acquérir un trésor qu'on possède...

« Mais l'amour ! oh ! nous en serons enivrés ! nous serons noyés, perdus dans cet océan de l'amour divin, anéantis dans cette immense charité du Cœur de Jésus !... Aussi, la charité est un avant-goût du ciel. Si nous savions la comprendre, la sentir, la goûter, oh ! que nous serions heureux ! Ce qui fait qu'on est malheureux, c'est qu'on n'aime pas Dieu...

« Si nous comprenions le bonheur que nous avons de pouvoir aimer Dieu, nous demeurerions immobiles dans l'extase.

« Tout sous les yeux de Dieu, tout avec Dieu, tout pour plaire à Dieu... Oh ! que c'est beau ! Allons, mon âme, tu vas converser avec le bon Dieu, travailler avec Lui, marcher avec Lui, combattre et souffrir avec Lui. Tu travailleras, mais il bénira ton travail ; tu marcheras, mais il bénira tes pas ; tu souffriras, mais il bénira tes larmes. Qu'il est grand, qu'il est noble, qu'il est consolant de tout faire en la compagnie et sous les yeux du bon Dieu ; de penser qu'il voit tout, qu'il compte tout ! Disons donc chaque matin : « Tout pour vous plaire, ô mon Dieu ! toutes mes actions avec vous ! » Que la pensée de la sainte présence de Dieu est douce et consolante ! Jamais on ne se lasse ; les heures coulent comme des minutes. Enfin, c'est un avant-goût du ciel. »

⁂

Il faudrait plusieurs gros volumes pour citer les témoignages de ce genre qu'on pourrait recueillir dans les écrits et la *Vie des Saints* de tous les siècles. Contentons-nous de citer encore les aveux de quelques grandes âmes chrétiennes de notre temps.

Lacordaire, parlant du bonheur de servir Dieu, a dit : « Ce qui rend la religion pesante, c'est de la porter comme un frein, au lieu d'en jouir comme d'un amour. Les saints ont aimé, voilà tout leur secret...

« Oh ! qui nous dira ce que c'est qu'aimer Jésus ! Ni les voluptés de l'orgueil au jour de ses plus grands triomphes, ni les fascinations du monde à l'heure de ses plus trompeuses délices, ni la mère recevant au monde un fils des mains de Dieu, ni l'époux introduisant l'épouse dans la chasteté du foyer nuptial, ni le poète au premier souffle de son génie, ni rien de ce qui est et de ce qui a jamais été ne contient l'image, l'ombre de ce qu'est dans une âme le culte parfait de Notre-Seigneur Jésus-Christ. Toute autre chose est trop ou trop peu ; elle nous surpasse ou ne nous remplit pas ; Jésus seul a la mesure de notre être ; seul il a fait de la grandeur et de l'infinité, de la force et de la douceur, de la vie et de la mort un breuvage tel que notre cœur souhaitait sans le connaître ; et ceux qui ont bu à cette coupe une fois à leur âge d'homme, savent que je dis vrai et que c'est un *enivrement* dont on ne revient pas.

« Le chrétien véritable est inondé d'une joie intérieure au milieu même des tribulations ; il porte gaîment sa croix, il sort content du martyre et des opprobres, il tend son corps aux coups que la Providence lui envoie sans que sa sérénité en soit altérée. Il transforme en roses les chaînes, la faim, la soif, les haillons, le feu, les verges, le glaive, la mort. Il aime, il est aimé ; que faut-il de plus ?

« Jamais, depuis que j'ai connu Jésus-Christ, rien ne m'a paru assez beau pour le regarder avec concupiscence... C'est si peu de chose pour une âme qui a vu Dieu une seule fois, et qui l'a senti. »

— Une jeune fille, simple ouvrière, du nom de Marie Eustelle Harpain, morte à Saint-Pallais, en France, en 1842, et qui avait d'abord été mondaine et fort portée aux vaines joies de la terre, s'étant donnée toute à Dieu, écrivait à une de ses amies : « Oh ! si les personnes du monde savaient quels délicieux plaisirs on goûte dans le service de Dieu, je ne doute pas qu'elles renonçassent à toutes leurs fausses joies pour s'enivrer à longs traits à la source de l'éternelle vérité ! »

— Une religieuse écrivait à une amie peu chrétienne : « Quand je pense à vous, je voudrais parfois partir, pour vous arracher de toutes vos mondanités, vous enveloppant dans mes bras et vous serrant contre mon cœur, qui vous aime et vous a aimée depuis si longtemps ! Chère, chère amie, vous riez. Eh bien ! tandis que vous riez, pensez au moins quelle folle idée c'est de croire que la piété diminue la joie. Elle est inconcevable, la joie d'une âme qui se tourne avant tout vers Dieu. Elle est délicieuse, cette paix ! Julia, faites connaissance avec elle. »

— Madame Barat, la sainte fondatrice de l'Institut du Sacré-Cœur, disait : « Si j'avais cent langues et que je pusse me faire entendre de *tous les hommes* qui habitent ce vaste monde, je leur dirais : Aimez votre Dieu, ne vivez que pour lui plaire, et vous nagerez dans un océan de bonheur. »

.˙.

Il y a peut-être une manifestation plus éclatante encore, chez les convertis, du bonheur que procure la vertu parfaite.

A. Marceau, capitaine de vaisseau, grand esprit, noble cœur, après avoir été impie et libertin, s'était converti pleinement à Dieu vers l'âge de trente-trois ans. Se trouvant un jour à Paris, dans une réunion d'ouvriers où il ne manquait ni mécréants, ni mauvaises têtes, il leur adressa un discours dans lequel il dit les paroles suivantes, qui firent grande impression : « Mes amis, il y a sans doute parmi vous des hommes qui ne sont pas chrétiens, qui n'aiment pas la religion. Eh bien, sachez-le, j'ai été impie comme vous ; nul plus que moi n'a détesté le christianisme ; mais je dois lui rendre cette justice que, *tant que je n'ai pas été chrétien, j'ai été malheureux, profondément malheureux !*

« Je n'ai pas vécu jusque-là ; non, ce n'était pas vivre ; je m'agitais, ou plutôt mes passions me poussaient, me tiraient, m'entraînaient, mais je ne vivais pas. Non, je n'étais pas un homme, j'étais un esclave, une machine. » Que de semblables hommes-machines dans le monde !

Un officier de marine vivait loin de Dieu et se plaignait d'être malheureux ; Marceau lui écrit : « Vous êtes malheureux, *c'est tout simple ;* vous vivez d'une vie opposée à la volonté de Dieu ; mais levez les yeux au ciel, et lisez-y la volonté du Seigneur ; embrassez-la en conformant votre conduite à sa loi et vous trouverez le bonheur. » Cet officier se convertit et il aimait à dire combien il était heureux dans le service de Dieu.

Marceau, lui écrivant un jour, termine ainsi sa lettre : « Adieu, mon cher ami, de la foi, de l'espérance et de la charité ! Avec cela la vie est belle, et l'on bénit Dieu chaque jour de nous avoir donné l'être ! Adieu ! »

Peu de temps après sa conversion, le même Marceau, pour exciter sa mère à marcher elle-même dans la voie où il s'avançait, lui faisait part de ses joies, du calme merveilleux et inexplicable dont il jouissait, ne rêvant plus comme autrefois, ses rêves d'ambition et de richesses, et se fortifiant dans l'habitude du service de Dieu et de l'étude de sa loi : « Ce repos d'esprit, lui disait-il, est pour moi quelque chose de si extraordinaire, *si plein de bonheur*, que cela seul m'engagerait à persévérer dans le cas où je serais tenté de retourner en arrière. Sans doute, ajoute-t-il, ce calme est parfois troublé ; de temps en temps, j'ai à combattre ; mais après chaque lutte, je suis plus tranquille que je ne l'étais autrefois, lorsque je me laissais aller à toutes mes passions, à tous mes défauts. Je passe aujourd'hui mes journées dans ma chambre, occupé à lire et à écrire, tandis qu'autrefois je ne savais rester deux heures chez moi. J'espère enfin arriver à travailler ; j'en ai un vif désir du moins, et, en le demandant, j'en viendrai à bout. »

— « Comme tout être créé, avoue à son tour Schouvaloff, officier dans l'armée russe, devenu plus tard fervent religieux, je voulais être heureux, oui, j'étais altéré de bonheur, et pour satisfaire cette soif ardente, que n'essayais-je pas ! Je courais, je m'agitais, je répandais mon âme, je la disséminais sur tout ce qui m'entourait. Ce bonheur, je le cherchais dans l'étude, dans les plaisirs du monde, en les plaisirs de l'imagination, dans les plaisirs innocents, dans les plaisirs coupables ; je le cherchais dans tout, hormis dans le seul objet où j'aurais pu le trouver. Aussi n'étais-je pas satisfait ; il me manquait toujours quelque chose ; dans le fond de mon cœur, je me sentais bien malheureux, honteux, tourmenté de remords, je rêvais parfois le suicide... Mais aujourd'hui ! aujourd'hui, Seigneur, que je vous possède, mon amour, mon bonheur, que pourrait-il encore me manquer ? Ou plutôt, qui pourrait dire les délices dont surabonde mon âme, lorsque le matin je me dirige vers l'église, où vous voulez bien vous unir à moi, dans cet adorable Sacrement, les joies, les joies pures qui m'inondent ? Oh ! que l'incrédule ne rie pas, mais qu'il demande à Dieu cette vérité dont il a besoin, ce bonheur qui est son rêve ; qu'il le demande par une ardente prière, qu'il essaye ! Oui, qu'il essaye d'être meilleur, d'être humble, je l'en conjure, et bientôt il sera heureux. Pour moi, je le déclare, le contentement du cœur, ce bonheur si calme que je sens en moi, jusque dans les moments de la plus affreuse douleur, je l'ai obtenu par la foi et la prière. Gloire et reconnaissance éternelle à vous, mon Créateur et mon Dieu. »

— Un autre illustre converti de notre temps, Jules Richard, très riche, plein de talent, revenu à Dieu à la fleur de l'âge, écrivait après sa conversion : « Je ne comprends que depuis ma communion ce que signifient les mots de *paix*, de *grâce*, de *religion*. A aucune époque de ma vie, je n'ai été heureux à ce point. Je me propose de me confesser tous les mois. J'ai presque achevé de lire les saints Évangiles ; ils m'ont pénétré l'âme ; je ne puis lire haut sans pleurer.

« O ambition, écrivait-il, plaie vive, poison qui brûle, orgueil et humiliations, angoisses et craintes continuelles, tourment de l'enfer !... Comme je me suis dépris de tes rêves mensongers, lorsque la grâce divine m'eût transporté dans un monde nouveau !... Seigneur, quelles délices à présent, quelle ivresse ! J'ai faim et soif de vous ; votre possession dans le Sacrement d'amour, m'est préférable mille fois à tous les royaumes. Que je voudrais ne plus vous quitter ! Votre compagnie m'enchante, me ravit. O la radieuse journée, que celle où vous descendez dans mon âme ! Non, je ne vous demande plus ni consolation, ni santé, ni aucun bonheur terrestre, je ne demande que de vous recevoir ; tout mon sang brûle lorsque vous êtes en moi ; si ces élans duraient, je ne pourrais plus vivre. Je veux du moins vous regarder constamment, Seigneur Jésus, doux maître, doux ami, doux compagnon de mon exil ; le matin, le soir, dans le jour, devant l'autel, au travail, à table, partout je veux vous voir, en attendant le moment désiré avec tant d'ardeur où il m'est permis de m'unir à vous. O mon Dieu, quel est donc le charme puissant et mystérieusement adorable de votre possession dans le Sacrement de l'autel !... Votre pain de vie est le sujet de mes soupirs continuels ; je voudrais toujours, toujours le goûter, le savourer, le recevoir sur mes lèvres, le déposer respectueusement dans mon cœur, et là, le contempler, plein de joie et de recueillement. O charme ! ô charme ! ô avant-goût du ciel, bonheur des anges ! O sainte Eucharistie, on écrirait sur vos délices et vos mystères plus de livres que le monde n'en pourrait contenir ! »

En vérité, comme entre le ciel et l'enfer, il y a un abîme infini qui sépare l'âme religieuse et chrétienne de celle qui ne l'est pas. Sans la religion, sans la foi, l'homme est un aveugle, un sourd, un muet, un mort quant à la perception, au sentiment de la véritable paix, du vrai bonheur de l'âme. Pour l'incroyant, *tout un monde* lui est inconnu ; il lui manque un sens, le sens divin, le sens surnaturel qui seul le fait découvrir, sentir, toucher pour ainsi dire.

Un exemple nous rendra sensible ce fait. — Un excellent chrétien nous rapporte le trait suivant dans un récit de voyage. « Je descendis, sur ma route, à un hôtel, où ne se trouvait ce jour-là pour le dîner qu'une seule personne. C'était une femme dont l'extérieur extrêmement mondain et prétentieux me frappa tout d'abord. Elle occupait le milieu de la table : je me plaçais à l'un des bouts, bien décidé à ne pas entamer la conversation. Mais elle ne tarda pas à me poser des questions, dans un but assez équivoque d'utilité pour elle, et plutôt, me sembla-t-il, pour avoir l'occasion de me faire connaître qu'elle était une des cantatrices les plus célèbres de notre époque. Elle me raconta alors, avec une parfaite naïveté, les honneurs, les ovations, les félicitations dont elle avait été l'objet, non seulement de la part des artistes, mais encore de princes, de princesses et d'autres personnes de la plus haute distinction. Paris avait été pour elle le point culminant du bonheur que l'on peut trouver à se plonger dans le culte des créatures, et à respirer la fumée de leur encens.

« J'hésitai si je devais répondre ; mais, puisqu'elle s'était exprimée avec tant de sans façon, je m'enhardis à lui dire, très froidement, que je la trouvais, au fond, plus à plaindre qu'à envier.

« Elle tressaillit comme piquée au vif, et énuméra les mille sujets de contentement et d'orgueil que le monde lui offrait, les fêtes, les cadeaux, les couronnes, les compliments qui lui étaient prodigués. A quoi je répondis que si toutes ces choses pouvaient la rendre heureuse pour quelques jours, elles ne lui donnaient pas la *paix du cœur*.

« — Le cœur ! répliqua-t-elle, vous feriez mieux de n'en rien dire. Il faudrait être folle pour croire à ce bonheur chimérique dont vous parlez... Mais pensez-vous donc, conclut-elle, que je ne cherche point le bonheur qu'il y a à faire du bien ? On peut en faire beaucoup dans ma profession. Je dépense une partie de mes revenus en œuvres de bienfaisance. Oui, je fais beaucoup de bien. — Plus peut-être aux autres qu'à vous-même, répondis-je d'un ton calme. Il n'y a pas de doute pour moi que dans vos heures de solitude vous ne vous sentiez très malheureuse, très vide, très pauvre, ne sachant sur qui compter, ni sur quoi vous appuyer, regardant le passé avec pitié, le présent avec ennui, et l'avenir avec inquiétude... Avouez que c'est là la vérité. — Ah! vraiment, lorsqu'on est malade, un peu de soulagement vaut bien mieux que la vérité! — Il n'est pas de consolation réelle qui n'ait sa source dans la *Vérité*. Et la vérité ne se trouve qu'en Dieu, en Jésus-Christ, Celui-là seul sans doute que vous avez oublié jusqu'ici... Avouez donc que vous êtes malheureuse. — A ces mots, elle se mit à pleurer. Les larmes et un accès de toux étouffèrent longtemps sa voix. Après cet intervalle, elle se remit, et s'adressant à moi avec feu. — Eh bien, je veux être sincère ; oui, je suis malheureuse, je me sens froide, triste, dénuée de tout intérieurement. C'est certain qu'il me manque quelque chose que je ne connais pas. C'est peut-être cette *paix* dont vous avez parlé. Mais cette paix, n'est-elle pas un beau rêve, un fantôme qu'on ne saurait atteindre?

« Ce fut une véritable joie pour moi de pouvoir lui dire qu'autrefois j'avais pensé comme elle, mais qu'à l'école de Jésus-Christ, j'avais trouvé la vraie science de la paix, le secret du bonheur. Je m'efforçais de lui expliquer les moyens de l'acquérir. — Oh oui! interrompit-elle, je sens que ce que vous dites est vrai. C'est parce que nous sommes destinés à quelque chose de meilleur que ce que le monde peut nous donner, que jamais ses plaisirs ne parviennent à nous rendre heureux. Mais je n'ai pas la moindre idée de Jésus-Christ dont vous parlez, ni comment je pourrai le trouver et me donner à lui.

« Nous étions en plein dans le sujet; je le développais avec une immense satisfaction. Quand j'eus fini, cette pauvre âme, comme sortant tout à coup du sein des ténèbres et s'ébattant avec délices dans l'air et la lumière, me dit dans un transport d'enthousiasme : « J'ai enfin trouvé ce que je cherchais depuis si longtemps. Je me sens soulagée d'un poids qui m'écrasait. Je vois que vous êtes dans la vérité et que cette vérité, c'est elle-même le bonheur ; j'espère être bientôt telle que vous, quand même il me faudrait sacrifier ma carrière. »

Loin de Dieu, pas de bonheur : ce que cette personne mondaine fut obligée d'avouer, les plus riches de la terre en biens du corps et de l'esprit l'ont également avoué. C'est le cas de citer la réponse de l'heureux mendiant auquel l'illustre Tauler demanda où il avait trouvé le bonheur. — Là où j'ai quitté les créatures, lui répondit-il.

— « Où Dieu n'est pas, j'étouffe », disait un officier très chrétien.

— Monsieur Dupont, de Tours, disait un jour en parlant de l'ennui qu'éprouvent souvent les gens du monde : « Cela ne m'étonne point : on s'ennuie toujours quand on ne s'occupe pas de Dieu et quand on ne parle pas de Dieu. Que disent-ils ? des futilités, des niaiseries ! Quel intérêt leurs paroles peuvent-elles avoir ? Il n'y a que Dieu pour intéresser l'âme, toucher et saisir le cœur. Tout ce qui n'est pas Dieu, tout ce qui ne peut être rapporté à Dieu n'est que vanité, c'est-à-dire rien : c'est le vide et l'ennui. »

Une des choses les plus frappantes pour un chrétien qui lit les ouvrages de nos modernes, hommes et femmes, et spécialement leurs *Mémoires*, leurs confidences intimes, c'est l'aveu que font de leur ennui, de leur malaise, de leur chagrin, tous les mondains, tous ceux qui ne pratiquent pas la religion. Qui ne croirait que ces hommes auxquels on prodigue les louanges dans la presse et dans les salons, qui excitent l'admiration ou l'envie de leurs compatriotes, sont tous au comble de leurs vœux et mènent la vie la plus agréable qu'on puisse rêver? Erreur! Illusion! Il suffit de recueillir leurs propres paroles pour être entièrement détrompé. Ces plaintes sont si amères que très certainement la pensée du suicide a dû venir à beaucoup d'entre eux : les plus francs l'avouent sans détour.

Que de pages il faudrait pour reproduire ces tristes confessions! Les plus illustres d'entre eux, auxquels assurément aucun genre de gloire, aucun élément de bonheur terrestre n'a manqué, n'ont pas échappé plus que les autres à cette épidémie de désenchantement, à ce sombre et immense dégoût de toutes choses, qui, dans certaines périodes surtout, leur rendait le fardeau de la vie insupportable. L'état moral de tous peut se résumer dans les sentiments qu'exprimait si énergiquement Maine de Biran, à l'âge de vingt-huit ans : « Ce que le monde nomme *plaisir*, je l'ai goûté dans toute son étendue. Insensé que j'étais! j'allais à l'opposé du bonheur, je courais après lui et je le laissais par derrière, j'errais de fête en fête, plein de trouble et d'ennui, souffrant dans cette foule comme un galérien de bagne, ne pouvant être ému par aucune des magnificences qui frappaient mes yeux, rentrant chez moi totalement déçu et me disant alors : C'est une belle chose qu'une fête,... quand on en est revenu!

— « Faisons les fiers tant que nous voudrons, écrit quelque part Michelet, philosophes et raisonneurs que nous sommes aujourd'hui. Mais qui de nous, parmi les agitations du mouvement moderne, ou dans les captivités volontaires de l'étude, qui de nous entend sans émotion le bruit de ces belles fêtes chrétiennes, la voix touchante des cloches et comme leur doux reproche maternel ?... Qui ne voit sans les envier ces fidèles qui sortent à flots de l'église, qui reviennent de la table divine, rajeunis et renouvelés ? L'esprit reste ferme, mais l'âme est bien triste. L'homme de l'avenir, qui n'en tient pas moins de cœur au passé, pose alors la plume et ferme le livre ; il ne peut s'empêcher de dire : *Ah ! que ne suis-je avec eux,* un des leurs, et le plus simple, le moindre de ces fidèles ! »

Croit-on que les femmes, princesses ou mondaines, ont été plus heureuses en se jetant corps et âme dans les jouissances terrestres ? Il n'en est rien.

— Madame de Maintenon parvint d'un état voisin de l'indigence à l'insigne honneur d'être l'épouse de Louis XIV. C'était certainement la plus grande fortune qu'elle pût faire ; et il semble, que dans la place éminente qu'elle occupait, elle ne pouvait manquer d'être heureuse. Aussi, elle fut d'abord comme enivrée des douceurs qu'elle goûtait au milieu des splendeurs royales. Mais cette *ivresse,* selon qu'elle le marquait elle-même, *ne dura que trois semaines.* Bientôt elle sentit le vide du luxe pompeux et imposant qui l'environnait ; écrivant un jour au comte d'Aubigné, son frère, elle lui disait expressément : « Je ne puis plus y tenir ; je voudrais être morte. » A cette plainte, le comte lui répondit plaisamment : « Voudriez-vous donc épouser le Père éternel ? » Ce ne fut qu'en s'élevant à une haute piété qu'elle parvint au bonheur que toutes les grandeurs de la terre n'avaient pu lui donner : et c'est le témoignage qu'elle rendait elle-même en développant ses sentiments à une pieuse personne qu'elle exhortait à se donner entièrement à Dieu. « J'ai été jeune et jolie, lui disait-elle ; j'ai goûté des plaisirs, j'ai été aimée partout. Dans un âge plus avancé, j'ai passé des années dans le commerce de l'esprit ; je suis venue à la faveur ; et je vous proteste, ma chère fille, que tous les états laissent un vide affreux, une inquiétude, une lassitude, une envie de connaître autre chose, parce qu'en tout cela rien ne satisfait entièrement. On n'est en repos que lorsqu'on s'est donné à Dieu. Alors on sent qu'il n'y a plus rien à chercher, qu'on est arrivé à ce qui seul est bon sur la terre. On a aussi des chagrins, mais on a aussi une solide consolation et la paix au fond du cœur, au milieu des plus grandes peines. »

Loin de Dieu pas de bonheur !

Quelle femme, par exemple, pouvait humainement être estimée plus heureuse que cette célèbre Mme Du Deffand placée par le pontife de l'incrédulité du XVIIIe siècle, sur une espèce de piédestal, et qui trônait comme une reine dans les salons d'alors ? Eh bien, en fait de lectures attristantes, on trouverait difficilement quelque chose de plus lugubre que les volumes de lettres qu'elle a laissés. Qu'on en juge par ces quelques échantillons : « Pour moi, je l'avoue, je n'ai qu'une pensée fixe, qu'un sentiment, qu'un chagrin, qu'un malheur ; c'est la douleur d'être née.

« Ignorez-vous que je déteste la vie, que je me désole d'avoir tant vécu, et que je ne me console pas d'être née.

« On ne peut être en paix ni avec soi-même ni avec les autres, etc. »

Ce ne sont pas là des boutades ; la pauvre femme y revient sans cesse, à chaque page, pour ainsi dire. Elle a vécu près de quatre-vingts ans, et toujours en répétant sur tous les tons qu'elle était bien malheureuse !

— Écoutons maintenant Madame de Staël, qui a fait tant de bruit au commencement du XIXe siècle.

« Je suis plongée, écrit-elle, dans une espèce de désespoir qui me dévore ; je ne crois pas que je me relève jamais de ce que j'éprouve. Rien ne m'intéresse plus, je ne trouve de plaisir à rien : la vie est pour moi comme un bal dont la musique a cessé, et tout me paraît sans couleur. Je vous assure que si vous lisiez dans mon âme, je vous ferais pitié. Je suis bien convaincue que le plus grand service que je puisse rendre à ce qui m'entoure, c'est de m'éloigner. Il y a une fatalité dans mon sort. Je me contiens : à l'extérieur une sorte de fierté me conseille de ne pas trop montrer ce que j'éprouve. Si je me montrais, j'offrirais le plus misérable spectacle. »

— Enfin, entendons les plaintes d'une autre femme auteur qui a eu les plus beaux succès qu'on puisse rêver dans le monde auquel elle appartenait : George Sand.

« L'ennui désole ma vie. L'ennui me tue. Tout s'épuise pour moi, tout s'en va. J'ai vu à peu près la vie sous toutes ses faces, la nature dans toutes ses splendeurs. Que verrai-je maintenant? Quand j'ai réussi à combler l'abîme d'une journée, je me demande avec effroi, avec quoi je comblerai celui du lendemain. Je me replie sur moi-même avec un calme et sombre désespoir, et nul ne sait ce que je souffre. Les hommes qui me connaissent se demandent ce qui me manque à moi dont la richesse a pu atteindre toutes les jouissances, dont la beauté et le luxe ont pu réaliser toutes les ambitions. Parmi tous ces hommes, il n'en est pas un dont l'intelligence soit assez étendue pour comprendre que c'est un grand malheur de n'avoir pu s'attacher à rien, et de ne pouvoir plus rien désirer sur la terre.

« Il est des heures dans la nuit où je me sens accablée d'une épouvantable douleur. D'abord, c'est une tristesse inexprimable, la nature tout entière pèse sur moi, et je me traîne brisée fléchissant sous le fardeau de la vie, comme un nain qui serait forcé de porter un géant.

« Je suis en désaccord avec tout moi-même, et mon âme crie au sein de la création comme une corde qui se brise au milieu des mélodies triomphantes d'un instrument sacré... '

« Etres bornés, s'écrie la même voix, nous cherchons sans cesse à donner le change à ces cuisants et insatiables désirs qui nous consument, nous leur cherchons un but autour de nous, et, pauvres prodigues que nous sommes, nous parons nos périssables idoles de toutes les beautés immatérielles aperçues dans nos rêves. Les émotions des sens ne nous suffisent pas. La nature n'a rien d'assez recherché, dans le trésor de ces joies naïves, pour apaiser la soif de bonheur qui est en nous ; il nous faut le ciel et nous ne l'avons pas : c'est pourquoi nous cherchons le ciel dans une créature semblable à nous, et nous dépensons pour elle toute cette haute énergie qui nous avait été donnée pour un plus noble usage. Nous refusons à Dieu les sentiments de l'adoration, sentiment qui fut mis en nous pour retourner à Lui seul ; nous le reportons sur un être incomplet et faible qui devient le dieu de notre culte idolâtre. Bien plus, le sentiment de l'adoration entre jusque dans l'amour physique : étrange erreur d'une génération avide et impuissante ! Aussi, quand tombe le voile divin et que la créature se montre, chétive et imparfaite derrière ces nuages d'encens, derrière cette auréole d'amour, nous sommes effrayés de notre illusion et nous en rougissons ; nous renversons l'idole et nous la foulons aux pieds ! et puis nous en cherchons une autre ! Car il nous faut aimer et nous nous trompons encore souvent, jusqu'au jour, où, désabusés, éclairés, purifiés, nous abandonnons l'espoir d'une affection durable sur la terre, et nous élevons vers Dieu l'hommage enthousiaste et pur que nous n'aurions jamais dû adresser qu'à Lui. »

.•.

Quel contraste frappant entre les chrétiens et les mondains !

Sans doute, les uns et les autres doivent souffrir : c'est la loi universelle de l'humanité ; mais quelle différence entre une souffrance acceptée avec amour, adoucie par l'onction de la grâce, transformée par les principes de la foi et une souffrance qui tombe sur un cœur desséché et haineux, d'où ne s'échappent que le murmure et le blasphème ? Il suffirait de faire la contre-épreuve et de feuilleter les écrits des contemporains catholiques pour voir combien leur langage est différent de celui des hommes sans religion. De Maistre, Pellico, Donoso Cortès, Montalembert, Veuillot et cent autres fourniraient à cet égard la preuve la plus décisive et la plus irrécusable. On sait pourtant que les tribulations ne manquèrent pas à ceux que nous venons de nommer : de cruels chagrins de famille ou des événements funestes jetèrent souvent un voile bien sombre sur leur existence.

— Le général de Sonis, dans le transport de son amour divin, répétait qu'il était à Dieu non seulement « jusqu'au cou, mais par-dessus la tête ». Il arriva même jusqu'à ce degré difficile de l'amour, qui fait accepter les épreuves sans murmurer et en baisant la main qui les envoie. Parmi d'atroces douleurs, menacé d'être réduit à une impuissance qui aurait été la misère pour les siens et pour lui, il parlait de ses souffrances et de ses craintes avec une bonne humeur joyeuse et en ne cachant pas qu'il les regardait comme une bénédiction ; Dieu lui permettait de porter « un petit bout de sa croix », c'était une grâce ; pourquoi donc s'en plaindre ?

Dans une prière admirable, il remerciait Dieu, à la fin de sa vie, des déceptions, des humiliations, des inquiétudes par lesquelles il était passé. Il disait : « J'aime à être brisé, consumé, détruit par vous, anéantissez-moi de plus en plus. »

— « Je ne sais plus ce que c'est que craindre un événement quelconque, écrivait L. Veuillot, pourvu que je n'aie pas sur la conscience de trop gros péchés. Je ne me défends pas d'éprouver, en quelques circonstances extraordinaires et périlleuses, une certaine inquiétude, naturelle à toute créature ; mais cette inquiétude elle-même ne résiste pas à deux minutes de réflexion. Le Dieu que j'adore et qui me protège, règne sur la mer aussi bien que sur la terre, parmi les champs de bataille, aussi bien dans nos rues que dans nos maisons. Il peut toujours nous laisser la vie et nous la prendre, il est tout-puissant toujours et partout. »

Après la mort de sa petite-fille, il écrit à un ami.

« Cher ami,

« Nous sommes dans ce monde pour expier, pour souffrir, pour mourir.

« Je remplis ma vocation de chrétien et je solde mon compte de pécheur. Si ce n'était Dieu qui envoyât les épreuves et s'il ne tempérait pas sa justice par sa miséricorde, on y succomberait. Mais c'est lui qui agit, et l'obéissance n'est pas seulement possible, elle est douce. Cela semble difficile à croire ; cela est pourtant, et je le sais.

« Jamais mon cœur n'a été si déchiré ; jamais il n'a été environné de tant de sécurité et de lumière. Il n'est aucune joie en ce monde contre laquelle je voulusse échanger mon immense douleur.

« J'ai bien pensé à toi. J'aurais bien voulu que tu fusses là dans le dernier moment. Tu aurais vu le départ d'un ange ; tu aurais vu qu'il n'y a pas de mort où il n'y a pas de péché. Trois minutes avant de mourir, l'enfant a pris de ses mains le crucifix qui a reçu les derniers baisers de sa mère, elle l'a porté à ses lèvres, elle a souri en tendant ses petits bras vers le ciel.

« Si tu avais vu ce sourire ! Puis elle a laissé échapper un petit souffle doux et pur, et je lui ai fermé les yeux.

« Nous l'avons conduite au cimetière avec un beau cortège de douze Petites-Sœurs des Pauvres. Durant sa maladie, je l'avais vingt fois offerte à Dieu pour être Petite-Sœur des Pauvres, ou pour mourir tout de suite ; car en la voyant aux portes du ciel, je n'aurais pas voulu la faire redescendre dans la vie, à la triste condition d'en subir les souillures.

« Nous l'avons mise dans le tombeau de sa mère, à la place que j'avais réservée pour moi ; c'était tout ce que je possédais de terre en ce monde ; je ne l'ai plus. Me voilà pauvre jusque-là, Dieu merci !

« Prie Dieu que je garde à jamais dans mon cœur tout ce que j'y ai maintenant, et j'aurai à le remercier durant l'éternité entière des grâces dont il m'a comblé.

« Adieu, mon Emile.

« Vive Jésus ! Vive sa croix ! »

Sous le coup du deuil de son épouse, dans une autre lettre, il écrit : « Je pleure mais j'aime ; je souffre, mais je crois. Je ne suis pas écrasé, je suis à genoux. »

Quelle soumission aux volontés divines ! Quelle douce résignation dans l'adversité ! Quelle foi et quelle confiance dans le secours du ciel et par suite quel calme habituel, et véritablement quelle vie heureuse, autant que le comporte le séjour du chrétien ici-bas !

> Quant à ma vie, elle fut douce;
> Les ondes du ciel font fleurir
> Sur l'aride pierre la mousse,
> Sur les remords, le repentir.
>
> Dans ma lutte laborieuse,
> La foi soutint mon cœur charmé ;
> Ce fut donc une vie heureuse,
> Puisque, enfin, j'ai toujours aimé !
> *(Testament spirituel.)*

**

Il est donc évident que chrétiens et mondains démontrent, chacun à sa façon, cette parole de Pascal : « Le bonheur ici-bas consiste essentiellement dans la paix de la conscience. Ayez une conscience pure ; elle sera paisible et vous serez heureux, nul n'est heureux comme un vrai chrétien. »

Certes nous ne voudrions conseiller à personne de se donner entièrement au service et à l'amour de Dieu, uniquement pour s'assurer plus de bien-être, de richesses, de satisfactions morales ; des vues si humaines feraient perdre tout le mérite d'une telle religion. Mais c'est le cas de répéter cette parole : « Si les fripons pouvaient connaître toutes les jouissances attachées à la pratique de la vertu, ils se feraient honnêtes gens par spéculation. »

Nous pouvons soutenir, comme démontré par une expérience universelle, que la religion, bien loin de rétrécir l'âme, de créer des entraves à son bien-être, de rendre la vie ennuyeuse, sombre et pénible, est le véritable soleil de notre existence, le foyer où se réchauffent toutes les facultés de notre âme, le festin où elles reprennent des forces et de l'énergie, le baume qui adoucit toutes les douleurs, le secret de tout faire supporter avec facilité, courage et plaisir.

Pourquoi faut-il que tant de chrétiens qui, dans le jeune âge, ont fait l'expérience des pures et douces jouissances attachées à l'innocence, se fassent ensuite *malhonnêtes gens par spéculation,* c'est-à-dire spéculent bêtement sur le vice pour trouver un bonheur que la vertu seule procure !!!

Tout ce que nous pourrions opposer à l'encontre du témoignage des Saints sur le présent sujet, ne détruira jamais ce qu'ils ont ressenti ; cela ne pourrait prouver qu'une chose, la faiblesse de notre amour et notre peu de fidélité à la grâce. La vie elle-même des Saints est la plus belle preuve de ce que nous venons de dire. Au milieu des mille épreuves de la vie, ils se sont fait comme un « ciel sur la terre ». Leur cœur a toujours été comme une fête continuelle. La vie a été pour eux ce qu'elle doit être, le commencement de la vie éternelle, même quant au bonheur.

Il n'est pas une des pages de leurs ouvrages où ne se reflètent leurs belles âmes limpides, transparentes, divinisées, pour ainsi dire. La douce paix dont elles sont inondées, la joie de l'innocence qui les enivre, se communique par un aimant mystérieux à l'âme du lecteur; on sent aussitôt qu'on les fréquente, qu'on vient d'entrer dans une atmosphère nouvelle, et on est tout imprégné des parfums de leur sainteté.

Qu'on lise leur Vie! nous ne disons même pas celle des Saints qui ont fait de grands miracles, mais de n'importe lesquels. N'y voit-on pas jusqu'à l'évidence que ces hommes-là sont heureux, qu'il n'y a au fond de leurs cœurs ni désirs inassouvis, ni chagrins concentrés, ni regrets amers du passé, ni inquiétudes pour l'avenir? Être riche ou pauvre, être honoré ou bafoué, être bien portant ou malade, vivre ou mourir tout est accepté. Ils se trouvent bien partout, ils sont contents de tout; ils sourient à Dieu. Les plus grandes calamités ne sauraient qu'effleurer leur âme, mais non leur faire perdre la paix. Supposons un général qui soit battu par l'ennemi, un financier qui fasse banqueroute, un négociant qui échoue dans une grande entreprise; quelle désolation! quel désespoir! Après plusieurs années, le souvenir de la catastrophe sera encore présent à leur mémoire et empoisonnera leur vie. Souvent même un homme sans croyances ne voit d'autre remède à une situation aussi désespérée, que le suicide.

Quel abîme le sépare d'un saint Ignace, par exemple, à qui l'on demandait ce qu'il ressentirait si sa Compagnie venait tout à coup à être supprimée ou anéantie. « Il me faudrait bien un quart d'heure, répondait-il, pour me remettre de mon émotion; mais je pense qu'après cela, je me trouverais aussi calme que si rien n'était arrivé. »

. .

Concluons. Les bienheureux du ciel sont ceux qui voient Dieu, qui l'aiment et qui le possèdent : il n'y en a point d'autres. Les bienheureux de la terre sont ceux qui le cherchent, qui l'aiment et le possèdent par la foi et l'espérance et lui sont unis par la charité ; il n'y en a point d'autres. Puis donc que nous n'avons point de passion plus ardente que celle d'être bienheureux, pourquoi n'avons-nous pas tous un ardent désir de connaître Dieu, de l'aimer et de le posséder ?

Il faut s'occuper des choses de la terre, oui, mais il ne faut pas y attacher son cœur pour y chercher son bonheur, puisqu'il n'y est pas et ne peut être qu'en Dieu seul. Tout le monde ne peut pas mener la vie des religieux qui font profession de ne penser qu'à Dieu; il faut nécessairement que la plus grande partie des hommes s'appliquent aux nécessités de la vie humaine qui sont innombrables. Mais tout le monde peut et doit regarder Dieu comme le seul souverain Bien qui peut nous rendre bienheureux, l'estimer plus lui seul que tous les biens du monde, le désirer plus ardemment que toutes les consolations humaines, le préférer à tout infiniment et sans nulle comparaison, regardant toutes les choses présentes telles qu'elles sont en effet, comme des choses de rien, des ombres qui passent. Oh! si tout le monde goûtait bien cette seule vérité, tout le monde serait déjà bienheureux, parce qu'il goûterait le bonheur de posséder Dieu sans faire tant de cas du reste. Est-il possible que l'on désire d'être bienheureux et qu'on ne désire pas ardemment la source de tout bonheur!!!

.·.

Objection. — Mais d'où vient que ces divines douceurs de la perfection chrétienne, que l'on dit si exquises, ont si peu d'attraits pour la plus grande partie des hommes et les touchent si peu?

— Voilà une difficulté que pourrait faire un être dépourvu de raison, disait autrefois un grand personnage sur un semblable propos tenu en sa présence.

Ignorons-nous donc que les hommes sensuels ne peuvent connaître de semblables consolations aussi longtemps qu'ils vivent de la vie des sens? L'ignorance produisant le mépris, est-il étonnant que ces personnes méprisent ce qu'elles ne connaissent pas? Il y a longtemps que les mondains disent: *Quis ostendit bona?* Qui nous a montré ces biens? comme s'il n'y avait de biens en ce monde que ceux qui sont sensibles et palpables, comme si nous n'avions d'autres inclinations que celles des brutes, ni d'autre vie que celle du corps. Un homme qui ne doit toucher la terre que du bout des pieds, qui doit prendre ce monde pour un exil, son corps pour la prison de son âme, ne se ravale-t-il pas au rang des animaux, s'il ne demande que les biens qui lui sont communs avec eux ? Mais, d'où vient donc la rareté de ces dons surnaturels chez les hommes ? Elle provient uniquement de leur attachement aux biens terrestres. *Tout pour tout :* telle est la règle des rapports de Dieu avec les âmes ; elle est absolument naturelle. En effet, l'amour est à nos âmes ce que la main est à notre corps ; tandis que nous tenons une chose bien serrée entre les mains, il nous est impossible d'en tenir une autre ; il faut nécessairement se contenter de perdre l'une ou l'autre. Un homme qui ferait naufrage au milieu de la mer avec sa bourse en main, et ne voudrait pas la quitter, afin de saisir la rame ou la corde qu'on lui présenterait pour se sauver, ne faudrait-il pas qu'il se perde avec son argent et sa bourse ?

Dieu ne se donne tout entier à nous que lorsque nous nous donnons nous-mêmes tout entiers à lui. Lorsque nous avons renoncé à tout pour nous abandonner à lui seul, sans réserve, alors nous devenons comme l'enfant caressé entre les bras de sa mère.

La plupart des serviteurs de Dieu ne jouissent pas de ces grands biens promis à son service, parce qu'ils ne veulent pas extirper cette dernière racine d'amour-propre qui est en eux, leur dernière préférence désordonnée. « Abandonnez tout et vous trouverez tout (1). » Sans être un tyran, Dieu ne peut permettre que le cœur se partage en la moindre chose.

---

(1) Saint Ignace.

Comment serait-il juste que Dieu se donnât tout entier à nous quand nous-mêmes nous ne nous donnons pas tout entiers ?

Le Saint-Esprit fit boire aux Apôtres trois coupes dont il les remplit si abondamment, que ce ne fut pas sans raison que le peuple crut qu'ils étaient ivres. D'abord il les remplit du vin de l'amour en telle abondance que, pareils à des hommes ivres, ils s'oubliaient eux-mêmes, n'ayant plus de souci des honneurs ou de quelque avantage matériel, mais cherchant uniquement la gloire de Dieu. Secondement, il les remplit à satiété du vin pur de la consolation et de la douceur divines, si bien qu'ils n'avaient plus de goût pour aucune joie ou consolation de la terre. Troisièmement, en les enivrant du nectar de l'amour des choses célestes, il les rendit comme insensés, au point que, dans le désir et l'amour qui les embrasait pour Dieu, ils auraient affronté mille morts pour arriver jusqu'à lui.

Nous devons demander au Saint-Esprit de nous faire boire aussi de ce vin du divin amour, qui fasse naître en nous l'oubli de nous-mêmes, en sorte que nous ne recherchions ni notre propre honneur, ni notre propre avantage, qu'autant que la gloire de Dieu s'y trouve intéressée. Prions aussi pour être remplis de la douceur intérieure du Saint-Esprit, de manière à être dégoûtés des joies et des délices de la terre, pour être enflammés de l'amour des choses célestes et spirituelles, qui nous fasse soupirer de tout cœur vers Dieu et mépriser la mort et toutes les souffrances.

*
* *

On dira encore : la joie des Saints est trop intérieure, trop divine, pour devenir commune à l'ensemble des chrétiens. La plupart de ceux-ci ne peuvent goûter les intimes consolations que la religion procure ; ils sentent le besoin de s'épanouir davantage et de chercher dans les amusements, les plaisirs du dehors, des émotions et des joies qui les satisfassent.

— La joie des Saints, fût-elle *purement spirituelle*, est incomparablement supérieure à la joie des sens. Plus des trois quarts du bonheur sont dans un cœur content. Quand l'âme est heureuse, elle est capable de supporter mille sacrifices que toutes les satisfactions des sens ne seraient capables de faire supporter. L'âme est non seulement la principale partie, mais elle est presque le tout de l'homme.

Mais de plus, il serait faux de supposer que cette joie était purement dans l'esprit des Saints ; elle était ordinairement sensible, et enivrait, à certains moments, leurs sens comme leur âme.

« Je crains de perdre la vue à force de pleurer de joie », écrivait saint François-Xavier ; quel mondain a jamais ressenti une joie sensible si intense, au milieu de ses plus doux enivrements frivoles ou coupables ?

D'autres saints, pour donner cours à l'allégresse débordante qu'ils éprouvaient, chantaient, riaient, parfois même dansaient dans leur humble cellule.

Quant aux divertissements honnêtes, aux plaisirs récréatifs, il n'est pas douteux qu'ils ne soient nécessaires au bien-être de la nature humaine ; ils ne sont pas condamnés par l'Evangile.

Nous n'avons qu'à ouvrir les écrits et la vie des Saints, même parfois des plus austères, pour constater que, faisant écho aux pensées et aux bontés de Dieu, ils nous autorisent et nous invitent par leurs maximes et leurs exemples, à rechercher ces récréations utiles, ces plaisirs nécessaires.

Ne manquons pas d'observer que les divertissements, les délassements sont une loi providentielle de notre nature. On ne trouvera pas un seul peuple qui n'ait ses divertissements, ses jeux, diversifiés suivant les caractères et suivant les âges. Nous pouvons même croire que l'homme, fût-il resté innocent, aurait eu ses jeux, ses divertissements.

Mais le travail étant devenu, par suite du péché originel, une peine, une fatigue, notre pauvre nature, détériorée, a besoin de délassements, de récréations pour refaire ses forces, relever son ardeur, rendre de la vigueur aux membres fatigués, de la fraîcheur à l'esprit facilement surmené.

Il est donc certain qu'outre les saintes joies que procurent la vertu et la pratique du bien, une certaine somme de plaisirs est nécessaire à la nature humaine. Saint Thomas va jusqu'à dire : « que celui qui veut se priver de toute jouissance récréative, agit sous l'influence d'une raison pervertie et qu'il s'obstine dans une conviction mauvaise. » Ce grand docteur consacre plusieurs pages de sa somme théologique à démontrer la nécessité, la convenance et l'utilité de la vertu qu'il appelle la vertu de délassement.

La perfection chrétienne n'a donc point les rigueurs et les ennuis que l'on s'imagine. Elle demande que l'on soit à Dieu du fond du cœur, et dès qu'on est ainsi à Dieu, tout ce qu'on fait pour lui devient facile. Ceux qui sont à Dieu sont toujours contents, parce qu'ils ne sont point partagés : ils ne veulent que ce que Dieu veut et veulent faire pour lui tout ce qu'ils veut.

PRIÈRE

Seigneur, vous êtes la vie de mon âme ; que tous mes désirs, réunis ensemble par la force de mon amour, demeurent inséparablement attachés à vous ; qu'ils deviennent languissants et comme morts, toutes les fois qu'ils se porteront à quelque objet étranger sans vous, car vous avez en vous seul l'éclat et la beauté des couleurs, la douceur de tout ce qui est le plus agréable au goût, l'odeur des parfums, l'harmonie des concerts, et le plaisir innocent des unions les plus étroites. C'est en vous qu'on trouve une volupté sainte et délicieuse; c'est de vous que découle une source inépuisable de biens; c'est vers vous qu'on est entraîné par de si puissants attraits; c'est par vous qu'on reçoit les influences de la charité. Vous êtes l'abîme regorgeant de la divinité, ô Roi, le plus grand de tous les rois, Empereur suprême, Prince souverain, dominateur pacifique, protecteur charitable; vous êtes la pierre précieuse vivifiante qui inspirez les hauts sentiments aux hommes; vous êtes un ouvrier ingénieux, un maître plein de clémence, un conseiller sage, un défenseur courageux et un ami fidèle; vous êtes l'assaisonnement et le nœud de toutes les douceurs intérieures et spirituelles; c'est vous qui caressez si tendrement, qui touchez avec tant d'efficacité, qui aimez avec tant de zèle, Époux aimable, chaste et jaloux; vous êtes la fleur vive et éclatante de la véritable beauté; vous êtes un frère charitable, un jeune homme mille fois plus beau que les enfants des hommes, un compagnon agréable, un hôte libéral, un serviteur officieux. Je vous préfère à toutes les créatures; j'affronte hardiment avec vous toutes sortes d'adversités, et je ne demande que vous seul pour approbateur de mes actions (1).

O Toi, mon unique Pensée !
O de mon cœur l'unique Amour !
O Tout ! ô Beau Soleil ! Rosée !
O Dieu, ma Paix ! ô Vie ! ô Jour !

O mon Trésor ! que puis-je faire
Pour te contenter ? ô mon Bien !
Dis, comment puis-je satisfaire
Ton grand Amour avec le mien ?

---

(1) SAINTE GERTRUDE.

Languir pour Toi tout embrasé ?
C'est peu, je le sens, mon Sauveur !
Souffrir, et mourir épuisé ?
C'est encor trop peu pour mon cœur !

Eh bien ! puisque, en mon impuissance,
Je ne sais qu'offrir, ô mon Roi !
Pour marquer ma reconnaissance,
Je te dirai : Je suis à Toi !

L'ÉCHO (1)

Rôdant triste et solitaire
Dans la forêt du mystère,
J'ai crié, le cœur très las :
« La vie est triste ici-bas ! »
L'écho m'a répondu : « Bah ! »

Puis d'une voix si touchante :
« Echo, la vie est méchante ! ».
L'écho m'a répondu : « Chante ! »

« Echo ! Echo des grands bois !
« Lourde, trop lourde est ma croix ! »
L'écho m'a répondu : « Crois ! »

« La haine en moi va germer,
« Dois-je rire ? ou blasphémer ? »
Et l'écho m'a dit : « Aimer. »

Comme l'écho des grands bois
Me conseilla de le faire :
J'aime, je chante et je crois...
... Et je suis heureux sur terre !

---

(1) TH. BOTREL.

TABLE DES MATIÈRES

CHAPITRE Ier. — Toute la perfection ou le mérite de l'homme est dans son cœur, c'est-à-dire dans son amour, sa volonté, sa liberté. 1

CHAPITRE II. — Toute la perfection ou le mérite du cœur de l'homme est dans le seul amour de Dieu, par-dessus toutes choses et en toutes choses.

§ Ier. — L'homme a été créé pour aimer et servir Dieu seul 21

§ II. — Les créatures sont à l'usage de l'homme comme des moyens d'atteindre sa fin ou son but, qui est d'aimer, de servir Dieu seul. 49

§ III. — Le commencement de l'amour de Dieu consiste dans la volonté ferme et constante de lui plaire et de mourir plutôt que de l'offenser gravement. (Eviter le péché mortel.) 65

§ IV. — Le progrès de l'amour de Dieu consiste dans la volonté ferme et constante de lui plaire et de ne pas l'offenser, même légèrement. (Eviter le péché véniel.) 94

§ V. — La perfection de l'amour de Dieu, et par conséquent son mérite consiste dans la volonté ferme et constante de ne pas l'offenser en aucune manière et de lui plaire en toutes choses, en sanctifiant ou surnaturalisant, autant que possible toutes ses affections, toutes ses actions, toutes ses souffrances, c'est-à-dire en aimant, en travaillant, en souffrant en Dieu, selon Dieu et pour Dieu, en union et par amour de Jésus. (Eviter les imperfections.) 97

§ VI. — La perfection ou le mérite de l'amour de Dieu est proportionné à la pureté de cet amour . . . 207

§ VII. — La perfection ou le mérite de la vie chrétienne n'est donc pas essentiellement dans les œuvres, mais dans la charité ou l'amour de Dieu. 233

§ VIII. — La perfection ou le mérite de la vie chrétienne n'est donc pas dans les pratiques de dévotion, dans le culte extérieur, mais dans la foi, l'espérance et la charité ou l'amour de Dieu. 259

§ IX. — La perfection ou le mérite de la vie chrétienne n'est donc pas essentiellement dans la pratique des conseils évangéliques, dans tel ou tel état de vie, mais dans la foi, l'espérance et la charité ou l'amour de Dieu 271

§ X. — L'exercice de l'amour de Dieu ou l'usage fréquent des actes d'amour de Dieu, est le plus parfait, méritoire, facile, agréable, le plus important et nécessaire 279

CHAPITRE III. — La marque à laquelle on reconnaît que l'on aime Dieu est l'accomplissement de sa volonté ou de sa loi 297

§ Ier. — On accomplit la volonté ou la loi de Dieu par l'observation de tous ses commandements. 327

§ II. — On accomplit la volonté ou la loi de Dieu par l'observation de tous les devoirs d'état. . . . 336

§ III. — On accomplit la volonté ou la loi de Dieu par une soumission parfaite à sa divine Providence. . 347

CHAPITRE IV. — L'accomplissement de la loi de Dieu avec joie est la marque d'un amour parfait, d'une sainteté éminente.

§ Ier. — La joie est inséparable de l'amour de Dieu. 371

§ II. — La joie est nécessaire à la vertu ou à l'amour de Dieu 377

§ III. — La joie spirituelle est proportionnée au degré de l'amour divin, au degré de la sainteté. . . . 389

§ IV. — Les hommes les plus éclairés et les plus vertueux de l'humanité et tous les saints proclament à l'unanimité qu'une grande joie spirituelle est dans la vertu ou l'amour de Dieu ; ils confirment le témoignage de la parole par l'exemple. 397

Imprimerie de l'Orphelinat Salésien, 29, rue du Retrait, Paris

www.ingramcontent.com/pod-product-compliance
Lightning Source LLC
Chambersburg PA
CBHW070546230426
43665CB00014B/1833

— Violette est donc malade? demanda Bianca avec une subite pâleur. Priez le docteur d'entrer.

La duchesse vit venir à elle un homme tout funéraire, lunettes bleues pour cacher ses yeux, perruque pour cacher son front, favoris teints pour cacher sa figure. Sa longue redingote était comme un linceul noir. Il s inclina deux fois et parla ainsi d'une voix caverneuse :

— Madame la duchesse, j'ai le regret de vous avertir que votre amie mademoiselle de Pernand est à la dernière extrémité.

Bianca regardait cet homme avec effroi.

— C'est impossible, dit-elle, je l'ai vue hier toute gaie et toute vivante. Que lui est-il donc arrivé?

— Je ne sais pas bien. Le sang a monté à la tête, le délire l'a prise, elle ne sait plus ce qu'elle dit; seulement elle vous appelle à grands cris.

— Je vais aller la voir, dit la duchesse.

Elle sonna.

— Émilie, dites qu'on attelle tout de suite un cheval au coupé.

— Mais les deux cochers de madame la duchesse sont déjà partis. C'est aujourd'hui le bal des gens de maison, madame la duchesse sait bien comme ils étaient impatients.

— Est-ce que tous les cochers de Paris sont au bal?

— Non, il n'y a que les gens de bonne maison, dit le médecin en essayant un sourire, les cochers de fiacre sont toujours sur le pavé. J'ai à la porte un fiacre qui va bien : si madame la duchesse veut y monter?

— Oh! non! dit Bianca qui avait peur d'être en compagnie de ce personnage.

— C'est que je ne garde pas ce fiacre, dit le médecin qui comprit bien le froid qu'il inspirait. Je suis appelé auprès d'une femme en couches, je ne pourrai retourner au Parc des Princes que dans une heure.

— Eh bien, je prendrai votre fiacre, dit la duchesse en le congédiant par un froid salut.

Elle rajusta sa chevelure, s'enveloppa d'une pelisse et descendit en toute hâte.

— Mais je vais accompagner madame, lui dit la femme de chambre du haut de l'escalier.

— Non, vous savez bien que je n'ai pas peur. D'ailleurs je ne reviendrai pas avant que la nuit soit passée.

Le fiacre n'était pas encore à l'Arc de Triomphe quand Achille Le Roy vint à son tour frapper à la porte de Bianca.

Ce fut Antonia tout en larmes qui vint lui ouvrir.

— Qu'y a-t-il donc? lui demanda-t-il.

— Je suis désespérée. Un médecin est venu chercher la duchesse parce que mademoiselle de Pernand est mourante. Je me suis éveillée trop tard pour aller avec elle. Vous savez comme elle est, elle irait seule au bout du monde. Mais j'ai le pressentiment qu'il va lui arriver malheur. Voulez-vous venir avec moi au Parc des Princes ?

— Oui. Combien y a-t-il de temps qu'elle est partie ?

— Cinq minutes.

— Eh bien, nous allons la rejoindre.

Achille Le Roy descendit avec Antonia. Il avait son coupé dans l'avenue.

— Allez vite ! dit-il à son cocher en lui indiquant le chemin du Bois.

On arriva à l'Arc de Triomphe deux minutes après la duchesse.

— Nous allons la trouver dans l'avenue de l'Impératrice.

Mais on ne trouva Bianca ni dans l'avenue de l'Impératrice, ni dans le Bois ni au Parc des Princes.

On alla sonner à la porte de Violette. Tout le monde dormait; le jardinier ne comprenait pas qu'on vînt réveiller les gens à cette heure, surtout dans la saison où il n'y a pas de belles de nuit.

— Mais mademoiselle de Pernand n'est donc pas malade ?

— Malade ! elle s'est promenée dans le jardin jusqu'à dix heures, jouant avec ses chiens et avec mes petites filles.

— Reprenons la route du Bois, dit Achille Le Roy.

— Nous ferions peut-être mieux d'attendre ici la duchesse, dit Antonia.

— Non, nous la rencontrerons ; car sans doute nous l'avons dépassée, soit que nous ayons mal vu, soit qu'elle ait pris un autre chemin. Mais maintenant qu'il est plus d'une heure nous entendrons au loin le bruit des chevaux et nous la reconnaîtrons parce que les fiacres deviennent rares.

Le coupé rentra dans le bois de Boulogne.

Cependant qu'était devenue Bianca? Le cocher de fiacre avait pris le vrai chemin : l'avenue d'Eylau, l'avenue de la Muette et la porte d'Auteuil. Mais comme c'était un vrai fiacre, il n'était arrivé au Parc des Princes qu'après le départ du coupé d'Achille Le Roy.

En quittant les Champs-Élysées, la duchesse impatiente avait dit au cocher d'aller plus vite.

Seulement alors elle s'était aperçue qu'au lieu d'un cocher elle en avait deux. Pourquoi ce luxe de cochers ?

Elle ne connaissait pas la peur, pourtant elle fut prise d'une vague inquiétude. Deux cochers pour conduire une seule femme après minuit par le bois de Boulogne, ce n'est pas la coutume.

Quand elle vit qu'on prenait l'avenue d'Eylau, elle ne pensa plus aux deux cochers ; elle fut tout à l'idée de Violette, priant Dieu de lui conserver cette sœur d'élection : « cette âme bleue », comme elle disait, qui était pour elle une vision du ciel.

En quittant la porte d'Auteuil, il faut traverser un coin du Bois pour arriver au Parc des Princes.

On prend d'abord l'ancienne route de Boulogne pour s'engager bientôt dans l'avenue qui va droit à la Seine.

Dans cette avenue il n'y a pas de réverbères ; les arbres sont hauts et chenus, les broussailles touffues et mystérieuses.

En ce moment, les chevaux qui trottaient se mirent au pas. Un des cochers sauta sur l'herbe. La duchesse s'imagina d'abord, tant elle était loin de croire à une mauvaise intention, que cet homme allait prendre la route de Boulogne, s'étant fait conduire jusque-là par son camarade.

Quoiqu'on fût dans la belle saison, celui qui était descendu prestement était harnaché d'un manteau-carrick dans le style des cochers d'opéra-comique quand on jouait les *Voitures versées*.

Cependant la voiture allait toujours au pas. La duchesse croyait déjà cet homme bien loin quand il ouvrit subitement la portière.

Bianca n'était jamais prise au dépourvu. Il ne lui fallut pas deux secondes pour montrer sa main armée d'un revolver.

L'homme au carrick allait répondre par un coup de feu quand une petite main le prit par le bras.

Il se retourna fort surpris d'être en compagnie.

C'était Antonia tout essoufflée qui précédait Achille Le Roy de quelques pas.

Le cocher qui était sur le siége prit peur; il sauta à son tour sur l'herbe et se perdit dans le Bois.

Son compagnon, resté seul, fit bonne figure. Il avait dégagé son bras par un effort violent, car Antonia s'y était cramponnée. Le coup destiné à la duchesse, il le tira sur la jeune fille et l'atteignit à l'épaule.

Elle poussa un cri ; la duchesse, qui était descendue pour se jeter sur l'assassin, courut à Antonia.

Achille Le Roy n'était plus qu'à trois pas de cette scène quand un second coup de feu l'effleura à la hanche.

L'homme au carrick, perdant la tête, avait voulu viser tout à la fois la duchesse et Achille Le Roy, la duchesse pour la tuer, et Achille Le Roy pour l'empêcher de la secourir.

— C'est elle ! c'est elle ! c'est Judith ! disait Antonia qui ne pensait pas à sa blessure et qui se releva avec héroïsme pour se jeter sur l'assassin.

En effet, elle avait déjà le carrick, mais le carrick lui resta dans les mains.

On vit alors s'enfuir à toutes jambes Judith habillée en homme, qui avait été trahie par sa chevelure, car sa chevelure avait rompu les digues et s'était répandue sur ses épaules quand son chapeau était tombé à terre.

— Saisissez-la ! cria Antonia épuisée à Achille Le Roy.

Mais Achille, voyant la jeune fille ensanglantée, ne pensa qu'à la sauver. Il craignait, d'ailleurs, que la duchesse ne fût blessée elle-même.

1.

— Pauvre enfant! dit Bianca en embrassant Antonia, tu ne veux donc pas que je meure?

Antonia ne répondit pas : elle était tombée évanouie.

Une heure après, le docteur Chantour, appelé en toute hâte, vint chez la duchesse.

— Que s'est-il donc passé?

Les médecins ne veulent jamais traiter un malade sans bien savoir l'origine de sa maladie.

— Rien, moins que rien, docteur, répondit Bianca. Cette enfant a joué avec des armes à feu; le coup est parti, la balle a traversé l'épaule, mais il n'y a pas de fracture. Voyez plutôt.

Antonia souleva son bras et voulut le passer au cou de la duchesse.

— Vous avez beau dire, duchesse, reprit le médecin, ce n'est pas à deux heures du matin qu'on joue avec des armes à feu. Il y a là-dessous une aventure tragique.

La duchesse refusa de répondre. Mais comme on sait tout à Paris, le docteur Chantour à sa seconde visite raconta mot à mot à la duchesse ce qui s'était passé; — naturellement avec quelques variantes. — Un coquin était venu déguisé en médecin dans un fiacre n° 1214 traîné par deux petits chevaux bretons à poils roux, têtus et nerveux. On avait avec cinq louis et une bouteille de vin de Champagne décidé le cocher à prêter sa voiture, lui disant que c'était pour un train de plaisir. Il était resté à boire dans un cabaret de la rue du Colisée, où on devait lui ramener son fiacre vers une heure du matin.

Quel nouveau cocher avait conduit les petits bretons vers le Parc des Princes? On ne le savait pas. Mais ce qu'on savait bien, c'est qu'une femme habillée en homme, ensevelie sous un carrick sacramentel, avait accompagné le cocher improvisé. On savait bien aussi qu'elle avait voulu tuer la duchesse. On disait qu'elle s'était trompée de figure, voilà pourquoi Antonia était blessée. Mais quel était le motif? On ne le savait pas. On disait : Jalousie de femme

II

POURQUOI ACHILLE LE ROY RETOURNA DANS SES MONTAGNES

Quoique la duchesse de Montefalcone fût presque consolée, elle avait encore ses heures de tristesse et de sauvagerie où elle se réfugiait en elle-même et où elle courait chez Violette pour pleurer.

Mais n'était-ce pas la solitude qui jetait ainsi la nuit dans son âme ?

Sans se l'avouer, elle aimait Achille Le Roy, non plus de cet amour rêveur et doux qui l'avait mollement enivrée sous les yeux de Prémontré, mais de cet amour inquiet, de cet amour d'orage qui ressemblait à la haine. Elle prenait plaisir à le voir et elle avait peur de lui. S'il n'était pas là, elle désirait qu'il vînt ; s'il était là, il l'impatientait et elle lui disait de s'en aller. Il apportait le trouble en elle : elle le cherchait et le fuyait tour à tour.

Comme toutes les natures violentes et contenues, Bianca épousait les idées les plus disparates. Elle faisait le tour des sentiments, elle s'enthousiasmait pour un rêve qu'elle condamnait bientôt. Ce n'était qu'ascensions et chutes, ce n'était qu'embarquements, traversées, naufrages et retours sur cette mer de l'inconnu qui attire toutes les femmes.

Elle était fière et contente de résister à Achille Le Roy, mais il lui arrivait aussi de songer que sa vie était bien stérile sans amour. Elle pensait à ses expansions dans le cœur de Violette. Combien ne lui serait-il pas plus doux de se jeter tout éperdue sur le cœur d'un amant et de lui dire : « Voilà mes oies et voilà mes larmes ! » de lui dévoiler toutes les splendeurs de cette âme qui avait trop vécu dans la contemplation et qui voulait jeter son feu dans les étreintes humaines !

Mais la duchesse, outre qu'elle était retenue par sa dignité, était retenue encore par une cause indigne d'une âme comme la sienne. Si Achille Le Roy eût été prince, elle eût peut-être été moins vertueuse ; mais, quoiqu'il fût bien de ses amis, il n'était pas de son monde. La Déclaration des droits de l'homme ne fera jamais comprendre à une femme qu'il n'y a plus que des hommes. Il y avait donc instinctivement pour la duchesse deux degrés dans la chute : tomber avec un homme « de son monde », c'était le premier degré. Avec Achille Le

Roy, c'était le second. Vieux préjugés enracinés comme les chênes des forêts vierges. Depuis le commencement du monde l'amour ne s'est jamais mésallié, puisque l'homme et la femme sont nés d'Adam et Ève.

Mais la duchesse voyait plus juste quand elle reprochait à Achille Le Roy de ne rien faire. Il avait beau lui dire : — N'est-ce pas une grande action déjà de vivre ? de s'élever au-dessus des petites choses et des petites ambitions ? C'est l'opinion des sept sages de la Grèce.

Elle n'était pas convaincue. Elle le trouvait beau dans son dédain, mais elle lui répliquait : « Je veux être fière de tous mes amis. »

Achille Le Roy ne lui disait pas qu'elle avait raison, mais il le pensait. Plus d'une fois il avait voulu montrer sa force: mais comment ? — On ne se battait plus, si ce n'est en duel : on le connaissait bien sur ce terrain-là. — Faire un livre ? il répétait le mot de Montesquieu : — A quoi bon faire un livre sur cette petite terre qui n'est pas plus grosse qu'un point sur un i. — Faire une découverte immortelle ? c'est toujours le hasard qui se charge de cela. Il rappelait Roland : « N'oublions pas, disait-il, que, dès que Roland eut repris son sens commun, il ne fit plus rien. » Roland était son héros. Il disait aussi comme La Rochefoucauld : « Les gens qui s'attachent trop aux petites choses sont incapables d'en faire de grandes. » Et il ajoutait :

« Les grandes choses à faire ne viennent jamais pour eux, mais au moins ils meurent avec la consolation de n'avoir pas touché aux petites choses. »

Un soir, Achille Le Roy eut une affaire au Café Anglais avec un faquin qui portait un grand nom. Il voulut relever une impertinence du comte de*** qui lui dit avec hauteur :

— Monsieur, je n'ai pas l'honneur de vous connaître, nous ne sommes pas du même monde.

— Eh bien ! dit Achille Le Roy, puisque nous ne sommes pas du même monde, je vous enverrai dans l'autre monde.

Achille Le Roy prit pour témoins le comte de Harken et Adolphe de la Chanterie.

Le comte refusa de se battre, disant comme Beaumarchais :

— J'ai refusé mieux.

On eut beau lui représenter qu'Achille Le Roy était un galant homme, il persista à demander un autre adversaire pour dérouiller son épée.

Tout le ridicule retomba sur le faquin ; mais Achille Le Roy, qui vivait parmi les gens les plus titrés, se sentit blessé au vif. C'est en vain qu'il voulut se consoler par le principe de la souveraineté des droits de l'homme ; ce mot : « Il n'est pas de notre monde », lui revenait sans cesse à l'oreille.

Chez la duchesse il sentait bien d'ailleurs, quelque bonne mine qu'on lui fît, que tous gardaient avec lui un air de protection

Il se révolta tout à fait.

Dans un salon du faubourg Saint-Germain, il entendit un soir, par-dessus les épaules de sa voisine, ce petit dialogue :

— Pourquoi reçoit-on cet homme ici ? C'est à ne plus mettre les pieds dans un salon !

— Je ne comprends pas bien; pourquoi me fais-tu cette question ?

— Parce que cet homme n'est pas de notre monde.

C'était le marquis d'Hartemont qui parlait ainsi.

Et cependant, depuis quelque temps, on avait surnommé Achille Le Roy le roi de Navarre. On lui faisait cette plaisanterie ou cette galanterie de l'appeler Achille Le Roy — de Navarre.

Achille Le Roy n'en pouvait croire ses oreilles. Il regarda bien celui qui parlait de si haut; ses yeux reçurent d'aplomb un regard dédaigneux. Mais il n'était pas homme à fuir devant un regard. Le marquis, bientôt vaincu, détourna la tête comme par distraction, mais en réalité parce qu'il n'avait pu lutter contre cette charge à fond de train de deux yeux irrités et flamboyants.

— Ah ! je ne suis pas de son monde ! dit-il tout haut.

— A qui en avez-vous donc ? lui demanda sa voisine, qui traînait elle aussi trente-deux quartiers de noblesse, mais sans faire de façons pour trouver beaucoup d'esprit à Achille Le Roy.

— Vous n'avez pas entendu ? J'en ai à ce grand traîneur de fleurs de lys qui dit que je ne suis pas de son monde. Qu'il soit tranquille, je ne tarderai pas à lui prouver que je suis de son monde. Vous allez voir tout à l'heure.

Disant cela, Achille Le Roy s'approcha très-galamment du marquis d'Hartemont, le salua avec une politesse railleuse et lui dit en le regardant de plus haut encore que n'avait fait le marquis :

— Monsieur, je n'ai pas eu l'honneur de vous être présenté parce que je ne voulais pas avoir cet honneur-là. Mais à cette heure, j'ai le plus vif désir que cette présentation se fasse. Deux soldats — deux simples soldats — se présenteront chez vos témoins demain, à huit heures. La présentation aura lieu dans l'île de Croissy, je me trompe, dans la forêt de Saint-Germain, c'est plus héraldique. Nous verrons quel est celui qui a le meilleur blason sur son cœur.

— Qu'est-ce que ce galimatias ? murmura le marquis, voulant fuir ce dialogue. Monsieur, je ne me bats pas avec vos pareils.

— Remarquez, monsieur — le marquis, si vous voulez, — que nous sommes en l'an du sans-culotte Jésus 1868.

— Monsieur, quand nous serions en l'an 1889, je vous ferais la même réponse.

Achille Le Roy cacha sa colère subite.

— Alors, monsieur, vous jugez que le duel à l'épée est impossible entre nous ?

Achille avait déchiré son gant.

— Eh bien! je me contenterai d'un autre duel.

Et il fit un demi-tour comme les marquis de l'ancien régime.

— Eh bien! lui demanda mademoiselle de Saint-Réal, qui avait vu le jeu des physionomies sans rien entendre.

Achille ne répondit pas ; puis, tout à coup :

— Dites-moi, je connais la maîtresse du marquis. C'est mademoiselle Phryné, ci-devant Lucia Tournesol, connaissez-vous sa femme?

— Oui ; levez la tête : ne la voyez-vous pas appuyée au piano?

— Ah! diable, je la croyais jolie!

— Elle n'est pas si mal que cela, Dieu merci! Vous n'aimez donc pas les tables somptueuses? Voyez donc quels seins et quelles épaules!

— Mais, ma chère, ce ménage est une asperge et une citrouille.

— Oui, on appelle cela un mariage assorti.

— Après tout, vous avez raison; elle est très-grosse, mais elle est très-jolie.

— Qu'est-ce que cela vous fait, d'ailleurs ?

— Qu'est-ce que cela me fait! Vous le saurez bientôt.

Le lendemain, le marquis, selon son habitude, alla au Bois pour voir passer Lucia en amazone sur un cheval qu'il lui avait donné. Quoiqu'il fût avec sa femme, il voulait recueillir au passage quelques-uns de ses regards, qui sont comme des fleurs cueillies dans le jardin défendu. Mais Lucia était trop occupée à répondre à un cavalier qui marchait avec elle, tête de cheval à tête de cheval.

C'était naturellement Achille Le Roy.

— Le drôle! murmura le marquis.

— A qui en avez-vous?

— C'est ce rustre qui monte là-bas cet admirable cheval.

— Oui, comme s'il était né dans une écurie, dit la marquise, en se moquant de son mari.

— On n'a pas idée de cela.

— Oui, n'est-ce pas? Quelle mésalliance! Sans compter qu'il est en conversation presque criminelle avec une femme qui vous est chère, monsieur mon mari.

— Toutes les femmes me sont chères, à commencer par vous.

— Oh! je sais bien, j'ai mon jour comme les autres. Quel est donc ce beau cavalier qui cause avec cette demoiselle?

Le marquis ne put réprimer un mouvement d'impatience.

— Ce beau cavalier, poursuivit-il, j'ai l'honneur de ne pas le connaître.

— Que dites vous là? Est-ce qu'il aurait commis quelque mauvaise action? Cela va déteindre sur cette fille; vous ne pourrez plus lui parler. Voyez donc; il est au mieux avec elle.

Le marquis enrageait.

— Je suis vraiment surpris, ma chère, de vous voir vous acharner à ce spectacle.

— Eh bien ! regardons de l'autre côté.

Il y a de singuliers hasards : le soir même, en descendant l'escalier de l'Opéra, le marquis, donnant le bras à sa femme, rencontra Lucia donnant le bras à Achille Le Roy.

— C'est un pari, pensa-t-il. Tout à l'heure Lucia aura des coups de cravache.

Achille Le Roy passa résolûment devant le marquis, mais sans offenser la marquise, parce qu'il la regarda avec ses yeux fascinateurs qui avaient tant d'éloquence.

— Je crois que cet homme vous a regardée, dit tout haut le marquis.

— Oui, il a de fort beaux yeux, dit la marquise, qui avait plus d'une dette à faire payer à son mari.

Une heure après, le marquis frappait à la porte de Lucia. Ce fut Achille Le Roy qui se présenta sur le seuil.

— Vous vous êtes trompé de porte, dit-il au marquis.

Et il lui jeta la porte au nez.

Ce n'était que le commencement.

Le lendemain, aux Tuileries, Achille Le Roy se fit présenter à la marquise sous prétexte qu'elle chantait comme une cantatrice, et qu'il adorait la musique — et surtout les musiciennes.

Quoique le marquis fût un homme aimable, — avec les autres femmes, — Achille Le Roy n'eut pas grand'peine à prouver à la marquise qu'il était plus aimable que son mari. On sait déjà que le roi de Navarre était né éloquent. La marquise lui demanda pourquoi on le surnommait Le Roy de Navarre. Il répondit :

— C'est parce que le royaume n'existe plus. C'est peut-être aussi parce que j'aime beaucoup les belles Gabrielles, et qu'il n'y a pas une femme qui ne me fasse changer de religion.

La marquise se récria. Mais il l'enveloppa dans un beau paradoxe sur la religion de l'amour, à peu près comme un oiseleur jette le filet sur une compagnie de perdrix.

Quand le marquis apprit comment Achille Le Roy s'était fait présenter à sa femme, il rugit et défendit à la marquise de lui reparler jamais. Mais, pareille à toutes les femmes, la marquise n'obéissait qu'à elle-même. Elle n'avait obéi à son mari que pendant toute la période de la lune de miel. On était en pleine lune rousse, elle reprit sa volonté à deux mains. Elle se moqua du marquis en lui déclarant qu'elle parlerait à Achille Le Roy partout où elle le rencontrerait, comme faisaient beaucoup de ses amies.

Le marquis proposa une séparation.

— Une séparation de quoi? demanda la marquise.

Et comme il ne répondait pas :

— Une séparation de corps? reprit-elle; il y a longtemps que c'est fait : demandez à mademoiselle Lucia. Une séparation de biens? je vous en défie, vous savez trop ce que vous y perdriez.

— Je ne suis pas fort en mathématiques, madame, mais vous ne me ferez pas l'injure de parler à mes ennemis.

— Vous voulez dire que M. Achille Le Roy est votre rival. C'est là précisément ce qui m'entraîne vers lui, car il me dira des nouvelles de mademoiselle Lucia.

Quand le mari n'avait plus de bonnes raisons à donner à sa femme, il allait chez sa maîtresse. Maintenant que la porte était fermée, qu'allait-il devenir? Peu nous importe, ce n'est pas son histoire que nous racontons.

Un peu par amour, un peu par vengeance, un peu par curiosité, la marquise se laissa prendre à la tentation. Achille Le Roy, armé d'une volonté terrible, ne perdait pas une heure.

C'était la saison où les gens du monde se rencontrent tous les jours plusieurs fois : au sermon, en visite, au Bois, au spectacle, au bal. Achille se multipliait.

Une nuit, on soupait dans une grande maison. Il y avait foule. Chacun pour soi, les femmes pour tous. Aussi Achille Le Roy soupait-il presque en tête-à-tête avec la marquise, à une table de vingt-quatre couverts. Je ne parlerai ni du jeu des pieds ni du jeu des mains, ces caresses de serpent qui font tant de ravages, jusque dans les âmes. Le mari était absent : Achille lui avait ménagé un rendez-vous avec Lucia pour le mieux tromper.

Que se passa-t-il après le souper? Achille et la marquise valsèrent. Pendant le cotillon ils se retrouvèrent cent fois, s'enchaînant l'un l'autre. C'était l'ivresse. Achille conduisit la marquise dans l'antichambre pour lui mettre lui-même sa pelisse. Pourquoi descendit-il l'escalier en même temps qu'elle? Sans doute pour lui dire adieu à la portière. Pourquoi monta-t-elle dans son coupé à lui, au lieu de monter dans sa voiture à elle? L'Académie des sciences morales mettra au concours ce point douteux. Pourquoi la marquise ne rentrat-elle chez elle qu'une heure après son départ de cette maison où l'on dansait et où l'on soupait si bien ? Sans doute elle n'avait pas pris l'express.

Ce qui est hors de doute, c'est que le lendemain, à midi, deux témoins du marquis venaient réveiller « l'agresseur ».

Cette fois Achille Le Roy tenait sa vengeance. Il allait l'étreindre avec volupté.

S'il eût été fat, il n'eût pas manqué de dire aux témoins qu'il était très-heureux de cette rencontre. Il se contenta de leur dire le nom de La Chanterie et de Monjoyeux, plus Monjoyeux que jamais.

Monjoyeux disait : « J'ai retrouvé Parisis. »

Le duel fut réglé pour le jour même. Il fut décidé

qu'on se battrait à l'épée au château de Louveciennes.

A quatre heures, Achille Le Roy et Monjoyeux prenaient à Bougival La Chanterie, qui était parti en avant. A quatre heures et demie tout le monde était dans le parc.

C'était un duel sérieux. Le marquis voulait tuer Achille Le Roy; Achille Le Roy voulait exaspérer le marquis.

Nul mieux que lui n'avait l'art de désarmer son adversaire.

Quand il se mit en garde, il regarda fixement le marquis et lui jeta ces mots du haut de son dédain et du haut de sa vengeance :

— Eh bien! monsieur, maintenant que je vous ai pris votre maîtresse et votre femme, trouvez-vous que je sois de votre monde ?

Le marquis ne répondit pas, il attaqua avec férocité et avec désespoir. Mais, d'une main sûre et tout en gardant sa physionomie railleuse, Achille Le Roy fit sauter l'épée du marquis.

Il est impossible de peindre la fureur du marquis, humilié par sa maîtresse, humilié par sa femme, humilié par son épée.

Il attaqua une seconde fois. Achille restait en garde parant les coups avec une légèreté inouïe.

C'était l'artiste du duel. Le marquis épuisait ses forces, la colère seule lui soutenait le bras. Cette fois il tenait bien l'épée, mais nul de ses coups ne portait. Achille Le Roy aurait pu le transpercer, mais sa vengeance ne voulait pas de sang. Ne pouvant plus désarmer le marquis, il le souffleta de son épée.

Le marquis était brave, il voulut marquer lui aussi Achille au visage ; mais, comme il était temps d'en finir, Achille Le Roy le frappa à la main.

— J'ai ma main gauche, dit le marquis.

Et il fit un demi-tour ; mais Achille le frappa à la main gauche.

Monjoyeux manqua bien un peu de courtoisie quand il répéta les paroles d'Achille Le Roy :

— Eh bien, monsieur, trouvez-vous que votre adversaire soit de votre monde, à présent ?

Que faire pour se venger de ce vieil esprit que les révolutions abattront toujours, mais qui toujours gardera ses racines ? Se jeter en pleine démocratie pour faire boire un jour à ses protecteurs le vin rouge de la République ? — Se réfugier dans l'étude et devenir un grand homme pour se faire pardonner de n'être pas gentilhomme ? — Vivre en philosophe et dominer toutes les vanités mondaines par la moquerie d'un esprit supérieur ? — S'exiler dans sa montagne et vivre dans la fière et forte saveur de la nature ?

Achille était en proie à tous ces rêves et à toutes ces indécisions, quand il reçut une dépêche de sa sœur lui annonçant la mort de son père.

Il tomba agenouillé.

— Oh ! mon père, dit-il, tu m'avais bien dit qu'il n'y avait que Dieu, ma mère et ma montagne !

Il alla dire adieu à Bianca.

— Quoi! vous partez? lui dit-elle avec chagrin.

— Oui. Vous ne voulez pas m'aimer, je vais me consoler avec ma sœur.

— Mais vous allez revenir?

— Qui sait si la montagne ne me reprendra pas tout à fait? La nature a des attractions terribles. On s'y plante comme un arbre, on y prend racine, c'est tout au plus si on agite les bras comme l'arbre agite ses branches. Si je reviens, c'est que je vous aimerai trop.

— Eh bien! vous reviendrez, dit la duchesse en souriant.

— Ne vous y fiez pas. J'aime beaucoup ma sœur aussi.

— Si vous ne revenez pas, j'irai moi-même dans la montagne.

On s'embrassa si doucement qu'on faillit ne pas se quitter.

Ce fut la duchesse qui eut le courage de l'opinion d'Achille Le Roy. Elle comprit, d'ailleurs, que si elle le retenait, elle le retiendrait de trop près.

Et pourtant ce n'était pas lui seul qui prenait son cœur. D'Aspremont s'obstinait à ne pas la voir, mais elle s'obstinait à penser à d'Aspremont. On a déjà dit que ces deux amoureux se combattaient l'un l'autre.

Monjoyeux, qui savait cela, se disait:

— Je ne cherche que la comédie, mais je pressens encore un drame.

III

OÙ D'ASPREMONT DÉMASQUE SES BATTERIES

Le soir même du départ d'Achille Le Roy, la duchesse, attendant ses gens dans l'escalier de l'Opéra, vit tout à coup le comte d'Aspremont qui lui offrait son éventail qu'elle venait de laisser tomber sans s'en apercevoir.

Elle s'inclina pour le remercier.

En cet instant, le prince Rio descendait. Il salua du même coup la duchesse et d'Aspremont.

— Voulez-vous me présenter à madame de Montefalcone ? dit d'Aspremont au prince.

— Comment, dit le prince, ne vous ai-je pas surpris en « criminelle conversation » ?

D'Aspremont se récria comme un homme qui ne s'est jamais trouvé à une pareille extrémité.

— J'ai vu la duchesse qui perdait son éventail, j'aurais pu le ramasser et le garder, car il est fort beau; mais enfin je ne suis pas comme vous, mon cher prince, je ne m'empare pas du bien d'autrui. Voilà pourquoi je me suis permis, quoique n'étant pas présenté, de rendre à la duchesse ce qui est à la duchesse.

— Eh bien, monsieur, pour reconnaître une si belle action, dit la duchesse au comte, je veux ce soir même vous offrir une tasse de thé en compagnie du prince; car le prince vient chez moi; il me l'a promis.

— Madame, j'aurais si mauvaise grâce à vous refuser, que j'accepte.

— C'est d'autant plus beau, dit le prince, qu'il ne prend jamais de thé.

— Parce que les Françaises ne savent pas faire le thé.

Le prince avait offert le bras à la duchesse pour l'accompagner à sa voiture. D'Aspremont se demanda si c'était sérieux; peut-être ne se fût-il pas décidé à aller chez Bianca, mais le prince vint lui offrir une place dans son coupé.

On sait que jusque-là le comte d'Aspremont avait eu peur de la duchesse. Il l'aimait vaguement, il ne voulait pas l'aimer jusqu'à la passion. Il craignait de s'aventurer dans une de ces histoires qui ne finissent pas ou qui finissent tragiquement. Et puis il ne voulait pas poser. Et puis il était de plus en plus converti à son système de sauver les femmes au lieu de les perdre. Ce qui faisait dire aux femmes qu'il avait un bien mauvais caractère.

Ce soir-là d'Aspremont fut presque silencieux au milieu des amis de la duchesse. Non pas qu'il fût beau causeur à ses heures, mais il était comme un voyageur quelque peu égaré en pays plus ou moins étranger : il regardait et il écoutait. Il y a des silences qui tiennent plus de place que de belles paroles. On regardait d'Aspremont avec quelque inquiétude, on le savait homme d'esprit, on se demandait s'il n'était venu là que pour ne pas revenir après avoir étudié les figures pour s'en moquer dans une autre compagnie.

Cependant il ne paraissait pas pressé de s'en aller. Il n'y avait plus dans le salon que lui, le prince et les femmes.

— Adieu, lui dit le prince, vous reverrai-je demain ici ?

— J'y compte bien, dit la duchesse, mais honni soit qui mal y pense ! Vous savez, mon cher prince, que je ne loge pas la nuit.

D'Aspremont souriait imperceptiblement.

Quand le prince fut sorti, la duchesse s'approcha du comte pendant que les femmes causaient de leur côté.

— Est-ce un silence prémédité ? lui demanda-t-elle.

— Non, répondit-il d'un air de bonne foi. On parle d'or ici, j'écoute et je m'instruis.

— Maintenant que nous sommes seuls ou à peu

près, reprit la duchesse, nous pourrions nous présenter plus intimement, car nous ne nous connaissons pas.

— Moi, je vous connais depuis longtemps; je crois même que vous m'avez empêché de mourir.

— Ah! belle occasion dont je ne me doutais pas!

Le comte raconta en quelques mots à la duchesse la rencontre sur le boulevard le jour où il voulait mourir à minuit d'un coup de pistolet. Il lui parla du testament, mais il ajouta :

— Tout bien considéré, ce n'est pas l'argent qui m'a empêché de mourir : c'est l'amour.

— Oh! vous jetez des fleurs dans mon jardin, mais ce sont des fleurs de rhétorique.

— Non, c'est si sérieux que j'ai eu peur de vous aimer trop. Vous savez, il y a des femmes devant lesquelles on a le vertige comme devant les cascades de Tivoli. On aime le gouffre et l'âme s'y perd.

— Des phrases! des phrases!

La duchesse était devenue rêveuse.

— Moi aussi, je vous connais, non-seulement parce que mes amis me parlent souvent de vous, mais parce que...

Le comte questionna la duchesse du regard.

— Oh! mon Dieu, je ne mets pas de masque à ma parole, je vous connais parce que, quand je vous voyais au théâtre ou au Bois, vos yeux me parlaient beaucoup. Pour moi, l'œil est la porte de l'âme. Mais qu'ai-je-dit? vous ne m'avez pas fait votre profession de foi : croyez-vous que vous avez une âme?

— Oui, puisque je vous aime de loin.

— Chut! il faut m'aimer de près et ne pas me le dire.

La duchesse voulait retenir ce mot, quoiqu'il eût été dit en riant.

— Ou plutôt, continua-t-elle, il ne faut pas m'aimer du tout, car je ne porte pas bonheur.

Elle devint sérieuse.

— Eh bien, dit d'Aspremont, j'ai toujours aimé le danger, je me suis toujours plu devant les précipices. C'est vous dire assez que je me jetterais sous vos pieds avec passion, si je n'avais dit adieu à l'amour.

— Ah! vous en êtes revenu de toutes ces belles folies? On m'a dit en effet que vous n'étiez plus qu'un frère prêcheur et que vous finiriez par entrer dans les ordres.

— Je vous avouerai, duchesse, que je trouve un singulier plaisir à prouver aux femmes qu'elles ont bien tort de ne pas avoir raison.

Naturellement Bianca, qui trouvait souvent qu'elle avait tort de ne pas avoir tort, riposta vertement.

— J'ai bien peur, dit-elle, que vous ne soyez devenu lunatique. Je suis sûre que vos belles péroraisons n'aboutissent qu'à une chose: à faire les femmes plus coupables qu'elles ne seraient. Les femmes ont horreur des sermons, hormis à l'église.

La duchesse se tourna vers la chanoinesse et mademoiselle de Saint-Réal.

— Mesdames, venez à mon secours, voilà M. d'Aspremont qui veut me convertir.

Mademoiselle de Saint-Réal accourut comme si le feu était à la maison.

— Oh! mon Dieu! s'écria-t-elle tout éperdue, cette pauvre duchesse, c'était un modèle de vertu, vous allez la dégoûter de la sagesse.

D'Aspremont ne put s'empêcher de rire.

— Je dois vous avouer, dit-il, que toutes mes belles paroles n'ont fait que précipiter les femmes plus vite, mais enfin j'ai fait mon devoir.

— Mon cher monsieur d'Aspremont, dit la duchesse, vous ressemblez beaucoup à un démon qui prend la robe d'un moine. Le démon se cache sous la robe.

— Ou bien, dit mademoiselle de Saint-Réal qui ne comprenait rien à ses paroles ni à ses actions, il faudra appliquer à M. d'Aspremont ce conte de Newton : Un professeur avait converti sa première femme, il ne put convertir la seconde parce que ses arguments n'étaient pas aussi forts.

D'Aspremont rit tout le premier de ce franc propos.

On parla de la vertu, de ses grandeurs, de ses beautés. D'Aspremont devint très-éloquent.

— La vertu, dit-il, je l'ai rencontrée une fois dans ma vie.

Et il parla avec l'abondance du cœur de cette adorable petite enlumineuse de livres de messe qu'il avait vue prier à Saint-Philippe du Roule.

— J'ai votre secret, lui dit tout d'un coup la duchesse, vous ne prêchez la vertu que depuis que vous aimez mademoiselle Colombe.

— Depuis que je l'aime? Voulez-vous que je vous le dise mon secret, à moi?

Comme à ce moment la chanoinesse et mademoiselle de Saint-Réal parlaient ensemble, d'Aspremont dit à la duchesse :

— Si je ne vous aimais pas, j'aimerais Colombe.

La duchesse répliqua rapidement :

— Si vous n'aimiez pas mademoiselle Colombe, vous m'aimeriez.

— Après cela, dit mademoiselle de Saint-Réal, qui avait écouté aux portes, l'amour vit de contrastes. La Béjard ne pouvait se consoler de la perte de ses deux amants : l'un était le cardinal de Richelieu, l'autre Gros-René.

— C'est le cœur humain, dit d'Aspremont en prenant son chapeau.

— Reviendrez vous? dit la duchesse.

— Montaigne disait : « Que sais-je? »

Quoique la duchesse attendît d'Aspremont le lendemain, il ne vint pas.

C'était peut-être parce qu'elle l'attendait.

Elle n'avait pas pour cela oublié Achille. Aussi s'indignait-elle de s'abandonner malgré elle à ces deux sentiments.

Ce qu'elle éprouvait pour ces deux amoureux, d'Aspremont l'éprouvait pour elle-même et pour Colombe.

IV

COLOMBE CUEILLE DES MARGUERITES

Or, le surlendemain, un matin, un peu avant midi, d'Aspremont essayait au Bois deux chevaux qui lui étaient venus de Londres, la veille, deux bêtes superbes, mais encore rebelles au frein et à la voix.

Les chevaux anglais, quand ils arrivent en France, font quelques façons pour obéir, comme si eux aussi avaient quelque sentiment de la fierté britannique ; mais ils s'acclimatent bien vite, parce qu'on s'accoutume toujours au soleil et aux caresses. En Angleterre, on respecte les chevaux, mais on ne les aime pas, on enregistre leurs titres de noblesse, mais on ne s'en fait pas des amis.

D'Aspremont avait pour amis, au premier degré ses chevaux, au second degré ses chiens, au troisième degré ses camarades. Qu'est-ce que l'homme ?

dit M. Littré; un animal qui raisonne. M. Littré raisonne, mais le chien et le cheval ne raisonnent-ils pas ?

Devant la petite cascade du Lac, d'Aspremont remarqua — c'était l'heure où il n'y avait personne au Bois — une jeune fille qui cueillait des fleurettes dans les mousses du rocher. Elle foulait l'herbe sacrée, elle n'était plus dans le chemin des promeneurs. Aussi un des gardes du Bois lui cria d'une voix sévère :

— Ohé ! la demoiselle, prenez garde à vous !

La jeune fille prenait un si vif plaisir à cueillir la fleur défendue qu'elle n'entendit pas. Le garde s'approchait. D'Aspremont, qui avait retenu ses chevaux, donna vingt francs au garde.

— Tenez, lui dit-il, vous planterez un autre bouquet.

La jeune fille se retourna radieuse, elle avait fini sa cueillette de marguerites, de boutons d'or et de pervenches.

— Colombe ! s'écria d'Aspremont.

Il donna les guides à son groom et sauta sur le bord de l'avenue. Il était plus ému que s'il se fût trouvé devant une reine.

Colombe fut très-émue elle-même quand elle vit qu'il se plantait devant son passage ; elle était encore sur le gazon.

Il leva sur elle un regard caressant, plus fraternel qu'amoureux. Elle était en robe de dimanches, petite robe de jaconas, raies roses sur fond blanc. La robe n'était peut-être pas bien faite, mais Colombe habillait si bien sa robe !

D'Aspremont ne savait que lui dire. Il est si facile de parler à une femme du monde ! C'est qu'avec une femme du monde on n'a pas besoin de commencer par le commencement. Quelle que soit la porte qu'on ouvre, elle est là. Mais avec une fille pudique et simple qui ne sait rien, pas même son cœur, on a toutes les chances de ne dire que des bêtises. Ce fut ce que fit d'Aspremont.

— Mademoiselle, je vais bien vous effaroucher en vous disant que ce beau bouquet-là n'est pas à vous.

— Puisque je l'ai cueilli ? répondit naïvement Colombe.

— Oui, mais vous ne l'avez pas cueilli dans votre jardin.

Colombe n'était pas aussi simple qu'elle en avait l'air. Elle répliqua sans s'effaroucher :

— Je suppose que je ne l'ai pas cueilli dans votre jardin ?

Ce fut d'Aspremont qui fut effarouché. Le garde arriva fort à propos :

— Voyez-vous, mademoiselle, il faut cueillir des fleurs quand nous ne sommes pas là, dans les sentiers perdus, vers le Pré-Catelan. Mais si nous sommes là, il faut bien que nous disions notre mot.

Cette fois Colombe comprit. Elle s'imagina que

d'Aspremont était le maître du Bois, elle laissa tomber son bouquet.

D'Aspremont le ramassa, comme il eût fait de l'éventail d'une grande dame.

— Mademoiselle, c'est une plaisanterie, ce bouquet est bien à vous. Je ne vous demande qu'une grâce, c'est d'y cueillir une marguerite.

Colombe ne savait trop si elle devait reprendre le bouquet. Comme d'Aspremont insistait, elle ouvrit la main.

— Merci, dit-elle.

Et, après avoir levé ses grands yeux bleus sur le jeune homme, elle s'éloigna en respirant son bouquet.

— Adieu, mademoiselle Colombe, dit d'Aspremont qui avait mis la marguerite à sa boutonnière.

Elle se retourna avec surprise.

— Il sait mon nom ? murmura-t-elle.

Elle se fût peut-être retournée une seconde fois, si elle n'eût craint de montrer qu'elle avait rougi.

Elle alla droit au Parc des Biches. Naturellement d'Aspremont, qui était remonté sur son phaéton, repassa devant elle.

Il lui sembla qu'elle ne le reconnaissait pas bien.

Il lui montra du doigt la marguerite qui était à sa boutonnière ; elle sourit et lui fit un signe de tête de bonne amitié. Il avait l'air si heureux de sa marguerite qu'elle en fut touchée jusqu'au cœur.

— J'aurais dû continuer la conversation, pensait d'Aspremont.

Mais il pensait aussi que, s'il était resté cinq minutes devant elle, il ne se fût pas senti le courage de la mettre en garde et de la sauver contre lui-même.

— Non, dit-il, je suis le mauvais esprit, je dois me détourner de son chemin, je ne me pardonnerais pas d'avoir troublé une âme si pure, où elle voit le ciel à toute heure.

D'Aspremont avait raison ; n'est-il pas plus beau et plus doux pour une grande âme de voir le spectacle d'une vertu de neige et de lis que de la massacrer d'une main brutale ? C'est le jeu cruel des sauvages. Don Juan n'a raison qu'avec lady Lovelace.

— Et pourtant, murmura d'Aspremont avec un vague regret, — car on a toujours regret de ne pas mal faire, — c'est bien dommage de ne pas adorer une si charmante créature !

Comme il rentrait par les Champs-Élysées, la duchesse de Montefalcone sortait de son hôtel.

Les deux voitures s'arrêtèrent presque. Après s'être salué, on regarda les chevaux, on finit par se regarder.

Quelle décoration avez-vous à la boutonnière ? demanda Bianca.

— C'est l'ordre du Paradis perdu.

— Donnez-moi cette marguerite, dit la duchesse, elle me dira un secret.

— J'aime mieux vous dire le secret sans vous donner la marguerite.

— Vous ne le savez pas, elle seule le sait.

— Oui, mais elle mentirait, parce que ce n'est pas moi qui l'ai cueillie ; du moins je l'ai cueillie dans le bouquet d'une femme.

— Quelle est cette femme?

— Vous ne la connaissez pas, — ni moi non plus.

— Ah! oui, vous jouez toujours à cache-cache. Eh bien! gardez votre marguerite et votre secret.

La duchesse avait fait signe au valet de pied, son landau s'éloigna rapidement, mais elle n'avait pu masquer une pointe de jalousie.

— Avec tout cela, dit d'Aspremont, en rentrant chez lui, je n'ai pas vu si mes nouveaux chevaux allaient bien. Et pourtant je ne suis sorti que pour cela.

Il n'avait vu que Colombe.

Il se rappela que cette adorable image lui était apparue à tous les détours du Bois et l'avait suivi jusqu'à l'Arc de Triomphe.

Il prit la marguerite à sa boutonnière.

— Pauvre petite marguerite, c'est pour moi que tu vas parler.

Et, comme un amoureux de quinze ans, il murmura :

— Elle m'aime, — un peu, — beaucoup, — passionnément, — pas du tout ; — elle m'aime un peu, — beaucoup.

D'Aspremont s'arrêta à mi-chemin.

— Non, dit-il, je ne veux pas savoir le secret ; si elle m'aimait beaucoup, j'en serais désolé ; si elle ne m'aimait pas du tout, je ne serais pas content.

Il baisa la marguerite et la jeta sur sa cheminée.

— Pourquoi, se demanda-t-il, la duchesse a-t-elle des yeux qui troublent mon esprit, et pourquoi Colombe a-t-elle des yeux qui troublent mon cœur?

V

LA VIE DU CŒUR

Le souvenir a cela de divin qu'il ne garde que le parfum des fleurs du passé, parce que, semblable aux abeilles, il n'a cueilli que du miel sur la route. Tout ce qui fut amer dans la vie, il l'a laissé en chemin. Aussi, chaque fois que nous le réveillons de ses somnolences, il secoue des roses et nous embaume. Quelquefois, hélas! il secoue les pâles fleurs du tombeau, mais elles ont encore une douceur qui nous pénètre; la tristesse elle-même a ses contentements.

Bianca et Violette sentaient un vif plaisir à réveiller leurs souvenirs. Chacune d'elles croyait n'obéir qu'à son amie, quand au fond c'était bien à elle-même qu'elle obéissait. Quand elles parlaient, c'était bien plutôt pour s'entendre que pour être entendues. Tant il est vrai que de tous les livres c'est encore le livre de notre vie qui est le meilleur — ou le plus mauvais — mais le plus amusant pour soi-même.

La duchesse, d'ailleurs, écoutait Violette avec beaucoup d'intérêt ; cette vie romanesque et dramatique la charmait jusque dans ses pages les plus émouvantes. Vingt fois elle se faisait redire l'histoire de la première et de la dernière rencontre de la jeune fille avec Octave de Parisis.

— Ah! la dernière rencontre, s'écriait un jour Violette, quelle horrible chose! C'était un jour de pluie ; à moitié folle, j'allais ou plutôt je courais au Refuge Sainte-Anne ; je ne savais pas Octave à Paris. Tout à mon désespoir je cherchais Dieu, je voulais oublier tout dans les larmes du repentir. J'allais, j'allais, marchant à pied comme si je dusse plus tôt gagner le ciel. Une voiture passe et me renverse. Que ne suis-je morte sous les pieds des chevaux! Le croiriez-vous? C'étaient les chevaux du duc de Parisis. Où allait-il? Est-ce qu'on sait où va le bonheur! Il se jette hors de son coupé, il se précipite vers moi et me relève toute souillée de boue. Je le reconnais et je m'enfuis contente et désolée de n'avoir pas été reconnue.

Et Violette contait comment elle n'avait pu trouver la grâce de Dieu dans le Refuge Sainte-Anne.

— C'est pourtant la maison du Seigneur ; mais toutes les passions veillent encore, chacun y apporte un cœur blessé, mais vivant. Chose étrange, j'y ai trouvé une femme du monde, une folle comme moi qui avait adoré Octave de Parisis. Toutes les deux nous l'aimions encore ; voilà pourquoi nous dormions mal la nuit, voilà pourquoi un soir elle me fit sa confession à l'heure où j'allais lui faire la mienne. L'amour était plus fort que notre raison, le Refuge était une chose trop douce pour moi, trop douce pour elle. Nous partîmes le lendemain, elle pour se consoler de l'amour dans l'amour, moi pour tenter le rude labeur des Sœurs de charité. Mais je n'ai pas eu le courage encore de cette bonne action.

— Et comment avez-vous passé votre hiver ?

— Je l'ai passé lâchement. Au lieu de me sacrifier dans les veillées de l'hôpital où j'eusse oublié les souffrances de l'âme en consolant les souffrances du corps, je suis retournée avenue d'Eylau, dans cet appartement que le duc de Parisis avait loué pour moi quand j'étais encore sa Violette. C'était me rejeter plus avant dans le péché puisque c'était revivre de ma vie coupable. Les âmes d'aujourd'hui ne sont plus trempées comme autrefois ; j'adore la figure de mademoiselle de La Vallière, je l'admire dans son sacrifice, mais je ne me sens pas de force à traverser quarante années de pénitence comme elle a fait aux Carmélites.

— Oui, dit la duchesse, c'était une âme celle-là ! Et quand on songe à sa mort ! Elle a voulu mourir d'un sacrifice dans le sacrifice. Elle s'est rappelée que Jésus sur la croix avait demandé à boire, elle a voulu mourir de soif comme s'il lui eût fallu cette dernière station de la douleur pour être digne de son calvaire. Et comment passiez-vous votre temps avenue d'Eylau ?

— Une solitude absolue. J'avais peur d'être trahie sous mon nouveau nom ; je m'appelais madame Armand. La maison avait changé de concierge ; j'inventai une histoire pour tromper ma domestique. Je ne sortais que le matin pour aller à la messe ; j'étais toujours voilée, vêtue de laine noire avec une simplicité bien étudiée qui devait paraître toute naturelle. On ne me remarqua pas. Je partageais mes heures entre la rêverie, les lectures pieuses, et le dirai-je ? les romans. J'amusais mon cœur en croyant oublier mes chagrins dans les chagrins des héroïnes de Sand ou de Balzac. Comme autrefois j'avais des oiseaux, je cultivais des fleurs sur ma cheminée. Les jours passaient lents et tristes. Il me sembla, un matin, que je manquais d'air. J'avais usé mes souvenirs dans l'avenue d'Eylau en y vivant une seconde fois de ma première vie. Mais c'en était fait : j'avais bu la dernière goutte du doux poison, je n'avais plus qu'à briser le flacon. Je pensai bien d'abord à me laisser mourir où j'avais tant aimé : mourir étiolée, dans toutes les pâleurs de l'abandon. Mais une bouffée de courage me revint et je résolus de revêtir l'habit de Sœur de charité.

Violette leva au ciel ses beaux yeux couleur du ciel.

— Mais, vous le dirai-je, cet habit consacré qui devait être ma parure devant Dieu, je ne l'ai gardé que quelques semaines. Je suis née pour la rêverie, et non pour l'action. Je n'ai pu m'imposer cette douce servitude de veiller les malades ; je suis une mauvaise repentie. J'ai beau m'en défendre, je me complais dans le souvenir de mon péché.

— Et moi, Violette, confessait Bianca, je me complais dans le regret plus coupable de n'avoir pas péché.

— Mon souvenir est plus terrible que le vôtre, reprenait Violette. Pour vous, c'est l'orage qui a passé, en jetant de l'électricité ; mais il a passé au-dessus de vous. Pour moi, l'orage a éclaté. J'ai été perdue dans la nuée de feu et de pluie. La foudre m'a frappée ; j'ai subi le tonnerre, l'éclair a brûlé mon âme.

Violette peignait ainsi l'état de son âme. La duchesse, à son tour, lui contait toutes ses angoisses.

— Au moins, disait-elle, vous avez eu des jours de joie dans votre égarement ; moi j'ai vu l'amour, et je ne l'ai pas saisi !

Et Bianca, l'œil brillant, les narines mouvantes, les bras entr'ouverts, exprimait par son expression où courait le feu de son âme le regret d'avoir eu plus de vertu encore que d'amour.

Violette regarda fixement Bianca.

— Vous êtes sortie du tombeau, vous, Bianca ! lui dit-elle ; vous vous êtes reprise aux vivants !

Pourquoi ne pas m'ouvrir votre cœur d'aujourd'hui comme vous m'avez ouvert votre cœur d'hier ?

Mademoiselle de Parisis porta la main au sein de la duchesse.

— Ce cœur ne bat plus pour Prémontré, mais pour Achille.

La duchesse ne répondit pas. Puis tout à coup :

— Croyez-vous, Violette, qu'on puisse aimer deux hommes à la fois ?

Violette n'entendit pas cette question. Elle venait de voir passer madame de Fontaneilles, mademoiselle de Joyeuse et mademoiselle de Saint-Réal.

— C'est étrange, dit Violette, je ne croyais pas que madame de Fontaneilles osât reparaître à Paris.

Il sembla à la pauvre fille que les fantômes d'Octave et de Geneviève flottaient sous ses yeux.

VI

LES GRAINS DE BEAUTÉ

La duchesse de Montefalcone avait beaucoup entendu parler par Violette de madame de Fontaneilles. Elle avait accepté sur elle les sentiments de son amie : elle lui en voulait, car c'était bien elle qui avait causé la mort du duc et de la duchesse de Parisis. Mais elle la plaignait comme la plus malheureuse des femmes.

Quand M. de Fontaneilles frappa mortellement la duchesse de Parisis dans les bras de son mari, croyant frapper madame de Fontaneilles, ce fut un cri d'indignation, non-seulement à Ems et sur les bords du Rhin, mais dans toute l'Europe. Quoique les journaux ne racontassent ce drame horrible que sous le masque des initiales, la haute société parisienne et étrangère reconnut les figures. Un moraliste bien connu écrivit toute une protestation contre cette « peine de mort », infligée par les maris à leur femme et à l'amant de leur femme.

Le moraliste trouva les plus beaux arguments dans la morale évangélique; c'est à Dieu seul à juger les déchéances du cœur et les aveuglements de la passion.

On se souvient que le marquis de Fontaneilles se constitua prisonnier. On espérait que le tribunal allemand se montrerait sévère. Assassiner ainsi une adorable créature qui s'abrite dans l'amour le plus légitime! Ce n'était pas tout : on trouvait que ç'avait été une infamie de se battre ensuite avec le duc de Parisis; selon les juges les moins sévères, le marquis de Fontaneilles ne devait frapper que lui-même. Après cet épouvantable assassinat de la femme, son duel avec Parisis était considéré comme une lâcheté.

Le juge le plus sévère, ce fut la marquise de Fontaneilles. Elle aurait voulu à son tour avoir un duel avec cet hypocrite qui parlait toujours de Dieu et qui n'avait jamais porté en lui l'esprit de Dieu.

On dira qu'il y avait bien un peu de vengeance personnelle dans son jugement. Elle ne pouvait faire abstraction d'elle-même, elle pensait que le coup qui avait frappé la duchesse de Parisis lui était destiné à elle, quoiqu'elle eût lutté jusque-là contre sa passion.

Le tribunal allemand eut toutes les peines du monde à bien comprendre l'esprit de ce crime. Ce n'était pas un homicide involontaire, puisque le marquis avait voulu donner la mort, mais il avait tué involontairement une autre femme que la sienne. C'était l'honneur outragé qui avait armé sa main, c'était la jalousie aveugle qui avait porté le coup.

Il se défendit lui-même et fut absous sur ce premier chef. Sur le second chef d'accusation, sur son duel avec le duc de Parisis, il fut condamné à cinq années de prison. Là on reconnut l'homicide volontaire ; il y eut même des juges qui voulurent une peine plus forte, aussi ne conseilla-t-on pas au marquis d'en appeler, car le ministère public lui-même en eût appelé *a minima* pour demander un tout autre châtiment.

— Cinq ans ! s'écria Monjoyeux, c'est trop peu pour un tel forfait. Dans cinq ans, je le jugerai à mon tour, s'il ose rentrer en France.

Cependant qu'était devenue la marquise de Fontaneilles, qui était tombée comme foudroyée dans les bras de sa jeune sœur pendant le duel du duc et du marquis ?

Elle n'était revenue à elle qu'une heure après. Un médecin était là, qui lui cherchait sur les joues les derniers éclats de glace dont elle avait été criblée, comme si Dieu lui-même eût voulu marquer sa vengeance. Elle s'était écriée qu'elle voulait mourir. Et sans doute elle eût tout fait pour se tuer, s'il ne lui était venu l'idée d'aller demander pardon à sa chère et douce Geneviève.

Les domestiques de l'hôtel lui apprirent mot à mot comment son amie — et sa rivale, hélas! — avait été assassinée ; comment le duc de Parisis, son seul amour à elle, comme il avait été le seul amour de la duchesse, venait de rendre le dernier soupir sur le corps inanimé de sa femme.

— Je veux les voir ! s'écria-t-elle.

Et, quoi qu'on fît pour la retenir au lit, elle repoussa tout obstacle pour aller embrasser la duchesse de Parisis.

Horrible spectacle ! Ils étaient là, tous les deux, elle et lui, dans la pâleur du dernier rendez-vous, beaux comme dans la vie. quoique la mort leur eût été si cruelle.

La mort est déjà la première station vers la miséricorde de Dieu. Voilà pourquoi ceux qui viennent d'expirer prennent le sourire du pardon et de l'espérance.

La marquise de Fontaneilles tomba agenouillée, tout en larmes et tout en prières.

La marquise demanda pourquoi on laissait ainsi sur le tapis le duc et la duchesse de Parisis tout ensanglantés. Une des servantes lui répondit qu'on attendait les gens de justice, et que, jusqu'à leur arrivée, il leur était défendu à elles de toucher aux cadavres.

La marquise baisa la main de Geneviève et s'éloigna.

— Oh ! mon Dieu ! mon Dieu ! dit-elle en s'arrêtant encore à la porte, voilà donc mon œuvre!

Il lui sembla que le duc de Parisis avait agité sa main et rouvert ses yeux à demi fermés.

— Non, dit-elle, c'est une vision.

Elle retourna dans sa chambre, mais ne voulut pas se recoucher. Diane sommeillait assise, la tête penchée sur le lit. Le médecin, qui avait suivi la marquise dans son pèlerinage vers les deux cadavres, était revenu avec elle dans sa chambre; il lui baigna encore les joues d'une eau qu'il avait préparée.

— Est-ce que je serai défigurée, monsieur? lui dit-elle.

— Peut-être, madame, mais j'espère que non.

— Tant pis! reprit-elle.

Et elle donna des ordres pour partir par le train de cinq heures du matin.

— Où allons-nous? demanda Diane.

— Qu'importe, répondit-elle, pourvu que nous ne restions pas ici.

La marquise rentra en France par Strasbourg, où elle vécut cachée, attendant la nouvelle du jugement de son mari. Elle n'avait jamais aimé cet homme; le sentiment du devoir seul l'avait pliée sous le joug conjugal. Tout son cœur se fondait en larmes pour regretter le duc et la duchesse de Parisis. Le drame avait emporté son amour; aussi ne pleurait-elle pas sur elle, mais sur le malheur de Geneviève.

Quand elle apprit que M. de Fontaneilles était condamné à cinq années d'emprisonnement, elle pria Dieu pour lui, mais elle respira.

— Je puis donc vivre cinq ans, dit-elle ; je puis donc me conserver tout entière à ma douleur; je puis donc me réfugier dans le souvenir de ceux que j'ai aimés.

C'était pour elle une délivrance, car, si son mari eût été acquitté, il lui eût fallu le subir encore. Elle le connaissait bien, il se fût imposé tout en parlant très-haut de pardon. Il eût voulu se cacher avec elle dans son château sans jamais en sortir. Ç'avait été toujours son rêve.

Elle aussi avait un château où elle n'allait jamais, dans la forêt d'Orléans. C'était la solitude des solitudes. Tours ruinées, où grimpait le lierre, où fleurissaient les ravenelles et les giroflées ; rivière paresseuse envahie par les joncs, les nénuphars et les lentilles voyageuses ; parc abandonné où ne passaient plus que les bûcherons, où les merles eux-mêmes, qui aiment la compagnie, ne faisaient plus leurs nids.

Quand madame de Fontaneilles revit ce château, elle murmura :

— Ah ! que je serai bien ici pour pleurer !

— Et moi? dit Diane, qui n'avait pas de larmes à répandre.

La pauvre Diane pleura tout l'hiver ; elle pleurait d'ennui pendant que madame de Fontaneilles pleurait de chagrin.

Mais la beauté n'est jamais si bien cachée qu'on ne la puisse découvrir.

Un jour que le comte de Harken chassait dans le voisinage, il rencontra Diane qui se promenait avec madame de Fontancilles.

Elles étaient sorties du château en déshabillé du matin, sans pressentir une pareille rencontre. On se connaissait un peu, on parla beaucoup.

Harken avait des dettes ; il s'était trop attardé à la Maison d'Or ; il commençait à chercher une autre porte.

Il tomba éperdument amoureux de mademoiselle de Joyeuse.

Comment ne se fût-elle pas laissée prendre à la passion dans ce château glacial qui répandait une odeur de tombeau ?

Elle écrivit ces mots à son amie de couvent, mademoiselle de Saint-Réal :

« *Je ne pleure plus : juge de ma joie ; je me marie et j'aime mon mari.* »

On allait s'épouser quand la duchesse de Montefalcone, étant allée voir mademoiselle de Saint-Réal, elle rencontra chez elle une femme voilée, discrète et silencieuse.

Bérangère, qui ne croyait pas que la duchesse connût l'histoire d'Ems, présenta les deux femmes l'une à l'autre en disant leurs noms.

Bianca eut une vive émotion. Elle vit bien à travers le voile que les éclats de la glace avaient marqué une joue de madame de Fontaneilles de trop de grains de beauté.

— C'est une de mes meilleures amies, dit mademoiselle de Saint-Réal, qui regrettait d'avoir prononcé le nom de la marquise ; elle est venue à Paris parce qu'elle a une jeune sœur à marier, mademoiselle Diane de Joyeuse, un diamant de la plus belle eau. Peut-on donner un pareil trésor à un mari !

— Vous avez bien raison, dit Bianca pour dire quelque chose. On m'a parlé de mademoiselle de Joyeuse, on m'a dit qu'elle était charmante. Qui épouse-t-elle ?

— Vous le connaissez bien, c'est un de vos amis, le comte de Harken.

— Harken ? Bravo ! Il est un peu fou, mais il a du cœur. Je vous promets trois ans de bonheur pour mademoiselle de Joyeuse, peut-être six ans.

— Un bail, dit Bérangère.

— Qu'est-ce autre chose que le mariage ? C'est déjà beaucoup quand la première période se passe doucement.

La duchesse demanda à madame de Fontaneilles si elle retournait en province et si les mariés iraient vivre avec elle.

— Ils vivront où il leur plaira, répondit madame de Fontaneilles ; pour moi, je me suis ensevelie dans mon château. Personne au monde ne sait que je suis venue à Paris ; une heure avant le mariage, je partirai.

Mademoiselle de Saint-Réal se récria.

— Une heure avant ?

— Oui, dit avec impatience la marquise à Bérangère, vous savez bien que je ne suis plus de ce monde. Il m'a fallu me dévouer à ma sœur jusqu'à l'héroïsme pour faire ce dernier voyage.

Il y eut un silence de mort.

— Et vous vivrez toute seule, là-bas, dans votre château?

— Oui, ma chère, et ce qu'il y a de plus triste, c'est que je serai avec moi.

Disant ces mots, elle se leva, elle donna la main à mademoiselle de Saint-Réal, elle salua froidement la duchesse, et elle sortit en toute hâte.

— Savez-vous qu'elle est jolie? dit Bianca.

— Trop de grains de beauté, ma chère duchesse, répondit Bérangère.

La duchesse de Montefalcone se promit de revoir la marquise de Fontaneilles. N'était-ce pas encore une sœur par la passion?

VII

MADEMOISELLE ÉVA DE LA ROCHEMARVY

Depuis un an tout le monde se bat à Paris. La duchesse ne fut donc pas surprise un jour d'apprendre que le comte d'Aspremont avait un duel avec M. de la Rosa.

Mais elle fut très-étonnée quand on lui dit que d'Aspremont s'était battu pour la chanoinesse rousse.

— De quel droit? se demanda-t-elle.

Comme Georges d'Aspremont vint le soir même aux Italiens pour la saluer, elle voulut savoir le secret de cette affaire.

— Je suis sûr que vous ne savez pas l'histoire de votre amie? dit le comte à la duchesse.

— Je la sais mal. Et vous?

— Moi, je la sais presque. Elle ne vous l'a donc pas racontée

— Oh! non, celle-là n'est pas comme mademoiselle de Pernaud qui se retourne toujours vers le passé. La chanoinesse n'aime pas les ruines, elle ne vit pas d'hier, mais de demain. Nous nous aimons beaucoup, mais nous ne nous connaissons guère. Vous me direz son histoire.

— Je ne la sais moi-même que par ouï-dire.

Quelques jours après, comme d'Aspremont se trouva seul avec la duchesse, il lui conta l'histoire de mademoiselle Éva de la Rochemarvy.

On la redira ici, — madame, — si vous êtes curieuse de voir jusqu'où va la folie et la haine dans l'amour.

Cette épopée intime commence en la saison des bains de mer. Nous sommes à une heure de Dieppe, dans le vieux château d'Artigny.

Voyez-vous, là-bas, cette belle fille rousse qui traîne indolemment sa robe blanche dans l'avenue du parc ? Pourquoi a-t-elle franchi la grille ? Est-ce un merle ou un rossignol qui l'a appelée jusqu'à la lisière de la forêt ? Sans doute, elle obéit à sa rêverie. Elle va où va le vent. C'est un adorable tableau matinal que cette jeune fille vue à travers les ramures, foulant d'un pied distrait les pâquerettes et le thym. On dirait la candeur qui passe, tant elle porte innocemment sa beauté. Mais pourquoi cet amour de la solitude ? C'est qu'il est doux aux premières heures du jour d'aller respirer les senteurs fraîches encore des bois et des prairies.

Mais ce n'est pas l'amour de la solitude qui l'entraîne dans l'avenue, car voici qu'elle s'enva gaiement retrouver tout un essaim de jeunes filles rieuses, caquetantes, affolées de gaieté, jouant au volant, se poursuivant à travers le parc et massacrant les roses au grand désespoir du maître de la maison, horticulteur forcené qui dit que les roses ne doivent pas être cueillies.

Mais mademoiselle Éva, tout en entrant dans le jeu des autres, ne prend pas leur belle gaieté. Il y a en elle je ne sais quoi de retenu et de discret. Voyez : tandis que les autres, dans leurs courses et leurs folies, renouent sans cesse leurs chevelures de plus en plus désordonnées, Éva passe à peine de loin en loin ses doigts souples et longs sur ces chastes bandeaux, car elle est coiffée dans le style raphaélesque; elle n'a pas voulu accepter la mode des broussailles. Pourquoi voiler ce beau front où passe sans doute une pensée divine? Elle ne veut pas « illustrer » sa figure par les « échafaudages de sa tête. » Un peigne d'écaille noire attache son chignon. Pendant que ses compagnes ravagent le jardin pour essayer les coiffures les plus tapageuses, elle cueille à la porte du parc des bleuets et des coquelicots pour planter dans ses cheveux, tout simplement.

Quand je dis ses compagnes, je me trompe. Le château où habite Éva n'est ni à elle ni aux autres jeunes filles. On est à une heure des bains de mer, le château a été loué à quatre familles, qui le rez-de-chaussée, qui le premier, qui les pavillons. On se connaît à peine, il y a deux familles étrangères, espagnole et américaine ; il y a un conseiller d'État ; enfin il y a Éva et sa mère. Le hasard a fait les présentations, mais on ne se voit que par hasard. On se rencontre plus souvent sur la plage de Dieppe que dans le parc. On ne se fuit pas, on ne se cherche pas. Quand on se trouve, on se fait bonne figure. Il y a un mois qu'on vit sous le même toit ; une seule fois on s'est réuni pour un thé familial. On a essayé de danser au piano, mais le danseur manquait absolument, les quatre chefs de famille n'ayant mis au monde que des filles et ne dansant plus eux-mêmes.

On disait au château que mademoiselle Éva de la Rochemarvy était à la fois douce et fière ; elle n'était pas expansive comme les autres jeunes filles. Pourquoi? C'est sans doute parce qu'elle n'avait rien à dire. Sa figure était l'image de la sérénité ; est-ce parce que son cœur n'était pas encore assailli par les orages? Le premier venu disait en la voyant : Belle fille, mais belle statue. Si La Bruyère eût passé sur son chemin, eût-il dit comme tout le monde, ou eût-il reconnu que déjà Galathée était descendue de son piédestal ?

Certes, de toutes les jeunes filles qui se promenaient, il y a trois ans, sur la plage de Dieppe, Eva était la seule qui ne fût pas soupçonnée. Sa mère elle-même portait noblement le deuil de son mari. Quoique le comte de la Rochemarvy n'eût pas laissé une grande fortune, on disait que celui qui obtiendrait la main de sa fille serait « le plus heureux des hommes ».

Éva, après avoir pris son bain comme une Anglaise, remontait en voiture et retournait au château sans même faire un tour de promenade devant le Casino.

A peine si une fois par semaine on la voyait apparaître au concert. Aussi ses amoureux de Dieppe, — on a ses amoureux partout quand on est belle, — faisaient-ils la haie sur son passage. Elle passait toujours douce et fière ; elle semblait ne pas s'apercevoir qu'on fût venu pour la regarder. Tous ceux qui étaient présents ne voyaient passer qu'une absente. Absente elle était, puisque son cœur dormait, ou n'était pas là.

On l'appelait l'invisible. Il n'y avait alors à Dieppe que la duchesse de Castiglione qui fût plus invisible qu'elle.

Sa mère, quoique réfugiée dans son deuil, tentait quelquefois de la retenir à Dieppe, soit pour un spectacle, soit pour un bal. Mais elle refusait obstinément avec cette grâce de la vingtième année qui triomphe de tout.

Comment passait-elle son temps au château ? Elle se levait matin, elle se couchait tard. Un peu

4

de lecture, un peu de piano, beaucoup de promenades, beaucoup de rêveries.

J'oubliais : elle passait deux heures, tantôt le matin, tantôt le soir, à écrire. A qui? On écrit toujours à quelqu'un.

Or, ce château où Éva passe une de ses jeunes saisons sans paraître se douter que l'arbre de la science y balance comme partout les fleurs du mal et le fruit du bien, est, à ce qu'il paraît, le château aux aventures.

Le bruit se répand dans le pays que la nuit on voit errer un homme à la grille du parc, on assure même qu'il franchit le mur un peu plus loin au delà des massifs. C'est que sans doute, parmi toutes ces jeunes filles, il en est une qui dort mal et qui va rêver à la belle étoile. C'est sans doute une de ces jeunes étrangères affamées de joies parisiennes qui ont franchi l'Océan ou les Pyrénées pour trouver Paris; qui, ne trouvant plus Paris à Paris, le poursuivent aux eaux d'Allemagne ou aux bains de mer. C'est sans doute cette jeune Espagnole, qui rit si gaiement qu'on dirait un bruit de castagnettes. Celle-là n'est pas comme Éva. Elle ne porte pas sur sa beauté cette robe de candeur qui semble filée par les anges. Elle se moque de tout; elle jette librement son mot hardi sous prétexte qu'elle ne sait pas bien le français. Elle n'a pas à briser la glace pour entrer en conversation, elle est familière, si réservé qu'on soit autour d'elle. D'ailleurs, on dit qu'elle est charmante parce qu'elle obéit à sa nature. Mais jusqu'à quel point doit-on obéir à sa nature? Elle passe ses après-midi sur la plage; elle y retourne le soir. Elle est de toutes les fêtes. Son œil noir a donné des arrhes à tous les jeunes gens; sa bouche écarlate a laissé tomber quelques promesses. Deux fois par semaine, à cinq heures, sa famille donne le thé au château. C'est toute une procession. Elle a deux sœurs, mais l'aînée est trop bronzée, mais la plus jeune n'a pas quinze ans : toutes les œillades tombent donc sur Manoëlita. L'Espagne est le pays de l'éventail; elle joue de la coquetterie mathématiquement. Elle a l'art de ne désespérer personne, tout en ayant l'air d'aimer tout le monde.

C'est elle, à n'en pas douter, qui, le soir, retour de Dieppe, court le parc avec un amoureux.

Et pourtant, si c'était mademoiselle de la Rochemarvy?

VIII

UN AMOUREUX INCROYABLE

Eva écrivait-elle des lettres, écrivait-elle des romans? Peut-être était-ce un roman par lettres. Sans doute, elle avait à Paris, ou ailleurs, des tantes, des cousines, des amies du couvent qui attendaient de ses nouvelles. Pourtant à peine si la poste lui apportait une lettre une fois par semaine. Pénétrons mieux dans ce cœur qui se cache.

La légende dit que depuis le péché d'Ève les larmes de Madeleine et les larmes du Christ n'ont pu laver les souillures de la terre. La fontaine la plus pure roule des vipères à travers les roches. Les nappes de neige sont tachées jusque sur les hauteurs des Alpes. La robe blanche d'Éva n'a-t-elle donc pas une tache dans ses grands plis?

Pourquoi le soir, vers onze heures, quand tout le monde dort au château, descend-elle silencieusement pour aller rêver sous les arbres ? Et si elle n'a pas peur de se montrer aux étoiles curieuses, pourquoi change-t-elle sa robe blanche en robe noire ?

C'est peut-être pour ne pas faire de mauvaises rencontres.

Suivons-la, pas à pas.

Il est dix heures et demie, sa mère vient de se coucher ; elle lui a dit qu'elle allait se coucher elle-même. Mais elle se met devant un petit pupitre elle saisit une plume d'une main fiévreuse, elle écrit des mots étranges ; ce sont les battements de son cœur qu'elle jette sur le papier. Regardez-la bien ; depuis que sa mère est sortie, elle n'a plus son masque de sérénité. La femme a succédé à la jeune fille, l'image de la candeur s'efface sous la figure de la passion.

Or, voici ce qu'elle écrit :

« Mon ami, j'ai voulu dire mon âme, vous n'êtes
» pas venu hier. Si tu ne viens pas tout à l'heure,
» je serai folle demain. Tu sais que je porte l'en-
» fer en moi. Quel supplice ! Je suis l'ange qui ca-
» che le démon, je marche sur le feu et je souris
» comme si je marchais sur des roses. Je me re-
» tiens à Dieu d'une main, je donne l'autre au dé-
» mon. Et pas une amie pour me consoler et m'en-
» courager dans ma folie ! Délire et délices ! Et tu
» ne viens pas ! Qui donc t'a empêché hier ? A mi-
» nuit j'étais encore à la grille. J'écoutais, je n'en-
» tendais que mon cœur. Suis-je assez folle ! Je

4.

» mettais ma tête entre les deux barreaux comme
» si je devais rencontrer tes lèvres. Mais j'avais
» beau te dire Je t'aime ! je parlais au vent. Prends
» garde ! Si tu ne viens pas aujourd'hui, si tu ne
» viens pas demain, tu viendras trop tard. L'amour
» seul console l'amour, mais je ne suis pas de cel-
» les qui se consolent.

» ÉVA. »

La jeune fille passe la lettre devant la bougie, elle se renverse sur son fauteuil et semble se perdre dans tous les sentiments qu'elle n'a pas exprimés.

— Non ! dit-elle tout à coup, il n'y a pas de honte pour le cœur. Ah ! si je pouvais lui dire dans une lettre tout ce qui est dans mon âme !

Elle plie la lettre, elle la met dans une enveloppe et elle écrit ces trois lignes :

Monsieur,

Monsieur NARCISSE DE LA ROSA,

Hôtel Royal, à Dieppe.

Un singulier nom, n'est-ce pas, pour un amoureux ? Deux noms de fleurs ! Qu'est-ce qu'un homme qui s'appelle ainsi ? Il paraît que c'est un homme, puisqu'il est aimé.

Narcisse de la Rosa était un de ces aimables aventuriers qui vivent au jour le jour parce qu'ils n'ont pas de lendemain. Il était fils d'un poëte espagnol, qui, bien que né comme Figaro pour faire la barbe à son prochain, avait cultivé les fleurs de rhétorique. On vantait ses vers dans toutes les Espagnes, on parlait même de lui élever une statue. A qui n'élève-t-on pas des statues aujourd'hui, hormis à ceux qui sont dignes du marbre comme Molière, Voltaire, Saint-Just, Chateaubriand, Hugo, Alfred de Musset, tous les grands? Il faut bien mettre les petits sur un piédestal.

Narcisse de La Rosa cherchait encore sa voie. Son père lui avait laissé une cinquantaine de mille francs, car le poëte ne rasait pas gratis. Il avait recueilli dans l'héritage la croix d'Isabelle la Catholique, il la portait fièrement « pour honorer la mémoire du poëte », il se faisait appeler le chevalier de La Rosa. Il y a toujours des Pyrénées.

Que faisait-il à Dieppe? Il fumait comme un bateau à vapeur, il inquiétait toutes les innocentes et toutes les femmes perverties par ses œillades volcaniques, il cherchait des aventures amoureuses, il jouait la nuit au Casino; en un mot il était fort à la mode.

Je me trompe; car il avait beau prendre les airs d'un homme à la mode, les jeunes gens des clubs et du turf qui s'étaient abattus à l'Hôtel Royal comme une volée de gais oiseaux, ne lui avaient pas donné droit de cité parmi eux; ils lui trouvaient un air trop brésilien. Il avait eu beau faire des avances, on ne l'avait pas accueilli. Il se consolait de cette déconvenue en disant qu'il n'était pas venu à Dieppe pour voir des crevés, mais pour voir des crevettes.

Comment avait-il rencontré Éva ? Comment avait-il pu inspirer à cette adorable créature une vraie passion avec sa figure accentuée et brutale ?

Il avait triomphé par la hardiesse.

Quand Éva venait prendre son bain, il était là toujours sur son passage, devant l'escalier, à cheval sur une chaise, fumant son dixième cigare. Dès qu'elle s'approchait, il jetait son cigare et la dévorait des yeux.

Éva fut d'abord impatientée, elle s'offensait même qu'on osât la regarder ainsi. Elle dit un jour à sa mère qu'un homme ne devrait fixer une femme qu'après lui avoir été présenté. Peu à peu elle subit l'action de ce regard de feu comme si ce fût un rayon qui la frappât. La Rosa avait bien quelque beauté dans son type étrange. Il y a des femmes qui aiment l'accent méridional comme il y a des peintres qui aiment les paysages brûlés par le soleil.

Et puis il ne s'agit que d'arriver à propos. La Rosa surprit mademoiselle de La Rochemarvy à l'heure même où les rêveries oisives, où les voluptés flottantes amollissent le cœur. Que de fois le siége est fait sans qu'il faille dresser ses batteries !

La Rosa eut l'esprit de frapper à la porte quand la porte allait s'ouvrir.

Un matin il s'aperçut que la jeune fille répondait

à ses œillades brûlantes par un regard attendri Elle n'avait pu se défendre des bouffées d'électricité qu'il lui jetait par toutes les lèvres de la passion. Elle se sentait vaincue par cet homme qui s'imposait par la violence. Elle essaya de lutter, mais cette figure énergique et dominatrice était là toujours, même quand elle était loin de lui. Elle la voyait dans ses promenades, dans ses romans, dans ses nuits blanches, jusque dans ses nuits noires ; car, dès que le sommeil la prenait, elle entrait avec cet homme par la porte d'or des songes.

Mais comment lui parla-t-il? Sa mère veillait toujours, la sachant très-romanesque; elle n'avait pas peur d'un homme comme La Rosa, mais elle craignait quelques tentatives des beaux messieurs de Bois-Doré de l'Hôtel Royal. Les plages des bains de mer sont favorables aux amoureux. Vénus est sortie de l'onde; quand les baigneuses viennent d'être soulevées par les flots, elles emportent je ne sais quelle ivresse qui berce leur âme, comme la vague amoureuse berçait leur corps.

Rien n'arrêtait La Rosa dans ses tentatives. Aussi, dès qu'il comprit que mademoiselle de la Rochemarvy était touchée au cœur, il voulut frapper plus fort. Dès ce jour-là il fit tous les soirs une promenade à cheval autour du château.

Le premier soir Éva l'aperçut et se cacha sous le rideau de sa fenêtre. Le second soir elle ouvrit sa croisée. Le troisième soir, sans le vouloir, elle répondit au salut de La Rosa par un vague signe de main. Le quatrième soir elle descendit dans le parc et se hasarda dans l'avenue ; La Rosa mit pied à terre, s'inclina profondément et lui présenta une lettre.

Tout étonnée, elle prit la lettre. En la lui donnant, La Rosa toucha sa belle main ; elle tressaillit ; elle rougit, elle s'envola.

Cette lettre renfermait le cri de la passion. La Rosa, sans le savoir, était plus poëte que son père, car son père n'était qu'un virtuose qui s'épuisait sur les variations, tandis que lui se contentait de la mélodie. Il était bien amoureux et il le disait bien.

Éva rentra chez elle, ouvrit la lettre et fut embrasée dans les flammes vives de toutes ces expressions incendiaires. On voulait mourir à ses pieds, dans la première joie d'un amour immortel, pour emporter, fût-ce en enfer, le bonheur de l'avoir vue et de l'avoir aimée. On ne lui demandait rien, une seconde de sa vie pour lui dire : *Je t'aime*, en embrassant sa divine chevelure. Non loin de la grille du parc, la forêt commençait : pourquoi ne pas venir jusque-là ? Pourquoi refuser cette joie d'un instant à un homme qui voulait mourir ?

Quoique La Rosa fût de la famille des Lovelaces, il parlait comme Werther. Éva fut surtout séduite parce qu'elle crut ne voir qu'une âme. Elle ne dormit pas de la nuit.

IX

L'IVRESSE

Le lendemain, en allant à la mer, Éva était pâle comme la mort. Son regard tomba sur La Rosa, triste, profond, étrange. Cet homme se sentit ému jusque dans les entrailles : c'était l'ange qui troublait le démon.

Le soir, il monta à cheval et fit trois fois le tour du château. Il erra longtemps dans l'avenue. Eva ne vint pas au rendez-vous ; elle avait la fièvre, elle était à moitié tuée : c'était elle qui voulait mourir.

Mais l'amour, c'est la vie. Après avoir traversé cette crise de l'innocence qui meurt dans la jeune fille à sa première passion, après avoir senti tous les déchirements d'une âme vierge qui se détache de Dieu, qui se détache de la famille, qui se détache d'elle-même pour se jeter tout éperdue dans les bras d'un étranger, elle se réveilla presque vaillante, déjà heureuse, tout à sa chère folie.

Elle aimait La Rosa, elle osait se le dire, elle ne voyait plus que lui dans sa vie. Qui était-il et d'où venait-il ? Qu'importe ! c'était un amoureux qui venait du pays de l'imprévu. N'apportait-il pas le bonheur dans sa main ?

Éva résolut d'aller le soir dans l'avenue, peut-être sous les premiers arbres de la forêt.

La Rosa fit une fois le tour du château. Il était loin d'elle encore quand il la vit apparaître toute blanche sous les branches vertes. Il attacha son cheval dans la forêt et vint surprendre la jeune fille dans ce jeu charmant qu'elles aiment toutes, les réponses de la marguerite : « Il m'aime, — un peu, — beaucoup, — passionnément, — pas du tout. — Il m'aime, — un peu, — beaucoup, — passionnément... »

— Chut ! dit La Rosa en saisissant la marguerite.

Il s'était approché à pas de loup. Éva faillit tomber à la renverse ; il la soutint dans ses bras et tomba à genoux devant elle. Elle voulait fuir, mais elle lui tenait les mains.

— De grâce ! murmura-t-il tout ému lui-même. Je vous ai dit que je voulais mourir à vos pieds, mais laissez-moi vivre un instant.

Et ses yeux de feu répandaient des flammes sur Éva.

— Voyez-vous, reprit-il, je ne suis pas un de ces

beaux fils qui jouent à l'amour comme on joue au baccarat. J'ai eu à ma naissance le coup de soleil de l'Espagne, vous m'avez donné à Dieppe le coup de soleil de l'amour. Prenez pitié de moi, car je vous aimerai jusqu'à la mort. Toujours, toujours, toujours, plus loin que l'amour, plus loin que l'enfer, plus loin que le paradis, plus loin que l'éternité.

On pouvait comparer La Rosa à un volcan, d'abord parce qu'il fumait toujours, ensuite parce qu'il jetait feu et flamme, je veux dire les expressions les plus ardentes et les plus désordonnées de la passion. A force de remuer des mots amoureux, il trouvait le vrai mot, comme ces imbéciles qui, à force de parler, finissent par trouver une chose spirituelle.

La pauvre Éva, dans sa folie, fut subjuguée par tout ce que lui dit La Rosa. Elle ne voyait pas l'emphase qui dominait sa phraséologie abondante, parce qu'il ne lui laissait pas le temps de réfléchir. Il frappait fort et frappait toujours. Elle croyait que c'était l'éloquence du cœur.

Pendant tout une semaine elle eut l'art de tromper la sollicitude de sa mère pour être au rendez-vous. Madame de la Rochemarvy faisait le whist après dîner avec ses voisins, ne doutant pas un seul instant que sa fille ne fût dans le parc avec une jeune Américaine qui l'aimait beaucoup.

Éva donnait cinq minutes à La Rosa, cinq siècles ! Elle revenait par le parterre des roses, elle cueillait un bouquet et le portait à sa mère qui n'avait pas eu le temps de demander où elle était.

Les filles tromperont toujours leurs mères, comme les femmes tromperont toujours leurs maris.

L'ivresse dura six semaines pour Éva ; six semaines de joies, d'angoisses, d'illusions, de folies, de délires.

Durant ces six semaines, tout à sa passion, elle écrivait la nuit une lettre de dix pages qu'elle jetait le matin dans un champ de betteraves à la porte de Dieppe, car elle montait la colline à pied tandis que sa mère la montait en coupé.

Les premiers jours, La Rosa lut ardemment ces lettres. C'étaient de simples chefs-d'œuvre d'amour, de passion, de volupté ; sous les expressions les plus chastes, on sentait battre le cœur, on voyait transparaître le feu des lèvres. La Rosa était effrayé de son bonheur, quoiqu'il eût toujours eu confiance en lui ; il avait beau vouloir s'élever par l'amour, il se sentait de mille coudées au-dessous de cette femme, de cette jeune fille, de cette enfant.

Et pourtant il finissait par ne plus lire que le commencement et la fin. Qui ne se reconnaît là ? On ne saurait trop recommander aux jeunes femmes, même aux plus éloquentes, de ne pas écrire un mot, — excepté un seul.

Un dimanche, à la messe de la petite église voisine, la lumière se fit pour mademoiselle de la Rochemarvy. Dieu était revenu en son âme. Elle croisa les mains, elle regarda le Christ sur la croix ; les versets de l'Évangile lui montrèrent le néant et le ridicule des phrases de La Rosa ; l'éternelle vérité resplendit sous ses yeux. Elle rappela sa vertu comme une exilée.

Mais la vertu ne revint pas. Éva tomba agenouillée et pleura toutes ses larmes. Si elle eût été seule, elle se fût jetée la face contre terre et n'eût pas osé se relever.

Mademoiselle de la Rochemarvy eut peur de devenir folle.

Combien d'autres ont subi ainsi le premier orage parce qu'elles n'avaient vu jusque-là que la splendeur des cieux ? La nuée de feu les enveloppe, la foudre éclate ; quand elles reviennent à elles, elles veulent saisir l'arc-en-ciel comme une image de leur vertu, mais l'arc-en-ciel n'est plus qu'une illusion

X

LES HAINES DE L'AMOUR

Neuf mois après, mademoiselle de la Rochemarvy mettait au monde une petite fille qu'on appela Madeleine, comme si toutes les larmes qu'elle verserait dussent être des larmes de rédemption pour sa mère. Mais la petite fille mourut au berceau.

Éva n'avait pas revu La Rosa depuis le jour de son repentir. Vainement il avait tout tenté pour la reconquérir, elle s'était enfermée doucement en Dieu, elle avait tout dit à sa mère. Elle vivait au coin du feu, l'hiver, à Paris, ou dans la terre familiale, l'été; elle ne sortait que pour aller à la messe. L'église elle-même n'avait pas été sacrée pour La Rosa; il s'était mis sur le chemin d'Eva, mais elle avait passé outre avec un si haut dédain qu'il n'en pouvait braver l'humiliation. Son désespoir fut une colère de toutes les heures. Il écrivit,

priant d'abord, injuriant ensuite ; mais c'était la
furie des vagues qui se brisent sur les rochers.

Éva était accouchée si mystérieusement, sa vie
était si sainte, sa figure si chaste, ses yeux si purs,
que nul ne la soupçonna d'avoir péché. La Rosa
avait bien fait quelque bruit, mais on disait de lui
que c'était un fou qui avait rêvé.

Un jour il finit par convaincre un personnage,
qui voulut bien se charger de la délicate mission
d'aller demander pour lui la main de mademoiselle de la Rochemarvy. On répondit froidement
qu'on ne se voulait pas marier. Mais voilà que, trois
mois après, les journaux de la vie privée annon-
cèrent que cette fière figure héraldique, cette fille
de duc, cette perle blanche enchâssée dans l'or,
allait devenir princesse italienne.

La Rosa écrivit à Éva qu'il ne lui donnait pas
son consentement. Et comme elle ne tint pas
compte de ses menaces, il fit autographier une des
lettres écrites pendant le séjour à Dieppe pour
l'envoyer au prétendant. Il avertit d'abord Éva en
lui envoyant une épreuve de cette lettre, la plus
passionnée de toutes. Elle eut peur, elle retira sa
main en disant que le mariage la brûlerait.

Une année se passa. La Rosa était en Espagne ;
le marquis de***, depuis longtemps amoureux d'Eva,
voulut l'épouser à son tour. Sa mère allait mourir,
la solitude l'effrayait, elle dit oui. On allait afficher les bans le lendemain, mais La Rosa arriva en

toute hâte, se présenta chez le marquis et lui dit :
« Cette femme est ma maîtresse! » Et il lui donna
l'autographe de la lettre. Et il lui offrit l'épée ou le
pistolet s'il n'était pas content.

Le marquis ne prit ni la femme, ni l'épée ni le
pistolet : il retourna son blason ce jour-là.

Ne pouvant être ni fille ni femme, Éva se fit chanoinesse. Il ne faut pour cela que huit quartiers
de noblesse, elle en avait à revendre.

Il y a deux sortes de chanoinesses : les régulières, — et les irrégulières. — Nous ne sommes plus
au temps où elles chantaient au chœur comme les
chanoines, où elles portaient « un surplis de toile
fine, sur une robe de serge blanche, un voile noir
sur la tête et une aumusse sur le bras », selon la
règle.

Aujourd'hui, toutes les chanoinesses sont irrégulières ; je veux dire qu'elles ne prononcent plus de
vœux et qu'elles ne revêtent plus la robe de serge.
On les rencontre çà et là dans le monde, tout aussi
somptueuses que les grandes coquettes. Elles ne
chantent plus à matines, parce qu'elles se couchent
trop tard. Au lieu de chanter l'*Ave Maria* à l'autel,
elles chantent au piano le *Di tanti palpiti*. Ce sont
le plus souvent des Clorindes qui cherchent Tancrède et des Armides enlevées par Renaud.

Il y a pourtant des chanoinesses qui ne se sont
jamais aventurées dans les périls de l'amour; elles
sont réellement chanoinesses par la grâce de Dieu.

Quoique en passant par Paris, elles iront tout droit au Paradis.

Être chanoinesse, quelle charmante figure à faire dans le monde : on n'y traîne ni un mari passé ni un mari futur ; on traîne un cortége d'adorateurs qui n'en veulent qu'à vous-même, qui ne posent pas de points d'interrogation devant votre fortune ; vous ne devenez pas vieille fille, vous ne devenez pas vieille femme, vous êtes toujours la chanoinesse.

Vous avez droit à tous les sourires, vous pouvez vous abandonner à tous vos caprices. Soyez fantasque, vaporeuse, insensée, sérieuse, lunatique, méditative, vous serez toujours charmante, car vous avez droit de prendre une figure originale.

Ce qui ne vous empêchera pas un jour de vous marier, si cela vous amuse.

Cependant La Rosa avait mangé ses quatre sous, il vivait d'expédients et de jeu, pêchant dans l'eau trouble des mauvaises affaires franco-espagnoles, faisant croire à Madrid qu'il avait une fortune à Paris, faisant croire à Paris que le Mançanarès roulait pour lui des ondes d'or.

Il fut si dénué un jour, il fut si loin de son honneur, qu'il se fit prêter dix mille francs par un changeur sur les lettres de mademoiselle de La Rochemarvy. Il ne rougissait plus.

Ce fut vers ce temps-là qu'Éva lui envoya un notaire, le notaire de la famille, un autre confesseur, pour lui acheter ses lettres. On lui offrit cent mille francs, deux cent mille francs, quatre cent mille francs : c'était la moitié de la fortune d'Éva. Il releva la tête comme s'il eût eu encore le droit de parler de son honneur. Il dit que non-seulement il lui fallait toute la fortune de mademoiselle de la Rochemarvy, mais qu'il la voulait elle-même par-dessus le marché.

Le notaire revint désolé, disant :

— Il faut tuer cet homme-là.

Après le notaire, ce fut un prêtre.

— Je suis plus fort que vous, dit insolemment La Rosa : je ne crois pas à Dieu, je ne crois pas à la vertu, je ne crois qu'à moi. J'ai juré de mourir pour Eva et je veux d'abord vivre avec elle. Que m'importe son argent si un autre la possède! Qu'elle ne soit pas à moi, mais qu'elle ne soit pas à un autre, car elle est ma femme à la face du ciel.

La Rosa comptait sans l'amour.

XI

QU'UNE FEMME NE DOIT JAMAIS ÉCRIRE
A SON AMANT

Ce fut alors que mademoiselle Éva de la Roche-marvy rencontra Georges d'Aspremont dans une fête à l'ambassade de Russie.

Bianca lui avait conseillé de se montrer ce soir-là pour braver les histoires qui couraient sur elle. Elle avait ses amis et ses ennemis comme toutes les femmes; les premiers s'indignaient de la calomnie, mais les autres s'étonnaient de la voir garder encore ses grands airs de dédain et son expression de candeur. Nul ne savait l'histoire de l'enfant. On disait qu'après tout elle avait pu écrire à La Rosa dans l'effervescence d'un jour de délire, mais ces lettres étaient-elles donc des actes d'accusation qui devaient la faire condamner avant le jugement et sans appel?

Éva s'avouait à elle-même toute l'horreur de son péché : tant que les lettres seraient dans les mains de La Rosa, elle ne respirerait pas librement, même dans les pacifiques stations du repentir.

Et pas un frère, pas un ami, pour mettre cet homme à la raison.

Éva avait senti depuis longtemps la haine lui monter au cœur. A certaines heures, si elle eût rencontré La Rosa, elle se fût jetée sur lui avec toutes ses fureurs.

— Quoi ! s'écriait-elle dans sa colère, il aura eu tout ce qu'il y avait de meilleur en moi, mes premières aspirations et mes premières larmes, toute mon âme de vingt ans? Il m'aura arrachée à Dieu et à ma mère, il aura pris ma beauté dans sa fleur, et ce n'est pas assez pour lui ! Il faut qu'il assouvisse sa rage de ne pas m'avoir affichée, il faut qu'il me tue lentement, il faut qu'il dise à tout le monde : « Vous voyez cette femme qui passe si hautaine, elle a été ma maîtresse. » Qu'est-ce donc que l'amour, s'il peut finir par l'injure et par la lâcheté?

D'Aspremont était plus que jamais dans sa période de sauvetage. Il n'avait plus qu'une idée : préserver les femmes de toutes les embûches que leur tendent les hommes ou qu'elles se tendent elles-mêmes. Ses amis avaient beau se moquer de lui, il leur disait : « Rassurez-vous, je n'en ai pas encore tant sauvé que j'en ai perdu : quand j'aurai payé mes dettes à la vertu, je me croiserai les bras. »

Il avait rencontré Éva chez la duchesse ; il savait vaguement son histoire. Aussi, dès qu'il put lui parler en tête-à-tête, — c'était pendant le cotillon, — il ne s'épuisa pas en vains propos. Il alla droit au but en se posant comme l'éternel vengeur des femmes sacrifiées. S'il fallait l'en croire, il ne s'était battu tant de fois que pour apprendre aux hommes à vivre, — à savoir vivre avec les femmes.

— Et vous, savez-vous vivre avec les femmes ? lui demanda Éva.

— Oui, parce que je les aime.

— Vous les aimez toutes.

— Pour en aimer bien une, il faut les aimer toutes.

On s'égara pendant quelques minutes dans les méandres d'une causerie à bâtons rompus. D'Aspremont ne manqua pas de dire que ce qui le charmait dans Éva, c'était sa fierté :

— C'est la neige sur la montagne.

— Oui, dit-elle, mais moi je ne fonds pas au soleil.

— Si ; mais les âmes comme la vôtre ont leurs jours de fatalité : elles se laissent brûler par l'orage, mais elles se relèvent toujours et se refont une couronne de neige.

Éva était silencieuse.

— Ce sont là des images bibliques, reprit d'Aspremont en riant; ce n'est pas ma faute si je ne puis devant vous parler plus librement. Je suis comme ce voyageur grec qui rencontre un aigle blessé : il l'adore avant de le secourir, parce qu'il reconnaît un Dieu.

Éva comprenait bien pourquoi le comte d'Aspremont ne lui parlait que par images. C'était le seul jusqu'ici qui osât soulever le voile. Mais il soulevait le voile d'une main si délicate qu'elle s'abandonna à la sympathie.

Cette sympathie, c'était déjà de l'amour.

Elle le regarda en face, comme si elle se fût demandé : Ai-je devant les yeux un frère, un ami, un amant ou un mari ?

D'Aspremont, voyant que le cotillon finissait faute de combattants, pria la chanoinesse de lui accorder un quart d'heure d'audience chez elle pour lui parler d'elle.

— Non, ma porte ne s'ouvre jamais.

— Eh bien ! venez chez moi.

Et comme mademoiselle de la Rochemarvy semblait révoltée de cette proposition singulière après une première présentation, il lui dit :

— Ne vous offensez pas, vous trouverez chez moi une de vos tantes, ma cousine d'Ormoy.

— Elle est chez vous ?

— Oui, en peinture.

— Vous n'êtes pas sérieux : je ne veux vous voir ni chez vous ni chez moi.

— Et où vous verrai-je ?

Éva sourit.

— Ne nous sommes-nous pas dit tout ce que nous avions à nous dire ?

— Pour moi, je n'ai pas commencé. Croyez-vous à la destinée ?

— Non, parce qu'il est impossible que les esprits invisibles qui sont là-haut soient assez bêtes de nous faire commettre fatalement tant de bêtises sur la terre.

— Eh bien ! moi, je crois à la destinée. Je crois que je jouerai un rôle dans votre destin. J'ai vu hier M. de La Rosa.

Éva pâlit et leva la tête comme pour braver ce souvenir ; mais Georges lui prit la main.

— Voulez-vous une bonne épée ?

Éva ne répondit pas.

— Hier, il a lu vos lettres devant moi, à un ami, à la Maison d'Or, sans s'inquiéter si nous écoutions, nous qu'il ne connaissait pas. Cet homme a parlé de vous comme il eût parlé de la première venue.

Éva était atterrée ; elle ne pouvait s'imaginer que La Rosa fût si infâme.

Elle se leva comme pour se fuir elle-même.

— Oui, votre épée, dit-elle à d'Aspremont en lui donnant la main.

XII

LE LIVRE D'AUTOGRAPHES

Jusqu'ici Georges d'Aspremont ne s'était battu que pour des femmes de la veille : il était heureux de se battre pour une femme du lendemain.

Il était minuit et demi. Il alla droit à la Maison d'Or; il demanda si M. de La Rosa était venu. On lui répondit en désignant un cabinet particulier. Il frappa violemment; comme la porte ne s'ouvrait pas, il donna un coup de pied qui la fit sauter. Naturellement La Rosa était avec une femme.

— Cette femme est à moi, dit-il à l'Espagnol; nous nous battrons demain à huit heures. Je suis l'offensé; je choisis l'épée.

— C'est moi qui suis l'offensé, dit La Rosa ; je choisis le pistolet.

Le lendemain, huit heures, les adversaires et leurs témoins étaient dans un petit parc de Saint-

Cloud. On chargea les pistolets, on se mit à vingt-cinq pas et on donna le signal.

Comme le comte avait hâte de venger Éva, il tira le premier. La Rosa fut frappé au cœur et tomba tout ensanglanté.

— Enfin ! dit d'Aspremont.

Un des témoins avait regardé la blessure. — C'est singulier, dit-il, la balle n'a pas pénétré jusqu'au cœur, elle n'a fait que sillonner la chair, elle est allée se loger sous le bras.

— C'est impossible ! dit le comte qui s'était approché.

— Voilà le secret ! s'écria l'autre témoin de La Rosa.

Il avait pris, dans la poche de l'habit de l'Espagnol, un volume relié en cuir de Russie qu'il portait toujours sur lui.

La balle s'était amortie en traversant le volume.

— Ce n'est pas de jeu, dit d'Aspremont; on ne met pas un bouclier sur son cœur.

A cet instant, La Rosa, quoique tout étourdi par le coup et par la chute, se releva comme un homme surpris par les voleurs.

— Mon livre ! s'écria-t-il.

Mais le livre était déjà dans les mains de Georges d'Aspremont, qui avait reconnu les lettres d'Eva.

— Messieurs, dit-il, je me suis battu parce que ce livre est à moi. Je prends mon bien où je le trouve. Que celui d'entre vous qui ne trouvera pas cela de son goût prenne la parole. Toutes les armes me seront bonnes.

La Rosa rugissait.

— Voulez-vous recommencer? lui demanda d'Aspremont.

— Oui! dit La Rosa.

Mais le sang coulait avec abondance, il tomba dans les bras de ses témoins.

Les témoins regardaient avec un muet étonnement le comte d'Aspremont, qui emportait le livre de M. de La Rosa.

Georges d'Aspremont alla droit à l'hôtel de mademoiselle de la Rochemarvy.

Elle habitait dans le faubourg Saint-Germain une de ces vieilles demeures qui ont gardé jusque dans leur vétusté je ne sais quoi d'imposant; les plus belles maisons modernes ne peuvent se donner cela dans la coquetterie de leur architecture.

— Madame ne reçoit pas, dit le concierge.

Mais d'Aspremont passa outre, selon son habitude. Il disait insolemment que les concierges n'avaient été institués que pour repousser les bêtes malfaisantes.

— Madame ne reçoit pas, dit un domestique dans le vestibule.

Mais le comte monta l'escalier.

Éva, qui l'avait vu traverser la cour, vint au-devant de lui. Elle le conduisit dans un petit salon où elle passait presque toutes ses journées, avec son piano, ses livres et ses broderies.

D'Aspremont prit dans sa poche le livre d'autographes et le présenta respectueusement à la chanoinesse.

— Madame, voici vos lettres.

Elle ne paraissait pas comprendre en voyant ce volume troué d'une balle.

D'Aspremont lui raconta comment La Rosa avait échappé à la mort, grâce à ce volume.

— Vous voyez bien, lui dit-elle, qu'il n'y a pas de destinée.

— Si, madame, dit le comte, car il est écrit là-haut que mon bonheur serait de vous aimer, mais que nous ne nous aimerons jamais.

— Pourquoi? demanda Éva surprise.

— Parce que je serais aussi infâme que La Rosa, si je voulais que l'amour payât une bonne action.

Et, après avoir baisé les ongles de la chanoinesse :

— Voyez-vous, lui dit-il, l'amour ne pousse jamais sur le terrain de la reconnaissance.

Éva le reconduisit jusqu'à l'escalier et se pencha à la fenêtre pour lui voir traverser la cour.

Quand elle rentra dans le petit salon pour ouvrir ce livre qui avait été son enfer, deux belles larmes tombèrent sur la première page.

Jamais des larmes si douces n'étaient tombées de ses yeux.

— C'est donc vrai, dit-elle en se laissant tomber

sur un fauteuil, que l'amour est la rédemption de l'amour ! Je sens que j'aime M. d'Aspremont, je sens qu'il ne m'aimera pas.

Et après un soupir :

— Oh ! mon Dieu ! je vous remercie de me condamner à ce nouveau supplice ; c'est un châtiment plus digne de mon cœur.

XIII

LES DEUX RIVALES

En racontant l'histoire d'Éva, le comte d'Aspremont ne dit pas à Bianca sa dernière entrevue avec la chanoinesse.

La duchesse de Montefalcone ne condamna pas Éva sur son histoire. Elle savait qu'une fille de seize ans tombe tout d'un coup dans les bras de Lovelace, si Lovelace passe sur son chemin. Si elle résiste la première fois, elle est sauvée ; elle se réfugie en Dieu et en sa mère ; elle s'enveloppe avec chasteté dans sa robe blanche ; elle trouve dans la vertu un parfum d'amour divin, qui la pénètre et l'exalte. Mais si Lovelace la saisit dans son étreinte infernale, elle est prise à l'ivresse du péché, elle perd la tête, elle succombe. Dans toute femme il y a une sainte et une bacchante.

La duchesse embrassa Éva le jour même ou d'Aspremont lui avait dit toute son histoire.

— Ma belle chanoinesse, vous ne m'aviez pas tout dit! Ce n'est pas bien, car vous savez comme je vous aime.

— Qui a osé parler de moi? demanda Éva.

— Je ne vous le dirai pas ; mais, rassurez-vous, ce n'est pas la calomnie, c'est la sympathie. Savez-vous mon opinion, ma belle ? C'est que vous serez un jour comtesse d'Aspremont.

— Moi? Jamais! Je veux mourir chanoinesse.

— « Je veux, » dites-vous? La destinée dit: « Nous voulons. »

— D'Aspremont! Ma chère Bianca, vous n'avez donc pas vu qu'il était amoureux de vous ?

— D'Aspremont, ma belle, est devenu un des sept sages de Paris. Il le prouve à toutes les femmes. Il me le prouverait aussi, si j'avais la folie d'en être amoureuse.

— Êtes-vous bien sûre de n'en être pas amoureuse?

— Et vous?

Les deux amies se regardèrent jusqu'au fond de l'âme.

XIV

LA SECONDE HEURE DU DIABLE

Le repentir comme le comprennent les femmes, n'est-ce pas encore une porte ouverte vers l'enfer? Le poëte l'a dit : « La femme qui pleure ses péchés, c'est la ruine aimée où revient la colombe. » On veut abattre le château idéal de son crime, mais on retient sa main, ne fût-ce que pour préserver l'oratoire où l'on prie.

Madame de Campagnac se repentait depuis longtemps déjà d'avoir donné son âme au diable, — à Octave de Parisis, — pendant une heure.

Elle s'accusait; mais si on lui eût dit que ce souvenir d'une heure d'amour serait arraché comme une page mystérieuse au livre de sa vie, elle ne l'eût pas voulu, tant elle aimait ses larmes.

C'en était fait pour elle des jours sereins: elle s'était tournée vers l'orage, tout en se jurant à elle-même de s'enfermer héroïquement dans son devoir, elle espérait dans l'imprévu.

Il y a pour les femmes çà et là de terribles quarts d'heure de tentation. Il semble qu'elles soient piquées de la tarentule, non pas pour danser jusqu'à la mort, mais pour aimer jusqu'à la volupté. Elles ont beau s'en défendre : comme Achille elles sont vulnérables par un point, le diable le sait bien. Une fois piquées, rien n'y fera, ni Dieu ni la famille. Elles se révolteront sous tous les jougs, même sous le joug adorable de Jésus. Que dis-je, elles iront jusqu'à interpréter pour le péché ces paroles de l'Évangile, où les pécheresses sont plus près de Dieu, parce que si c'est l'amour qui les a perdues, c'est l'amour qui les sauvera.

Ni les maris ni les mères ne savent cela. Les maris, parce qu'ils sont trop distraits ; les mères, parce qu'elles n'évitent pour leurs filles que les piéges à loup où elles se sont prises.

Ce mauvais quart d'heure sonne surtout pour les femmes oisives, — peu ou point d'enfants, — en compagnie d'un mari qui n'a jamais songé à être l'amant de sa femme, à peine un portrait de famille de plus dans la maison — un mari très-ressemblant à qui il manque — la parole.

La femme rêve toute seule le matin dans son lit; elle s'habille ; elle se trouve trop belle — pour ne rien faire. C'est l'âge de toutes les opulences : cheveux ruisselants, épaules luxuriantes, seins inquiets. On se met à table pour déjeuner. Le mari se hâte ; ce n'est pas assez de sa femme, il a son journal à côté de lui, il part pour ses rendez-vous. L'argent prend les meilleures heures de tous les hommes. Et puis, il faut bien égayer l'argent ! On ne remue jamais des billets de banque sans dire : *Où est la femme ?* Combien peu d'hommes sans maîtresse ? La maîtresse est la vestale qui entretient le feu sacré. On se retrouve au Bois. Madame est en calèche, Monsieur est à cheval ; on se salue comme de vieilles connaissances, mais ce n'est pas pour cela qu'on est allé au Bois. Madame s'ennuie ; elle s'imagine volontiers que tout le monde s'amuse autour d'elle. Elle voit passer une mondaine qui lève la tête dans l'impunité de ses aventures, et une demi-mondaine qui jette gaiement un démenti à la vertu. « Elles sont donc heureuses ? » s'écrie la femme qui s'ennuie.

Si elle dîne ce jour-là en fastueuse compagnie, on ne manque pas de lui donner pour voisin le diable en personne. Le diable est plus amusant que son mari. Le même soir elle va au bal et trouve encore Satan en habit noir. Elle résiste. Elle résistera demain. Résistera-elle toujours ? Oui, dira le mari.

Bianca, Violette, Bérangère et Éva auraient pu beaucoup mieux répondre à cette question, car il leur arrivait souvent de passer toute une soirée à embrouiller cet adorable écheveau de la philosophie du cœur.

Quand Achille Le Roy partit pour ses montagnes, madame de Campagnac partit pour les Eaux-Bonnes. Ils s'étaient vus çà et là dans le monde parisien.

Ils se rencontrèrent à Pau ; elle cherchait une calèche pour achever son voyage. Il venait d'acheter deux petits chevaux au fils de son quasi homonyme, Achille Fould. Il lui demanda la grâce de la conduire lui-même. C'était un voyage de deux heures. Elle avait avec elle sa femme de chambre ; elle accepta, se croyant d'ailleurs en pays étranger. Voyage charmant, à n'en pas douter. Le groom causa avec la femme de chambre, Achille passionna madame de Campagnac avec son art de jeter du feu sur toutes choses. Il lui avait plu à Paris, il la subjugua dans les Pyrénées.

Ils commencèrent dès le premier jour cet adorable roman rustique que tous les cœurs amoureux voudraient écrire sur les chemins des écoliers.

Or, ce fut un grand scandale à Paris le jour où on apprit que madame de Campagnac — une vertu austère, car nul, hormis Parisis et elle-même, ne savait l'histoire de l'heure du diable — s'était affichée dans toutes les stations thermales des Pyrénées avec le duc de Santa-Cruz.

Ce duc de Santa-Cruz, c'était Achille Le Roy.

Par quelle métamorphose soudaine était-il devenu duc de Santa-Cruz?

Madame de Campagnac était devenue si amoureuse de lui, qu'elle ne craignit pas de s'afficher encore de Bagnères à Paris. Ils voyageaient dans le coupé ; elle se couvrait d'un voile quand elle descendait pour déjeuner et dîner, mais elle n'était pas si impénétrable qu'on ne la reconnût, car aujourd'hui tout le monde se connaît.

A son arrivée à la gare, madame de Campagnac ne voulut pas toutefois braver les curieux de la salle d'attente. Elle embrassa dans le coupé son compagnon de voyage ; elle lui promit d'aller le voir le lendemain.

Mais le lendemain, M. de Campagnac, qui savait la chose, quoiqu'il fût le mari, conduisit sa femme dans un couvent, où il la mit sous clef.

Le scandale n'en fut que plus bruyant.

Quel était donc cet amant imprévu ? ce duc de Santa-Cruz improvisé ? Était-ce bien cet Achille Le Roy qui avait depuis six mois fait tant de bruit dans Paris ?

La duchesse de Montefalcone s'étonnait de ne pas l'avoir vu encore, car elle le savait de retour à Paris depuis près d'une semaine.

Un matin, elle reçut ce mot :

« Permettez-moi, chère et belle duchesse, de
» vous présenter ce soir mon meilleur ami, M. le
» duc de Santa-Cruz, un grand d'Espagne qui vous
» adore.

» ACHILLE LE ROY. »

La duchessee, qui ne comprenait pas, attendit la présentation avec quelque impatience, d'autant plus qu'elle voulait bien vite revoir son ami Achille Le Roy.

Le soir, il y avait presque foule chez elle.

Il était onze heures quand on annonça M. le duc de Santa-Cruz.

Achille Le Roy s'avança — tout seul — vers la duchesse, qui avait fini par comprendre.

— Bonjour, monsieur le duc, lui dit-elle avec son adorable sourire.

Elle le trouva plus beau qu'elle ne l'avait vu jusque-là, quoiqu'il fût bruni encore.

— Expliquez-moi cette métamorphose, car je ne vous savais pas si grand seigneur que cela, quoique je vous reconnusse pour un vrai gentilhomme.

— Ce serait une trop longue histoire, dit Achille Le Roy; je n'aime pas à parler de moi, mais pourtant je vous dirai cela un jour.

Et, pour prouver qu'il était impersonnel, il demanda à renouer lui-même le fil de la conversation. On parlait de mademoiselle Patti, il parla de mademoiselle Patti.

On annonça mademoiselle de Saint-Réal.

— Vous ne savez pas la nouvelle? dit-elle étourdiment, selon sa coutume.

Tout le monde l'interrogea des yeux.

— Une nouvelle du soir? demanda la duchesse.

— Non, une nouvelle du matin. M. de Campagnac

a enfermé sa femme au couvent. C'est moi qui ne me marierai jamais ! à la première révolution, je ferai décréter en tête de la Constitution : 1° Il n'y plus de maris.

— Et pourquoi M. de Campagnac a-t-il mis sa femme au couvent ?

On regarda Achille Le Roy.

— Pourquoi ? Je ne sais pas, répondit-il.

— Alors qui pourra répondre, murmura la duchesse avec impatience.

Elle se sentait jalouse.

— C'est pour madame de Campagnac, reprit-elle, que M. Achille Le Roy a sorti son titre de duc. Après le duc de Parisis, il fallait à cette dame un grand d'Espagne.

Le duc de Parisis n'avait été pour madame de Campagnac que la préface de l'amour. Avec Achille Le Roy elle entrait en pleine passion.

Son mari eut beau la mettre au couvent : elle emportait l'enfer et le paradis dans son cœur.

XV

QUI SAIT?

Achille Le Roy ne voulut pas dire son histoire à la duchesse, quelle que fût sa prière.

Pensait-il que l'inconnu agît plus fortement sur les âmes exaltées? Craignait-il de se diminuer par une confession de ses jeunes années? Parler de soi, c'est difficile quand on ne s'appelle ni Alcibiade, ni Alexandre, ni César, ni saint Augustin, ni Charlemagne, ni Jean-Jacques ni Napoléon.

Quoiqu'il refusât de parler, la duchesse se sentit plus que jamais entraînée vers lui. Il lui semblait qu'elle respirait dans son intimité je ne sais quelle agreste saveur des Pyrénées, car sous le Parisien raffiné le montagnard perçait toujours. Et puis elle savait que madame de Campagnac était folle de lui : rien ne pousse une femme vers un homme comme une autre femme.

Depuis qu'il était revenu duc de Santa-Cruz, ces messieurs du club le saluaient plus cordialement et les femmes le trouvaient plus beau encore. Il triomphait sur toute la ligne, tout en riant de la bêtise des hommes et des femmes.

Mademoiselle de Saint-Réal lui proposa de faire son buste.

— Non ! lui dit-il, je ne suis pas digne du marbre.

— Oh ! je sais bien que vous ne voulez pas poser, mais je vous sculpterai un jour de souvenir.

— De souvenir ! s'écria la duchesse. Son image est-elle donc gravée dans votre cœur, ô belle romanesque !

— Peut-être, répondit résolûment la jeune artiste.

La duchesse se tourna vers la chanoinesse.

— Que pensez-vous de cette déclaration d'amour, faite ainsi, à brûle-pourpoint, à ce mauvais sujet ?

— Il est assez beau pour cela.

La duchesse alla voir, le soir, Violette, au Parc des Princes. Elle lui conta la petite scène de l'après-midi.

— C'est singulier, dit-elle, Achille n'aimait que moi et il sera aimé de toutes mes amies, hormis par vous.

— Qui sait ! dit Violette avec son sourire si triste et si doux.

Jusque-là, Violette ne s'était pas avoué à elle-même qu'elle pût jamais aimer un autre homme que Parisis.

Elle reconduisit Bianca jusqu'à la mare d'Auteuil.

En revenant à sa chère solitude, elle pleurait.

Tout est contraste dans la vie : ici le rire, là les larmes. Antonia riait comme une folle dans le jardin quand Violette poussa la grille.

L'Italienne, qui habitait toujours tantôt avec Violette et tantôt avec Bianca, s'amusait plus au Parc des Princes, parce qu'elle y faisait mille folies comme un écolier joueur. Il lui restait d'ailleurs son levain de bohémienne.

Violette la trouva qui avait habillé un très-joli cochon — au nez retroussé, aux flancs roses, à la queue en trompette, — en cocotte à la mode, robe de soie bleue ouverte, chapeau en dentelle noire et à fleurs rouges, sur une perruque blonde, pendants d'oreille à la Tallien, poudre de riz, grains de beauté, éventail à la patte, rien n'était oublié.

Le cochon, très-apprivoisé par Antonia, avait l'air de comprendre cette mascarade. Antonia lui faisait un sermon et lui reprochait ses péchés. Elle lui parlait de l'enfer comme naguère le curé de Pernand.

Violette rit elle-même de bon cœur à ce spectacle. Elle embrassa Antonia et lui dit ces mots que l'Italienne ne comprit pas :

— C'est toi qui par ta gaieté me sauveras du danger.

XVI

LA LETTRE EMPOISONNÉE

Un matin, la duchesse déjeunait en compagnie de Violette et d'Antonia, quand on apporta — sur un plat d'argent — une lettre avec l'effigie de la reine Victoria.

C'était bien sur un plat d'argent ciselé et ornementé par une main française, mais dans le style des fines orfévreries de Benvenuto Cellini. Aujourd'hui, l'Italie artiste se tourne vers la France, mais avec la fierté d'un roi découronné qui voit sa cour changée de pays.

Comme la duchesse allait ouvrir la lettre, Antonia, qui était de l'autre côté de la table, se leva et courut pour la lui prendre dans les mains.

Pourquoi me prenez-vous cette lettre, Antonia?

— Parce que cette lettre vient d'Angleterre.

— Vous êtes folle!

— Pas si folle.

Bianca et Violette regardaient Antonia sans comprendre.

— Je vous dis que cette lettre est empoisonnée ! dit Antonia.

— Empoisonnée ? dit la duchesse ; parce que le papier est parfumé au jasmin ? Vous saurez, mon enfant, que chaque fois qu'une lettre doit traverser la mer, il faut la parfumer, parce que, dans le navire, la peste est toujours plus ou moins parmi les hommes de l'équipage.

— Oui ; mais, en attendant, la peste est dans cette lettre.

— Antonia, je vous dis que vous perdez la raison.

— Oui, dit Antonia en secouant la tête, j'ai respiré cette lettre, et me voilà prise de vertige.

Cette fois ce fut la duchesse qui se leva pour ressaisir la lettre.

— Qu'est-ce que cette folie ? Vous jouez la comédie, Antonia ?

— Non, dit Antonia toute pâlissante, en se jetant dans les bras de Violette ; je me sens mourir.

— Oh ! mon Dieu, s'écria mademoiselle de Pernand, est-ce que c'est encore l'histoire du bouquet de roses-thé ?

Et elle vit passer sous ses yeux la pâle figure de Geneviève de La Chastaigneraye.

On ouvrit la fenêtre, on fit respirer des sels à Antonia.

— Ce n'est rien, dit-elle en rouvrant les yeux.
Elle revint à elle et murmura :
— Ne touchez pas à cette lettre.

Mais la duchesse, qui bravait tout, voulut la lire. C'était une écriture anglaise vague et blonde, en long et en large, encre bleue, sur papier parchemin.

Que lui disait-on ? Elle traduisit tout en lisant, car la lettre était en anglais :

« Je croyais, madame, que l'Océan pouvait met-
» tre à l'abri des souvenirs d'une femme, mais plus
» je m'éloigne de vous et plus je me sens courbée
» dans mon adoration. »

La duchesse s'interrompit :
— Qu'est-ce que ce galimatias ?
Antonia était revenue près d'elle.
— Au moins, lisez-la de loin.
Et elle lui tint le bras à distance.

» C'est que vous avez la beauté de l'âme comme
» la beauté du corps, c'est qu'une fois qu'on vous
» a vue, on tombe sous le charme et on a beau re-
» marquer les autres femmes, on ne voit que vous. »

— Assez comme cela, dit la duchesse en jetant la lettre.

Elle se sentait d'ailleurs la tête troublée. L'odeur pénétrante du jasmin lui avait monté au cerveau.

— Antonia ne jouait pas la comédie, dit-elle en s'approchant de la fenêtre pour respirer.

— Vous avez fini par comprendre, n'est-ce pas? dit Antonia. Vous ne doutez pas maintenant que cette lettre vienne de la Judith. Elle veut frapper de loin comme de près, mais, quoi qu'elle fasse, je sentirai toujours ses coups.

Violette embrassa celle qu'elle appelait le bon démon de la maison.

— Il faudra, dit-elle, donner cette lettre à un chimiste.

Survint M. Babinet, un homme d'étude, mondain çà et là, qui fut chargé de passer la lettre à l'alambic.

— Voilà des phrases, dit-il en la lisant, qui vont faire une belle sarabande. Une lettre pareillement écrite est toujours empoisonnée. L'amour n'est-il pas le plus subtil des poisons?

— C'est vous qui faites des phrases, dit Violette.

Elle remarqua avec la fine dialectique des femmes, que l'amour n'empoisonne que le cœur, — et qu'il y a toute une série de contre-poisons pris dans l'amour même, mais que le meilleur est l'amour de Dieu.

Surtout quand on a peur d'aimer Santa-Cruz, dit malicieusement la duchesse.

Violette rougit et pâlit.

XVII

LES COURSES DE LONGCHAMPS

C'était aux premières courses du printemps, qui, tout frileux encore, hasardait quelques pervenches dans les plis de sa robe verte.

Les merles de l'avenue de la Reine, aujourd'hui l'avenue des Acacias, s'inquiétaient de voir tant de monde à l'heure où ils bâtissaient leurs nids.

Les journaux du matin, comme les journaux de la veille, avaient, par la voix de leurs merles les mieux renseignés, sifflé la mauvaise situation de la France. « Rien ne va plus, disaient tous les Jérémies de la politique, il n'y a d'argent qu'à la Banque ! »

Aussi, pour leur donner raison, ne voyait-on ce jour-là que dix mille voitures à Longchamps, toutes panachées de millionnaires, de princesses, de crevés, de comédiennes, d'oisifs dorés, de courtisanes éblouissantes.

« Rien ne va plus, » la Banque était sortie de chez elle. Et dans quels carrosses! toutes les formes, toutes les couleurs, tous les styles! Et quels chevaux! les plus beaux, les plus fiers, les plus fins! Et quel luxe d'attelages à la daumont, à la demi-daumont, en tandem! Si « rien ne va plus, » pourquoi ces quatre chevaux pour conduire cette duchesse? pourquoi ces quatre chevaux pour conduire cette fille?

Mais ces gens n'ont peut-être rien dans leurs poches? Allez donc voir là-bas où on parie, c'est la foire aux louis d'or! Qu'est-ce que Spa, Ems, Bade, Monaco, devant ce jeu d'enfer? Ce n'est pas la bille de la roulette qui tourne, ce sont les chevaux.

Ce jour-là, à l'heure où tout Paris partait pour le Bois, Colombe en revenait avec sa petite moisson de fleurs rustiques.

A force d'enluminer des images saintes, des figures de modes et des bouquets, elle avait appris à dessiner, que dis-je, à peindre. Les libraires qui lui donnaient du travail furent un jour bien surpris de reconnaître que sous l'enlumineuse il y avait une artiste. L'un d'eux, pour l'encourager, lui demanda quelques petites compositions religieuses dans le style gothique, pour les faire graver en taille-douce.

Dans l'avenue de l'Impératrice, Colombe vit passer sa sœur, traînée à quatre chevaux. Lucia lui sourit et sembla lui dire :

— Si tu voulais, pourtant, avec ta beauté, tu jouerais mon grand jeu.

— J'aime bien mieux aller à pied, murmura Colombe.

Et elle plaignit presque tous ces fous et toutes ces folles qui allaient au Bois quand le Bois a déjà perdu sa saveur et ses chansons. Elle regarda ses deux bouquets et pensa qu'elle était plus riche que sa sœur.

Elle allait rentrer dans sa petite chambre et peindre ses fleurs rustiques avec amour. Lutter avec Dieu dans ce qu'il a fait de plus mignon et de plus joli, n'est-ce pas une vraie joie pour un cœur simple?

Ce jour-là il y avait sur le turf quelques-unes de ces demoiselles : Fleur-de-Pêche, mademoiselle Ange de Bonaventure, Fleur-de-Thé, mademoiselle Hyver, Trente-Six-Vertus, la Neige, Fille-des-Airs, Perle-de-Corail, la Taciturne, Châteaufort, Rosalia, Mousquetaire, Peau-de-Satin, les deux Carolines.

Les unes debout dans leur calèche, les autres ensablant leurs bottines, celles-ci couchées dans leur victoria, celles-là discrètement nichées dans leur coupé.

Le vin de Champagne coulait à flots. On leur jetait des bouquets comme au théâtre; car elles sont toutes plus ou moins demi-comédiennes.

Il y avait là, fumant et riant autour d'elles, Achille Le Roy, Monjoyeux, d'Aspremont, La Chanterie, le prince Yatowski, Antonio, ce Marc-Antoine de quelques Cléopâtres.

— Vois-tu, dit une des Carolines, cet Antonio ne nous regarde-t-il pas comme des monuments?

— Oui, dit-il, comme des monuments publics.

— Eh bien! tu viendras frapper à ma porte, et on ne t'ouvrira pas.

— Dis donc, cria Fleur-de-Thé à Monjoyeux, est-ce que tu fais courir aujourd'hui?

— Oui, mes créanciers.

On jouait aux propos interrompus.

— Le prince Rio n'est donc pas venu?

— Oh si, dit la Taciturne, je l'ai rencontré à l'Arche de Triomphe.

— Je t'ai déjà dit qu'on prononçait l'Arc de Triomphe.

— J'aime mieux dire l'Arche de Triomphe, comme on dit l'arche de Noé.

— Tu as raison, puisqu'il y a toujours des bêtes dessus, dit Achille Le Roy.

Un jeune étourneau vint se jeter au milieu de ces graves personnages; un crevé de la plus belle lignée, qui en avait toutes les prétentions.

— Cette Taciturne est trop belle et trop bête, s'écria-t-il, aussi mon nègre en est amoureux.

— Tu as donc un nègre ? Pourquoi faire ? Est-ce pour te donner du ton ?

— C'est que je veux écrire un livre sur l'esclavage des femmes, répondit l'étourneau. Oh! les femmes ! les femmes ! les femmes ! J'y suis condamné à perpétuité !

— Oui, tu es le boulet, elles sont la chaîne.

— Oui, les jours d'incendie, quand tu brûles, elles font la chaîne et se passent le seau.

— Dieu du ciel ! il a des éperons !

—Mon cher, il y en a qui sont nés avec des éperons, les femmes aiment beaucoup cela.

— Mais tu ne montes jamais à cheval ?

— Et toi, qui vas toujours à pied, pourquoi as-tu une cravache ?

— C'est son éventail, dit la Neige.

— Ah! ma chère, la jolie échancrure en cœur, pour montrer que tu as deux cœurs ?

— Tiens ! Qu'est-ce qui t'a fait cette robe-là ? C'est un déjeuner de soleil.

— Je voudrais bien être à table.

— Trop de paniers quand les vendanges sont faites !

— Trop de ceinture quand elle est dénouée !

— Qu'est-ce qui t'a donné ton saphir entouré de diamants ?

— Qui donc ? Elle ne le sait pas. Ils étaient là tous les deux, ou tous les trois, ou tous les quatre; on soupait si gaiement qu'elle s'est endormie; en se réveillant, le saphir était dans son assiette. Voilà comme nous sommes, nous autres.

— Grande nouvelle, le prince Rio est amoureux de Lucia. Mais ses plus grandes passions durent un jour — si c'est la nuit.

— Pour moi, dit La Chanterie, il n'y a pas de fête sans lendemain.

— Il n'y a plus d'amoureux du lendemain !

— Eh bien, oui, c'est convenu ; tu ne te laisses pas emmaillotter par la passion. Que veux-tu ! moi, je prends racine comme les arbres, où on me plante.

— Grand Dieu ! moi, j'aimerais mieux être planté là.

Mademoiselle Trente-Six-Vertus s'éloignait pour cueillir des fleurettes dans l'herbe.

— Où vas-tu ?

— Je vais respirer un parfum de mon innocence.

— Ce que c'est que d'avoir gardé les vaches !

Un Anglais s'était approché pour regarder les diamants de la Neige.

— C'est outrageant d'être lorgnée comme cela par cet insulaire !

— Tu vois bien que c'est un marchand de diamants.

— C'est pour cela que je rougis, parce que je ne veux pas être estimée ce que je vaux, dit la Neige.

Tout le monde se mit à rire.

— Je ne comprends pas, dit la Taciturne.

— Tu te feras expliquer cela par ton professeur de langues.

Marc-Antoine et La Chanterie discutaient sur le nez d'une Cléopâtre.

— Chut! dit Marc-Antoine, vous n'êtes pas de taille à traiter un sujet si grave.

— Vous voulez une affaire? dit La Chanterie en se redressant.

— Oui.

— Pas si bête! vous ne l'aurez pas.

La Chanterie ne défendait jamais ses opinions à la pointe de l'épée, surtout contre Marc-Antoine.

Deux victorias gaiement empanachées se promenaient de front dans l'enceinte réservée. Des cavaliers caracolaient tout à l'entour et juraient de franchir les haies les plus vives et les rivières les plus profondes, pour les beaux yeux des deux déesses nonchalamment couchées dans leurs chars.

— Dis donc, Cosaque, dit l'une à l'autre, veux-tu que je te dise où est ton infidèle?

— Lequel?

— Celui que tu as aimé, reprit mademoiselle Printemps.

— Le joli renseignement!

— Eh bien, ma belle amie, tourne le nez au vent et tu verras ton bel ami Harken.

Mademoiselle Cosaque entrevit à travers le tourbillon et le tohu-bohu son amant de toute une saison, dans une calèche de haut style, emportée par quatre chevaux anglais.

— Oh ! le monstre ! il a une femme avec lui. Est-ce que tu la connais, celle-là ? On dirait une fille de plâtre, tant elle est blanche.

— Eh bien ! je m'en vais rabattre ton éloquence, car cette femme-là, c'est sa femme.

— Sa femme ! As-tu des sels ? je vais me trouver mal.

— Oui, oui, tu ris, mais c'est du bout des dents, car tu as perdu là un joli amoureux.

— Sais-tu d'où elle vient, cette dame blanche ?

— Non, c'est sans doute une poitrinaire du faubourg Saint-Germain. On dit qu'elle s'appelle mademoiselle Diane de Joyeuse. Elle ne nous le gardera pas longtemps, si j'en juge à sa mine. Elle dit qu'elle l'aime trop pour mourir, mais ne l'aime-t-elle pas trop pour vivre ?

Le comte de Harken jetait un regard curieux sur ses amis et amies de jeunesse, à peu près comme le passager qui se repose sur la rive et sourit aux dangers de la tempête.

Tout à coup il reconnut mademoiselle Cosaque :

— Oh ! Diane, que vous êtes jolie et que je vous aime, dit-il à sa jeune femme.

XVIII

MADEMOISELLE LUCIA

Ce dimanche-là, on admira, parmi les daumonts irréprochables, celle de mademoiselle Lucia — autrefois mademoiselle Tournesol, et maintenant mademoiselle Phryné. — Chevaux noir d'ébène, jockey orange, laquais poudrés à frimas. La dame était habillée en velours rubis garni de fourrures.

La comédienne était une vraie coloriste, elle savait que ce tableau séduirait tous les yeux. Elle était nonchalamment couchée et nuançait son sourire selon les amis qui la saluaient, sourire pour les amis de la veille, sourire pour ceux du lendemain. Celui du jour était encore le prince Rio : chose inouïe.

Dans le champ des courses, la demi-daumont s'arrêta au bon endroit, entre la voiture de la princesse de Metternich et la voiture de la duchesse de Montefalcone.

Mademoiselle Lucia, — princesse la nuit, — finissait par se croire une femme de bonne compagnie.

La duchesse de Montefalcone était dans un petit coupé olive, où ses armes étaient peintes en noir. Quoique les chevaux eussent de l'allure et de la race, on ne les remarquait pas.

N'eussent été les armoiries discrètes du coupé, nul ne se fût douté qu'il y eût là une très-grande dame.

La duchesse arrivait à peine : Achille Le Roy, qui l'attendait depuis une demi-heure, s'approcha de la portière pour la saluer.

— Voyez-vous comme je suis bien avoisinée ? dit-elle au jeune homme.

— Oui, l'illustrissime Lucia.

— Dites donc, mademoiselle de Je ne sais Quoi, vous ne voyez pas ses armes ?

En effet, Lucia avait fait peindre, non pas en camaïeu, mais avec les plus vives couleurs, des armes de fantaisie.

— Savez-vous ? reprit la duchesse, quand je vois cette fille, j'ai toujours envie de lui crier : Cordon, s'il vous plaît ! Enfin, il faut que toutes aient leur destinée. C'est égal, je pardonne à beaucoup d'entre elles, mais je ne pardonnerai jamais à celle-là.

— Pourquoi donc ? parce qu'elle a aimé votre mari ?

— Je pardonne à celles qui frappent dans la passion, mais je ne pardonne pas à celles qui tuent pour s'amuser.

— C'est donc une tragédienne, cette comédienne ?

— Oui. Étudiez-la bien.

Achille Le Roy regardait Lucia, qui faisait la roue en attendant ses adorateurs.

— Je ne vois pas un seul nuage sur son front, dit-il. Elle a les plus beaux yeux du monde. Et limpides ! On s'y mirerait pour voir le ciel.

— Oui, c'est comme la Méditerranée. Embarquez-vous avec Lucia, mon cher, je vous retrouverai peut-être sur la rive, mais comme les épaves d'un navire. N'oubliez pas que c'est une charmeuse : si on la prend, on l'aime ; si on l'aime, on ne s'en relève pas. Voyez le prince, est-il assez ravagé ! Il a posé pour elle la première pierre d'un hôtel, que dis-je ? d'un palais, dans l'avenue de la Reine-Hortense ; ce palais sera son tombeau.

Achille Le Roy salua la duchesse et alla au pesage.

Il vit bientôt venir l'incomparable Lucia avec une queue de crevés qui ne savaient comment marcher dans la queue de sa robe.

Il se fit présenter, naturellement sous son titre de duc de Santa-Cruz.

La belle le regarda, je me trompe, l'inventoria

de la tête aux pieds. Elle lui trouva je ne sais quoi d'étrange qui la surprit.

— Pourquoi ne venez-vous jamais dans les coulisses des Bouffes ? lui demanda-t-elle, comme si elle lui adressait un reproche de ne pas lui avoir encore fait la cour.

— Madame, La Rochefoucauld a dit : « Il y a trois choses qu'il ne faut pas regarder en face : — Le soleil, — la mort — et mademoiselle Lucia. »

Quand Achille Le Roy retourna vers la duchesse, il vit le comte d'Aspremont penché à la portière.

On échangea un regard terrible : une vraie pointe d'épée.

Santa-Cruz passa de l'autre côté du coupé, n'étant pas homme à attendre le bon plaisir d'un autre.

— Eh bien ! dit-il, j'ai vu cette Phryné, c'est une colombe.

D'Aspremont avait pâli à ce mot.

— Vous ne la connaissez pas, dit d'Aspremont, sans trop s'impatienter de cette brusque entrée du duc. C'est une couleuvre ; je veux dire, c'est une vipère. Prenez garde, duchesse ! elle vous a pris votre mari, elle vous prendra tous vos amis.

— Vous la connaissez bien, alors ? demanda Bianca.

— Oui, je l'ai vue à l'œuvre. Je ne parle pas des quelques centaines de mille francs qu'elle a croqués à votre mari comme des bonbons d'Achard ou de

Gouache, mais je veux parler de la ruine et de la mort d'un de mes amis.

— Eh bien ! dit la duchesse, venez donc ce soir prendre le thé, vous nous raconterez cette histoire.

— Ma foi, dit d'Aspremont, je le veux bien, ne fût-ce que pour l'édification de ceux de vos amis qui sont quelque peu amoureux d'elle. Je ne suis pas seulement le sauveur des femmes, je suis aussi le sauveur des hommes.

Le soir, il y avait chez la duchesse belle compagnie. Vers onze heures, quand il ne resta plus autour d'elle que les plus intimes, le comte d'Aspremont prit la parole et raconta l'histoire de son ami Gontran Staller, et de son ennemie Lucia, une horrible histoire dans les fastes de l'amour [1].

— Eh bien ! j'avais là une jolie rivale, reprit la duchesse.

— C'est la rivale de toutes les femmes de Paris, dit Achille Le Roy, car elle a été la maîtresse de tous les hommes.

— Comme a dit un romancier, ces femmes-là sont comme les billets de commerce, qui prennent d'autant plus de prix qu'ils ont plus de signatures.

— C'est Lucia qui ne paie pas ses billets !

— On pourrait l'appeler la pariétaire ou la fleur des ruines.

1. Cette histoire, détachée des Parisiennes, remplit tout un volume, qui a pour titre *Lucia, histoire d'une fille perdue.*

— Quand elle-même sera en ruine, il ne poussera sur elle que des champignons empoisonneurs.

— Est-il possible, reprit la duchesse en regardant d'Aspremont, que Lucia soit la sœur de Colombe, — la fleur et le fumier.

Comme tout le monde — plus que tout le monde — Bianca savait bien quelques chapitres de l'histoire de Lucia et de Gontran.

On avait surpris plus d'une fois la duchesse montant la colline du Père-Lachaise, vers la zone où sont enterrés quelques illustres de ce temps-ci, Balzac et Morny entre autres. C'était par là qu'était enterré Charles de Prémontré.

Rien n'aurait pu l'empêcher d'aller à ces funèbres rendez-vous.

Quand elle était trop longtemps sans saluer la tombe, il lui semblait que le mort avait trouvé la nuit plus noire et la bière plus étroite. La nuit, il venait lui dire : « Tu oublies que je suis mort pour t'avoir aimée. »

Dès son premier pèlerinage, elle avait remarqué que la tombe voisine de Prémontré était le sarcophage de la famille de Marcy.

Ce fut ainsi qu'elle apprit la mort de M. de Marcy, un ancien colonel de zouaves, qui avait repris du service sous Victor-Emmanuel dans la légion étrangère.

Quelques jours après, une petite lettre de madame de Marcy l'avertit qu'elles étaient revenues en France elle et sa fille ; qu'elles n'oubliaient pas leur amie d'Italie et qu'elles seraient bien heureuses de revoir la duchesse. Bianca alla voir madame et mademoiselle de Marcy qui vinrent le lendemain goûter au Parc des Princes.

A quelque temps de là, la duchesse reçut une petite lettre de madame de Marcy qui lui annonçait presque le mariage de sa fille avec M. Gontran Staller.

Ce fut avec une grande surprise et un grand chagrin que la duchesse ouvrit un jour une lettre encadrée de noir qui lui annonçait la mort presque subite de mademoiselle de Marcy. Elle courut chez la mère qui lui ouvrit son cœur et qui accusa Gontran d'avoir tué sa fille.

Quand Bianca allait au cimetière, elle avait donc deux chères figures à consoler, deux cœurs prédestinés à la mort par l'amour.

Un jour elle avait rencontré Gontran, perdu dans sa douleur, appuyé contre le sarcophage de la famille de Marcy.

Il remarqua la duchesse et parut surpris de la voir prier là.

Bianca priait plus encore pour Charles de Prémontré que pour sa jeune amie.

— Pauvre Clotilde ! dit la duchesse, quand tout le monde fut parti, — hormis Violette. — Pauvre Clotilde ! âme vierge et corps souillé, elle est morte quand elle s'est regardée en face !

Cette nuit-là, quand Violette rentra chez elle, elle n'osa se regarder en face.

— Bien heureux ceux qui meurent jeunes! dit-elle tristement.

XIX

LE SOUPER DE COLOMBE

En descendant dans son cœur, d'Aspremont s'aperçut que sa haine la plus violente était Lucia, et que son amour le plus doux était Colombe. — Les deux sœurs! — La même mère avait mis au monde l'Enfer et le Paradis. Il ne comprenait pas que le même lait eût pu nourrir un démon et un ange.

Il ne tenta pas de métamorphoser le démon, il continua à se détourner du chemin de l'ange, comme s'il eût craint de faire trébucher Colombe.

Il ne la perdait pas de vue ; c'était pour lui un doux et charmant spectacle de reposer ses yeux sur le tableau de cette pure et sévère existence dont Dieu était tout à la fois le but, l'amour et la distraction.

Il savait vaguement comment vivait Colombe. Elle habitait rue de Ponthieu, avec sa mère, sous les toits.

La maison était vieille et noire. On montait à ce cinquième étage par un sombre escalier dont chaque palier annonçait la misère par ses portes déteintes. Ici c'était une couturière ; là, une fille galante démodée ; plus haut, la femme d'un serrurier ; plus haut, une famille provinciale qui cachait sa ruine à Paris ; plus haut, un chantre d'église et un figurant de théâtre ; enfin, Colombe et sa mère.

On pouvait s'imaginer qu'on allait voir quelque tableau désolé de la misère parisienne. On était tout surpris de je ne sais quel air de fête répandu dans ces deux mansardes. La lumière y venait à pleins rayons. Devant chacune des deux fenêtres, d'où on voyait les hauteurs de Montmartre, il y avait un petit balcon pris sur le toit où Colombe cultivait les fleurs les plus variées : roses, jacinthes, primevères, pervenches, giroflées, fuchsias, toute la flore des jardins babyloniens.

Ce n'était pas tout. Colombe était gourmande. Comme Bernardin de Saint-Pierre, elle cultivait les fraises. Le philosophe trouvait un monde dans son fraisier, Colombe y trouvait des fraises. On n'imagine pas combien quatre magnifiques touffes de fraisiers anglais bien cultivées, bien arrosées, bien ensoleillées, peuvent produire de fraises : c'est à en faire venir la rosée à la bouche.

A l'autre fenêtre, Colombe cultivait trois beaux groseillers, un rouge, un blanc et un noir. Voilà le jardin.

Les deux chambres étaient toutes blanches; les deux lits, ombragés par des rideaux de guipure allemande, donnaient un air de richesse à ce taudis où Dieu répandait la douce gaieté de l'innocence.

Colombe avait elle-même ornementé ces rideaux avec des dentelles pour rire et des nœuds de faveur bleue. En un mot, le luxe à bon marché.

Si un philosophe était entré dans ces deux mansardes et qu'il eût étudié ces deux figures, la mère et la fille, je ne doute pas qu'il ne fût sorti avec cette pensée consolante pour les pauvres gens, qu'il y avait là plus de bonheur que dans dix hôtels somptueux du Paris bruyant.

C'est que Dieu était là. C'est que ces deux femmes, la mère pour la fille, la fille pour la mère, aimaient le travail comme un devoir. C'est que les heures où elles rêvaient à la fenêtre, cultivant chacune leur jardin avec une fourchette et des ciseaux, étaient des heures bénies tombées du ciel.

La mère malheureuse dans le passé, la mère qui ne voyait pas sans effroi les hautes escapades de Lucia, se gardait bien d'éveiller jamais l'idée de l'amour dans le cœur de Colombe. Elle se disait : Quand elle aura vingt ans, elle fera ce qui lui plaira ; mais, jusque-là, Dieu la préserve. »

La mère et la fille gagnaient ensemble trois à quatre francs par jour dans le coloriage. C'était pour elles un travail attractif. Elles auraient pu gagner vingt sous de plus peut-être en s'attardant moins à l'œuvre, mais il semblait que le sentiment de l'art fût descendu jusque-là. En coloriant une figure de Vierge pour un livre de mariage, Colombe y mettait beaucoup d'onction, comme les miniaturistes du moyen âge, disant : « Ça portera bonheur à celle qui se mariera avec ce livre. »

Elle ne songeait pas du tout qu'elle se marierait un jour.

Quand elle coloriait un menu pour quelque grande table, elle ne pensait pas du tout qu'elle allait mal dîner.

Colombe n'était pas envieuse parce qu'elle était contente de tout. Il n'y avait pour elle qu'un point noir à l'horizon : c'était sa sœur ; mais le soir et le matin, elle priait pour Lucia qui le savait bien et qui disait, en raillant : « S'il m'arrive tant de bonnes fortunes, c'est parce que Colombe prie Dieu pour moi. »

Colombe n'était pas retournée chez Lucia depuis sa rencontre avec d'Aspremont, mais Lucia venait voir sa mère et sa sœur de loin en loin. Une simple distraction. Elle sortait de là meilleure pour toute la journée.

Deux fois, la mère étant malade, on avait demandé un secours à Lucia, mais, depuis que la santé était revenue, on avait rendu l'argent.

— Cet argent me brûlait les mains, disait un jour la mère à Colombe.

— Si tu savais comme cet argent m'a semblé cher, à moi qui suis allée le demander !

Un jour, dans une de ses visites, Lucia rappela à Colombe ce beau monsieur qu'elle avait rencontré dans l'escalier.

— Trois millions, ma chère !

— Des millions ! murmura Colombe, je serais bien malheureuse si j'avais tant d'argent, je n'aurais plus de plaisir à travailler.

Lucia s'en alla en disant entre ses dents :

— On ne fera jamais rien de cette petite entêtée.

C'est que Colombe était entêtée dans le bien comme Lucia était entêtée dans le mal.

Et pourtant d'où vient qu'un soir d'Ayguesvives dit à d'Aspremont :

— Je soupe ce soir avec une jolie fille qui s'appelle Colombe.

XX

LE SOUPER DE COLOMBE

Lorsque le duc d'Ayguesvives dit qu'il souperait le soir avec Colombe, le comte d'Aspremont masqua sa jalousie et se contenta de murmurer d'un air distrait :

— Ah ! tu soupes ce soir avec Colombe ! Et où donc se passera ce beau tête-à-tête ?

— Au Café Anglais.

— Et pourquoi soupes-tu avec Colombe ?

— La belle question ! pourquoi soupe-t-on avec une femme ?

D'Aspremont se tordait les moustaches.

— Je suppose, hasarda-t-il, que Lucia sera de la partie.

— Lucia ! Pourquoi donc ? Est-ce que tu t'imagines qu'il me faut une femme pour en séduire une autre ?

Un troisième ami survenant, on parla des faits et gestes de mademoiselle Perle de Corail.

On se sépara. D'Ayguesvives remarqua que d'Aspremont ne lui avait pas serré la main.

— Ah ! j'oubliais, dit-il tout à coup, il était toqué de cette innocente.

D'Aspremont s'éloignait sans détourner la tête. Un violent chagrin l'avait saisi. C'était moins encore la jalousie que le regret de voir cette belle fille si blonde et si blanche, qui était pour lui l'image de la vertu, tomber tout d'un coup dans les bras d'un homme. Il ne doutait pas que ce ne fût l'or — ce tentateur presque toujours irrésistible — qui eût fasciné la pauvre enfant.

Il alla rue de Ponthieu.

Pour la première fois il monta les cinq étages de la maison de Colombe. Il n'y avait pas de sonnette à la porte. Il frappa.

La mère vint ouvrir. Il lui demanda si Colombe était là.

Colombe apparut belle, chaste, candide comme toujours.

Elle reconnut d'Aspremont : elle sembla surprise qu'il eût monté si haut, car elle le jugeait un homme du plus beau monde.

— Mademoiselle, lui dit-il, sans s'inquiéter d'un mensonge plus ou moins pieux, c'est demain la fête de ma sœur, je veux lui offrir une Bible ancienne, mais les miniatures sont très-effacées. Il faudrait rehausser çà et là quelques tons éteints. Puis-je vous l'apporter, pourrez-vous me la rendre demain matin ? Je ne vous cache pas qu'il y a beaucoup de travail.

— Nous passerons la nuit, dit ingénument Colombe.

— Si vous saviez comme elle va vite ! murmura la mère, en baisant Colombe au front. Et puis elle est si sûre de sa main que vous ne vous apercevrez pas d'une seule retouche.

D'Aspremont respira comme s'il passait de l'enfer dans le paradis. — Oh ! je sais que mademoiselle Colombe a une main de fée, dit-il en souriant. Je vais tout de suite chez moi pour vous envoyer la Bible.

Une heure après, Colombe se penchait avec amour sur ce travail délicat où elle voulait prouver son talent. Elle était fière qu'on lui eût confié un si beau livre.

Le soir, d'Aspremont retrouva d'Ayguesvives au cercle.

— Eh bien ! c'est toujours pour cette nuit, la bonne fortune ?

— Oui, pendant que tu souperas chez la duchesse de Montefalcone, je souperai avec cette fillette.

— Dis-moi la vérité. N'est-ce pas que c'est Lucia qui t'a ménagé cette galante entrevue ?

— Oui. Elle est exaspérée de toujours entendre

parler de la vertu de sa sœur. C'est devenu une légende.

— Et ce souper te coûtera cher ?

— Moins que rien, deux perles noires en pendants d'oreilles que je donne à Lucia.

— Et Colombe ?

D'Aspremont se retenait à quatre pour ne pas éclater.

— Colombe ! on ne sait pas : quelque joli bois de rose demain, si elle est bien sage cette nuit. Est-ce que tu es jaloux ?

— Moi ! j'avais trouvé doux de voir que toutes les filles n'étaient pas comme Lucia ; mais tu sais, je suis revenu des passions.

A minuit, d'Aspremont était trop ému pour rester au petit souper de la duchesse. Il retourna rue de Ponthieu. Tout en se promenant devant la porte, il vit de la lumière aux deux fenêtres de Colombe.

Travaillait-elle à sa Bible — ou bien s'habillait-elle pour aller souper ?

D'Aspremont passa une heure à battre le pavé, heureux de voir que la porte ne s'ouvrait pas.

La lumière brillait toujours.

— Elle travaille, dit-il avec une joie du cœur.

A ce moment une fenêtre s'ouvrit sur le toit. C'était la fenêtre de la chambre de Colombe. La jeune fille vint s'appuyer au-dessus des fraisiers et respira en perdant ses yeux dans les étoiles.

L'âme de d'Aspremont s'éleva jusqu'à elle avec amour.

Il n'était pas très-bon catholique, mais il remercia Dieu dans une effusion toute religieuse. Il s'aperçut alors que Colombe mordait à belles dents dans un morceau de pain.

— Voilà donc son souper! dit-il.

Elle n'oublia pas d'émietter la moitié de son pain pour ses amis les oiseaux afin qu'ils pussent déjeuner de bon matin.

Après avoir respiré cinq minutes, Colombe referma sa fenêtre pour se remettre au travail.

— Quel odieux mensonge! dit d'Aspremont.

Et il courut au Café Anglais pour avoir le mot de cette énigme.

— Est-ce que le duc d'Ayguesvives est ici? demanda-t-il au maître d'hôtel.

— Oui, il soupe là à côté, dans ce cabinet.

— Puis-je entrer ?

— Je ne sais pas, car il est avec une femme. Je vais lui dire que vous êtes là.

Le maître d'hôtel frappa trois coups et ouvrit la porte. D'Aspremont, qui avait les yeux bien ouverts, entrevit une Colombe de contrebande, — une Colombe blonde et blanche, — mais non pas délicate, candide, divine comme cette adorable créature de la rue de Ponthieu. La Colombe de contrebande n'avait pour toute innocence que sa niaiserie.

Le duc d'Ayguesvives dit qu'il ne pouvait pas recevoir, même le comte d'Aspremont.

— C'est bien, dit l'amoureux de Colombe, je ne veux pas entrer.

Il avait vu ce qu'il voulait voir. Il avait le mot de l'énigme.

Il comprit que l'infâme Lucia, descendant plus loin encore dans le crime du mensonge, avait renouvelé la comédie de mademoiselle de Marcy.

Elle avait vendu sa sœur pour deux perles noires : mais, ne pouvant livrer sa sœur, elle avait fagoté une fille perdue qui savait bien son rôle et qui devait faire illusion au duc d'Ayguesvives.

Il faut dire ici, pour la vérité de l'histoire, que le duc ne se laissa pas prendre à ce piége. C'était un homme d'esprit. Il s'amusa des bêtises de la Colombe de contrebande, il regretta ses deux perles noires, mais il jura de se venger de Lucia.

Le lendemain, d'Aspremont remonta l'escalier de Colombe ; il était midi. Quoique la jeune fille eût passé presque toute sa nuit à sa Bible, elle était déjà au travail. On lui avait apporté des cartes pour un dîner d'apparat.

D'Aspremont fut ravi des retouches faites aux miniatures de la Bible.

— Mademoiselle, lui dit-il, je ne sais comment vous remercier. Permettez-moi de vous offrir ce petit almanach où vous trouverez une image à chaque page du calendrier.

Ce petit almanach était un bijou revêtu en cuir de Russie tout étoilé de myosotis. Colombe émue regardait le fermoir d'or sans oser l'ouvrir.

— Adieu, dit d'Aspremont en serrant tout à la fois la main de la mère et de la fille, vous ne me reverrez que si j'ai encore une Bible à vous apporter.

Il sortit à la hâte, dans la peur de témoigner un sentiment trop expressif.

Quand les deux femmes furent seules, Colombe ouvrit l'almanach, curieuse de regarder les figures dans son amour de l'imagerie, je pourrais dire dans son amour de l'art.

— Oh! mon Dieu, maman, vois donc !

La mère regarda.

Au mois de janvier il y avait un billet de mille francs, pareillement au mois de février, pareillement au mois de mars. Colombe s'imagina qu'elle rêvait, le livre lui tomba des mains.

— Douze mille francs! dit la mère, nous voilà riches.

— Trop riches! dit Colombe en pleurant.

LIVRE II

LES MYSTÈRES DE PARIS

> Il reste à savoir si le mariage est un des sept sacrements ou un des sept péchés mortels.
>
> Dryden.

> Pourquoi dit-on toujours *Mon* Dieu et *Notre* Dame?
>
> M. de Voltaire.

> La meilleure comédie est celle que nous jouons nous-même.
>
> Molière.

> Pour le philosophe, la femme qui traverse pendant un quart de siècle les joies de Paris sans tremper ses lèvres dans la coupe, est une sainte, comme celle qui jette la première pierre aux autres est une orgueilleuse.
>
> ***

> Une femme est comme votre ombre : suivez-la, elle vous fuit ; fuyez-la, elle vous suit.
>
> Shakspeare.

Lorsque la reine Marguerite fut menée par sa mère au roi de Navarre, son mari, elle lui dit : « J'achève d'user mes belles robes, car, lorsque j'arriverai à la cour, j'y entrerai avec des étoffes et des ciseaux pour me faire habiller selon la mode qui courra. »

« Pourquoi dites-vous cela, ma mie ? reprit sa mère, car c'est vous qui inventez les belles façons de s'habiller ; — la cour les prendra de vous et non vous de la cour. »

C'est Brantôme qui dit cela. Il aurait bien pu ajouter dans son admirable manière de dire : « Les femmes modent ou démodent les robes ; bien mieux, elles modent et démodent la vertu. »

I

LE CHEMIN DE LA VERTU

Cependant, depuis que Santa-Cruz et d'Aspremont aimaient la duchesse de Montefalcone, — ils n'en continuaient pas moins de vivre comme s'ils ne l'aimaient point. — A Paris, l'amour n'est pas un article de foi. — On peut être éperdument amoureux sans se soustraire à ce que j'appellerai les civilités puériles et honnêtes. S'il y a encore des Putiphars, il n'y a plus de Josephs. La vie aventureuse du boulevard, du bois, du club, entraîne les jeunes gens en mille et un romans, même quand ils ne les cherchent pas. Et quand le duel est engagé avec une femme, il n'est pas poli de toujours rompre, surtout quand elle vous dit : « Messieurs les Anglais, tirez les premiers. »

Du reste, ce que nous avons raconté jusqu'ici s'était passé en fort peu de temps. Aujourd'hui, les romans ne sont plus éternels comme aux beaux siècles de la chevalerie, où l'on s'aimait à la vie à la mort. Le cœur ne se consume plus dans une seule moisson. A Paris, le cœur n'est jamais en jachère. Chaque saison donne ses fleurs et ses fruits.

Nous avons toujours en scène la duchesse de Montefalcone, entre ses deux amoureux. — Violette entre un amour qui s'en va : le fantôme d'Octave de Parisis et un amour qui vient : Achille Le Roy, duc de Santa-Cruz. — La chanoinesse fuyant son passé et voulant se reprendre à la vie avec d'Aspremont. — Mademoiselle de Saint-Réal amoureuse comme une folle du prince Rio. — Antonia veillant comme un ange gardien la duchesse toujours menacée par la maîtresse du duc. — Madame Andamy pleurant encore la première nuit des noces. — Mademoiselle Phryné — Lucia Tournesol — lançant ses quatre chevaux à travers les ruines. — Sa sœur Colombe ne croyant qu'à l'amour de Dieu. — Madame de Fontaneilles murée pour ainsi dire dans son château. — Quelques « jeunes seigneurs » menant à grandes guides la haute vie parisienne, beaux comparses des passions mondaines. — Enfin Monjoyeux, qui, pareil au philosophe antique, assiste à ces belles folies avec la raillerie de Démocrite.

Une sourde jalousie agitait en même temps le cœur de d'Aspremont et le cœur d'Achille Le Roy depuis qu'ils se voyaient presque tous les soirs chez la duchesse. L'amour est cruel, il aime les armes et les désespoirs, il est gourmand de jalousie.

Bianca éprouvait, sans se l'avouer, quelque plaisir à voir ces deux rivaux se fuyant et se cherchant. Sa curiosité aimait le spectacle de leur jeu, de leur ruse, de leur malice pour la séduire. Qui arriverait le premier ?

Arriveraient-ils tous les deux ? Resteraient-ils tous les deux en chemin ?

Quoique le sentiment du repentir, du devoir, de la dignité fût entré dans l'âme de d'Aspremont, quoique le plus pur des amours lui fût venu comme une aube nouvelle par la douce et brave figure de Colombe, il ne s'était pas fait ermite pour cela. Mais il pratiquait une théorie qui lui était toute personnelle.

Selon lui, Dieu avait créé deux espèces de femmes : — celles qui sont nées pour la vertu, pour le mariage, pour la famille, filles virginales, épouses filant de la laine, mères résignées au berceau de leurs enfants, — et celles qui sont nées pour les aventures, filles indomptables, épouses adultères, femmes infécondes ou mères déchues, — les comédiennes et les courtisanes, — en un mot toutes ces folles créatures qui passent par le mal pour arriver au bien, ou pour mourir impénitentes.

Or, selon d'Aspremont, il était tout simple de courir l'aventure avec les coureuses d'aventures. Mais c'était un crime de lèse-humanité et de lèsedivinité de semer le péché sur le chemin de la vertu. Comme disait fort spirituellement un moraliste : « Je ne suis pas le berger, mais je ne m'attaque pas au troupeau ; je ne deviens un loup que si je rencontre une brebis égarée. »

D'Aspremont ne remettait pas la brebis dans le bon chemin, parce qu'il savait bien qu'elle se perdrait encore. Mais il n'eût pas plus touché à Colombe qu'à l'arche sainte.

Pour lui, c'était toujours une image divine dans l'enfer de Paris.

Mais Colombe, pas plus que Bianca, ne l'arrachait tout à fait à ses amours de passage. Témoin cette histoire d'une bottine rose qui a fait quelque bruit dans Landerneau.

II

LA BOTTINE ROSE

Cette jeune femme blonde, grande et souple comme un roseau, le front rayonnant d'intelligence, l'œil bleu, mais voilé et trompeur, cachant l'âme avec la candeur des ingénues, profil de vierge avec une bouche amoureuse, des dents qui rient bien parce qu'elles sont blanches, mais qui se moquent bien parce qu'elles sont aiguës, un menton finement modelé qui s'accuse plutôt qu'il ne fuit, des épaules tombantes qui montrent mieux encore la grâce et la souplesse du cou : n'est-ce pas qu'elle répand autour d'elle un charme étrange ? Les cheveux sont bien plantés et rient dans leur désordre et dans leurs ors, ils ondulent çà et là, mais sans trop de rébellion : ils ne résisteront pas aux baisers. Le sein est imperceptible ; mais cette fine jambe que porte un petit pied cambré s'accuse en ronde-bosse. Il n'y a pas de femme maigre qui n'ait ses promontoires. Le bras et la main sont bien en chair. Et quelle blancheur ! blancheur de blonde. Saveur de fruit rare. Celle-ci sent la pêche et la fraise. Ses cheveux répandent un pénétrant parfum de foin coupé et de violette foulée.

D'où vient-elle? Qu'importe. Elle est à Paris; elle est Parisienne à la fureur. Elle vivra d'amour à Paris; à Paris elle mourra d'amour.

Je ne vous dirai que son nom de baptême; elle porte un grand nom de famille. Mais qu'est-ce que cela nous fait ? Elle n'aime que son nom de Diane.

D'Aspremont la rencontra un soir au bal; elle valsait, ils firent un tour de valse. Ils sentirent qu'ils étaient de la même taille de corps et d'esprit. Il y avait un vrai homme; il y avait une vraie femme. Aussi, en moins de cinq minutes ils se connaissaient, — ou plutôt ils se reconnaissaient, — car il y a des gens qu'on a toujours connus, soit dans ce monde-ci, soit dans un autre.

Diane n'était pas bégueule ; elle avait trop d'esprit pour fuir les hardiesses de la causerie. Il y a un mot allemand que je voudrais pouvoir traduire, un mot qui veut dire à peu près : Bouche de feu : c'est-à-dire que la femme est déjà pervertie par les lèvres. Les mots les plus voluptueux les ont déjà caressées au passage : ils ont pris chez elles la virginité d'expression.

Diane en était là.

Toutes les Parisiennes n'en sont-elles pas là ? Quelle est celle, parmi les plus pures, qui ne se soit complu à s'exercer aux mots étranges qui surexcitent l'esprit et les sens ? On appelle cela donner des coups de canif dans la grammaire.

Aussi Diane faisait-elle toujours cercle dans les salons ; on ne s'ennuyait pas en sa compagnie, on n'espérait pas vaincre sa vertu, mais on s'amusait aux escarmouches. Elle ripostait si gaiement, avec tant de verdeur et d'imprévu, que tous les hommes étaient ravis de faire des armes avec elle

D'Aspremont lui dit bien vite qu'elle était charmante et qu'il allait devenir amoureux d'elle.

— Vous serez bien attrapé, lui dit-elle en riant. L'Amour est un petit monsieur démodé qu'on ne voit plus qu'au théâtre et qui n'entrera jamais chez moi.

— Peut-être, dit d'Aspremont ; mais si vous voulez venir le trouver chez moi, vous verrez qu'il n'est pas aussi démodé que sa réputation.

— Je vous trouve bien impertinent. Est-ce que vous vous imaginez que je cherche des aventures à domicile ?

— Je ne m'imagine rien du tout ; seulement, puisque vous êtes la vertu même, vous n'avez pas peur de faire une chute en route. Qu'est-ce que la vertu, d'ailleurs, si elle ne se hasarde pas ?

On avait parlé à Diane du comte d'Aspremont. On lui avait dit qu'il était une des quatre ou cinq figures parisiennes qui méritaient d'être regardées de près.

Après un silence : — Que fait-on chez vous ? demanda-t-elle tout à coup d'un air dégagé.

— Oh! je suis un homme primitif — je me trompe, un homme mythologique : J'attends Diane.

— Et Diane ne vient pas ?

— Je vous parie que vous n'osez pas venir demain à quatre heures en allant au Bois, car vous passez tous les jours sous ma fenêtre.

— Qui sait ? Il ne faudrait pas m'en défier.

— Je vous en défie !

— Quelle fatuité ! Vous vous imaginez peut-être que si j'étais chez vous entre quatre yeux...

— Et entre quatre lèvres...

— Je ne vous résisterais pas ? Mais c'est l'enfance de l'art.

— Eh bien! venez demain, puisque vous n'avez rien à risquer.

— Attendez-moi sous l'orme.

Le lendemain, d'Aspremont n'attendait pas du tout Diane. Aussi, ne fut-ce pas sans quelque surprise qu'il la vit entrer dans son petit salon sans être annoncée. Le domestique n'avait pas fait de façons pour la laisser monter toute seule. L'habitude de la maison n'était pas d'annoncer les femmes.

Diane était voilée.

— Eh bien ! me voilà, dit-elle. Vous voyez que je suis brave. Adieu.

D'Aspremont se récria :

— Adieu ? vous n'êtes pas comme César : vous êtes venue, mais vous n'avez pas vaincu.

D'Aspremont avait saisi la main de Diane.

— On ne vient pas ici rien que pour s'en aller.

Diane, surexcitée par la vaillance, lui demanda ce qu'on y venait faire.

— Je vais vous dire cela.

Et il l'entraîna sur un canapé, sous prétexte qu'on n'était bien que là pour causer.

— Je sais d'avance toute votre poétique, je connais vos paradoxes, vous allez me prouver que la vertu n'est pas une chose innée, mais une chose conquise, ou plutôt reconquise ; que celles qui ne vont pas à la bataille n'ont aucun droit à porter la palme. Et autres opinions avancées.

Diane n'avait pas voulu s'asseoir. Ses grands yeux erraient dans la chambre avec cette ardente curiosité de la femme la moins curieuse.

Tout d'un coup, elle exprima un mouvement de surprise en voyant une petite bottine rose pâle posée sur une chiffonnière, aussi artistement et aussi coquettement que si c'eût été une œuvre d'art.

— Qu'est-ce que cette pantoufle fait là ?

— Elle attend votre pied, madame.

— Vous vous imaginez peut-être que je ne pourrai pas la chausser ?

— Je ne vous fais pas cette injure. Votre pied est bien capable d'entrer partout, même dans cette bottine.

Et d'Aspremont souleva rapidement le bas de la robe de Diane.

— Un pied divin ! le pied de Vénus marchant sur les vagues !

— Ne soyez pas si poétique. Cette bottine a sans doute sa légende. Contez-la-moi.

— Je veux bien ; mais comme vous pourriez dormir debout si je vous contais cette légende, il faut vous décider à vous asseoir.

D'Aspremont força la chaste Diane de s'asseoir sur le canapé.

— Voici l'histoire en quatre mots. J'aime les petits pieds. J'ai adoré celle qui chaussait cette bottine : un amour qui a bien duré six semaines, six semaines qui ont bien été six siècles. Le petit pied est parti pour ne plus revenir. De tant de bonheur perdu, il ne m'est resté que cette bottine. Si je l'ai baisée mille fois, vous n'en doutez pas ! J'ai juré que je n'aimerais plus avant de trouver une femme qui la chaussât.

Diane s'était soulevée et avait saisi la bottine.

— Et aucune femme n'a osé tenter l'aventure ? Un chameau passe bien par le trou d'une aiguille, — sans comparaison.

— Jusqu'ici, non. Mais je suis sûr que votre petit pied s'impatiente.

Diane mesurait la bottine, de face et de profil.

C'était une adorable petite bottine qui avait toutes les expressions de la coquetterie, de la grâce, de la mutinerie ; elle était provocante, campée sur son haut talon ; le petit lacet avait des ondulations de serpent.

Telle fut la tentation, que Diane se baissa tout en soulevant son pied. Il ne lui fallut pas deux secondes pour retirer sa bottine.

— Me voulez-vous pour femme de chambre ? dit d'Aspremont.

— Chut ! fermez les yeux, ou je ne concours pas !

Mais la petite bottine rose était là sur ses genoux qui lui jetait toujours son défi.

Il était plus difficile de chausser celle-ci que de chausser celle-là. Ce fut un charmant spectacle pour d'Aspremont, — qui ne regardait pas de l'autre côté, — que la vue de Diane, fourrant son petit pied, habillé d'un bas de soie rose, à mille raies, dans la petite bottine rose.

Parmi les actions intimes de la femme, celle-ci, — chausser une bottine, — est une des plus jolies. Si les sculpteurs du dix-huitième siècle, les libertins comme Allegrain, ne l'ont pas consacrée par le marbre, c'est que le marbre ne vit que par le nu.

— Voilà ! dit tout à coup Diane, en levant héroïquement son pied sous le nez de d'Aspremont.

Elle avait chaussé la bottine.

— Vous voilà prise, dit d'Aspremont.

— Pourquoi ?

— Parce que cette bottine est, comme la pantoufle de Cendrillon, toute pleine de maléfices. Votre pied appartient à la pantoufle, la pantoufle m'appartient : vous comprenez ?

Diane était « une très-honneste dame, » comme les dames de Brantôme ; elle ne voulait pas forfaire à l'honneur : elle ne se déchaussa pas.

Voilà pourquoi, une heure après, le comte de Harken, qui, lui aussi, entrait chez d'Aspremont sans se faire annoncer, surprit si indiscrètement d'Aspremont en tête-à-tête avec Diane, chaussée d'une bottine marron et d'une bottine rose.

Quand la jolie Parisienne se déchaussa vers le soir, c'en était fait de cet amour parisien s'il en fût. — Trois heures d'oubli! pourquoi vouloir faire une éternité d'un rayon qui passe, d'un parfum qui s'envole et d'une bottine qui sourit? Dans l'orage de la vie, l'arc-en-ciel ne se montre qu'un instant.

Quand d'Aspremont et Diane se rencontrent, ils sont ravis de se voir, mais sans plus de regret ils se tournent les talons. On ne peut pas toujours chausser la même bottine. Diane et d'Aspremont ont trouvé d'autres chaussures à leur pied.

III

LES PARENTHÈSES DE LA VERTU

Combien d'histoires pareilles on pourrait inscrire aussi dans le livre des faits et gestes d'Achille Le Roy, duc de Santa-Cruz ! Il ne se contentait plus des trop faciles conquêtes des démi-mondaines, il portait son siége plus haut depuis qu'il avait triomphé de quelques vertus héraldiques, comme madame de Campagnac.

La pauvre égarée lui écrivait du fond de son couvent les lettres les plus brûlantes. C'était Héloïse l'ancienne et la nouvelle. Lui, qui savait le jeu des mots, il lui répondait pour la consoler de la prison et pour la jeter plus avant dans sa folie.

En attendant le jour de la séparation judiciaire — qui devait être pour elle le jour d'une vie nouvelle où elle ne voyait que Santa-Cruz, — il se consolait gaiement dans le monde même de madame de Campagnac.

La comtesse Léonie de Soucy était bien la femme la plus heureuse du monde.

Mais encore une fois, qu'est-ce que le bonheur? Elle ne le savait pas : elle voulut le savoir.

On la citait dans tous les journaux comme une des étoiles du monde. Elle scintillait, que dis-je ! elle rayonnait dans toutes les fêtes; elle était fière de ses diamants et de ses perles, mais ses yeux noirs et ses dents blanches qui s'entendaient merveilleusement pour le sourire, jetaient encore plus de lumière et d'éclat que sa couronne, ses pendants d'oreilles, son collier et ses bracelets. Ses ennemis disaient qu'elle louchait. Peut-être un peu. Mais de même que mademoiselle de La Vallière avait acquis une grâce de plus par son art de marcher en boitant, la comtesse de Soucy était plus jolie encore par le *fa* dièze de ses beaux yeux. Ce n'était pas le premier regard venu, on était plus frappé, on s'arrêtait surpris et charmé.

Il y a, si on peut dire, des imperfections toutes divines. Il a fallu à Zeuxis, dans le pays de la Beauté, sept femmes pour en faire une. Pour moi, j'eusse préféré une des sept Athéniennes à la Vénus de Zeuxis. — J'aurais peut-être mieux aimé les sept Athéniennes.

Donc, madame de Soucy était imparfaite et adorable. Je n'entrerai pas dans le mot-à-mot de ses autres imperfections. Elle n'avait pas un pied à dormir debout, mais elle ne le montrait pas. Clésinger, qui causait un jour avec elle, lui demanda si elle voulait poser — tout habillée — pour une Daphné.

— Je vous donnerai l'esquisse, lui dit le sculpteur.

— Je ne pose qu'en buste, répondit-elle.

C'est que sa beauté s'arrêtait là, c'est que les jambes étaient grêles, c'est que le pied n'avait pas le suprême contour ni le beau dessin des femmes de marbre.

— Montrez-moi votre pied, dit Clésinger.

— Jamais ! répondit-elle. Mon pied m'est étranger, c'est un pied de grue et je ne fais pas le pied de grue.

— Ni moi non plus, dit le sculpteur.

Ceci se passait dans les salons d'un grand personnage. Comme tous les artistes de race, Clésinger dessina en lignes précises dans son esprit l'adorable expression de la comtesse, qui, un jour ou l'autre, reparaîtra dans quelque beau marbre. Elle a cela de charmant que l'amour, la gaieté, la raillerie même n'ont pu effacer en elle un doux sentiment de candeur. Aussi, quoi qu'elle fasse, on lui pardonnera toujours : on dira qu'elle a été surprise, mais qu'elle n'y était pour rien.

Était-ce l'opinion de son mari ?

Qu'importe ! ce n'est pas son histoire avec son mari que je raconte ici.

Ce n'est pas le théâtre de la comédie qui est l'école des mœurs, c'est le théâtre du monde. C'est là que toutes les femmes jouent leur rôle sans le savoir, à l'improviste et sans souffleur. Le bruit de l'orchestre couvre toutes les défaillances.

Pendant la première année de son mariage, madame de Soucy disait à son mari : — Veux-tu valser? — Et ils valsaient ensemble et tout était bien.

La seconde année, la comtesse valsa avec le premier venu, elle s'attarda à souper, elle ne s'indigna pas trop des intimités de la table entre une heure et trois heures du matin. On se trompe de coupe, on mange une fraise à deux. Sous prétexte de myopie, on regarde les bracelets de si près qu'on mange les bras des yeux — et des lèvres.

La comtesse laissait faire, indifférente, dédaigneuse, croyant qu'à toute belle femme il faut un cortége.

Le mari n'avait pas peur de toutes ces idolâtries, il sentait qu'il retrouvait sa femme en rentrant chez lui, parce qu'il la retrouvait plus amoureuse ; selon la vieille expression, d'autres avaient payé les fagots pour faire le feu de joie.

Quelques années se passèrent ainsi. On disait de madame de Soucy : très-jolie, très-folle et très-sage. Les plus entêtés dans leur culte pour elle passaient tous à un autre autel après six semaines de temps perdu. Sa cour se renouvelait sans cesse. De plus hardis tentaient l'aventure, mais les fats eux-mêmes s'avouaient vaincus.

Le mari savait cela et disait qu'il n'avait jamais eu le *Soucy* de la jalousie.

Il dit encore cela aujourd'hui ; aussi n'est-ce pas à lui que je vais dire cette histoire. Je sais son opinion sur les romans, c'est lui qui a exprimé un jour cette belle maxime : « Je ne sais pas pourquoi on lit, aujourd'hui qu'on sait tout. »

Monsieur, il y a encore le catéchisme qui apprend quelque chose.

Or, il arriva un soir ceci.

A force de voir les passions s'épanouir autour d'elle, la comtesse de Soucy se laissa prendre par la curiosité plutôt que par l'amour.

C'était la fièvre de la trentième année.

A quarante ans, les femmes s'imaginent qu'elles sont jeunes, mais à trente ans elles s'imaginent que tout est désespéré. Elles sont à dix siècles de leur entrée dans le monde ou de leur mariage. Il y a si longtemps qu'on les voit, toujours les mêmes, avec le même mari, comme avec les mêmes bouquets ! Heureusement que la mode renouvelle leurs robes. Mais ne peut-elle les renouveler tout entières ! A trente ans, c'est toujours le même répertoire ; on est comme la comédienne à sa centième représentation. La pièce n'est plus qu'une friperie, tout y est démodé, l'esprit comme l'émotion. Les mots ne portent plus, la source des larmes est tarie.

Aussi, pour ne plus jouer la même pièce, combien de femmes de trente ans se retirent du monde, sauf à y reparaître plus tard dans un renouveau ! Combien qui tentent les périlleuses aventures de l'adultère, aimant mieux l'horreur charmante du péché que les pacifiques bonheurs de l'horizon conjugal ! N'a-t-on pas vu des matelots chercher la tempête pour la braver?

La comtesse de Soucy avait peur du mal de mer. Elle ne voulait pas tenter les périls d'une longue traversée amoureuse, mais elle se promettait vaguement de « faire une promenade en mer » en côtoyant toujours le rivage, — je veux dire le mariage.

Le nombre de jeunes gens et d'hommes mûrs amoureux de l'adorable loucherie de la comtesse, est indicible aujourd'hui. On lui eût formé toute une légion d'adorateurs. Elle avait pour tous la même caresse des yeux et la même moquerie de la bouche. Tout le monde se croyait remarqué, mais elle ne remarquait qu'elle-même et son mari était toujours son amant. Aussi M. de Soucy bravait-il tous les dangers avec une certaine fatuité.

Quand on voit le beau monde à Paris, on voit tout naturellement le demi-monde; car on a fait cette remarque consolante : que quiconque ne voudrait ouvrir son salon qu'aux beautés héraldiques portant un lis dans la main, la maison serait trop grande, fût-ce la maison de Socrate. Je ne parle pas des monstres héraldiques, vieilles filles contrefaites ou jeunes filles mal faites. Je laisse chez elles les pieuses mères de famille, les nobles épouses nées pour filer de la laine, les châtelaines qui donjonnent tout l'hiver. Je parle du monde de Paris. Je vous le dis, en vérité, mes très-chers frères, le péché a mis sa marque partout. Quelle est la femme aujourd'hui qui n'ait gardé parmi ses pensées les plus secrètes ces paroles de l'Évangéliste : « Ceux qui ont péché et qui sont arrivés à Dieu dans le repentir, auront une plus belle part de Paradis que les autres, parce que la rédemption est une vertu toute divine. »

Le comte de Soucy conduisit un jour sa femme au bal de l'Opéra, encapuchonnée et masquée à ne pas se reconnaître elle-même.

Quand je dis qu'il la conduisit, je veux dire qu'il la mit à la porte avec une de ses amies, lui indiquant la loge louée, lui disant qu'il la retrouverait bientôt.

Ce fut pour madame de Soucy la vraie préface de la chute.

Elle ne fut pas plutôt à la porte de sa loge, qu'elle vit passer un de ses adorateurs, celui qu'elle aimait le moins : mais enfin on prend ce qu'on trouve sous la main. Elle s'essaya avec lui.

C'était un Italien, il entra dans la loge et parla

aux deux amies comme il eût fait à deux filles d'Opéra, c'est-à-dire avec le plus grand respect. Quoique étranger, il était familier à toutes les finesses du langage à la mode les jours de bal masqué, ce qui rappelle ce mot d'un ambassadeur : « Mon gouvernement sera content de moi ; je ne sais pas encore bien le français, mais je connais à fond l'argot ; la diplomatie n'a donc plus de secrets pour moi. »

La comtesse de Soucy, tout en ripostant, tantôt par un mot, tantôt par un coup d'éventail, hasarda cette réflexion féminine que dans cette atmosphère endiablée, quand Lucifer Strauss commande à tout ses démons de jouer ses quadrilles infernaux, si une femme se trouvait seule dans l'arrière-loge avec un homme aimé, il lui faudrait quelque stoïcisme dans l'âme pour ne pas l'aimer — verbe actif pendant cinq minutes.

Et regardant l'Italien :

— Ah ! si c'était le duc de Santa-Cruz !

La comtesse était blonde comme l'or, Achille Le Roy était brun comme les corbeaux.

Elle s'aperçut ce jour-là qu'elle l'aimait. Elle l'aimait parce qu'il était beau et dédaigneux ; elle se sentait fière de ses adorations. Partout où elle le rencontrait il était poursuivi par les femmes, il ne poursuivait qu'elle seule.

— Vous ne me dites plus rien, dit l'Italien.

— C'est parce que je n'ai plus rien à vous dire,

répondit-elle. Vous connaissez le duc de Santa-Cruz?

— C'est à lui que vous avez quelque chose à dire?

— Oui, si vous le permettez. Il doit être dans les couloirs, dites-lui que je l'attends.

L'Italien, qui était un homme d'esprit, épuisa sa rhétorique à prouver à la comtesse qu'entre un Italien et un Espagnol, il n'y avait pas la distance d'une pointe d'aiguille.

— Songez que ce qu'on aime dans l'homme, c'est l'amour, qu'il soit blond, qu'il soit brun, c'est le même cœur.

— Peut-être, dit la comtesse. Mais moi, j'aime par les yeux.

L'Italien dirigea ses batteries contre son amie : il ne fut pas plus heureux.

Madame de Soucy se hasarda dans le couloir avec des battements de cœur.

Elle reconnut beaucoup de jeunes gens qu'elle voyait tous les soirs, mais elle ne rencontra pas Santa-Cruz. Elle avait trop peur d'être reconnue pour parler beaucoup. Elle dit pourtant quelques malices, mais, se sentant trop entourée, elle se réfugia dans la loge. C'était au moment où son mari y entrait.

Aller au bal de l'Opéra sans son mari, ce n'est pas bien, mais y aller avec lui, c'est absurde. Aussi la comtesse dit-elle au sien :

— Mon cher ami, ne vous montrez pas avec moi, vous feriez supposer que je viens ici; allez m'attendre sous le péristyle, nous descendons tout de suite.

Jusque-là le mari s'était promené au foyer. Madame de Soucy avait eu deux heures de liberté, elle se promit bien de retrouver ces deux heures, — et cette fois — de ne plus les perdre.

Qu'est-ce que la vertu? Un philosophe me répondra ceci ou à peu près : c'est la dignité humaine. Chez les Grecs, c'est la fille de la Vérité. Chez les Romains, c'est une déesse vêtue de lin blanc, assise sur un cube, tenant à la main tantôt une palme, tantôt une branche de laurier, tantôt un sceptre. Chez les chrétiens la vertu a des ailes et s'envole au ciel, voilà pourquoi nous la connaissons si peu.

Les sages de la Grèce n'ont pu écrire le catéchisme de la vertu. Selon Zénon, c'est la vie harmonique, mais la vie harmonique est-elle dans le refrénement des passions ou dans leur épanouissement? Sénèque est plus vague encore : vouloir et ne pas vouloir constamment la même chose. Selon Socrate la vertu est le fruit suprême de la raison; selon Cléanthe, c'est la fleur suprême de la nature. Les païens avaient quatre vertus cardinales : l'Héroïsme, la Sagesse, la Justice, la Prudence, c'était une de trop; si l'Héroïsme est une vertu, la Prudence n'en est pas une.

Les chrétiens ont changé tout cela, en consacrant

trois vertus théologales : la Foi, l'Espérance, la Charité. Puisque l'Espérance est déjà la Foi, comment les Pères de l'Église n'ont-ils pas remplacé l'Espérance par le Repentir ou la Résignation? Deux vertus celles-là!

Faites une académie de philosophes, faites un concile de prophètes, donnez-leur à résoudre cette question : Qu'est-ce que la vertu? Les uns ne la trouveront pas, les autres la trouveront partout, mais dans le concile pas plus que dans l'académie on ne pourra s'entendre. L'un montrera Sapho éperdue, se jetant à la mer. L'autre, sainte Thérèse plus éperdue, jetant son cœur dans l'abîme du ciel. Celui-ci jurera par Brutus qui tue le tyran, celui-là par Lucrèce qui se tue elle-même. Quels beaux exemples dans la martyrologie des saints comme dans le stoïcisme des païens!

Si on voulait bien m'interroger, je répondrais : La vertu est le sentiment divin qui donne à toute créature la dignité d'elle-même.

Voilà pourquoi madame de Soucy voulait cacher son péché, même à son amant.

Mais elle aurait beau faire, elle aurait beau mettre un masque et s'envelopper dans un domino, elle ne pourrait cacher son péché à elle-même. Elle devait, elle aussi, sentir sa déchéance. Or, comment trouver le beau courage de la fierté dans une âme qui a vu sa chute?

La femme de César ne serait pas soupçonnée,

mais ce n'est pas assez d'être vertueuse devant les hommes, il faut encore l'être devant soi-même, devant sa conscience qui est l'image de Dieu.

Toutes ces idées des anciens et des modernes sur la vertu, traversèrent-elles l'esprit de madame de Soucy?

Elle consentait dans sa fierté de marbre à s'humilier devant Dieu. Qu'est-ce qu'un grain de poussière devant la lumière du Très-Haut? Mais elle ne voulait pas subir la domination d'aucun homme. Il y a des amours qui ne descendent jamais jusqu'à l'esclavage. Elle savait bien que, dès que la femme est vaincue, l'homme le plus amoureux rit du sacrifice et se relève de ses adorations jusqu'au rôle de triomphateur.

Et pourtant, qu'est-ce que l'amour sans le sacrifice?

Qu'est-ce que l'amour sans ces enivrements qui font de deux amants une seule âme? Recommencer toujours le même rêve, s'il doit toujours échouer, à quoi bon?

Guenille si l'on veut, ma guenille m'est chère.

L'homme de Molière a raison. Puisque Dieu a donné à notre âme un corps de chair, pourquoi, dans notre passion la plus divine et la plus humaine, ne pas réunir les joies de la terre et du ciel? pourquoi ne pas ouvrir les bras quand ils sont l'expression de nos désirs?

Si péché caché est à moitié pardonné, la comtesse ne serait qu'à demi pécheresse. Bien mieux, elle le serait moins encore si elle réalisait son rêve : or, son rêve le voici :

Rencontrer à l'Opéra Santa-Cruz, l'entraîner dans sa loge, lui faire croire qu'elle arrive de Madrid, ne lui parler qu'en espagnol, l'étourdir par un de ces amours impromptus qui charment le plus les hommes.

Elle croyait que Santa-Cruz était un Espagnol de Madrid; elle lui écrivit en donnant à son écriture un caractère anglais : « Je viens de Madrid tout » exprès pour vous rencontrer samedi au bal de » l'Opéra; à une heure et demie frappez à la loge » n° 12. Pas une minute plus tôt, pas une minute » plus tard. »

Le même jour elle dit à son mari :

— Je retournerai encore une fois à l'Opéra, mais pour Dieu que nul ne le sache, pas même vous. Retenez-moi la même loge pour mon amie Hélène et pour moi. J'avertirai Hélène qui m'attendra. A trois heures vous viendrez nous chercher, ou mieux encore je me ferai reconduire par Hélène, qui est un dragon de vertu et qui rentrera bien toute seule chez elle.

Le mari obéit sans qu'un nuage traversât son front. Il était d'ailleurs tout à la pensée d'une aventure qui s'annonçait pour lui.

Comme le samedi passé il conduisit sa femme

jusqu'au péristyle de l'Opéra. Il était minuit et demi, elle se mêla à la première bourrasque et elle s'envola jusque dans sa loge. Il est bien entendu qu'elle n'avait pas appelé son amie Hélène.

Elle se montra à peine dans la loge, elle se blottit sur le canapé du petit salon, tout émue et tout embrasée par son rêve. Allait-il venir? S'il la reconnaissait? Elle se promettait de ne parler qu'en espagnol, mais elle pensait avec inquiétude qu'elle avait déjà causé en espagnol avec lui.

Il était une heure, on frappa. Elle souleva le petit rideau et reconnut l'Italien ; elle n'ouvrit pas, il frappa plus fort, mais il finit par s'en aller en se disant qu'à l'Opéra il ne faut pas se rappeler les paroles de l'Évangile: « Ne frappez pas, on vous ouvrira. »

Santa-Cruz n'attendit pas qu'il fût une heure trente minutes pour passer devant la porte du n° 12.

La comtesse le vit-elle par la seconde vue? Il n'avait pas eu le temps de regarder par l'œil-de-bœuf, que déjà la porte s'était ouverte et qu'une petite main avait pris la sienne.

La porte se referma bien vite.

Qui es-tu? demanda-t-il en baisant au front le domino.

— Une femme, répondit la comtesse.

— D'où viens-tu?

— De la lune.

— Tu ne me feras pas croire que tu as passé les Pyrénées pour me voir.

— Pourquoi pas? Si tu veux m'aimer une heure !

— Une heure !

Achille Le Roy regarda à sa montre.

— Oui, une heure et cinq minutes.

— Tu seras donc bien occupé cette nuit?

— Oui, je soupe avec Blanche d'Antigny, Lasseny, Jeanne Andrée, Henriette Château, Léonide Leblanc et autres archidéesses.

La comtesse ouvrit la porte et dit d'une voix pleine de colère :

Eh bien ! va souper !

— Voilà bien les femmes ! Tu veux donc m'aimer pendant l'éternité? Une heure ici, c'est un siècle, sans compter les cinq minutes que nous allons perdre à dire des bêtises.

— Tu as peut-être raison.

— Songe que tu es pour moi le vrai bouquet de la fête. Une heure avec une femme qu'on ne reconnaît pas! Se perdre soi-même dans ce pays nouveau et oublier !

Et parlant ainsi, Santa-Cruz voulait aller à la découverte.

— Voyons, ne voyageons pas si vite.

La comtesse se défendait à belles mains.

— Tu sais mon habitude de faire le tour du

monde, de traverser les forêts vierges, de braver les cataractes.

Il me serait impossible de vous noter toutes les variations de ce charmant duo improvisé par deux dilettantes.

Santa-Cruz tenta vainement de découvrir quelle était cette femme qui lui voulait tant de bien. Il avait trop d'esprit pour insister; il fit comme les amateurs de tableaux qui prennent un chef-d'œuvre sans signature. C'est peut-être de Titien, c'est peut-être de Giorgione, c'est peut-être du Padouan; qu'importe, si c'est une œuvre de maître?

Il arriva fort en retard au souper de ces dames.

D'où diable venez-vous? on ne vous a pas vu ce soir.

— J'arrive d'Espagne.

— Il sera toujours fou!

Oui, je viens de faire le voyage avec la plus adorable Espagnole qui ait mis le pied en France.

— Comment s'appelle-t-elle ?

— Elle s'appelle l'Inconnu. Je ne la connais ni d'Ève ni d'Adam, nous nous sommes dit bonjour, bonsoir, pas un mot de plus, tout est fini.

— Voilà comment je comprends l'amour, dit la plus sérieuse des dames qui soupaient. Il y en a qui n'aiment que les commencements, moi je n'aime que les dénoûments.

— Moi je n'aime ni le commencement ni la fin. Et toi, la Taciturne ?

— Question d'argent.

— La Taciturne a toujours raison, parce qu'elle ne parle jamais, dit Santa-Cruz, mais ici toutefois ce n'est pas une question d'argent.

— Eh bien ! dit Fleur de Pêche, puisque tu as été heureux pour rien, donne-moi le prix de ton bonheur.

— Oh ! dit Santa-Cruz en jetant un billet de mille francs à Fleur-de-Pêche, il ne faut pas refuser cent sous à un pauvre quand on a le cœur content ; mais s'il me fallait payer mon bonheur, je ne serais pas assez riche.

Pourquoi la comtesse de Soucy n'entendit-elle pas cette belle parole ?

Le lendemain dans la soirée elle rencontra Santa-Cruz dans un bal du boulevard Malesherbes. Il était encore tout plein de son bonheur, il le portait fièrement sur le front : vous savez, cette couronne idéale de Don Juan que voient bien les femmes.

— Asseyez-vous là, dit la comtesse au jeune duc.

— Je voudrais m'asseoir à vos pieds, comtesse.

— Mon cher ami, vous avez dans le regard et dans le sourire je ne sais quelle pointe d'impertinence et de fatuité qui ne vous messied pas d'ailleurs.

Santa-Cruz n'avait pas reconnu, dans l'Espagnole du bal de l'Opéra, la comtesse de Soucy, d'autant plus qu'elle avait parlé d'elle-même avec un sentiment de jalousie. Il se rappelait encore ces paroles du domino: « On m'a dit qu'à Paris vous étiez amoureux d'une grande coquette, la comtesse de Soucy. » Il s'était contenté de répondre: « Pourquoi ne serais-je pas amoureux d'elle puisque je suis amoureux de toutes les femmes ? »

Cependant la comtesse, qui voulait faire jaser Santa-Cruz, lui demanda s'il s'était bien amusé au bal de l'Opéra avec ces demoiselles.

— Qui vous a dit qu'il y eût des demoiselles ?

— Les échos d'alentour. Bien décidément vous n'aimez que la mauvaise compagnie.

— Je n'ai peut-être pas passé toute ma nuit avec la mauvaise compagnie.

— Racontez-moi donc cela.

— Jamais.

— Tout de suite. Est-ce qu'il y a vraiment des femmes du monde à ce bal de l'Opéra ?

— Je suis bien sûr qu'il y en avait une cette nuit.

— Pour vous?

IV

VIOLETTE AMOUREUSE

Violette vit un matin Achille Le Roy passer à cheval devant son chalet. Ce fut la même rencontre que Prémontré avec la duchesse de Montefalcone. Ils se regardèrent : Achille tourna bride, mais il alla plus vite que Prémontré : il salua Violette, il mit pied à terre et demanda à la belle solitaire si elle lui permettait de franchir le seuil de sa thébaïde. Elle lui dit que non; mais il entra : Santa-Cruz traduisait toujours — avec les femmes — *non* par *oui*.

Elle se sentit émue, comme si Parisis lui-même se fût promené avec elle. Ce n'était pas la même émotion : avec Parisis elle était prise par le charme, avec Achille Le Roy elle était prise par la peur.

On sait que, comme Parisis, les yeux et les paroles d'Achille Le Roy étaient des caresses et des fascinations. Il ne dit pas un mot de galanterie, mais il eut l'art de troubler ce pauvre cœur par je ne sais quelle éloquence amoureuse, toute de sentiment, comme s'il savait bien le chemin du cœur de Violette.

Il y a deux choses qui consolent : la mort ou l'amour.

Violette n'avait pu mourir, quoiqu'elle se fût jetée tout éperdue dans les bras de la mort.

Il fallait donc qu'un jour elle se reprît à aimer.

Je sais bien que je vais dépoétiser cette adorable figure qui marchait dans l'auréole du sacrifice, tout à sa passion qui semblait immortelle comme son âme. Mais rien ne dure, parce que c'est la loi de l'humanité ; tout se renouvelle ; l'oubli finit par fouler d'un pied dédaigneux les sentiments les plus chers, comme des roses fanées après le banquet.

Quand deux amoureux se sont bien aimés, ne se réveillent-ils pas un matin en ne s'aimant plus ? L'abbé Prévost a écrit lui-même un dernier chapitre à son histoire de *Des Grieux* et de *Manon*. Manon n'était qu'évanouie dans le désert ; Des Grieux l'avait placée et enterrée de sa main : mais sous le sable elle vivait toujours. A peine Des Grieux eut-il quitté la fosse, que Synnelet se jette comme une bête féroce sur le sable ; il déterre Manon, qui rouvre ses beaux yeux et désarme Synnelet par sa douceur. Quand elle est revenue à elle, elle s'embarque pour la France, elle finit par retrouver Des Grieux. C'est tout un nouveau roman, encore plein de passion, que je vous laisse à deviner. Que font-ils? Ils s'épousent. Des Grieux pardonne à la pécheresse, Dieu donne sa rédemption. Manon est une épouse aussi digne que les plus dignes. Leur joie est donc grande? Oui, si grande, hélas! qu'elle ne doit pas durer. Comme toutes les autres passions, celle-là va mourir à force de passion. Il faut comparer l'amour à une belle saison, qui emporte de soi-même ses fleurs et ses fruits; le cœur humain a un champ bien préparé pour la moisson des sentiments, mais presque toujours on n'y voit germer que des plantes légères; rarement elles prennent des racines profondes, elles sont étouffées par les nouvelles semailles et les nouvelles pousses.

Que fût-il arrivé si Parisis avait vécu et qu'il eût repris Violette dans ses bras? Des jours de joie, des heures d'expansion, des minutes de bonheur. Et puis, un matin, on se fût réveillé sans amour, comme Des Grieux et Manon.

Violette avait eu beau s'acharner à cette image de son amant: l'image fuyait et ne remplissait pas son cœur.

Bientôt la figure adorée de Parisis, comme la figure bien-aimée de Geneviève, ne furent plus que des pastels souriant dans le musée du souvenir.

Voilà pourquoi, un soir qu'elle s'était attardée

chez la duchesse, elle rentra tout effrayée, les larmes dans les yeux, l'émotion dans le cœur.

Elle se jeta à genoux, elle pria Dieu, elle se releva tout agitée : Dieu n'avait pu calmer son âme.

Elle prit sur sa cheminée deux cartes photographiques représentant Octave et Geneviève, comme si ces deux figures dussent la défendre de la tentation d'aimer encore. Mais elle fit cette remarque pour la première fois que ces deux portraits avaient perdu toute leur magie : ils s'effaçaient de jour en jour. Elle ne voyait plus dans les traits pâlis l'âme même qui les avait animés; les yeux ne la regardaient plus, les lèvres ne lui parlaient plus. Elle les baisa, mais le papier était glacé.

— C'est donc fini? dit-elle tristement.

Et la nouvelle image s'était emparée de son âme, plus vivante que jamais.

La photographie n'est inventée que pour faire des portraits d'amoureux; dans les premiers jours, elle a tout son relief et toute son action; mais chaque heure lui enlève de sa force et de son éclat, comme chaque heure prend à l'amour cette poussière d'aile de papillon, ce duvet de pêche, cette perle rosée qui est le charme de l'amour.

Qui aimait-elle donc, Violette?

Ne savez-vous pas qu'un homme et une femme, quand ils ont un rayon de souveraine intelligence, quand ils cherchent la poésie de l'amour, ne peuvent pas vivre impunément tout un printemps sans s'aimer — s'ils n'aiment par ailleurs, — et quelquefois même s'ils aiment par ailleurs?

Ce jour-là, quand Achille Le Roy remonta à cheval, Violette se sentit plus seule que jamais.

Ou plutôt elle sentit que sa solitude serait hantée par une nouvelle figure qui allait chasser ses chers fantômes.

— Non, dit-elle. Non, je ne veux plus aimer.

Mais que peut la volonté de la raison contre la **volonté du cœur?**

V

ADOLPHE DE LA CHANTERIE

Achille Le Roy était devenu plus à la mode depuis qu'il s'appelait Santa-Cruz. A la mode par son esprit et par ses duels, à la mode par ses maîtresses et par ses airs dédaigneux. Il semblait toujours que ce sauvage civilisé dans la décadence regardât tout le monde du haut de sa montagne.

Il avait le beau dédain d'Octave de Parisis ; ce fut aussi par là qu'il plut à Violette comme à Bianca.

On se demandait si Achille Le Roy vivait de ses revenus ou de ses dettes : il avait épuisé un second emprunt de dix mille francs chez son ami La Chanterie. Il n'avait pas quitté l'hôtel de Bade, même quand il était revenu des Pyrénées avec son titre de duc de Santa-Cruz. Quoiqu'il eût des chevaux à lui, il ne dépensait pas trop d'argent, n'ayant pas de train de maison. D'ailleurs, il escomptait ses châteaux en Espagne — de vrais châteaux ; — après avoir pratiqué l'emprunt, il pratiquait la dette avec la même insouciance, bien décidé à payer un jour l'argent de la dette comme l'argent de l'emprunt.

Jusque-là, quand on allait chez lui et qu'on l'attendait dans son salon, on ne manquait pas de trouver des protêts, des jugements, des saisies, tout l'arsenal des créanciers qui font la guerre. Il était abrité contre l'impatience de ses fournisseurs par l'hôtel même où il demeurait ; on ne pouvait saisir des meubles qui ne lui appartenaient pas. Quand on saisissait son écurie, il trouvait toujours de l'argent pour payer.

Adolphe de La Chanterie ne lui refusait d'ailleurs jamais sa bourse ; mais Santa-Cruz avait peur que l'or du *Paratonnerre* ne lui brûlât les mains. On lui avait parlé si souvent des ascensions et des chutes de quelques financiers célèbres d'aujourd'hui, qu'il craignait toujours que la fortune inespérée de La Chanterie ne fût qu'un château de cartes.

Le bruit s'était répandu à Paris de cette fortune soudaine du directeur du *Paratonnerre*. Il avait cent mille abonnés, mais là n'était pas sa fortune. Il avait inspiré une si grande confiance à ces cent mille personnes, par la folie de ses conseils, que toutes mettaient à sa disposition une part de leur capital, quelle que fût l'affaire qu'il leur proposât. Voilà comment il eut sa part de gâteau dans un emprunt étranger de cent millions où il y avait dix millions d'épingles d'or pour les banquiers. Après toutes les remises aux hommes de bourse et aux journalistes financiers il lui resta quinze cent mille francs.

La Chanterie avait voulu qu'Achille Le Roy fût de l'affaire. Le grand d'Espagne ne comprit pas bien pourquoi il trouva dans sa poche cent mille francs, mais il avait pris confiance dans la main loyale de La Chanterie. Et puis il ne s'inquiéta pas beaucoup de faire du tort à son prochain — en Égypte ou en Turquie.

— Prenez, lui dit La Chanterie, c'est bien à vous, ô mon premier actionnaire! Les esprits mal faits fabriquent de faux billets de banque et frappent de la fausse monnaie; nous autres, qui sommes des esprits droits, nous appelons l'argent, et l'argent vient à nous.

La fortune de La Chanterie fut un feu d'artifice. Il en fut lui-même ébloui. Ce qui le sauva en cette élévation subite, ce fut de n'avoir pas d'amis, à part quelques étudiants vivant dans un autre monde. Nul ne se trouva là sur le théâtre de son triomphe pour rappeler que la veille il n'avait pas le sou. Comme le marquis de La Chanterie l'appelait son cousin, on ne lui reprocha pas d'être un parvenu de l'argent. On lui reprocha plutôt la mésalliance de son titre avec une maison de banque. Mais aujourd'hui on pardonne volontiers à ceux qui font leur fortune, par la raison qu'on pardonne difficilement à ceux qui ne la font pas.

Ce fut donc un grand bonheur, pour Adolphe de La Chanterie, d'être arrivé en pleine lumière sans traîner après lui le passé d'un pauvre diable. Aussi fut-il accueilli sans grimaces dans le meilleur monde dès qu'il y fut présenté par Achille Le Roy. Quand je dis le meilleur monde, je veux parler des gentilshommes qui ne font rien et des grandes dames plus ou moins séparées de leurs maris.

Quoique la duchesse de Montefalcone ne voulût pas que la question d'argent fût une question agitée dans son salon, elle finit par accueillir Adolphe de La Chanterie. C'était un homme agréable, tête intelligente, nez légèrement relevé, forêt de cheveux blonds déjà sillonnés par quelques fils d'argent, quoiqu'il fût bien jeune encore. On pouvait le trouver tout à la fois beau et laid selon l'expression active ou passive de sa figure. L'abandon ne lui allait pas, il fallait que sa physionomie fût toujours en éveil. Il se donnait une certaine grâce affectée qui n'était pas trop irritante, même pour ceux qui aiment la simplicité.

La Chanterie était avant tout l'homme à la mode Il en avait tous les trucs et tous les tics. S'il conduisait, c'était toujours avec un lorgnon dans l'œil, ce qui l'empêchait de bien conduire, puisqu'il n'y voyait plus d'un côté ; c'était toujours avec un cigare à la bouche qu'il ne fumait jamais : à peine le cigare était-il allumé qu'il s'éteignait d'ennui. S'il revenait des courses, il gardait sa lorgnette en bandoulière pour prouver qu'il avait bien regardé mademoiselle celle-ci et mademoiselle celle-là. Ce n'était pas tout, il portait sa carte verte du pesage comme il eût porté la croix d'honneur. Il saluait de la main avec cette grâce charmante qui fait songer qu'on va recevoir un soufflet plutôt qu'un salut.

Comme Miravault et quelques autres chercheurs d'or, il donnait dans le travers de la politique. Il voulait, lui aussi, devenir député.

— Pourquoi? lui demanda un soir Achille Le Roy dans le salon de Bianca.

— On ne sait pas. J'ai mon système tout créé pour être ministre des finances.

— Mon cher, tous les systèmes nouveaux sont mauvais, le monde va comme il peut, il n'ira jamais mieux. Soyez député si cela vous amuse, mais ne sacrifiez pas le *Paratonnerre;* vos cent mille abonnés, voilà vos vrais électeurs. Voulez-vous que je vous dise le dernier mot de toutes les ambitions des hommes politiques?

— Parlez, dit la duchesse.

— Eh bien, tous les matins, nos Démosthènes et nos Cicérons se mettent en campagne, non pas pour faire arriver la France à l'idéal du bien, mais pour arriver eux-mêmes Tous parlent tout haut de leurs principes : ils n'ont qu'un principe, celui d'être un jour ministres à leur tour, — et d'être pareillement à leur tour dans les bonnes grâces de la femme à la mode. — L'ambition de l'homme, c'est toujours d'arriver à la femme ; les hommes politiques prennent le chemin le plus long, voilà tout. Méditez bien mes paroles, vous tous qui m'écoutez, et faites-moi grâce de ces vieux haillons de vertu qui ne trompent plus que les provinciaux. M. Guizot disait : « Tout pour le peuple, rien par le peuple. » Savez-vous ce que vous dites, vous autres ? « Tout par le peuple, rien pour le peuple. »

La Chanterie n'attendait pas qu'il fût un homme politique pour être dans les bonnes grâces des femmes à la mode. On a beaucoup parlé d'une histoire, — bien parisienne, — où il joua son rôle haut la main.

VI

MADAME PÉNÉLOPE

En ce temps-là, on parla quelque peu dans Paris de madame Pénélope, embobinant une barbe d'or.

Madame Pénélope, c'était madame Caroline Andamy.

La barbe d'or arrivait tout droit d'Angleterre, train express.

Madame Caroline Andamy promenait toujours sa tristesse dans les trois ou quatre salons parisiens où elle se sentait des amies. On souriait quelquefois devant elle de son étrange veuvage, mais avec une vraie sympathie. Elle n'avait pas voulu admettre que l'homme qui avait volé les diamants de la duchesse fût celui qui les lui avait mis dans sa corbeille de mariage. Plus d'une fois elle était revenue sur ce sujet avec Bianca. Dans son esprit, le voleur de diamants les avait vendus à son mari.

Elle ne désespérait toujours pas qu'il ne reparût bientôt pour expliquer cette aventure, et pour lui donner au moins une seconde nuit nuptiale.

Mais cette espérance n'était point partagée dans le monde où elle allait. On croyait fermement que ce Rodolphe Andamy, qui n'avait fait que passer dans le monde parisien, n'y reparaîtrait pas. On croyait tout au moins que c'était là un de ces esprits désordonnés qui, après avoir joué leur fortune, vivent sur celle des autres, qui prennent des femmes où ils les trouvent, à quelque prix que ce soit, qui vont même jusqu'à les épouser, parce qu'ils n'ont souci de rien, ni des lois écrites, ni de la foi jurée, ni de la dignité humaine.

N'a-t-on pas vu cette année même, dans une cause célèbre, un étranger marié tout à la fois à New-York, en Russie, à Paris? Qui aurait cru jamais que cette adorable créature (cherchez un nom de mois printanier), que tout le monde admirait au Bois dans cette pâleur qui était déjà la réverbération du tombeau, donnerait sa main tant enviée à cet homme qui prenait une femme comme une maîtresse, — je me trompe, — je voulais dire qui prenait une dot?

La pauvre créature est morte de chagrin ; on annonce que l'étranger s'est déjà marié en Espagne et en Italie.

Qui sait, Rodolphe Andamy était peut-être un spécialiste de la même école? On prend la femme d'une main, la dot de l'autre ; on part, on s'enfuit, on va chercher une autre nationalité pour continuer le même jeu.

Les habitués du salon de la duchesse faisaient tous la cour, plus ou moins, à la belle Caroline Andamy. On lui avait dit qu'elle devait reprendre son nom de famille, mais elle avait l'héroïsme de porter le nom que le mariage lui avait donné. On lui conseillait de faire casser ce mariage, ou tout au moins de demander une séparation ; mais elle répondait qu'elle ne voulait pas se remarier et qu'elle ne doutait pas que son mari ne revînt à elle.

On l'avait surnommée madame Pénélope, parce qu'elle avait beaucoup de talent pour parfiler les ornements d'or et de soie sur des étoffes des Indes. Elle était presque toujours silencieuse au milieu de la causerie. Comme Violette, elle ne parlait que pour dire quelque chose. Elle n'osait marquer son opinion dans les questions d'art et de littérature. Elle écoutait bien, elle souriait à propos, mais elle avait toujours les yeux sur son travail. Quand elle s'interrompait, c'était moins pour parler que pour écouter les méandres de sa rêverie.

On perdait son temps à lui faire la cour. Elle ne se fâchait pas. Elle dit un jour en montrant son cœur : — Frappez, frappez, on ne vous ouvrira pas, parce qu'il n'y a personne. — Ou plutôt parce qu'il y a quelqu'un, dit Santa-Cruz.

Et une demi-heure après, quand elle fut partie :

— Je parie, continua-t-il, que madame Andamy a une passion qu'elle ne confie qu'à elle-même.

— Une passion ! murmura la duchesse, vous ne savez ce que vous dites. Elle est obstinée dans son ancien amour.

— N'en croyez rien, reprit Achille. Depuis quelques semaines il se passe quelque chose de nouveau en elle. Ne remarquez-vous pas qu'elle s'en va toujours de bonne heure ? Autrefois elle ne pouvait pas s'arracher d'ici, parce qu'elle avait horreur de rentrer chez elle.

— Eh bien, dit Bianca, tant mieux si elle a une autre passion ; elle était trop malheureuse dans le souvenir de cet homme abominable qui la charmait.

— Il faut aller à la découverte, dit le prince Rio, qui, lui aussi, avait tenté vainement de consoler madame Pénélope.

Le surlendemain, il n'attendit pas que madame Andamy fût partie pour dire tout bas à l'oreille de la duchesse :

— J'ai trouvé ! Il y a un amoureux.

— C'est impossible ! s'écria Bianca.

— Chut ! reprit le prince, elle vous regarde. Je vous dis qu'il y a un amoureux, un amoureux aussi blond que le marié était brun.

11

— Je suis confondue, murmura la duchesse en interrogeant Violette. Désormais je ne veux plus avoir une seule opinion. Décidément, le monde est un carnaval, où tout le monde change d'habit et de masque à chaque fête nouvelle.

— On a toujours une opinion; la preuve, c'est que vous venez d'en rédiger une qui est la mienne, reprit le prince Rio.

— Contez-moi donc cela.

— Je vous conterai cela quand elle sera partie. Vous verrez qu'elle s'en ira avant onze heures, comme hier.

En effet, ce soir-là, madame Andamy, qui n'avait pas apporté son travail, s'envola sans dire un mot à l'heure où on servait le thé.

— Et maintenant, dit le prince en imposant silence par la vibration de sa voix, je vais vous conter l'histoire de madame Pénélope. Quand je dis l'histoire, je veux dire le second chapitre, puisque vous savez le premier.

Il y avait huit personnes dans le salon.

— Non! dit la duchesse, cette histoire ne regarde pas les profanes. Vous nous la direz quand nous serons seules avec Violette et la chanoinesse.

— Et moi? dit mademoiselle de Saint-Réal.

— Vous, ma belle, vous êtes trop curieuse.

— Le prince me dit tout, dit la jeune artiste, sans s'apercevoir qu'elle se trahissait.

— Eh bien, il vous la dira dans votre atelier, puisqu'il pose par là.

Mademoiselle de Saint-Réal était bien trop brave pour rougir : pourtant elle se donna des airs d'éventail. Tout le monde avait entouré le prince ; tout le monde écoutait.

— Honni soit qui mal y pense ! dit le prince, je vais parler. Je vais dire comment aujourd'hui madame Pénélope défait la nuit ce qu'elle fait le jour.

— Dites cela, mon cher prince, interrompit la duchesse, mais avec les périphrases les plus savantes. Songez aux oreilles de mademoiselle de Saint-Réal.

Le prince s'inclina avec un air grave et austère en signe d'assentiment.

— Donc, le jour, madame Pénélope file de la laine en attendant son mari, comme si elle filait une robe pour sa vertu, tandis que la nuit elle déchire sa robe pour un amoureux. Il y a déjà quinze jours que dure ce beau manége. D'où vient cet amoureux ? Il est blond comme les blés. Nous l'appellerons Barbe-d'Or, si vous voulez. Tous les soirs, vers onze heures et demie, son petit coupé debarque au bout de la rue d'Aguesseau. Barbe-d'Or descend, rapide comme l'espérance, il rase la muraille, il disparaît par la porte de la maison où demeure madame Andamy. Que se passe-t-il alors chez elle ? *That is the question.* Si on juge du dehors, il est reçu d'abord dans le salon, peut-être prend-il le thé. Ce qui est hors de doute, c'est qu'entre minuit et une heure on passe dans la chambre à coucher.

— Shocking! s'écria la duchesse; moi qui vous avais recommandé les périphrases.

— Après cela, reprit le prince, si on passe dans la chambre à coucher, c'est peut-être pour filer de la laine ou pour filer le parfait amour.

— C'est une calomnie, dit la duchesse gravement. Cette Barbe-d'Or est peut-être son frère.

— Ou son cousin à la mode de Bretagne. Je dis ce que je sais bien; si vous y tenez, je vous en dirai davantage.

— N'avez-vous pas tout dit?

— J'aurais pu tout dire par un seul mot : Pénélope a un amant. Beau sujet de tragédie pour Eschyle.

La duchesse était pensive. Elle secouait la tête en signe de doute, mais elle ne s'indignait pas, parce qu'elle ne s'indignait plus.

— Pauvre femme! murmura Violette.

— Pourquoi? dit mademoiselle de Saint-Réal. Ne fallait-il pas qu'elle se consumât dans ses larmes comme une veuve du Malabar! Ce n'est pas sa faute, c'est la faute de son mari.

— Comment savez-vous cela? demanda Bianca au prince.

— C'est bien simple : j'ai voulu le savoir. Sans

doute la belle madame Andamy, qui s'ennuyait, a rencontré Barbe-d'Or au spectacle, au Bois, au concert des Champs-Élysées, partout où elle allait ; elle a fini par le rencontrer chez elle. Elle n'a pas de confidente, mais il n'y a pas de secrets bien gardés. Sa femme de chambre a tout conté à mon piqueur au bal des gens de maison, cette fête que se donnent ces demoiselles avec les robes de leurs maîtresses.

— Nous arriverons, dit la duchesse, à ne nous plus servir que de domestiques muets. Mais, prenez-y garde, le jugement des femmes de chambre n'est pas un jugement sans appel. Parce que M. Barbe-d'Or va prendre le thé chez madame Pénélope, ce n'est pas une raison pour accuser cette jeune femme.

— Je vous jure, ma chère duchesse, que M. Barbe-d'Or a retrouvé l'arc d'Ulysse. Puisque vous voulez des périphrases, en voilà.

Les femmes se voilèrent le front sous l'éventail tout en riant entre elles.

— C'est égal, dit la duchesse, il y a là un secret que je demanderai à Pénélope elle-même.

VII

COMMENT FINISSENT CES DEMOISELLES

La duchesse ne passait jamais une semaine sans aller au Parc des Princes. Elle prenait pour compagne de route la chanoinesse ou madame Andamy, mais le plus souvent elle allait seule avec Violette.

On rencontrait alors au Parc des Princes deux femmes perdues et sauvées par l'amour : l'une s'appelait Reine ***, l'autre s'appelait Mathilde d'Arcy.

Elles donnaient l'exemple de la charité évangélique et de l'amour de Dieu.

Reine avait accueilli Mathilde frappée mortellement, elle lui avait donné sa maison, elle ne voulait pas qu'elle mourût seule sur un grabat ou dans les pâles multitudes de l'hôpital.

Un jour que la duchesse avait pris Violette à la porte de son jardin pour se promener dans le Parc des Princes — la chasse aux souvenirs — elles virent la pâle figure de Mathilde souriant à une fenêtre avec la poétique mélancolie de ceux qui vont mourir.

Violette et Bianca connaissaient un peu l'histoire de Mathilde.

— Après tout, dit la duchesse, cette pauvre fille meurt en Dieu, même sans songer à se repentir. Qui sait si elle n'aura pas été plus heureuse dans le tourbillon des folies que nous autres qui avons peur de l'amour, qui cherchons et qui ne trouvons pas !

— J'y pensais, dit Violette. Quand je me suis jetée violemment dans les folies de la vie parisienne, c'était peut-être la sagesse ! Vivre au jour le jour sans se regarder passer dans le tohu-bohu de l'action, c'est peut-être accomplir sa tâche ! En serons-nous plus blanches si nous avons été souillées par le désir?

Mathilde avait traversé les fortunes et les passions les plus diverses. Qui de vous n'a été plus ou moins son amant ? Un amour sans lendemain qui ne laisse après soi qu'un vague souvenir. A distance, on voit passer, sans presque les reconnaître, celles qu'on a presque aimées, comme des figures qui apparaissent dans la comédie des songes.

Ceux qui avaient rencontré Mathilde ne l'avaient peut-être pas tant oubliée que cela. C'est qu'elle était fort belle avec ses cheveux noirs, ses yeux veloutés et profonds, une bouche toujours souriante, trop grande, « un arpent de gueule, » disaient ses amies ; mais avec de belles lèvres et des dents blanches bien enchâssées. Elle parlait beaucoup, le plus souvent pour ne rien dire, elle vivait au jour le jour, sans souci du lendemain, comme toutes celles destinées à mourir jeunes.

On l'avait connue à pied et à cheval ; elle avait débuté dans le luxe des robes à queue et des voitures, elle avait sauté d'une petite boutique où elle faisait des chapeaux dans une calèche à huit ressorts ; elle avait ouvert ses salons rue Mont-Thabor, où elle faisait des envieuses et bravait ses rivales ; elle était tombée de là dans un pauvre appartement de la rue des Martyrs ; elle s'était relevée ailleurs, elle était retombée plus bas ; mais ni dans ses voitures, ni dans ses beaux appartements, ni même dans les plus tristes, elle n'avait jamais rien possédé, pas même son lit.

La vie avait été pour elle une auberge toujours pleine, toujours ouverte pour entrer et sortir. Elle louait ses meubles comme sa voiture ; que dis-je ! il lui arrivait même de louer ses robes. Cette femme qui était à tous n'avait rien à elle.

On s'étonnait, en la voyant si belle, qu'elle n'eût pas conquis son chez soi comme tant d'autres. Que lui importait son chez soi ? Elle dînait au Café Anglais, elle soupait à la Maison d'Or, elle couchait çà et là ; s'il lui restait quelques heures, elle les passait au Bois. Elle croyait que la vie était ainsi faite ; jamais elle ne songea, je ne dirai pas à sa fortune, mais à sa fortune du lendemain.

Un jour on la vit pâlir en pleine luxuriance. Elle commença à tousser, elle perdit presque la voix, mais elle ne fit pas de quartier à sa jeunesse ; elle la poussa plus que jamais en avant, lui disant comme Dieu au Juif-Errant : « Marche et cours après tes cinq sous. »

Et comment aurait-elle pu s'arrêter ! Elle avait tant d'amis qu'elle n'en avait pas un seul. Qui donc le lendemain, si elle ne se fût pas levée, serait venu à son lit lui ouvrir une main pleine d'argent et une main pleine de consolation ! On avait beau lui dire dans le dernier hiver : « Chaque nuit que tu passes te prend un an de ta vie. » Quand on est jeune, on ne compte pas les années. C'est surtout de cette fortune-là qu'on est prodigue.

Au dernier carnaval, elle en était venue à ne plus vouloir se coucher, tant elle pressentait qu'une fois dans son lit, — je me trompe : dans un lit, — elle ne se relèverait pas.

Elle se coucha pourtant. Nul ne vint la voir, sinon ses créanciers. Ses amis reçurent des lettres toutes écrites de diverses écritures ; c'était sa blanchisseuse, c'était sa modiste, c'était sa lingère qui écrivaient pour elle ; mais c'était la même formule :

« *Venez donc me voir si vous m'aimez encore.* »

Aucun n'alla la voir.

Combien pourtant lui avaient dit : « Je t'aime! » avec le cri de la passion, comme on dit cela après souper à toute belle créature.

C'en était fait, il lui fallait boire le calice. Elle se laissa conduire à l'hospice Beaujon, sur le conseil d'un carabin de ses amis qui lui promit une chambre.

C'est à madame de Pompadour que les malades des hospices ont dû de ne plus être deux dans le même lit, car alors on mettait souvent sous le même drap la mort et la vie. Aujourd'hui, la mort et la vie sont encore trop près l'une de l'autre. Ce n'était pas pour les prisonniers qu'il fallait inventer le régime cellulaire, c'était pour les malades.

Mathilde eut la consolation d'être transportée dans une chambre où il n'y avait que trois autres femmes.

La douceur est une vertu, la douceur est une force ; Mathilde éveilla toutes les sympathies ; une sœur de charité fut sa vraie sœur.

Quand ses amies du beau temps apprirent qu'elle était à l'hôpital, elles comprirent que c'était sérieux, elles vinrent la voir et la trouvèrent résignée.

— Que je vive ou que je meure, dit-elle, ce sera bien.

Elle était déjà presque méconnaissable tant le mal l'avait ravagée. Le médecin qui la voyait disait qu'elle ne passerait pas le mois d'avril. Mais voilà qu'un beau jour on lui apporte un bouquet comme pour aller au Bois. Elle respire les fleurs, elle renaît à toutes ses folies, elle met les pieds hors du lit, elle s'habille, elle dit qu'elle va se promener dans le jardin, mais elle sort par la grande porte, elle monte dans un fiacre et va au Bois avec son bouquet.

Au Bois elle rencontre une de ses amies.

— C'est toi! je te croyais morte! D'où viens-tu?

— De l'hôpital Beaujon ; et je n'y rentrerai plus, à moins que je n'aille embrasser la religieuse qui m'a veillée, un ange sur la terre.

— Viens donc dans mon coupé.

Mathilde descend du fiacre et monte dans le coupé.

On s'en revient à Paris. L'amie donne une place chez elle à l'amie.

C'est comme un miracle, Mathilde se sent renaître. La jeunesse se révolte contre la mort. Mathilde s'écrie :

— Je veux vivre.

Par malheur l'amie n'est pas plus riche qu'elle; une femme malade, c'est une mauvaise enseigne dans une maison où il faut s'amuser. La pauvre Mathilde a l'effroi de l'hôpital.

Que fera-t-elle?

C'était aux beaux soirs de Mabille. Un samedi on la voit apparaître à une fête de nuit — comme un fantôme, — toute blanche avec ses yeux encore plus noirs, tant ils sont enfoncés sous l'arcade sourcilière.

Elle arrivait avec une beauté terrible au milieu de toutes ces femmes peintes et rieuses. C'était un pastel effacé dans une galerie de portraits vénitiens; c'était une tête de Vierge ascétique égarée parmi des comédiennes et des courtisanes en gaieté.

Ce fut autour d'elle une grande émotion. Comme son amie du bois de Boulogne, tout le monde la croyait morte.

— Oui, dit-elle, je suis un revenant, je viens chercher ici de quoi me faire enterrer! Je n'ai jamais été chez moi dans la vie, je veux être chez moi dans la mort. Ne me laissez pas tomber dans la fosse commune!

Elle souriait avec sa douceur charmante, tout en tendant la main.

Sa main se referma sur vingt-cinq louis; les femmes donnèrent comme les hommes.

Le lit mortuaire était payé, mais la mourante ne mourut pas sitôt. Elle eut la douleur de voir mourir sa mère, qui était venue à elle de bien loin.

Elle reparut une seconde fois à la fête de nuit de Mabille. Ce soir-là, elle était tout en noir, grande robe de laine qu'elle traînait encore avec sa grâce accoutumée.

Ce soir-là encore elle ouvrit la main : c'était pour la tombe de sa mère.

Elle recueillit à peu près la même poignée de pièces et de piécettes d'or. Elle remercia par des larmes et disparut pour jamais de ce jardin où elle avait eu ses heures de souveraineté.

— Ah! dit-elle en sortant, si je pouvais mourir sur un air de Métra!

C'était sur la musique de Métra qu'elle avait aimé. Car si on ne l'avait aimée qu'un jour, elle avait eu ses passions d'une semaine.

Elle eut alors la bonne fortune de rencontrer Reine***, sans quoi il ne lui restait qu'une porte ouverte : celle de l'hôpital.

On dit de l'hôpital — l'Hôtel-Dieu, — mais sur la terre on aime mieux la maison du diable.

Reine, touchée jusqu'au fond du cœur de voir une si belle créature traîner la mort dans la vie, l'emmena dans sa jolie villa du Parc des Princes.

Ce fut le paradis pour cette pauvre Mathilde; non-seulement on lui donna une chambre fort jolie tendue avec luxe, les fenêtres sur le jardin, mais sur son lit et sur sa chaise longue elle trouva toujours les plus beaux fruits. Reine ouvrait sa porte à toutes les amies de Mathilde qui venaient de temps en temps lui faire aimer les perspectives du ciel, car elle avait vu la lumière du jour et elle la plaignait de vivre dans la nuit.

Elle mourut dans tout le contentement du repentir, croyant qu'elle allait trouver Dieu et retrouver sa mère.

Le soir de sa mort, parmi les visiteuses de la dernière heure, il se présenta une de ses amies des nuits joyeuses. C'était une jeune Flamande fort traduite en français, jusque dans son nom : — on l'appelait Élisa Van der Proom à Bruxelles, à Paris on l'appelait Élisa Vend-des-Pommes. — Le masque était menteur, on eût dit une jeune fille du faubourg Saint-Germain, en voyant sa figure pâle, délicate, sentimentale. L'âme s'était trompée de porte, l'âme avait pris un château pour un cabaret et elle y faisait orgie. Aussi, comme cela ne pouvait durer longtemps, la mort frappa vite ses trois coups.

Quand Mathilde vit venir Élisa, elle la regarda avec effroi et s'imagina que c'était la mort elle-même. Vainement Élisa se penchait sur Mathilde pour l'embrasser, Mathilde se jetait au fond du lit et s'écriait :

— Pas encore ! pas encore !

Élisa Vend-des-Pommes rentra chez elle pour ne plus se relever.

A son convoi, — chevaux blancs, draperies blanches comme pour les vierges. — Un amant qui passait se jeta sur le corbillard et arracha le drap mortuaire couvert de violettes. Sacrilége d'amour, de folie ou de vengeance !

Mathilde mourut une heure après la visite funèbre de son amie.

Elle est couchée à cette heure dans le cimetière

de Boulogne où tous les dimanches Reine lui porte un bouquet de violettes.

Bianca et Violette allèrent s'incliner sur la fosse de Mathilde.

— J'aime la mort, comme j'aime l'hiver, dit tristement Bianca. La mort, c'est la vraie fête de la Purification. Cette femme perdue est aujourd'hui plus pure que nous devant Dieu, parce que la neige du linceul a tombé sur elle.

Violette fit le signe de la croix.

— Mathilde, Mathilde, Mathilde, priez pour moi, murmura-t-elle.

VIII

LE CHARBON ARDENT

Antonia se partageait toujours entre la duchesse et Violette ; à Paris elle était folle de musique, au Parc des Princes elle était folle de jeunesse. Son cochon était devenu proverbial. Mais c'était tout une arche de Noé que le jardin de Violette : des chats, des chiens, des tortues, un aquarium, une volière, enfin un cochon qui était la vraie poupée de cette grande fille joueuse et fantasque.

Un soir que la duchesse l'emmenait à Paris, Antonia lui dit :

— Je ne sais pourquoi, mais il me semble qu'il me faut veiller sur vous ces jours-ci. J'ai vu la Judith en rêve.

La maîtresse du duc de Montefalcone n'avait pas fait un long séjour en Angleterre. Elle était retournée bien vite à Florence, où le duc l'attendait patiemment d'ailleurs, parce qu'il se consolait plus facilement de l'absence de sa maîtresse qu'il ne se consolait de la perte de sa femme.

Quoiqu'il n'eût pas eu pour elle une passion profonde, quoiqu'il ne l'eût jamais aimée qu'à *fleur de peau*, comme disait Rivarol, il éprouvait un vrai déplaisir à n'être pas avec elle. Bianca répandait autour d'elle je ne sais quel charme et quelle lumière qu'il ne trouvait plus ailleurs. C'était le cœur et l'intelligence. On a beau n'aimer point la maison, on y respire en passant je ne sais quelle douceur qui rassérène et fortifie l'esprit. On y retrouve sa conscience, on y retrouve son âme. Dans la vie dissipée qu'il menait, le duc ne s'amusait qu'à demi. L'image de sa femme lui apparaissait non pas attristée et dédaigneuse. Il sentait bien qu'elle n'était plus à lui, il aurait donné tout au monde pour la reconquérir.

Il écrivit une première lettre tout à la fois tendre et fière. Bianca ne répondit pas. Il écrivit une seconde fois avec des prières et des menaces. Ce fut le même silence. La troisième lettre ne contenait que ces seuls mots : « *Reçu deux cent mille francs.* »

Fut-ce pour ne pas lui renvoyer le reçu que la duchesse envoya deux cent mille francs ?

Judith ne dit pas un mot au duc de ses tentatives de meurtre. Elle lui raconta qu'elle avait failli être engagée au Grand-Opéra pour jouer la

Juive. Elle lui parla de la duchesse, elle lui avoua qu'elle avait chanté chez elle pour voir de plus près cette femme qu'elle haïssait.

Le duc questionna beaucoup Judith sur l'intérieur de Bianca, sur son salon, sur ses amis. La cantatrice lui dit que sa femme déployait un luxe insolent qui scandalisait tout Paris. Selon elle, tous les hommes qui venaient la voir vivaient de sa table et de sa bourse.

Le duc se mit en fureur et dit encore :

— Pourquoi ne l'ai-je pas tuée du même coup ?

— Rassure-toi, lui dit Judith, un de ces jours tu apprendras qu'elle est morte, car cette femme-là a quelque chose de fatal dans la figure.

Mais la Vénitienne ne s'en rapporta sans doute pas à la destinée, car un soir il se passa cette scène étrange chez la duchesse :

Bianca s'était couchée, selon son habitude, vers une heure et demie du matin. Elle sommeillait déjà. Antonia, accroupie devant son lit, lui contait encore des contes.

Jamais Antonia ne quittait la duchesse avant qu'elle fût endormie.

Quoique cette nuit-là la duchesse écoutât bien peu ce que disait Antonia, elle fut surprise de ne plus l'entendre tout à coup.

— Ma petite Antonia, va donc te coucher, lui dit-elle de sa voix caressante.

Antonia ne répondit pas.

— Antonia ! tu es donc endormie ?

La jeune fille était renversée sur le tapis, agitant ses bras comme dans un mauvais songe.

— Antonia ! Antonia !

La duchesse voulut se lever, mais sa tête retomba lourdement sur l'oreiller. Elle voulut appeler, mais la voix mourut sur ses lèvres. Il lui sembla qu'elle était elle-même la proie d'un de ces rêves qui vous montrent l'abîme sans qu'on puisse rebrousser chemin. Elle se sentait enchaînée et poussée fatalement.

Mais comme la dominante de son caractère était l'énergie, elle se révolta comme pour briser les liens du sommeil.

Elle eut à peine la force de sonner et retomba une seconde fois sur son lit, ne voyant plus et ne respirant plus.

La femme de chambre ouvrit la porte. Elle poussa un cri en voyant la duchesse pâle et inanimée sur son lit, en voyant Antonia renversée plus pâle encore devant le lit de la duchesse. Après avoir appelé, elle leur fit tour à tour respirer des sels à plusieurs reprises sans les ramener à la vie.

Il lui sembla bientôt qu'elle éprouvait elle-même un malaise insurmontable.

— Il y a ici une odeur de charbon, dit-elle en cherchant des yeux.

Elle ne trouva pas.

Elle courut ouvrir une des fenêtres.

— Oh! oui, c'est cela, reprit-elle en respirant l'air vif.

La seconde femme de chambre était entrée.

— Courez bien vite dire à Mathieu ou à Joseph qu'il aille chercher un médecin.

Cette femme cherchait toujours des yeux.

Le grand air qui vint frapper le visage d'Antonia la ranima peu à peu. Comme sa tête était sur le tapis, elle vit le feu sous le lit.

— Le feu! le feu! cria-t-elle.

Elle se leva, mais elle retomba se tordant les bras avec désespoir.

La fumée commençait à se répandre dans la chambre. La femme de chambre criait de toutes ses forces. Elle vit bien que la fumée venait du lit; elle saisit la duchesse et l'entraîna dans le petit salon.

— Antonia! Antonia! sauvez Antonia, dit la duchesse.

Bianca avait vaguement compris le danger.

La femme de chambre courut à Antonia. Elle la traîna à son tour jusqu'aux pieds de la duchesse.

— C'est la main de la Judith qui a allumé le charbon, dit la jeune fille à son amie.

La duchesse prit la tête d'Antonia et la baisa.

— C'est encore toi qui m'as sauvée, Antonia, car si je ne t'avais pas vue moitié morte, je me fusse laissé mourir moi-même.

Qui donc avait pu, après minuit, pénétrer dans la chambre de la duchesse et y cacher sous le lit un réchaud, qui ne devait être tout à fait allumé qu'une heure plus tard ?

Sans doute la maîtresse du duc de Montefalcone était revenue à Paris.

Qui donc est en sûreté dans cette auberge des cinq mondes, dans cette capitale des capitales, quand on est servi par deux femmes de chambre et deux filles de cuisine, c'est-à-dire quatre amoureux de hasard qui changent tous les jours?

Tout Paris s'endort sur les deux oreilles, sans songer qu'un amoureux de ces demoiselles pourrait si facilement, à toute heure de la nuit, l'empêcher de se réveiller!

IX

CE QUE DISENT LES ÉTOILES

Le lendemain, après une soirée passée gaiement au Palais-Royal, on veilla tard chez la duchesse. On reparla de l'histoire du charbon, on évoqua les figures de l'autre monde.

— J'ai failli descendre dans l'Enfer du Dante ; je me trompe, j'ai failli aller au Paradis.

C'était Bianca qui parlait ainsi.

— Je crois, dit Santa-Cruz, que vous auriez bien subi quinze jours de purgatoire pour vos péchés.

— Peut-être. dit la duchesse ; car, si j'en crois le Dante, il n'y a pas de justice au ciel. Témoin le supplice de Francesca de Rimini.

Le prince Rio, avec son rare esprit, défendit la justice de Dante, il se complut à peindre cette figure du moyen âge qui, comme une aurore de pourpre, annonçait le soleil de la Renaissance.

Violette dit qu'il fallait se familiariser avec l'enfer puisque, entre le paradis et l'enfer, il n'y a que la main.

On arriva à cette idée que l'enfer le plus désolé, ce n'était pas le plus grand supplice.

— Le plus grand supplice, dit Violette, c'est la solitude.

— Souffrir à deux, dit le prince Rio en regardant la comtesse, c'est encore une volupté.

— On n'est jamais seul si on emporte le souvenir, dit un musicien qui voyait Orphée aux enfers.

Le comte Nigro, qui est par excellence l'homme de la légende quand il a fermé Machiavel et les autres unitaires de l'Italie, raconta cette belle histoire :

« Deux amants s'adoraient. Vint la mort, la mort jalouse qui emporta l'homme. La femme voulut mourir, on avait pris son cœur, on avait pris son âme, pourquoi traîner misérablement sa dépouille mortelle comme on fait d'une robe de bal à l'aurore nouvelle ?

La mort lui fit la grâce de venir à elle. Elle se jeta dans ses bras comme si elle se fût jetée dans les bras de sa mère.

— O mort ! je te remercie, mais dis-moi où il est.

La mort ne parle jamais. Trois fois l'amoureuse s'écria :

— Où est-il ? — Où est-il ? — Où est-il ?

Trois fois le silence tomba sur son âme.

Elle alla frapper à la porte du paradis. La voyant

si belle dans son linceul de neige, saint Pierre ouvrit la porte, sans voir que le péché l'avait marquée au front.

— Entrez, dit saint Pierre.

Mais elle s'arrêta sur le seuil du paradis :

— Saint Pierre ! saint Pierre ! dis-moi s'il est entré ici.

— Qui? demanda saint Pierre.

— Celui que j'ai aimé sur la terre, celui que je veux aimer au ciel !

— Non ! dit saint Pierre.

Saint Pierre chercha.

— Cherchez bien, saint Pierre. Il est mort le jour de Sainte-Marthe, à l'heure de la grand'messe.

Saint Pierre chercha encore :

— Peut-être, il n'est pas entré au paradis.

La porte était toujours ouverte.

— Ferme la porte, dit l'âme en peine, puisqu'il n'est pas entré au paradis, je veux aller en enfer.

Saint Pierre se signa.

L'âme courut à la porte de l'enfer.

— Ouvrez-moi la porte.

Mais le démon, qui était à la porte, regarda l'âme pour voir si elle était marquée du signe fatal.

Le démon parla du haut de son dédain :

— T'imagines-tu qu'on entre ici comme chez soi? L'enfer est un tribunal auguste. Tu n'es pas appelée, tu ne seras pas élue.

— O démon ! fais-moi la grâce de me dire si mon

amant est ici. Je viens du paradis où il n'est pas. Il est mort le jour de Sainte-Marthe, à l'heure de la grand'messe.

Le démon ricana jusqu'à faire trembler l'enfer.

— J'ai bien peur, dit-il, que le sacrifice de la messe n'ait effacé les péchés de ton amant. Retourne au paradis.

— Ouvre-moi la porte, que je le cherche dans l'enfer.

— Es-tu morte en état de grâce?

— Non! je suis tombée à la renverse au moment où je voulais baiser le crucifix.

— Eh bien! entre et cherche. Si tu trouves ton amant, tu subiras le supplice des flammes; si tu ne le trouves pas, tu retourneras au paradis, parce que nous n'avons pas la puissance de retenir une âme que Dieu appelle.

L'amoureuse entra dans l'enfer. Elle chercha partout, elle ne le trouva pas et elle reprit le chemin du paradis.

Elle souffrait toutes les douleurs dans son épouvante de la solitude.

Or, où était l'amoureux?

Lui aussi avait été frapper à la porte du paradis et à la porte de l'enfer, mais il avait refusé d'entrer, disant :

— Je l'attendrai ici ou là-bas. Mon âme en peine l'attendra jusqu'à l'heure de sa mort.

Et mille fois il avait fait le voyage du paradis à

l'enfer et de l'enfer au paradis, ayant, lui aussi, l'épouvante de la solitude.

Enfin, loué soit Dieu ! ils se rencontrèrent.

Le choc de ces deux âmes fut si vif, l'embrassement de ces deux amours retrouvés fut si éclatant qu'il jaillit au haut des cieux une lumière nouvelle.

Une étoile de plus était née. »

Tout le monde admira la légende.

La duchesse rêveuse, repliée sur elle-même, se disait :

— Ah ! que je voudrais être une étoile !

— Chaque âme, murmura Violette comme si elle ne parlait que pour elle-même, chaque âme qui aime allume une étoile au ciel.

— Et voilà pourquoi, reprit le comte Nigro, les étoiles parlent si éloquemment aux amoureux.

— Et que disent les étoiles ? demanda un homme politique, qui regardait deux beaux yeux.

Le prince Rio répondit par ce sonnet, qu'il n'avait pas mis en musique :

LES ÉTOILES

Quand on vous a soufferts, tourments délicieux,
Quand on a mis sa lèvre aux coupes savoureuses,
Quand notre âme a subi les heures douloureuses,
La mort vient et lui donne un éclat précieux.

Ces étincelles d'or qui jaillissent des cieux,
Ces lis épanouis des plaines bienheureuses,

Les étoiles, — ce sont les âmes amoureuses
Versant au ciel nocturne un pleur silencieux.

« Ainsi que nous, montez à Dieu par le martyre
Des passions! » Voilà ce que semblent nous dire
Avec de longs regards leurs yeux de diamants.

C'est pourquoi, dans l'azur transparent et sans voiles
Enchantement des nuits sereines, les amants
Avec des yeux brûlants regardent les étoiles.

— Je ne comprends pas, dit l'homme politique.

La chanoinesse, qui avait ses quarts d'heure de poésie, murmura avec impatience :

— Il n'y a pas assez d'alinéas pour vous dans les vers alexandrins.

— Oui, je comprends, dit la duchesse.

— Moi, reprit l'homme politique en regardant les yeux de la duchesse, je ne connais que ces étoiles-là.

— Oui, mais elles ne sont pas de notre ciel, dit le prince Rio.

On parcourut les mondes avec l'esprit un peu subtil de Fontenelle. Il y a toujours une heure de la soirée où l'âme se dégage et monte les spirales de l'infini. Elle s'égare le plus souvent, mais enfin elle se baigne dans la lumière divine.

Mademoiselle de Saint-Réal regardait le prince Rio.

— Moi, dit-elle, ce n'est pas dans les étoiles que

je vais chercher mon idéal. J'aime mieux les comètes que les étoiles.

— Pourquoi? demanda la duchesse.

— Parce que les comètes viennent nous visiter la nuit.

LIVRE III

LES CAUSERIES DU VENDREDI

Ælia s'est éprise de cet histrion, mais elle est pauvre. Ce n'est qu'à prix d'or qu'on parvient à son cœur. Nos grandes dames ont fait perdre à Chrysogonus sa voix. Hispulla, elle, est amoureuse d'un comédien : crois-tu, par hasard, qu'on va se passionner pour Quintilien, le grand orateur ?

Juvénal.

Il faut craindre l'amour d'une femme plus que la haine d'un homme.

Socrate.

Il ne faut pas choisir entre les femmes, puisque aucune ne vaut rien.

Plaute.

Les femmes, en un mot, ne valent pas le diable.

Molière.

Combien faut-il de temps pour qu'un homme, en tête-à-tête avec une femme, qui n'est pas la sienne, puisse la supposer adultère ? — Le temps de faire cuire un œuf à la coque.

Mahomet.

..... Da femina non sim, omnia præs-
tabis.
ANTHOLOGIE.

Les femmes applaudissent la tendre Alceste se dévouant à la mort pour son mari. Si pareille substitution leur était offerte, ce sont les jours de leur époux qu'elles donneraient pour sauver leur petite chienne; et regarde, de toutes parts, que de Danaïdes et que d'Ériphiles! Demain, chaque quartier de Rome aura sa Clytemnestre. La différence est que la fille de Tyndare, victime du Destin et de son vertige, tua brutalement, à deux mains, son mari d'un coup de hache, tandis qu'on arrive sans bruit au même but avec le venin d'un crapaud. Ce n'est pas, toutefois, que le fer répugne à nos héroïques Romaines! Si leur Agamemnon, comme Mithridate trois fois vaincu, s'est prémuni d'antidote, elles useront vaillamment du poignard.

JUVÉNAL.

I

CONTES ET PARADOXES

La duchesse avait pardonné à Santa-Cruz en revenant à Paris ; mais elle avait fermé sa porte au marquis de Monthiers.

On sait que le grand jour de la duchesse était le vendredi. Nul de ses amis ne manquait à ce tournoi de l'esprit, où on ne combattait pas toujours avec la courtoisie des paladins. La brutalité s'impose aujourd'hui comme une des expressions de la vérité. La causerie, quel que soit le salon, a ses coudées franches : elle ne craint pas d'élever la voix, de s'indigner, de rire à belles dents, de mettre le poing sur la hanche et de donner un coup de pied énergique, sans s'inquiéter de montrer sa belle jambe. La petite maîtresse à vapeurs s'est effacée du tableau parisien ; on se barbouille encore de poudre de riz, mais on ne s'évanouit plus guère.

La duchesse n'était pas bégueule. Il lui fallait pourtant bien çà et là mettre trois points dans la conversation. On avait beau citer ceux qu'elle aimait le plus, Rabelais, Montaigne, Molière, Voltaire, Diderot, Crébillon II, elle répondait à ses hôtes, sans vouloir trop les humilier, qu'ils n'avaient pas encore l'esprit de ces beaux conteurs pour se faire pardonner leurs licences.

On contait une histoire, on peignait un trait de caractère, on s'escrimait avec esprit sur les autres, on disait beaucoup de mal de son prochain. Tous les hommes célèbres, toutes les femmes connues passaient devant ce tribunal, qui ne demandait jamais la mort du pécheur, mais qui le condamnait souvent à quinze jours de ridicule.

Que si on voulait assister à un de ces vendredis, on n'aurait qu'à feuilleter ces pages, confidentes indiscrètes de ces langues de colombes et de serpents.

Ce jour-là Bianca avait appelé quelques nouveaux convives : le Nestor du paradoxe, le docteur Cabanis, Turgot II et un personnage qui prend le chemin le plus long les jours de Sénat et d'Académie.

— C'est le dîner des sept sages, dit la duchesse en s'asseyant à table.

— Les sept sages présidés par Minerve, dit Santa-Cruz.

On dînait dans la plus somptueuse salle à manger. La table y était toute surchargée des merveilles de l'orfévrerie ; les plus belles fleurs, je ne dirai pas de la saison, mais de toutes les saisons, s'épanouissaient dans une jardinière d'argent, sculptée et ciselée par Feuchères. Dans une autre jardinière, des cerises, des raisins, des pêches et des fraises, qui n'étaient pas des fruits de carton, répandaient les parfums du printemps, les couleurs de l'été et le beau rire de la vendange.

Chaque convive avait sept verres devant soi. Il y eut sept entrées. Chacun des sept sages fut prié d'avoir sept fois de l'esprit, un peu moins qu'à un banquet pythagoricien.

Après avoir trempé sept fois ses lèvres dans l'or et la pourpre des vins, le Nestor du paradoxe déclara qu'il abrogeait les lois de Solon contre l'ivresse ; car qui ne sait que le législateur des Athéniens avait établi la peine de mort contre un archonte qui aurait été surpris ivre — même de vin de Champagne ?

Cet arrêt ne surprit personne, car tout le monde sait que la coupe de Nestor a été chantée par le divin Homère.

Ce fut le point de départ d'un steeple-chase philosophique. Je redirais mal tout ce qui s'est dit ce soir-là de beau, de spirituel, de bête, de paradoxal. C'était la vérité avant l'heure, se montrant sous le masque carnavalesque : la vérité d'Erasme, de Montaigne et de Brantôme.

— Prenez garde, dit Turgot II, Théophraste, que je représente ici, a dit qu'il valait mieux se fier à un cheval sans bride qu'à une philosophie sans frein.

Le prince Yatowski dit qu'il ne craignait ni les chevaux sans bride, ni les philosophies sans frein, parceque si les chevaux les plus sauvages marchent à la main, les philosophies les plus aventureuses conduisent toujours à la sagesse.

Parmi les sept sages, il y en avait un qui supportait patiemment et spirituellement un riche héritage.

— Vous, lui dit le prince Rio, vous n'avez pas la parole, car vous n'avez plus de philosophie.

— Moi! cria-t-il, j'en ai beaucoup plus que vous; Chilon a dit : « Les pierres de touche servent à éprouver l'or, » et moi je dis que l'or est une pierre de touche pour éprouver les hommes.

Quoique ce fût la parole d'un riche, c'était la parole d'un sage.

On dit une bêtise — par à peu près. — Le président se couvrit d'un bonnet à la Sainte-Beuve; il était chauve et il craignait un rhume académique, rhume qui tue les immortels.

— Messieurs, dit-il, ne gaspillons pas cette étoffe précieuse qu'on appelle le temps.

— Ah! s'écria son voisin, si je savais où l'on vend de cette étoffe-là, je courrais en acheter!

— Puisque le temps est précieux, hâtons-nous de courir au souverain bien.

— Cultivons notre jardin, comme Candide, dit Turgot II.

— Vieux style ; le souverain bien, c'est le pouvoir, dit le prince Rio.

— Ah ! oui, le pouvoir, s'il n'y avait pas les courtisans, et s'il ne fallait pas, quand on a le pouvoir, se faire le courtisan des courtisans.

— Rappelez-vous, dit le comte Nigro, ces belles paroles de Henri IV, qui avait été forcé de faire la cour à Henri III : « Heureux celui qui, content de peu, n'est pas connu de moi et ne me connaît pas ! »

Santa-Cruz dit qu'il fallait être roi soi-même, roi de ses passions, pour ne jamais verser d'eau dans le vin pur de la vie.

— Qui parle de mettre de l'eau dans son vin ? s'écria un philosophe devenu rêveur. Il faut vouer aux dieux infernaux le nom de celui qui le premier a commis ce baptême sacrilége.

— Pline dit que ce fut Staphylus, ce qui était indigne de son nom. Athénée affirme que ce fut Amphictyon. Qu'ils soient maudits tous les deux !

Et tout le monde leva son verre.

— Et maintenant, dit la duchesse, qui est-ce qui rédige le Journal du soir?

— Madame, le Journal du soir aujourd'hui s'appelle *le Duel*. Il paraît que le gaz n'est pas assez allumé, car tout le monde se marche sur le pied. Notre ami, le cousin de Bismarck, n'aura pas un jour de repos cette semaine : sept duels. Il se battra quatre fois et sera trois fois témoin. Quand on pense qu'il a horreur du duel! Il appelle ça faire des armes.

— Quel malheur si on allait nous le tuer! dit Bianca, car nous l'aimons tous avec son bouquet de vin du Rhin.

— S'il a toujours l'éloquence de l'épée, en revanche le ténébreux Espagnol est toujours désarmé. Hier on lui donna un soufflet sur le boulevard. Ses amis lui représentent que ce soufflet pourrait bien compromettre un peu sa dignité d'arrière-petit-fils du Cid. Il va trouver Marc-Antoine.

— « J'ai été souffleté, est-ce que vous croyez que mon honneur est atteint? » Marc-Antoine sourit malicieusement. — « Avez-vous été souffleté chez vous ou en public? — Sur le boulevard. — Le jour ou la nuit? — A midi. — Votre honneur n'est pas atteint, le public fait justice de ces choses-là. » Et l'arrière-petit-fils du Cid s'en va content avec ce certificat.

Mais combien d'autres qui ont retrouvé le Pré-aux-Clercs à Bougival, où hier encore j'ai vu deux fous jouer l'absinthe au premier sang avec de vraies épées de combat.

Santa-Cruz prit la parole pour conter ceci :

« J'ai perdu un jour de cette semaine pour empêcher mon ami Boleslas*** de donner une leçon d'armes à mon ami La Chanterie. L'affaire était des plus graves, car on avait bien dîné.

» Boleslas, qui parle le beau français de Pascal et de Saint-Simon, faisait sourire La Chanterie qui ne parle que le français des anglomanes.

» — Mon cher, dit celui-ci à l'étranger, quand on se mêle de débiter des galanteries à nos femmes, il faut savoir parler.

» — Chut! lui dit Boleslas, il faut savoir se taire.

» L'affaire n'était encore qu'à moitié sérieuse; mais l'homme de cheval monta sur ses grands chevaux et il conta cette parabole, croyant humilier Boleslas :

» — Supposez, mesdames, qu'il y ait ici un Anglais, un Français, un Allemand et un Russe. Supposez maintenant que quatre mouches viennent prendre un bain dans leur verre. Il arrivera ceci indubitablement :

» — L'Anglais sonnera un laquais et lui donnera son verre.

» Le Français prendra son couteau et sauvera la mouche d'une mort imminente.

» L'Allemand prendra la mouche avec ses doigts.

» Le Russe boira le verre et la mouche. »

Boleslas, qui avait écouté d'un air souriant et ironique, dit à La Chanterie :

« — Quelle mouche vous pique, mon cher? Cette parabole est du temps de Pierre Ier. Aujourd'hui nous savons mieux boire que vous, qui vous vantez d'être des Anglais de Paris. C'est pour nous que vous vendangez vos meilleures vignes, que vous élevez vos meilleures comédiennes. — Champagne retour de Russie, comédiennes retour de Russie. — Aussi les Français de Saint-Pétersbourg sont-ils plus Français que ceux de Paris.

» Ici la querelle devint, pour La Chanterie qui était gris, une question de nationalité. On convint de se couper la gorge pour prouver qu'on était Français. Moi, qui ne sais pas si je suis Espagnol ou Français, j'ai fini par prouver à Boleslas qu'il était Russe et à La Chanterie qu'il était gris. »

« — A la bonne heure, dit la duchesse, voilà Santa-Cruz devenu pacificateur. »

Le prince Rio prit la parole pour raconter une aventure galante de M. Capitole :

« M. Capitole est un ténor de je ne sais plus quel théâtre lyrique. C'est un joli-cœur qui porte bien sa tête, et qui retrousse vaillamment sa moustache. Il a foi en lui, il a raison : c'est par là qu'il triomphe des demi-mondaines et des demi-comédiennes. Impertinent comme un marquis Louis XV, il joue toujours cavalièrement son rôle sur la scène ou dans les salons. On s'est disputé pendant quelques jours les mèches de ses cheveux. Que dis-je ! il s'est fait un coussin des mèches prises aux chevelures plus ou moins teintes de toutes les femmes qu'il a roulées à ses pieds : — un vrai massacre de vertus.

» Un jour, il avait chanté au piano avec une

vraie femme du vrai monde. Comme elle avait voulu jouer du piano à quatre mains, il s'était imaginé qu'il n'en fallait pas davantage pour que la dame mourût d'amour pour lui.

» Quelques jours après, il la rencontra dans le monde. La dame a beaucoup d'esprit, elle n'est pas bégueule, elle rit volontiers. M. Capitole est convaincu qu'il n'a plus qu'un mot à dire. Il le dit.

» — Comment donc? répond la dame, vous me faites trop d'honneur.

» Il prend cela pour de l'argent comptant, il n'attend plus que l'occasion pour la prendre aux cheveux — de beaux cheveux blonds, un reflet d'enfer sur des yeux du paradis.

» Le lendemain, il espérait voir la dame au théâtre, — à son théâtre, pour lui voir jouer les irrésistibles, — tant il la croyait déjà sur son chemin. Mais point. Il n'est pas en peine, il se rabattra sur un autre gibier.

» O miracle ! A la porte de l'escalier des artistes, il croit reconnaître la voiture de la dame. C'est elle, à n'en pas douter, dans ce petit coupé avec une couronne de comtesse. On pousse un cri, mais il ne s'arrête pas pour si peu. Il a donné l'ordre au cocher d'aller au Bois : la dame ne veut pas. Mais, quand M. Capitole a parlé, tout obéit. On va au Bois, on fait le tour du lac. — On fait peut-être un second tour. — Pourquoi pas un troisième tour? — On s'en revient.

» — Que vais-je devenir? dit la dame, demain vous ne m'aimerez plus!

» — Qu'importe, si je vous ai aimée aujourd'hui.

» — Je ne m'en consolerai pas.

» — Je vais vous reconduire à votre mari qui vous consolera.

» — Mon mari ? Que voulez-vous dire ?

» — Chut! ne jouons pas la comédie dans un coupé, la nuit est noire, mais je ne m'y trompe pas.

» Et M. Capitole donne l'ordre au cocher d'aller à l'hôtel du comte ***.

» La dame ne comprenait pas.

» Un quart d'heure après, il la plantait devant l'hôtel du comte ***, en lui parlant comme la morale en action. Elle eut beau lui dire qu'il était fou :

» — Je suis un sage, puisque je vous remets dans votre chemin.

» M. Capitole a toutes les fatuités. Ce fut son dernier mot. Or, quelle était cette dame?

» Tout simplement la femme de chambre de la comtesse qui était en station amoureuse pour un troisième amoureux du théâtre de M. Capitole. Elle n'avait pas fait trop de façons pour s'embarquer avec le premier rôle, ne se doutant pas d'où lui venait cette bonne fortune.

» Pourquoi était-elle dans un coupé de maison?

» Demandez à tous les cochers de bonne maison.

» Et voilà pourquoi on a conté partout l'histoire de M. Capitole avec la comtesse ***. »

A son tour, Monjoyeux conta une histoire toute parisienne, je veux dire un conte chinois :

« La chose se passe en Chine. C'était sous l'avant-dernier ministre des finances, ou de la justice, ou de la guerre. Le ministre aimait les femmes, ce qui est une vertu toute divine. Un matin, on l'avertit qu'un de ses administrés lui demande une audience par la voix d'or de sa femme, qui a fait tout exprès le voyage à Pékin pour solliciter une grâce. Ce sont toujours les femmes — en Chine — qui devraient solliciter des grâces; un homme est horrible à voir dans ce rôle, une femme y est charmante.

» Le ministre reçut la dame. Jusque-là, il était dans son rôle et dans son devoir; il croyait voir arriver quelque provinciale endimanchée; mais va-t-il en croire ses yeux? Il voit entrer une beauté incomparable, habillée à la dernière mode : menu du jour sans oublier le dessert dans les cheveux. C'était un spectacle magique.

» Elle arriva lentement vers le ministre qui fit trois pas à sa rencontre.

» — Est-il possible, madame, qu'on habite les bords du fleuve Jaune si loin de Pékin, si loin du palais d'hiver et du palais d'été?

» — Voilà pourquoi, ô grand ministre, je viens vers vous. Si vous condamnez mon mari à vivre loin du soleil des élus, vous me condamnez comme lui. Appelez-le dans la ville universelle et je tomberai à vos genoux.

» Comment résister à d'aussi beaux yeux et à une aussi belle voix? Le mari fut appelé à un haut emploi dans le céleste empire, ce qui ne veut pas dire que le ministre ait abusé de son sceau. »

Monjoyeux, qui n'était d'abord venu chez la duchesse que de loin en loin, sous prétexte qu'il n'était pas assez du grand monde, avait fini par se conquérir tous les cœurs. On l'aimait avec son imprévu, on l'aimait avec ses coudées franches. Il risquait tout, parce que l'esprit sauve tout.

Ce soir-là il hasarda des paradoxes sur la Parisienne. Il la peignit en ronde-bosse.

« — N'est-ce pas que je comprends le relief et la couleur? dit-il avec la vanité de Diderot, son maître pour bien dire. Mais, après tout, mes paradoxes, ce ne sont pas des articles de foi.

» — Pour peindre la Parisienne, il faudrait cent volumes, dit Santa-Cruz.

» — Si je la peins mal, reprit Monjoyeux, ce n'est pas faute de la bien connaître. »

Il se vantait toujours de sa naissance comme d'autres qui reviennent des croisades sans y être allés.

« — Vous comprenez bien qu'étant né dans la hotte d'une chiffonnière, j'ai été initié dès mon berceau à tous les secrets et à toutes les malices d'une Parisienne.

» — Pour moi, dit mademoiselle de Saint-Réal en montrant un petit agenda, je possède le bréviaire d'une Parisienne. Si vous êtes curieux, écoutez. »

Et elle débita ces vingt maximes qu'elle avait crayonnées elle-même :

Le Bréviaire d'une Parisienne

I

L'amour, c'est la comédie pour la Parisienne. Ce n'est que l'entr'acte pour la provinciale. Ou plutôt c'est l'épisode pour la provinciale, tandis que c'est le roman pour la Parisienne.

II

La Parisienne n'accepte un mari que pour n'avoir pas la responsabilité d'elle-même. Elle prend une armure pour faire des armes.

III

La Parisienne a trop d'ennemis : l'homme qu'elle a aimé, l'homme qu'elle n'a pas aimé, sans compter que les Parisiennes n'ont pas de plus grand ennemi que les Parisiennes.

IV

A Paris, les Phrynés prennent le procédé des Pénélopes : elles font un ouvrage inutile afin de le recommencer toujours.

V

Une Parisienne meurt quatre fois : — de son premier amour, — de sa beauté, — de son dernier amour, — enfin de sa belle mort.

VI

— Pourquoi Adam et Ève ont-ils quitté le paradis ? — Parce que c'était la maison conjugale.

Ils ont commencé par la séparation des biens. Mais Ève a gardé la pomme.

VII

A quarante ans la Parisienne n'a encore dans le cœur que quarante printemps ; mais après quarante ans elle a quarante hivers.

VIII

Les Parisiennes ne s'habituent ni aux injures de l'Amour ni aux injures du Temps, — l'un portant l'autre, comme sur la pendule de ma grand'mère.

IX

A Paris l'amour frappe la monnaie de l'amour, mais c'est un faux-monnayeur qui s'amuse à changer l'or en cuivre et le cuivre en or pour tromper tout le monde.

X

La Parisienne qui parle de sa vertu ne connaît pas la vertu. Elle serait désespérée d'être prise au mot.

XI

Les Parisiennes filent leurs toiles pour prendre les hommes ; mais les Parisiens traversent la toile comme les bourdons les toiles d'araignée.

XII

La rose est le symbole de la douleur dans la volupté, puisqu'elle est teinte du sang de Vénus.

XIII

La Parisienne qui inspire une grande passion la subit bientôt — quelquefois pour un autre — comme le thermomètre subit les variations de l'atmosphère.

XIV

Les femmes qui ne soulèvent dans notre esprit que des points d'admiration, sont comme les tragédies de Racine ; trop parfaites ! Les Parisiennes soulèvent toujours des points d'interrogation.

XV

Les Parisiennes n'aiment tant l'amant qu'elles aiment, que par regret de l'amant qu'elles n'aiment plus et par désir de l'amant qu'elles aimeront.

XVI

A Paris, l'amour qui s'endort ressemble à Samson ; Dalila lui coupera les cheveux dans son sommeil.

XVII

La plus belle fille du monde ne peut donner que ce qu'elle a. — Pourquoi dire cela ? — Souvent elle donne ce qu'elle n'a pas : l'amour.

XVIII

Les Parisiennes sont extrêmes : elles sont meilleures ou pires que les hommes.

XIX

Dans la main d'une Parisienne, l'audace est une arme d'or pour qui veut faire le bien, — surtout pour qui veut faire le mal.

XX

Les Parisiennes sont des jetons qui changent de valeur selon le jeu de celui qui les tient.

Quand on eut bien commenté les maximes de mademoiselle de Saint-Réal, madame Andamy, sur la prière de Bianca, chanta au piano la *Chanson de Prairial*.

Madeleine arrose sa toile,
Riant avec son bien-aimé.
Voici ce que lui dit l'étoile,
Par un beau soir du mois de mai :

« Si doux qu'il soit, c'est une offense,
Le baiser chanteur et vermeil ;
L'amour qu'on donne sans défense
Est un déjeuner de soleil.

» Ta toile blanchira, ma belle,
Mais prends garde à ton amoureux :
Combien de fois a pleuré celle
Qui veut que l'amour soit heureux !

» O vierge, beaux yeux de pervenche,
Si tu ne gardes ta vertu,
Ta toile ne serait pas blanche
Pour ton lit nuptial, vois-tu ! »

Madeleine dit à l'étoile,
Le premier jour de prairial :
« Je ne crains pas l'amour : ma toile
Sera blanche au lit nuptial. »

On applaudit un peu la chanson et beaucoup la chanteuse.

D'Aspremont conta la dernière histoire de la soirée, une histoire de l'autre monde qui jeta un froid terrible sur ceux qui écoutaient, car il y avait deux groupes : la chanoinesse avait trois auditeurs, — je veux dire trois amoureux.

D'Aspremont arrivait toujours avec une note triste. Il ne voulait plus rire qu'à moitié. Il se complaisait dans les teintes mélancoliques. Aussi lui reprochait-on gaiement de ne pas faire danser les millions de ce bon M. Marvillé, car tout le monde savait les termes du testament.

« — Que voulez-vous ! disait-il, M. Marvillé a voulu que je fusse heureux en me donnant sa fortune. Or, je serais le plus malheureux des hommes s'il me fallait jouer la folie quand je suis devenu sage. »

Le prince Rio dit à Santa-Cruz :

« La sagesse de d'Aspremont m'effraie, il finira par reprendre son pistolet. Il voulait se tuer parce qu'il n'avait pas d'argent, il se tuera parce qu'il en a trop.

» — Non, dit Santa-Cruz, il ne se tuera pas parce qu'il aime Colombe. »

II

LE SPECTACLE IMPREVU

Il était une heure et demie du matin quand sortit le dernier des philosophes plus ou moins amoureux qui débitaient des paradoxes et des contes chez la duchesse.

C'était Santa-Cruz. Violette était partie à minuit avec Antonia. On voyait fuir vers le rond-point le petit coupé de la chanoinesse qui reconduisait mademoiselle de Saint-Réal.

Bianca était donc restée seule.

Achille s'en alla discrètement de l'autre côté de l'avenue comme s'il voulait s'assurer que tout le monde fût parti ou comme s'il voulait étudier la vie intérieure de la duchesse à travers les rideaux de ses fenêtres.

Quel ne fut pas son étonnement quand il surprit

le prince Rio, masqué par un arbre, en proie à la même curiosité.

« — Eh bien ! oui, dit le prince, c'est moi, je ne m'en cache pas. Je veux savoir si tout le monde s'en va ou si personne ne revient. Il me paraît impossible que la duchesse n'ait pas d'amant.

» — O sceptique ! dit Achille. Vous savez bien qu'elle n'aime que les amoureux. »

A cet instant un troisième larron qui descendait l'avenue des Champs Élysées s'arrêta devant la porte de la duchesse au moment où s'ouvrait la fenêtre du balcon.

LIVRE IV

LES AMOURS EN PEINE

Il n'y a pas d'esclaves plus tourmentés que ceux de l'amour.
Mlle de LESPINASSE.

Salue cet enfant qui passe, ce sera peut-être un homme; salue-le deux fois, ce sera peut-être un grand homme.
CONFUCIUS.

Le sage rougit lui-même de ses paroles quand elles surprennent ses actions.
SOCRATE.

Garde-toi bien que les amorces du plaisir ne te désarment et ne te séduisent. A chaque tentation, dis en toi-même : Voici un grand combat; c'est ici une bonne action toute divine; il s'agit ici de la royauté, de la liberté, de la félicité, de l'innocence; souviens-toi des dieux, appelle-les à ton secours, et ils combattront pour toi. Tu invoques bien Castor et Pollux dans une tempête; — la tentation est une tempête plus dangereuse pour toi.
ÉPICTÈTE.

Chaque femme a sa mission. Il y a les

prédestinées aux pompes et aux œuvres de Satan, mais il y a des femmes qui sont envoyées sur la terre pour y répandre un parfum de la grâce divine. Celles-là, comme la vestale antique, veillent à la fois sur leur vertu et sur leur amour.

❋❋❋

Contente-toi de ta femme, ne prends pas celle de ton voisin. Si tu le fais, tu n'es qu'un loup carnassier. Tu serais comme ce sauvage qui, appelé à un festin, prend la part de son voisin sur son assiette.
ÉPICTÈTE.

L'amour pardonne tout; l'amour-propre ne pardonne rien.

❋❋❋

Une femme peut être surprise d'avoir aimé: elle ne l'est jamais d'être aimée.
MARIVAUX.

I

LA DUCHESSE AURA-T-ELLE UN AMANT?

Quel était ce troisième larron?

Sans doute c'était un amoureux.

Le prince Rio et Santa-Cruz étaient tout à ce spectacle nocturne. Qu'allait-il se passer?

Sans doute Bianca n'était venue sur son balcon que pour faire un signe à Roméo?

Jugez si le scandale fut grand — pour Santa-Cruz et le prince Rio : — le passant qui n'avait pas l'air d'un passant qui veut passer son chemin, — leva la tête et engagea sans façon une causerie nocturne.

Que pouvait-on se dire?

Les deux curieux eurent beau tendre l'oreille, les voix ne traversèrent pas l'avenue.

Tout à coup ils partirent d'un grand éclat de rire : ils avaient reconnu Monjoyeux. Le sculpteur venaît de conduire Violette et Antonia. Il était revenu bravement à pied à travers le bois, il descendait les Champs Élysées et il sonnait chez la duchesse pour savoir si tout le monde était parti.

« — En vérité, dit le prince Rio, la duchesse ne veut pas aimer son prochain comme elle-même. Qui donc la décidera à prendre un amant?

» — Moi! dit Santa-Cruz. »

II

UNE AUTRE PROMENADE AMOUREUSE AU PARC DES PRINCES

D'où vient qu'un jour on rencontra Violette se promenant seule avec Santa-Cruz dans les sentiers de la mare d'Auteuil, sous ces beaux arbres où Bianca et Prémontré avaient mangé des fraises? Si nous écoutons sous l'orme, nous apprendrons que la duchesse est devenue fantasque à ce point que Violette ne la voit presque plus.

Où est l'âme humaine que n'a pas envahie le péché? Quelle créature n'a trahi ni son amour ni son amitié? Qui donc a toujours vécu dans les régions élevées du sentiment divin? La duchesse se croyait au-dessus de toutes les misères humaines; elle croyait que sa dignité la préserverait de toutes les atteintes qui marquent la conscience. Mais elle s'abandonnait trop aux entraînements de la rêverie amoureuse pour ne pas déchirer un peu sa robe aux sentiers de l'école buissonnière.

Voilà pourquoi, depuis qu'elle sentait que Violette aimait Santa-Cruz comme Santa-Cruz aimait Violette, elle n'avait plus pour la douce exilée du Parc des Princes la même amitié expansive. Elle ne lui disait plus tout ; elle ne la questionnait plus. Elle s'en voulait de ne pouvoir s'arracher cette jalousie du cœur, mais la jalousie était plus forte que son amitié.

Violette elle-même, tout en vouant un culte à la duchesse comme elle avait fait naguère à Geneviève de la Chastaigneraye, se sentait jalouse aussi. Mais elle se hâtait de se frapper trois fois le cœur, ne voulant accuser qu'elle-même, se disant d'ailleurs, — sans bien le croire, — que cet amour nouveau n'était qu'une distraction de son esprit.

La pauvre fille! cet amour nouveau prenait toute sa vie, comme l'amour de Parisis, deux ans plus tôt.

Donc, Violette et Santa-Cruz se promenaient — comme des amoureux, — un jour, vers midi, sous les ramées à peine verdoyantes du bois de Boulogne.

On est encore dans l'hiver, mais aux derniers soleils de mars. Les fleurettes rustiques rient déjà dans l'herbe, les bourgeons vont s'épanouir à la première chanson du merle, ce réveille-matin de la nature, les églantiers annoncent les roses sauvages par leurs branches toutes vertes.

Santa-Cruz et Violette étaient mélancoliques.

Santa-Cruz avait l'amour gai, mais Violette avait l'amour triste. Et comme l'amour de Violette était le plus fort, elle imposait son expression douloureuse à Achille. Même pour ceux-là qui sont heureux en femmes et qui courent les aventures galantes avec le scepticisme au cœur, il vient un jour où les mélancolies de la passion ont prise sur leur âme. La tristesse même a ses voluptés, puisqu'elle est le chemin le plus rapide vers le ciel. Violette ouvrait à Santa-Cruz des horizons nouveaux. Certes, elle n'était pas venue se promener avec lui pour faire un cours de philosophie, mais il trouvait en sa compagnie je ne sais quelle aspiration aux régions sereines. Il se sentait heureux à côté de Violette comme si elle eût été à la fois sa sœur et sa maîtresse, quoiqu'elle ne fût ni sa maîtresse ni sa sœur.

Violette marchait vite comme si elle fuyait un souvenir qui l'accusât. Santa-Cruz lui parla du passé, car il lisait à livre ouvert dans ce cœur si pur et si loyal qu'il ne pouvait rien cacher.

— Non, dit-elle, le passé pour moi, c'est un tombeau où je me réveille vivante tous les jours. Faites-moi croire à une métamorphose. Dites-moi que tout se renouvelle, prouvez-moi qu'une autre femme est née en moi-même.

On sait que Santa-Cruz était l'homme par excellence des vérités paradoxales; aussi s'empara-t-il de ce thème avec une éloquence des plus entraînantes. Il dit à Violette que la nature est impitoyable pour le passé. Elle jette dans le néant la rose comme le chardon, la jeune fille comme le crapaud. Le monde n'est qu'une épitaphe perpétuelle. Hier ne compte pas dans l'addition d'aujourd'hui et demain. La nature moissonne le cœur comme elle moissonne la terre. Que reste-t-il des anciennes amours? Les cendres des gerbes brûlées. La science de la vie, c'est de ne jamais se retourner; c'est de marcher en avant, vaille que vaille, coûte que coûte. Vivre du passé, c'est vivre dans un cloître, si ce n'est dans un tombeau.

Depuis que la duchesse voyait moins Violette, Achille la voyait plus. La pauvre solitaire ne voulait pas trahir son amie, aussi défendait-elle à Santa-Cruz de venir chez elle. Mais elle voulait bien le rencontrer comme sans préméditation, au hasard du sentier. C'était un hasard prévu puisqu'elle se promenait presque toujours dans la même zone, depuis le Pré-Catelan, où elle allait boire du lait, jusqu'à la mare d'Auteuil où elle allait cueillir des myosotis.

Achille qui ne traînait pas les choses en longueur, qui ne filait pas le parfait amour aux pieds d'Omphale, qui ne se perdait pas dans la république platonicienne, avait acquis dans la compagnie de Violette toutes les vertus, y compris la patience. Il ne se reconnaissait plus lui-même.

Déjà la duchesse l'avait habitué à ne pas risquer l'heure et le moment. Mais avec elle il était tourmenté des aiguillons de l'amour, tandis qu'avec Violette, c'était l'adorable commerce des âmes. Il goûtait doucement le charme de ses yeux, de sa voix, de son âme, de toute sa beauté visible et invisible. Il était en paradis, il ne demandait pas la volupté des flammes vives.

Ce matin-là, Santa-Cruz, redevenu primitif comme dans ses montagnes, se penchait à chaque instant pour cueillir une fleurette. Il finit par composer un très-joli bouquet rustique qu'il noua avec un brin d'herbe.

« Tenez, Violette, je ne vous ai jamais rien donné.

— Merci, dit-elle en portant le bouquet à ses lèvres, voilà un bouquet qui m'est plus cher que toutes les fleurs de Paris.

— Parce qu'il ne m'a rien coûté, reprit Achille. »

Il s'était rapproché d'elle — si près, si près, si près — qu'il l'embrassa.

Elle trouva cela tout naturel, elle ne se défendait pas. Mais comme il voulait recommencer :

« Non, dit-elle, je vous aime trop. »

On se sépara avec la joie dans le cœur.

Mais dès que Violette fut seule dans sa chambre,

elle tomba agenouillée, tant son âme était triste, même dans la joie.

Le lendemain, à la même heure, on se retrouva sous les mêmes arbres, dans les mêmes rêveries. Violette était venue à pied, Santa-Cruz était venu à cheval, mais il avait laissé son cheval à son groom dans l'avenue des Marronniers.

« Dites-moi donc votre histoire, demanda Violette à Achille. »

L'inconnu a une grande force sur les femmes, mais la curiosité l'emporte : elles ne sont contentes que si elles savent, au risque de briser leur illusion comme le singe brise la pendule.

Dieu a été plus grand encore en gardant son secret.

« Que je vous conte mon histoire, dit Santa-Cruz, à quoi bon ? Un coup de soleil sur la neige des montagnes ! Une paysannerie plus ou moins romanesque ! Une églogue de Théocrite.

— C'est ce qui me charmera, » murmura Violette.

Achille lui rappela qu'il avait refusé de conter sa jeunesse à la duchesse de Montefalcone, sous prétexte que les hommes de génie seuls avaient droit d'ouvrir le livre de leur vie. Mais comme tout homme aime à se conter soi-même, puisque parler de soi c'est revivre du passé, Achille se laissa aller à la tentation.

On se coucha sans façon sur l'herbe, comme les endimanchés du bois de Boulogne.

Ce ne fut pas sans beaucoup de parenthèses, sans beaucoup d'œillades idolâtres, sans beaucoup de violettes jetées aux pieds de Violette, que Santa-Cruz raconta l'histoire d'Achille Le Roy, car il y avait bien deux hommes en lui, un pâtre et un Grand d'Espagne.

Il conta une histoire rustique de la plus haute saveur alpestre où il prouva qu'il était Grand d'Espagne. Il parla beaucoup à Violette de son voyage à Madrid. Ce lui fut une vraie joie de voir la reine Isabelle, qui lui dit avec son charmant sourire éclairé par ses yeux bleus : « Couvre-toi, Santa-Cruz, tu es Grand d'Espagne. »

Ce fut la reine elle-même qui lui fit l'histoire de son aïeul. Elle lui donna la commanderie d'Isabelle la Catholique et le grand cordon de Charles III en lui disant avec sa grâce spirituelle : « Ce sont des chaînes qui t'attachent à l'Espagne. »

III

POURQUOI VIOLETTE S'EXILA

Violette écouta cette histoire avec un vif plaisir. Comme le voyageur qui a bu à la fontaine, elle remontait à la source avec la volupté des fraîches solitudes. Elle reportait le doux sentiment ressenti pour le duc de Santa-Cruz jusque sur cet enfant des montagnes qui avait commencé par être pâtre. Pour cette âme romanesque il y avait là d'étranges séductions.

« Hélas ! dit Santa-Cruz tristement, j'ai commencé par l'énergie pour arriver à l'oisiveté. J'ai honte de moi aujourd'hui. Je sens la rouille m'envahir. Il y avait un homme en moi, il n'y a plus qu'un homme à bonnes fortunes. »

Violette questionna le conteur sur sa mère et sa sœur. Elle lui dit qu'elle voudrait bien connaître cette charmante Marie, cette fleur de la montagne qui avait comme elle péché sans le savoir. Achille lui dit que sa sœur devait venir bientôt à Paris et que la première visite de la fleur de la montagne serait pour la violette du Parc des Princes.

Jusque-là, Violette, dans les causeries sentimentales, n'avait osé hasarder le mot mariage. Quand elle vit que Santa-Cruz, malgré ses châteaux en Espagne, n'était pas riche, elle ne désespéra pas. Elle était riche. On avait ouvert sans elle la succession du duc et de la duchesse de Parisis, mais, quoiqu'elle n'eût qu'en médiocre estime les biens de ce monde, quoiqu'il lui en coûtât de ne s'avouer vivante que pour recueillir une fortune, elle fit acte d'héritière.

Mais aurait-elle le courage de vivre à Paris visage découvert ? Aurait-elle le courage d'aller vivre à Parisis avec Santa-Cruz ? Lui faudrait-il s'expatrier, le suivre en Espagne ou l'entraîner en Italie ? Tout paraissait impossible à Violette, et pourtant elle s'abandonnait à son rêve.

Comment aborder ce point délicat du mariage ! Un jour elle dit à Santa-Cruz, qui lui apprenait que sa sœur avait déjà trois enfants :

« Que je serais heureuse d'être un peu leur mère, en vivant avec votre sœur !

— Pauvre Marie ! dit Santa-Cruz, je voudrais bien lui donner vingt-cinq mille livres de rente pour que son mari abandonnât cette vie de garnison qui est un supplice pour lui, mais surtout pour elle.

— Voulez-vous que je les lui donne? lui demanda Violette d'un œil suppliant.

— Vous êtes donc si riche que cela?

— Oui, lui dit-elle. Moi, je ne vous dirai pas ma vie, mais je puis vous dire ma fortune. Puisque je n'en sais rien faire, peut-être aurez-vous la main plus heureuse.

— De quel droit? » demanda Santa-Cruz avec quelque fierté.

Violette tressaillit sous ce mot qui la condamnait. Elle comprit que l'heure n'était pas venue encore de parler à Santa-Cruz de ses espérances. Elle comprit que l'heure ne viendrait jamais.

Le soir même, sans dire adieu à la duchesse, elle partit pour le château de Pernand, presque résolue à ne pas revenir à Paris, voulant s'arracher du cœur cet amour de Santa-Cruz qui ne devait pas plus la conduire au mariage que l'amour de Parisis.

Achille oublia bientôt que Violette pleurait.

IV

VOYEZ CETTE COMÉDIE EN CINQ HEURES

Cependant le duc de Santa-Cruz continuait sa vie aventureuse. C'était la folie de l'amour.

Voici les personnages : M. DE PUYMORAND, un mari qui trompe sa femme de chambre. — Madame DE PUYMORAND, un éventail sans peur, mais non pas sans reproche.—BERTHE DE PUYMORAND, une Agnès. — Mademoiselle ROSE, femme de chambre invraisemblable. — ACHILLE LE ROY, DUC DE SANTA-CRUZ. — M. ARTHUR DE ***, le dernier des Arthurs. — LE COMTE HERCULE DE ***, chercheur de truffes.— Spectateurs bénévoles, miss Affamée, lady Fringale, etc., etc.

Point d'unité de lieu, point d'unité d'action.

PREMIER TABLEAU

Neuf heures. La chambre à coucher de madame de Puymorand.

MADEMOISELLE ROSE. — Les chevaux de madame sont au coupé.

MADAME DE PUYMORAND. — Je descends tout de suite; je n'ai plus qu'à me coiffer, à mettre du blanc et du rouge, à me faire les sourcils et les cils. Où ai-je donc mis ma pomme d'api? — Si j'allais l'oublier! — Rose, Pinaud m'a-t-il envoyé ma boîte à lèvres?

MADEMOISELLE ROSE. — Oui, un bijou. D'ailleurs madame a une boîte à pastel.

MADAME DE PUYMORAND. — Voulez-vous vous taire! Ne dirait-on pas que je me peins la figure!

MADEMOISELLE ROSE, *à part*,

Pour réparer des ans l'irréparable outrage.

MADAME DE PUYMORAND. — Que caquetez-vous donc là?

MADEMOISELLE ROSE. — Je cours mettre la dernière main à mademoiselle Berthe; la voilà qui sonne.

MADAME DE PUYMORAND. — Il faudra que je renvoie cette fille, elle a servi chez des comédiennes et elle a beaucoup trop de littérature.

MADEMOISELLE BERTHE. — Quoi! maman, tu n'es pas plus habillée que cela? Nous allons encore arriver dans le tohu-bohu. Le grand salon sera envahi, nous n'aurons pas de place, nous serons condamnées à la galerie comme les premières venues. C'est bon pour les muses comme mademoiselle Aldegonde.

MADAME DE PUYMORAND. — Tu as beau dire, je ne suis prête que quand je suis belle. Tu verras, quand tu auras trente-huit ans, qu'il faut toujours un quart d'heure de grâce pour se parachever. N'ai-je pas trop de blanc?

MADEMOISELLE ROSE. — *Raphaël pinxit*, ou j'y perds mon latin.

MADAME DE PUYMORAND. — J'en ai assez de votre latin de cuisine.

MADEMOISELLE ROSE. — La cuisine! C'est du latin de palais. Que madame aille plutôt voir au Louvre.

MADAME DE PUYMORAND. — Vous irez vous-même, mademoiselle, car je n'ai pas besoin d'une femme savante pour me chausser.

MADEMOISELLE ROSE. — Comment! je ne suis pas digne de nouer les rosettes des souliers de madame?

MADAME DE PUYMORAND. — Mademoiselle Rose, en voilà assez. Est-ce que vous vous imaginez que vous êtes encore dans les coulisses des petits théâtres?

MADEMOISELLE ROSE. — Oui, madame, et coulisses pour coulisses, j'aime autant celles du théâtre que celles du monde. Mais madame oublie que le public attend. Madame va manquer son entrée.

MADAME DE PUYMORAND. — Eh bien! mademoiselle, vous pouvez faire votre sortie, car je vous chasse.

BERTHE. — Oh! maman, c'est Rose qui nous fait belles!

MADEMOISELLE ROSE. — Rassurez-vous, mademoiselle Berthe; si madame est assez étourdie pour renvoyer une aussi bonne femme de chambre, je ne suis pas assez folle pour m'en aller d'une aussi bonne maison. M. de Molière a dit cela.

BERTHE. — Songe donc, maman, que Rose te fait mieux tes robes que madame Barenne

MADEMOISELLE ROSE, *passant des perles dans les cheveux de madame de Puymorand*. — Madame me permettra d'achever mon œuvre une dernière fois.

BERTHE. — Maman, tu es adorable.

MADEMOISELLE ROSE. — Quand on est si belle, on pardonne à tout le monde.

MADAME DE PUYMORAND. — Mon mari est parti, n'est-ce pas?

MADEMOISELLE ROSE. — Oui, madame. Mais M. le comte va à l'ambassade et il n'arrivera au bal que vers minuit.

MADAME DE PUYMORAND. — C'est fini. Je pars. J'ai ma pomme d'api; je n'oublie rien?

BERTHE. — Rien, excepté moi; car tu ne m'as pas dit si j'étais belle.

MADAME DE PUYMORAND, *se retournant*. — C'est pourtant vrai. Mais c'est si simple : quand on a dix-sept ans, il n'y a rien à faire. *A part.* Ah! si j'avais mes dix-sept ans pour rencontrer M. de Santa-Cruz.

MADEMOISELLE ROSE, *s'asseyant sur un sofa et se barbouillant de poudre de riz.* — Me voilà, jusqu'à minuit, la maîtresse de la maison. Qui donc en sera le maître?

IIe TABLEAU

Dix heures. Le salon de la duchesse de ***

SANTA-CRUZ. — Vois-tu, là-bas, madame de Puymorand.

ARTHUR. — Non, je ne vois que Berthe.

SANTA-CRUZ. — C'est bien la peine de te mettre un carreau dans l'œil. Tu ne vois pas d'un même coup la mère et la fille qui nagent dans le flux pour arriver plus vite?

ARTHUR. — Il faut nous jeter à leur rencontre. Est-ce que tu es toujours amoureux de madame de Puymorand?

SANTA-CRUZ. — Oui, çà et là. Mais ne va pas jaser! car madame de Puymorand est une vertu de l'ancien régime sur fond d'azur.

ARTHUR. — C'est égal, si j'étais son mari, je te provoquerais.

SANTA-CRUZ. — Temps perdu! Et toi, tu es amoureux de la fille. Cinq cent mille francs de dot ne seront pas comptés à un détaché d'ambassade comme toi, sans compter que tu t'appelles Arthur, et que ce nom-là n'a plus cours à la Banque matrimoniale.

ARTHUR. — Cinq cent mille francs! Il y a de quoi mourir de faim. Je les croyais plus à leur aise. Je ne me marie pas pour si peu.

SANTA-CRUZ. — C'est égal, viens toujours les sauver du naufrage, car les voilà noyées dans les vagues. Suis mon généreux exemple, je me jette à la nage.

MADAME DE PUYMORAND. — Ah! je respire. Monsieur de Santa-Cruz, vous m'avez sauvée.

SANTA-CRUZ. — Pourquoi ne me dites-vous pas le contraire?

MADAME DE PUYMORAND. — Chut! Si l'on vous entendait, beau railleur!

SANTA-CRUZ. — Voulez-vous prendre mon bras?

MADAME DE PUYMORAND. — Berthe, est-ce que vous dansez avec M. Arthur?

BERTHE. — Oui, maman. C'était convenu l'an passé.

MADAME DE PUYMORAND. — A la bonne heure, vous faites honneur à votre signature.

ARTHUR. — J'ai plus de confiance dans le carnet

de mademoiselle que dans le carnet de mon agent de change.

MADAME DE PUYMORAND. — Les voilà partis dans le tourbillon. Son agent de change! Est-ce qu'il joue à la Bourse?

SANTA-CRUZ. — Lui? il ne joue pas même au lansquenet.

MADAME DE PUYMORAND. — Eh bien, qu'a-t-il donc à parler de son agent de change? car je ne sache pas qu'il ait beaucoup d'argent à placer.

SANTA-CRUZ. — On ne sait pas. Est-ce que vous lui donneriez votre fille?

MADAME DE PUYMORAND. — Je ne donnerai jamais ma fille à un homme qui valse si bien.

SANTA-CRUZ. — Si nous valsions un peu?

MADAME DE PUYMORAND. — Vous voudriez bien me faire tourner la tête.

SANTA-CRUZ. — Vous êtes admirablement brune ce soir, madame, avec votre teint éblouissant.

MADAME DE PUYMORAND. — Dites tout de suite que je suis bien peinte, j'aime mieux cela. Puisque vous me regardez tant, confiez-moi si on ne m'a pas enlevé un peu de rouge ou de blanc dans la cohue. Car il y avait un officier qui me faisait galamment baiser son épaulette. Ce n'est pas un bal, c'est une revue. Le maréchal Canrobert aurait le droit de se croire au Champ-de-Mars. Et pourtant comme c'est beau ces inondations de lumières et de diamants sur ces flots de gaze et de dentelles.

SANTA-CRUZ. — Si nous disions un peu de mal de notre prochain !

MADAME DE PUYMORAND. — Vous ne me connaissez pas. Adressez-vous à cette grue que vous voyez là-bas, qui veut trôner devant le quadrille ducal. Il y a vingt siècles que je la vois promener ses trois cheveux dans les bals officiels. Sous le dernier règne, elle était l'épouvantail de madame Le Hon et de madame Liadières.

SANTA-CRUZ. — Que voulez-vous ! Elle veut porter tout un siècle dans ses trente-deux quartiers de noblesse.

MADAME DE PUYMORAND. — Est-ce que les vieilles lunes ont un blason !

SANTA-CRUZ. — Alors elles n'ont plus qu'à aller se coucher.

MADAME DE PUYMORAND. — La voilà qui joue de l'éventail avec un diplomate en herbe qui croit qu'on fait son stage avec les vieilles femmes. Vieux style.

SANTA-CRUZ. — Reconnaissez-vous votre cousine qui revient de la salle de jeu ?

MADAME DE PUYMORAND. — Oh ! je vais me cacher sous mon éventail ; car, si elle nous aborde, elle va nous assassiner. Elle est si éloquemment bête qu'il n'y a pas avec elle un mot spirituel à placer. Vous devriez épouser sa fille qui est encore plus bête.

SANTA-CRUZ. — Je ne me marierai jamais.

MADAME DE PUYMORAND. — Oui, je vous vois venir : vous voudriez n'épouser que les femmes mariées.

ARTHUR. — Je ne sais plus sur quel pied valser cette valse. Est-ce la valse à deux temps, à trois temps ou à quatre temps?

BERTHE. — Comme il vous plaira, pourvu que je valse.

ARTHUR. — J'aime mieux la valse à deux temps ; ne trouvez-vous pas, mademoiselle, que le mot deux est le plus beau chiffre des mathématiques?

BERTHE. — Pourquoi?

ARTHUR. — Être deux, lui et elle, elle et lui! C'est tout un monde, c'est le paradis sur la terre.

BERTHE. — Ah! oui, Adam et Ève.

ARTHUR, *à part*. — Comme elle joue bien les ingénues. Est-il possible qu'elle soit la fille de sa mère! *Haut*. Quoi de plus beau que les duos! Vous rappelez-vous Roméo et Juliette, Lucie et Rawenswood, Fernand et Léonor?

BERTHE. — Maman ne veut pas que j'aille avec elle à l'Opéra. J'ai horreur du piano et je n'aime la musique qu'au bal.

ARTHUR. — Oui, mais quand vous serez mariée!

BERTHE. — Mariée! mais pourquoi faire? Je n'ai encore que dix-sept ans.

UN SPECTATEUR. — N'est-ce pas mademoiselle Berthe qui valse si éperdument! Où donc est sa mère

DEUXIÈME SPECTATEUR. — Sa mère parle éperdument dans quelque embrasure de fenêtre.

PREMIER SPECTATEUR. — Vous voulez dire dans quelque embrasement de fenêtre.

BERTHE. — Si nous tournions de l'autre côté?

ARTHUR, *à part*. — Je suis sur les dents. *Haut.* Vous avez raison, ne perdons pas une mesure.

SECOND SPECTATEUR. — Voyez donc avec quelle furie cette petite fille entraîne son valseur. Elle est fort jolie, et on dit que son père l'habillera, le jour de son mariage, de cinq belles robes en étoffes de la Banque de France.

PREMIER SPECTATEUR. — Il est de Troyes?

DEUXIÈME SPECTATEUR. — Oui ; vous ne savez donc pas l'histoire? M. de Puymorand a enlevé sa femme ; de là le vers fameux d'un Champenois de haut cru :

<blockquote>L'Aube les a vus deux, le crépuscule Troyes.</blockquote>

PREMIER SPECTATEUR. — Je sais sa nouvelle histoire : il a pour maîtresse une mauvaise comédienne dont il a fait benoîtement la femme de chambre de sa femme.

BERTHE. — Eh bien, vous vous arrêtez en chemin?

ARTHUR. — Je croyais que vous vouliez respirer.

BERTHE. — L'air que je respire, c'est la valse.

ARTHUR. — Eh bien! reprenons l'autre sens. — Ah! quel contre-sens pour un homme sérieux — qui n'a pas soupé.

BERTHE. — Ne parlez-vous pas de souper?

ARTHUR. — Voulez-vous venir au buffet?

BERTHE. — Après la valse prochaine.

ARTHUR. — Quelle femme ! Si elle tue autant de maris que de valseurs, j'aurai mon tour ; mais pour aujourd'hui je donne ma démission.

IIIe TABLEAU

Une heure. On assiége le buffet.

MONJOYEUX. — Voilà pourtant le peuple le plus policé des cinq parties du monde !

UN COLONEL. — Tout le monde n'est pas si Français que cela ici.

LADY FRINGALE. — Si on ne me laisse point arriver, je vais mourir de faim.

LE COLONEL, *riant*. — Je vais me trouver mal. Milady, n'avez-vous pas des sels anglais ? Ce poulet n'est pas assaisonné.

MONJOYEUX. — Je voudrais bien qu'on me passât un peu de sel attique.

SANTA-CRUZ. — Avec des truffes.

MONJOYEUX. — Ah ! c'est vous, Santa-Cruz. Vous soupez donc aussi ?

SANTA-CRUZ. — Vous appelez cela souper, Monjoyeux ?

MONJOYEUX. — Vous n'avez pas l'estomac reconnaissant. On ne soupe bien qu'ici, — quand on arrive à souper.

MADAME DE PUYMORAND. — C'est la pomme d'or des Hespérides, on ne la cueille jamais.

MONJOYEUX. — Mais j'en connais qui soupent deux fois — comme Monjoyeux.

SANTA-CRUZ. — Madame, vous qui avez droit de première entrée, vous arrivez trop tard. Déjà les illustres gourmands ont fini leur station ; j'aime à croire qu'ils n'ont pas pris tout le dessus du panier.

BERTHE, *tout essoufflée*. — Maman, maman, tu m'as encore oubliée. Enfin, je te retrouve à temps.

MADAME DE PUYMORAND. — Je ne te perdais pas de vue. Pourquoi n'as-tu pas pris le bras de ton père, car il est là-bas qui joue au whist ?

BERTHE. — Quand mon père joue au whist, il n'a plus ni femme ni enfant.

MADAME DE PUYMORAND. — Ne perdons pas notre temps en conversations oiseuses ; prenons cette table d'assaut.

BERTHE. — Maman, tu as une joue plus rouge que l'autre. Tu as donc été au feu ?

MADAME DE PUYMORAND, *à part*. — Ici la pomme d'api n'est pas hors de saison. *Elle ouvre sa pomme d'api et se met discrètement du blanc.*

UN VOISIN. — Vous commencez par les pommes d'api, madame ?

MADAME DE PUYMORAND, *posant précipitamment la pomme sur la table*. — Mais non, c'est pour le dessert.

ARTHUR. — Mademoiselle Berthe, que voulez-vous manger ?

BERTHE. — De tout.

ARTHUR. — Vous n'en êtes pas encore aux pommes d'api, vous, mademoiselle?

MADAME DE PUYMORAND, *à part*. — C'est bien, je tiendrai compte de ce mot-là, quand tu viendras me demander ma fille. Suis-je assez bête! je n'ose pas reprendre ma pomme! *Haut*. Qu'ont-ils donc tous à nous regarder?

MISS AFFAMÉE. — Un peu de place et de jambon, s'il vous plaît! Ah! la belle pomme d'api! *Elle la porte à ses dents.*

MADAME DE PUYMORAND, *à part*. — C'est cela, mords-la et casse-toi tes touches de piano.

MISS AFFAMÉE. — Oh! elle n'était pas mûre! *Elle remet la pomme sur la table devant la marquise de Tramond.*

SANTA-CRUZ, *au soupeur de la marquise*. — Quoi! vous laissez mordre la pomme de la marquise?

LE COMTE HERCULE. — Je crois que la marquise n'a jamais cueilli de ces pommes-là. Voulez-vous me passer des truffes?

SANTA-CRUZ, *gravement*. — Mon cher, allez les déterrer.

LE COMTE HERCULE. — Monsieur, voilà un mot qui fera enterrer l'un de nous deux.

SANTA-CRUZ. — Oui, mais après souper.

ARTHUR. — Mon cher Santa-Cruz, c'est une affaire qui va peut-être avancer les tiennes. Tu sais que je suis ton second?

SANTA-CRUZ. — Et Berthe?

ARTHUR. — J'ai eu mon duel avec elle, et j'ai été battu. Mais ce n'est pas fini, elle espère bien encore la valse de départ. Donne-moi du vin de Madère et donne-lui du sirop de groseille.

BERTHE. — Monsieur de Santa-Cruz, vous me laissez mourir de faim et de soif. Du punch!

ARTHUR, *à part*. — Dix-sept ans! Oh! les ingénues! Oh! les aubes bleues et roses! Balzac seul a mesuré toute la profondeur de ces abîmes quand ils sont à table. Brillat-Savarin savait-il ce qu'il faut d'ailes de perdreaux, de jambons d'York, de pâtés de foie gras pour nourrir ces fraîches et diaphanes poésies qui ont l'air de vivre de l'air du temps?

BERTHE. — Eh bien! monsieur Arthur, je vous attends. Et cette valse?

ARTHUR. — Allons, il faut se résigner à gagner sa femme à la sueur de son front.

IVe TABLEAU

Dans le coupé trois-quarts de madame de Puymorand.

MADAME DE PUYMORAND. — Je ne sais vraiment pas pourquoi, monsieur de Santa-Cruz, je vous ai donné l'hospitalité.

SANTA-CRUZ. — C'est l'hospitalité écossaise.

BERTHE. — C'est d'ailleurs le chemin de M. de Santa-Cruz.

SANTA-CRUZ. — C'est toujours mon chemin quand

je suis en belle compagnie. *Il prend, sous la pelisse de bal, la main de madame de Puymorand. Mais, voyant venir la lumière du réverbère, madame de Puymorand repousse la main de Santa-Cruz en se penchant vers lui.*

MADAME DE PUYMORAND. — La belle nuit!

SANTA-CRUZ. — On dirait qu'il pleut des étoiles. *Madame de Puymorand continue de regarder à la portière.*

BERTHE. — Que ce serait joli, une pluie d'étoiles!

SANTA-CRUZ *glisse sa main droite dans le manchon de Berthe.* — Ce serait une pluie céleste.

MADAME DE PUYMORAND. — Des phrases! *Elle reprend la main gauche de Santa-Cruz sous sa pelisse.*

BERTHE. — C'est un beau bal!

SANTA-CRUZ. — Oui, mais c'est quand je m'en vais que j'apprécie le bal. C'est long, trois heures, sans retirer son gant! *Il défait le gant de Berthe. Madame de Puymorand ôte le sien elle-même.*

BERTHE. — Oh! ce réverbère a passé dans la voiture comme un éclair!

SANTA-CRUZ. — C'est le diable qui est entré, mademoiselle. Jouez-vous du piano à quatre mains?

BERTHE. — Jamais.

SANTA-CRUZ, *à part.* — Cela se voit tout de suite: une petite main qui ne résonne pas, un clavier muet. Mais la mère quelle grande musicienne !

BERTHE. — Quand je pense que vous allez vous battre demain avec ce mangeur de truffes !

SANTA-CRUZ. — Me battre ! Le battre, vous voulez dire. Je vous réponds que vous le reverrez avec le bras en écharpe; ce sera poétique pour un homme qui a du ventre.

BERTHE. — Oh! que c'est beau le ciel, la nuit ! *Elle met sa tête à la portière, Santa-Cruz y met la sienne. Prétexte de baiser les cheveux de la jeune fille. Madame de Puymorand ramène Santa-Cruz par la main, — mais il ne donne pas les deux mains, — parce que l'autre est sans doute occupée.*

Ve TABLEAU

Deux heures du matin. La chambre à coucher de madame de Puymorand.

MADEMOISELLE ROSE. — Deux heures ! Que de temps perdu ! Mais qui est-ce qui a perdu son temps, est-ce madame, ou moi ? J'entends sonner. Voyons si tout est bien en ordre, dans ce beau désordre. J'ai eu tort de donner le thé ici, — quand monsieur a été parti. — J'allais oublier de retirer ce fauteuil accusateur. N'y a-t-il pas quelques miettes de gâteau sur le tapis ? Madame n'y regarde pas de si près : elle ne voit qu'elle-même.

MADAME DE PUYMORAND. — Rose, achevez de me

déshabiller, car j'ai cru que jamais je ne reviendrais ici avec ma robe. J'ai laissé en route trente-six mètres de volants. C'est beau, ce bal, mais c'est beau comme une bataille.

BERTHE. — Mais, maman, dans un bal, quand il n'y a pas trop de monde, il n'y a pas assez de monde.

MADAME DE PUYMORAND. — Voilà qui est juste. Qui vous a dit cela, ma fille?

BERTHE. — C'est M. Arthur, maman.

MADAME DE PUYMORAND. — M. Arthur vous dit beaucoup trop de choses. Je veux bien qu'il danse avec vous, mais je ne veux pas qu'il vous donne ses opinions. — Prenez donc garde, Rose, vous m'arrachez les cheveux.

MADEMOISELLE ROSE. — C'est un cheveu blanc, madame; mais madame n'avait que celui-là.

MADAME DE PUYMORAND, *à part*. — Un cheveu blanc, une fille à marier, et j'ai promis à Santa-Cruz une rencontre pour demain au Bois, par hasard. Je n'irai pas. Pauvre Santa-Cruz, peut-être lui-même n'ira-t-il pas, car ce duel... Une autre rencontre... Ah! si les hommes savaient que c'est par l'émotion qu'ils gagnent les femmes!

BERTHE. — Maman, crois-tu que ces messieurs se battront? Veux-tu savoir la vérité?

MADAME DE PUYMORAND. — Toute la vérité, mademoiselle.

BERTHE. — Eh bien, j'aime M. Arthur... pour

valser, mais j'aime M. Santa-Cruz... pour l'aimer.

MADAME DE PUYMORAND. — En voici bien d'une autre! Mademoiselle, je vous défends de songer à M. de Santa-Cruz. Sachez que c'est un monsieur qui ne se marie jamais.

BERTHE. — Qu'est-ce que cela fait, maman!

MADAME DE PUYMORAND. — Allez vous coucher, mademoiselle.

BERTHE. — Bonsoir, maman. Embrasse-moi, car si tu ne m'embrassais pas aujourd'hui, je serais bien malheureuse.

MADAME DE PUYMORAND. — Pourquoi?

BERTHE. — Parce que j'ai envie de pleurer.

MADAME DE PUYMORAND, *à part*. — Et moi aussi. *Haut*. Rose, voilà mon mari qui rentre; priez-le de venir me parler. *Embrassant sa fille*. Adieu, mignonne, prie le bon Dieu et dors jusqu'à midi.

M. DE PUYMORAND. — Que me voulez-vous, Marie?

MADAME DE PUYMORAND. — Vous n'êtes pas aimable. Vous m'aviez promis de revenir avec nous.

M. DE PUYMORAND. — Je vous trouve sublime. Votre ami Santa-Cruz cherche une querelle de gourmand à mon ami Hercule. Savez-vous ce que j'ai fait depuis une heure? J'ai jeté de l'eau sur le feu.

MADAME DE PUYMORAND, *cachant une larme*. — Vous avez arrangé l'affaire?

M. DE PUYMORAND. — Oui.

MADAME DE PUYMORAND. — Ah! mon ami, comme je vous aime!

M. DE PUYMORAND. — Est-ce bien vrai, ce mensonge-là ?

Ce fut le dernier mot de la comédie en cinq heures. Si elle eût duré six heures, c'en était fait de la mère et de la fille.

V

PUISQUE LA MÈRE S'AMUSE, LA FILLE IRA AU COUVENT

Autre mère, autre fille.

Au temps des bals, des bals costumés, des bals masqués, les chroniqueurs qui ont de bonnes oreilles surprennent des histoires qui sont fort édifiantes pour la galerie. Ils parlent des fêtes à peu près comme des feuilletonistes du lundi parlent des théâtres. Les feuilletonistes du lundi sont les chroniqueurs de la comédie humaine comme les chroniqueurs le sont de la comédie parisienne. Les journaux « bien informés » n'ont pourtant pas, dans leurs premiers Paris du scandale, révélé ces quelques histoires que je vais dire.

Elles se sont passées sinon dans le monde de la duchesse de Montefalcone, du moins dans le monde de ses amis.

Naturellement on y retrouvera Santa-Cruz en scène.

Tous les jours Santa-Cruz se jurait de mettre un signet à son livre. Mais il ne pouvait pas résister à la tentation : le courant était plus fort que lui. Il devait mourir dans l'impénitence finale.

Santa-Cruz se montra dans un bal costumé en habit de cour avec le manteau vénitien : Bonne *fecit*. Cet homme si fortement et si finement sculpté par la main de la nature était mieux que nul autre en culotte courte et en bas de soie, parce qu'il avait la jambe fière et le pied cambré. Il ne marchait pas avec la grâce étudiée des salons où le maître à danser se trahit toujours un peu. Il avait une grâce originale qui rappelait la montagne.

Quand il se fut montré ainsi pendant une heure il disparut et revint en simple domino noir, ruban violet au capuchon : il avait le secret des dieux, il savait qu'un très-haut personnage devait se promener ainsi dans les salons.

Le travestissement lui réussit trop ; à peine était-il entré que toutes les femmes coquetèrent et formèrent la haie, espérant toutes que le très-haut personnage allait les attaquer.

Achille, qui riait dans sa barbe de satin noir, ne savait encore à qui il devait livrer bataille quand un domino violet lui prit le bras et l'emmena dans des régions plus pacifiques.

C'était la marquise de Francia.

Elle parla à Santa-Cruz avec tant d'abandon, elle alluma si doucement ses yeux qu'il lui dit avec impertinence, lui qui ne la connaissait pas :

— Tu me reconnais donc?

Il ne doutait pas qu'elle ne le prît pour le très-haut personnage.

— Qui ne te reconnaîtrait? dit la dame. Est-il ici un seul homme qui ait ce grand air?

— N'est-ce pas? dit Achille en jouant sur les mots, fils de Roi, je suis toujours Le Roy.

— Oui, mais tu as trop de sujettes. Quand je pense que je t'aime depuis si longtemps et que tu n'as jamais levé les yeux sur moi.

— Où t'ai-je vue?

— Partout, au Bois, au théâtre, à la Cour.

— A la Cour! je n'y vais pas.

— Oui, tu veux cacher ton jeu.

— Dis-moi qui tu es, je te dirai qui tu hantes.

— Qui je suis? Si tu veux faire avec moi un voyage à Versailles, je te conduirai dans la salle des Croisades et je te montrerai ma bannière.

— Ta bannière! ta feuille de vigne, ô fille d'Ève! Eh bien! supposons un instant que tu me connaisses, que veux-tu de moi?

— Toi.

— Si ce n'est que cela je puis faire ton bonheur et ton malheur. Et quand je me serai donné, que faudra-t-il te donner encore?

— Tu veux le savoir?

— Parle !

— Tu me donneras moins que rien, un demi-million pour payer mes dettes. Qu'est-ce que cela !

— Moins que rien, comme tu dis, c'est dit. Blanc-seing contre sein blanc.

— Tu vas me signer cela ?

Achille aventura sa main sous les plis du domino violet.

— Tu voudrais déjà avoir ton billet sous seing privé ?

— Pas si privé que cela, dit la marquise en donnant un grand coup d'éventail.

Santa-Cruz ne pouvait pas franchir l'abîme d'un demi-million, il aima mieux battre en retraite.

— Mon beau domino, je te retrouverai tout à l'heure.

— Je comprends, dit la dame d'un air entendu, quelques signatures à donner. N'oublie pas mon blanc-seing.

— Ni ton coup d'éventail.

Et il disparut dans le tourbillon.

Une autre femme lui prit le bras, c'était un domino bleu de ciel, un ange quasi-tombé.

— Sais-tu pourquoi je te parle ?

— Oui, je le sais bien, mais dis-le-moi.

— C'est parce que je te hais.

— Pourquoi me hais-tu ? Tu lis donc les journaux ? Ou bien est-ce parce que tu m'as aimé ?

— Non, c'est parce que tu es heureux.

— Heureux! Il n'y a pas de quoi. Et d'abord heureux de quoi, s'il te plaît?

— De tout. Quand tu fronces tes sourcils, je veux dire tes moustaches, l'univers tremble depuis l'Olympe jusqu'au Mexique. Tu es adoré de toutes les femmes.

— Oui, mais à quel prix ! Tu comprends que j'ai trop d'esprit pour me croire aimé pour moi-même.

— On est toujours aimé pour soi-même. Est ce donc pour ton voisin qu'on aime ta grandeur et ta fortune? Ce sont les gens qui ne sont jamais aimés qui ont inventé ce contre-sens : « Il n'est pas aimé pour lui-même. » Tu vas emporter tous les cœurs ce soir.

— Oui, j'en ai déjà trouvé un ; sais-tu ce qu'il me coûte?

— Combien?

— Un demi-million !

— Eh bien ! va pour le million. Donne-moi aussi cinq cent mille francs.

— Tu as des dettes comme le domino violet?

— Non, mais moi je n'ai pas de diamants, et je suis si mal habillée !

— C'est que tu es trop belle pour avoir besoin d'Halphen et de Worth.

— Peut-être. Aussi je n'ai aucun goût pour les biens de ce monde. Je vais te confier mon ambition ; à force de te haïr, je crois que je t'aime. L'amour pour moi n'est pas une affaire d'État, c'est un baiser surpris avant d'être accordé, un mariage des yeux, une étreinte d'une seconde. En un mot, la préface, rien que la préface. Si tu veux, après-demain, au Bois, je descendrai de voiture à la nuit tombante, je suivrai le ruisseau vers l'avenue de la Reine, tu me rencontreras par hasard, tu ne me reconnaîtras pas, mais tu me regarderas doucement avec tes yeux perdus. J'irai à toi. Je pencherai ma tête sur ton sein, tu baiseras mes cheveux, je dévorerai deux larmes, et je m'en irai heureuse pour tout mon hiver.

— Tu es romanesque ; voilà une jolie page d'amour !

Achille saisit la main du domino bleu.

— C'est l'étreinte rapide du bonheur. Et tu ne demandes que cinq cent mille francs pour cela ?

Le domino bleu s'indigna.

— Ah ! tu ne me comprends pas : je demande beaucoup plus. Je veux que tu m'apportes un bouquet de violettes d'un sou.

— Eh bien, voilà une femme ! dit Achille en reprenant la main du domino bleu.

— Si tu veux, tu dépenseras encore un sou pour moi, tu me donneras ton portrait.

Santa-Cruz ne comprenait pas.

— Mon portrait ?

— Oui, tu me donneras un sou et je le ferai encadrer dans un cadre d'argent, dans un cadre d'or et dans un cadre de diamants.

— Dis-moi ton secret. Est-ce que tu n'es jamais allée plus loin que cela dans tes passions?

— Non, rien que la préface. Tous les ans je vais à mi-chemin de la damnation. Je me contente de passer devant le château du bonheur; quand je vois la porte qui s'ouvre, j'ai peur, je m'enfuis.

Et disant ces mots, le domino bleu s'échappa comme un oiseau.

— Si elle avait dit un mot de plus, dit Achille, je devenais éperdument amoureux d'elle.

Il trouva qu'il s'était assez promené avec son ruban violet, il alla le mettre au vestiaire et il reparut bientôt, comme à sa première entrée, sans que nul se doutât qu'il eût joué ce grand rôle.

Cependant, si le domino bleu était un ange tombé du ciel, il avait déjà pris quelques défauts aux femmes de la terre : cinq cent mille francs de dettes. Il n'avait pas gardé pour lui le secret des dettes que le domino violet avait confié à Achille, croyant parler à un très-haut personnage.

Un quart d'heure après, le bruit se répandit que le très-haut personnage ne viendrait pas ce soir-là. Or, qui donc avait usurpé ses attributs?

Le bruit se répandit aussi qu'un domino violet avait demandé un demi-million pour payer ses dettes. Or, tout le monde savait bien que le domino violet, c'était la marquise de Francia. Ce fut l'événement du bal.

La marquise était venue avec sa fille : seize ans, un cœur ardent, un esprit enthousiaste, une beauté encore sous les nuages et qui transperçait déjà. Il se trouva naturellement un sot pour lui apprendre la mésaventure de sa mère. Elle était déguisée en châtelaine. Jusque-là elle s'était fort amusée parce qu'elle avait dansé avec un garde française du meilleur style, qui lui avait promis d'attaquer son château fort. Je me trompe ; il lui avait dit en fort beau langage qu'il l'aimait et qu'il désespérerait de tout si elle ne daignait lui donner sa main.

Quand on lui apprit l'histoire des cinq cent mille francs, elle faillit s'évanouir. Elle ressaisit ses forces et courut à sa mère.

— Maman, partons tout de suite, je vais me trouver mal.

— Qu'as-tu donc?

— Je t'expliquerai cela tout à l'heure. Partons, partons.

Il était trois heures, la mère suivit la fille.

Dès qu'elles furent dans le coupé :

— Maman, je vais t'apprendre une nouvelle.

— Tu m'effraies, qu'as-tu donc?

La mère embrassa sa fille.

— Demain, j'irai au couvent.

— Tu deviens folle!

— Non, je deviens sage.

— Mais je te voyais si heureuse ce soir!

— Oui, j'étais bien heureuse.

Et la jeune fille se hasarda dans un pieux mensonge : — plus beau que la vérité.

— Non, j'étais bien malheureuse, mais je cachais mon cœur. J'aime M. de Cercy... et M. de Cercy... aime Marguerite. Je n'y survivrais pas, si je ne me réfugiais au pied de l'autel. Tu sais que j'ai toujours été très-chrétienne.

— Tu as toujours été très-enthousiaste. On se console de tout, même des peines de cœur. Demain tu ne penseras plus à M. de Cercy. Qui sait si lui-même pensera encore à Marguerite?

— Non, non, j'en ai fait le serment tout à l'heure, j'irai demain au couvent. Ma grand'mère m'a laissé une dot.

Mademoiselle de Francia était si émue qu'elle ne trouvait plus les mots.

— Ma grand'mère m'a laissé cent mille francs. Je donnerai cela aux pauvres, ou plutôt je te donnerai cela.

Il se fit dans le coupé un silence terrible. L'acte d'accusation et l'acte de contrition.

La jeune fille pensait à la vie désordonnée de sa mère; la mère admirait le sacrifice de sa fille, sans oser lui dire qu'elle le comprenait.

— Non, dit tout à coup madame de Francia, tu garderas ta dot et tu te marieras.

Elle embrassa sa fille avec effusion.

Le lendemain, mademoiselle de Francia pleurait encore, mais elle entrait en religion...

Le surlendemain, madame de Francia commençait à payer ses dettes.

Ce jour-là, au Bois, dans l'avenue de la Reine, à la nuit tombante, Santa-Cruz aborda une jeune femme qui était descendue de son coupé devant le lac pour s'aventurer toute seule dans les sentiers.

Elle s'imagina qu'il allait lui demander son chemin, car elle ne le connaissait pas.

En effet, Santa-Cruz allait lui demander — son chemin.

— Madame, lui dit-il, ce n'est pas moi que vous attendez, et pourtant c'est moi qui vous ai promis avant-hier un bouquet de violettes — d'un sou — et un sou pour encadrer.

Les femmes se tirent toujours spirituellement des plus mauvais pas.

— C'est vous qui êtes attrapé, dit celle-ci à Santa-Cruz, vous avez voulu jouer un grand rôle et je me suis moquée de vous.

— Qu'importe! dit Santa-Cruz. La vie n'est qu'une illusion ; se tromper l'un l'autre, c'est vivre.

Santa-Cruz retrouva-t-il son chemin ?

Demandez à madame de Tramond, qui passait par là.

VI

VIOLETTE A PARISIS

Il faut bien le dire : le vrai chemin de Santa-Cruz, c'était toujours la duchesse et Violette. Il avait beau s'éparpiller en mille aventures, l'impérieuse Bianca le reprenait, la divine Violette lui rouvrait les plus doux horizons.

Violette n'avait pu vivre dans l'exil. Elle avait été bravement à Parisis interroger les tombeaux de Parisis et de Geneviève. Elle s'était frappé le cœur devant leurs ombres, elle s'était humiliée en se confessant tout haut devant ces chères figures. Mais la mort n'avait pas parlé, ni pour l'accuser ni pour lui pardonner.

Elle avait retrouvé, près de Tonnerre, mademoiselle Hyacinthe, cette gracieuse amie qui, grâce à elle, avait pu se marier et qui lui dit qu'elle était bien heureuse.

— Le bonheur est donc quelque part! murmura Violette en embrassant sa belle et riante amie.

Mademoiselle Hyacinthe avait épousé un avocat de Dijon qui lui permit d'aller vivre quelques semaines avec Violette au château de Pernand.

Mais, quelle que fût la douceur de cette amitié, quel que fût le charme du voisinage des chers tombeaux, Violette retourna bientôt au Parc des Princes, parce que le sentiment du lendemain l'emporte sur le sentiment de la veille.

Il fallait qu'elle vécût ou qu'elle mourût de son second amour.

VII

COLOMBE AMOUREUSE

La duchesse de Montefalcone n'en avait pas fini dans ses coquetteries avec d'Aspremont et Santa-Cruz. Elle les aimait tous les deux, non pas avec cette passion qui s'empare de l'âme et du cœur tout à la fois, cette passion qui est tout une et qui ne se partage pas, mais avec cette curiosité qui irrite les sens et la pensée, qui donne l'ivresse çà et là, mais qui ne trouble jamais jusqu'au délire.

Bianca éprouvait un vif plaisir à voir ces deux rivaux qui acceptaient de vivre souvent dans le même salon sans éclater l'un contre l'autre, parce que c'étaient deux hommes d'esprit qui cachaient bien leur jeu et leur émotion.

On a vu que Santa-Cruz était sur le point de passer à Violette. C'était plutôt en cette douce repentie, toute parfumée encore de vertu, qu'il reposait son imagination souillée d'aventures galantes. Bianca lui inspirait dans la passion l'énergie qui la caractérisait elle-même. Mais Violette le prenait par tout le charme poétique de l'amour.

C'était la Colombe de d'Aspremont.

Or, pendant que Santa-Cruz se tournait vers Violette, d'Aspremont abandonnait aussi peu à peu la duchesse pour se recueillir vers Colombe, fuyant les beaux hasards d'une passion aventureuse pour les pacifiques rivages d'un amour sans tempêtes.

Rien n'était changé ni dans la maison ni dans le cœur de la blonde enlumineuse, elle devenait de plus en plus artiste. On commençait à la demander en mariage dans le monde des libraires et des imprimeurs. Tous ceux qui la voyaient voulaient l'aimer.

D'Aspremont n'était jamais une semaine sans faire son pèlerinage rue de Ponthieu, soit pour la voir, soit pour la rencontrer. Il ne lui parlait jamais que par un sourire : il ne recueillait jamais qu'un sourire.

Qu'adviendrait-il de l'amour de d'Aspremont?

Il n'en savait rien. Il se laissait bercer dans cette douce rêverie ; c'était l'arc-en-ciel dans l'orage, c'était le ciel bleu à l'horizon.

En attendant, il vivait toujours de la vraie vie parisienne ; mais, de plus en plus grave, l'humouriste en lui s'effaçait sous le philosophe ; ses amis lui reprochaient même de jouer à tout propos et hors de propos le rôle du misanthrope.

Il ne pouvait se déshabituer de sermonner les femmes, mais, quand elles se moquaient de lui, il prenait son parti et riait avec elles. Il leur prouvait même qu'il n'avait pas revêtu le manteau de Joseph devant madame Putiphar.

Vint le jour de l'an. D'Aspremont envoya sa carte de visite à Colombe avec un second calendrier renfermant douze mille francs comme le premier.

Sur sa carte de visite il avait écrit ces mots :

Ma sœur, ravie de la Bible, envoie aussi un souvenir à mademoiselle Colombe.

D'Aspremont parla de cela à Monjoyeux qui lui dit :

— Vous voulez donc tenter les anges ?

— Je veux savoir quelle sera l'influence de l'argent sur ce brave cœur.

Colombe ne changea rien à sa vie. Elle ne savait que faire de ses vingt-quatre billets de mille francs. Les placer, mais sur quoi ? Les prêter, mais à qui ? Les garder, mais les voleurs ? Elle eut encore moins peur des voleurs. Elle cacha les billets de banque dans sa robe de première communion.

— J'espère, lui dit sa mère, que tu te marieras bien avec vingt-quatre mille francs.

— Non, répondit Colombe, je ne me marierai jamais.

— Pourquoi ?

— Parce que le mari que j'attends ne viendra jamais.

Vers ce temps-là une amie de la mère de Colombe amena à la jeune fille un mauvais garnement qui s'était engagé et qui portait bien son uniforme de hussard.

— C'est mon fils, dit cette femme avec orgueil. N'est-il pas digne de votre fille ? Il faudra les marier.

Était-ce le mari qu'attendait Colombe ? Peut-être.

VIII

MADELEINE ET COLOMBE

Quand d'Aspremont revint à Paris, il tenta de sauver Madeleine.

Madeleine était une fille qu'il avait perdue.

— Non, lui dit-elle, avant de connaître l'amour pour vous, ce n'était pas impossible de retourner à mon devoir, mais maintenant que j'ai tout entrevu, j'aimerais mieux mourir. Tout ce que je puis vous promettre, c'est de vous aimer, même si je ne vous vois plus.

Madeleine était si charmante et si charmeuse qu'il eut peur de devenir sérieusement amoureux d'elle, — à travers ses autres amours. — Il s'exila au château de M. Marvillé — ce château de Noirmont, qui regarde au loin les vagues douces ou furieuses de l'Océan.

En arrivant, il fuma un cigare et s'égara dans le

parc. Dieu donnait à la terre une de ces belles journées qui font croire au bonheur. L'automne, quoique teinté de mélancolie, avait encore tous les rayonnements de la belle saison. Les ramures, dorées çà et là par les lèvres trop brûlantes du soleil, étaient plus gaies à l'œil que l'éternelle verdure de l'été. Les arbres et les buissons chantaient moins, mais ils parlaient plus éloquemment à la pensée.

D'Aspremont marcha pendant deux heures, heureux de renouer ainsi connaissance avec la nature, une vieille amie qu'il ne voyait plus depuis longtemps, allègre quoique pensif. Quand il rentra, il parcourut le château comme s'il dût dans chaque pièce retrouver quelque image pâlie des hôtes du passé, mais c'était surtout ses souvenirs qu'il évoquait.

Ici Madeleine, là-bas Colombe, plus loin Bianca, — et tant d'autres endormies dans le campo santo du passé.

Tous ceux qui ont rouvert des portes depuis longtemps fermées, savent avec quel charme mélancolique on évoque ainsi les souvenirs. Les chers fantômes se soulèvent dans le tombeau du cœur pour venir, avec le triste sourire de la mort, faire cortége à votre promenade.

D'Aspremont respirait partout, comme dans les lieux inhabités, cette odeur sépulcrale qui tombe des murs humides et qui s'exhale de l'aubier des boiseries Il pensa que, décidément, si le parc était charmant, le château était triste, avec ses ceintures d'eau dormante, avec ses fenêtres à ogives, avec ses portes basses. C'était monumental, mais c'était sombre à mourir. Il regretta de n'avoir pas amené Madeleine, même pour rêver à Colombe et à Bianca.

Il s'arrêta dans la bibliothèque. Parmi les trois ou quatre mille volumes qu'elle renfermait, on trouvait surtout des livres de théologie, depuis les ouvrages consacrés par la religion jusqu'aux ouvrages de la kabale, depuis les œuvres des prêtres indous jusqu'aux paradoxes des encyclopédistes. Pourquoi tout ce fatras sur des questions irrésolubles ? Qui donc avait cherché la vérité dans le chaos des ténèbres ?

Était-ce M. Marvillé? Non sans doute. Le marchand de châles n'avait pas cherché si loin parce qu'il était plus près de la vérité — sans le savoir, hélas ! — L'argent, si on sait son action, n'est-ce pas la clef de toutes les phases de la vie? Malheureusement le bonhomme aux millions avait la clef d'or, mais il ne savait pas ouvrir les portes.

D'Aspremont savait très-bien ouvrir les portes; mais le plus souvent dans son scepticisme il disait :

— Est-ce bien la peine ?

Il appela Monjoyeux au château.

Tout le monde voulait avoir Monjoyeux, quoique ce ne fût ni Aristide le Juste, ni le sage Socrate, ni le divin Platon; quoiqu'il eût traversé une jeunesse quelque peu étrange, on l'aimait beaucoup parce qu'il était de ceux qui ont le charme. Beaucoup d'humour, beaucoup d'imprévu, une amitié toujours vaillante, une vie désordonnée, mais amusante comme une comédie, un talent inégal, jusqu'à faire de belles œuvres et des figures détestables, mais jamais rien de médiocre : voilà l'homme.

Il fut si ravi des paysages du château de Noirmont, qu'il se mit à peindre pour la première fois.

Mais d'Aspremont l'arracha à cette nouvelle fantaisie en lui rappelant qu'il était condamné au marbre à perpétuité, y compris le marbre de son tombeau.

— Vous avez raison, dit Monjoyeux. Mais d'ailleurs, pas plus tard que demain, vous verrez si je suis encore un sculpteur.

Le lendemain un camion amena au château une caisse fort lourde sur laquelle on avait écrit le mot *fragile*.

— Qu'est-ce que cela? demanda d'Aspremont qui n'attendait rien.

— Cela, dit Monjoyeux, c'est la boîte à surprises. Mais c'est mon secret.

Une heure après, un admirable buste de femme était posé sur la table ronde du grand salon, une table qui elle-même était un objet d'art.

— Venez voir cela, dit Monjoyeux à d'Aspremont qui lisait les journaux dans le parc.

— Colombe! s'écria d'Aspremont en entrant dans le grand salon.

Il retrouva dans la sculpture de Monjoyeux tout le charme de la jeune fille.

— N'est-ce pas, dit Monjoyeux, que je suis un vrai coloriste? Celui qui dira que cette femme-là n'est pas blonde, n'est pas digne du soleil.

— Colombe! dit encore d'Aspremont, devenant tout rêveur.

Et se tournant vers Monjoyeux :

— Qui vous a dit que j'aimais Colombe?

— Ni vous ni les autres, mais je le sais.

— Eh bien! vous vous trompez encore, mon ami, je suis enchanté de ce beau buste, mais je n'aime pas cette belle enfant. Vous savez bien que la duchesse nous a tous ensorcelés.

Le soir, pendant que Monjoyeux fumait d'un côté, d'Aspremont coupa une magnifique branche de rosier tout en fleurs et la porta sur la table, devant la figure de Colombe.

Monjoyeux survint et surprit son ami.

— Vous voyez bien, lui dit-il, que vous aimez Colombe.

IX

LES TROIS AMOUREUX DE BIANCA

La Bruyère a dit : « L'air de la Cour est fatal au bonheur, mais, quand on l'a respiré, on ne peut plus être heureux ailleurs. »

On pouvait dire cela de l'amour de la duchesse ; quand on l'avait aimée, on perdait à demi le charme d'aimer une autre femme.

Le prince Rio, d'Aspremont, Santa-Cruz, avaient beau vouloir s'arracher d'elle pour redevenir maîtres de leurs passions, ils trouvaient plus doux encore de souffrir ses hauts caprices, ses rébellions fantasques, ses sourires cruels, que de s'exiler de sa maison. Ils avaient beau dire : « Cette femme m'ennuie, je ne veux plus la voir, » ils retournaient toujours chez elle, de plus en plus esclaves de ces beaux yeux profonds, qui leur donnaient le vertige comme des abîmes.

D'Aspremont était furieux de subir ce charme, lui qui se croyait armé de la raison, lui qui se croyait revenu de toutes les duperies du cœur.

Il était surtout furieux, parce que Bianca lui dépoétisait Colombe. Quand il était avec la duchesse, la jolie figure de l'enlumineuse pâlissait et s'effaçait dans les demi-teintes, parce que la fière intelligence de la duchesse rayonnait à vif sur son âme. Avec Bianca, il pouvait s'embarquer sur toutes les mers de l'infini. Il pouvait entreprendre les plus rudes voyages de la pensée. Bianca était trop parfaite pour montrer jamais la femme savante. Souvent elle laissait parler comme si elle ignorait tout, pareille à ces Havanaises, qui s'endorment quand on parle. Mais tout à coup elle se hasardait à perte de vue, et elle surprenait tout le monde par ces échappées lumineuses, qui sont les coups de maître des poëtes et des philosophes.

Une femme bête peut prendre un homme d'esprit et l'enchaîner doucement à sa bêtise. Mais quand une femme a une cour de gens d'esprit, c'est qu'elle est elle-même un esprit.

Santa-Cruz la reconnaissait pour son maître. Elle avait été pour lui, sauf la maîtresse d'école de l'amour, madame de Warens pour Jean-Jacques. Achille avait trouvé en Bianca la vraie femme que tout homme devrait rencontrer à son entrée dans le monde, — la fée initiatrice, — celle qui sait tout sans avoir rien appris, — qui dit le mot juste sur l'art dans toutes ses expressions, sur les renommées vivantes, sur les femmes à la mode. — C'est là le vrai grand-maître de l'Université.

Aussi Santa-Cruz, tout distrait qu'il était de cette passion sérieuse par les amours de rencontre, revenait toujours à Bianca avec adoration, son âme ne vivait bien que dans l'atmosphère de cette Italienne parisinée, plus Parisienne que toutes les Parisiennes.

Avec Violette seule il échappait au charme de la duchesse. Violette, elle aussi, était une atmosphère. Avec elle on ne courait plus les grands horizons, on n'escaladait plus les mondes, on ne se perdait plus dans les nues du septième ciel, mais on s'égarait dans quelque coin perdu. Et comme on s'y trouvait bien !

Violette faisait songer au bonheur vu par les yeux du cœur ; Bianca montrait le bonheur vu par les yeux de l'âme.

Le prince Rio avouait lui-même, pour la première fois, que la duchesse était une femme diabolique, qui lui gâtait toutes les autres. Il lui disait souvent ce mot, qui fut répété parce que c'était une phrase :

— Vous m'avez dépeuplé l'univers de femmes

— Oui, lui dit un jour Bianca, voilà pourquoi vous voudriez bien que je fusse tout un sérail pour vous.

Le prince Rio était parti de là pour prouver qu'en

effet il y avait cinquante femmes dans Bianca, depuis l'ange jusqu'à la pécheresse.

— Exclusivement, dit la duchesse, mais il ne faut désespérer de rien.

Les amoureux de Bianca ne désespéraient pas en effet. Ils étaient comme ces loups qui suivent un homme pour se jeter sur lui à la première chute. Mais la duchesse marchait toujours droit.

Les autres amis de Bianca étaient pareillement amoureux d'elle. Elle voyait brûler toutes ces passions avec un plaisir secret ; elle s'amusait cruellement à les allumer et à jeter de l'eau dessus. Elle sentait venir l'orage et elle courait au-devant du tonnerre. Elle disait un jour à d'Aspremont :

— Vous m'avez tous habituée à vos adorations, à ce point que je ne puis plus vivre sans cela. C'est mon pain quotidien. Mon âme serait dans la nuit, si sept ou huit amoureux ne l'éclairaient pas de leurs flammes. Mais quand il y a trop de lumière, cela m'éblouit et me fatigue. Je suis comme cette maîtresse de maison, qui passe son temps à allumer et à éteindre des bougies ; — cela brûle trop là-bas ! — et elle souffle dessus ; — il fait nuit ici, — et elle rallume un candélabre qui venait de s'éteindre.

Ainsi Bianca, par ses regards, par ses sourires, par ses mots charmants ou cruels, par ses silences, par ses dédains, faisait la lumière et l'ombre autour d'elle.

— Quand je pense, disait-elle, qu'un jour ou l'autre l'incendie me gagnera moi-même, et que je n'aurai plus que la ressource de me jeter à l'eau !

Si jamais on a pu dire avec justesse d'une femme qu'elle jouait avec le feu, ç'a été de Bianca. Tout le monde se demandait autour d'elle comment elle finirait ; toutes les opinions étaient mises en jeu. Selon le prince Rio, elle continuerait à se moquer de tout le monde. Selon d'Aspremont, elle s'enracinerait de plus en plus dans sa vertu chancelante. Selon Santa-Cruz, elle étonnerait le monde par une de ces grandes folies ou de ces grandes catastrophes, qui sont la marque des œuvres prédestinées.

X

OÙ ON A DES NOUVELLES DE JUDITH.

Un dimanche, Violette et Antonia étaient venues prendre la duchesse pour aller à la messe à Saint-Philippe-du-Roule, Bianca leur dit d'aller prier Dieu pour elle parce qu'elle ne se sentait pas bien depuis la veille.

L'image de Judith apparut à Antonia.

— C'est le mauvais vent, dit-elle en embrassant la main de la duchesse.

Bianca avait encore envoyé beaucoup d'argent au duc de Montefalcone : elle jugeait que Judith était apaisée, elle dit à Antonia que si elle avait la fièvre ce n'était pas la malaria.

— Je suis d'autant plus désolée, poursuivit-elle, de ne pouvoir sortir aujour d'hui, que j'ai là une lettre qui m'appelle dans le faubourg Saint-Jacques pour une bonne œuvre.

— J'irai avec vous, n'est-ce pas? dit Antonia.

— Oui. Tiens, lis cette lettre.

La duchesse passa à Antonia une lettre écrite avec de l'encre roussie sur du papier de cuisine

— Lis plutôt, ma belle.

Et Bianca se mit à causer avec Violette.

Antonia lut la lettre. C'était une supplique sans orthographe où on priait la duchesse, « un ange de bonté », style trop connu, de venir apporter la consolation dans une pauvre famille où il y avait huit enfants, presque tous malades, une mère mourante, un père ivrogne, un tableau à faire pleurer les rochers.

— Vous voulez aller là? demanda Antonia à la duchesse.

— Oui, il y a des jours où il faut gagner le ciel.

— Pourquoi n'envoyez-vous pas votre valet de pied? C'est un pays perdu.

— Vous ne comprenez donc pas, enfant que vous êtes, qu'il y a deux manières de faire le bien. Ma main gauche ne sait pas ce que donne ma main droite, mais encore faut-il que ce soit ma main qui donne et non celle de mes gens.

Antonia ne répliqua pas.

Cinq minutes après elle accompagnait Violette à Saint-Philippe-du-Roule.

— Eh bien ! non, dit Violette avant d'entrer, puisque la duchesse n'est pas avec nous, n'allons pas à cette messe d'une heure qui n'est qu'une exposition de peinture ; allons à Notre-Dame, ce sera une vraie fête pour moi, car à Notre-Dame on ne va que pour Dieu.

Un quart d'heure après, Violette descendait du coupé devant le parvis de l'église souveraine.

— A la bonne heure! pensait-elle, ce n'est pas ici qu'on retrouve toutes ces attitudes, toutes ces grâces des femmes à la mode. Ici Dieu est plus accessible.

Elle alla se placer dans la nef et elle s'inclina dans la prière.

Antonia jugea sans doute que Violette resterait là tout une heure. Elle la quitta sans lui rien dire. Elle remonta dans le coupé, après avoir donné au cocher l'ordre de la conduire rue de la Vieille-Estrapade.

Arrivée devant le numéro 12 elle demanda la famille Aymar. Un homme rôdait dans la rue qui vint à la porte.

Sans doute cet homme avait parlé à la portière du numéro 12, car elle dit à Antonia :

— Voilà un monsieur qui va vous conduire.

Antonia regarda l'homme. Elle lui trouva l'air d'un huissier en déconfiture.

— Ce corbeau-là me déplaît, se dit-elle.

Elle pensa à remonter dans le coupé. Mais il lui parla avec une douceur d'homme d'Église qui lui sembla être l'expression de la misère.

— Vous êtes la duchesse de Montefalcone?

Antonia s'inclina. Sa longue robe et son voile pouvaient tromper ceux qui ne connaissaient pas la duchesse.

— Eh bien, madame la duchesse, je vais vous conduire vers cette malheureuse famille, qui demeure à deux pas d'ici.

— Ce n'est pas la peine de remonter en voiture?

— Non, madame la duchesse.

L'homme marcha en avant, Antonia le suivit. La portière était sortie de sa loge pour jeter son petit coup d'œil.

— Et où vont-ils comme cela? demanda le cocher, qui s'étonnait de ne pas suivre.

— Ah! c'est leur affaire, dit la portière, mais ils vont revenir, car ce monsieur-là est un honnête homme. Voyez plutôt, il m'a donné cent sous.

— Et pourquoi vous a-t-il donné cinq francs?

— La belle question! on ne fait rien pour rien, surtout quand on a peur de manger de la viande de cheval. Ce monsieur est venu ce matin me recommander de l'avertir dès que la duchesse arriverait.

— De quoi! la duchesse? Ce n'est pas la duchesse qui est venue.

— Ils appellent cela des duchesses.

— Et pourquoi faire devait-elle venir?

— Cette bêtise! pour apporter de l'argent. Il faut bien secourir le pauvre monde quand on roule sur l'or. La charité n'est pas une vertu, les riches ne sont créés que pour servir les pauvres.

— Vous n'êtes pas encore trop bêtes dans ce quartier-ci.

Antonia avait disparu par la rue du Puits-qui-Parle.

— Est-ce qu'ils vont me faire poser là longtemps? demanda le cocher.

Le cocher posa une heure. Il taquina son cheval pendant un quart d'heure, il dormit pendant un quart d'heure, il se promena pendant un quart d'heure, il s'impatienta pendant le dernier quart d'heure.

— Voilà encore cette demoiselle qui fait des siennes, disait-il en agitant son fouet. Elle est bien gentille, mais quelle enfant gâtée! Madame aime à prier Dieu, mais je suis sûr qu'elle ne croyait pas attendre si longtemps.

La portière, sur sa prière, avait été à la découverte; un sergent de ville s'était mis en campagne, tous les voisins se questionnaient.

— Qu'est-ce que la famille Aymar? — Où demeure la famille Aymar?

Nul ne pouvait répondre.

— Est-ce que la dame avait de l'argent sur elle? demanda-t-on au cocher.

— Plus ou moins, on ne s'embarque jamais sans

biscuit ; on a toujours le portrait de son empereur dans sa poche.

Après avoir mûrement réfléchi, après avoir pris conseil de toutes les commères du quartier, le cocher s'arrêta à une grande décision.

— Écoutez, dit-il aux curieux, ce n'est pas un sort de stationner rue de la Vieille-Estrapade. Je retourne à Notre-Dame. Vous direz à la demoiselle que les fiacres ne sont pas numérotés pour les chiens. Elle en prendra un pour venir rejoindre chez la duchesse, aux Champs-Élysées.

Quand le cocher de Violette arriva devant Notre-Dame il la trouva devant le parvis qui attendait avec plus d'inquiétude encore que d'impatience. Antonia ne la quittait jamais, si ce n'est pour passer quelques jours chez la duchesse. D'où vient qu'elle était sortie de l'église, qu'elle avait pris son coupé, qu'elle restait si longtemps sans revenir ?

Le cocher fut longtemps questionné. Violette comprit enfin qu'Antonia, sans doute dans l'idée de détourner la duchesse d'un nouveau guet-apens, avait voulu aller elle-même visiter la famille Aymar.

— Comment ! vous ne l'avez pas retrouvée ? dit Violette en s'adressant au cocher. Vous savez bien que c'est une enfant, il ne fallait pas la quitter d'un pas.

— Ma foi, madame, je l'ai vue qui s'en allait avec un monsieur tout en noir, je m'imaginais qu'elle allait revenir, mais elle court encore, car on a fouillé toutes les maisons du voisinage.

Violette se fit conduire rue de la Vieille-Estrapade. Elle vit la portière du n° 12, elle questionna les voisins, elle alla rue du Puits-qui-Parle, s'arrêtant à chaque porte. Comme c'était le dimanche il avait passé beaucoup de monde, nul ne voyait bien sur ses indications la figure d'Antonia.

— Mille francs! dix mille francs! cent mille francs! dit-elle. Il faut qu'on me la retrouve.

Elle laissa tout ce qu'elle avait d'or au sergent de ville, le seul qui avait bien vu Elle laissa l'adresse de la duchesse de Montefalcone, disant qu'on pouvait venir à toute heure du jour et de la nuit, si on avait quelques nouvelles de la disparition d'Antonia.

Violette arriva toute pâle chez Bianca.

— Qu'y a-t-il? demanda son amie.

— Vous voyez bien que je ne ramène pas Antonia. J'espérais la retrouver ici.

— Que s'est-il donc passé?

— Vous ne devinez pas? Elle a gardé cette lettre de la famille Aymar. Sans doute la pauvre enfant a vu là quelque embûche pour vous, elle a voulu se dévouer comme toujours.

Violette raconta ce qu'elle savait de cette étrange aventure. La duchesse, toute malade qu'elle fût, voulait courir à son tour rue de la Vieille-Estrapade. Violette la retint dans son lit en lui disant pour la seconde fois qu'elle avait passé deux heures pour chercher Antonia.

On écrivit au préfet de police. On espéra que la journée du lendemain ne se passerait pas sans qu'Antonia reparût.

Mais ce fut en vain que la nuit, que le lendemain le préfet de police mit son monde en campagne, l'enquête la plus sérieuse n'amena aucune découverte.

Bianca et Violette ne pouvaient comprendre comment Antonia, qui avait tant de ressources en elle, qui était forte et résolue, qui allait là craignant quelque guet-apens, avait pu se laisser prendre ainsi.

— Et pourquoi la garde-t-on? se demandait la duchesse. Car il me semble impossible qu'on la prenne pour moi.

— Qui sait? répondait Violette, les coquins n'y regardent pas de si près.

Huit jours se passèrent sans qu'on revît Antonia.

On parla beaucoup de cette ténébreuse aventure, comme on avait parlé un an auparavant de la disparition de cette belle Américaine de l'hôtel Lord Byron, aux Champs-Élysées, que son mari n'a jamais retrouvée quoiqu'il l'ait cherchée dans les quatre parties du monde.

XI

LE DERNIER AMOUR DE MADAME DE FONTANEILLES

Cependant que devenaient le comte de Harken et sa jeune femme, cette jolie Diane de Joyeuse ? Que devenait la marquise de Fontaneilles dans son château désolé, vraie prison du moyen âge, qui semblait destiné au cinquième acte d'une tragédie ?

Harken, comme d'Orsay, comme Parisis, comme ceux qui ont aimé toutes les femmes, se trouva d'abord tout emparadisé dans le mariage. C'était l'oasis, c'était le rivage, c'était le refuge.

On ne l'avait revu que de loin en loin depuis près d'un an qu'il était heureux. Il n'avait emporté aucun regret dans les solitudes de Traversis ; les souvenirs de ses passions s'étaient évanouis comme des nuées d'orage. De tous les billets doux qu'il avait reçus, de toutes les miniatures, de toutes les photographies, de toutes les boucles de cheveux il avait fait un feu de la Saint-Jean, un vrai feu de joie puisqu'il n'avait jamais eu le cœur si content. Il avait trouvé en mademoiselle de Joyeuse la femme rêvée et inespérée, la grâce et la gaieté dans la vertu, le charme toujours renouvelé dans le mariage. Cette belle créature était variée à l'infini parce qu'elle avait beaucoup d'imprévu dans l'esprit et beaucoup d'amour dans le cœur.

Aussi Harken voulut-il passer tout l'hiver au château de Traversis.

Madame de Fontaneilles n'était pas une belle-sœur fort gaie, mais c'était une femme toute sympathique. Elle gardait d'ailleurs ses larmes pour elle, s'efforçant de ne pas jeter une note fausse dans ce duo charmant des jeunes mariés. Elle n'était pas exigeante, on pouvait la laisser seule. Si on restait près d'elle on pouvait parler de tout hormis de son mari, car jamais une femme n'avait poussé plus loin l'horreur d'un homme. Elle le voyait toujours armé de son odieux couteau frappant la duchesse de Parisis [1].

La sœur de la marquise ne lui parlait jamais de la tragédie d'Ems, mais il était arrivé plus d'une fois à Harken, quand sa jeune femme n'était pas là, de questionner ce cœur malade.

Elle était heureuse de ces quarts d'heure d'expan-

---

[1]. Une des héroïnes des *Grandes Ames*.

sion. Son cœur eût éclaté si Harken n'eût pas çà et là recueilli ses larmes.

Or, il arriva que cette femme qui semblait née pour les joies ou les peines pacifiques de la famille tomba plus avant dans les péripéties de la vie.

Elle ne dormait presque plus, aussi était-ce pour elle un supplice que d'aller se coucher. Comme madame de Montespan, une autre marquise tourmentée par la passion, elle avait horreur de la nuit. Diane au contraire, toute jeune encore, s'endormait le soir quand sonnaient onze heures. Elle entraînait Harken sans trop compatir à la solitude de sa sœur. Il lui arrivait de partir en avant, laissant son mari achever une lecture ou une causerie. Elle était lente à se déshabiller, elle savait bien qu'il serait encore sur l'oreiller avant elle, même s'il tardait d'un quart d'heure.

Un soir elle s'endormit avant qu'il ne revînt. Puis un second soir; puis un troisième soir. Et quand elle se réveillait : — Pourquoi m'as-tu fait attendre ? — Parce que je savais que tu dormais; il faut consoler celle qui ne dort pas.

Diane n'était pas inquiète ; si son mari n'était pas là toujours pour qu'elle pût s'endormir avec lui, ne se réveillait-elle pas dans ses bras ?

Vous prévoyez la catastrophe. Cette femme que n'avait pu tuer sa passion, pas plus qu'elle n'avait pu la tuer, tomba une nuit ivre de folie, de douleur et, dirai-je, de volupté dans les bras de Harken.

Quelques-uns de ceux qui ont passé tout un hiver entre deux femmes ne condamneront pas trop sévèrement le jeune mari. L'amour a ses jours ténébreux où il aime le crime. Harken n'avait pas imaginé qu'il trouverait une maîtresse dans sa belle-sœur, mais la nature, la brutale et capricieuse nature, l'avait vaincu dans ses emportements comme elle avait vaincu madame de Fontaneilles. C'était l'imprévu. La marquise pleura sur le sein de Harken. Il prit dans ses mains sa belle chevelure et la baisa sans bien savoir ce qu'il faisait.

— Oui, dit-elle, cachez-moi.

Il ne la cacha pas seulement avec ses cheveux, il la cacha dans ses bras.

Et quand ils eurent tout oublié dans cette minute rapide comme un éclair, elle lui dit encore :

— Cachez-moi! cachez-moi!

Ils eurent tous les deux l'effroi de leur action. Ils s'étaient réveillés trop tard.

— Demain, reprit madame de Fontaneilles, vous partirez pour Paris. Moi j'achèverai de mourir dans le tombeau, je vous jure que ce ne sera pas long.

Le lendemain Harken ne partit pas. Il adorait sa femme, mais il lui sembla qu'il ne pourrait vivre sans la marquise. Il eut beau combattre cette fatale passion, elle le dominait jusqu'à l'égarement.

Madame de Fontaneilles avait juré sur son âme qu'elle ne reverrait plus Harken, sinon devant

Diane, mais huit jours après son serment d'où vient qu'elle pleurait encore dans ses bras ? Larmes de douleur, mais larmes de joie. Horrible et délicieuse passion où il y avait de la terreur, du repentir, de l'indignation, de la honte, toutes les misères, mais où il y avait en même temps le charme des maléfices. C'était le poison, mais le poison dans une coupe d'or.

— J'en mourrai, disait sans cesse madame de Fontaneilles. Mais n'étais-je pas déjà dans l'enfer !

Et pourtant il manquait encore une ombre à ses douleurs. M. de Fontaneilles arriva un matin plus que jamais jaloux, tout encore à sa vengeance.

Grâce aux démarches de sa famille auprès de M. de Bismarck il avait obtenu sa grâce. Il accourait d'Allemagne comme s'il allait saisir sa proie.

En entendant le bruit d'une voiture, madame de Fontaneilles était allée jusque sur le perron.

— C'est moi ! C'est moi, dit M. de Fontaneilles levant la tête. Vous ne m'attendiez pas, madame ?

Elle recula avec effroi.

— Non, monsieur, dit-elle, je ne vous attendais pas chez moi.

— Vous espériez que je ne sortirais jamais de ma prison ?

— Non, mais j'espérais que vous iriez au château de Fontaneilles.

— J'irai avec vous, madame.

— Non, monsieur, car j'ai choisi ici mon tombeau.

— Votre tombeau ? Je vous croyais plus malade que cela. Vous avez des roses sur les joues : les roses du veuvage.

Madame de Fontaneilles était restée dans le vestibule comme si elle n'eût pas voulu que son mari entrât.

— Voyons, madame, faites-moi les honneurs de chez vous, accordez-moi l'hospitalité.

— Non, monsieur. Si vous trouvez qu'il n'y a pas assez de sang entre nous, tuez-moi.

— Madame, ne m'en défiez pas.

Que se fût-il passé si Diane n'était survenue? Avec sa grâce charmante elle remit un trait d'union entre ces deux haines. M. de Fontaneilles, qui croyait avoir de l'amour dans sa jalousie, pria sa femme de lui donner asile au moins pendant quelques jours, s'humiliant presque en lui promettant que si elle ne voulait plus vivre avec lui il s'exilerait dans son château.

Il ne dévoila pas son odieux dessein. Dans les jours noirs, dans les nuits blanches de la prison, il avait promis un festin lugubre à sa vengeance toujours inassouvie : entraîner sa femme dans son château, l'emprisonner sous ses yeux, lui faire subir toutes les tortures de l'âme et toutes les tortures du corps. Il avait même songé à renouveler pour elle ce supplice du moyen âge : l'enterrer vive dans les oubliettes.

Pourquoi sa vengeance survivait-elle ainsi à son amour? C'est qu'il avait écrit à sa femme et qu'elle n'avait pas daigné lui répondre.

De toute la journée, madame de Fontaneilles ne put dire un mot à Harken. Le soir, après un dîner silencieux, après un thé glacial, Harken conduisit Diane à son lit. Mais ayant vu que M. de Fontaneilles avait quitté lui-même la marquise, il redescendit en toute hâte pour lui parler.

— Eh bien, dit-elle, cette fois vous voyez bien que je n'ai plus qu'à mourir. De grâce, donnez-moi du poison si vous m'aimez.

Harken fit comprendre à madame de Fontaneilles qu'elle ne subirait pas longtemps le supplice de son mari.

Et comme si le danger ravivait encore ce douloureux et criminel amour, Harken fut plus passionné que jamais.

Et dans son désespoir la malheureuse femme fut plus égarée que jamais.

M. de Fontaneilles, qui était revenu pour parler à sa femme, la surprit dans son délire.

Il se contint, il parut n'avoir rien vu. Il entra lentement, disant à Harken qui se dégageait des bras de la marquise :

— Mon cher beau-frère, ce n'est pas à vous à consoler ma femme, c'est à moi.

Harken s'imagina que le mari n'avait rien vu.

— Eh bien, lui dit-il, consolez-la, car elle est désespérée jusqu'à vouloir mourir.

Harken retourna dans la chambre de sa femme.

Le marquis ferma les portes à double tour, tout en suivant de l'œil les mouvements de la marquise.

— Ah! vous voulez mourir, madame! Eh bien, je vais vous tuer.

— Monsieur de Harken! cria la marquise.

Elle voulait bien mourir, mais elle eut la terreur de mourir des mains de son mari. Il s'était jeté violemment sur elle.

— M. de Harken! je vous défends de prononcer ce nom-là.

— Vous ne m'empêcherez pas de dire que vous êtes un assassin! L'assassin des femmes! Vous ne m'empêcherez pas de dire que je ne connais pas sur la terre un homme aussi lâche que vous.

Le marquis ne se contenait plus, il éclata dans sa colère, il jeta sa femme sur le tapis et il la piétina avec rage.

— Harken! Diane! cria-t-elle.

M. de Fontaneilles se précipita sur sa femme.

— Enfin, dit-il en l'étouffant sous son poids, j'ai ma vengeance sous la main! Il y a si longtemps que j'attends l'heure! Vous n'avez pas voulu vivre avec moi, vous mourrez par moi.

Il y eut une horrible lutte.

Harken et Diane étaient descendus, ils frappaient à la porte.

— Harken! Diane! criait encore, mais d'une voix étouffée, madame de Fontaneilles.

L'assassin avait un genou sur sa poitrine, il lui déchirait la figure en la voulant bâillonner.

Tout lui était bon dans sa fureur. Il lui donna des coups de peigne dans les yeux.

Par un dernier effort elle le souffleta.

A ce moment Harken enfonça une des portes du salon, il accourut et il sépara cet étrange mari de cette étrange femme.

Diane tomba agenouillée devant sa sœur pour la secourir. Elle-même était plus morte que vive.

— Oh! ma sœur! ma sœur!

— Diane, pardonne-moi, murmura madame de Fontaneilles. Dieu m'a pardonné puisque je meurs dans tes bras, puisque Harken me venge.

Harken avait saisi M. de Fontaneilles avec la force d'un homme qui connaît toutes les escrimes.

— Sortez, monsieur!

Il le conduisit jusqu'au perron et le jeta dans la cour.

Quand il revint à madame de Fontaneilles, elle respirait encore, mais elle avait perdu le sentiment de la raison. Le délire avait envahi cette pauvre tête martyrisée deux fois.

On la porta dans son lit.

On ne trouva un médecin que fort tard dans la nuit. Il dit qu'il n'y avait plus rien à faire.

Madame de Fontaneilles levait ses bras comme

si elle demandait pardon ou comme si elle repoussait son mari. Le seul mot qui revint sur ses lèvres était le nom de Parisis !

A huit heures du matin elle expira en disant encore : Parisis !

— Prions pour elle ! dit Diane en s'appuyant sur le sein de son mari.

— Oui, dit Harken. Et si nous voulons la consoler dans la mort, aimons-nous bien.

XII

LA VENGEANCE DE MONJOYEUX

Monjoyeux, qui ne voulait pas se battre à l'épée, trouva enfin son duel à l'américaine.

Le bruit de la mort de madame de Fontaneilles lui vint par Harken lui-même, qui lui confia l'horreur de ce dernier supplice.

Monjoyeux ne dit rien à Harken, mais, rentré chez lui, il écrivit ce mot au marquis de Fontaneilles :

« Monsieur,

« Puisque le procureur impérial ne met pas la
» main sur vous après tant de lâchetés, après trois
» assassinats, je vous avertis que je vous tuerai
» comme un chien dans votre forêt de Fontaneil-

» les quand vous chasserez par là. C'est un duel
» à l'américaine. Tuez-moi si vous pouvez.

» Monjoyeux. »

M. de Fontaneilles ne prit pas cette lettre au sérieux.

Depuis la mort de sa femme il avait appelé deux amis pour se réconforter contre la solitude. Il leur parla des menaces de Monjoyeux, mais il eut l'air de les braver.

Toutefois, ce jour-là et le lendemain, le marquis sortit dans son parc avec son fusil de chasse.

Or, le lendemain, ce ne fut pas sans une grande surprise qu'il vit Monjoyeux franchir une des grilles du parc et le coucher en joue comme il marchait dans sa direction pour parler à un bûcheron.

Il se jeta contre le tronc d'un arbre tout en tirant un premier coup sur Monjoyeux.

— Va toujours, dit Monjoyeux, mais si jamais tu penches la tête tu ne la relèveras pas.

Il attendit patiemment sans faire un pas, comme s'il eût été atteint par la balle du marquis.

Au bout d'une minute le marquis, croyant avoir tiré juste, se hasarda.

Un coup de fusil retentit.

— Bravo! dit Monjoyeux, j'ai tiré dans le noir.

M. de Fontaneilles tomba et ne se releva pas.

Ses deux amis étaient accourus.

— Messieurs, dit Monjoyeux en s'approchant,

c'était un duel, vous êtes témoins. Si vous voulez prendre fait et cause, parlez. Mais on ne prend pas la place d'un assassin. Vous savez que cet homme a tué le duc et la duchesse de Parisis. Vous ne savez pas qu'il a tué sa femme?

— Oui! dit en rugissant M. de Fontaneilles, comme s'il voulait la tuer encore.

Ce fut son dernier mot.

LIVRE V

LES ROSES FANÉES

> L'amour est un oiseau qui aime les buissons de roses et qui ne se pose pas sur les cyprès.
> Homère.

> Le cœur de la femme est un pays où les plus mauvais marins peuvent aborder, mais combien peu pénètrent dans les forêts vierges de ce pays impossible.
> ***

> O chercheur d'idéal, tu chasses les nuages, mais les nuages reviennent.
> ***

> Quand la fontaine est pure, pourquoi remonter à la source ? Il y a des couleuvres.
> ***

> Qu'on apporte des roses, mais songeons qu'elles n'ont qu'un jour.
> Horace.

> Trifles light as air seem to the jealous confirmations trong as proofs from holy writ.
> Shakespeare.

Le bonheur s'achète par le sacrifice. Dieu ne donne rien pour rien.

***

Qui n'a eu ses heures terribles où le songe nous prend tout éveillé? Nous n'avons plus la force de dominer notre raison, c'est le commencement de la folie, un pas de plus et l'abime serait franchi; mais Dieu veille sur notre âme; les plus grandes douleurs l'attaquent comme des furies, mais elle résiste par ce qu'elle a de divin. L'orage passé, elle se relève plus grande si c'est une âme trempée aux sources vives.

***

I

CE QU'IL Y AVAIT DANS LA MAIN DE COLOMBE

Le comte d'Aspremont avait-il oublié les termes du testament de M. Marvillé? Le bonhomme avait dit bien nettement qu'il voulait que ses écus s'amusassent. Ses héritiers légitimes n'auraient-ils pas pu attaquer le testament sous prétexte que le légataire universel ne faisait pas danser la sarabande aux cent cinquante mille louis d'or du fabricant de cachemires!

Les amis de d'Aspremont ne manquaient pas de lui répéter souvent qu'il ne remplissait pas les dernières volontés du défunt.

— Ah! mon cher, lui dit un jour le vicomte de Miravault, vous me faites pitié avec ces airs dédaigneux d'un homme qui est revenu de tout. Quoi! vous avez dix ans moins que moi et vous vous ennuyez dix fois plus! Si vous continuez, vous serez un eunuque au milieu de vos richesses. Hier, tout le monde au Bois admirait votre daumont. Tudieu! quel luxe de chevaux et de postillons! Vous étiez dans la victoria comme dans un fiacre. Moi je m'y trouverais si bien que j'y déjeunerais, j'y dînerais et j'y coucherais.

— Vous, mon cher ami, vous serez toujours jeune avec ou sans argent. Si je monte en daumont, c'est pour amuser mes chevaux et mes postillons. Moi, je suis là au supplice. De quoi en effet a l'air le maître de céans? On regarde si les chevaux sont beaux, si les postillons sont bien habillés. Mon plus grand plaisir c'est d'aller au Bois en simple fiacre. Alors je vais au Bois pour le Bois et pour les femmes qui sont au Bois. On tourne plus volontiers la tête de mon côté, on me regarde pour moi-même et non pour mes équipages. Sachez-le bien, mon cher, un homme qui montre son luxe n'est qu'un sot; il donne le spectacle aux autres au lieu de le donner à soi-même.

— Décidément, reprit Miravault, vous êtes un sage, il n'y a plus rien à espérer de vous, car il n'y a que la folie qui soit féconde.

— C'est peut-être vrai, ce que vous dites là. Mais je tiens bon dans la sagesse. Je vais même vous confier un secret : je songe à me marier.

— A la bonne heure! c'est la folie qui va recommencer.

Le même jour, d'Aspremont alla lui-même demander la main de Colombe à sa mère, qui ne voulait pas prendre cette demande au sérieux, tant elle avait vu ces beaux messieurs de la Maison d'Or se marier avec son autre fille. Mais Colombe ne douta pas un instant des paroles du jeune comte. Elle fit quelques façons, elle ne se trouvait pas digne de lui, mais il lui répliqua que c'était lui qui n'était pas digne d'elle, parce que la jeunesse, la beauté et la vertu étaient le premier des biens.

— J'ai trois millions, dit-il à Colombe, mais quel homme serait assez fou pour ne pas estimer à plus de trois millions tout ce que vous apportez en dot !

— Eh bien, puisque je suis plus riche que vous, dit Colombe, je veux bien vous donner ma main. Mais vous avez beau dire, j'ai peur de me trouver pauvre en face de vos richesses.

Il fut convenu que le mariage se ferait au château de Noirmont, où nul ne s'inquiéterait de l'origine de Colombe, « fille naturelle de dame Marie-Jeanne Moreau. Père inconnu! »

— Quel pourrait bien être le père de Colombe! se demanda plusieurs fois d'Aspremont.

Le lendemain il pria Miravault d'être un des témoins de sa fiancée.

— Est-ce que je la connais ? demanda Miravault.

— Non. J'épouse cette adorable petite Colombe

qu'on accuse déjà d'être ma maîtresse parce que je suis allé deux fois chez elle pour des miniatures à retoucher.

— Et quand faites-vous cette belle équipée ?

— Je pars dans trois jours avec Monjoyeux. Voulez-vous être un des témoins de Colombe ? car vous savez que la pauvre fille n'a pas de sénateurs dans sa famille.

Le vicomte de Miravault ne donnait jamais de conseils pour un mariage. Il consentit à être le témoin de Colombe. Monjoyeux avait déjà accepté le même rôle. Les témoins de d'Aspremont devaient être le prince Rio et le marquis de Villeroy.

Tous lui représentèrent qu'il jouait gros jeu : un titre de comte, un grand nom, trois millions, une intelligence supérieure, contre une fille naturelle, la sœur d'une coquine, la fille d'une portière.

Il répondit qu'il avait trop d'esprit pour ne pas braver les préjugés.

— J'aime Colombe, dit-il résolûment. Vous savez ce vieux dicton des croisades: « Obéir à son cœur, c'est obéir à Dieu. »

Quand il apprit cette nouvelle à la duchesse elle le regarda fixement.

— Vous êtes deux fois fou, lui dit-elle. Une fois parce que vous vous mariez et une fois parce que vous épousez mademoiselle Colombe. Je vous croyais un philosophe riant dans la vie, vous n'êtes plus qu'un homme désarmé. Vous n'avez plus le droit de rire.

— O contradiction ! dit d'Aspremont, c'est vous qui m'avez conseillé d'épouser la chanoinesse.

— Parce qu'il faut de l'inquiétude dans l'amour : Éva vous en eût donné ! Après cela il n'y a plus d'ingénues. La femme la plus innocente a toujours une boîte à surprises de roueries imprévues.

La duchesse regarda doucement d'Aspremont.

— Quand je pense, reprit-elle avec un soupir, que voilà encore un rêve commencé qui ne s'achèvera pas.

— Vous avez commencé tant de rêves !

— Moi, savez-vous ce que j'aurais voulu, — si j'avais eu le courage de mes espérances ? — Écoutez : vivre chaque année trois mois avec vous, trois mois avec le prince Rio...

— Et six mois avec Santa-Cruz, dit d'Aspremont avec une dernière expression de jalousie.

— Oh ! non, dit la duchesse, car j'aurais toujours réservé trois mois pour vivre avec moi-même.

— Étrange femme !

— Oui, étrange à ce point que je crois qu'il y a du monstre en moi.

Entre la duchesse et Colombe il y avait un monde.

L'une n'avait hanté que les neiges, l'autre ne hantait que les volcans.

— Avouez, dit d'Aspremont à la duchesse en se levant pour partir, que nous avons joué ensemble un singulier jeu.

— Nous ne sommes peut-être pas à la dernière carte, lui répondit la duchesse.

Il la prit sur son cœur et l'embrassa par violence.

Elle était toujours en rébellion, surtout contre elle-même, mais comme elle perdait d'Aspremont elle trouva doux de le retenir quelques secondes de plus.

— Dites-moi, lui dit-elle tout à coup, vous me prenez pour Colombe.

— Non, répondit-il, mais je sens que si vous me reteniez dans vos bras, j'y resterais jusqu'à la fin du monde.

Et une fois dans l'escalier de l'hôtel de Bianca :

— Cette femme est terrible, murmura-t-il en respirant encore dans ses moustaches les parfums des lèvres et des cheveux de la duchesse.

II

LE BONHEUR OFFICIEL

Ce jour-là le soleil se leva radieux sur un ciel profond, un ciel presque italien en pleine Normandie.

Du château de Noirmont, on voyait au loin la mer à peine agitée, qui venait dans sa robe d'émeraude frapper le rivage avec ses mains de neige.

Le ciel, en paix avec la terre, semblait convier les cœurs à la quiétude et à la joie. Les rayons du soleil illuminaient toutes les âmes. Pourquoi les douleurs humaines ne sont-elles pas suspendues pendant les jours radieux? Les larmes ne devraient tomber que les jours de pluie.

D'Aspremont, qui avait horreur du sentimentalisme, ne put s'empêcher de dire:

— A la bonne heure ! voilà le beau temps, le ciel est pour moi.

Il ne pensait pas qu'au moment même on enterrait une jeune fille au château voisin.

D'Aspremont n'avait autour de lui qu'une vieille cousine et quatre amis, tous témoins. Le prince Rio, le marquis de Villeroy, Miravault et Monjoyeux.

On déjeuna gaiement quoiqu'on n'eût pas encore faim; il était à peine dix heures, il fallait qu'on fût à la mairie à onze heures.

Comme il n'y a pas de chapelle au château de Noirmont, il fallait bien descendre au village. D'ailleurs, d'Aspremont avait horreur du faste comme tous les hommes d'esprit qui y sont habitués. Il aurait bien pu improviser une chapelle dans le château et appeler pour la bénédiction l'archevêque de Rouen. Il trouvait mieux que son mariage se fît simplement dans l'église paroissiale, avec le curé de Noirmont. Il croyait qu'ainsi la cérémonie aurait une saveur agreste plus pénétrante et plus religieuse.

Naturellement Colombe ne fut pas du déjeuner. Quoiqu'elle fût bien heureuse, il lui eût été impossible de se mettre à table, si ce n'est à la sainte table. Comme toujours elle était toute à Dieu quoique toute à la pensée de d'Aspremont.

— Comme vous êtes contente, n'est-ce pas, mademoiselle ? lui disait une cousine de d'Aspremont en lui ajustant sa couronne de fleurs d'oranger.

— Oh! oui, bien contente, mais je suis effrayée de mon bonheur.

— Pourquoi?

— Il m'est impossible de le dire. Je n'avais pas espéré une si grande fortune, un titre de comtesse, un château, un hôtel à Paris. Il me semble que ce n'est pas la pauvre petite Colombe qui marchera dans ces grandeurs-là.

La cousine était bien un peu jalouse de la fiancée.

— Ne faites pas de façons, ma chère enfant, on s'habitue à tout, excepté à la misère.

— Après cela je n'ai peur de rien, car je sens que Dieu est toujours avec moi.

Cependant la calèche et le landau attendaient sous le porche. La mariée et la cousine de d'Aspremont montèrent dans le landau en compagnie du prince Rio et du marquis de Villeroy, qui avaient accepté d'être les témoins de mademoiselle Colombe. D'Aspremont et ses autres amis montèrent dans la calèche.

On alla droit à la mairie de Noirmont, à une demi-lieue de là. Le maire, un éleveur renommé, avait voulu honorer ses châtelains en convoquant tout le conseil municipal. Jamais un mariage ne devait être plus officiel. Par malheur, le maire, après avoir lu les articles du Code Napoléon, se hasarda dans un discours semé de fleurs de rhétorique cueillies dans ses prairies. On sourit un peu en l'écoutant, mais on lui tint compte d'avoir voulu être éloquent.

De la mairie à l'église il n'y a pas loin. On ne remonta pas en voiture.

L'église était tout envahie de curieuses et tout enguirlandée de roses. On avait apporté un harmonium pour saluer l'entrée de la mariée et pour chanter une messe en musique. Ce furent les enfants de chœur et les jeunes filles de la Providence qui remplacèrent l'Opéra.

Ce fut charmant, d'autant plus charmant qu'on avait craint que ce ne fût ridicule. Les enfants ont quelque chose des anges; l'église catholique les a toujours appelés parce qu'elle a compris qu'ils étaient une de ses expressions.

Quoique le curé ne fût pas Normand il eut plus d'esprit que le maire. Il ne prêcha pas, sachant bien que tout ce qu'il dirait serait au-dessous des éloquences de la messe.

D'Aspremont était au septième ciel, il n'avait jamais si bien compris la grandeur de Dieu qui vient à certaines heures illuminer l'âme des hommes. Il était heureux à plein cœur. Il pensa — c'était bien naturel — à ce pauvre M. Marvillé qui avait fait tout cela par ses millions.

— Ah! s'il était là, murmura-t-il en levant les yeux au ciel.

Le bonhomme dut tressaillir dans sa tombe.

L'amour de Dieu a cela de beau qu'il n'est pas absolu. Dieu ne se fâche pas si on part de son cœur pour aimer son prochain, puisque aimer son prochain c'est encore aimer Dieu. Aussi Colombe sentait bien que depuis qu'elle aimait d'Aspremont Dieu ne l'abandonnait pas.

Au moment le plus solennel de la cérémonie, une femme était venue s'asseoir auprès de la mariée.

Elle était vêtue de noir et voilée.

On s'imagina d'abord que c'était quelque dame du voisinage qui croyait ne pas mal faire de venir apporter ses prières à une messe de mariage.

Mais tout à coup, Colombe ayant entendu sangloter, se retourna et reconnut sa sœur.

— Lucia ! s'écria-t-elle.

D'Aspremont s'était retourné aussi. Il n'eût pas pardonné à Lucia d'être venue là toute souriante selon sa coutume, mais lui voyant de vraies larmes dans les yeux il lui tendit la main.

— Bonjour, ma sœur, lui dit-il simplement.

Colombe le remercia par un regard mouillé. Elle était plus heureuse encore : il lui semblait que les larmes de sa sœur étaient les premières larmes du repentir.

Dans la sacristie Lucia voulut signer son nom à côté de celui de Colombe.

— Je veux signer, dit-elle.

Colombe la regarda et sourit.

— Mais quel nom vas-tu signer ? Je suis sûre que tu as oublié ton nom ?

— C'est vrai, j'allais signer Lucia de Moroni.

Il lui fallut bien chercher pour retrouver son vrai nom.

Elle s'était débaptisée et on l'avait rebaptisée si souvent ! Elle signa Lucie Moreau.

Elle raconta qu'elle était venue en toute hâte de Trouville où elle avait appris le mariage par une lettre du prince Rio à mademoiselle Fleur de Pêche, sa nouvelle rivale. Elle n'espérait pas être si bien accueillie, mais enfin c'était son cœur qui l'avait entraînée. Elle ne demandait pas à rentrer en grâce, elle ne voulait pas aller au château de Noirmont, mais l'église est à tout le monde, tout le monde a le droit d'aller y prier.

D'Aspremont, qui ne voulait pas l'emmener au château, lui dit qu'il espérait bien qu'elle y viendrait un jour.

Elle comprit, elle embrassa sa sœur et disparut.

— Quel malheur ! dit Colombe, elle est si jolie !

Mais d'Aspremont se rappelait Gontran Staller, mort de son amour.

— Oui, dit-elle, elle est jolie comme une cerise, mais c'est avec la cerise qu'on fait l'acide prussique. Enfin, elle a vu Dieu de près aujourd'hui, elle ne l'avait jamais vu, espérons qu'elle ne fera pas une nouvelle connaissance en arrivant à Trouville.

On rentra au château, on se promena dans le parc, on dîna dans la grande salle à manger aux tapisseries, sous le regard souriant de Diane et de ses nymphes.

D'Aspremont remarqua qu'on était sept à table comme chez la duchesse : deux femmes et cinq hommes.

— C'est le nombre d'or, dit-il, on sera toujours sept à table chez moi.

Le lendemain les quatre amis de d'Aspremont lui dirent adieu après un déjeuner rapide au vin du Rhin.

— Vous êtes heureux, lui dit le prince Rio.

— Oui, répondit-il, savez-vous pourquoi? C'est parce que je recommence ma vie. Rappelez-vous tous bien ceci : le souverain bien c'est le parfum d'innocence respiré sur les lèvres d'une jeune fille.

— Oui, mais demain? pensa le marquis de Villeroy qui était un sceptique.

III

LE BUISSON ARDENT

Combien de temps dura la lune de miel?

D'Aspremont était-il heureux? Il le croyait. Donc il était heureux.

Mais Colombe était-elle heureuse? Elle le croyait. Mais d'où vient qu'elle était triste et qu'elle cachait ses larmes?

Tous les jours d'Aspremont après le déjeuner, — un déjeuner d'oiseaux et d'amoureux où on becquetait à deux les raisins d'or et de pourpre, — sans préjudice des côtelettes de mouton, des perdreaux et les cailles, — d'Aspremont prenait la jolie main de Colombe, il la posait sur son bras et il disait doucement à sa femme :

— Allons, ma belle amie, nous avons encore bien des découvertes à faire dans le parc.

Colombe partait gaiement comme une Mignon

qui se fût embarquée pour le pays où fleurit l'oranger.

Pour elle c'était le seul moment gai de la journée.

Pourquoi? elle voulait donc se fuir elle-même ? Partir ! son cœur se sentait-il emprisonné ? son âme aspirait-elle à prendre sa volée ?

Ils allaient droit devant eux sans se retourner, amoureux des brises automnales, marchant mélancoliquement sur la feuille qui tombe, respirant les dernières senteurs de regain, babillant de tout à propos de tout.

Celui qui les aurait vus ainsi descendre le perron, traverser les pelouses, effeuiller des roses, s'égarer sous les ramées, aurait dit : « Voilà le bonheur qui passe. »

Et pourtant, ce n'était pas le bonheur qui passait. O tristesse des choses de ce monde ! le bonheur est une image qui fuit et qui s'évanouit quand on la veut étreindre, parce que les bras de l'homme sont trop corporels pour s'attacher à une image idéale, pareille à cette servante bourguignonne qui lève la glace du pastel pour secouer la poussière et qui efface la figure.

Dans leurs promenades dans les plus lointaines avenues du parc, d'Aspremont et Colombe trouvèrent un admirable buisson de roses tout épanouies au milieu des églantiers, des orties et des mûriers.

C'était M. Marvillé lui-même qui s'était amusé à greffer un rosier sauvage.

D'Aspremont se hasarda dans le massif et cassa trois ou quatre branches toutes ployées sous les roses.

Colombe l'avait suivi, mais elle poussa un cri parce que les épines des mûriers et les langues de vipère des orties l'avaient piquée aux bras et aux jambes. Elle se jeta sur le gazon et regarda le sang qui perlait.

D'Aspremont vint à elle. Elle avait soulevé sa manche, une belle goutte de sang courait au-dessus du poignet et lui dessinait un bracelet.

— Voilà le vrai rubis, dit d'Aspremont.

Par le mouvement le plus naturel, Colombe leva la jambe, dégrafa sa jarretière et montra qu'une de ses jambes surtout avait été à la guerre.

D'Aspremont regarda d'abord d'un œil amoureux, mais il ne put s'empêcher de faire cette réflexion que Colombe avait la jambe bête.

Chaque partie du corps a sa physionomie, — sans parler de la tête, — les mains, les pieds, les bras, le flanc, les jambes. Telle femme fait parler ses épaules, telle femme a de l'expression jusque dans ses pieds. Il y a toute une géographie à écrire là-dessus.

C'était la première fois que d'Aspremont regardait la jambe de Colombe. Il n'avait eu d'yeux que pour sa figure, il vivait dans la chasteté de son amour, voulant que sa femme gardât toujours un pan de sa robe virginale.

Pourquoi lui montra-elle sa jambe ? Et puisqu'elle lui montrait sa jambe, pourquoi cette jambe n'était-elle pas parfaite ?

C'est que la nature ne fait pas bien tout ce qu'elle fait. C'est que Dieu, pour montrer sa toute-puissance, a mis l'idée de la perfection dans l'âme de l'homme pour le désespérer sans cesse et pour lui donner l'idée d'un autre monde.

— Enfin, pensa d'Aspremont, c'est une vertu de plus pour cette jambe de n'avoir ni la fierté du marbre, ni l'esprit de la volupté. Ma femme n'est ni une statue ni une femme galante. Il n'y a que les statues qui aient de belles jambes et il n'y a que les femmes galantes qui aient des jambes spirituelles, sans doute parce qu'elles ont l'habitude, — ces jambes-là, — d'aller dans le monde.

Cependant il fallait faire quelque chose de la moisson de roses que d'Aspremont venait de recueillir.

Quand Colombe eut ragrafé sa jarretière, elle prit des brins de plantin autour d'elle et elle s'amusa à tresser une couronne de roses. Ce fut bientôt fait, quoique d'Aspremont l'interrompît par mille jeux amoureux, car l'herbe était tendre.

— Et maintenant, dit-il quand la couronne fut finie, c'est moi qui vais la placer.

Il la mit sur la tête de Colombe, ce qui lui fit oublier tout à fait le tableau de la jambe mal faite, car il n'avait jamais vu Colombe plus belle que sous cette couronne de roses. Il l'embrassa vingt fois.

— Es-tu heureuse, Colombe ? lui demanda-t-il.

— Oui, répondit-elle. Et toi ?

C'était la première fois qu'elle disait « toi ». Jusque-là d'Aspremont la trouvait trop respectueuse.

— Moi, dit-il joyeusement, je suis effrayé de mon bonheur.

Et il l'embrassa une vingt et unième fois

IV

LES ROSES FANÉES

Les promenades continuèrent. Quoique d'Aspremont aimât la chasse, il ne prenait presque jamais son fusil. Il n'aimait plus que la chasse aux propos interrompus, aux baisers pris et repris, aux rêveries amoureuses.

Un jour que Colombe s'était attardée dans sa chambre après le déjeuner, d'Aspremont, impatienté d'attendre sur le perron, monta.

Colombe pleurait.

Dès qu'elle reconnut les pas de son mari, elle essuya ses larmes et passa dans son cabinet de toilette.

— Pourquoi ne venez-vous pas, Colombe ? demanda doucement d'Aspremont.

Colombe n'avait jamais menti. Pour la première

fois le mensonge, l'odieux mensonge, passa sur ses lèvres.

— J'ai mal à la tête.

Et elle trempa son front dans l'eau, mais ce n'était que pour se baigner les yeux.

— Voulez-vous sortir en voiture, si vous craignez de marcher ?

— Non, nous allons nous promener.

Quand elle vint à lui, d'Aspremont vit bien qu'elle avait pleuré. Une soudaine tristesse l'envahit, il se jeta dans ses bras, comme s'il voulût pleurer lui-même.

— Colombe, tu n'es pas heureuse ?

Cette fois, la nature un instant masquée exprima toute la vérité. Colombe était trop simple pour cacher son cœur. Les larmes jaillirent de ses yeux.

— Que s'est-il donc passé ?

D'Aspremont se releva et regarda autour de lui comme s'il dût trouver l'explication des larmes de Colombe.

La seule chose qui frappa ses yeux ce fut la couronne de roses blanches qui gisait toute fanée sur le lit, comme sur un tombeau.

— Pourquoi cette couronne est-elle là ? demanda-t-il à la jeune femme.

Il la prit, il la respira et il la mit sur la tête de Colombe.

— Colombe ! ouvre-moi ton cœur. Dis-moi, est-ce que tes illusions sont déjà fanées comme ces roses-là ?

— Je vous en prie, dit Colombe, ne parlons plus de mes larmes. J'ai pleuré comme un enfant sans savoir pourquoi.

Mais d'Aspremont vit bien que Colombe voulait le tromper.

Il rejeta sa main brusquement et il sortit en toute hâte.

Où alla-t-il ? Il entra dans sa chambre qui n'était séparée de celle de Colombe que par un petit salon.

Il ferma sa porte par un tour de clef.

— O mon Dieu ! dit-il en éclatant dans sa douleur, il n'y a donc pas une vraie joie sur la terre ! Il n'y a donc pas une vraie vertu ! Il n'y a donc pas un vrai amour !

Il s'était approché de la cheminée.

— Au moins, reprit-il, il y a toujours un vrai ami.

Et il saisit son pistolet.

Ce pistolet était presque légendaire. Trois fois d'Aspremont l'avait posé sur son front dix-huit mois auparavant.

On n'a pas oublié que Lucia, la sœur de Colombe, le lui avait pris un jour dans son habitude de toujours prendre quelque chose.

Elle l'avait donné à son amant, Gontran Staller. Cette fois le pistolet n'avait pas manqué son coup.

Était-ce par pressentiment, était-ce par souvenir que d'Aspremont redemanda son pistolet à la famille Staller par Raoul d'Oraie ?

Il avait éprouvé un funèbre plaisir à retrouver cette arme amie et ennemie.

— Il faut vivre, puisque c'est la loi du monde, disait-il souvent, mais il faut toujours avoir la mort sous la main.

Ce jour-là d'Aspremont allait-il donc accomplir la prédiction du prince Rio qui avait dit : « Il voulait se tuer parce qu'il n'avait pas d'argent, il se tuera parce qu'il en a trop. »

Comme d'Aspremont retournait son pistolet dans sa main il entendit le bruit des pas légers de Colombe.

— Où va-t-elle ? Vient-elle à moi ? se demanda-t-il.

Colombe voulut ouvrir la porte ; naturellement la porte résista.

— Georges, dit-elle doucement.

D'Aspremont regarda son pistolet comme pour lui demander s'il fallait ouvrir. Il sentait que Colombe avait un secret terrible. Si elle le gardait, elle l'empêcherait d'être heureux ; si elle le lui confiait, n'allait-elle pas tuer le bonheur ?

Il l'avait épousée sans autre conseil que son cœur. Il n'avait guère parlé de ce mariage à ses amis. Qui sait si son amour ne l'avait pas aveuglé ? Il avait depuis une demi-heure l'effroi de sa belle action. Cette fille qu'il jugeait pure cette sœur de Lucia, avait traversé l'horrible chemin de la misère. N'avait-elle pas laissé aux buissons les fils de la Vierge de sa robe d'innocence. Il se trouvait bien hardi d'avoir tenté cette périlleuse aventure, de donner son nom, de donner sa liberté, de donner sa vie à une femme inconnue qui n'a pas de famille — je me trompe — qui a une sœur inscrite au grand livre de la corruption publique.

— Je n'ouvrirai pas, dit-il.

Mais à peine eut-il dit cela qu'il alla ouvrir la porte.

Colombe entra, la tête inclinée, les mains tombantes, comme une coupable qui va parler à son juge.

— Georges, écoutez moi. Je suis bien malheuheureuse.

— Enfin, murmura-t-il amèrement, voilà donc le vrai cri du bonheur! Quoi! j'ai tout sacrifié, mon nom, mes amitiés, mon ambition, pour qu'on vienne me dire : « Je suis bien malheureuse. »

Et parlant à Colombe :

— Eh bien, dites-moi pourquoi vous êtes si malheureuse.

— Ne m'accusez pas avant de m'avoir entendue. Je ne voulais vous rien dire de tout cela, mais je suis bien forcée de parler. Il y a ici un homme qui veut vous tuer.

— Il y a ici un homme qui veut me tuer! où se cache-t-il?

— N'avez-vous pas vu ce soldat qui se promène toujours autour du château?

— C'est donc pour moi? c'est donc pour vous?

— C'est le fils d'une amie de ma mère. Il y a quelques mois, quand je me figurais que j'étais trop riche, il est venu me demander deux mille francs pour se racheter, car il n'est soldat que depuis un an. Je l'ai connu quand j'étais toute petite, j'ai bien voulu lui donner deux mille francs, mais il ne s'est pas contenté de cela, il a voulu tout avoir, c'est-à-dire qu'il m'a demandée en mariage.

— Et vous l'aimiez?

— Pour vous dire toute la vérité j'avais du plaisir à le voir.

D'Aspremont se contint pour ne pas jeter Colombe à ses pieds.

— C'était un mauvais sujet, reprit-elle doucement; je voulais le sauver de la brasserie et de la paresse. Dès qu'il était près de moi, il se repentait. Ma mère était pour lui, elle me conseilla de l'épouser; elle jurait sur sa part de paradis que je serais heureuse par ce mariage.

— Après! après! après! cria d'Aspremont qui ne pouvait cacher son impatience.

— Le mariage était résolu, je lui avais confié mon argent pour le porter chez l'agent de change. Le soir il me dit que mon argent était bien placé. Il fut huit jours sans reparaître. Il m'écrivit qu'il était retourné à Nancy au régiment pour présenter son remplaçant. Ce fut alors que ma mère faillit mourir de chagrin parce qu'elle s'aperçut que ce malheureux garçon avait fait la vie avec mon argent, — avec votre argent, — aussi il n'a pas reparu. Il a tout joué, il a tout perdu, sans même garder de quoi se racheter. Vous comprenez pourquoi je suis malheureuse, maintenant surtout qu'il m'a écrit qu'il voulait me parler ou qu'il vous tuerait.

— Eh bien ! il ne vous parlera pas et il ne me tuera pas.

D'Aspremont était dans l'enfer.

— Voyons, Colombe, dites-moi la vérité. Expliquez-moi bien pourquoi vous êtes si malheureuse !

La curiosité est cruelle. Elle a des yeux sur son poignard.

— Je suis si malheureuse, reprit naïvement Colombe, parce que je n'ai pas pu vous apporter en dot l'argent que vous m'aviez donné.

D'Aspremont respira à demi.

— Ce n'est que cela ? Dieu soit loué si ce n'est que cela ! Mais d'où vient que cet homme se croit le droit de venir jusqu'ici. Vous avez donc été sa maîtresse ?

— J'ai été sa fiancée.

— Et vous l'aimiez ?

— Puisque j'étais sa fiancée.

— Je comprends : vous l'aimiez plus que vous ne m'aimez.

— Comment ne vous aimerais-je pas, vous qui avez tout fait pour moi ?

A chaque mot, d'Aspremont descendait un degré dans les ténèbres de son malheur.

— De la reconnaissance ! dit-il avec dépit et avec colère.

Il repoussa violemment Colombe qui alla tomber sur le seuil, suppliante, effarée, éperdue.

Ce sont là les vrais drames du cœur. On met son amour, on met sa vie, on met son âme sur une carte, — et le jeu vous trahit.

D'Aspremont alla à sa femme, il la releva et il lui dit adieu.

Elle s'éloigna désespérée, ne sachant pas ce qu'il allait faire, ne sachant pas ce qu'elle allait devenir.

Il referma sa porte et il reprit son pistolet.

M. Marvillé lui revint en mémoire.

— Pauvre brave homme ! dit-il en évoquant sa figure, il s'imaginait que l'argent fait le bonheur. Il a passé cinquante ans de sa vie à courir après la fortune : une fois riche il s'est aperçu qu'on n'achetait ni une joie ni un plaisir, même avec des millions. Dans son ignorance il s'est dit qu'il n'était pas né pour être heureux, mais qu'un autre plus jeune s'amuserait avec son argent ! Qu'ai-je fait de cet argent ? J'ai voulu sauver des âmes qui se perdaient, mais elles se sont perdues malgré moi. J'ai eu des chevaux pour aller à pied, un hôtel pour y trouver la pâle solitude, un château pour y loger mon désespoir.

D'Aspremont ouvrit son secrétaire, il y prit une poignée d'or et il la jeta avec colère à ses pieds.

— Cet argent! qu'en ai-je fait? C'est avec cet argent que j'ai payé mon malheur! J'ai donné vingt-quatre mille francs à Colombe pour gâter sa vie! Jusque-là elle vivait en Dieu, fière et heureuse de son travail. Ces vingt-quatre mille francs ont attiré chez elle cet oiseau de malheur qui rôde aujourd'hui autour de moi. Pauvre brave homme! tu voulais voir tes écus danser, regarde comme ils s'amusent! voilà ce qu'ils ont fait.

D'Aspremont croyait assister au spectacle d'un drame où il n'était pour rien, tant son âme s'était détachée de lui-même. Il se demandait : « Comment cela finira-t-il ? » comme s'il n'avait pas lui-même le secret du dénouement.

C'est qu'en effet il y a toujours une main invisible qui nous conduit à travers les périls de la vie sans jamais nous montrer l'horizon.

— Elle a aimé cet homme ! dit-il.

Mais une voix secrète lui parla pour le consoler. Il se rappela ces beaux yeux si purs qui tant de fois s'étaient levés doucement sur lui dans leur lumière bleue.

— Elle n'a pas tout dit, reprit-il. Il faut que je l'interroge encore. Si elle aime cet homme je veux me donner le spectacle de les chasser tous les deux du même coup.

Il surprit Colombe qui priait Dieu dans sa chambre. Il la regarda en silence.

— Madame, lui dit-il, j'ai aussi une confession à vous faire.

Elle le regarda avec anxiété.

— Madame, moi aussi j'ai perdu tout ce que j'avais.

— Oh! quel bonheur! s'écria Colombe.

Était-ce le cœur qui parlait?

— Oh! quel bonheur! nous sommes égaux maintenant, je puis vous aimer pour rien.

D'Aspremont comprit enfin que la reconnaissance est la vertu la plus fatale à l'amour.

— Oh! quel bonheur! dit encore Colombe qui s'était relevée, demain nous retournerons à Paris, nous vivrons dans la même chambre, tu me liras de beaux livres et je peindrai. Tu sais ce que je gagnais quand tu m'as arraché le pinceau des mains? — cent sous par jour!

— Cent sous par jour! s'écria d'Aspremont, c'est peut-être le maximum du bonheur.

Et après avoir embrassé Colombe :

— Tu m'aimes donc?

— Si je t'aime! mais je suis folle de toi.

— Depuis quand?

— Depuis que tu n'as plus rien.

Ce cri était si vrai chez Colombe que d'Aspremont, en homme d'esprit, se garda bien de lui dire qu'il avait toujours ses trois millions.

— Et le soldat? dit d'Aspremont qui gardait encore un nuage dans son ciel.

— Maintenant que nous sommes pauvres, il ne nous tourmentera plus, car ce n'était pas moi, c'était mon argent qu'il voulait.

D'Aspremont n'était pas au bout de sa curiosité :

— Mais enfin, quand il était ton fiancé, que te disait-il?

— Il me demandait de l'argent.

— C'était tout?

— Oui, c'était tout. J'avais juré que je me coucherais blanche comme la neige dans le tombeau ou dans le lit nuptial.

— Colombe, Colombe, c'est bien poétique pour être vrai. Je te croyais la dernière ingénue : il n'y en a plus!

Et se parlant à lui-même.

— Et moi qui ai cru un instant au bonheur!

V

UNE RECONNAISSANCE MÉLODRAMATIQUE
ET UNE FIN TRAGIQUE

Au moment où Colombe venait de dire cette belle parole on entendit un cri.

D'Aspremont sortit en toute hâte. La mère de Lucia vint à lui tout égarée par une émotion subite.

— Expliquez-moi cela, lui dit-elle. Je viens d'entrer pour la première fois dans votre bibliothèque pour chercher un livre. Qu'ai-je vu? Le portrait d'un homme dont je n'ai jamais su le nom, mais que j'ai beaucoup connu, — beaucoup trop connu !

D'Aspremont ne pouvait comprendre pourquoi cette femme avait poussé un cri devant le portrait de M. Marvillé.

— Vous l'avez beaucoup connu, dites-vous?

— Beaucoup trop. Maintenant que je n'ai plus rien à vous cacher je vous dirai que c'est le père de Colombe.

D'Aspremont avait horreur des reconnaissances mélodramatiques, mais il ne put s'empêcher de reconnaître que les coups de théâtre sont plus vrais qu'ils n'en ont l'air.

Il courut à sa jeune femme.

— Colombe ! tout à l'heure je te trompais en te disant que j'avais tout perdu, ou plutôt je te disais presque la vérité sans le savoir. Mes trois millions qui te faisaient peur sont à toi et non à moi.

— Comment cela ?

— Ta mère te le dira.

Et se retournant vers la mère :

— Dites-moi, est-ce que Lucia est du même lit ?

— Chut ! répondit-elle, ne parlons pas de Lucia.

Le soir en se couchant d'Aspremont promena un regard rapide sur le tableau de sa vie qui venait de passer du rose au noir.

— C'en est fait, dit-il, l'amour n'est qu'une fièvre pernicieuse ; le bonheur n'est qu'un mirage qui fuit toujours, la vertu n'existe qu'à l'Académie française le jour où l'on distribue le prix Montyon ; le mariage n'est qu'un arc-en-ciel ou une écharpe tricolore. J'avais gâté ma vie, j'ai voulu la refaire par l'amour, par le mariage, par le bonheur: des châteaux de cartes bâtis sur le sable. Décidément je ne veux pas être dupe plus longtemps de cette mauvaise plaisanterie qui s'appelle la vie; je ne puis souffrir qu'on se moque de moi et je n'admets pas que je puisse moi-même me moquer de moi, finissons-en.

Le lendemain à son réveil, quand Colombe alla pour embrasser son mari, elle le trouva mort devant la cheminée de son cabinet de travail.

Le revolver avait enfin eut raison de ce chercheur d'absolu.

LIVRE VI

LES CAUSERIES DU VENDREDI

CONTES ET PARADOXES

L'esprit fait plus de chemin que le cœur, mais il ne va jamais si loin.
CONFUCIUS.

Deux philosophes parlaient ainsi : — J'ai passé ma vie à faire comme tout le monde et à penser le contraire. — Et moi, j'ai passé ma vie à penser comme tout le monde et à faire le contraire.
Quel est le philosophe?

* * *

Celui qui n'a pas beaucoup vu de filles ne connaît pas les femmes.
CHAMFORT.

Homme d'argent, cœur de bronze.

* * *

Telle fille trouve à se vendre qui ne trouverait pas à se donner.
CHAMFORT.

L'amour commence par l'amour-propre et finit par le crime. Otez l'amour-propre, que reste-t-il ?

* * *

L'amour est un commerce orageux qui finit toujours par une banqueroute, et c'est la personne à qui on fait banqueroute qui est déshonorée.
>   CHAMFORT.

L'amour cherche la perfection, mais il se passionne pour les imperfections.
>   ***

Une des meilleures raisons qu'on puisse avoir de ne se marier jamais, c'est qu'on n'est pas tout à fait la dupe d'une femme tant qu'elle n'est point la vôtre.
>   RIVAROL.

Avez-vous jamais connu une femme qui, voyant un de ses amis assidu auprès d'une autre femme, ait supposé que cette autre femme lui fût cruelle ? On voit par là l'opinion qu'elles ont les unes des autres.
>   CHAMFORT.

1

LES CAUSERIES DU VENDREDI

Or, la duchesse dit un jour à ses amoureux :
— Il y a bien des points noirs à l'horizon. Tout le monde se marie autour de moi.

La duchesse avait perdu quelques amis, les causeries du vendredi n'étaient plus si variées. Le *Journal du soir* n'avait plus pour rédacteurs ni Harken ni d'Aspremont.

— Le mariage me les prendra tous, disait la duchesse. Quand je pense que tout le monde travaille contre le mariage et que tout le monde se marie !

— Excepté moi, dit Monjoyeux.

— Vous ! vous finirez en père de famille et en marguillier. L'homme naît bête et devient bête. C'est comme le jour qui part de la nuit pour aboutir à la nuit. Encore, si le mariage nous débarrassait des hommes, mais ces incorrigibles sont toujours à nos trousses et à nos traînes. Les femmes ne sont plus ce qu'un vain peuple pense. Dieu merci, on ne les comparera plus à des sirènes : ce sont elles aujourd'hui qui attachent les hommes au mât du vaisseau pour se délivrer de leurs chansons.

Monjoyeux fit cette remarque que les sirènes n'avaient été créées que pour arracher les hommes à l'amour socratique, mais que dans les pays féminisés, les femmes n'avaient qu'à fuir les hommes pour être adorées.

Santa-Cruz entra; le prince Rio alla à lui.

— Comme vous êtes joyeux, Santa-Cruz !

— Il y a bien de quoi. Je viens de perdre Fleur de Thé en cinq points. Vous comprenez bien que je n'ai pas voulu prendre de revanche.

— Voilà une bonne affaire ! Qui est-ce qui a gagné ? — Je me trompe, qui est-ce qui a perdu ?

— C'est La Chanterie.

Le prince Rio fit une révélation qui remplit tout le monde d'épouvante.

— La femme manquera bientôt comme la marée, dit-il mélancoliquement ; c'est le préfet de police qui m'a appris cela. Quand je dis la femme, je veux dire la courtisane, puisque c'est la vraie femme.

Le prince fut rappelé à l'ordre par la duchesse. Mais il continua :

— Oui, messieurs, vous êtes à vos derniers jours de Pompéi, la femme manquera bientôt pour cette raison : c'est que l'amour se démocratise ; c'est que tout homme né sous le soleil garde pour soi la belle fille qu'il a sous la main.

— Ne désespérons pas, dit Santa-Cruz, les femmes continueront à se multiplier.

— Voilà ce qui vous trompe, reprit le prince Rio, les hommes du peuple garderont pour eux les femmes du peuple, et les filles du peuple ne deviendront plus les filles de tout le monde. Comment ferons-nous à Paris, où déjà les Turcs qui n'ont plus de harem se croient dans leur sérail ?

— C'est la confusion des mondes, dit Santa-Cruz. Plus j'étudie la géographie de Paris, et moins je m'y retrouve. Paris est comme une grande bibliothèque en désordre, où les livres les plus graves côtoient les romans les plus légers. Mais quel est le Malte-Brun qui pourra jamais marquer les limites des divers mondes dans ce flux et reflux où ils se confondent ? Combien de contrastes et combien de nuances ! Dans le meilleur monde, il y a du plus mauvais ; dans le plus mauvais, il y a du meilleur. Ces dames ne reçoivent pas ces demoiselles ; les comédiennes ne daignent aller que chez les femmes déchues. Le faubourg Saint-Germain ne reçoit pas le faubourg Saint-Honoré, qui ne reçoit pas la Chaussée d'Antin, qui ne reçoit pas le Marais. Les Champs-Élysées forment un monde à part où il y a de tous les mondes, et où on ne se reconnaît jamais, tant il y a d'étrangers. La haute galanterie s'y accentue depuis quelque temps, abandonnant le pays Notre-Dame-des-Lorettes aux jeunes chattes qui se font les griffes.

— Il y a, dit la duchesse, une chose qui serait plus amusante que la géographie de Paris, ce serait le tableau de Paris vu en soulevant le toit des maisons par l'œil d'enfer du diable boiteux.

— C'est bien simple, dit Monjoyeux. Il n'est pas indispensable d'être le diable boiteux pour voir clair en plein midi Regardez, je vais vous montrer la lanterne magique.

— Voyons la lanterne magique de Monjoyeux! dit la Chanoinesse.

PREMIER TABLEAU

— Messieurs et mesdames, reprit Monjoyeux, dans la maison voisine, il y a une comédienne. Vous voyez ce collégien qui se jette à ses pieds? Il n'a pas eu le prix d'excellence au grand concours, ce qui ne l'empêchera pas de faire son chemin. — Enfant, relevez-vous! dit la comédienne. — Oh! Julia, divine Julia! je meurs d'amour et je me brûle la cervelle, si vous ne me faites pas revivre.

Voilà un autre amoureux qui entre : c'est le père du collégien. Il ne voit pas d'abord son fils : — Ma chère Julia, crie-t-il de la porte, que je suis heureux de vous trouver !

Il va présenter un bouquet monumental, mais reconnaissant son fils, à moitié caché dans les jupes de la dame : — Monsieur ! je vous croyais à l'école. — Mon père, le théâtre est l'école des mœurs. — Monsieur, je ne vous demande pas votre opinion sur les mœurs du théâtre.

DEUXIÈME TABLEAU

Une dame légère du pays Bréda donne une fête pour l'anniversaire de la naissance de sa fille. Elle appelle toutes les dames — légères — de sa connaissance, ce qui fait dire à une actrice du Vaudeville : — Olympe juge que pour la fête de sa fille, elle doit faire danser toutes celles de Paris.

La comédienne n'a pas plus tôt dit cela qu'une ingénue qui la double lui demande avec un grand air de naïveté : — Est-ce que vous irez ?

Eh bien ! cette ingénue a toutes les rouerie s de l'ingénue quand elle aborde les parages de la banque. Elle a pour amant un homme plus considérable que considéré qui ne fait pas de façons pour être de cette petite fête. Écoutez ce duo de Roméo et Juliette : — Dis-moi, mon chat, quand me donnes-tu un château à Montmorency ? — Tu aimes donc les cerises ? — Tu sais que je suis née par là : j'ai

le mal du pays! — Des ânes ? — Tu en es un autre.
— Ma petite chatte, la Bourse a été bien mauvaise
pour moi tous ces temps ci. — Es-tu assez bête de
jouer sous ton nom? On prend un homme de
paille, on le jette dans la gueule du loup. S'il gagne,
on partage avec lui en prenant la part du lion ; s'il
perd, on lui dit du haut de sa grandeur : Monsieur !
je ne vous connais pas.

TROISIÈME TABLEAU

A l'entresol, c'est une demoiselle qui rentre furieuse de sa chasse aux amants. On l'appelle la Taciturne ; elle est plus taciturne que jamais. On lui a donné par raillerie une grammaire française, elle la lit tous les soirs stoïquement. Dans cette grammaire il y a la page du bien dire et la page des locutions vicieuses. Mais elle se trompe toujours, voilà pourquoi elle épate jusqu'à sa blanchisseuse, son secrétaire intime. Heureusement qu'elle a un répertoire composé de quatre mots qui ne lui manquent jamais. — *Ni oui, ni non,* — *J'en accepte l'augure,* — *Je suis désarmée,* — *Question d'argent.*

Oui, question d'argent. Elle tient bien les cartes ; dans une armoire à bijoux elle a déjà de l'emprunt russe, de l'emprunt turc, de l'emprunt espagnol, car c'est une femme internationale s'il en fut. Que vois-je ! Elle écarquille ses beaux yeux pour lire un article de journal. Qui donc l'intéresse à ce point ? Lisons : « Le jeune lord Belgrave, petit-fils du marquis de Westminster, sera l'homme le plus riche du monde. Dans dix ans, il aura deux cent cinquante mille francs à dépenser par jour. » La Taciturne partira demain pour Londres.

Mais qui entre pour tenir compagnie à la Taciturne ? C'est la blonde Antonia. Non : c'est la reine de France, Marie-Antoinette elle-même. Le portrait est si ressemblant qu'un amant posthume de la reine a fait poser cette fille chez un peintre célèbre, à raison de cinq louis la séance, pour avoir un beau portrait de la femme de Louis XVI. Cette jolie grue ne voulait pas poser, dans la peur de la guillotine.

Elle vient trouver la Taciturne pour prendre des leçons de français, car elle veut entrer au théâtre, mais elle ne sait pas lire. — Où es-tu donc née que tu ne sais pas encore lire ? — Quai Voltaire. — Qu'est-ce donc que ta mère ? — Une bouquiniste. Voilà pourquoi je n'ai pas appris à lire. — Et ton père ? — Oh ! ma chère ! c'est un père naturel. Un homme célèbre connu de tout le monde, cela se voit tout de suite dans mon air. — Comment s'appelle-t-il ? — Maman me dit tous les jours son nom, je ne m'en souviens jamais.

O sainte bêtise !

— Et si tu n'entres pas au théâtre, que feras-tu ? — Je m'établirai. — Quoi ? — Femme entretenue.

O monstre de candeur !

QUATRIÈME TABLEAU

Éloignons-nous de quelques maisons. La marquise de Sévillan donne un bal. Elle est fort belle ; il y a beaucoup de monde. Écoutez bien, on parle d'elle :

— Je vous dis que cette femme-là n'a jamais été mariée. Elle se fait appeler la marquise de Sévillan parce qu'elle a beaucoup de châteaux en Espagne.

— Je vous dis que cette femme-là a été si bien mariée qu'elle est bigame.

— Bigame !

— Oui. Un de ses maris est zouave pontifical, un autre est banquier à Valladolid.

— Très-bien. Elle est d'ailleurs fort belle, elle a le droit d'avoir deux maris ou de n'en avoir pas du tout. Contez-moi donc son histoire.

— Il paraît qu'avant d'être une marquise la dame a couru des fortunes bien diverses. Elle est née à Paris dans une bonne maison. Elle s'appelait Rebecca Salomon. Son père était marchand d'argent, mais il ne vendait pas l'argent au poids de l'or. Elle avait le beau type des filles de la Bible : grande et brune, très-accentuée, mais adoucie par les yeux et par le sourire. Elle n'était pas voluptueusement jolie, elle était souverainement belle. En la voyant on voulait l'aimer, mais on avait peur de tomber sous son despotisme.

Elle était prédestinée aux belles aventures. A seize ans, une amie de la maison disait à sa mère : — « Il faudra bientôt marier Rebecca. — Soyez tranquille, répondit la mère, celle-là se mariera, et plutôt deux fois qu'une. »

Ce beau mot avait couru le monde, mais nul ne pouvait croire qu'en effet Rebecca pût se marier deux fois, une fois à Paris et une fois en Castille. Elle se mariera bien encore une fois. N'est-elle pas trois fois femme !

Pourquoi aussi le Code Napoléon renferme-t-il encore la loi sur le divorce ?

Pourquoi la nature, qui fait si bien les choses, a-t-elle fait de cette femme un diable à quatre, qui fait craquer son corset par la force de ses seins en révolte ? Comment une femme, qui ne s'appartient pas parce qu'elle est jetée en avant par la destinée, appartiendrait-elle à un seul homme ? Ce serait l'histoire de cet avare, couché sur son or, priant Dieu de lui donner quatre mains pour pouvoir toucher toutes ses richesses.

CINQUIÈME TABLEAU

Nous sommes chez la courtisane Perle sans Corail. On sonne à la porte. C'est une poigne solide : elle prend dans ses bras un crevé de belle lignée et elle le porte résolûment dans une armoire à robes.

Celui qui sonne est donc l'amant qui paie ? Oh ! que nenni ! c'est celui qu'on paie. Voyez comme la comédie est bien jouée : — Chut ! dit la dame quand « l'amant de cœur » entre, il y a un amoureux dans cette armoire. — Regarde donc l'admirable collier de perles qu'il vient de m'apporter ! Il est convaincu qu'il ne m'a jamais rien donné. — Oh ! le beau collier, « dit l'amant de cœur » en le mettant dans sa poche, je le changerai contre un collier de perles fausses. Tu viens souper avec moi ? — Oui, mais le crevé ? Après cela tant pis, il est si heureux à-dedans que j'ai bien envie de ne pas rentrer cette nuit : je le trouverai mort demain matin.

SIXIÈME TABLEAU

Voulez-vous pénétrer dans ce magnifique hôtel du boulevard Malesherbes, où deux femmes à la mode parlent chiffons, amants et maris. — Ah ! ma chère ! quel homme j'avais là (la dame parle de son amant) ! quel homme ! un Espagnol pur sang : c'était le jeu des castagnettes ! — Tais-toi, tu es une chercheuse, tu ne trouves jamais parce que tu cherches toujours ; mon amant à moi c'est mon mari. — Oui, mais tu as un mari qui court toujours. — Il ne court pas tant que cela, car je lui casse une patte tous les matins.

C'est du plus pur hôtel Rambouillet.

SEPTIÈME TABLEAU

Il est minuit, voilà la vie qui recommence à la Maison d'Or et au Café Anglais. Les femmes y viennent avec la lanterne de Diogène. Jeu des hommes, jeu des femmes, jeu de la bourse. Les valeurs étrangères y sont bien cotées. C'est le plus curieux va et-vient de l'esprit et de l'aventure.

Le peintre de Phryné crie à une femme rousse :

— Angeline, viens demain, je te peindrai. — Je me peins bien assez comme cela. D'ailleurs je pose demain chez Heilbuth pour un cardinal. — Eh bien ! dit Fleur de Pêche, j'irai prendre séance. — Madame, dit le peintre de Pénélope, je ne peins que l'histoire. — Comment ! vous ne peignez que l'histoire ? Mais qui donc me peindra le reste ?

Arrive avec tapage la queue de la robe de Mademoiselle Trente-six-Vertus — une robe qui a trop fait ses poussières.

— On n'a pas idée de ça en Océanie, s'écrie Fleur de Pêche.

Un banquier vient à elle : — Bonsoir, Belle de nuit. — Tu as trop d'esprit, mon cher, tu me fais perdre ma jeunesse. Or, la jeunesse c'est de l'argent, balancez vos cavaliers. — Ventre de biche ! tu deviens trop forte. — Corne de cerf ! donne-moi cinq louis, j'ai cinquante heures de voiture. — Voilà cent sous ! Moi je suis comme Dumas, je n'ai refusé d'argent à personne, hormis à mes créanciers. — Adieu, l'homme d'argent sans le sou. N'oublie pas de te faire reboiser.

Un peu plus loin autre causerie du meilleur style :

— Qui donc lui fait mener un pareil train ? — C'est le train de l'amour, c'est l'amour et son train. — C'est l'argent de l'amour. — Non, c'est l'amour de l'argent.

Changeons de table. Écoutez. C'est le chapitre des confidences :

— Tu ne sais pas, j'achète un hôtel aux Champs-Elysées ? — Pourquoi faire ? — Pour y recevoir. — Si tu y reçois tous tes amants, ton hôtel sera trop petit. Qui paiera l'hôtel ? — Tiens, cet homme pâle, qui prend à minuit son bouillon d'onze heures. — Ma chère, c'est un mort en rupture de ban. — Oui, il avait la permission de dix heures. — Ses voisins du Père-Lachaise vont être scandalisés de le voir rentrer si tard. — Tais-toi, voilà son fossoyeur.

Voyez-vous entrer ce sinistre monsieur tout de noir habillé ? Il demande avec mélancolie si mademoiselle Cosaque est venue : — Oui, monsieur, s'écrie mademoiselle Aérienne, mais elle est en lecture.

Et ainsi la gaieté va jeter son éclat de rire pendant deux heures, après quoi on s'en ira avec un éteignoir à la main, — je veux dire avec une femme au bras, — triste comme un feu d'artifices.

HUITIÈME TABLEAU

Ce tableau aura, s'il vous plaît, deux expressions, nous verrons du même coup le monde et le demi-monde. Écoutez cet apologue :

Un de mes jeunes amis de Moscou m'est arrivé cette semaine en me priant de le conduire au théâtre et dans le monde.

Au théâtre, son opinion a été bientôt faite : « Vous n'avez plus que des pièces à femmes. Et vos femmes jouent si peu qu'elles ne jouent pas du tout — si ce n'est leur jeu habituel, — c'est-à-dire qu'elles continuent à faire leurs affaires et à jeter de la poudre de riz aux yeux des avant-scènes. »

J'ai présenté mon Moscovite, le lendemain, dans un des derniers salons de la Chaussée d'Antin. On donnait un bal sur les airs d'Offenbach ; les femmes du meilleur monde dansaient dans ce beau désordre qui est le triomphe de l'art. Mon ami s'étonna de voir les femmes du monde si peu habillées. Il n'en fut pas offensé. Dieu merci! Il écouta aux portes et entendit des quolibets qui n'étaient pas beaucoup plus vêtus.

— Oh ! Dieu du ciel! j'ai mal à la gorge. — Laquelle, madame? — Ne regardez pas, ce n'est pas sous la croix de ma mère. — Comment va votre fille? — Vous voyez, elle fait son entrée dans la danse. — Une vraie figure de marquise Watteau.

— Bon chien chasse de race ; ne fallait-il pas vous faire une rosière? Les prix de vertu sont démodés, mon cher, nous avons changé cela ; autre temps, autres femmes. — Vous avez bien raison On apporterait ici un prix de vertu, qu'on le renverrait à l'Académie. — Suis-je jolie ce soir ? — Oui, mais vous avez oublié votre grain de beauté. — Et vous votre grain de folie, mon cher. Allez boire un verre de vin de Champagne.

Mon ami ne douta pas qu'il ne fût dans le demi-monde.

Quand sonna minuit je conduisis mon Télémaque dans une autre île de Calypso, aux Champs-Élysées. Je le présentai à la maîtresse de la maison, qu'il trouva surhumainement belle et aristocratique.

— A la bonne heure, me dit-il en jetant un premier coup d'œil dans les salons, voilà des femmes qui, même en dansant, réservent la dignité de la femme. Les danseuses ne sont pas plus habillées que là-bas, mais elles ont tant de perles et de diamants, que je n'y vois plus que du feu. Dites-moi donc le nom de ces dames. — Celle que vous voyez là-bas, qui danse avec des attitudes d'archidéesse, c'est madame Anna Deslions. — Oh ! oui, je la reconnais, c'est presque une compatriote. — Par alliance. — Et cette brune, qui serait une vierge en Italie? — C'est Julia Barucci. — Encore une compatriote par alliance. — Et ces blondes, qu'on dirait habillées par les fées d'Alençon et de Venise?

— C'est mademoiselle Henriette Château-Fort avec mademoiselle Latour-Prends-Garde. — Et cette autre blonde, qui est la beauté au pastel? — C'est mademoiselle Juliette Beau, une Chloé qui a trouvé Daphnis. — Et celle-ci? Et celle-là?

Mais je ne veux pas peindre tout l'escadron volant des beautés à la mode pour leurs forfaits. Il me faudrait vous parler aussi des comédiennes retour de Russie tout engivrées de diamants — de toutes les femmes plus ou moins séparées de corps après avoir eu le bonheur de faire le malheur de leurs maris, — après avoir eu le malheur de faire le bonheur de leurs amants.

Télémaque s'approcha de Jane aux yeux pers. Il avait admiré son portrait à l'Exposition.

— Dites-moi, madame, pourquoi vous vous êtes fait peindre debout? — C'est pour me reposer, monsieur.

Mon Télémaque était émerveillé. Il allait à toutes les Calypsos et il me revenait en me disant toujours : — Voilà le vrai monde, voilà les vraies femmes. Voyez quelle valse pudique, voyez quelle danse contenue ! Et les conversations ! pas un mot qui détonne. On est ici dans une atmosphère d'innocence et de virginité.

— Mon pauvre Télémaque, lui dis-je à la fin, vous êtes devenu fou. Il faut pourtant que je vous rappelle à la raison. Vous êtes ici dans le demi-monde au milieu de comédiennes, de courtisanes, de femmes adultères. Vous ne voyez que des impénitentes. Pas une vierge, pas une repentie ! La maîtresse de la maison est une Italienne qui n'a d'autre souci que d'être belle; elle a laissé son mari au Pape pour se donner au diable.

— Je sais tout cela, me dit Télémaque, — je sais tout cela; si j'ai l'air de ne pas comprendre, c'est pour mieux faire la satire de vos mœurs parisiennes. O Minerve ! Le meilleur monde prend le ton du plus mauvais, — et le plus mauvais prend le ton du meilleur, — tout cela pour être à la mode.

NEUVIÈME TABLEAU

Je viens de vous montrer avec Télémaque la comédie des deux mondes. Voulez-vous un cinquième acte de tragédie ?

Fénelon était le royal instituteur des filles mondaines, mais cette belle comtesse amoureuse n'a pas été à son école : elle a été à l'école buissonnière des passions.

Il y a des amours terribles qui n'ont de dénouement que dans la mort.

Voyez : L'amoureux et l'amoureuse reviennent de la messe de minuit. On a prié Dieu. Mais que pouvait faire Dieu ? On oublie pendant une heure, platoniquement sans doute, que la fatalité frappe à la porte.

La fatalité c'est le mari.

L'amoureux se tue d'un coup de pistolet. C'est une porte de sortie.

Que dit la femme à son mari :

— *Je lui résistais, il s'est assassiné !*

Cinquième acte de drame dont on parlera demain — pendant cinq minutes. — Cinq minutes après, on parlera d'un cinquième acte de comédie.

DIXIÈME TABLEAU

Voulez-vous voir ce qui se passe à cette heure chez mademoiselle Phryné? Elle ne reçoit plus que des ambassadeurs, des ducs et des princes, mais elle sacrifie tous les jours une heure à un caprice. Son caprice du moment est un auteur dramatique qui a écrit son dernier rôle, un spirituel et joyeux garçon qui fait de la comédie comme d'autres font des armes. Mademoiselle Phryné menace d'en être amoureuse. Pour lui, il en est fou. Quand c'est le moment des grandes affaires, il s'en va tout nu par la fenêtre. Hier il s'est habillé sur le balcon, mais au lieu de lui passer ses bottines à lui elle lui a passé ses bottines à elle.

Voyez! que lui présente-t-il donc à cette heure comme une surprise? Le pauvre garçon! il a emprunté sur ses droits d'auteur le revenu de six mois pour acheter une bague à sa princesse. Savez-vous comment elle reçoit cette perle de sueur de l'esprit?

— Ah! merci, mon petit ami, c'est moins que rien, mais cela me fait tout de même plaisir.

A peu près comme elle eût reçu un bouquet de violettes d'un sou.

L'amoureux s'en va parce que la dame attend un prince étranger qui a été fort bien reçu la veille. Elle espère qu'il va se montrer bon prince en lui apportant plein les mains de diamants.

— Ma chère, lui dit-il, je vous ai prise au mot; vous m'avez dit qu'il ne fallait pas qu'il fût question d'argent entre nous, je vous apporte donc une robe d'indienne de sept francs cinquante centimes.

Voyez-vous d'ici le prince qui déploie la robe : un petit liseron sur fond violet.

— Oh! que c'est beau ce que vous faites là, s'écrie Phryné cachant sa rage. Je vais donner cette robe à une grande couturière en lui recommandant de ne pas dépenser plus de sept cent cinquante francs pour la façon.

Monjoyeux s'arrêta à ce dixième tableau.

— Que d'autres tableaux on pourrait nous montrer! dit Santa-Cruz. Celui de cette Havanaise qui se passionne pour l'esprit des lois, parce qu'elle les a violées toutes. Quand elle était mariée elle s'habillait la nuit en mariée, mais elle ne permettait jamais à son mari de cueillir le bouquet de fleurs d'oranger. Jeu cruel d'une imagination pervertie. Il y a aussi cette romanesque héraldique, qui se sépare de son mari parce qu'elle ne le trouve pas assez mystique : la voyez-vous qui use son cœur à écrire à un amant imaginaire des lettres qui sont des chefs-d'œuvre de passion ! Ne dirait-on pas que Notre-Dame de Thermidor a laissé dans son hôtel un parfum de son éloquence endiablée? Et cette princesse affolée par un illuminé qui la fera passer par les arcanes de Swedenborg. Voyez quel tableau vivant celle-ci se montre à elle-même devant sa psyché. Mais des tableaux vivants ! c'est une fureur chez toutes ces dames. Dès qu'elles sont entre elles leur salon n'est plus qu'un atelier : je ne répondrais pas que la porte fût toujours bien fermée. Après cela, quand les trois déesses jouent de leurs grâces, il n'est pas étonnant que Pâris en frac et en cravate blanche vienne déposer sa carte et donner la pomme.

On jeta ainsi un œil indiscret sur toutes les folies à l'ordre du jour, après quoi on recommença le portrait — face, profil et trois quarts — de ce monstre charmant et adorable qui s'appelle la Parisienne.

On débita quelques opinions avancées sur la Parisienne.

Les Parisiens sont les comédiens ordinaires du bon Dieu. Quand Henri Heine a dit cela la Parisienne n'était pas née.

La Parisienne est née sous le crayon de Gavarni et sous la plume de Balzac.

On pourrait rechercher ses origines dans la nuit des temps. Ninon était une Parisienne quand mademoiselle de La Vallière était une provinciale. La Montespan, la Parabère, la Pompadour, des Parisiennes ; pareillement madame Tallien.

Madame de Staël n'a jamais été une Parisienne. Voilà pourquoi Napoléon lui a dit : « Allez respirer l'air des montagnes suisses. »

*
* *

Dans toutes les femmes qui naissent à Paris, combien faut-il compter de Parisiennes ? Il y a deux naissances pour la femme : celle du berceau et celle de la robe. C'est à sa première robe qu'on peut dire d'une petite fille : « Voilà une Parisienne. » On peut encore naître Parisienne à sa première passion et à son premier voyage à Paris, car là est le pays des métamorphoses et des transfigurations.

Pour devenir Parisienne, il faut être née gourmande, fantastique, ambitieuse, coquette et adorable. Toutes les vertus.

Dans le paradis on trouve Paris. A Paris, paradis perdu et retrouvé, la Parisienne naît sous l'arbre de la science, et sa grand'mère Ève met un serpent dans son berceau ; aussi la Parisienne joue toujours avec le danger. Si elle a peur de quelque chose, ce n'est pas du diable. Elle a plus de malice que l'esprit malin de la Genèse.

*
* *

Paris est le pays des poupées, mais c'est le pays des femmes. Plus de poupées qu'à Nuremberg, mais plus de femmes. A Nuremberg, quatre-vingt-dix-neuf femmes et une poupée font cent femmes. C'est la faute de la mode s'il y a des poupées à Paris.

Montesquieu a dit : « Quand on a été femme à Paris, on ne peut pas être femme ailleurs. » C'est qu'à Paris on peut être femme sans être mère ou rester femme quand on est mère.

Un autre philosophe, La Rochefoucauld, a dit : « **Deux beautés communes se défont, deux grandes beautés s'illuminent.** » Ce sont les deux Parisiennes qui s'illuminent et les deux provinciales qui se défont.

Il y a des provinciales à Paris et des Parisiennes dans toutes les provinces, mais celles-ci finissent toujours par aborder la scène et triompher sur leur théâtre : Pays latin, boulevard des Italiens, Champs-Élysées, dans la comédie de l'amour.

*
* *

Qui pourrait bien peindre la Parisienne ? Son grand art est de ne jamais se ressembler à elle-même. Aujourd'hui, ce n'est plus la même femme ; demain, nouvelle métamorphose. Elle surprend par l'imprévu. On ne la connaît jamais. Voilà pourquoi on l'aime toujours.

Se connaît-elle ? Non. Elle lit tous les romans et s'y retrouve, mais elle n'a jamais songé à lire son cœur.

La Parisienne n'est pas méditative, elle ne se renferme pas chez elle, elle ne se réfugie pas dans sa pensée. Elle est tout au spectacle des choses et des hommes. Et ce n'est pas assez pour elle du spectacle de la vie, il lui faut l'Opéra, la Comédie, les Bouffes-Parisiens et les Folies-Dramatiques.

Elle cueille le jour, elle ne se tourne jamais vers le lendemain, elle ne cultive pas les asphodèles du souvenir.

Si elle n'est pas heureuse à Paris, elle ne sera pas heureuse à Carpentras. Qui donc la comprendrait hors des murs ?

Son esprit fantasque et bohême est une langue morte pour les oreilles étrangères.

Entre la langue française et la langue parisienne il y a un abîme plus ou moins grammatical.

.

La Parisienne est çà et là internationale, mais elle ne s'entend bien qu'avec le Parisien de Paris, — ou de Florence, ou de Saint-Pétersbourg, ou de Madrid, — s'il a pris ses lettres de naturalisation chez une femme ou une fille à la mode.

Quatre femmes montent en voiture : une Parisienne, une Anglaise, une Espagnole et une provinciale. L'Anglaise ne montrera pas sa jambe, non parce que la jambe n'est pas jolie : elle n'en sait rien ; l'Espagnole la montrera trop ; la provinciale la montrera mal : la Parisienne la montrera bien. Et quel pied ! comme ce pied fait de l'œil, comme il est provoquant ! C'est un monde, c'est un poëme, c'est un point d'interrogation. La bottine l'étreint avec amour et dessine voluptueusement les lignes arrondies — plus ou moins.

Avec ce joli pied, la Parisienne fait toujours son chemin, mais pas à pied. Elle aime le huit-ressorts, la demi-Daumont, le coupé à deux, jusqu'à la citadine, jusqu'à l'omnibus. Tout l'amuse, et l'omnibus est pour la

Parisienne un spectacle. Ne la croyez pas si elle dit :
« Combien cela coûte-t-il pour prendre l'omnibus ? »

Et la main ? quelle petite merveille de marbre rosé ! Tout y est beau, les veines qui dessinent la géographie de l'amour, comme les lignes du dessous dessinent la carte de la destinée. Les ongles sont des perles roses. Tout a sa physionomie même sous le masque, je veux dire sous le gant.

*
* *

La Parisienne jette son gant. Car c'est elle qui est le sultan dans ce sérail incommensurable. C'est par la main qu'on prend la Parisienne quand elle est gantée : on commence par un baiser entre le gant et la manche. C'est de toute civilité. On fait sauter un bouton, on retourne le gant. Voilà que la main apparaît toute nue et répand un doux parfum — de Parisienne.

Par exemple, ce n'est point par les cheveux qu'il faut prendre les Parisiennes. Rappelez-vous Stendhal. Il adorait une Parisienne, il voulut saisir l'occasion aux cheveux, mais les cheveux lui restèrent dans la main.

*
* *

On disait autrefois : « Où est la femme ? » Il faut dire : « Où est la Parisienne ? » En Grèce, Aspasie décidait de la guerre et de la paix ; Phryné avait sa statue d'or dans le temple de Delphes entre les dieux et les rois ; on disait de Démosthènes subjugué par une courtisane : « Ce qu'il a médité un an, une femme le renverse en une nuit. » L'histoire des courtisanes de la Grèce serait presque toute l'histoire de la Grèce. En

21.

France, l'historien qui ne suit pas la femme se perd en chemin.

Ce qui fait la force de la Parisienne, c'est qu'elle a trop d'esprit pour afficher qu'elle joue un rôle. Elle fait un académicien ou un député, comme elle fait un tour de valse. Elle sait sa force et son action. Si elle est célèbre par sa beauté, ses chevaux ou son esprit, les cent fortes têtes de Paris viendront s'incliner devant elle. D'où que lui vienne l'or, nul ne fera de façons pour s'asseoir à sa table.

※

Il y a l'échelle descendante : non loin des hauteurs nous retrouvons la Parisienne qui domine ici au milieu des bourgeois, là dans l'atelier d'un peintre, jusque dans les mansardes d'où s'envoleront les renommées futures. Et partout où elle apparaît elle y dicte des lois, elle impose des fantaisies, elle marque son despotisme.

La Parisienne n'a pas le souci du lendemain, elle vivra riche, sauf à mourir pauvre. Pourvu qu'il lui reste une chemise de batiste et un bouquet de violettes pour le tombeau, elle est contente. Elle sait bien qu'elle n'aura pas à payer de robes dans l'autre monde. Elle laisse aux provinciales l'amour des biens de la terre, elle sent que la vie n'est que l'épanouissement de l'âme, de l'esprit, de l'amour. Voilà pourquoi elle ne thésaurise pas et donne si volontiers dans la prodigalité — des hommes.

Elle prendra cette épitaphe à la belle Mirtho : « *Ci-gît qui fut belle et qui s'en est allée avec une rose dans chaque main.* »

⁂

La Parisienne ne s'entête que dans un seul amour. Quand elle aime un blond, elle tente l'aventure avec un brun, sauf à revenir au blond.

Il faudrait donner un prix de vertu à la Parisienne qui aimerait assez longtemps pour qu'un peintre pût faire son portrait et celui de son amant. Presque toujours, si elle veut un pendant à son portrait, ce n'est plus le même amant qu'elle fait poser.

La Parisienne ne bouge pas de chez elle, mais quel voyage à la découverte des mondes de l'esprit! Elle est toujours en route, ce qui lui fait dire fort spirituellement à celui qui s'approche de son canapé et demande s'il y a quelqu'un :

— Je n'y suis pas.

Cependant elle y est bien. Elle est là et ailleurs comme si elle avait deux âmes, l'âme matérielle et l'âme immatérielle. L'amoureux d'une Parisienne s'échappe hors de lui-même pour aller tout à elle, il ne vit plus qu'en elle et elle devient sa conscience. Mais la Parisienne garde la folle du logis et elle est toujours au logis, même quand elle s'éparpille. C'est une femme de beaucoup d'esprit qui a dit : « Nous promenons nos vices dans le monde, mais nos vertus restent à la maison. »

⁂

La Parisienne est fidèle — à l'amour. — Elle aime toujours quelqu'un. Si elle a deux amants, c'est que l'un lui fait aimer l'autre. L'amour la console de l'amour. Si l'amour n'est pas là elle est capable de tout : l'eau, le feu, l'arme à feu, l'arme à sang. Ce jour-là, elle ne voit pas plus loin que la mort. Elle se venge sur elle-même.

On pourrait varier à toutes les fenêtres des femmes de Paris les vers de François Ier à Chambord :

> Souvent femme varie,
> Bien fat est qui s'y fie.

La Parisienne donnerait elle-même son diamant pour écrire cela, car elle sait bien que l'amour n'est toujours en éveil que par peur de la trahison. Et pourtant on a vu des Parisiennes fidèles !

Il en est jusqu'à trois que je pourrais nommer. Si la vertu était exilée de ce monde, c'est peut-être encore à Paris qu'on la retrouverait plus blanche et plus fière, — la vertu pour la vertu, — sans souci des enchaînements de la famille et des avertissements de la conscience.

*
* *

La Parisienne est une noctambule. Elle ne commence bien à vivre que le soir. A minuit, elle resplendit. Voilà pourquoi elle va par tous les mondes. Elle aime à recevoir même quand elle n'a rien à donner, dirait un joueur de mots. Elle ne sait pas faire le thé, mais elle le sert avec tant de grâce dans ses petites tasses de Sèvres, de Saxe et de Japon, tout en versant ses maléfices ! Il y en a plus d'un qu'elle enivre avec son thé. Si elle donne à dîner, elle se préoccupe bien plus des fleurs et des fruits que de la truite du Rhin ou du faisan doré. Le dîner va comme il peut, elle masque une fausse entrée par un beau mot : tout le monde est content, — excepté elle, le lendemain, quand elle fait ses comptes de cuisinière ; car la Parisienne a la prétention d'avoir de l'ordre dans son désordre.

* * *

La Parisienne ne fera jamais cause commune avec la voyoucratie. Si on fait encore des révolutions, on ne trouvera plus de tricoteuses. La Parisienne attendra un autre Directoire pour s'aventurer en archidéesse sur l'autel de la Liberté. Le Parisien est démocratique, la Parisienne est aristocratique — et sociale. — Comment croirait-elle à l'égalité, puisqu'elle a une femme de chambre et une cuisinière ?

Elle croit fermement qu'un prince fait mieux dans son salon qu'un démagogue ; elle ne pardonne pas à un homme de n'être pas gentilhomme s'il n'est célèbre ou s'il n'est beau. Elle ne croit pas à la fraternité, mais elle croit à la charité ; si elle a les mains pleines elle les ouvre ; si elle a les mains vides elle demande l'aumône pour les pauvres sans se croire humiliée pour cela.

* * *

La Parisienne est capable de tout, même d'une bonne action.

Plus d'une, pendant que son mari se pavane dans les principes de 1789, s'en va mystérieusement à la découverte ; sa main gauche ne sait pas le bien que fait sa main droite. Si elle se cache, c'est peut-être parce qu'elle a peur d'être surprise par son mari qui entretient trop bien mademoiselle Fleur-des-Rues pour garder quelque chose aux pauvres de sa paroisse.

.˙.

La coquetterie gâte-t-elle la beauté ? L'esprit gâte-t-il le génie ? C'est une opinion accréditée, — peut-être par les sots. — L'esprit et la coquetterie, c'est le grain de sel du génie et de la beauté.

La coquetterie est une vertu, qu'elle s'affiche ou qu'elle se cache — comme la belle fille de Virgile. — Se faire belle au soleil ou dans le demi-jour, c'est vouloir qu'on adore Dieu dans son œuvre. La nature ne donne-t-elle pas l'exemple aux femmes, elle qui crée les roses et les diamants, les lis et les perles ?

La Parisienne est donc dans son droit de méditer devant une robe, comme Lamartine méditait devant un lac.

Opinion d'une provinciale sur la robe parisienne

Depuis que nous habitons à Paris, nous voilà devenues des Parisiennes. C'est la robe qui fait la femme.

Opinion d'une Parisienne sur la robe parisienne d'une provinciale

Worth fecit. Oui, mais qu'est-ce qu'il y a là-dessous ? C'est la femme qui fait la robe.

La Parisienne n'est pas à la mode, elle est la mode, — quoi qu'elle fasse, — quels que soient les barbarismes de sa toilette. — Quand une provinciale passe sur le boulevard, on reconnaît que sa robe est neuve. La robe de la Parisienne a beau sortir, à l'instant même, de chez la meilleure couturière, il semble qu'elle ait été portée depuis la veille ; la provinciale est habillée par sa robe, la Parisienne habille sa robe.

Et comme c'est bien sa robe à elle et non à une autre ! La robe s'est assouplie ; la robe caresse la femme comme la femme caresse la robe. Si c'est une robe longue, elle la représente dans son caractère sentimental, avec sa traîne paresseuse ; si c'est une robe courte, elle frétille et vole au vent comme son esprit. On écrirait tout un chapitre avec la robe d'une Parisienne, on y retrouverait son parfum et ses parfums, son caprice et ses caprices, son secret et ses secrets.

*
* *

La Parisienne aime les grains de beauté, ces concetti de la figure ; si Dieu ne lui en a pas donné, elle n'est pas en peine. Nul n'est plus artiste à faire un grain de beauté artificiel, celle-ci avec son crayon, celle-là avec sa pierre infernale.

Elle a appris l'art de peindre sur nature, elle peint ses sourcils, elle peint ses yeux, elle peint ses joues, elle s'effémine dans un nuage de poudre de riz. Avec quel art elle retrousse ses cils et elle ombrage son front par le broussaillis de ses cheveux ! Comme madame de Pompadour, si elle a usé dans le monde le rouge de ses lèvres, elle se les mord jusqu'au sang. Elle en **remontrerait à La Tour dans l'art de la couleur du pastel.**

La Parisienne aime la nature, mais la nature accentuée par l'art. Elle n'aime bien la forêt de Fontainebleau que dans les tableaux de Diaz et de Rousseau. Elle aime la forêt à sa fenêtre : chèvrefeuille, rosiers montants, jasmin, vigne vierge, tout une forêt vierge. Aussi son amant ne passe pas par là.

La Parisienne se passionne pour les jardins suspendus. Si elle ne peut cultiver le diamant, le saphir, la perle blanche ou noire, — et autres fleurs de nuit, — elle cultive le pois de senteur, la vigne vierge, la rose thé, le volubilis. Si elle a une serre, elle crée le paysage des tropiques. Si elle n'a qu'une jardinière, elle fait fleurir les primevères et les tulipes. Naguère, la Parisienne cultivait les fleurs artificielles, mais aujourd'hui il n'y a plus qu'en province qu'on retrouverait cette belle expression devant un parterre de roses : « C'est beau comme une fleur artificielle. »

***

Quand la Parisienne va au marché de la Madeleine, elle voudrait tout emporter à première vue. Elle ne prendra qu'une pensée ou un myosotis. Mais voilà qu'elle rencontre un chercheur de femmes : il la suit, elle s'impatiente et n'emporte dans sa voiture qu'une giroflée, comme une menace de la giroflée à cinq feuilles.

Hier un Parisien suivait une Parisienne.

— Madame...

Elle se retourne, elle ouvre son porte-monnaie et donne un sou.

C'est bien là l'esprit de la Parisienne — sa sœur aînée — qui disait : — Je ne puis rien pour vous, j'ai mes pauvres.

***

La Parisienne adore la villégiature, elle aime à cueillir des bleuets et des coquelicots. Elle se croit une fleur des champs, au milieu des blés et des prairies. Quand elle arrive dans un château ou dans une chaumière, elle est si enthousiaste qu'on a peur de la voir y rester toujours. — Oh! s'écrie-t-elle, que c'est beau le ciel bleu, les lacs bleus, la montagne bleue, les forêts bleues !

Elle voit tout en bleu, elle se pâme dans le bleu. — Oh! mes enfants, oh! mes amis, oh! mes petites chattes, vivre et mourir ici !

Mais après une heure d'enthousiasme, si le train de Paris vient à passer, elle prend son ombrelle et s'envole.

Elle n'est heureuse loin de Paris que si elle peut voir de sa fenêtre le Panthéon, ou l'Arc de Triomphe, ou le dernier moulin de Montmartre. A cette condition, elle se fera canotière depuis Asnières jusqu'à Argenteuil, depuis Charenton jusqu'à Nogent.

Elle y restera même l'hiver, si le rat des champs lui permet de venir voir, une fois par semaine, le rat de ville.

*
* *

On se marie beaucoup à Paris depuis qu'on a supprimé le treizième arrondissement. Mais d'où vient qu'on voit tant d'amoureux qui ne savent pas le chemin de la mairie? Il y a beaucoup de ruptures de ban. Tous les environs de Paris sont peuplés de gens mariés, mais pas ensemble. Sans doute, ils se sont trompés de porte. On ne trouverait pas une veuve de Malabar à Paris. On a vu des femmes se couper les cheveux sur le lit mortuaire de leur mari, mais elles n'attendaient pas que les cheveux fussent repoussés pour fermer la porte sépulcrale. Le vent de Paris emporte tout, voilà pourquoi les plus beaux désespoirs ne durent qu'une saison. Aussi le mari parisien est le plus heureux des maris. Molière pleurait après avoir ri ; on rit encore, mais on ne pleure plus. Hier, on m'a pris comme témoin dans un duel conjugal ; l'affaire s'est arrangée, parce que la femme a dit avec une adorable voix toute perlée :

— Qu'est-ce que cela te fait ? Je te jure que ce n'était pas par amour, mais par curiosité.

Le mari a pardonné, parce qu'il a peur de ne plus retrouver une Parisienne — si Parisienne. La France est la reine des nations, parce que du côté de la Parisienne est la toute-puissance.

***

Sophie Arnould disait à un mari de la troupe posthume de Molière : « Ce qui doit te consoler d'être cocu, c'est que tu restes toujours propriétaire du bien-fonds dont les autres n'ont que l'usufruit. »

Et pourtant, à Paris, on dit : « Ma femme. » Les paysans seuls ont la bonne foi de dire : « Notre femme. »

Le roi dit : « Nous voulons. » La Parisienne dit : « Je veux. »

***

Les Parisiennes sont de très-bonnes mères de famille, mais on ne voit jamais leurs enfants avec elles, s'ils ne sont tout petits.

Elles n'aiment pas les actes de naissance.

D'autant moins que vers l'été de la Saint-Martin, elles se croient plus jeunes que jamais.

L'été de la Saint-Martin ! Combien de Parisiennes faut-il pour faire une vertu à l'été de la Saint-Martin ! Mais alors le mari fauche d'autres regains. S'il fait son dix-huit brumaire, ce sera chez sa maîtresse.

***

La Rochefoucauld a dit : « On a beaucoup de peine à rompre quand on ne s'aime plus. » La Parisienne se tire d'une passion comme d'une valse. On s'imagine qu'on va la désespérer en passant chez sa voisine, mais elle a toujours pris les devants pour passer chez son voisin.

***

On ne saura jamais ce que coûte une Parisienne, on ne saura jamais ce qu'elle prélève de contributions pour elle, ni ce qu'elle en paie à l'État.

Un ministre du commerce a dit ce beau mot : « Si la Parisienne n'existait pas, il faudrait l'inventer. »

En effet, le budget d'une Parisienne ne passerait pas aussi vite au Corps législatif que le budget de la France. Combien de virements et de revirements ! Quel massacre d'étoffes, de dentelles, de rubans ! Quel musée de perles et de diamants ! Et les chemises de nuit ! Et les bottines ! Et les gants ! Et les chignons ! J'allais oublier les chevaux !

Comme tout cela brille, éblouit, affole ! Comme tout cela hennit et piaffe ! Quel beau tableau ! quel beau tapage !

Demandez à une Parisienne qu'elle fasse son budget, elle répondra : « Mais je ne dépense rien. » Elle se moque du nécessaire pourvu qu'elle ait le superflu. Ce n'est pas sa cuisinière qui fait danser l'anse du panier, c'est elle-même. Elle a ses jours d'économie : *madame va à la Halle*. Elle prend une voiture à l'heure pour aller acheter une demi-livre de crevettes.

C'est elle qui dit : — Je ne suis pas assez riche pour aller à pied, car je m'arrête à chaque boutique. — C'est pour cela qu'elle a des chevaux, même quand elle n'a pas d'avoine. — Si elle n'a pas de pain à mettre sous sa dent blanche, elle dévorera le gâteau de la princesse de Lamballe.

*
* *

La provinciale voit de loin dans les choses du cœur, mais ne lit que les gros caractères du livre.

La Parisienne est myope, mais elle lit les pattes de chat.

*
* *

La Parisienne écrit comme un ange, que dis-je ! bien mieux que cela, comme madame de Sévigné elle-même. Elle ne pense pas à ce qu'elle écrit, mais c'est toujours charmant. Une larme de sentiment, une pointe de moquerie, le mot de la veille, quelquefois le mot du lendemain

Voyez-vous ce nuage qui fuit dans le bleu tout empourpré par le soleil ? Le vent qui le chasse lui donne toutes les figures. C'est la lettre de la Parisienne, on y trouve tout ce qu'on veut, des caricatures, des railleries, des ressouvenirs de vertu primitive, des larmes, des vertiges, des ascensions, des folies. La Parisienne aime à voyager dans le bleu quand elle est bien nichée dans son lit pour griffonner ses pattes de mouche ou plutôt ses pattes de chatte.

*
* *

La femme de tous les pays, même la plus spirituelle, n'a le plus souvent que de l'esprit mince. Elle aime la miniature, la gravure anglaise, la musique de romance, la comédie de salon, les mots qui ne mordent pas. Fontenelle, dans son temps, était son homme, mais surtout parce qu'il savait écouter ses subtilités. — « O Fontenelle ! où donc es-tu ? » s'écria une femme qui avait dit un mot si fin que nul n'avait compris.

La Parisienne n'a pas que de l'esprit mince : elle a l'esprit mâle et hardi. Elle est sceptique et railleuse comme Voltaire, gaie comme Rabelais, impertinente comme Beaumarchais. Elle ne marivaude plus et ne sentimentalise plus qu'avec un sourire moqueur.

*
* *

La beauté de la Parisienne, c'est la beauté du diable ; mais cette beauté, qui ne dure que trois ou quatre saisons chez les provinciales, dure un quart de siècle chez la Parisienne. Elle a toujours la beauté du diable parce qu'elle a toujours le diable, même quand elle va au sermon. Elle a un art de s'agenouiller, de lever les yeux au ciel, d'écouter le prédicateur, qui ferait le désespoir de Pascal et qui réveillerait les foudres de Bossuet. C'est que la Parisienne, quoi qu'elle fasse, est toujours en scène ; si on ne la regarde pas, elle se regarde elle-même. Et elle se regarde de face et de trois-quarts, de profil et de dos. Pas une chambre à coucher où le jeu des miroirs ne lui fasse voir sa figure sur toutes ses façades. S'il y a quelques cheveux rebelles échappés de son chignon, ne croyez pas qu'elle ne les a pas vus : c'est elle-même qui leur a donné la liberté pour accuser un air de négligence.

Elle couche avec un miroir, elle n'est pas encore réveillée qu'elle se regarde, pareille à cette Parisienne pur sang qui écrivait à son amoureux : « Monsieur mon amoureux, je dors profondément, je vois dans mon rêve que je suis belle et que vous me le dites. Venez bien vite me réveiller. »

*
* *

La Parisienne n'est pas belle au point de vue du sculpteur. Si le peintre a une palette magique, il la fera belle ; il trouvera en elle le commencement de toutes les beautés : elle n'est ni du Nord ni du Midi ; mais elle prend les réverbérations de la neige et les rayons du soleil ; elle a l'expression multiple, l'œil américain, le romanesque allemand, la gourmandise anglaise, la pétulance sévillane, le brio italien, la grâce grecque. Mais elle n'est pas d'un ordre composite ; elle est un tout, parce qu'elle est la Parisienne par excellence, c'est-à-dire l'esprit, le charme, l'imprévu, la malice, la coquetterie, l'abandon, toutes les vertus théologales de la femme.

On ne peut dire qu'elle est le huitième péché capital, mais le huitième sacrement.

⁂

Qui a dit que le Français était conquérant ? Il n'y a que la Parisienne qui fasse des conquêtes. Ce ne sont pas les ambassadeurs qu'il faut choisir, ce sont les ambassadrices. Jetez par la mer mille Parisiennes en mission religieuse, le monde sera conquis au Christ. On compte douze apôtres ; mais supprimez un instant Marie et Madeleine, que font les apôtres ? A Paris, il y a trois cents députés et cent cinquante sénateurs : qui fait la loi, si ce n'est la Parisienne ?

Montesquieu a dit en son temps : Les hommes font les lois, les femmes font les mœurs.

Il dirait aujourd'hui comme variante : — La Parisienne fait la loi.

Mais elle ne la suit pas.

⁂

Dieu commence l'artiste, la Parisienne l'achève. La Parisienne est artiste sans le savoir ; elle ne sculpte pas, elle n'écrit pas, elle ne peint pas : mais elle inspire le peintre, le poëte et le sculpteur.

Tous les types créés depuis la Renaissance ne sont-ils pas des Parisiennes ? La Diane de Jean Goujon, comme la Bérénice de Jean Racine ; la Célimène de Molière, comme la Nymphe de Coustou ; la Manon de l'abbé Prévost, comme la Sylvia de Watteau ; la Marianne de Marivaux, comme la Baigneuse d'Allegrain ; la Suzanne de Beaumarchais, comme la Pleureuse de Greuze. C'est dans la bohême de Paris que Victor Hugo a trouvé Esméralda, c'est dans le pays Latin que de Musset a rencontré Mimi Pinson, c'est dans le faubourg Saint-Germain que Balzac a entrevu ses duchesses, comme Gavarni a vu ses filles de joie au bal de l'Opéra.

.*.
.

Les beautés anglaises ont eu leur peintre dans Van Dyck, Lesly, Reynolds, Lawrence. Les beautés italiennes : Vinci, Giorgione, Titien, Raphaël. La beauté parisienne n'a pas encore eu son peintre, si ce n'est Mignard, Largillière, Nattier, La Tour ; mais ni ceux-là, ni Rigaud, Chardin, Prudhon, Gérard, qui tous ont peint tant de beaux portraits de femmes, n'ont saisi cette curieuse figure. Son règne n'était pas encore de ce monde. Balzac l'a devinée, Gavarni l'a imposée sous le jeu de son crayon. Elle s'est reconnue dans Balzac et dans Gavarni ; elle s'est écriée comme Descartes : « Je pense, donc je suis ! »

Depuis ce jour-là, elle a achevé de conquérir sa royauté.

Et quelle royauté ! et quel empire ! et quel despotisme ! et quel abus du sceptre — je veux dire de l'éventail ! Qui donc aujourd'hui sur la terre se révolterait contre les décrets de son éventail officiel ?

II

LES LARMES DE BIANCA

Et ainsi ces hardis navigateurs tentaient de découvrir ce monde toujours inconnu — la Parisienne — quand sonna une heure du matin.

— Adieu, dit la duchesse à ses amies. Ne venez pas me voir demain, car demain je n'y serai pour personne, pas même pour moi.

Comme elle était toujours énigmatique, on ne lui demanda pas l'explication de cette parole.

Le prince Rio, Santa-Cruz et Monjoyeux descendirent avec Violette et madame Andamy.

Le prince Rio et Monjoyeux baisèrent la main de Violette. Santa-Cruz se pencha dans son coupé pour lui parler.

Il ne lui dit qu'un mot : « Je vous aime. »

Pour écouter ce mot on pencha la tête, les lèvres de Santa-Cruz parlèrent de bien près à Violette.

Et quand les trois amis furent seuls dans l'avenue des Champs-Élysées :

— Voulez-vous savoir mon opinion sur la duchesse ? dit le prince Rio. C'est que je n'en ai pas.

— Ce n'est pas ma faute d'en avoir eu, dit Monjoyeux.

— Moi, dit Santa-Cruz, j'en aurai une demain.

La Chanoinesse rousse et mademoiselle de Saint-Réal étaient restées chez la duchesse quand tout le monde fut parti.

Bianca avait remarqué que sa belle amie rousse était pensive ce soir-là. Elle écoutait ses causeries d'un air distrait, on voyait que son esprit faisait l'école buissonnière, selon l'expression de la duchesse.

— J'ai une triste nouvelle à vous apprendre, — lui dit-elle, — à moins que mademoiselle de Saint-Réal n'ait déjà trahi mon secret ?

— Non, dit Bianca, parlez.

— Eh bien, je me marie.

Une expression de curiosité tempérée de tristesse passa sur la figure de Bianca.

— Povera ! povera ! Je vous trouvais si heureuse dans votre liberté, sous votre paratonnerre de chanoinesse.

— Oui, mais j'aime mieux un autre paratonnerre.

— Et comment s'appelle celui-là ?

— Vous n'avez pas deviné? C'est M. de La Chanterie.

— Aujourd'hui marquis de La Chanterie, s'écria mademoiselle de Saint-Réal, car c'est une orgueilleuse qui veut être marquise.

— Quel est cet autre miracle? demanda la duchesse. Achille Le Roy est revenu duc, des Pyrénées, La Chanterie revient marquis, de la Champagne.

— Oui, il avait un cousin, le marquis de La Chanterie, qui l'a adopté et qui vient de mourir. N'avez-vous pas reçu hier la lettre de faire part, bordée de noir?

— Oui, mais je ne l'avais pas lue. Et à quand la lettre de faire part bordée de rose?

— Tout de suite. Nous partons dans quelques jours pour la Champagne, c'est là que se fera le mariage. J'attends ma mère demain.

La Chanoinesse embrassa la duchesse.

— Si je ne vous ai rien dit c'est parce que j'avais peur de vos railleries.

La duchesse regarda Èva avec ce profond sourire de la Joconde qui avait toutes les éloquences.

— C'est beau aujourd'hui ! mais demain?

— Demain? C'est toujours la vieille légende : un rosier tout épanoui de roses, qui vont s'effeuillant tous les jours pour ne plus montrer que des épines. Mais il y a des roses remontantes.

— La Chanterie est très-gai, dit mademoiselle

de Saint-Réal; si Èva ne l'épouse pas, je suis capable d'en faire la folie.

— Vous! jamais, dit la duchesse. Vous aimez trop les princes pour épouser les marquis

— On ne sait pas! reprit la belle fantasque. Il y a un beau blond venu d'outre-Rhin qui pourrait bien m'arracher au Parc des Princes, puisque vous croyez que je suis égarée par là. Malheureusement ce beau blond a un nom impossible à prononcer : il s'appelle le baron Grebitschischertschen. Me voyez-vous faire ma rentrée dans le monde quand l'huissier criera madame la baronne Grebitschitschertschen! Les hommes devraient toujours s'appeler le prince Rio, Santa-Cruz, La Chanterie, ou le duc de Montefalcone.

— Chut! dit la duchesse, vous me rappelleriez que j'ai un mari.

Èva et Bérangère s'étaient levées pour partir.

— Adieu, ma belle folle, adieu, ma belle chanoinesse, reprit Bianca en les embrassant. Je vais prier pour que la chanoinesse rousse ait une lune de miel toute bleue.

Quand la duchesse fut seule.

— Je sens que tout m'abandonne, dit-elle. Èva ne sait pas quel coup elle vient de me porter.

La duchesse ne voulait pas s'avouer que dans l'amitié qu'elle ressentait pour Èva, comme pour Bérangère, comme pour Violette, il y avait un sentiment plus tendre, plus profond, plus doux que l'amitié, — comme si l'atmosphère amoureuse qui l'entourait eût altéré la pureté de cette amitié. — Et d'ailleurs dans l'amitié des femmes entre elles n'y a-t-il pas d'amour? Si Monjoyeux était là il serait plus radical, il dirait tout net que l'amitié n'est pas un mot du dictionnaire de la femme.

Cependant la belle et fière duchesse pleurait — de vraies larmes — des perles rares dans ces beaux yeux qui ne pleuraient presque jamais.

— Oui, tout m'abandonne, reprit-elle, je sens que Violette ne m'aime plus.

Elle pensa à Antonia ; on avait fouillé tout Paris, on ne l'avait pas retrouvée.

— Pauvre enfant! elle m'aimait bien. J'ai perdu l'ange gardien des Italiennes!

Elle pensa à mademoiselle de Saint-Réal :

— Elle m'a pris le prince Rio!

Elle pensa à d'Aspremont :

— Un fou, un sage! marié à Colombe.

Elle pensa à tous les amoureux qui, peu à peu, avaient rengaîné, désespérés de ne pas livrer bataille.

— Je finirai par être toute seule, reprit-elle, car Violette me prendra Santa-Cruz. Pauvre Violette! un ange! Qu'est-ce donc que le cœur humain, puisque je l'aime et que j'ai de la haine contre elle!

La duchesse passa dans sa chambre. Elle saisit l'épée qui avait tué Prémontré.

Elle croyait jusque-là que le seul homme qu'elle eût vraiment aimé, c'était lui.

Mais une figure se dressa altière et victorieuse devant elle.

C'était Santa-Cruz.

Elle murmura en laissant tomber l'épée :

— Oui, la première fois on aime l'amoureux, la seconde fois on aime l'homme.

Pourquoi Santa-Cruz n'était-il pas resté ce soir-là ? Parce qu'il avait voulu dire adieu à Violette.

On le sait : il adorait Bianca par toutes les lèvres de la volupté ; il aimait Violette par toutes les divinisations du cœur.

LIVRE VII

LE DUEL DES PASSIONS

Les femmes aiment toujours : quand la terre leur manque, elles se réfugient dans le ciel.

***

Les étoiles n'ont de place au ciel que pour avoir aimé.

MARGUERITE DE NAVARRE.

La rose vit une heure et le cyprès cent ans.

THÉOPHILE GAUTIER.

Elle a pu revoir d'un œil serein son palais désolé ; elle a osé manier des serpents irrités, pour en faire glisser le poison mortel dans ses veines. Résolue de mourir, elle n'en a paru que plus fière ; trop orgueilleuse pour vivre sans être reine et se laisser mener en triomphe dans les vaisseaux du vainqueur.

HORACE.

Madame de *** n'a eu qu'un caprice sans amour (entre parenthèses), voilà pourquoi elle n'a offert qu'une fois sa vertu à l'autel ;

mais si l'amour la comme, elle aura tous les jours un caprice.

* * *

Les Nénuphars, fleurs de l'amour, fleurs de la mort ! Cueillez-les.

BYRON.

C'est brûler un tableau pour en avoir les cendres, que de sacrifier son amour à sa vertu.

CONFUCIUS.

Les femmes amoureuses qui s'attachent à la vertu sont comme Pascal qui voyait un abîme sous ses pieds, mais qui voyait le ciel au delà de l'abîme. Les femmes amoureuses qui se donnent à l'amour ne voient pas l'abîme, mais elles ne voient pas le ciel.

* * *

I

BIANCA ET SANTA-CRUZ

Il y avait bientôt un an que la duchesse de Montefalcone étudiait la vie parisienne à travers les visions de ses trois amours : Charles de Prémontré, le duc de Santa-Cruz et le comte d'Aspremont. Elle était restée blanche comme la neige des Alpes. Mais que de points noirs dans le cœur! que de nuées d'orage répandues sur l'âme! Combien de fois son imagination n'avait-elle pas souillé ses ailes dans les rêveries de la passion ! Quelle est la femme, parmi les plus pures, qui ne s'est pas jetée en songe, les bras ouverts, pour saisir son idéal ?

Et d'ailleurs Bianca, quoique toujours rebelle aux tentations, ne se donnait-elle pas presque toute ? Il était arrivé souvent à d'Aspremont, comme à Santa-Cruz, mais surtout à Santa-Cruz, de passer l'heure terrible de minuit en tête-à-tête avec la duchesse. La causerie s'animait, les regards peignaient les désirs de l'âme, on se rapprochait pour mieux se comprendre, les mains se baisaient.

Il y a de doux propos qu'on se dit à l'oreille, même quand on est en tête-à-tête. Et alors, quand on se parle de si près, quand les lèvres touchent les cheveux et le cou, on s'appuie doucement de la bouche et du cœur. La duchesse oubliait çà et là ses fiertés, elle s'abandonnait à demi, le mot commencé à l'oreille courait comme le feu dans la chevelure, sur la joue, sur les lèvres.

Mais tout à coup Bianca redevenait l'indomptable Bianca. Il ne lui fallait qu'une seconde pour reprendre toute la souveraineté de sa vertu, sans même courir à son épée, comme elle avait fait une fois pour se défendre des vibrations voluptueuses du violon d'Achille Le Roy.

Ils se moquaient tous les deux, elle la première, de son mouvement tragique quand elle avait défendu sa vertu l'épée à la main ; mais elle disait que toutes les armes sont bonnes contre l'amour. Et elle le disait avec l'accent de l'Italienne qui met toute sa vie dans sa passion.

— Et pourtant, disait Santa-Cruz, vous aurez beau faire, on vaincra vos rébellions, ou plutôt un jour viendra où vous vous donnerez par fantaisie. Vous aurez résisté à la passion, vous ne résisterez pas au caprice. C'est l'histoire de toutes les femmes.

— Rassurez-vous, dit la duchesse, si je me donne par fantaisie, c'est que vous serez là.

— Moi ou d'Aspremont, ou tout autre.

C'était quelque temps avant le mariage de d'Aspremont que Santa-Cruz et Bianca parlaient ainsi.

— D'Aspremont! jamais, s'écria la duchesse. Son amour pour Colombe est une légende que je ne veux pas traverser. Il s'imagine qu'il n'y a au monde que cette fille pour jouer le rôle de la vertu, je veux lui prouver qu'on peut avoir de l'esprit et ne pas être une coquine.

— Cette petite Colombe n'est pas si bête que cela. Vous verrez qu'un jour il vous la présentera sous le nom de la comtesse d'Aspremont.

— Eh bien, je n'en ferai pas mon compliment aux millions de M. Marvillé. Ils ne s'amuseront pas.

Quelques jours après le mariage de d'Aspremont, Bianca se trouvant seule dans sa loge avec Santa-Cruz, lui dit à brûle-pourpoint :

— Que feriez-vous bien pour être mon amant ?

— Tout, dit-il avec abondance de cœur.

— Seriez-vous capable de me suivre au bout du monde ?

— Jusque dans l'autre monde.

— Ne riez pas, c'est sérieux.

— Ordonnez, madame, je vous enlève à quatre chevaux, en wagon, en yacht, comme il vous plaira.

— Oui, oui, je connais cela. On promet sa vie,

on ne donnerait pas une semaine. Je vous défie de quitter pour moi votre dernière maîtresse pendant huit jours.

— Huit jours! Je la quitte pour toujours si vous me dites de partir avec vous.

La duchesse sembla méditer. On jouait l'*Africaine*, Santa-Cruz s'imagina qu'elle écoutait mademoiselle Saxe.

— Ah! dit tout à coup Bianca, l'amour, c'est le mancenillier; il empoisonne la vie. Pourquoi cherche-t-on cette ombre mortelle?

— Expliquez-moi cette image funèbre? demanda Achille.

La duchesse ne répondit pas.

— Vous êtes comme Violette, vous.

— Si vous m'aimez, reprit-elle, nous partirons demain pour le lac Majeur.

— Oh oui! c'est le paradis, il n'y pousse pas de mancenilliers.

— Peut-être, dit la duchesse dont le front s'était singulièrement rembruni.

Il survint du monde dans la loge. Santa-Cruz passa dans les coulisses où il voulait dire adieu à une de ses petites amies.

— Adieu! où vas-tu?

— Je ne sais pas, mais je pars.

L'expression qui avait attristé la figure de la duchesse s'était répandue sur la figure d'Achille.

— C'est étrange, se dit-il à lui-même, je vais partir pour le lac Majeur avec la duchesse ; c'est le plus beau pays du monde, Bianca est la plus adorable des femmes ; d'où vient que j'éprouve le sentiment d'un homme qui a un duel le lendemain ?

Santa-Cruz écrivit à Monjoyeux :

« *Venez nous retrouver sur le lac Majeur à la Villa* » *des Marbres. Pas un mot à Paris. Je ne veux pas* » *voir Venise sans vous. Si vous vous amusez sur le* » *lac, vous sculpterez la duchesse en Diane chasseresse.*

» SANTA-CRUZ. »

Santa-Cruz ne dit adieu ni à Violette ni à madame de Campagnac.

La pauvre Violette! Elle avait retrouvé deux cœurs pour l'aimer, un amoureux et une amie, elle allait tout perdre en quelques minutes.

Il faut remarquer que les femmes qui ont aimé le même homme finissent toujours par s'aimer entre elles, comme si elles retrouvaient dans cette amitié un souvenir plus vif de leur amour, — pareilles à des amoureux qui aiment à boire dans le même verre.

Voilà pourquoi madame de Campagnac était allée voir Violette au Parc des Princes, un jour que Santa-Cruz s'était trop attardé chez mademoiselle Fleur de Thé — ou toute autre.

Madame de Campagnac n'avait pu vaincre encore le souvenir tout vivant d'Octave de Parisis. Elle trouvait doux d'aller évoquer son ombre chez Violette, où certes Parisis devait lui apparaître.

C'avait été un grand étonnement à Paris à la nouvelle que Violette était revenue vivante d'Espagne. On y croyait à peine quand le bruit se répandit qu'elle habitait le Parc des Princes et qu'elle venait passer trois ou quatre soirées par semaine chez la duchesse de Montefalcone. Les plus curieux se promenèrent devant la grille du chalet ou allèrent à l'église de Boulogne pour la voir. Mais elle passait toujours si simple, si discrète, si voilée, c'était à peine si l'on pouvait dire : « Voilà Violette. » Pour tout le monde, sa vie était un mystère. Que deviendrait-elle ? Plus d'un joli « crevé » ruiné au baccarat ou au jeu de l'amour des Phrynés, se disait en pensant à la fortune de Parisis dont elle était l'unique héritière : « J'épouserai bien Violette. » Ces messieurs sont des esprits forts et n'ont pas de préjugés.

Quand madame de Campagnac avait fait une visite à Violette, elle lui avait rappelé le point de départ de toutes ses aventures tragiques : ce bal costumé où elle avait pris le masque de la dame de carreau, où madame de Fontaneilles s'était déguisée en dame de trèfle, madame d'Entraygues en dame de pique, et Geneviève en dame de cœur.

— Je me suis toujours souvenu, dit madame de Campagnac, de ce jeu étrange qui nous a toutes jetées dans les bras du duc de Parisis. Je ne me doutais guère que la dame de carreau trouverait un jour sur ses vitres les paroles de François Ier : « Souvent femme varie. »

Et madame de Campagnac avait confié à Violette ce que Violette savait bien, son amour pour Santa-Cruz.

— Et vous, Violette, vous n'êtes pas tombée d'un amour dans un autre ?

Mais Violette avait fermé son cœur à triples verrous.

II

LA VILLA DES MARBRES

Cependant Santa-Cruz s'imaginait qu'il allait faire un voyage de quelques semaines avec la duchesse. Il mit un peu d'ordre dans son désordre, il écrivit quelques billets d'adieu, il passa à son écurie pour caresser ses deux chevaux de selle, après quoi il monta chez la duchesse qui l'attendait.

Bianca était rayonnante. Elle n'avait pas pris le souci de faire des adieux, mais mademoiselle de Saint-Réal était là.

— Des adieux ! à quoi bon faire des adieux ? dit Bianca. Il faut donc prévoir qu'on ne se reverra pas. Si on ne se revoit plus sur la terre, on se reverra dans le ciel.

— Je n'ai jamais vu partir avec tant de gaieté et de philosophie, dit Bérangère qui retenait ses larmes.

— Nous reviendrons, ma chère Bérangère, dit la

duchesse comme pour la consoler, vous êtes maîtresse chez moi, habitez mon hôtel, si vous vous ennuyez trop chez vous. N'oubliez pas d'aller au Parc des Princes faire mes adieux à Violette.

On s'embrassa et on partit.

Santa-Cruz dit à la duchesse, quand ils furent dans le coupé du chemin de fer :

— Nous voilà comme des épousés qui vont passer leur lune de miel à Fontainebleau, en Suisse ou en Italie.

Mais il s'aperçut bientôt qu'on en était à peine aux fiançailles. La duchesse ne voulait pas se conduire comme une jeune mariée. Quelles que fussent ses tentatives et ses tentations, elle se tint dans son coin comme dans une place forte. Tout le voyage se passa en conversation.

L'amour a cela de beau, qu'il peut toujours dire la même chose, sans être accusé de rabâcher. Ce babillard sempiternel est toujours écouté, même quand on sait ce qu'il va dire.

Santa-Cruz et Bianca avaient d'ailleurs les mille et une ressources de la causerie, car rien ne leur était étranger, ni dans l'art, ni dans l'histoire, ni dans le rêve. Et puis, si c'est bientôt fait de faire le tour du monde, nous n'avons jamais fini de faire le tour de notre cœur.

A Milan, pendant que Santa-Cruz s'émerveillait dans les richesses de l'Ambrosienne, la duchesse allait embrasser sa mère.

— Je pars avec toi pour le lac Majeur, ma chère Bianca.

— Non, maman, je veux partir seule pour la Villa des Marbres. Je t'écrirai pour que tu viennes me retrouver, c'est mon secret.

On avait tant de choses à se dire qu'on ne se dit presque rien. On s'embrassa beaucoup.

— A bientôt, dit Bianca, s'échappant des bras de sa mère.

Et elle alla retrouver à l'Ambrosienne Achille, déjà tout exalté par la vue de ces chefs-d'œuvre.

Une heure après on passait la barrière de l'Arc de Simplon. Tout empressé qu'il fût d'arriver au but du voyage, Santa-Cruz ouvrait de grands yeux pour bien voir cette adorable Italie qu'il avait rêvée si belle et qu'il trouvait plus belle encore.

On s'arrêta à l'église de Saint-Magno :

— Bramante *fecit*, dit la duchesse.

On admira les peintures de Luini.

— Toute l'Italie est peuplée de souvenirs comme de chefs-d'œuvre, reprit Bianca.

— Oui, dit Achille, c'est près d'ici que Barberousse fut battu, mauvais augure pour moi.

— C'est le pays des combats héroïques. Nous traverserons le champ de bataille où se sont rencontrés Annibal et Scipion.

Il était minuit quand ils arrivèrent à la Villa des Marbres. Toute la maison était sous les armes pour recevoir la duchesse et son hôte.

Quoique Santa-Cruz ne fût pas venu pour voir des femmes de marbre, il voulait s'arrêter à chaque statue, comme pour donner un salut à chaque personnage familier de la maison. Tous les Olympiens étaient là dans leur meilleure attitude, le sourire sur les lèvres. On ne pouvait pas être accueilli par une meilleure compagnie.

Presque toute la Villa était revêtue de marbre à l'intérieur, ce qui lui donnait un aspect glacial.

On soupa avec quelque mélancolie, comme si on eût donné un souvenir aux absents.

On alla se coucher tout aussi mélancoliquement. Santa-Cruz parce qu'il ne suivait pas le même chemin que la duchesse, la duchesse parce qu'elle avait quelque frayeur d'avancer dans son rêve.

— Diable! dit Achille en se nichant dans son lit, il me semble que je suis dans le pays des légendes.

On se souvient que Santa-Cruz avait mis en pratique cette forte pensée de Ninon de Lenclos : « Une femme ne se donne pas, on la prend. » Mais il s'était aperçu que Bianca était l'exception à la règle. On avait beau s'armer de toutes les violences et de toutes les douceurs, on ne la prenait pas.

Se donnerait-elle ?

Pour Achille ce n'était plus douteux. Mais comment se donnerait-elle ? — Et où se donnerait-elle ?

Elle lui avait appris les vertus de la patience. On a dit que les vrais amours sont ceux qui s'enchaînent soudainement. Le temps perdu c'est de l'amour perdu. On s'habitue à espérer, c'est l'amour à terme, on ne prévoit pas bien l'échéance, on compte sur l'occasion.

De là l'amour platonique.

Les platoniciens sont ceux qui n'ont pas brusqué l'aventure et qui ont rencontré une indomptable comme Bianca. Ils ont beau s'indigner contre eux-mêmes, la vertu a repris des forces. La femme se complaît dans les voluptés de la résistance, elle entrevoit le néant des plaisirs terrestres. Elle échappe plus légèrement aux secousses de la passion.

C'est alors que la femme est presque imprenable. Je dis presque parce qu'en amour le mot absolu n'existe pas. En amour comme en politique tout est vrai et tout est faux.

Santa-Cruz n'en dormit pas moins profondément. Quand il s'éveilla, le soleil de dix heures dorait la face argentée du lac. C'était un tableau splendide. Il se sentit plus grand en face de cette grande nature, il retrouvait ses Pyrénées dans les Alpes, il retrouvait dans la nappe liquide son océan de Biarritz. Il pensa que Paris — capitale du monde — n'était bien décidément qu'un petit cadre au bonheur, — ou plutôt que ce n'était que la comédie du bonheur, — à peu près comme l'Opéra représente les forêts.

Quand il descendit il rencontra Bianca sur le perron.

— *Alea jacta est !* s'écria-t-il. Si vous voulez, je suis tout résolu à vivre ici avec vous.

— A vivre, dit Bianca, mais êtes-vous résolu à y mourir ?

Achille fut frappé de l'expression de la duchesse qui avait repris sa figure grave et mélancolique.

C'est sous-entendu, qui parle de vivre parle de mourir, puisque la vie ne va jamais sans la mort.

Au déjeuner la duchesse s'égaya. On avait cueilli des roses dans le jardin, la gaieté de la nature, le rayonnement du soleil, les luxuriances de la saison avaient pénétré l'âme de Bianca.

En se levant de table, elle dit à Achille qu'elle allait écrire à Violette ; après quoi ils monteraient dans un petit yacht et feraient une course sur le lac.

— Vous n'avez rien à dire à Violette ?

— Dites-lui que je l'embrasse par vos lèvres.

III

BATTAGLIA

Pendant quelques jours, ce ne furent que promenades poétiques sur le lac ou sur les rives du lac. On alla jusqu'au mont Rose, sans s'inquiéter du *tramontana* ni de l'*inverno*, ni du *mergozzolo*, ni du *bergamasco*. On brava le vent; on ne s'inquiéta pas même de la pluie. La duchesse ne pliait jamais sa volonté, même devant le mauvais temps. On visita les antiquités romaines de Palanza, les orangers et les citronniers de Canero. La duchesse, comme pieux souvenir à son enfance, alla s'agenouiller dans l'église de Canabrio, qui a été bâtie par Bramante. On s'arrêta tout une après-midi dans une autre église, mais au point de vue de l'art : l'église de la Madona del Saso; non pas pour les marbres et les dorures, mais pour les fresques de Luini. Comme la duchesse voyait l'enthousiasme de Santa-Cruz, elle lui dit :

— Puisque vous aimez tant Luini, nous irons demain à Luino, sa patrie, pour voir quelques autres de ses fresques.

— Savez-vous, dit Achille, ce que j'aime dans Luini comme dans Léonard, c'est qu'il vous a peinte il y a trois siècles. Je ne sais pas une de ces figures qui n'ait avec vous un air de famille.

Toutes ces promenades n'étaient au fond qu'un prétexte à vivre en tête-à-tête, en communion avec Dieu et la nature, ce qui donne plus de profondeur et plus de rêverie à l'amour.

On visita l'Isola-Bella et l'Isola-Madre ; on visita même la solitude des Pêcheurs.

Dans l'Isola-Bella, Santa-Cruz retrouva deux peintres qu'il aimait : Schildone et Procacini, qui ont peint des figures si voluptueuses, même dans leur sentiment religieux. Il ne fut pas très-épris des paysages du chevalier Tempesta, quoique Bianca lui racontât sa légende.

Ce fut dans l'Isola-Bella que se cacha Tempesta après avoir assassiné sa femme, qui était belle, pour une autre qui était plus belle encore.

Achille fut sur le point de dire que c'était là une circonstance atténuante.

Ils regardèrent beaucoup alors les portraits de Tempesta et de cette seconde femme.

— Voyez, dit la duchesse, cette femme est belle sans doute, mais ne trouvez-vous pas qu'elle est cruelle comme les Hérodiades de Léonard et de Luini?

— Oui, dit Achille, il me semble voir le portrait de votre mari et de sa maîtresse. Ce n'est pas lui qui vous assassinera, c'est elle.

La duchesse n'avait jamais eu peur — pas même de son mari, pas même de Judith, — moins que jamais elle avait peur.

Ces paroles de Santa-Cruz la firent songer à Antonia.

— Mon cher ange gardien, dit-elle doucement. La retrouverai-je?

Elle regarda le ciel.

De Tempesta les deux amoureux allèrent saluer une autre nature indomptable, une figure de Napoléon, qui coucha dans l'Isola-Bella deux jours avant la bataille de Marengo. Sans doute Bonaparte ne dormit pas d'un profond sommeil, car le lendemain matin on trouva gravé sur le mur ce mot: *Battaglia*.

— Oui, sa vie fut une bataille, dit la duchesse.

— Mais la vie, n'est-elle pas toujours une bataille? dit Santa-Cruz.

— Oui, jusque dans la mort, reprit Bianca.

IV

JOIIS DES LÈVRES, TOURMENTS DU CŒUR

C'était le quatrième soir que Santa-Cruz et la duchesse rêvaient amoureusement sur la terrasse de la Villa des Marbres, devant ce beau lac à peine ondulé par l'*inverno*. Tout le monde dormait autour d'eux, les barques les moins paresseuses avaient repris le rivage.

— Seuls sur la terre! dit Bianca; mais ma petite étoile nous regarde.

Le ciel était resplendissant, mais le soleil s'était couché dans l'orage. Les éclairs se brisaient à l'horizon, les brises répandaient de tièdes bouffées électriques que tempérait à peine la fraîcheur des nappes d'eau.

Achille et Bianca ne se disaient rien. Il y a des moments où le silence parle plus éloquemment que les bouches d'or. C'est quand l'âme ne veut parler qu'à l'âme, quand elle monte les spirales bleues de l'infini, quand elle court les mondes, quand elle évoque les images du passé. Dans ces minutes suprêmes la voix humaine a des brutalités qui offensent. Elle rappelle l'esprit à la terre, elle force l'imagination de ployer les ailes, elle est pareille à ces visiteurs qui viennent jeter une bêtise dans une conversation de gens d'esprit.

On appelait souvent la duchesse la belle échevelée, parce qu'on la surprenait souvent la chevelure flottante. C'était son vrai luxe.

Nul n'avait touché à ses cheveux opulents légèrement ondés, si ce n'est sa mère, Violette et Antonia. Le duc de Montefalcone lui-même n'y avait pas égaré ses mains. C'était la forêt vierge, c'était l'arche sainte.

Le soir où Santa-Cruz avait brisé son violon une seconde trop tard, on s'en souvient, la duchesse était pareillement échevelée. Cette fois, il avait brûlé la chevelure de ses lèvres, mais jamais depuis il n'avait retrouvé cette bonne aventure.

Comme il était penché ce soir-là vers Bianca, comme les brises soulevaient les boucles éparses de la chevelure de la duchesse, la tentation le reprit d'y noyer encore ses lèvres.

Il croyait qu'elle allait relever la tête, mais elle l'abandonna comme si sa rêverie l'empêchait de rien voir et de rien sentir.

Achille lui passa doucement les bras autour du

cou. Cette fois, elle redescendit des hauteurs du rêve et regarda Santa-Cruz, mais souriante et désarmée. Ses lèvres coururent comme du feu de la chevelure à la bouche.

— Je t'aime, lui dit-il.

— Chut! dit-elle. Pourquoi me rappeler que je suis là?

Elle avait raison : ne dire qu'un mot c'était trop dire encore. Le mot « je t'aime » est doux à entendre sans doute, mais il y a des heures où ce n'est qu'un pléonasme.

Achille faillit tout perdre pour avoir parlé. Il comprit.

Bianca avait toujours les yeux levés au ciel. L'étrange créature fixait une étoile comme si c'était son étoile. Elle la prenait à témoin de la souveraine émotion qui avivait les battements de son cœur, qui remplissait son front de nuages et de rayons.

Elle était égarée, mais elle voyait le chemin.

Elle était à la fois actrice et spectatrice, elle jouait sa vie et elle se voyait sur la scène.

La petite étoile pourrait vous peindre ce tableau nocturne de deux amoureux qui se sont cherchés longtemps, qui se sont retrouvés dans une étreinte rêvée et irrêvable. L'étoile pourrait vous dire avec quelles mains caressantes Santa-Cruz prit la duchesse sur son cœur, comment la belle chevelure lui couvrit la tête à lui comme à elle; comment ces deux âmes éperdues répandirent des flammes vives ; comment les roses de la terrasse furent effeuillées.

Fut-ce parce que l'étoile de Bianca était trop indiscrète, qu'elle s'enfuit tout à coup pour s'enfermer dans sa chambre ?

Elle ne s'enferma pas seule.

Sans doute, on voulait continuer cette conversation éloquente où on ne se disait rien.

Quand le soleil se leva, Bianca était la plus heureuse et la plus malheureuse des femmes. L'amoureuse avait la joie au cœur, mais la femme se sentait vaincue. Bianca voulait bien s'humilier dans l'amour, mais son esprit altier ne voulait pas subir la domination.

Elle fermait les yeux pour s'abandonner avec délices aux souvenirs de la nuit, mais elle s'indignait bientôt et elle agitait la main comme si elle cherchait une épée.

— Je mourrai et il mourra, dit-elle.

V

LES OMBRES QUI PASSENT

Quand Santa-Cruz et la duchesse arrivèrent pour déjeuner par une porte opposée, ils ne purent se regarder sans rire.

— Ne riez pas, dit-elle, les augures ne sont pas gais.

— Que voulez-vous, ma chère Bianca, je n'ai pas le bonheur triste.

On déjeuna gaiement. Toutefois Achille remarqua des nuages sur le front de Bianca. Elle était distraite. On voyait que deux pensées parallèles marchaient dans son esprit. Elle causait, mais elle rêvait.

— Où irons-nous aujourd'hui? demanda Achille tout en commandant un perdreau fricassé à la Santa-Cruz. Tous les hommes d'esprit ont eu une heure d'inspiration à table comme Soubise ou Cussy, ou comme Louis XVIII, qui a cuisiné les côtelettes à la victime, ou comme Gérôme qui a trouvé la bonne manière de faire cuire les écrevisses.

— Oui, ce perdreau serait exquis, dit la duchesse, s'il n'était un peu faisandé.

— Que voulez-vous, il a fait un rude voyage pour venir sur votre assiette. Ce n'est pas sur le lac Majeur qu'on mange le perdreau au bout du fusil. Mais vous ne me dites toujours pas où nous irons tout à l'heure.

— Nous ne sortirons que ce soir, dit Bianca gravement. Préparez vos bras, je ne veux pas d'autre rameur que vous.

— Alors nous n'irons pas loin, car ce n'est pas sur l'eau que j'aime ramer.

Et Santa-Cruz, plus amoureux que jamais, leva les bras et les tendit vers la duchesse. Son mouvement fut si rapide qu'il brisa un verre de Venise, léger comme une bulle de savon.

— Cela porte bonheur, dit la duchesse, pour mieux cacher sa pensée.

Mais un domestique en ramassant les débris du verre renversa la salière.

— Voilà qui ne porte pas bonheur, murmura Achille en jetant du sel derrière lui. Ma chère Bianca, je vous conseille de faire comme moi. N'oubliez pas que Judas avait renversé la salière.

— Oui, mais ils étaient treize à table.

Après le déjeuner les deux amants se mirent à

la fenêtre pour voir les barques qui passaient sur le lac.

— Quand on pense, dit Bianca, que ce Santa-Cruz ne peut mettre les pieds nulle part sans avoir tout de suite un cortége de femmes ! Voyez plutôt. A peine êtes-vous ici depuis quatre jours que toutes les belles curieuses s'en viennent pavoisées pour vous. Il n'en est pas une qui ne tourne la tête vers la villa.

— C'est pour vous voir, dit Achille.

— Je vous dis que c'est pour vous, ô miroir aux alouettes. Regardez bien, ces deux femmes en noir n'ont d'yeux que pour vous seul.

Achille regarda bien.

— C'est étrange, dit-il.

— Pourquoi est-ce étrange ?

Achille à son tour masqua sa pensée.

— Je croyais, dit-il, reconnaître des Parisiennes, mais je me suis trompé.

— Des Parisiennes ! mais il y en a beaucoup ici.

— Qui donc ?

La duchesse parla de quelques dames plus ou tant moins renommées parmi les mondaines et les demi-mondaines. Santa-Cruz écoutait à peine, il était tout à ses yeux.

Il avait des yeux d'aigle, là où la duchesse ne voyait qu'un nuage il voyait une figure. Or, qu'avait-il vu ?

Violette et madame de Campagnac.

— Oui, se disait-il à lui-même, c'est bien Violette, c'est bien madame de Campagnac.

Que venaient-elles faire sur le lac Majeur? Pourquoi viendraient-elles voir la duchesse? Ou bien se cachaient-elles de Bianca?

Poursuivaient-elles Achille, ces deux âmes en peine? Voulaient-elles, les pauvres jalouses, contempler de loin le bonheur de Bianca?

La barque s'éloigna; les deux femmes ne furent bientôt plus que deux points noirs presque imperceptibles. Quand il les perdit de vue, Santa-Cruz ne fut plus aussi sûr que c'étaient elles. Comme Violette et madame de Campagnac représentaient pour lui, à côté de la duchesse, les deux seules femmes qu'il eût aimées, elles étaient toujours flottantes dans son imagination. Il avait donc pu se faire une illusion.

— Et pourtant, se disait-il encore, c'est bien la tête penchée de Violette, c'était bien la figure héraldique de madame de Campagnac.

Cette impression fut vive en lui, mais elle s'effaça peu à peu sous le raisonnement. Il jugea que Violette ne pouvait savoir encore où il voyageait avec la duchesse : donc ce n'était pas Violette. Et d'ailleurs, comment eût-elle osé venir, elle qui se cachait toujours? Et puis, comment eût-elle entraîné madame de Campagnac qu'elle connaissait si peu, à moins que madame de Campagnac l'eût entraînée elle-même?

Pour se prouver une fois de plus que ce n'était ni Violette ni madame de Campagnac, Achille monta dans sa chambre pour écrire à l'une et à l'autre des lettres d'autant plus passionnées qu'elles allaient traverser les Alpes. — A beau aimer qui vient de loin.

Pour la première fois la duchesse vint surprendre Santa-Cruz dans sa chambre.

— A qui écrivez-vous, mon bel ami?

Elle se croyait le droit de faire cette question.

— Au prince Rio et à La Chanterie.

— Voyons? dit la duchesse.

Elle avait saisi une lettre, — à l'une ou à l'autre. — Santa-Cruz ne savait pas bien pour qui il commençait.

Il eut beau faire pour la ressaisir, Bianca avait eu le temps de lire ces six lignes :

» *Vous n'imaginez pas, ma chère âme, comme je*
» *vous aime par delà des Alpes. Je ne fais jamais de*
» *phrases, parce que je suis un homme d'action. Voilà*
» *pourquoi je ne vous dis pas que les nuages qui vont*
» *vers la France vous portent mes baisers. Le soir,*
» *cherchez dans les étoiles, vous trouverez mon re-*
» *gard.* »

Bianca jeta la lettre avec indignation.

— Des phrases! des phrases! dit Santa-Cruz en voulant lui prendre les mains. On écrit toujours ces choses-là à celles qu'on n'aime pas.

— Et qu'écrit-on à celles qu'on aime ?

— On n'écrit pas, on les aime, c'est tout.

Bianca pleurait, moitié fureur, moitié chagrin. Elle ne pouvait pardonner à Santa-Cruz cette trahison quand elle venait de lui donner sa vie.

Comme il ne pouvait avoir raison du cœur, Achille chercha à avoir raison de l'esprit.

— Voyons, jugez-moi mieux ! Vous savez si je vous aime ! Vous savez avec quelle joie j'ai tout quitté pour vous...

— Oui, vos amis et vos maîtresses, parce que vous saviez que vous les retrouveriez.

— Non, je suis parti comme si j'eusse brûlé mes vaisseaux. Je n'ai dit adieu à qui que ce soit. Ce jour-là l'ambassadeur d'Espagne m'attendait, ce jour-là madame de Campagnac menaçait de retourner au couvent, ce jour-là je faisais courir pour le grand prix et je n'avais pas donné mes ordres.

Bianca ne put s'empêcher de rire.

— Pauvre Santa-Cruz qui va être déshonoré par ses chevaux !

— Eh bien ! je ne vous ai pas tout dit. Je suis plus sérieux que cela. Ce jour-là je devais donner à l'imprimeur une brochure sur la Révolution espagnole.

Cette dernière raison frappa cette femme toujours sérieuse, même dans les mondaines frivolités.

— Et que disiez-vous dans cette brochure, monsieur l'homme d'État sans ministère et sans armée ?

— Madame, la Vérité est une arme qui triomphe de tous les ministres et de toutes les armées.

— Oui, dit Bianca, c'est le glaive de l'archange qui frappe et qui éclaire. Mais après cette révolution qui vient d'éclater, mon opinion est que c'est en Espagne, sous le feu des canons, que vous deviez écrire votre livre.

— Le moment n'est pas venu, mais j'aurai mon heure. Vous savez bien comme moi que la bravoure est patiente. La sérénité est la vraie force. Et puis tous les pays sont bons pour semer l'idée humaine. Le champ ne s'appelle ni l'Espagne, ni la France, ni l'Italie, ni l'Allemagne, ni l'Angleterre, il s'appelle le temps, il s'appelle le monde, il s'appelle l'avenir.

— Semez, semez, reprit Bianca, vous ne récolterez que l'ivraie : c'est la moisson des hommes.

— Non, le grain de Vérité survivra comme le grain de froment venu des tombeaux d'Égypte après des siècles sans nombre. — Et puis, après tout, qu'importe — si vous êtes la gerbe d'or que je fauche et que je prends dans mes bras.

Disant ces mots, Achille étreignit doucement la duchesse. Comme elle le voyait dénouer ses cheveux, elle lui dit avec un sourire de résignation :

— C'est du blé noir.

Ce n'était pas du pain blanc l'amour que donnait Bianca.

Comme il l'avait espéré, Santa-Cruz avait calmé cette fière nature, en s'élevant jusqu'à son esprit. Il ramassa sa lettre, il la déchira en quatre et il brisa sa plume.

Bianca, qui s'était dégagée de ses bras, revint à lui et l'embrassa.

— A ce soir, lui dit-elle.

Quand il fut seul, Santa-Cruz regarda sa plume brisée.

— Pauvre Violette ! dit-il.

Il y avait, à cette heure-là, une femme plus malheureuse encore que Violette.

C'était madame de Campagnac. Violette était déjà revenue d'un rude naufrage; elle s'était attachée au bras de Dieu, elle avait parfumé sa douleur, la fille poétique ! Mais madame de Campagnac, qui avait quitté le monde et Dieu lui-même pour Santa-Cruz, disait qu'elle perdait tout s'il l'abandonnait. Elle ne pouvait, comme Violette, se réfugier dans sa douleur comme dans une solitude pour y cultiver, avec le sourire des victimes résignées, les myosotis, ces pâles fleurs du souvenir. Violette avait des larmes, madame de Campagnac avait des cris.

VI

LE PÈLERINAGE DES AMES EN PEINE

C'était bien en effet madame de Campagnac et Violette que Santa-Cruz avait vues passer sur le lac.

Paris est un livre toujours ouvert, on n'y peut rien cacher. Il n'y a pas une page pour la vie privée ; il y a des indiscrets qui lisent mal, mais pour ceux qui savent lire il n'y a point de mystères.

Le soir même du départ de Santa-Cruz et de la duchesse, les domestiques jasèrent. La femme de chambre de Violette apprit tout sans questionner beaucoup : un ami avait reconnu Achille à la gare de Lyon ; madame de Campagnac, à qui on ne refusait jamais d'ouvrir la porte, trouva chez son amant une carte venant d'Italie étendue sur le tapis avec des points noirs crayonnés sur le lac Majeur, sur Milan, sur Venise, sur Florence, sur Rome et sur Naples. C'était l'itinéraire.

— Oui, des points noirs, dit-elle, chaque point noir sera pour moi une trahison.

Le lendemain elle apprit que la duchesse de Montefalcone était partie. Elle courut chez Violette.

Tout Paris savait la passion de madame de Campagnac pour Santa-Cruz, mais l'amour de Violette n'était connu que de la duchesse. Aussi, madame de Campagnac, qui n'avait plus peur de rien et qui ne craignait pas de trouver une rivale en Violette, lui ouvrit son cœur tout désolé.

— J'en mourrai, lui dit-elle. Je savais bien d'ailleurs que cet amour me tuerait; mais, avant de mourir, il faut que je le revoie. Madame, de grâce! vous êtes l'amie de la duchesse, vous allez venir avec moi en Italie, vous leur ferez comprendre leur folie criminelle. Pour lui, je me suis perdue tandis que la duchesse était perdue avant de le connaître.

Violette cachait ses blessures.

Elle représenta à madame de Campagnac que ce qu'elle demandait était impossible.

— On n'a jamais raison contre l'amour. Quelle figure ferions-nous là-bas, madame? Nous aurions l'air de deux échappées de Charenton.

Mais madame de Campagnac combattait à armes inégales. Elle avait des entraînements irrésistibles : elle séduisait le cœur par ces éloquences toutes féminines qui troublent la raison elle-même.

Violette, presque toujours passive dans sa douceur, l'écoutait et se laissait gagner parce que la folie de madame de Campagnac la prenait elle-même. Revoir Santa-Cruz, ne fût-ce qu'une heure, ne fût-ce qu'un instant! Et puis, ce qu'elle n'eût osé faire pour elle-même elle le pouvait faire pour madame de Campagnac. C'était son paratonnerre. Elle pouvait tout dire à Achille comme si elle ne parlait que pour cette maîtresse abandonnée. Jouer son rôle soi-même sous la figure d'une autre, n'est-ce pas le jeu le plus cher à la femme?

— D'ailleurs, disait madame de Campagnac pour décider Violette, que risquons-nous? Nous n'avons vu l'Italie ni l'une ni l'autre, nous ferons ensemble ce beau voyage.

Et comme pour frapper plus fort :

— Nous parlerons de Parisis, votre éternel amour. Parisis, que j'ai aimé une heure! Si vous avez perdu une grande amie dans la duchesse vous la retrouvez en moi. Entre nous, Violette, c'est à la vie à la mort.

Dans sa situation délicate Violette était toujours reconnaissante des témoignages d'amitié ou de sympathie. Elle n'était pas soumise en esclave à l'opinion publique, mais elle ne la bravait pas.

Quoique madame de Campagnac se fût compromise violemment, elle avait encore un pied dans le monde comme la Chanoinesse, comme mademoiselle de Saint-Réal, comme toutes les femmes déchues qui ne sont pas condamnées parce qu'elles sont belles et parce qu'elles sont couvertes par leur grand nom.

— Eh bien, je partirai avec vous, dit Violette.

Et elles étaient parties. Et elles étaient arrivées au lac Majeur, car c'était le premier point noir de leur « itinéraire ». Madame de Campagnac avait emporté la carte de Santa-Cruz.

Cependant, après avoir pris pied à Magadino, à l'hôtel du Belvédère, après avoir appris que la duchesse était — avec un *signor* — à la Villa des Marbres, Violette ne se sentit pas le courage d'aller chez Bianca. Elle était trop jalouse et trop malheureuse elle-même.

— Et que ferons-nous ici? demanda madame de Campagnac.

— Nous nous promènerons sur le lac pour voir le spectacle de leur bonheur.

— Oh! vous n'avez jamais aimé.

— Non, dit la pauvre amoureuse en comprimant son cœur sous sa main, non, je n'ai jamais aimé comme vous.

Elles se promenèrent sur le lac. Vingt fois elles repassèrent devant la Villa des Marbres se cachant sous les voiles de la barque, ne se trouvant ni assez près ni assez loin, dans la peur de ne pas voir et dans la peur d'être vues.

C'était le second jour de leur arrivée que Santa-Cruz avait cru les reconnaître.

Elles furent étonnées de ne pas les voir courir

sur le lac selon leur habitude. Elles jugèrent que la promenade serait pour le soir.

— A ce soir donc, dit Violette. Le courage me reviendra peut-être. Nous aurons chacune une barque, vous et moi. Si je les vois passer sur le lac je leur parlerai.

Violette prépara dans son esprit tout ce qu'elle dirait à Achille. Puisqu'elle avait fait le voyage, pourquoi ne pas lui rappeler tous ses serments à madame de Campagnac? je veux dire à Violette elle-même?

Elle pouvait parler de madame de Campagnac, car ce n'était pas elle qu'elle craignait. Elle savait bien que la duchesse était la vraie coupable. Elle savait trop que celle-là seule était aimée.

VII

CI-GIT UN HOMME, CI-GIT UNE FEMME

La nuit était venue. Qui ne connaît ces belles nuits d'Italie qui sont déjà l'aurore et qui sont encore le crépuscule, parce que le ciel est un éblouissement?

Bianca avait rêvé une de ces nuits étoilées; mais le ciel l'avait trahie. Point de lune, des nuées, à peine quelques étoiles à travers les nuées rapides d'un ciel troublé.

— C'est noir comme de l'encre, dit Achille en sautant dans la barque et en tendant la main à la duchesse; nous n'irons pas loin.

— Nous irons loin! murmura la duchesse comme si elle se parlait à elle-même.

Elle était vêtue de blanc comme une mariée.

— Ah! vous êtes belle ainsi! lui dit Santa-Cruz en voyant ses cheveux répandus sur sa robe, à la magique réverbération des lanternes vénitiennes.

— Il faut bien être belle le jour de l'amour, répondit-elle gravement.

— Ma chère Bianca, vous prononcez « l'amour » comme d'autres prononcent « la mort. »

— Vous n'êtes jamais sérieux.

— Moi !

Achille embrassa Bianca.

— Voilà comme je suis sérieux. Les plus belles théories du monde ne valent pas un baiser sur une bouche comme la vôtre.

— La question, dit Bianca, est de savoir si on vient sur la terre pour occuper ses lèvres ou son esprit.

Achille avait pris les rames. Il s'éloigna rapidement de la rive. Bianca l'avait déjà vu ramer, mais ce soir-là elle admira la force de ses bras nerveux.

— Quand je pense, dit-elle, que vous étiez né pour tout faire et que vous n'avez rien fait !

— Oui, dit Santa-Cruz en raillant. J'eusse fait un soldat à pied et à cheval, un bon soldat de terre et de mer, un bon paysan, un bon forgeron, un bon écrivain plus ou moins public. Je n'ai fait qu'un bon amoureux. Que voulez-vous, les hommes manquaient de ce côté-là, même à Paris. Je n'ai pas perdu ma vie puisque je vous ai aimée.

On se regarda doucement.

— Comme vous ramez bien, Achille ! Pour parler le vieux style, il me semble que vous me faites descendre le fleuve de la vie.

— Si vous voulez que je rame mieux, venez vous asseoir sur moi. Vous mettrez vos blanches mains sur mes mains, vos petits pieds sur mes pieds, vous pencherez la tête sur ma tête...

— Oui. Et je m'endormirai dans un rêve charmant, dit Bianca en venant à Santa-Cruz

Elle vint s'asseoir sur les genoux d'Achille.

Après un silence de quelques secondes :

— Voyez-vous ma petite étoile ? reprit Bianca, la voilà encore qui nous regarde et qui nous appelle.

— Si elle nous aime, qu'elle descende, dit Santa-Cruz, car je n'ai pas envie de monter là-haut.

— Pourquoi ?

— Parce que mon heure n'est pas sonnée. Songez donc que je n'ai encore rien fait, et que je veux qu'on mette sur ma tombe ce simple mot :

Ci-gît un homme.

— Moi, dit Bianca, je ne veux pas même de tombe. Je crois trop à l'autre monde pour laisser le souvenir d'un grain de poussière dans celui-ci.

— Pourquoi jouer à l'esprit fort ? La tombe a son éloquence, il ne faut pas la fuir.

— Eh bien ! Sur ma tombe, vous ne mettrez pas la même épitaphe :

Ci-gît une femme,

parce qu'il n'y a que les mères de famille qui aient droit à cette belle épitaphe. Si vous me survivez, vous me cacherez tout au fond de la terre et vous sèmerez de l'herbe amère sur ma fosse.

— Me ferez-vous un peu de place à côté de vous dans ce lit éternel ?

— Oui.

En disant ce mot, la duchesse, toujours assise sur Santa-Cruz, se retourna, le prit dans ses bras et l'embrassa avec une énergie toute romaine.

— Ne ramez plus ! reprit-elle. Nous sommes loin de la rive. Voilà où je voulais en venir. Nous sommes seuls dans l'infini, pas un autre homme, pas une autre femme. — Dieu là-haut ! — J'oubliais, nous avons deux voyageurs invisibles : l'amour et la mort.

— La mort ! dit Santa-Cruz d'un air surpris : la mort n'a rien à faire ici.

— Qui sait ? dit Bianca d'un air pensif en caressant la vague de sa blanche main, comme si elle eût caressé la crinière d'une cavale emportée.

Achille abandonna la rame et prit dans sa main la tête adorable de Bianca.

— Que tu es belle ! Et comme je t'aime, lui dit-il avec passion.

— Savez-vous nager ?

— Pourquoi ? Je nage comme tout le monde, un peu. Et toi ?

— Moi ! Je n'ai jamais perdu pied. Quel malheur que vous sachiez nager !

— Je ne vous comprends pas.

— C'est qu'il m'était venu une belle idée. La mer est le seul tombeau d'une grande passion. Un jour nous nous serions gaiement embarqués pour l'autre monde.

— C'est cela, dans la barque à Caron. J'aime mieux la barque de Watteau.

— Dormir à toujours sous cette vague avec les rêves de l'amour, ne trouvez-vous pas cela fort beau ?

Bianca regardait les vagues devenues plus agitées.

— Ce n'est pas la sombre fosse de six pieds dans la terre. Un tel tombeau, c'est deux fois la nuit, c'est deux fois le néant. Là-bas, c'est toujours le bruit et la lumière.

La duchesse parlait avec tant de vraie émotion, que Santa-Cruz ne trouvait plus à rire.

— Le rêve de l'amour, dit-il tout pensif à son tour, croyez-vous donc qu'on l'emporte dans la tombe ?

— En doutez-vous, vous qui ne doutez pas de l'immortalité de l'âme ? Je n'ai pas beaucoup lu, mais je me rappelle une belle pensée d'un philosophe qui affirme qu'on garde jusque dans la mort l'idée dominante de sa vie.

— Voilà, en effet, une belle pensée, dit Achille, il faudra que j'écrive cela quelque part.

Cependant la nuit tombait peu à peu. On voyait encore se dessiner sur la pourpre du couchant les fines silhouettes des navires fuyant le port.

— Nous n'irons pas plus loin, murmura Santa-Cruz.

La duchesse se penchait sur l'eau, comme si le flot l'eût attirée.

— Prenez garde, Bianca ; ne tombez pas à la mer, car je nage tout au plus pour moi, je ne suis pas capable de nager pour deux.

— Retourneriez-vous bien jusqu'au rivage en nageant ?

— Peut-être. Mais nous perdons notre temps à discuter. L'amour ne discute pas.

Achille avait pris la main de Bianca. Il l'appuya sur son cœur, — deux cœurs qui battaient au même sentiment, — il lui ferma les yeux sous ses lèvres.

— Je t'aime, lui dit-il encore.

— Je vous aime, dit-elle pour la première fois.

Ils se disaient cela de si près, que Santa-Cruz donna son âme et prit celle de la duchesse.

— Enfin, dit-elle en levant ses yeux au ciel, j'ai trouvé le bonheur.

Ils étaient perdus si loin dans leur amour, qu'ils ne voyaient pas une barque, puis une autre barque qui suivaient le même chemin, qui les suivaient peut-être. Le monde c'était leur cœur, plus loin que leur cœur c'était l'inconnu, c'était l'oubli, c'était le néant.

Cependant, la barque de Violette n'était pas à dix rames de distance. Elle suivait le même sillage.

Violette trempait sa main dans les vagues soulevées par Santa-Cruz.

Quand s'arrêta la barque de la duchesse Violette donna l'ordre au batelier d'arrêter aussi la sienne.

Elle se recueillit une dernière fois. Elle se demanda si elle allait enfin aborder la duchesse et Santa-Cruz. Elle ouvrait de grands yeux. Les lanternes vénitiennes éclairaient bien alors la figure de Bianca penchée sur le sein de Santa-Cruz.

La duchesse était comme Violette la grâce même, surtout dans l'abandon. C'était un beau tableau pour un peintre, que cette attitude de la femme aimée qui répand son cœur; mais ce fut un horrible tableau pour Violette.

Ce fut un plus horrible tableau pour madame de Campagnac.

Toutes les deux entendirent un cri.

Bianca avait saisi Achille dans ses bras pour l'entraîner hors de la barque.

Il tâcha de la retenir en se retenant lui-même.

Ce fut un étrange et terrible combat, car elle voulait mourir et il voulait vivre.

Pour cette créature fantasque et charmante, jetée hors de son chemin, l'amour était le dernier mot. Pour ce jeune homme, plus railleur qu'enthousiaste, quelle que fût sa passion, l'amour était toujours le premier mot.

La lutte dura quelques secondes. Pour quiconque aurait assisté à ce drame silencieux, c'eût été un spectacle effrayant. Mais, seule, l'étoile de Bianca regardait.

Violette regardait aussi, mais elle ne comprenait pas.

Ni madame de Campagnac.

Violette dit au batelier de marcher bien vite vers la barque arrêtée.

Enfin, dans cette lutte inouïe entre la femme qui voulait mourir et l'homme qui voulait vivre, la femme l'emporta. La duchesse entraîna Santa-Cruz en lui disant encore, — cette fois d'une voix éclatante :

— Je t'aime !

Ce fut son cri avant de disparaître sous la vague bruyante.

— Bianca ! Bianca ! s'écria Achille, qui, en tombant, n'avait pu retenir la duchesse dans ses bras.

Il se précipita à la recherche de Bianca. Il fit le terrible voyage d'un amant qui veut disputer sa maîtresse à la mer.

Il alla, il alla plus loin, il alla encore, il alla toujours, mais il ne trouva pas la duchesse.

Il résolut de mourir s'il ne la sauvait pas.

VIII

L'AMOUR DANS LA MORT

Que se passa-t-il alors ?

Cette fois Violette avait compris. Elle savait par cœur la duchesse. Elle la croyait bien capable d'avoir voulu chercher l'infini en cherchant la mort dans l'amour.

Quand la duchesse entraîna Santa-Cruz, la barque de Violette n'était plus qu'à quelques coups de rame.

Elle aussi se précipita.

— Violette ! cria madame de Campagnac, qui, ennuyée d'être seule, voulait passer dans la première barque.

Violette ne répondit pas.

Le batelier s'était jeté à l'eau pour la ressaisir, croyant à un accident. Comme il tournait le dos à la barque de la duchesse, il n'avait rien vu. Il reparut bientôt sans ramener Violette.

Il cria au second batelier de faire comme lui, et il se rejeta à l'eau.

Santa-Cruz, à moitié fou de surprise, d'amour, de douleur, cherchait la duchesse, et il ne la trouvait pas.

Il reparut à la surface et regarda le ciel comme pour lui demander la lumière.

Mais l'étoile de Bianca s'était cachée. Le ciel n'avait jamais été plus couvert de nuées.

Une seconde fois Achille se précipita au fond en criant :

— Bianca !

Enfin, il reparut bientôt, il avait trouvé.

Il disait encore : « Bianca ! Bianca ! » Mais c'était Violette qu'il entraînait vers la barque.

Le second batelier joignit Achille et l'aida à porter Violette dans la barque de la duchesse.

— Bianca ! ma Bianca ! disait toujours Santa-Cruz en la couvrant de baisers.

Mais Violette rouvrit les yeux et lui dit doucement, si doucement qu'il entendit à peine :

— Ce n'est pas Bianca, sauvez-la, laissez-moi mourir.

A ce moment madame de Campagnac criait de toute sa voix :

— Achille ! Achille ! je meurs d'effroi ! Achille ! Achille ! Achille !

Santa-Cruz était revenu à lui. Il avait reconnu Violette.

Il se rejeta une troisième fois dans le lac pour sauver Bianca.

Horrible pèlerinage dans l'inconnu, dans la nuit, dans la mort.

Madame de Campagnac avait abordé la barque de la duchesse. Elle s'était jetée à genoux devant Violette pour la secourir, elle soulevait sa tête dans ses bras, criant toujours le nom de son amant épouvantée de la mort qu'elle voyait de si près.

Les deux bateliers cherchaient aussi sous les vagues. Ils plongeaient et reparaissaient, s'étonnant de ne pas mettre la main sur la robe, suivant leur expression.

Quoique Violette fût à moitié morte, elle comprit que Santa-Cruz était trop longtemps sans reparaître.

Elle fit un mouvement pour se rejeter hors de la barque, mais elle n'en eut pas la force. D'ailleurs madame de Campagnac l'eût retenue.

— Monsieur de Santa-Cruz! criait Violette.

Mais Santa-Cruz ne répondit pas.

IX

LA LÉGENDE DES PARISIS

Le lendemain, tout le lac Majeur était en deuil.

On racontait que la duchesse de Montefalcone s'était aventurée la nuit dans une barque à voile avec deux Parisiennes de ses amies et le duc de Santa-Cruz. Une rafale les avait tous jetés dans le lac. Les bateliers n'avaient sauvé personne, suivant leur coutume. Le duc de Santa-Cruz, après avoir sauvé une des dames, avait disparu en voulant sauver la duchesse. Voilà ce qu'on disait.

Vainement on les cherchait par tout le lac, Santa-Cruz et Bianca n'avaient pas reparu, quoique ce fût une bonne trouvaille pour les bateliers.

Le surlendemain, madame de Campagnac arracha Violette presque mourante à ce lac qui leur donnait le vertige à toutes les deux.

Violette y voulait mourir, mais elle se résigna en disant qu'elle irait mourir plus loin.

Quand toutes les deux elles se retournèrent une dernière fois vers la Villa des Marbres, vers ce beau lac qui riait au soleil comme les fleurs rient au tombeau, l'une fit le signe de la croix, l'autre se frappa trois fois le cœur.

— Et pourtant c'est moi qu'il aimait! dit tout haut madame de Campagnac.

Violette se dit tout bas :

— Ce n'est pas moi qu'il aimait puisqu'il est mort pour elle, — puisqu'il est mort avec elle.

— Ma chère Violette! plaignez-moi, dit madame de Campagnac, je laisse mon âme ici.

— Hélas! pensa Violette, je n'ai même pas la consolation de parler à cœur ouvert comme madame de Campagnac.

Une seconde fois dans la vie Violette disait un éternel adieu à un autre Parisis, à une autre Geneviève.

Comme les deux amies montaient en voiture pour aller reprendre le chemin de fer, elles ne furent pas peu étonnées de voir arriver Monjoyeux à l'hôtel du Belvédère.

— Monjoyeux! dit Violette en levant tristement les bras.

— Oui, Santa-Cruz m'a écrit. Je veux revoir Venise avec lui.

— M. de Santa-Cruz ne reverra pas Venise, car il est mort.

— Mort !

— Oui ! il s'est noyé hier avec la duchesse de Montefalcone.

— C'est impossible ! lui qui savait si bien nager.

Violette se pencha à l'oreille de Monjoyeux.

— Oui, mais elle a voulu mourir, et elle a voulu qu'il mourût avec elle.

Monjoyeux était devenu pensif.

— L'amour dans la mort ! dit-il lentement.

Violette lui tendit la main.

— Adieu ! retrouvez-les et faites-leur un tombeau. Adieu. C'est moi qui leur ai porté malheur. Je les aimais tous les deux. Vous savez la légende des Parisis :

L'AMOUR DES PARISIS DONNE LA MORT.

Monjoyeux tout éperdu regardait la pâle figure de Violette.

— L'AMOUR DONNE LA MORT AUX PARISIS, dit-il tristement.

— Hélas ! murmura Violette — la dernière des Parisis — c'est bien pis, je ne puis ni vivre ni mourir !

P. S. Voici une lettre écrite ces jours-ci par Monjoyeux.

Vous savez déjà, mon ami, toute cette histoire si dramatiquement amoureuse ; votre rival Santa-Cruz a été « heureux, » mais cela lui a coûté cher.

» Violette m'écrit de Venise ; elle veut que je fasse le tombeau de la duchesse et de Santa-Cruz. Violette est folle : elle ne sait pas que le duc de Montefalcone est ici et que la duchesse lui appartient si on la retrouve.

» J'attends toujours, espérant retrouver Santa-Cruz.

» Quoi qu'il en soit, j'ai bien fait de venir ; car j'ai mis la main sur un testament de la duchesse que le mari eût certes jeté au feu.

» Par ce testament, la duchesse donne un million à sa chère chanoinesse rousse, un demi-million à mademoiselle de Saint-Réal et un demi-million à madame Andamy.

» Elle vous donne à vous un Léonard de Vinci, un

Raphaël, un Titien et un Véronèse que j'irai voir demain dans son palais de Milan à la barbe du Montefalcone.

» Elle n'a oublié personne, pas même son mari.

» Elle n'a pas oublié les pauvres : voilà pourquoi elle me donne vingt-cinq mille livres de rentes — insaisissables ! — car elle me connaît bien.

» Elle espérait encore en mourant que notre chère petite Antonia n'avait pas été assassinée à sa place, car elle lui lègue aussi vingt-cinq mille francs de rente.

» Mais l'argent ne fait pas le bonheur, surtout pour ceux qui sont morts : vous n'imaginez pas comme je suis désolé d'avoir perdu deux pareils amis. Et Violette ? la reverra-t-on ?

» Et vous ? vous êtes si heureux, que vous allez cacher votre bonheur.

» Après toutes ces batailles de la vie où je vois tant de morts et de blessés, à qui voulez-vous donc que je dise : Serrons nos rangs ?

» Adieu, mon ami. Je vous embrasse,

» MONJOYEUX. »

FIN

TABLE

LIVRE I

ÈVA

	Pages
I. Le Guet-apens........	3
II. Pourquoi Achille Le Roy retourna dans ses montagnes....................	12
III. Où d'Aspremont démasque ses batteries..........	27
IV. Colombe cueille des marguerites................	35
V. La Vie du cœur...............................	42
VI. Les Grains de beauté.........................	48
VII. Mademoiselle Èva de la Rochemarvy............	57
VIII. Un Amoureux incroyable.....................	64
IX. L'Ivresse....................................	71
X. Les Haines de l'amour.......................	76
XI. Qu'une femme ne doit jamais écrire à son amant.	81
XII. Le Livre d'autographes.......................	86
XIII. Les Deux rivales.....	91
XIV. La Seconde heure du diable......	93
XV. Qui sait ?................................. .	100
XVI. La Lettre empoisonnée.....................	103
XVII. Les Courses de Longchamps.....	107
XVIII. Mademoiselle Lucia.................... ...	115

	Pages
XIX. Le Souper de Colombe...	123
XX. Le Souper de Colombe...	128

LIVRE II

LES MYSTÈRES DE PARIS

I. Le Chemin de la vertu.	137
II. La Bottine rose...	141
III. Les Parenthèses de la vertu...	149
IV. Violette amoureuse...	167
V. Adolphe de La Chanterie...	172
VI. Madame Pénélope...	178
VII. Comment finissent ces demoiselles...	186
VIII. Le Charbon ardent...	196
IX. Ce que disent les étoiles...	202

LIVRE III

LES CAUSERIES DU VENDREDI

I. Contes et paradoxes...	211
II. Le Spectacle imprévu...	228

LIVRE IV

LES AMOURS EN PEINE

	Pages
I. La Duchesse aura-t-elle un amant ?..............	233
II. Une autre promenade au parc des princes.......	235
III. Pourquoi Violette s'exila......	242
IV. Voyez cette comédie en cinq heures...........	245
V. Puisque la mère s'amuse la fille ira au couvent...	264
VI. Violette à Parisis	274
VII. Colombe amoureuse......................	276
VIII. Madeleine et Colombe......................	280
IX. Les Trois amoureux de Bianca................	285
X. On a des nouvelles de Judith.................	290
XI. Le Dernier amour de madame de Fontaneilles...	298
XII. La Vengeance de Monjoyeux..................	308

LIVRE V

LES ROSES FANÉES

I. Ce qu'il y avait dans la main de Colombe.........	313
II. Le Bonheur officiel...........................	319
III. Le Buisson ardent...........	326
IV. Les Roses fanées...........................	331
V. Une Reconnaissance mélodramatique et une fin tragique....	342

LIVRE VI

LES CAUSERIES DU VENDREDI

I. Les Causeries du vendredi.................... 347
II. Les Larmes de Bianca........................ 385

LIVRE VII

LE DEUIL DES PASSIONS

I. Bianca et Santa-Cruz......................... 393
II. La Villa des marbres........................ 400
III. Battaglia.................................. 406
IV. Joies des lèvres, tourments du cœur......... 409
V. Les Ombres qui passent....................... 413
VI. Le Pèlerinage des âmes en peine............. 421
VII. Ci-gît un homme, ci-gît une femme.......... 426
VIII. L'Amour dans la mort...................... 434
IX. La Légende du Parisis....................... 437

Original en couleur

NF Z 43-120-8

www.ingramcontent.com/pod-product-compliance
Lightning Source LLC
Chambersburg PA
CBHW070547230426
43665CB00014B/1835